公路工程造价人员考试用书

公路工程技术

Gonglu Gongcheng Jishu

交通专业人员资格评价中心
交 通 公 路 工 程 定 额 站

人 民 交 通 出 版 社

内 容 提 要

本书为《公路工程造价人员考试用书》之一，全面详细地介绍了公路工程相关技术，内容涉及路基工程、路面工程、隧道工程、桥涵工程、其他工程、施工组织设计及施工网络计划技术。

本书主要供公路工程造价人员考试复习使用，也可供公路工程造价专业技术人员以及高等学院校师生学习参考。

图书在版编目(CIP)数据

公路工程技术/交通专业人员资格评价中心，交通公路工程定额站组织编写. —北京：人民交通出版社，2010.7

公路工程造价人员考试用书

ISBN 978-7-114-08483-6

I. ①公… II. ①交… ②交… III. ①道路工程—工程技术—资格考核—教材 IV. ①U4

中国版本图书馆 CIP 数据核字(2010)第 104461 号

公路工程造价人员考试用书

书　　名：公路工程技术

著 作 者：交通专业人员资格评价中心
交 通 公 路 工 程 定 额 站

责任编辑：沈鸿雁　丁润铎

出版发行：人民交通出版社

地　　址：（100011）北京市朝阳区安定门外外馆斜街3号

网　　址：http：//www.ccpress.com.cn

销售电话：（010）59757969，59757973

总 经 销：人民交通出版社发行部

经　　销：各地新华书店

印　　刷：北京交通印务实业公司

开　　本：787×1092　1/16

印　　张：22.75

字　　数：554千

版　　次：2010年 7 月　第 1 版

印　　次：2011年 3 月　第 5 次印刷

书　　号：ISBN 978-7-114-08483-6

定　　价：68.00元

《公路工程造价人员考试用书》

编写委员会

主　　编：赵晞伟

副 主 编：黄自力　刘朝晖

编写人员：王首绪　杨玉胜　李明顺　李　杰　彭维和

郭庆余　许忠楠　吴梅生　贺贤明　庞宝琴

左　慧　刘丽君　周庆蝉　周　娴　彭军龙

戴聆春　秦仁杰　刘伟军　曹丹阳　杨文安

李　珏　周学林　赵锋军　毛大德　刘　艺

吴江宁　李晶晶　刘代全　丁加明　李凤求

段　冶　谢　萍　周景阳

前　言

公路交通基础设施是我国国民经济和社会发展的重要保障设施。在公路建设过程中，以科学发展观为指导，加强公路建设的投资控制和造价管理，提高投资效益，是建设资源节约型、环境友好型行业，实现我国公路建设事业全面、协调、可持续发展的必由之路。培养建立一支高素质的造价管理人才队伍，是加强公路建设资金管理的重要保证。

为加强公路建设市场管理，规范公路工程计价行为，全面提高公路工程造价人员的业务能力和管理水平，保证公路工程造价工作质量，合理有效控制工程投资，交通专业人员资格评价中心将组织公路工程造价人员过渡考试，共设公路工程造价管理相关知识、公路工程造价的确定与控制、公路工程技术与计量、公路工程造价案例分析4个考试科目。

为方便广大公路工程造价从业人员备考，交通专业人员资格评价中心和交通公路工程定额站组织有关高校和部分省（区、市）公路（交通）工程定额（造价管理）站的专家编写了一套《公路工程造价人员考试用书》。该套考试用书包括《公路工程造价管理相关知识》、《公路工程定额编制与管理》、《公路工程造价编制与项目经济评价》、《公路工程技术》和《公路工程施工招投标与计量》5册。

本书全面体现了近年来我国公路建设技术的最新发展和近年来在设计、施工中广泛应用的新结构、新设备和新材料；反映了交通运输部最新颁布和修订的行业标准、规范的相关内容；强调了“安全、耐久、节约、和谐”的建设理念。本书注重理论联系实际，实用性和操作性强。

本书参考了大量相关文献资料，各省（区、市）公路（交通）工程定额（造价管理）站提出了宝贵意见。在此，谨向有关单位和专家、学者表示衷心的感谢！

交通专业人员资格评价中心
交通公路工程定额站
2010年7月

目　　录

第一章　绪　　论

基本建设是国民经济中新增固定资产的建设，以新建、扩建和改建等方式实现，是形成固定资产的建筑、添置、安装等活动。基本建设程序是基本建设项目从规划立项到竣工验收的整个建设过程中各项工作的先后次序。公路建设要求严格遵守国家规定的公路基本建设程序，而勘测设计与施工组织是基本建设程序中两个极其重要的工作环节。工程设计与施工组织是否科学，对整个工程造价和使用效果都有很大的影响。由于公路工程是由路基、路面、桥涵、隧道、交通工程等不同结构组成，它们各有不同的设计原则和施工方法。这种项目式的土木建筑工程，特别需要有效的组织和有丰富经验的经营者管理。所以，作为从事工程造价的工作人员，熟悉或掌握有关的公路工程技术的基本知识，无疑是十分必要的。

第一节　公路的基本组成

公路是铺筑在地面上主要供车辆行驶的线形工程构造物，它主要承受车辆荷载的重复作用和经受各种自然因素的长期影响。因此，公路不仅要有平顺的线形、和缓的纵坡，而且还要有稳定坚实的路基、平整耐用的路面、牢固可靠的人工构造物，以及其他必要的防护工程和附属设施。

一、线形组成

所谓线形，是指道路中线在空间的形状。道路中线是一条平面有曲线、纵面有起伏的立体空间曲线，其平面线形由直线和平曲线组成，平曲线包括圆曲线和缓和曲线；纵面线形由纵坡线和竖曲线组成（见图 1-1）。这条立体空间曲线，由平面图、纵断面图来表示。

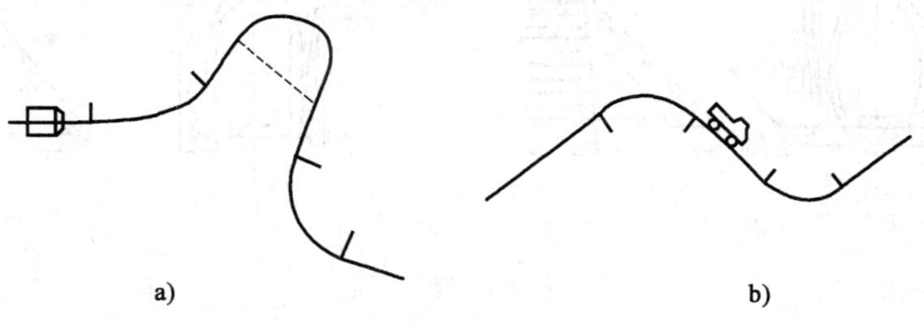

图 1-1　公路的平面与纵面

a)平面；b)纵面

二、公路工程的组成部分

公路是承受车辆荷载及自然环境因素影响的交通工程构造物，包括路基工程、路面工程、桥涵工程、隧道工程、防护工程以及交通安全和沿线设施。

1.路基工程

路基是公路的重要组成部分,它是按照路线位置和一定技术要求修筑的带状构造物,承受由路面传来的荷载,既是路线的主体,又是路面的基础。其断面形状一般有填方路堤、挖方路堑、半填半挖路基等断面形式,如图 1-2 所示。

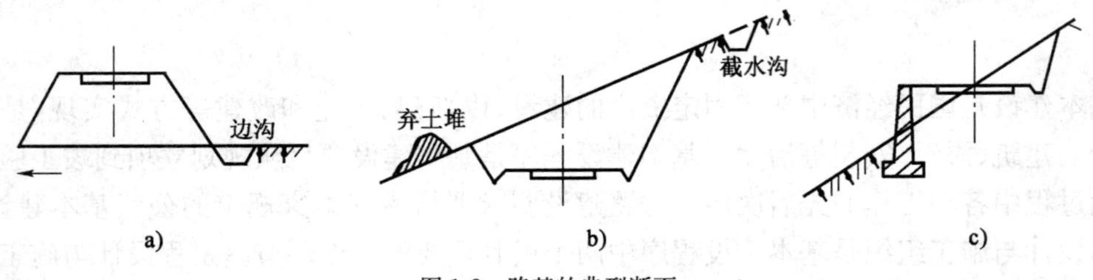

图 1-2 路基的典型断面
a)路堤;b)路堑;c)半填半挖

2.路面工程

路面是由各种不同坚硬材料铺筑在路基上供车辆直接行驶的结构,通常由面层、基层、垫层等组成,如图 1-3 所示。路面是公路上最重要的结构物,行车的安全、畅通、舒适与经济均取决于路面结构承载能力与路面的使用性能,因此,通常以路面的使用质量(服务水平)来评价整条公路的质量。

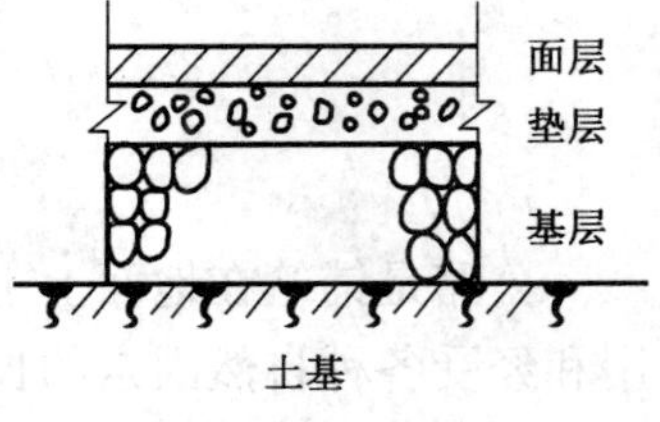

图 1-3 路面结构

3.隧道工程

隧道工程一般是在公路建设中为了克服地形和高程上的障碍(如山梁、山脊、垭口等),改善和提高拟建公路的平面线形和纵坡的技术指标,缩短公路里程,或为避免山区公路的各种病害(如滑坡、崩坍、岩堆、泥石流等不良地质地段)、节约土地资源、减少水土流失、保护生态环境而修建的穿越障碍的构造物,如图 1-4所示。

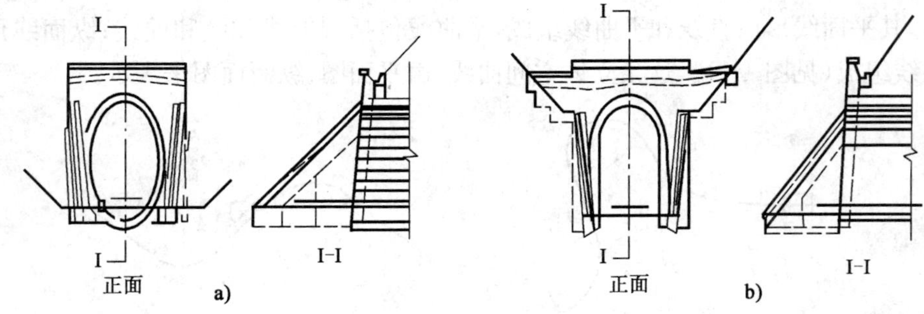

图 1-4 隧道工程

4.桥涵工程

桥涵工程是指在公路建设中为了保证拟建的公路工程项目在遇到江河或山谷时的连续、江河沟渠的水流通畅与涉洪、航道船只的航行和维持原有道路的交通运输等而建造的跨越障碍物的结构物,如图 1-5 所示。

5.防护工程

防护工程指为保证路基的稳定和强度或行车安全所修筑的边坡工程设施,如挡土墙、护坡等,如图 1-6 所示。

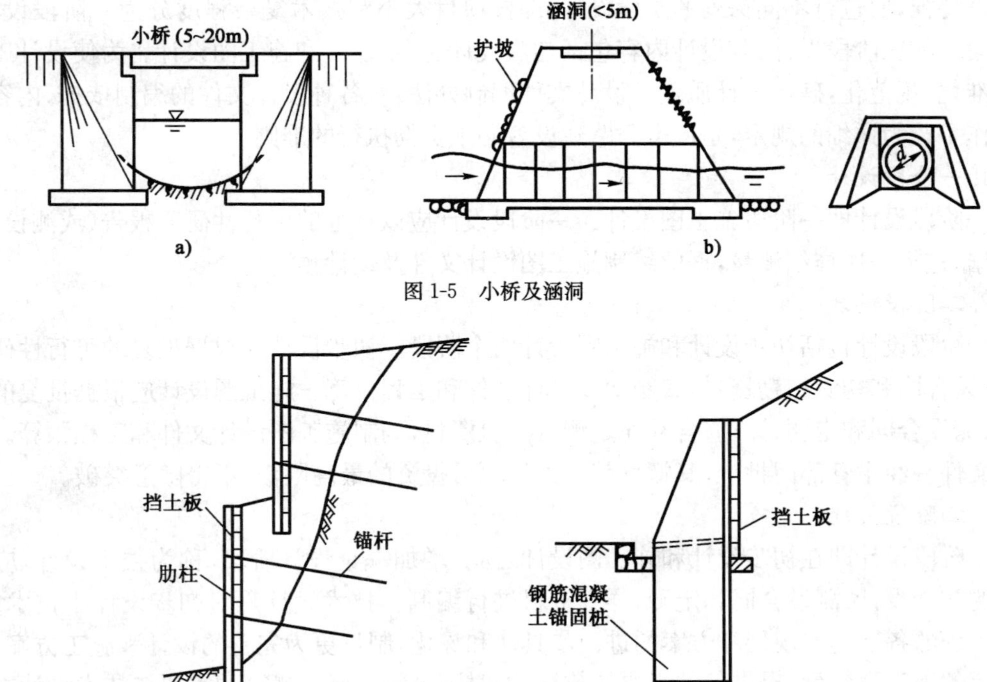

图 1-5　小桥及涵洞

图 1-6　防护工程

6. 交通安全及沿线设施

交通安全及沿线设施包括:交通安全设施、管理养护设施、照明设施、服务设施及环境保护工程等。

安全设施:护栏、隔离栅、路面标线、交通标志等。交通标志是为驾驶员提供前面路段的情况和特点的信息设施,有警告标志、禁令标志、指示标志三种。

管理养护设施:养护站、养护工区(所)、管理处等。

照明设施:如灯柱、弯道反光镜等。

服务设施:如收费站、加油站、服务区、汽车站等。

环境保护工程:污水处理设施、隔声屏障、人工湿地、环境美化等。植树绿化与美化工程为道路使用者提供了一个安全、舒适的行车环境,是美化公路、保护环境不可缺少的部分。植树绿化有美化路容、保持水土、稳固路基、防风固沙、净化空气等作用,而且可提高行车的安全性。

第二节　工 程 设 计

工程设计是指从技术上和经济上针对拟建工程的特定要求,考虑社会和自然方面的因素,运用科学技术知识,进行全面规划,制订一个完整方案,编制一整套工程建设所需的图纸及说明,它是国家基本建设计划的具体化,是组织工程施工的主要依据。

一、设计阶段

根据《公路工程基本建设项目设计文件编制办法》(以下简称《设计文件编制办法》)的规定,为适应从事公路建设的各级管理部门和不同层次建立经济关系的需要,结合公路建设的技术经济特征，要进行不同深度的阶段设计，即按项目大小和技术复杂程度分为一阶段设计、二阶段设计和三阶段设计，其设计内容包括初步设计、技术设计和施工图设计。为使设计工作做到标准化、规范化，确保设计质量，《设计文件编制办法》对各种设计文件的编制依据、内容和要求都作了较为详细的规定，是从事公路建设者必须贯彻执行的准则。

1. 一阶段设计

一阶段设计即一阶段施工图设计。一阶段设计应以批准的可行性研究报告（或测设合同）为依据，进行一次详细测量，据此编制施工图设计文件及设计预算。

2. 二阶段设计

二阶段设计包括初步设计和施工图设计两个阶段。初步设计应根据批复的可行性研究报告、测设合同和初测初勘资料，编制初步设计文件和工程概算。施工图设计应根据批复的初步设计、测设合同和定测、详勘（含补充定测、详勘）资料，编制施工图设计文件和工程预算。初步设计文件一经主管部门批准，其概算就是建设项目投资的最高限额，不得随意突破。

3. 三阶段设计

三阶段设计即在初步设计和施工图设计之间，增加一个设计阶段，称为技术设计，应根据批复的初步设计、测设合同和定测、详勘资料进行编制。技术设计是对初步设计中技术复杂、重大工程的各项初步规划和方案的进一步具体和深化，制订更为完善的设计和施工方案，进一步确定各项工程数量，提供各种必要的数据，同时满足编制修正概算的需要。技术设计文件一经批准，其修正概算就是建设项目投资的最高限额，不得随意突破。

目前，公路基本建设项目一般采用两阶段设计。对于技术简单、方案明确的小型项目，可采用一阶段设计。对于技术复杂、基础资料缺乏或不足的建设项目，或建设项目中的特殊大型桥梁、长隧道、大型地质灾害治理、大型互通式立体交叉等部分工程，必要时可采用三阶段设计。高速公路、一级公路必须采用二阶段设计。

二、设计原则

相对而言，初步设计和技术设计是比较粗略的，而施工图设计是建设项目的最后设计阶段，要求提出完整的施工图表资料，其内容包括确定路线和各种建筑物、构筑物的具体位置、尺寸、结构、用料、设备等；编制建筑安装施工的图纸和说明书，确定施工工艺要求和施工方法，提供主体工程数量和辅助工程等的必要数据，以满足编制施工组织总设计和施工图预算的需要，是组织施工的指令性技术经济文件。初步设计、技术设计和施工图设计的深度和作用各不相同，但在设计的全过程中，均应遵循以下几条主要原则：

(1)要精心设计，贯彻勤俭建国、从实际出发、因地制宜、安全适用、就地取材的原则，使设计的建设项目，技术上先进，经济上合理，具有良好的社会综合效益。

(2)要节约用地，尽量少占良田，重视环境保护，要顺应地形、地貌，使公路建筑工程与沿线自然景观有机地融为一体。在有条件的地方，应结合施工，改土造田，注意与农田水利的综合利用，支援农业。在进行方案比选时，应将占地多少作为重要条件之一。

(3)要千方百计节约建设项目的投资，减少资源的占用与消耗，加强技术经济的分析工作，重视经济效益。工程设计要遵循技术与经济相统一的原则，正确处理两者之间的关系。

工程设计是基本建设程序中的一个具有决定性的工作环节，对建设工程的顺利实施，提高投资经济效益，都有着重要影响。因此，要严格遵守基本建设程序，认真做好工程设计，不断改进工程造价管理。有了先进合理的工程设计和合理确定的设计概算，又有了控制工程造价的有效办法和手段，就为加快工程施工进度、提高工程质量、降低工程造价、严格按客观经济规律办事，提供了必要的前提条件。

第三节　工程施工

公路工程施工，规模大、技术复杂、质量要求高、工期紧、耗费的资源比较多，是一项高度社会化而又十分复杂的物质生产活动。因此，在施工生产中应合理组织生产诸要素，严格按施工程序进行活动，科学地做好施工组织工作，对完成公路工程建设任务具有十分重大的意义。

一、公路工程施工过程

施工单位接受施工任务后，依次经历开工前的规划组织准备阶段和现场条件准备阶段、正式施工阶段、交工验收阶段和竣工验收阶段等，按设计要求完成施工任务。各施工阶段的相互关系如图 1-7 所示。对于不同规模、不同性质的具体工程项目，各阶段的工作内容不尽相同。

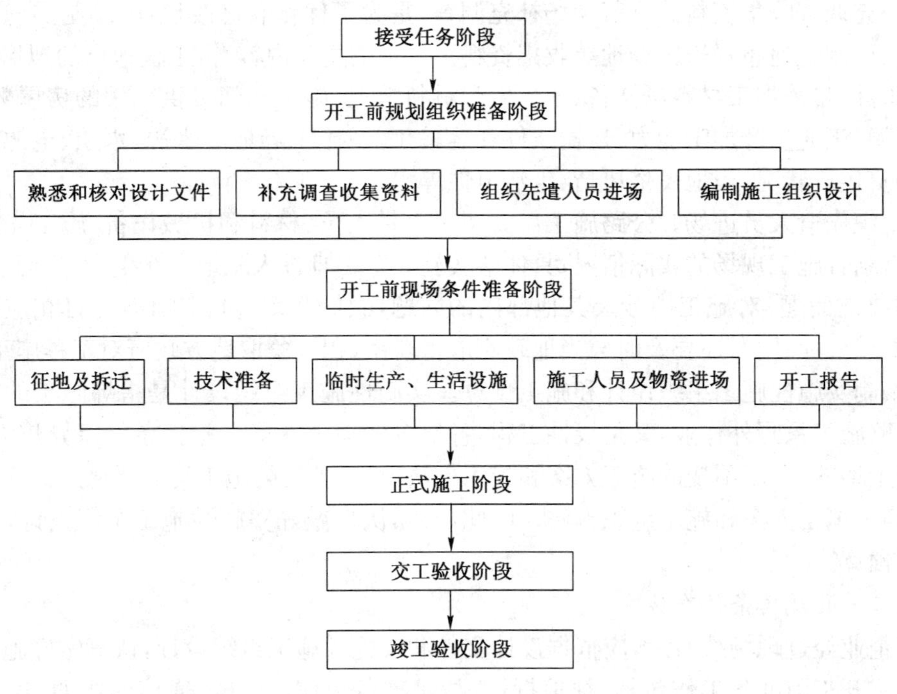

图 1-7　公路工程施工阶段的相互关系图

下面就各个阶段的主要工作简要介绍如下。

1. 接受施工任务

施工企业获得施工任务通常有三种方式：一是由上级主管单位统一接受任务，按行政隶属关系安排计划下达；二是经主管部门同意后，对外接受任务；三是自行对外投标，中标后获得任务。随着我国改革开放的深入和社会主义市场经济体制的形成和发展，施工任务将主要以参加投标的方式，在建筑市场的竞争中获得。

获得施工任务，从法律角度上讲，是以签订工程承包合同加以确认的。因此，施工企业接受的工程项目，必须与项目业主签订工程施工承包合同，明确双方的经济、技术责任，互相制约，互相促进，共同保证按质、按量、按期完成工程项目的建设任务。合同一经签订，就具有法律效应，双方均应认真履行。

2. 开工前的规划组织准备

施工企业的施工准备工作，千头万绪，涉及面广，必须有计划、按步骤、分阶段地进行，才能在较短的时间内为工程开工创造必要的条件。准备工作的基本任务是：了解施工的客观条件，根据工程的特点、进度要求，合理安排施工力量，从人力、物力、技术和施工组织等方面为工程施工提供一切必要的条件。

开工前的施工准备工作分为战略性的规划组织和战术性的现场条件准备两大部分内容。前者是总体的部署，后者是具体的落实，其主要内容包括以下几个方面。

(1)熟悉和核对设计文件。设计文件是工程施工最重要的依据，组织技术人员熟悉和了解设计文件，是为了明确设计者的设计意图，掌握图纸、资料的主要内容及有关的原始资料。此外，从设计到施工通常都要间隔一段时间，勘测设计时的原始自然状况也许会由于各种原因有所变化，因此，必须对设计文件和图纸进行现场核对。

(2)补充调查收集资料。进行现场补充调查，是为了优化和修改设计，编制实施性施工组织设计，因地制宜地布置施工场地等收集资料。调查的主要内容有：工程地点的地形、地质、水文、气候条件；自采加工材料场储备、地方生产材料情况、施工期间可供利用的房屋数量；当地劳动力资源、工业生产加工能力、运输条件和运输工具；施工场地的水源、水质、电源、通信，以及生活物资供应状况；当地民俗风情、生活习惯等。

(3)组织先遣人员进场。公路施工需要调用大量人员、材料和机械设备、施工先遣人员的任务，就是结合施工现场的实际情况，具体落实施工队一旦进入工地后在生产、生活、环境等方面必须解决的问题；对施工中涉及其他部门的问题，做好联系、协调工作，签订相应的会谈纪要、协议书或合同；同时还要及时与当地政府取得联系，积极争取地方政府对工程施工的支持。

(4)编制实施性施工组织设计和施工预算。实施性施工组织设计是指导施工的重要技术文件。公路施工系野外作业，又是线性工程，各地自然地理状况和施工条件差异较大，不可能采用一种定型的、一成不变的施工方案和施工方法，每项工程的施工均需要通过深入细致的工作，个别确定施工方案和施工组织方法。因此，必须认真做好实施性施工组织设计，并编制相应的施工预算。

3. 开工前的现场条件准备

施工企业经过现场核对后，应依据设计文件和实施性施工组织设计，认真做好施工现场的准备工作。开工前准备工作包括：征地拆迁，技术准备工作，水、电、通信的接通，建立临时生产、生活设施、临时交通、施工便道，以及人员、机具、材料的陆续进场。

上述各项具体准备工作完成后，即可向项目业主或监理工程师提出开工申请。开工申请必须按规定的格式编写，并按上级要求或工程合同规定的最后日期之前提出。施工准备工作未做好，不得提出开工申请。

必须指出，施工准备工作不仅在施工前进行，它还贯穿于整个施工过程之中。由于构成公路工程的路基、路面、桥涵等各项工程，各有其不同的施工方法和工艺要求，且在时间上和空间上又都存在相互制约和相互影响的因素，故在各项工程施工之前，必须认真细致地做好相应的现场准备工作。

4. 工程施工

在施工准备工作完成、提交开工申请并被批准之后，才能开始正式施工。施工应严格按照设计图纸进行，如需变更，必须事先按规定程序报经批准。要按照施工组织设计确定的施工方法、施工顺序及进度要求进行施工。各分项工程，特别是地下工程和隐蔽工程，应逐道工序检查合格，做好施工原始记录，才能进入下一道工序的施工。施工要严格按照设计要求和施工技术规范、验收规程进行，保证质量，安全操作，不留隐患，发现问题及时解决。

公路工程施工是一项复杂的系统工程，必须科学合理地组织，建立正常、文明的施工秩序，有效地使用人力、物力和财力。施工方案要因地制宜、结合实际，施工方法要先进合理、切实可行。施工中，既要注意工程质量和施工进度，又要注意保护环境、安全生产、文明生产，确保优质、高效、低耗、安全地全面完成施工计划任务。

5. 交工验收

建设项目按设计要求建成后，施工企业应自行初验。经初验符合设计要求，并具备相应的施工文件资料后，应及时报请上级单位组织交工验收。

交工验收由业主组织设计、施工、监理进行验收。

交工验收工作以设计文件为依据，按照国家有关规定，分析检查结果，评定工程质量等级，形成交工验收鉴定书。

6. 竣工验收

竣工验收由项目初步设计批复的主管部门组织验收，由业主、设计、施工、监理、质量监督、造价管理部门、接管养护及其他有关部门参加。

竣工验收工作以设计文件为依据，按照国家有关规定，分析检查结果，评定工程质量等级，形成交工验收鉴定书。

竣工验收通过后，施工单位应认真做好工程施工的技术总结，并建立技术档案，按管理等级建档保存。

二、公路工程施工的特点

公路工程施工是一种生产计划和生产管理都比较难的生产形态，属于项目式生产范畴。它与工农业生产比较，具有如下特点。

(1)公路工程是固定在土地上的构筑物，而施工生产是露天的、流动的，所以公路工程施工组织是复杂的，这是其区别于工业生产的最根本的特点。由于公路工程的固定性，就需要把众多的劳力、施工机具、材料，在时间和空间上进行合理的组织，从而使它们在线形的施工现场按照科学的施工顺序流动，不致互相妨碍而影响施工，这是施工组织的重要内容。

(2)公路工程是根据具体的设计来建造的，而构成公路的各项工程各有不同的功能要求和施工方法，使得各项工程具有各自不同的结构和造型。由于其施工生产的单件性和工程结构的多样性，所以施工组织是多变的，因而一般不能采用固定不变的施工模式，要按照不同的工程对象，采用不同的施工工艺和施工组织方法进行。所以，要求施工设备和作业人员必须具有较强的适应性，职工要有高度熟练的技能。只有做好施工组织工作，方能合理地调配各种资源，保证工程施工的顺利进行。

(3)公路工程规模大、建设周期长，施工组织工作非常艰巨。由于规模大，需要消耗大量的人力和物力；施工组织工作不仅要做好开工年度的安排，而且对而后各年度亦应作出统筹部署，同时还要考虑各种不同工程之间的开工、交工的衔接，只有这样，方能保证公路工程施工生产的连续且有序的进行。

（4）公路工程在露天施工，有些是在高空和地下作业，受气候和自然条件的影响与制约，决定了公路施工组织工作的特殊性和不能全年连续均衡地进行施工生产。故在施工组织中，要对雨季、冬季和高温季节采取特殊的技术措施和施工方法，在高空和地下作业时则要采取必要的防护措施，以确保工程质量和施工安全。同时，为了尽可能连续而均衡地进行施工生产，在施工安排上要注意避免气候、自然环境条件对施工生产所产生的不利影响。如雨季不要安排桥涵水下工程施工，这样可减少防洪、围水工作，达到节约费用、保证工程质量的目的。

综上所述，公路工程施工的特点，集中表现在施工条件的复杂多变上，它给施工生产活动带来很大的困难，故要求针对公路工程的不同对象、不同的施工条件，从实际出发，稳妥而科学地做好施工组织工作。

三、公路工程施工组织的基本原则

公路工程施工组织是指按照国家批准的公路基本建设计划、设计文件、招标承包合同的各项规定和要求，对拟建的公路建设项目的施工进度、质量、造价、安全等各方面作出最优的计划安排，合理配置资源，制订节约和综合利用资源的目标与措施，规定合理的施工程序，使公路工程施工具有科学性，以保证公路工程施工的顺利进行，从而提高投资效益。

编制施工组织设计时，要充分考虑施工生产过程中的连续性、平行性、协调性和均衡性的相互关系，它是公路工程施工作业的基本组合方式，是作为计算分析和合理配置各种资源的重要依据。

1.连续性

施工生产过程中的各阶段、各工序之间在时间上是紧密衔接的，不发生任何不合理的中断现象，并尽可能减少或消除技术停歇时间，这是提高劳动效率的重要条件。

2.平行性

施工生产过程中的各项施工生产活动，在时间上和空间上应尽可能地平行进行，这是充分利用工作面、加快施工进度的有效途径。

3.协调性

施工生产过程中的各阶段、各工序之间在人员和设备上要保持适当的比例关系，避免发生不配套、不平衡、相互脱节的现象，从而充分调动职工的生产积极性，不断提高设备的利用率。

4.均衡性

均衡性指在整个建设工期及其各个施工生产环节中，任务完成平衡，工作负荷相对稳定，不出现时松时紧、忙闲不均、赶工突击等现象。

施工生产过程中的连续性、平行性、协调性和均衡性的根本目的，是为了使建设工程能够最经济地实施，从而避免突击性施工，其经济效果具体表现在以下几个方面：

（1）可合理地、最低限度地配置施工现场各类人员的数量，既保证施工生产需要，又避免频繁调动和窝工浪费。

（2）可使施工用的机械设备、工具、周转性消耗材料等减少到最低限度，并能尽量重复使用，节约费用。

（3）可以减少因施工过程中阶段性的停工、待料，以及由于其他原因而引起的工人、机械设备的损失时间，从而避免造成浪费。

(4)可以合理地减少临时设施和现场管理费用。

(5)可以实现优质高产、安全生产和文明施工。

综上所述,不仅是组织施工,而且也是编制施工组织设计时,必须认真探讨的一些问题,作为具体参与该工作的造价工程师,必须具备这些基本知识。

四、施工程序

施工程序,是指建筑安装工程施工阶段或施工过程中,必须遵守时间上的先后和空间方向的顺序,以及工序之间的衔接等要求。所以,遵循科学的施工程序是编制施工组织设计,拟定工程进度计划应首先考虑的问题,它是加快施工进度和保证工程质量的重要手段。

1.施工过程中建设工程的施工程序

公路工程施工过程中应遵循的基本原则:场地清理和大型临时设施建筑,应在建设项目的主体工程开工之前完成,常称为“三通一平”;公路工程中路面工程应在路基土石方和桥涵工程按照设计要求和验收规范的规定完成之后,并经验收合格方能进行铺筑;交通工程等其他沿线设施,一般都在路基、路面、桥涵等工程完成之后才进行。这些符合客观规律的合理程序,一般是不应被打乱的,只有这样,才能使各项工程的实施在时间上做到紧密衔接,在空间上实现统筹安排,避免季节气候的不利影响,从而连续地、均衡地、有节奏地进行施工,保证充分发挥人力和设备的作用,达到工期短、质量好、消耗少、成本低的效果。

2.工程项目(单位工程)的施工程序

工程项目的施工程序是指路基、路面、桥梁、涵洞、隧道等各项工程中的分部、分项工程施工的时间与空间的先后顺序;既要考虑空间上的施工流向顺序,也要考虑各工种工序在时间上的紧密衔接问题;其目的在于保证工程质量和安全施工的前提下,各工种工序之间应当相互创造条件,以充分利用工作面,争取时间,缩短工期,节约费用。故其合理程序,应该是先主体工程,后附属工程;先地下工程,后地上工程;先下部工程,后上部工程。

如桥梁工程的施工程序,一般应是:防水围堰、基坑开挖、砌筑基础圬工或浇筑混凝土、墩台工程、上部构造。若上部采用预制构件,则构件的预制可与基础、下部工程同时进行,最后是导流设施和竣工场地清理。若系多孔桥梁工程,则各个分部、分项工程又可相互交错进行,这样就能更充分地利用时间和空间,更快更好地完成施工任务。

思　考　题

1.公路由哪些部分组成?从事工程造价工作的人员,为什么要熟悉和掌握有关的公路工程技术的基本知识?

2.根据《公路工程基本建设项目设计文件编制办法》的规定,结合公路建设的技术经济特征应进行不同深度的设计阶段。简述不同设计阶段所包括的设计内容的名称及采用不同设计阶段应具备的条件。

3.公路施工过程由哪几个阶段组成?各阶段分别有哪些主要工作内容?

4.公路工程施工前的规划组织和现场准备工作一般包括哪些内容?

5.公路工程施工具有哪些特点?

第二章 路 基 工 程

路基是公路工程的重要组成部分，它是按照路线位置和一定技术要求修筑的带状构造物，是公路工程的主体和路面的基础，承受由路面传递的自重荷载和行车动荷载，并将荷载向地基深处传递扩散。在纵断面上，路基必须保证路线需要的高程；在平面上，路基与桥梁、隧道连接组成完整贯通的线路。路基工程设计及施工质量的优劣直接关系到公路工程的使用性能和工程造价。随着我国高等级公路的建设与发展，路基的设计与修建技术越来越受到重视，对其标准和要求也越来越高。

第一节 概 述

一、基本要求

路基的强度和稳定性是保证路面强度和稳定性的先决条件，提高路基的强度和稳定性，可以适当减薄路面结构层厚度，从而达到降低工程造价的目的。因此，除要求路基断面尺寸符合设计外，路基应满足下列基本要求。

1. 具有足够的整体稳定性

路基是在天然地表面按照公路的设计线形（位置）和设计断面（几何尺寸）的要求开挖或填筑而成的岩土结构物。路基修建后，改变了原地面应力的天然平衡状态。当地质不良时，修建路基可能加剧原地面的不平衡状态，从而发生沉陷、滑坡、滑坍、崩塌等病害，造成路基损害。为防止路基在行车荷载及自然环境因素作用下，发生较大的变形或破坏，必须因地制宜地采取一定的技术措施来保证路基的整体稳定性。

2. 具有足够的强度

路基强度是指在行车荷载作用下路基抵抗变形的能力。行车荷载及路基路面自重同时对路基下层及地基形成一定压应力，这些压应力可能使路基产生变形或差异沉降，直接影响路面结构的使用性能。为保证路基在外力及自重作用下，不致产生超过容许范围的变形，要求路基应具有足够的强度。

3. 具有足够的水温稳定性

路基在地面水和地下水作用下，其强度将会显著降低。特别是在季节性冰冻地区，由于水温的变化，路基会发生周期性冻融作用，形成冻胀与翻浆，使路基强度急剧下降。因此，路基不仅要有足够的强度，还应采取措施确保路基在不利的水温状况下强度不致显著降低，这就要求路基应具有一定的水温稳定性。

二、路基设计内容

公路路基主要由路基体、各项附属设施（如路基排水、路基防护与加固）以及与路基工程直接相关的设施（取土坑、弃土堆、护坡道、碎落台、堆料坪及错车道）等构成。

路基设计之前，应做好全面调查研究，充分收集沿线地质、水文、地形、地貌、气象、地震等设计资料。进行改建公路设计时，还应收集历年路况资料及当地路基的翻浆、崩塌、水毁、沉降变形等病害的防治经验。

路基设计应根据当地自然条件和工地地质条件，选择适当的路基断面形式和边坡坡度。河谷地段不宜侵占河床，可视具体情况设置其他结构物和防护工程。

对于陡坡上的半填半挖路基，可根据地形、地质条件，采用护肩、砌石或挡土墙；当山坡高陡或稳定性差，不宜多挖时，可采用桥梁、悬出路台等构造物；三、四级公路的悬岩陡壁地段，当山体岩石稳定性好时，可采用半山洞。

沿河路基边缘高程应满足《公路路基设计规范》(JTG D30—2004)的规定，并根据冲刷情况，设置必要的防护设施。沿河路基废方应妥善处理，以免造成河床堵塞、河流改道或冲毁沿线构造物、农田、房屋等不良后果。

在工程地质和水文地质条件良好的地段修筑的一般路基设计包括以下内容：

(1)选择路基断面形式，确定路基宽度与路基高度；

(2)选择路堤填料与压实标准；

(3)确定边坡形状与坡度；

(4)路基排水系统布置和排水结构设计；

(5)坡面防护与加固设计；

(6)附属设施设计。

三、路基横断面组成及横断面形式

1.路基横断面组成

公路路基横断面一般由行车道、路肩(土路肩、硬路肩)、中间带、边坡、护坡道、边沟等组成。公路路基标准横断面见图2-1。

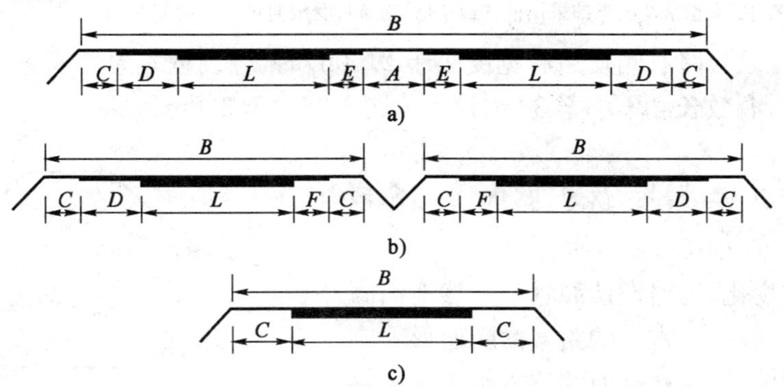

图2-1 公路路基标准横断面图

a)整体式断面；b)分离式断面；c)双车道断面

B-路基宽度；L-行车道宽度；D-硬路肩宽度；E-左侧路缘带宽度；F-分离式路基左侧硬路肩宽度；C-土路肩宽度；A-中央分隔带宽度

车道宽度应符合表2-1的规定。

车 道 宽 度 表2-1

设计速度(km/m)	120	100	80	60	40	30	20
车道宽度(m)	3.75	3.75	3.75	3.50	3.50	3.25	3.00(单车道时为3.50)

注：高速公路为八车道，内侧车道宽度可采用3.50m。

高速公路、一级公路整体式断面必须设置中间带。中间带由两条左侧路缘带和中央分隔带组成,其各部分宽度应符合表 2-2 的规定。

中间带宽度 表 2-2

设计速度(km/h)		120	100	80	60
中央分隔带宽度(m)	一般值	3.00	2.00	2.00	2.00
	最小值	2.00	2.00	1.00	1.00
左侧路缘带宽度(m)	一般值	0.75	0.75	0.50	0.50
	最小值	0.75	0.50	0.50	0.50
土路肩宽度(m)	一般值	4.50	3.50	3.00	3.00
	最小值	3.50	3.00	2.00	2.00

注:"一般值"为正常情况下的采用值;"最小值"为条件受限时可采用的值。

在高速公路、一级公路以及二级公路的连续上坡路段,当通行能力、运行安全受到影响时,应设置爬坡车道,其宽度为 3.50m。高速公路、一级公路的互通式立体交叉、服务区、停车区、公共汽车停靠站、管理设施等的出入口处,应设置加(减)速车道,连续下坡路段应设避险车道。

右侧路肩宽度应符合表 2-3 的规定。

右侧路肩宽度 表 2-3

设计速度(km/h)		高速公路			一级公路			二级公路		三级公路		四级公路
		120	100	80	100	80	60	80	60	40	30	20
右侧硬路肩宽度(m)	一般值	3.00 或 3.50	3.00	2.50	3.00	2.50	2.50	1.50	0.75	—	—	—
	最小值	3.00	2.50	1.50	2.50	1.50	1.50	0.75	0.25			
土路肩宽度(m)	一般值	0.75	0.75	0.75	0.75	0.75	0.50	0.75	0.75	0.75	0.5	0.25(双车道) 0.50(单车道)
	最小值	0.75	0.75	0.75	0.75	0.75	0.50	0.50	0.50			

注:表中所列"一般值"为正常情况下的采用值;"最小值"为条件受限时可采用的值。

高速公路、一级公路右侧硬路肩宽度小于 2.50m 时,应设置紧急停车带。紧急停车带的宽度应为 3.50m,有效长度不小于 30m,设置间距不宜大于 500m。

2. 路基横断面形式

路基横断面形式一般有:路堤、路堑、半填半挖路基三种基本形式,如图 2-2 所示。

由于地形的变化,道路设计高程与天然地面高程的相互关系不同,一般常见的路基横断面形式有路堤和路堑两种,高于天然地面的填方路基称为路堤,见图 2-2a),低于天然地面的挖方路基称为路堑,见图 2-2b)。介于两者之间的称为半填半挖路基,见图 2-2c)。

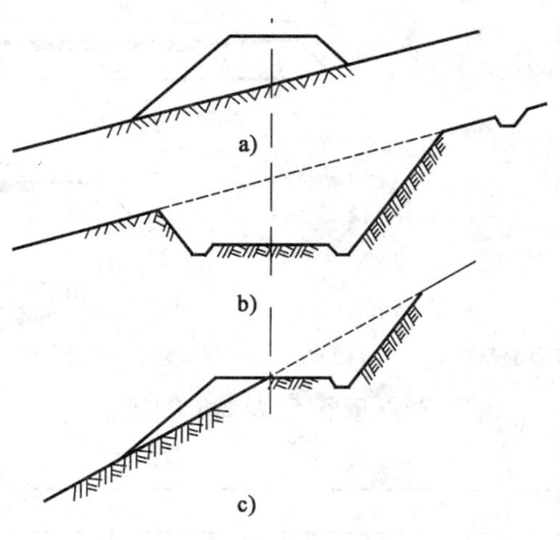

图 2-2 路基横断面形式

a)路堤;b)路堑;c)半填半挖路基

路堤在结构上分上路堤和下路堤,上路堤是指路面底面以下 0.80~1.50m 范围内的填方部分,下路堤是指上路堤以下的填方部分。

路堑是低于原地面由开挖所形成的路基。挖

方边坡坡度，应根据边坡高度、土石种类与性质（密实程度、风化程度等）、地面水情况及施工方法等因素，综合分析确定。

半填半挖路基是一部分路基由填筑而成，一部分路基由开挖形成的路基结构。

路床是路面底面以下 0.80m 范围内的路基部分，在结构上分为上路床（0～0.30m）及下路床（0.30～0.80m）两层，承受由路面结构传来的荷载。

四、路基几何要素

1. 路基宽度

公路路基宽度为车道宽度与路肩宽度之和。当设有中间带、变速车道、爬坡车道、紧急停车带、错车道等时，尚应包括这些部分的宽度。各级公路（整体式）路基宽度应符合表 2-4 的规定。

整体式路基宽度　　表 2-4

公路等级		高速公路							
设计速度(km/h)		120			100			80	
车道数		8	6	4	8	6	4	6	4
路基宽度(m)	一般值	42.00	34.50	28.00	41.00	33.50	26.00	32.00	24.50
	最小值	40.00	—	25.00	38.50	—	23.50	—	21.50

公路等级		一级公路				
设计速度(km/h)		100		80		60
车道数		6	4	6	4	4
路基宽度(m)	一般值	33.50	26.00	32.00	24.50	23.00
	最小值	—	23.50	—	21.50	20.00

公路等级		二级公路		三级公路		四级公路	
设计速度(km/h)		80	60	40	30	20	
车道数		2	2	2	2	2或1	
路基宽度(m)	一般值	12.00	10.00	8.50	7.50	6.50（双车道）	4.50（单车道）
	最小值	10.00	8.50	—	—	—	

注：“一般值”为正常情况下的采用值；“最小值”为条件受限时可采用的值。

二级公路因交通量、交通组成等需要设置慢车道的路段，设计速度为 80km/h 时，其路基宽度可采用 15.0m；设计速度为 60km/h 时，可采用 12.0m。四级公路宜采用双车道路基宽；交通量小的路段，可采用单车道 4.50m 路基宽。

2. 路基高度

路基高度设计，应使路肩边缘高出路基两侧地面积水高度，同时要考虑地下水、毛细水和冰冻的作用，不致影响路基的强度和稳定性。

新建公路的路基设计高程为路基边缘高程，在设置超高、加宽地段，则为设置超高、加宽前的路基边缘高程；改建公路的路基设计高程可与新建公路相同，也可采用路中线高程。设有中央分隔带的高速公路、一级公路，其路基设计高程为中央分隔带的外侧边缘高程。

沿河及受水浸淹的路基边缘高程，应高出表 2-5 规定的设计洪水频率的计算水位加壅水高、波浪侵袭高和 0.5m 的安全高度。

路基设计洪水频率 表 2-5

公路等级	高速公路	一级公路	二级公路	三级公路	四级公路
设计洪水频率	1/100	1/100	1/50	1/25	按具体情况确定

3. 路基边坡坡度

为保证路基稳定而在其两侧做成的具有一定坡度的坡面称为路基边坡。公路路基的边坡坡度，可用边坡高度 H 与边坡宽度 b 之比值表示，并取 $H=1$。路基边坡坡度对路基的稳定起重要的作用，边坡坡度的大小，取决于边坡的土质、岩石的性质及水文地质条件等自然因素和边坡的高度。

五、路基压实度

对路堤、路床及路堤基底均应进行压实。压实质量以压实度 K 表示，即筑路材料压实后的干密度 γ 与标准最大干密度 γ_0 之比，以百分率表示，即

$$K=\frac{\gamma}{\gamma_0} \tag{2-1}$$

土质路基压实度应符合表 2-6 的规定。

土质路基压实度标准 表 2-6

填挖类型		路床顶面以下深度(m)	压实度(%)		
			高速公路、一级公路	二级公路	三、四级公路
路堤	上路床	0～0.3	≥96	≥95	≥94
	下路床	0.3～0.8	≥96	≥95	≥94
	上路堤	0.8～1.50	≥94	≥94	≥93
	下路堤	>1.50	≥93	≥92	≥90
零填及挖方路基		0～0.3	≥96	≥95	≥94
		0.3～0.8	≥96	≥95	—

注：1. 表列压实度系以《公路土工试验规程》(JTG E40—2007)重型击实试验法为准。

2. 三、四级公路铺筑沥青混凝土和水泥混凝土路面时，其压实度应采用二级公路的规定值。

3. 路堤采用特殊填料或处于特殊气候地区时，压实度标准应根据试验路在保证路基强度要求的前提下可适当降低。

4. 特别干旱地区的压实度标准可降低 2%～3%。

填石路堤的压实度质量宜采用施工参数(压实功率、碾压速度、压实遍数、铺筑层厚等)与压实质量检测联合控制。

填石路堤压实质量可以采用压实沉降差或孔隙率进行检测，孔隙率的检测应采用水袋法。

六、路基土的分类与分级

1. 路基土分类

世界各国公路用土的分类方法虽然不尽相同，但是分类的依据大致相近，一般都是根据土颗粒的粒径组成、土颗粒的矿物成分或其物质的含量，土的塑性指标进行区分。我国公路用土根据土的颗粒组成特征、土的塑性指标和土中有机质存在的情况，分为巨粒土、粗粒土、细粒土和特殊土四类，并进一步细分为 12 种土。土的颗粒组成特征用不同粒径粒组在土中的百分含量表示。表 2-7 所列为不同粒组的划分界限及范围。

粒 组 划 分 表　　表 2-7

<table>
<tr><td>200mm</td><td>60mm</td><td>20mm</td><td>5mm</td><td>2mm</td><td>0.5mm</td><td>0.25mm</td><td>0.075mm</td><td colspan="2">0.002mm</td></tr>
<tr><td colspan="2">巨粒组</td><td colspan="6">粗粒组</td><td colspan="2">细粒组</td></tr>
<tr><td rowspan="2">漂石
（块石）</td><td rowspan="2">卵石
（小块石）</td><td colspan="3">砾（角砾）</td><td colspan="3">砂</td><td rowspan="2">粉粒</td><td rowspan="2">黏粒</td></tr>
<tr><td>粗</td><td>中</td><td>细</td><td>粗</td><td>中</td><td>细</td></tr>
</table>

土的分类总体系包括四类，并且细分为 12 种，如图 2-3 所示。

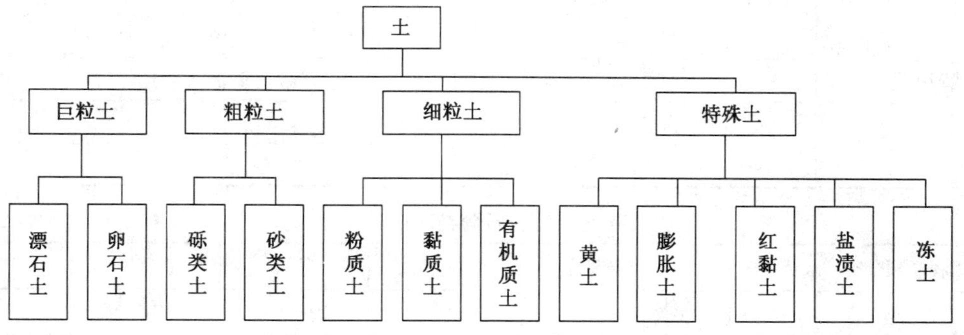

图 2-3　土分类总体系

公路用土分类的基本代号如表 2-8 所示。

公路用土的基本代号表　　表 2-8

土类、代号、特征	巨粒土	粗粒土	细粒土	有机土
成分代号	漂石 B 块石 Ba 卵石 Cb 小块石 Cba	砾 G 角砾 Ga 砂 S	粉土 M 黏土 C 细粒土(C 和 M 合称)F 粗细粒土合称 SI	有机质土 O
级配和液限高低代号	级配良好 W；高液限 H； 级配不良 P；低液限 L			

注：1. 土类名称可用一个基本代号表示。当由两个基本代号构成时，第一个代号表示土的主成分，第二个代号表示副成分(级配或液限)。当由三个基本代号构成时，第一个代号表示土的主成分，第二个代号表示副成分，第三个代号表示土中所含次要成分。

2. 液限的高低以 50 划分；级配以不均匀系数(C_u)和曲率系数(C_c)表示，详见《公路土工试验规程》(JTG E40—2007)。

各类公路用土具有不同的工程性质，在选择路基填筑材料，以及修筑稳定土路面结构层时，应根据不同的土类分别采用不同的工程技术措施。

巨粒土包括漂石(块石)和卵石(块石),有很高的强度和稳定性,用以填筑路基是良好的材料,亦可用于砌筑边坡。

级配良好的砾石混合料,密实程度好,强度和稳定性均能满足要求。除了可用于填筑路基之外,还可以用于铺筑中级路面,经适当处理后,也可以铺筑高级路面的基层、底基层。

2. 土石工程分级

为安排施工及土石方工程计价,常按土石开挖难易程度进行分级。现行公路工程定额采用六级分类,一般土木工程采用十六级分类。公路工程定额土石分类与十六级分类对应关系见表 2-9 和表 2-10。

公路土的工程分类 表 2-9

土 类	土 名	备 注
巨粒土	漂石土、卵石土	粒径大于 60mm 的颗粒占 50%以上的土称巨粒土
粗粒土	砾类土、砂类土	粒径大于 0.075mm 的颗粒占 50%以上的土称粗粒土
细粒土	粉质土、黏质土、有机质土	粒径小于 0.075mm 的颗粒占 50%以上的土称细粒土
特殊土	黄土	低液限黏土
	膨胀土	高液限黏土
	红黏土	高液限粉土
	盐渍土	
	冻土	

公路土、石分类对照表 表 2-10

公路工程定额分类	松土	普通土	硬土	软石	次坚石	坚石
十六级分类	I~II	III	IV	V~VI	VII~IX	X~XXI

七、天然密实方与压实方

路基横断面设计图所显示的挖填方工程量,一般称为“断面方”。断面方中包含填方与挖方,填方系按压实后的体积计算,称“压实方”;挖方是按天然密实体积计算,称“天然密实方”。实践表明,天然密实的 $1m^3$ 土体开挖运来填筑路堤,并不等于 $1m^3$ 的压实方。公路工程定额规定:当以填方压实体积为工程量,采用天然密实方为计量单位的定额时,所采用定额应乘以调整系数。由于调整系数的采用,应在路基土石方工程数量的计算及填挖平衡调运过程中充分注意和考虑,不应简单地只按断面方进行调配。

天然密实方定额折算为压实方定额的调整系数见表 2-11。

调 整 系 数 表 2-11

公 路 等 级	土 方				石方
	松土	普通土	硬土	运输	
二级及以上等级公路	1.23	1.16	1.09	1.19	0.92
三、四级公路	1.11	1.05	1.00	1.08	0.84

注:运输调整系数是按普通土调整系数加上 3%的运输损耗。

第二节　施工前的准备工作

路基工程施工，尤其是路基土石方的开挖及填筑，是公路工程施工过程最前期所开展的工程。其准备工作包括组织准备、物质准备和技术准备三个方面。组织准备包括：建立健全施工组织机构，制订施工管理、工程监理的规章制度等。物质准备包括：材料、机具的购置、配置、运输、储存及供水、供电、通信等，生产、生活设施的布设及修建等。技术准备包括：现场调查、核对设计文件、恢复路线、清理现场、路基放样等技术性工作。

技术准备工作的涉及面较广，因而要求在设计阶段就必须认真对待，严格按照设计文件编制办法的规定及要求，提供公路用地图表，需拆迁或赔偿的建筑物、电力、通信、上下水管道的管线设施及坟地、水利设施等的数量、种类、位置、桩号、所属单位（或个人）、用途及新旧程度，砍树、挖根、除草等清场工程数量以及排水、临时道路等开工前进行准备工作所必需的调查资料及设计意图。其主要的工作内容如下。

一、复测及放样

恢复和固定路线包括中线及高程的复测，水准基点复测及增设，横断面的检查与补测等。

1. 控制测量

(1)各级公路的平面控制测量等级，应符合《公路路基施工技术规范》(JTG F10—2006)的规定；

(2)三角测量技术要求，应符合《公路路基施工技术规范》(JTG F10—2006)的规定；

(3)导线测量技术，应符合《公路路基施工技术规范》(JTG F10—2006)的规定；

(4)四级 GPS 控制网的主要技术参数，应符合《公路路基施工技术规范》(JTG F10—2006)的规定；

(5)各级公路的水准测量等级，应符合《公路路基施工技术规范》(JTG F10—2006)的规定；

(6)公路高程测量应采用水准测量。在水准测量有困难的地段，四、五等水准测量可以采用三角高程测量。采用三角高程测量时，起讫点应为高一个等级的控制点。

(7)水准测量精度，应符合《公路路基施工技术规范》(JTG F10—2006)的规定；

(8)路基施工与隧道、桥梁施工共用的控制桩，应分别满足《公路隧道施工技术规范》(JTG F60—2009)、《公路桥涵施工技术规范》(JTJ 041—2000)的规定；

(9)路基施工期间，应根据情况对控制桩点进行复测。在季节性冻土地区，在冻融以后应进行复测；

(10)其他方面应符合《公路勘测规范》(JTG C10—2007)的规定。

2. 导线复测

(1)导线测量精度，应符合《公路路基施工技术规范》(JTG F10—2006)的规定；

(2)原有导线点不能满足施工需要时，可增设满足相应精度要求的附合导线点；

(3)同一建设项目内相邻施工段的导线，应闭合，并满足同等级精度要求；

(4)对可能受施工影响的导线点，施工前应加以固定或改移，从开工至竣工验收的时间段内应保证其精度。

3. 水准点复测与加密

(1)水准点测量精度,应符合《公路路基施工技术规范》(JTG F10—2006)的规定。

(2)沿路线每500m宜有一个水准点,在结构物附近、高填深挖路段、工程量集中及地形复杂路段,宜增设水准点。临时水准点应符合相应等级的精度要求,并与相邻水准点闭合。

(3)当水准点有可能受到施工影响时,应进行处理。

4. 中线放样

(1)路基开工前,应进行全段中线放样并固定路线主要控制桩。高速公路、一级公路宜采用坐标法进行测量放样。

(2)中线放样时,应注意路线中线与结构物中心、相邻施工段的中线闭合,发现问题应及时查明原因,并进行处理。

(3)设计图和实际放样不符时,应查明原因后进行处理。

5. 路基放样

(1)路基施工前,应对原地面进行复测,核对或补充横断面,发现问题时,应进行处理。

(2)路基施工前,应增设标识桩,对路基用地界、路堤坡脚、路堑坡顶、取土坑、护坡道、弃土堆等的具体位置标识清楚。

(3)对深挖高填路段,每挖填3~5m或者一个边坡平台(碎落台),应复测中线和横断面。

(4)高速公路和一级公路施工中,高程控制间距不宜大于200m。

(5)施工过程中,应保护好所有控制桩点,并及时恢复被破坏的桩点。

复测及放样过程中,应注意复查土石分类是否恰当,地下水、地表水状况及由此影响的土基干湿状态是否与设计文件一致,砂石料的状况是否出入过大等,发现设计文件存在不妥时,应提出变更设计方案,进行补充测量,并及时办理变更手续。

二、土样试验

路基施工前,应对沿线及借土场挖取有代表性的土样进行天然含水率、液限、塑限、标准击实试验、CBR试验等,必要时应做颗粒分析、相对密度、有机质含量、易溶盐含量、冻融和膨胀量等试验。使用特殊材料作为填料时,应按相应标准做相应试验,必要时还应进行环境影响评价,经批准后方可使用。

三、场地疏干

路基施工应保持场地干燥,地表水及地下水应始终处于良好的排疏状态。因此,开工前就应因势利导地设置一些纵横排水沟渠或砂、砾、碎石垫层,形成临时排水系统,以确保施工场地不积水和不受冲刷损坏。临时排水设施应与永久性排水设施相结合。

四、临时道路及桥涵

路基施工一般都要破坏原有现场、地貌。因此,组织施工时应充分考虑维护施工期间的场内、外交通,保证机具、材料、人员和给养的送运,修筑必要的临时道路及桥涵。施工过程中,如需阻断原有道路交通时,应事先设置便道、便桥和必要的行车标志及灯光,以维持现有交通不致中断。

五、场地清除

(1)对公路用地范围内原有构造物,应根据设计要求进行处理。

(2)二级及二级以上公路路堤和填方高度小于1m的公路路堤,应将路基基底范围内的树根全部挖除,并将坑穴填平夯实;填方高度大于1m的二级以下公路路堤,可保留树根,但树根不能露出地面。取土坑范围内的树根应全部挖除。

(3)应对路幅范围内、取土坑的原地面表面层腐殖土、表土、草皮等进行清理,在填方地段还应按设计要求整平压实。清出的表层土宜充分利用。

六、拆迁

公路用地范围及其附近对施工有影响的既有房屋、道路、河沟、水利设施、通信及电力设施、上下水管道、坟墓及其他建筑物应拆除、迁移或加固。对地下构筑物,应以不影响新结构物为原则,按设计要求的深度、厚度、宽度予以拆除。

七、承包人驻地建设

承包人驻地建设是指承包人为了工程的有效实施和管理,应结合所承包的工程规模及工期要求等因素,自行选址建设、管理和维护所必需的生活和生产用的临时建筑物、构筑物,如办公室、宿舍、食堂、试验室、仓库、工棚、储料场等房屋及其他临时设施等。

八、临时公用设施

临时公用设施指通信、供电、供水、污水及垃圾处理、取暖、防火、急救及医疗服务等内容。路基施工前,应做好通信、通电、通水等各项有关准备工作,以保证工程顺利开展。

第三节　路基土石方作业

土石方作业除路基本身的填筑、开挖外,还应包括取土坑、弃土堆、护坡道、碎落台及路基整修等。

一、路堤填筑

1.施工取土

(1)路基填方取土,应根据设计要求,结合路基排水和当地土地规划、环境保护要求进行,不得任意挖取。

(2)施工取土,应不占或少占良田,尽量利用荒坡、荒地,取土深度应结合地下水等因素考虑,以利于复耕。原地面耕植土应先集中存放,以利再用。

(3)自行选定取土方案时,应符合下列技术要求:

①地面横向坡度陡于1∶10时,取土坑应设在路堤上侧。

②桥头两侧不宜设置取土坑。

③取土坑与路基之间的距离,应满足路基边坡稳定的要求。取土坑与路基坡脚之间的护坡道应平整密实,表面设1%～2%向外倾斜的横坡。

④取土坑兼作排水沟时，其底面宜高出附近水域的常水位或与永久排水系统及桥涵出水口的高程相适应，纵坡不宜小于0.2%，平坦地段不宜小于0.1%。

⑤线外取土坑等与排水沟、鱼塘、水库等蓄水(排洪)设施连接时，应采取防冲刷、防污染的措施。

(4)对取土造成的裸露面，应采取整治或防护措施。

2.土质路堤

(1)地基表层处理应符合下列规定：

①二级及二级以上公路路堤基底的压实度应不小于90%；三、四级公路应不小于85%。路基填土高度小于路面和路床总厚度时，基底应按要求处理。

②原地面坑、洞、穴等，应在清除沉积物后，用合格填料分层回填，分层压实，压实度应符合规定要求。

③泉眼或露头地下水，应按设计要求，采取有效导排措施后，方可填筑路堤。

④地基为耕地、松散土、水稻田、湖塘、软土、高液限土等时，应按设计要求进行处理，局部软弹的部分也应采取有效的处理措施。

⑤地下水位较高时，应按设计要求进行处理。

⑥陡坡地段、土石混合地基、填挖界面、高填方地基等，都应按设计要求进行处理。

(2)路堤填筑应符合下列规定：

①性质不同的填料，应水平分层、分段填筑，分层压实。同一水平层路基的全宽应采用同一种填料，不得混合填筑。每种填料的填筑层压实后的连续厚度不宜小于500mm。填筑路床顶最后一层时，压实后的厚度应不小于100mm。

②潮湿或冻融敏感性小的填料，应填筑在路基上层，强度较小的填料应填筑在下层。在有地下水的路段或临水路基范围内，宜填筑透水性好的填料。

③在透水性不好的压实层上填筑透水性较好的填料前，应在其表面设2%～4%的双向横坡，并采取相应的防水措施。不得在由透水性较好的填料所填筑的路堤边坡上覆盖透水性不好的填料。

④每种填料的松铺厚度应通过试验确定。

⑤每一填筑层压实后的宽度不得小于设计宽度。

⑥路堤填筑时，应从最低处起分层填筑，逐层压实；当原地面纵坡大于12%或横坡陡于1∶5时，应按设计要求挖台阶，或设置坡度向内并大于4%、宽度大于2m的台阶。

⑦填方分几个作业段施工时，接头部位如不能交替填筑，则先填路段，应按1∶1坡度分层留台阶；如能交替填筑，则应分层相互交替搭接，搭接长度不小于2m。

(3)选择施工机械时，应考虑工程特点、土石种类及数量、地形、填挖高度、运距、气候条件、工期等因素，经济合理地确定。填方压实应配备专用碾压机具。

(4)土质路基压实度应符合表2-6的规定。

3.填石路堤

(1)填料应符合以下规定：

①膨胀岩石、易溶性岩石不宜直接用于路堤填筑，强风化石料、崩解性岩石和盐化岩石不得直接用于路堤填筑。

②路堤填料粒径应不大于500mm，并不宜超过层厚的2/3，不均匀系数宜为15～20。路

床底面以下 400mm 范围内,填料粒径应小于 150mm。

③路床填料粒径应小于 100mm。

(2)基底处理应符合以下要求:

①除满足前述规定外,承载能力应满足设计要求。

②在非岩石地基上,填筑填石路堤前,应按设计要求设过渡层。

(3)填筑应符合以下规定:

①路堤施工前,应先修筑试验路段,确定满足规定的孔隙率标准的松铺厚度、压实机械型号及组合、压实速度及压实遍数、沉降差等参数。

②路床施工前,应先修筑试验路段,确定能达到最大压实干密度的松铺厚度、压实机械型号及组合、压实速度及压实遍数、沉降差等参数。

③二级及二级以上公路的填石路堤,应分层填筑压实。二级以下砂石路面公路在陡峻山坡地段施工特别困难时,可采用倾填的方式将石料填筑于路堤下部,但在路床底面以下不小于 1.0m 范围内仍应分层填筑压实。

④岩性相差较大的填料,应分层或分段填筑,严禁将软质石料与硬质石料混合使用。

⑤中硬、硬质石料填筑路堤时,应进行边坡码砌,码砌边坡的石料强度、尺寸及码砌厚度应符合设计要求,边坡码砌与路基填筑宜基本同步进行。

⑥压实机械宜选用自重不小于 18t 的振动压路机。

⑦在填石路堤顶面与细粒土层之间,应按设计要求设过渡层。

4. 土石路堤

(1)填料应符合以下规定:

①膨胀岩石、易溶性岩石等不宜直接用于路堤填筑,崩解性岩石和盐化岩石等不得直接用于路堤填筑。

②天然土石混合填料中,中硬、硬质石料的最大粒径不得大于压实层厚的 2/3;石料为强风化石料或软质石料时,其 CBR 质应符合规范要求,石料最大粒径不得大于压实层厚。

(2)基地处理应满足规范要求。在陡、斜坡地段,土石路堤靠山一侧,应按设计要求做好排水和防渗处理。

(3)填筑应符合以下规定:

①压实机械宜选用自重不小于 18t 的振动压路机。

②施工前,应根据土石混合材料的类型分别进行试验路段施工,确定能达到最大压实干密度的松铺厚度、压实机械型号及组合、压实速度及压实遍数、沉降差等参数。

③土石路堤不得倾填,应分层填筑压实。

④碾压前,应使大粒径石料均匀分散在填料中,石料间孔隙应填充小粒径石料、土和石渣。

⑤透水性差异大的土石混合材料,应分层或分段填筑,不宜纵向分幅填筑;如确需纵向分幅填筑时,应将压实后渗水良好的土石混合材料填筑于路堤两侧。

⑥土石混合材料来自不同料场,其岩性或土石比例相差较大时,宜分层或分段填筑。

⑦填料由土石混合材料变化为其他填料时,土石混合材料最后一层的压实厚度应小于 300mm,该层填料最大粒径宜小于 150mm,压实后,该层表面应无孔洞。

⑧对于中硬、硬质石料的土石路堤,应进行边坡码砌,码砌边坡的石料强度、尺寸及码砌厚度应符合设计要求,边坡码砌与路堤填筑宜基本同步进行。软质石料土石路堤的边坡按土质

路堤边坡处理。

(4)中硬、硬质石料土石路堤质量，应符合以下规定：

①施工过程中的每一压实层，可用试验路段确定的工艺流程和工艺参数，控制压实过程；用试验路段确定的沉降差指标，检测压实质量。

②路基成型后，其质量应符合规范规定要求。

(5)软质石料填筑的土石路堤，应符合相关规范要求。

(6)土石路堤的外观质量标准：路基表面无明显孔洞；大粒径填石无松动，铁锹挖动困难；中硬、硬质石料土石路基边坡码砌紧贴、密实，无明显孔洞、松动，砌块间承接面应向内倾斜，坡面平顺。

5. 高填方路堤

(1)高填方路堤填料宜优先采用强度高、水稳定性好的材料，或采用轻质材料。受水淹、浸的部分，应采用水稳性和透水性均好的材料。

(2)基底处理应符合下列规定：

①基底承载能力应满足设计要求。特殊地段或承载能力不足的地基应按设计要求进行处理。

②覆盖层较浅的岩石地基，宜清除覆盖层。

(3)高填方路堤填筑过程应符合下列规定：

①施工中，应按设计要求预留路堤高度与宽度，并进行动态监控。

②施工过程中，宜进行沉降观测，按照设计要求进行控制填筑速率。

③高填方路堤宜优先安排施工。

④为保证高填方路基的压实度，必要时应每隔 4m 强夯或分层冲击压实。

6. 桥涵及构造物的回填

(1)填料宜采用透水性材料、轻质材料、无机结合料等，非透水性材料不得直接用于回填。

(2)基坑回填必须在隐蔽工程验收合格后方可进行，基坑回填应分层填筑、分层压实，分层厚度宜为 100～200mm。二级及二级以上公路，采用小型夯实机具时，基坑回填的分层压(夯)实厚度不宜大于 150mm，并应压(夯)实到设计要求的压实度。

(3)台背与路堤间的回填施工应符合以下规定：

①二级及二级以上公路应按设计做好过渡段，过渡段路堤压实度应不小于 96%，并应按设计做好纵向和横向防排水系统。

②二级以下公路的路堤与回填的联结部，应按设计要求预留台阶。

③台背回填部分的路床宜与路堤路床同步填筑。

④桥台背和锥坡的回填施工宜同步进行，一次填足并保证压实整修后能达到设计宽度要求。

(4)涵洞回填施工应符合以下规定：

①洞身两侧，应对称分层回填压实，填料粒径宜小于 150mm。

②两侧及顶面填土时，应采取措施防止压实过程对涵洞产生不利影响。

7. 半填半挖路基、路堤与路堑过渡段

(1)基底处理应符合下列规定：

①应从填方坡脚起向上设置内侧倾斜的台阶，台阶宽度不小于 2m，在挖方一侧，台阶应与每个行车道宽度一致、位置重合。

②石质山坡,应清除原地面松散风化层,按设计开凿台阶。

③孤石、石笋应清除。

④纵向填挖结合段,应合理设置台阶。

⑤有地下水或地面水汇流的路段,应采用合理的措施导排水流。

(2)施工应符合下列规定:

①路基应从最低高程处的台阶开始分层填筑,分层压实。

②填筑时,应严格处理横向、纵向、原地面等结合界面,确保路基的整体性。

③路基填筑过程中,应及时清理设计边坡外的松土、弃土。

④高度小于800mm的路堤、零填及挖方路床的加固换填宜选用水稳定性较好的材料。

8.轻质填料路堤施工

1)粉煤灰路堤

(1)用于高速公路、一级公路路堤的粉煤灰,烧失量宜小于20%;对烧失量超过标准的粉煤灰应做对比试验,分析论证后方可采用。

(2)粉煤灰的粒径,宜在0.001~1.18mm之间,小于0.075mm的颗粒含量宜大于45%,粉煤灰中不得含团块、腐殖质及其他杂质。

(3)包边土和顶面封层的填料,宜采用塑性指数不小于12的黏性土。隔离层和土质护坡中的盲沟所用砂砾料、矿渣料等,最大粒径应小于75mm,4.75mm以下细料含量小于50%,含泥量小于5%。

(4)施工前应铺筑试验路段。

(5)储运粉煤灰应符合下列规定:

①调节粉煤灰含水率宜在储灰场或灰池中进行。

②粉煤灰运输、装卸、堆放,应采取有效措施防止扬尘、流失与污染环境。

③储灰场地,应排水畅通,地面应硬化。大的储存场宜设置雨水沉淀池。堆场应安装洒水设备,防止干灰飞扬。

(6)粉煤灰路堤填筑应符合下列规定:

①温度在0℃以上方可施工,并避开大风季节。

②对颗粒组成、最大干密度和最佳含水率有显著差别的灰源应分别堆放,分段填筑。

③按设计要求铺筑隔离层,隔离层界面的路拱横坡应与路堤同坡。

④粉煤灰路堤应采用水平分层填筑施工。当分成不同作业段填筑时,先填地段应分层预留台阶,每个压实层应相互重叠搭接,搭接长度宜大于1.5m,相邻作业段接头范围内的压实度应达到规定要求。

⑤土质包边土施工,应与粉煤灰填筑同步进行。土质护坡铺筑宽度应保证削坡后的净宽满足设计要求,同时应按设计要求做好土质护坡的排水盲沟,底层盲沟高程应避免地表水倒灌。

⑥施工过程中,应及时洒水,防止干灰飞扬。

⑦粉煤灰摊铺后,必须及时碾压,做到当天摊铺,当天碾压完毕。

⑧粉煤灰路堤的压实,应遵循先轻后重、先低后高的原则。

⑨铺筑上层时,宜采取洒水湿润,控制卸料车行驶路线、速度、掉头、紧急制动等措施,防止压实层松散。

⑩若暂时不能及时铺筑上层粉煤灰时，除特殊情况外，禁止车辆通行，并洒水湿润，防止表面干燥松散。施工间隔较长时，应在路堤顶面覆盖适当厚度的封闭土层，并压实，横坡宜稍大于路拱。当铺筑至粉煤灰路堤顶层时，宜及时按设计要求做封闭层。应按设计要求做好粉煤灰与混凝土结构、金属结构物等接触界面的防护。

2)EPS 路堤(粉煤灰及聚苯乙烯泡沫塑料路堤)

(1)EPS 块体在工地堆放时，应采取防火、防风、防雨水滞留、防有机溶剂及石油类油剂的侵蚀等保护措施，采取措施避免强阳光直接照射。

(2)垫层厚度应均匀、密实，垫层宽度宜超过路基边缘 0.5～1m。

(3)EPS 块体铺筑应符合下列规定：

①非标准尺寸 EPS 块体宜在生产车间加工。现场加工时，宜用电热丝进行切割。

②施工基面必须保持干燥。EPS 块体应逐层错缝铺设。允许偏差范围之内的缝隙或高差，可用砂或无收缩水泥砂浆找平。

③严禁重型机械直接在 EPS 块上行驶。

④与其他填料路堤或旧路基的接头处，EPS 块体应呈台阶状铺设。

⑤最底层块体与垫层之间、同一层块体侧面联结、不同层的块体之间的联结应牢固，联结件应进行防锈处理。

⑥EPS 块体顶面的钢筋混凝土薄板、土工膜或土工织物等，应覆盖全部 EPS 块体，并向土质护坡延伸 0.5～1.0m。

⑦EPS 路堤两边的土质护坡，坡面法向厚度应不小于 0.25m，分层碾压夯实，防渗土工膜宜分级回包。

二、挖方路基

1.路堑开挖方案

路堑开挖方案的选择，应考虑当地的地形条件、工程量大小、施工工期及能采用的机具等因素。此外，尚需考虑土层分布及其利用、废弃等情况。一般傍山开挖或半挖半填的路基，可采用分层纵挖法，如图 2-4 所示。路堑开挖可根据具体情况采用横挖、纵挖法或混合式开挖法，如图 2-5 所示。

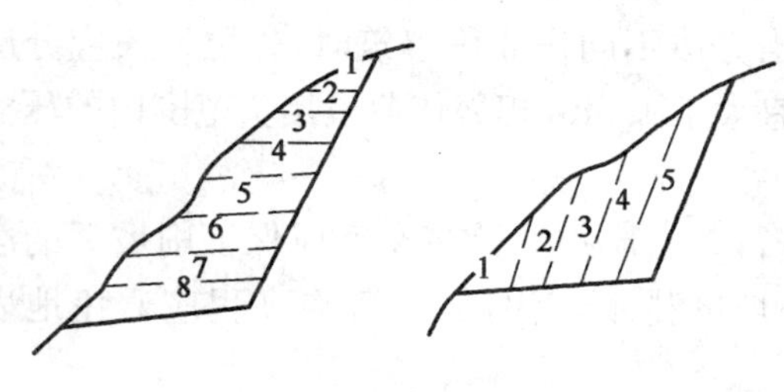

图 2-4　分层纵挖法

图 2-5　路堑开挖

(1)横挖法

从路堑的一端或两端按横断面全宽向前开挖，称为横挖法，适用于短而深的路堑。当路堑深度不深时，可以一次挖到设计高程，称单层横挖法，如图 2-6 所示；当路堑较深时，可分成几个台阶进行开挖，称分层横挖法，如图 2-7 所示。分层开挖的台阶高度应视施工操作的方便和安全施工而定，用人力开挖一般宜为 1.5～2m，用机械开挖每层台阶高度可增加到 3～4m。无论自两端一次横挖到路基高程或分台阶横挖，各层均应设独立的出土通道和临时排水设施。

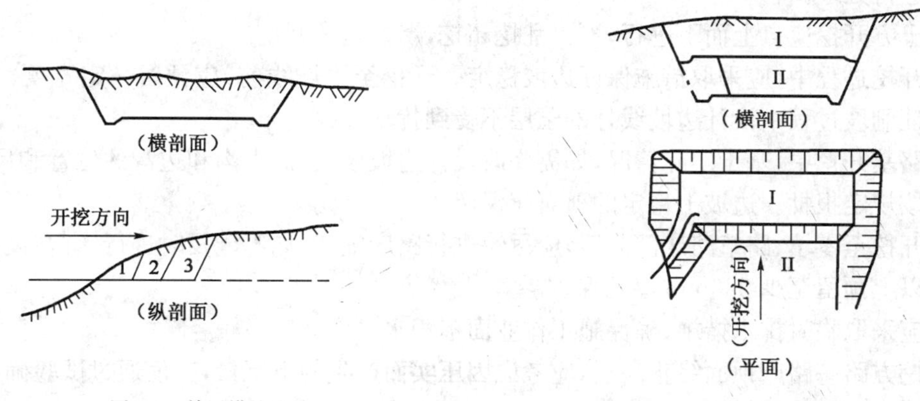

图 2-6　单层横挖法　　　图 2-7　分层横挖法

分层横挖使得工作面纵向拉开，多层多向出土，可以容纳较多的施工机械，能够加快开挖进度，提高工作效率。

(2)纵挖法

纵向开挖可分为分段纵挖法、分层纵挖法和通道纵挖法。

分段纵挖法适用于路堑较长、运距较远，一侧堑壁有条件挖穿(俗称开马口)，可把长路堑分成几段同时开挖的路段，如图 2-8 所示。

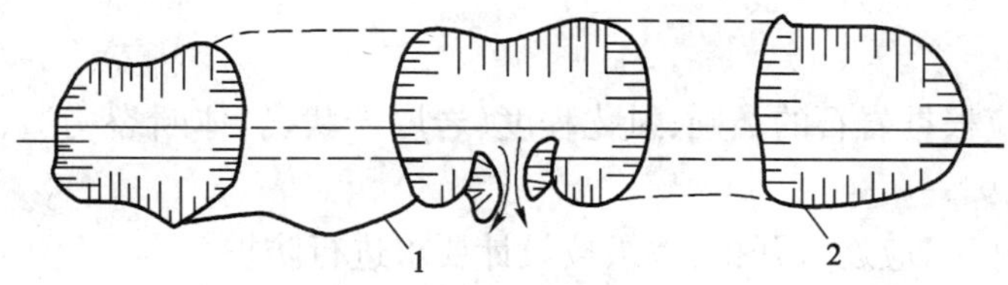

图 2-8　分段纵挖法

分层纵挖法是沿线路全宽，以深度不大的纵向分层开挖，开挖顺序如图 2-9 所示。

通道纵挖法是先沿纵向挖出通道，然后开挖两旁，如路堑较深，可分几次进行。在路幅较宽开挖面较大的重点土石方工程量集中地段，这是加快施工进度的有效开挖方法，如图 2-10 所示。

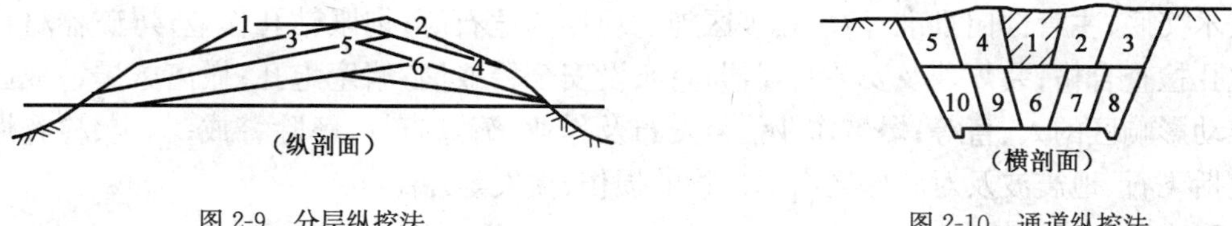

图 2-9　分层纵挖法　　　图 2-10　通道纵挖法

(3)混合法

混合式开挖法是将横挖法、通道纵挖法混合使用，即先顺路堑方向挖通通道，然后沿横向坡面挖掘，以增加开挖坡面。在较大的挖方地段，还可沿横向再开辟工作面。

2. 土方工程

(1)开挖施工应符合下列规定:

①可作为路基填料的土方,应分类开挖、分类使用。非适用材料应按设计要求或作为弃方按规定进行处理。

②土方开挖应自上而下进行,不得乱挖超挖,严禁掏底开挖。

③开挖过程中,应采取措施保证边坡稳定。开挖至边坡线前,应预留一定宽度,预留的宽度应保证刷坡过程中设计边坡线外的土层不受到扰动。

④路基开挖中,基于实际情况,如需修改设计边坡坡度、截水沟和边沟的位置和尺寸等时,应及时按规定报批。边坡上稳定的孤石应保留。

⑤开挖至零填、路堑路床部分后,应尽快进行路床施工;如不能及时进行,宜在设计路床顶面高程以上预留至少 300mm 厚的保护层。

⑥应采取临时排水措施,确保施工作业面不积水。

⑦挖方路基路床顶面终止高程,应考虑因压实而产生的下沉量,其值通过试验确定。

(2)边沟与截水沟应从下游向上游开挖。截水沟通过地面坑凹处时,应将凹处填平夯实。边沟及截水沟开挖后,应及时进行防渗处理,不得渗漏、积水和冲刷边坡及路基。

(3)挖方路基施工遇到地下水时,应按下列规定处理:

①应采取排导措施,将水引入路基排水系统,不得随意堵塞泉眼。

②路床土含水率高或为含水层时,应采取设置渗沟、换填、改良土质、土工织物等处理措施,路床填料应符合规定,还应具有良好的透水性能。

(4)土质路基开挖应根据地面坡度、开挖断面、纵向长度及出土方向等因素,结合土方调配,选用安全、经济的开挖方案。

3. 石方工程

(1)石方开挖应根据岩石的类别、风化程度、岩层产状、岩体断裂构造、施工环境等因素确定开挖方案。

(2)深挖路基施工,应逐级开挖,逐级按设计要求进行防护。

(3)爆破作业必须符合《爆破安全规程》(GB 6722—2003)的规定。爆破施工组织设计应按相关规定报批。

(4)石方开挖严禁采用峒室爆破,近边坡部分宜采用光面爆破或预裂爆破。

(5)采用爆破法开挖石方,应先查明空中电缆线、地下管线的位置,开挖边界线外可能受爆破影响的建筑物结构类型、居民居住情况等,然后制订详细的爆破技术安全方案。

(6)爆破开挖石方,宜按以下程序进行:爆破影响调查与评价;爆破施工组织设计、培训考核;技术交底;主管部门批准;清理爆破区施工现场的危石等;炮眼钻孔作业;爆破器材检查测试;炮孔检查合格;装炸药及安装引爆器材;布设安全警戒岗;堵塞炮孔;撤离施爆警戒区和飞石、震动影响区的人、畜等;爆破作业信号发布及作业;清除盲炮;解除警戒;测定、检查爆破效果(包括飞石、地震波及对施爆区内构造物的损伤、损失等)。

(7)边坡整修及检验。

①挖方边坡应从开挖面往下分段整修,每下挖 2~3m,宜对新开挖边坡刷坡,同时清除危石及松动石块。

②石质边坡不宜超挖。

③石质边坡质量要求：边坡上无松石、危石。

(8)路床清理及验收。

①欠挖部分必须凿除。超挖部分应采用无机结合料稳定碎石或级配碎石填平碾压密实，严禁用细粒土找平。

②石质路床底面有地下水时，可设置渗沟进行排导，渗沟宽度不宜小于100mm，横坡不宜小于0.6%。渗沟应用坚硬碎石回填。

③石质路床的边沟应与路床同步施工。

4. 深挖路基

(1)施工前，应理解设计的边坡方案，并编制详细的施工方案，获批准后方可实施。

(2)施工过程中，应根据开挖情况随时进行地质核查，并对边坡稳定性进行监测。如实际情况与设计不符，应会同设计单位等进行处理。

(3)应根据地形特征设置边坡控制点。

5. 弃方

(1)施工前，应对设计提供的弃方方案进行现场核对，若有疑问，应及时处理。

(2)弃土不得占用耕地。

(3)沿河弃土不得影响排洪、通航，不得加剧河岸冲刷。不得向水库、湖泊、岩溶漏斗及暗河口处弃土。禁止在贴近桥墩台、涵洞口处弃土。

(4)沿线弃土堆设置应符合设计要求；无设计要求时应符合下列规定：

①弃土应相对集中堆放，并与周边环境相协调，严禁随意处理。

②弃土堆的几何尺寸、压实程度、位置，应保证路基边坡和弃土堆自身的稳定。弃土堆的边坡不陡于1∶1.5，顶面向外设不小于2%的横坡，其内侧高度不宜大于3m。

③在地面横坡陡于1∶5的路段，不得在高于路堑边坡顶的山坡上方设弃土堆。

④在山坡上侧的弃土堆，应连续而不间断，并在弃土堆上侧设置截水沟。山坡下侧的弃土堆，应每隔50～100m设宽度不小于1m的缺口排水，排水主流方向不得对地面结构物及农田等造成不利影响，必要时可设人工沟渠导引排水。对弃土堆坡脚应进行防护和加固。

(5)弃土应按设计要求进行压实。

(6)应按设计要求及时完成弃土场的防护、排水工程。

三、取土坑、弃土堆、护坡道及碎落台

1. 取土坑

取土坑应有正确的形状，以保证路基排水。取土坑的长、宽、深度视填土数量、施工方法及保证排水而定，在平原地区其深度一般为1m。取土坑的底面可做成向外倾斜的单向横坡，坡度为2%～3%。取土坑积水应有一定的处治措施，以保证路基强度不受影响。

2. 弃土堆

弃土堆应堆成规则形状，其边坡不应陡于1∶1.5，顶面应做成向外倾斜的单向横坡，坡度不得小于2%。弃土堆高度不宜高于3m。路堑旁的弃土堆，其内侧坡脚与路堑坡顶之间的距离，对于干硬土不应小于3m，对于湿软土不应小于路堑深加5m。弃土堆呈带状沿路堆置时，上坡方面应连续而不中断，并在弃土堆前设置截水沟；在下坡方面应每隔50～100m设不小于1m宽的缺口，以利排水。当沿河弃土时，不得阻塞河流、挤压桥孔或造成河

岸冲刷。堆放弃土,不得干扰正常交通。并应防止对灌溉沟渠及天然水流的污染和淤塞,任何因弃土污染和淤塞而造成的损失,承包人应自费进行处治。弃土场应符合水土保持评价要求和环保要求。

3. 护坡道

为保证路基稳定,当路基边缘与取土坑底之高差大于 2m 时,一般应根据填土高度、土质及水文情况等,设置宽 1~2m 的护坡道。

4. 碎落台

在易风化岩石、粗砂、中砂、黄土和其他不良土质的路堑中,应视边坡高度和土的性质设置一般不小于 1m 宽的碎落台,并做成向路倾斜 2%的单向横坡,如边坡较低或已适当加固时,可不设碎落台。

四、路基整修

路基土石方工程基本完成后,应进行路基整修(或整形)工作,将合乎质量要求的路基移交路面施工。

路基整修应按设计文件要求检查路床面的中线和高程,以及路基宽度、边坡坡度、截、排水沟系统。路基整修后应达到质量检验标准的要求。外观鉴定时,路基应表面平整,边线顺直,曲线圆滑;边坡坡面平顺稳定;取土坑、弃土堆、护坡道、碎落台位置适当,整齐,美观。石方路基上边坡不得有松石、险石。

第四节　排 水 设 施

一、基本要求

水是危害公路的主要自然因素。路基沉陷、冲刷、坍塌、翻浆,沥青路面松散、剥落、龟裂,水泥混凝土路面唧泥、错台、断裂等病害,均不同程度地与地面水和地下水的侵蚀有关。水的作用加剧了路基和路面结构的损坏,加快了路面使用性能的变坏,缩短了公路的使用寿命。因而,排水系统是公路工程的重要组成部分,对保证公路的使用性能与使用寿命具有十分重要的作用。

路基排水系统的设置,是为将可能危害路基稳定的地面水和地下水采用适当的排水设施,使水迅速排出路基范围之外。排水设计应对公路沿线农灌系统、天然河沟、水源地、养殖水域进行调查,确定可以纳入路基排放水流的河沟、渠道或排水体,并结合路线平纵面、沿线地形、地质条件、桥涵位置等情况综合考虑,全面规划,总体设计。路基排水系统的设计应注意各种排水设施之间的联系及进出水口的处理,应注意与农灌沟渠的关系,防止冲毁农田或其他农田水利设施。

图 2-11 排水构造图路基排水分排地面水及地下水两大类。地面排水设施有边沟、截水沟、排水沟、跌水、急流槽及拦水带等;地下排水设施有明沟、暗沟、渗沟等设施。排水系统在高等级公路中的地位尤为重要,高等级公路路幅一般较宽,必须十分重视排除路面水,保证路面置于可靠的路基之上。

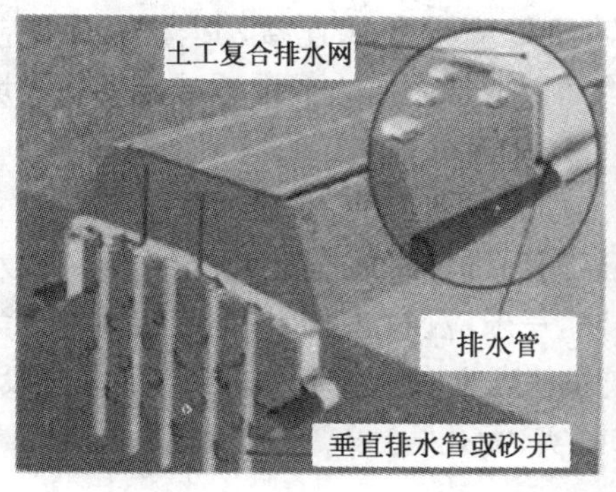

图 2-11 排水构造图

二、地表排水设施

1. 边沟

边沟设于路基挖方地段和高度小于边沟深度的填方地段。边沟排水应引入桥、涵或路基以外的沟谷，其结合部应妥善设计，以使边沟水流顺畅排走，如图 2-12 所示。边沟是否作砌石或混凝土铺砌应结合公路等级、路线纵坡及地质、水文条件确定，见图 2-13。

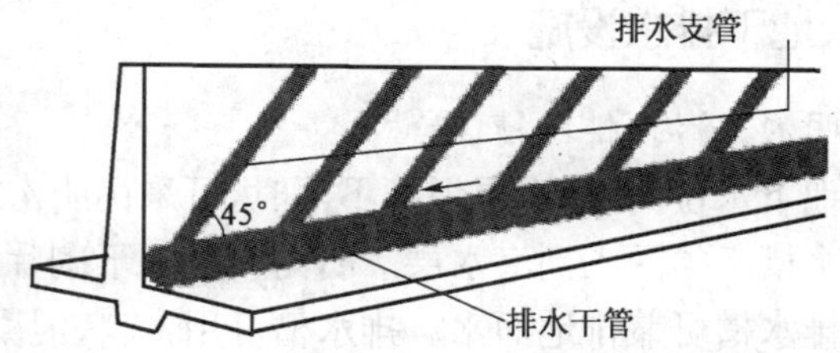

图 2-12 地表排水设施

图 2-13 边沟排水设施

2. 截水沟及排水沟

当路基挖方上侧山坡汇水面积较大时，应于挖方坡顶 5m 以外设置截水沟。截水沟水流一般不应引入边沟，当必须引入时，应切实做好防护措施。

边沟、截水沟、取土坑或路基附近的积水，均可采用排水沟排至桥涵或路基以外的洼地或天然河沟。

截水沟长度一般不宜超过500m，其平、纵转角处应设曲线连接，其沟底纵坡应不小于0.3%。当流速大于土的容许冲刷流速时，应对沟面采取加固措施或设法减小沟底纵坡。

3.跌水与急流槽

跌水与急流槽设于水沟通过陡坡地段，一般采用砌石或混凝土结构，其各部位尺寸应根据水文、地形、地质及当地气候条件确定，其边墙高度高出设计水位应不少于0.2m。跌水与急流槽的进水口应予适当加固，出水口应注意防止冲刷，一般应设置跌水井等消能设施。为防止基底滑动，急流槽底面每隔2.5～5m可设置凸榫嵌入基底土中。急流槽较长时，应分段修筑，每段长5～10m，段间接头应用防水材料填缝，要求密实、无孔隙。

4.蒸发池

在气候干燥且排水困难地段，可设置蒸发池。取土坑作蒸发池时，其与路基边沟距离不应小于5m，面积较大的蒸发池应不小于20m。蒸发池水位应低于排水沟的沟底，蓄水深度不大于1.5～2.0m，蓄水容量一般不超过200～300m^3。

设置蒸发池时，应不致使附近地区形成泥沼化，并应注意保持当地环境质量。

5.油水分离池

污水进入油水分离池前，应先通过隔栅和沉砂池处理，且不得由于设置油水分离池而污染当地生态环境。池底、池壁和隔板应采用砌浆片石或现浇混凝土进行加固。

三、地下排水设施

1.明沟、暗沟、排水槽、暗管

当地下水位高，潜水层埋藏不深时，可采用明沟或排水槽，截流地下水或降低地下水位，明沟或排水槽必须深入到潜水层。明沟一般以干砌片石加固，并设反滤层，以使水流渗入明沟。明沟及排水槽可兼排地面水。排水槽可用木料、混凝土、干砌或浆砌片石筑成。

为排出泉水或地下集中水流，可采用暗沟（见图2-14）或暗管。高等级公路的中央分隔带也需要采用纵向、横向的暗沟及暗管将集水排出路基之外。暗沟一般采用砌片石或混凝土筑成，暗管一般为混凝土预制安装构件。

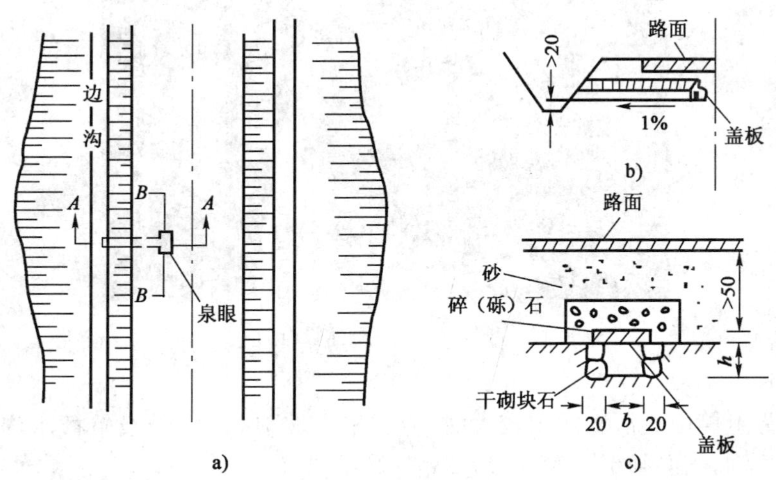

图2-14 暗沟布置及构造（尺寸单位：cm）

a)平面；b)横断面；c)纵断面

2. 渗沟、渗井

为降低地下水或拦截地下含水层中的水流可设置渗沟。渗沟是常见的地下排水沟渠，可视地下水流情况纵、横向设置，如图2-15～图2-17所示。渗沟应设在冻结深度以下，并尽可能设于不透水土层上。为防止地面水进入渗沟，沟顶应设封闭层，为防止泥沙淤塞渗沟，应设反滤层。渗沟布置尽可能与地下水流互相垂直，以能拦截更多的地下水。

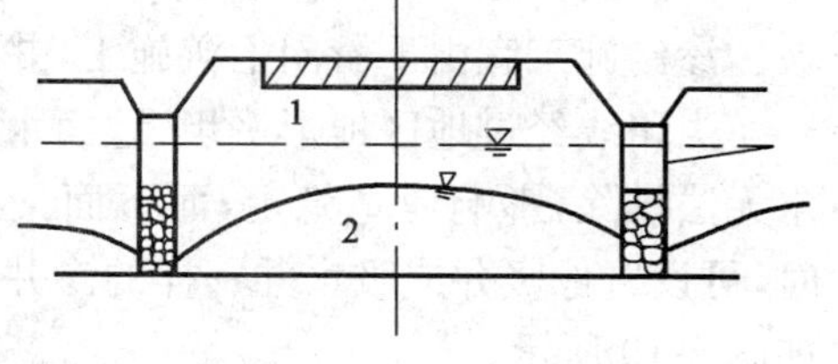

图2-15　设在边沟下的渗沟
1-原地下水位；2-降低后地下水位

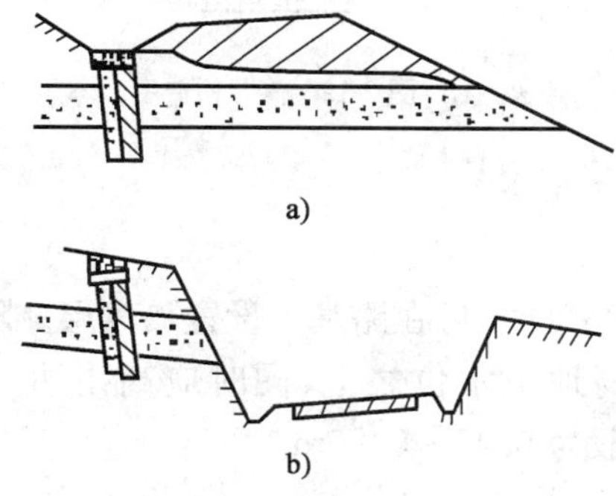

图2-16　拦截山坡储水层向路基的渗沟
a)路堤上方的渗沟；b)路堑边坡上方的渗沟

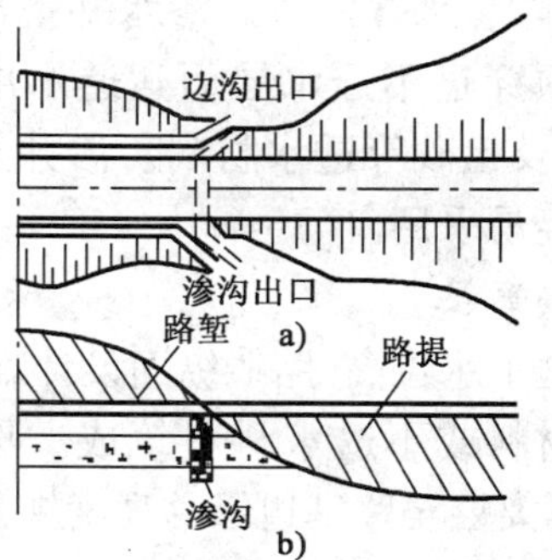

图2-17　连接路堑层间水的渗沟
a)平视图；b)侧视图

渗沟与暗沟在构造上差异不大，但其作用则大不相同。渗沟按排水层的构造形式，可分为盲沟、管式渗沟及洞式渗沟三类，如图2-18所示。盲沟一般设在流量不大、渗沟长度不长的地段，排水层采用粒径较大的碎石、砾石填充。近些年来的高等级公路建设中，为防止泥沙淤塞排水孔隙，盲沟亦有用土工布包裹者，虽效果尚好，但造价较高。由于盲沟排水阻力较大，其沟底纵坡一般以采用5%左右为宜。管式渗沟是用排水管排地下水，设于地下水埋藏较深及引水较长地段，深度可达5～6m。排水管集水部分的管壁应设渗水孔眼、缝隙或间隔，以保证向管内渗水。洞式渗沟用于地下水量较大地段，洞孔可用砌石构筑，其大小依设计流量而定，沟底纵坡应不小于0.5%，当沟底纵坡较大时，宜做成台阶式。

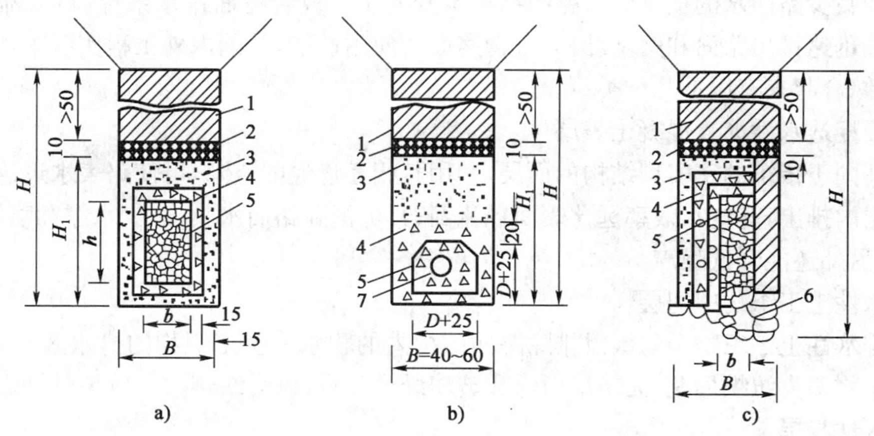

图2-18　渗沟构造图(尺寸单位:cm)
a)盲沟；b)管式渗沟；c)洞式渗沟
1-黏土夯实；2-双层反铺草皮；3-粗砂；4-石屑；5-碎石；6-浆砌片石沟洞；7-预制混凝土管

渗沟出口除必须保证泄水顺畅，不产生倒灌现象外，还应注意不让水流停滞或冲刷路基边坡。渗沟施工宜由下游向上游施工，并应随挖、随撑、随填。

当路线经过地区地形平坦，地面水或浅层地下水无法排除，影响地基稳定，而下面又有透水土层时，可设置像竖井或吸水井一样的渗井。渗井构造如图 2-19 所示。

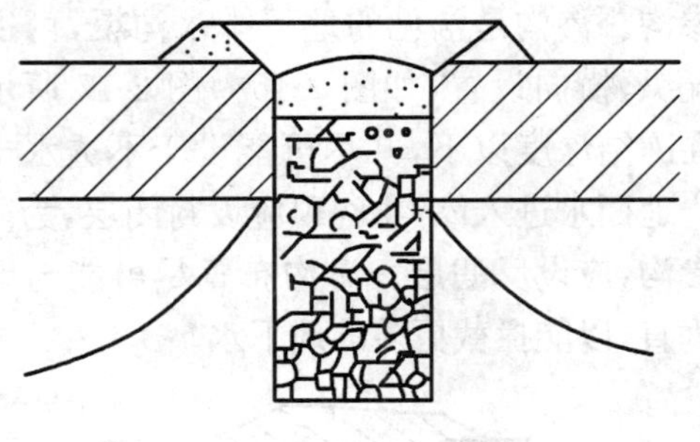

图 2-19　渗井构造图

渗水井上部为集水结构，四周除留进水口外，井口周围可用黏土筑堤围护，亦可在顶上加筑混凝土盖，严防渗水井淤塞。渗水井下部为排水结构，井深必须穿过不透水层而达透水层内，井内填充碎、砾石及粗砂等透水材料。渗井造价高于渗沟，一般不轻易采用。

3. 隔离层

当地下水位高，路线纵面设计难于满足最小填土高度时，可在路基内设置隔离层。隔离层由透水材料或不透水材料筑成。隔离层应设在最高地下水位之上，同时应高出边沟水位 0.2m；隔离层至路基边缘的高度视公路等级而定，一般为 0.45～0.70m。

四、路面排水设施

1. 路面排水设施的组成

当前，在高等级公路建设中，为使渗入路面的表面水降至最小限度，以及迅速地排除进入路面结构内的水分，所采用的路面排水设施主要由四个部分组成。

(1)路面表面排水：漫流排水方式、集中排水方式。

(2)中央分隔带排水。

(3)路面结构内部排水。

(4)桥面铺装体系排水。

2. 路面排水措施

防止和减少路面水的损害应从路面结构本身入手。设置路面排水系统，将积滞在路面结构内的水分迅速排出路面和路基结构，改善路面的使用性能，是国内外工程实践中用得较多的一项措施，综合起来有以下几种类型。

1)开级配透水性沥青混凝土表层

这种不同于传统的密实型结构的面层，利用其相互连通的空隙，可使路表水迅速下渗并在路面结构层内排出，其排水效率远比表面径流高；其可消除路面水膜，减少水漂和喷雾，并缓解镜面反射，另外还能降低噪声。

2)排水性土工织物中间层

设置排水性土工织物中间层以排除路面结构内的积水。土工织物的排水效果有好有坏，所用土工织物多为纺织尼龙、无纺聚丙烯和玻璃纤维几种，以无纺聚丙烯效果较好。

3)透水性基层

在面层下铺设高渗透性、强度足够的透水性基层，迅速排除渗入水是路面结构排水系统的一个很好的发展方向。

4)路面边缘排水系统

在路肩设置排水盲沟,排除路面结构中渗流到路面边缘的水。

5)中央分隔带排水

(1)一般路段中央分隔带排水。一般路段的中央分隔带,其排水系统的主要作用是排除中央分隔带范围内的表面渗水。在有表面铺面封闭的情况下,中央分隔带表面采用与两侧路面相同坡度的双向横坡,降落在中央分隔带上的表面水流向两侧路面,进入路面表面排水设施。当中央分隔带未采用铺面封闭时,分隔带表面可做成向内微凹的横断面形式,降落在分隔带上的表面水横向流向分隔带的低凹处,汇集在分隔带的中央部位,一部分水通过中央分隔带回填土的渗透性向下渗流,一部分水沿纵坡方向流动(在流动过程中,亦向下渗透),排泄到桥涵水道中。中央分隔带排水系统主要由渗沟和每隔一定间距设置的横向排水管组成。

(2)超高路段中央分隔带排水。高等级公路超高路段不允许上侧半幅路面的表面水横向漫流过下侧半幅路面。因此,超高路段的中央分隔带,除应具有一般路段中央分隔带应具有的一切功能和构造要求外,尚应设置明沟拦截上侧半幅路面漫流过来的表面水。针对不同的中央分隔带形式,目前在高等级公路建设中主要采用以下两种方式:

①凸形中央分隔带。采取在中央分隔带路缘石外侧设置纵向格栅盖板沟,并通过每隔一定间距设置集水井,并通过横向排水管将水排出路基范围之外。

②凹形中央分隔带。在中央分隔带内设置纵向格栅盖板沟,上侧半幅路面的表面水直接漫流入中央分隔带内的纵向沟,每隔一定间距设置集水井,通过横向排水管将水排出路基范围之外。

第五节　路基边坡防护与加固

公路路基在水流、波浪、雨水、风力及冰冻等自然因素影响下,可能导致边坡坍塌、路基损坏等病害。为保证路基稳定,除做好排水设施外,还必须根据当地条件,因地制宜地采用经济合理的防护、加固措施。

路基防护与加固工程,按其作用不同,可以分为坡面防护、冲刷防护和支挡构造物三大类。一般把防止冲刷和风化,主要起隔离作用的措施称为防护工程;把防止路基或山体因重力作用而坍滑,主要起支承作用的支挡结构物称为加固工程。

一、坡面防护

坡面防护主要是用以防护易于冲蚀的土质边坡和易于风化的岩石边坡,应根据边坡的土质、岩性、水文地质条件、坡度、高度及当地材料,采取相应防护措施。坡面防护包括植物防护和工程防护。坡面防护主要有浆砌片石护坡、浆砌格栅拱架护坡、挂网喷射混凝土护坡、土工格室植草护坡、喷混凝土防护等几种形式。

1. 植物防护

植物防护是一种施工简单、费用不高、效果较好的坡面防护措施。植物能覆盖表土,防止雨水冲刷,调节土的湿度,防止产生裂缝;植物能固结土壤,避免坡面风化剥落;植物还能保护环境,美化路容。植物防护一般采用种草、铺草皮和种植灌木等方法。高等级公路建设中,坡面植物防护往往与砌石或空心混凝土预制块(或煤渣空砖)铺筑的网格工程相结合,如图 2-20 所示。

坡面防护应选择耐旱力强、容易生长、蔓面大、根部发达、茎低矮、多年生的草本植物；选择的花草应有观赏价值。坡面防护植树中，乔木不利边坡稳定，一般不宜采用。坡面防护树种应采用根系发达、枝叶茂盛、能迅速生长之低矮的灌木。

a)

b)

图 2-20 植物防护

2. 工程防护

(1)坡面处治

边坡过陡或植物不易生长的坡面，可视具体情况，选用勾缝、灌浆、抹面、喷浆、嵌补、锚固、喷射混凝土等坡面处治措施，如图 2-21 所示。

a)

b)

图 2-21 坡面处治

勾缝与灌浆适用于岩石较坚硬、不易风化的路堑边坡防护，节理裂缝多而细者用勾缝，大而深者用灌浆。勾缝与灌浆一般用水泥砂浆，裂缝较宽、较深时可用混凝土灌注。勾缝及灌浆前应将松动石块、泥土、草木根等杂质予以清除。

抹面适用于易风化而表面比较完整、尚未剥落的岩石边坡，如页岩、泥岩、泥灰岩或千枚岩等软质岩层。抹面应均匀紧贴坡面，抹面面积较大时，应留伸缩缝。对被处治坡面应进行清理，坑洼须用小石块嵌补整平，洒水湿润坡面，使砂浆与坡面结合良好。抹面完后应夯拍出浆抹光，注意洒水养生。

喷浆是将砂浆均匀喷射在易风化岩层的坡面上，形成一个保护层。喷浆防护坡面效果较好，施工也比较简便，但耗用水泥量较多。

嵌补适用于补平坡面岩石中较深的局部凹坑，或者边坡上有一层较松软和易风化的岩层已被风化成凹陷时，防止岩石继续破损碎落，以保证整个边坡稳定。嵌补一般可用砌石方式完成。

锚固适用于岩石层理或构造面倾向路基、有顺层滑动的可能时，其做法是垂直岩面钻孔至不滑动的较完整或坚硬岩层中，将钢筋穿入，灌注混凝土使其固结，阻止不稳定的岩层下滑。

喷射混凝土与喷浆一样，适用于易风化但尚未严重风化且坡面较干燥的岩石边坡。对高而陡的边坡，上部岩层较破碎，而下部岩层完整的边坡和需大面积防护的边坡，采用喷射混凝土较为经济，喷射厚度以8cm为宜，分2～3次喷射。高等级公路建设中，喷射混凝土防护坡面常与锚固钢筋配合使用，防护效果良好。

(2)护坡及护面墙

护坡一般用于填方坡面，可用砌石或铺砌混凝土预制块、煤渣空心砖等材料构筑。护坡有满铺式、条式及网格式等多种铺筑形式。护坡用于冲刷防护时，应符合防冲刷的技术要求。

护面墙一般用于软质岩层或较破碎岩石挖方边坡较陡的地段，护面墙不承受墙后侧压力，故所防护的边坡应无滑动或滑坍情况，挖方边坡应符合稳定要求。由于施工后的岩石路堑边坡不能完全平整，护面墙修筑前应适当清理，清理出新鲜面应及时砌筑，并注意护面墙厚度必须满足设计要求。护面墙顶部应用原土夯填或砂浆抹面，防止边坡水流冲刷及水渗入护面墙墙后引起破坏。

护面墙基础应置于可靠地基上，对个别软弱段落，可用拱形结构跨过，如图2-22所示，有时为使墙面美观，亦可采用拱形。为增加护面墙的稳定性，可分台阶设置，如图2-23所示。对于防护松散夹层的护面墙，最好在夹层底部土层中留出1m宽的边坡平台，并予加固，如图2-24所示。对于岩性极不相同的挖方边坡，应根据具体情况综合考虑，如图2-25所示的上部软质岩石形成凹洞，可用干砌或浆砌圬工补平，以支撑其上面的岩层，坡脚则设置护面墙。

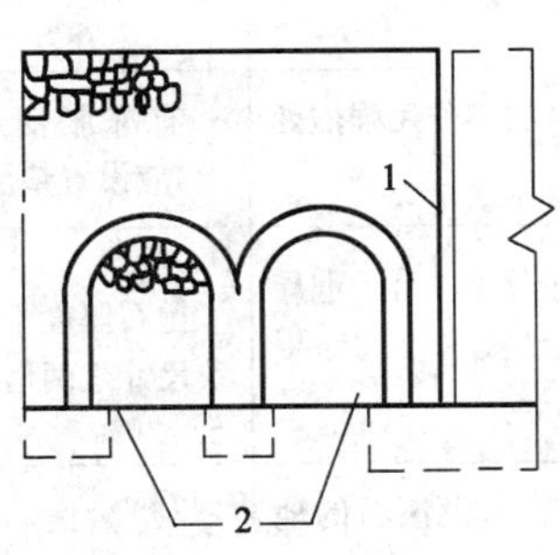

图2-22　拱形护面墙
1-伸缩缝；2-软弱地基

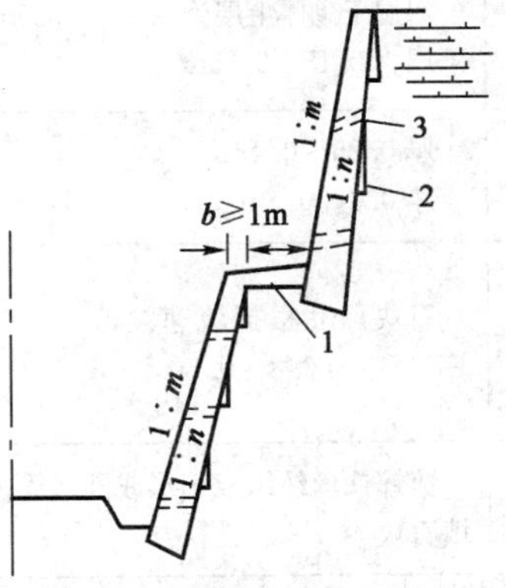

图2-23　护面墙的平台与错台
1-平台；2-耳墙；3-泄水孔

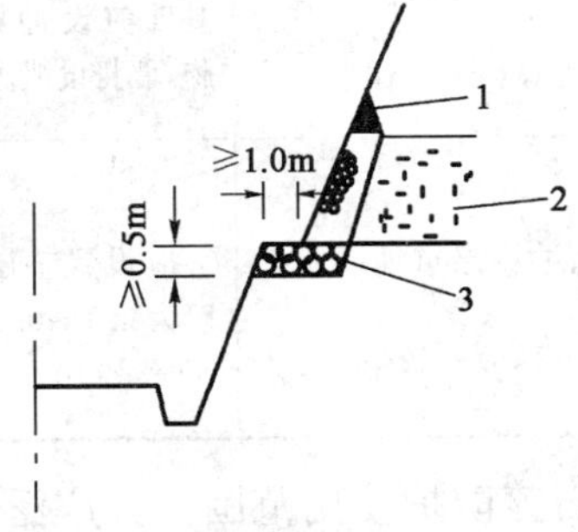

图2-24　护面墙底设平台
1-封顶；2-松散夹层；3-平台

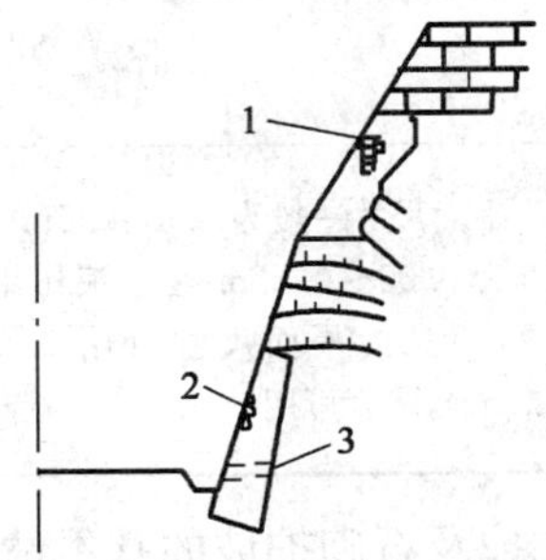

图2-25　支补墙防护
1-支补墙；2-护面墙；3-泄水孔

二、沿河路基防护

沿河路基直接承受水流冲刷，为了保证路基稳定坚固，必须采取措施防止冲刷。冲刷防护有两种类型，一种是直接防护，以加固岸坡为主；另一种是间接防护，以改变水流方向，降低流速，减少冲刷为主。设计时应根据河流特性、河道地形、地质、水文条件，采用直接加固岸坡或导流构造物，改变水流性质，也可采用综合防护措施。各种冲刷防护工程均应加强基础处理，一般应将基础埋置于冲刷深度以下或置于基岩上。

1. 直接防护措施

路基边坡及河岸冲刷防护的主要类型如表 2-12 所示。

路基边坡及河岸冲刷防护工程

表 2-12

防护类型	结构形式	适用条件		注意事项
		容许流速(m/s)	水文地形条件	
植物防护	铺草皮	1.2～1.8	水流方向与路线近乎平行，不受各种洪水主流冲刷的季节性漫水的路堤边坡防护	
	种植防水林、挂柳		有浅滩地段的河岸冲刷防护	
干砌片石护坡	单层干砌厚一般为 0.25～0.35m，双层干砌厚上层为 0.25～0.35m、下层为 0.15～0.25m	2～4	水流方向较平顺的河岸滩地边缘，不受主流冲刷的路堤边坡	应设置垫层，厚度一般为 0.1～0.2m
浆砌片石护坡	厚 0.25～0.4m， 厚 0.3～0.6m	4～6 4～8	主流冲刷及波浪作用强烈处的路堤边坡	有冻胀变形的边坡上，应设置垫层
抛石	石块尺寸根据流速波浪大小计算，一般为 0.3～0.5m	3	水流方向较平顺，无严重局部冲刷地段、已被水浸的路堤坡及河岸	抛石厚度不应小于石块尺寸之两倍
石笼	镀锌铁丝纺织成箱形或圆形笼内填石块	5～6	受洪水冲刷，但无滚石的地段和大石料缺少地区	
浸水挡土墙	浆砌片(块)石或混凝土	5～8	峡谷急流地段，水流冲刷严重地段	基础应埋在冲刷线以下 1m，冰冻线以下 0.25m；基础前设冲刷防护措施，墙身设泄水孔
混凝土预制块板	平面尺寸一般为 0.3～0.5m^2，厚度为 0.06～0.25m；受波浪作用严重的地方，平面尺寸可用 2.0～3.0m^2，厚度可用 0.5m	3～12	水流急、冲刷严重地段及无石料地区	应设置垫层，厚度一般为 0.1～0.2m

植物防护及石砌护坡的基本情况同前述坡面防护。石笼防护使用范围比较广泛，可用于防护河岸或路基边坡，同时也是加陡边坡、减少路基占地宽度及加固河床、防止淘刷的常用措施，石笼可做成多种形式，常见的为箱形、扁长形及圆柱形等。

抛石防护主要用于受水流冲刷的边坡和坡脚，以及挡土墙、护坡的基础等。抛石的石料尺寸，应视水深、流速和波浪情况确定。抛石防护横剖面如图 2-26 所示。

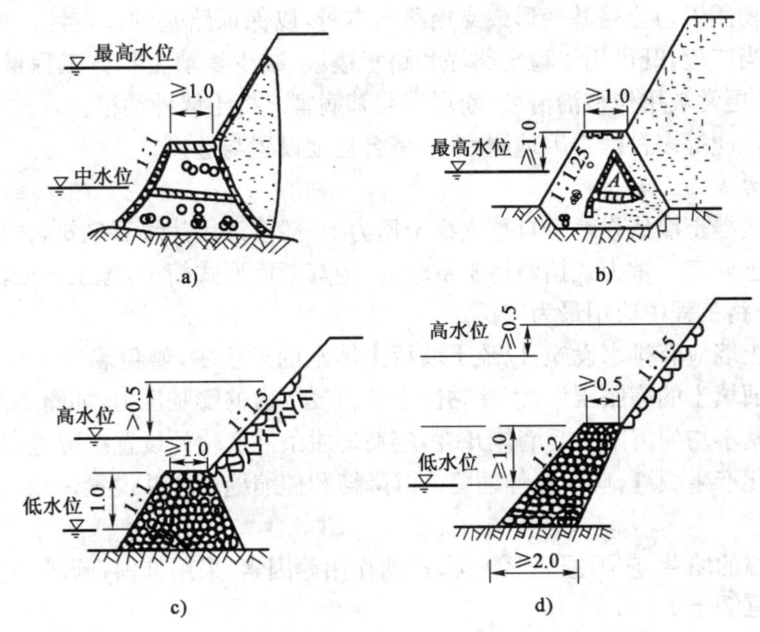

图 2-26　抛石防护(尺寸单位:m)

2. 间接防护措施(导治构造物)

为调节水流流速及方向，防护路基免受水流冲刷，可设置导治构造物。设置导治构造物时，应根据河道的地形、地质、水文条件和防护要求，进行合理规划和布设，应特别注意设置导治构造物后不得使农田、村庄和上下游路基冲刷加剧。导治构造物一般可采用顺坝、丁坝、石笼护坡等。设置顺坝、丁坝等导治构造物时应注意坝身、坝头、坝根及坝基的冲刷。坝根应嵌入河岸足够深度，一般为 3～5m，必要时对与坝根连接的河岸应予加固。

顺坝常与水流平行，对通航河流比较适宜，多用于凹岸，起疏导水流作用。顺坝起点(上游)应选择水流匀顺的过渡河段，终点可与河岸连在一起。当顺坝为淹没式时，可在坝后设置格坝，以便淤积及防止边坡与河岸遭受冲刷。

丁坝能将水流挑离河岸，用于改变流向、减低流速及束水归槽，改变流态，保护河岸和路基。按丁坝轴线与水流方向夹角，丁坝可分为上挑式、下挑式和正挑式。丁坝长度一般不宜大于河宽的 1/4，坝间相距一般为坝长的 1～1.25 倍，水流较平地段，可增至 3～4 倍，对淹没式丁坝的下游适当长度内应进行铺砌。丁坝断面为梯形，其尺寸及边坡坡度可参照表 2-13 确定。

丁坝断面尺寸及边坡坡度　　表 2-13

类别	坝头顶宽(m)	坝深顶宽(m)	坝头边坡	迎水边坡	背水边坡	备　注
渗水坝	2～4	2～3	1∶2.5～1∶4.0	1∶2.0～1∶2.5	1∶1.5～1∶2.5	当坝高低于3.0m，流速较大时，坝顶宽应由计算确定
石坝			1∶1.0～1∶3.0	1∶0.5～1∶2.0	1∶0.5～1∶2.0	坝顶宽由计算确定(不包含浆砌片石)
石梢坝	2～4	2～3	1∶2.0～1∶4.0	1∶1.5～1∶2.5	1∶1.5～1∶2.5	

三、支挡构造物

支挡构造物用以防止路基变形或支挡路基本身，以保证路基的稳定性。挡土墙在公路工程中的运用相当广泛，既可用于稳定路堤和路堑边坡，减少挖填土石方工程量，又可用于防止水流冲刷路基，更常被用作整治滑坡、崩坍等路基病害。挡土墙种类很多，可根据设计要求、现场条件及材料供应等多种因素因地制宜、经济合理地设置与选择。

1. 普通重力式挡土墙

普通重力式挡土墙依靠墙身自重支撑土压力，一般多采用片块石砌筑，在缺乏石料的地区有时也用混凝土修建。重力式挡墙圬工量较大，但其断面形式简单，施工方便，可就地取材，适应性较强，在公路工程中应用最为广泛。

重力式挡土墙应有排水设施，以疏干墙后土体水的过程中，避免墙后积水形成静水压力，减少寒冷地区回填土的冻胀压力，消除黏性土填料浸水后的膨胀压力，如图 2-27 所示。

为避免地基不均匀沉陷引起墙体开裂，应在地质条件变化处设置沉降缝；为防止圬工硬化收缩及温度变化产生裂缝，应设置伸缩缝。沉降缝和伸缩缝可合并设置，一般墙长每 10～15m 设置一道。

重力式挡墙的墙背，应根据地形条件、挡墙作用等因素，采用仰斜、俯斜、垂直或折线形，墙背坡度一般不宜缓于 1∶0.3。

2. 衡重式挡土墙

衡重式挡土墙利用衡重台上的填料和全墙重心后移增加墙身稳定，减小墙体断面尺寸。衡重式挡墙墙面坡度较陡，下墙墙背又为仰斜，故可降低墙高，减少基础开挖工程量，避免过多扰动山体的稳定。作为路堑墙，有时还可利用台后净空拦挡山坡碎落物。

衡重式挡土墙基底面积较小，对地基承载力要求较高，应设置于较坚实的地基上。衡重式挡土墙形式如图 2-28 所示，图中墙体面坡通常采用 1∶0.05，上墙墙背俯斜坡比为 1∶0.25～1∶0.45 之间，下墙墙背仰斜坡比为 1∶0.25。上墙下墙的高度比采用 2∶3，衡重台宽度通过计算、验算确定。

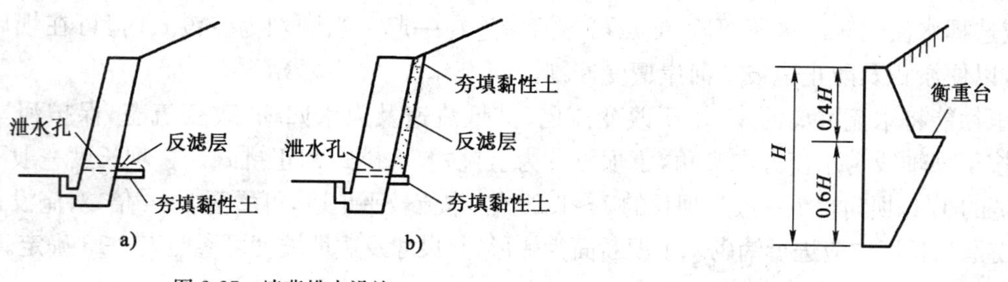

图 2-27　墙背排水设施

图 2-28　衡重式挡土墙示意图

衡重式挡土墙和普通重力式挡土墙一样，一般多为石砌圬土，其构造要求及其他技术规定与普通重力式挡土墙基本相同，见图 2-28 所示。

3. 加筋土挡土墙

加筋土挡土墙(图 2-29)是由面板、筋带和填料三部分组成的复合结构，依靠填料与筋带的摩擦力来平衡面板所承受的水平土压力，即保持加筋土挡土墙的内部稳定，并以这一复合结构去抵抗筋带后部一般填料所产生的土压力，即起支挡作用，获得加筋土挡墙的外部稳定。

加筋土挡土墙的面板一般采用钢筋混凝土预制块件，厚度应不小于 8cm，形状可为十字形、六角形、L 形、矩形、槽形等，墙顶和角隅可采用异形板和角隅面板。筋带有扁钢带、钢筋混凝土带、聚丙烯土工带等，高等级公路的加筋土挡土墙以不采用聚丙烯土工带为好。钢筋混凝土带应分节预制，分节长度一般宜小于 3m，形状为条形或楔形，截面尺寸宽 10～25cm，厚 6～8cm，受力钢筋直径不小于 8mm。钢筋混凝土带的接长及其与面板的连接，可采用钢筋焊接或螺栓结合，结合点应做防锈处理。

加筋体填料最好采用有一定级配的砂、砾类土，也可采用碎石土、中低液限黏性土、稳定土及满足质量要求的工业废渣。一般不要采用高液限黏性土及其他特殊土，禁止采用腐殖土等不良土作填料。

加筋土挡土墙布设区域内出现层间水、裂隙水、涌泉时，应先修筑排水构造物，再做加筋土工程。加筋土挡墙工程中的反滤层、透水层、隔水层等防排水设施应按图纸要求与加筋体施工同步进行。

4. 锚杆挡土墙

锚杆挡土墙是由钢筋混凝土墙面和锚杆组成的支挡构造物，如图 2-30 所示。它依靠锚固在稳定地层的锚杆所提供的拉力维持挡土墙平衡，多用于具有较完整岩石地段的路堑边坡支挡。

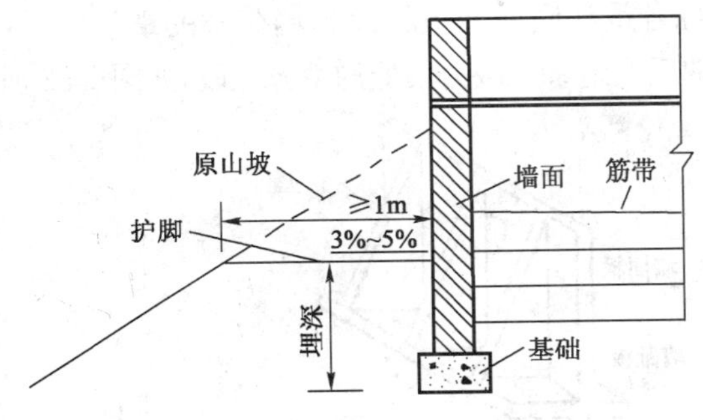

图 2-29　加筋土挡土墙

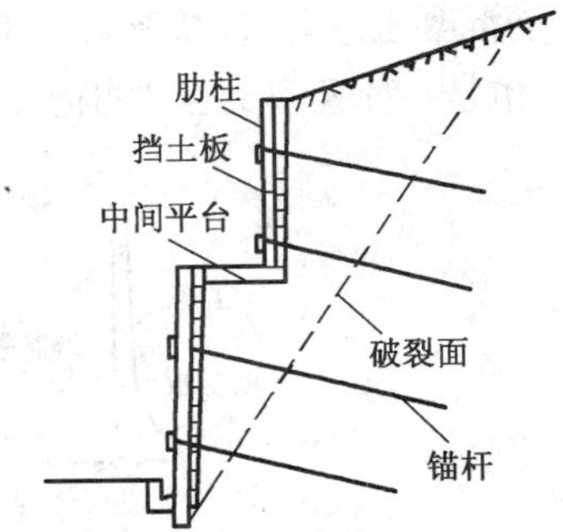

图 2-30　两级柱板式锚杆挡土墙结构示意图

锚杆挡土墙结构形式主要有柱板式和板壁式两种。柱板式挡土墙一般由肋柱、挡土板及灌浆锚杆组成，具有较大的抗拔力，可用于路堑或路堤挡土墙；板壁式挡土墙一般由钢筋混凝土板和楔缝式锚杆组成，多用于边坡防护。锚杆是锚杆挡土墙的主要受力构件，可为单根钢筋或钢丝束，锚孔直径为 100～150mm，一般向下倾斜 10°～15°，间距不小于 2m。锚孔内放置钢筋或钢丝束后，灌注水泥砂浆使其锚固于稳定地层，具有足够的抗拔力。肋柱截面多为矩形，也有设计为 T 形的，底端一般做成自由端或铰接，如基础埋置深，且为坚硬岩石，也可作为固定端。挡土板可采用槽形板、矩形板和空心板。

5. 锚定板挡土墙

锚定板挡土墙是一种适用于填方的轻型支挡结构物，见图 2-31 所示。由墙面系、钢拉杆、锚定板组成，依靠埋置于填料中的锚定板所提供的抗拔力维持挡土墙的稳定，主要特点是结构轻、柔性大。

锚定板挡土墙主要有肋柱式和无肋柱式两种。肋柱式由肋柱、挡土板、锚定板、钢拉杆、连接件和填料组成，一般还需设置基础。无肋柱式的墙面因无肋柱，外形美观，施工简便，但受力状况差于有肋柱式。锚定板挡土墙单级墙高不宜高于6m;双级的上、下两级间宜设平台,平台宽度不小于1.5m,肋柱错开布设。

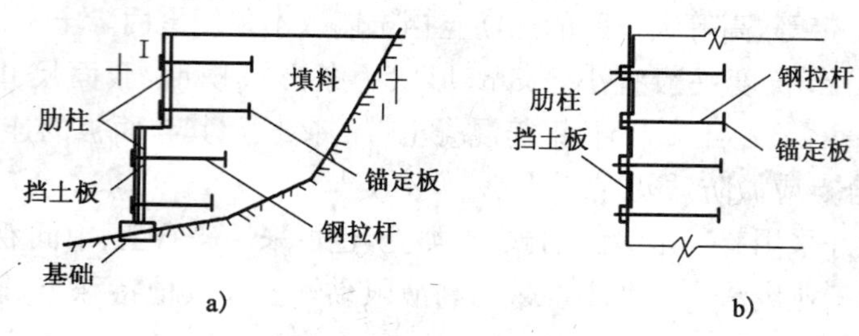

图2-31　肋柱式锚定板挡土墙结构示意图
a)横剖面;b)平剖面I-I

肋柱式锚定板挡土墙与锚杆挡土墙相似。墙面板一般为钢筋混凝土板;锚定板通常采用面积不小于0.5m² 的方形、矩形钢筋混凝土板;拉杆宜采用螺纹钢筋,钢筋直径不宜小于22mm,亦不宜大于32mm;肋柱基础可采用条形。基础设置要牢固,肋柱式锚定板挡墙变形量较小,可用作路肩、路堤挡土墙。锚定板挡土墙的填料应与墙面板及锚定板的施工同步进行,分层夯实。填料宜采用砾石及细粒土,不得采用膨胀土、盐渍土、有机质土及巨粒土。

6.钢筋混凝土悬臂式与扶壁式挡土墙

钢筋混凝土悬臂式、扶壁式挡土墙依靠墙身自重和底板上填料及车辆荷载的重量维持挡土墙稳定,也是一种轻型支挡结构物,适用于石料缺乏及地基承载力较低的填方地段,如图2-32所示。

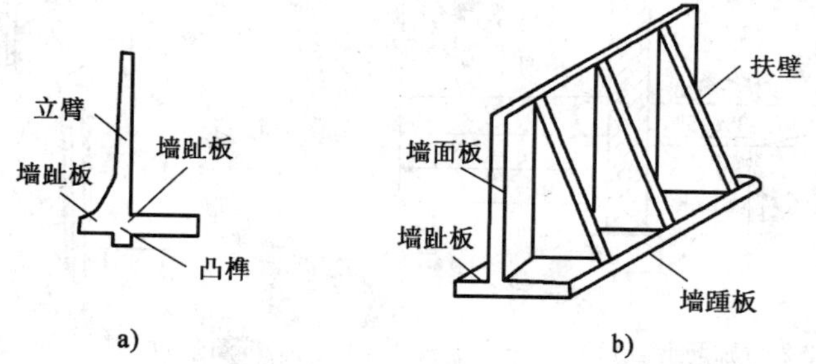

图2-32　悬臂式挡土墙和扶壁式挡土墙结构示意图
a)悬臂式;b)扶壁式

悬臂式墙高一般不大于6m,当墙高大于4m时,宜在臂前设置加劲肋。为增加抗滑稳定性,减少墙踵板长度,通常在墙踵板底部设置凸榫(防滑键)。立臂为固结于墙底板的悬臂梁,墙身较高时,宜将底部臂端截面适当加厚。墙踵板长度由全墙的抗滑稳定验算确定,踵板厚度通常为墙高的1/12～1/10,且不应小于30cm;墙趾板的长度由全墙的抗倾覆、基底应力和偏心距等条件确定;凸榫高度由凸榫前土体的被动土压力满足全墙抗滑稳定要求确定,厚度应满足混凝土抗剪、抗弯的技术要求,并不宜小于30cm。

扶壁式与悬臂式挡土墙的主要区别在于墙后间隔一定距离增设了扶壁,改善了墙面板的受力状况,墙高可达10m。扶壁式挡土墙的墙趾板和凸榫构造、墙面板厚度等与悬臂式挡土墙相同。

7.护肩及砌石

(1)护肩

陡山坡上的半填半挖路基,填方边坡不易填筑时,可以修筑护肩,如图2-33所示。护肩应用当地不易风化的片石砌筑，一般不超过2m高，内外坡面均直立，基底向内1∶5倾斜。护肩顶宽为0.8(高度小于1m)～1.0m(高度大于1m)，护肩襟边宽度应符合表2-14的规定。

襟边宽度　　表2-14

地基地质情况	襟边宽度(m)	地基地质情况	襟边宽度(m)
轻风化的硬质岩石	0.2～0.6	坚硬的粗粒土	1.0～2.0
风化岩石或软质岩石	0.4～1.0		

护肩顶部0.5m高度范围内最好浆砌。墙后填料宜为开山石块，基础应设在岩石或坚实粗料土上。

(2)砌石

陡山坡上的半挖半填路基，填方边坡不易填筑时，可采用砌石，如图2-34所示。砌石应用当地不易风化的开山片石砌筑，顶宽一律采用0.8m，基底向内1∶5倾斜。砌石的襟边宽度与护肩规定相同。砌石墙体的内外坡面坡比依墙高按表2-15的规定采用。

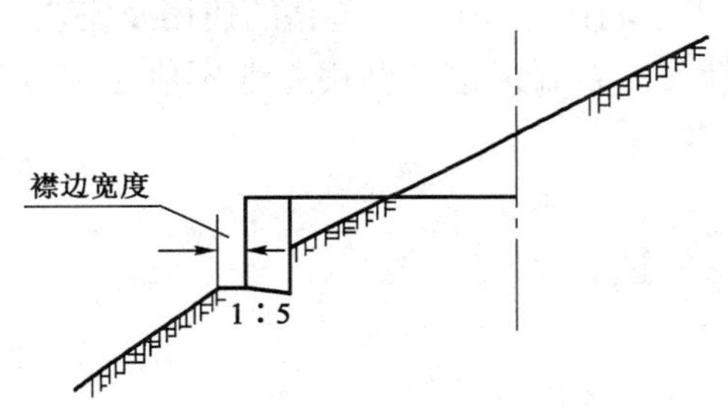

图2-33　护肩

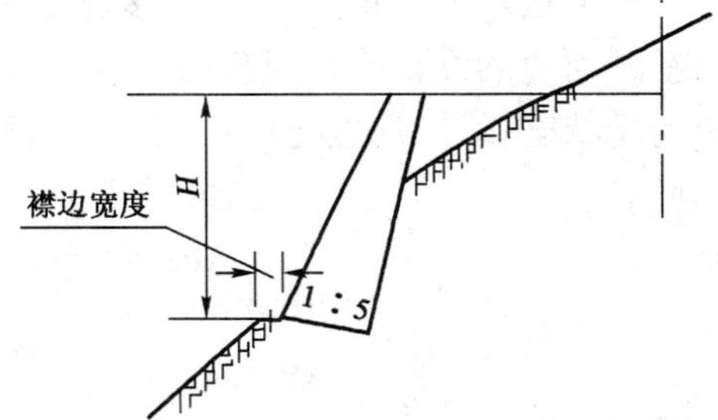

图2-34　砌石

砌石边坡坡度　　表2-15

编　号	高　度	内坡坡度	外坡坡度
1	≤5m	1∶0.3	1∶0.5
2	≤10m	1∶0.5	1∶0.67
3	≤15m	1∶0.6	1∶0.75

砌石顶部0.5m高度范围内最好浆砌。墙后填料宜为开山石块，基础应设在岩石或坚实的粗粒土上，高度超过8m的砌石，底部0.5m高度范围应用M5砂浆砌筑。较高的砌石应从上往下每4m左右夹以M5砂浆砌筑的水平加强肋带，肋带高度为0.5m左右。

受洪水影响的沿河路基砌石，应视水流冲刷情况予以加固，其基础必须设在基岩上或冲刷深度以下的坚实粗粒土上。

8.垒石、填石、石垛

山区公路在丰产石料及石方开挖地段，应因地制宜地设置垒石、填石或石垛等支挡构筑物，既能保证路基稳定，又能节约工程投资。

干砌垒石应有一定的设计断面，以保证其自身稳定及承受垒石体后侧压力。垒石砌体宜用0.3～0.5m以上石块堆砌，基底承压力应能满足设计要求，基础底面做成向内1∶5倾斜，石质基底应做成台阶。

填石地段的边坡必须堆码成符合设计要求的坡比，填心应经过整理堆砌，严禁抛填。填石的填筑必须分层进行，每层厚度应不大于50cm，石块最大尺寸应小于层厚的2/3。较大石块应大面朝下，摆平放稳，石块之间要用碎石和石屑填满铺平。压实应使用重型或振动压路机分层进行，以重轮下不出现石块松动，用锹难以挖动，须用撬棍才能松动，或重锤下落不下沉及发生弹跳为止。填石高度以不超过路床面150cm为宜，即路床面以下一定高度范围内应为土方填筑。

石垛可用于支撑路堤坡脚或防护路堤坡脚免受冲刷。石垛一般为干砌片石，外侧边坡坡比宜采用1∶1，当边坡不高且用较大的平整石块砌筑时，亦可减为1∶0.75。石垛基础应有适当的入土深度，基底应整平或挖成较宽的台阶，石块堆砌应彼此嵌紧。

四、改移河道

为防止沿河路基被冲毁，或减少路基防护工程，有条件时可采取改移河道措施。改移河道必须慎重，应在充分调查研究的基础上，掌握河性及其演变规律与造床作用等特点，因势利导，确保新开河道水流不重归故道，并要求不致影响农田水利设施和村庄、道路的使用及安全。

新开河道的设计流量应按路基设计洪水频率计算。新开河道的断面一般不应压缩，应比照原河床状态设计，河宽与原河道稳定河宽大致相等。

第六节　特殊路基处理

一、概述

特殊路基包括特殊土(岩)路基、不良地质路基和特殊条件下路基。路线通过特殊路段，应进行综合地质勘察，查明特殊地质体的性质、成因类型、规模、稳定状况及发展趋势；特殊路基设计所需要的物理力学参数，宜采用原位测试数据，并结合室内试验资料综合分析确定。

特殊路基设计，应考虑地质和环境等因素对路基的影响，以及这些因素的发展变化规律。路基病害整治，应遵循以防为主、防治结合、力求根治的原则，通过综合技术经济比较，因地制宜地采取合理的整治方案和有效的工程措施。如果分期整治，应保证在各种因素的变化过程中不降低路基的安全度。

存在多种特殊土(岩)或特殊地质条件路基的工点，应进行综合设计。

特殊路基施工的一般规定如下：

(1)特殊路基施工，应进行必要的基础试验，编制专项施工组织设计，经批准后方可实施。

(2)施工中，如实际地质情况与设计不符或设计处治方案因故不能实施，应按有关规定办理。

(3)采用新技术、新工艺、新设备、新材料时，必须制订相应的工艺、质量标准。

(4)用湿黏土、红黏土和中、弱膨胀土作为填料直接填筑时，应符合下列规定：

①填料液限在40%～70%之间，且CBR值满足规定。

②碾压时，填料稠度应控制在1.1～1.3之间。

③压实度标准可比规定降低1%～5%，具体降低数应根据当地土质的情况通过试验确定。

④不得作为二级及二级以上公路路床、零填及挖方路基 0～0.8m 范围内的填料；不得作为三、四级公路上路床、零填及挖方路基 0～30cm 范围内的填料。

二、软土地区路基施工

1.一般规定

软土地基处治的施工，必须保证施工质量，科学地做好施工组织设计，加强工地技术管理，严格按照有关的操作规程实施，严格执行有关安全、劳保和环境保护等规定。

所有运至工地的软土地基处置材料，必须分类堆放，妥善保管，按有关标准进行质量检验，不合格材料不得用于工程。

软土处治施工前，应做好施工期间的排水措施，对常年地表积水、水塘地段，应按设计要求先做好抽水、排淤、回填工作。

施工中，应遵守"按图施工"的原则和"边观察、边分析"的方法，如发现现场地质情况与设计提供资料不符或原设计的处治方法因故不能实施需改变设计时，应及时根据有关规定报请变更设计。

采用新技术、新机具、新工艺、新材料、新测试方法时，必须制订不低于规范水平的质量标准和工艺要求。

2.软土地基处治施工方法及要求

1)砂垫层

砂垫层为设置于路堤填土与软土地基之间的透水性垫层，可起排水的作用，可保证在填土荷载作用下，地基中孔隙水的顺利排出，从而加快地基的固结。

砂垫层材料宜采用洁净中、粗砂，含泥量不应大于 5%，并应将其中的植物、杂质除净。也可采用天然级配砂砾料，其最大粒径不应大于 5cm，砾石强度不低于四级(即洛杉矶法磨耗率小于 60%)。

摊铺后应适当洒水，分层压实，压实厚度宜为 15～20cm。如采用砂砾石，应无粗细粒料分离现象。砂垫层宽度应宽出路基边脚 0.5～1.0m，两侧端以片石护脚或采用其他方式防护，以免砂料流失。

2)浅层处治

表层为分布厚度小于 3m 的软土时，可采用换填、抛石挤淤的方法进行处治。

软土、泥沼地区采用换填地基时，其填筑、压实的施工与监理应按照前述的规定执行。

抛石挤淤是强迫换土的一种形式，它不必抽水挖淤，施工简便。抛石挤淤应采用不易风化的石料，片石大小随泥炭稠度而定。对于容易流动的泥炭或淤泥，片石可稍小些，但不宜小于 30cm，且小于 30cm 粒径含量不得超过 20%。

当软土地层平坦、软土呈流动状时，抛投应沿路中线向前成三角形方向投放片石，再渐次向两侧扩展。软土地层横坡陡于 1∶10 时，应自高侧向低侧抛投，并在低侧边部多抛投，使低侧边部约有 2m 宽的平台顶面。

片石抛出软土面后，应用较小石块填塞垫平，用重型机械碾压紧密，然后在其上设反滤层，再行填土。

3)反压护道

反压护道是在路堤一侧或两侧填筑一定宽度和高度的护道，运用力学平衡原理，平衡路堤自重作用而产生的滑动力矩，以提高路基的稳定性。

用作反压护道填料的材质及护道的高度、宽度应符合设计要求。反压护道施工宜与路基同时填筑，分开填筑时，必须在路堤达到临界高度前将反压护道筑好。

反压护道压实度应达到《公路土工试验规程》重型击实试验法测定的最大干密度的90%，或满足设计提出的要求。

4)土工合成材料加筋路堤

用变形小、老化慢的土工合成材料作为路堤的加筋体，可以减少路堤填筑后的地基不均匀沉降，又可以提高地基承载能力，同时也不影响排水，故可提高路基的整体性和稳定性。

土工合成材料应具有质量轻、整体连续性好、抗拉强度较高、抗腐蚀性和抗微生物侵蚀性好、施工方便等优点；非织型的土工纤维应具备当量孔隙直径小、渗透性好、质地柔软、能与土很好结合的性质。

应根据出厂单位提供的幅宽、质量、厚度、抗拉强度、顶破强度和渗透系数等测试数据，选用满足设计要求的土工合成材料。土工合成材料在存放以及施工铺设过程中，应尽量避免长时间暴露或暴晒，以免其性能劣化。

土工合成材料加筋路堤施工时应符合以下规定：

(1)应在平整好的下承层上按路堤底宽断面铺设，摊铺时应拉直平顺，紧贴下承层，不使其出现扭曲、折皱、重叠。在斜坡上摊铺时，应保持一定松紧度(可用U形钉控制)。

(2)铺设土工聚合物，应在路堤每边各留足够的锚固长度，回折覆裹在压实的填料面上，平整顺适，外侧用土覆盖，以免人为破坏。锚固长度应满足设计要求。

(3)应保证土工合成材料的整体性，当采用搭接法连接时，搭接长度宜为30～60cm；采用缝接法时，缝接宽度应不小于5cm，缝接强度应不低于土工合成材料的抗拉强度；采用粘接法时，粘接宽度不应小于5cm，粘合长度应不低于土工合成材料的抗拉强度。

(4)现场施工中发现土工合成材料有破损时，必须立即修补好。双层土工合成材料上、下层接缝应交替错开，错开长度不应小于0.5m。

5)袋装砂井

采用一定的施工方法在地基中获得按一定规律排列的孔眼，在孔眼中灌入砂袋即形成了袋装砂井。袋装砂井的主要材料是袋和砂，宜选用聚丙烯或其他适用的编织料制成袋，抗拉强度应能保证承受砂袋自重，装砂后砂袋的渗透系数应不小于砂的渗透系数。砂宜采用渗水率较高的中、粗砂，大于0.6mm的砂的含量宜占总重的50%以上，含泥量不应大于3%，渗透系数不应小于5×10^{-2}mm/s。

袋装砂井的主要施工机具为导管式振动打桩机，在行进方式上普遍采用的有轨道门架式、履带臂架式、吊机导架式等。

袋装砂井的施工工艺流程为：整平原地面→摊铺下层砂垫层→机具定位→打入套管→沉入砂袋→拔出套管→机具移位→埋砂袋头→摊铺上层砂垫层。

袋装砂井施工的质量应符合以下规定：

(1)袋装砂井的井距、井长、井径及灌砂率均应符合设计规定，砂井的竖直度允许偏差为1.5%。

(2)砂袋灌入砂后，露天堆放应有遮盖，切忌长时间暴晒，以免砂袋老化。砂袋入井，应用桩架吊起垂直起吊，以防止砂袋发生扭结、缩颈、断裂和砂袋磨损。

(3)为控制砂井的设计入土深度，在钢套管上应画出标尺，以确保井底高程符合设计要求。拔钢套管时应注意垂直起吊，以防止带出或损坏砂袋，施工中若发现上述现象，应在原孔边缘重打；连续两次将砂袋带出来时，应停止施工，待查明原因后再施工。

(4)砂袋留出孔口长度应保证伸入砂垫层至少 30cm，并不得卧倒。

6)塑料排水板

塑料排水板是由芯体和滤套组成的复合体，或是由单一材料制成的多孔管道板带(无滤套)。

芯板是由聚乙烯或聚丙烯加工而成的多孔管道或其他形式的板带，应具有足够的抗拉强度和垂直排水的能力。其抗拉强度不应小于 130kN/cm；当周围土体压力在 15cm 深度范围内不大于 250kPa 或在大于 15cm 范围内不大于 350kPa 的条件下，其排水能力应不低于 $30cm^2/s$。芯板应具有耐腐蚀性和足够的柔性，保证塑料排水板在地下的耐久性，并在土体固结变形时不会发生折断或破坏。

滤套一般由无纺织物制成，应具有一定的隔离土颗粒和渗透功能，应等效于 0.025mm 孔隙，其最小自由透水表面积宜为 $1\,500cm^2/m$，渗透系数应不小于 $5\times10^{-2}mm/s$。

用塑料排水板处治软土的主要施工机具是插板机，也可与袋装砂井打设机具共享，但应将圆形套管换成矩形套管。

用塑料排水板处治软土的施工工艺流程为：整平原地面→铺设下层砂垫层→机具就位→塑料排水板穿靴→插入套管→拔出套管→割断塑料排水板→机具移位→摊铺上层砂垫层。

施工质量应符合以下规定：

(1)施工现场堆放的塑料排水板，应加以适当覆盖，以防暴露在空气中老化。

(2)插入过程中导轨应垂直，钢套管不得弯曲，施工中防止泥土等杂物进入套管内，一旦发现应及时清除，透水滤套不应被撕破和污染，排水板底部应有可靠的锚固措施，以免拔出套管时将芯板带出。

(3)塑料排水板留出孔口长度，应保证伸入砂垫层不小于 50cm，使其与砂垫层贯通，并将其保护好，以防机械、车辆进出时受损，影响排水效果。

(4)塑料排水板不得搭接，应采用滤套内平接的方法，芯板对扣，凹凸对齐，搭接长度不小于 20cm，滤套包裹，用可靠措施固定。

(5)塑料排水板的板长要求不小于设计值，板距容许偏差为－15～＋15cm，竖直度偏差不大于 1.5%。

7)砂桩

采用一定的施工方法在地基中获得按一定规律排列的孔眼，在孔眼中灌入中、粗砂即形成了砂桩。砂桩顶面应铺设砂垫层，以构成完整的地基排水系统。用作砂桩的砂，其要求同袋装砂井，也可使用含泥量小于 5%的砂和角砾混合料。

砂桩的施工机具有振动打桩机、柴油打桩机，其成型工艺有冲击式和振动式，桩管下端装有活瓣钢桩靴。砂桩的施工工艺流程为：整平原地面→机具定位→桩管沉入→加料压密→拔管→机具移位。

砂桩的施工质量应符合以下规定：

(1)砂的含水率对桩体密实度有很大影响，应根据成桩方法分别符合以下规定：

①当采用单管冲击法、一次打桩管成桩法或复打成桩法施工时，应使用饱和砂。

②当采用双管冲击法、重复压拔法施工时，可使用含水率为7%～9%的砂，在饱和土中施工也可用天然湿砂。

(2)由于地面以下1～2m土层侧向约束软弱，不利成桩，故应取超量投砂法，通过压挤提高表层砂的密实程度。

(3)在施工中应确保桩体连续、密实；在软弱黏性土中成型困难时，可隔行施工，各行中也可间隔施工。

(4)实际灌砂量未达到设计用量要求时，应在原位将桩管打入，补充灌砂后复打1次，或在旁边补桩一根。

(5)砂桩的桩长、桩径、灌砂量应符合设计要求，桩距允许偏差为－15～＋15cm，竖直度偏差应小于1.5%。

8)碎石桩

采用砾石、碎石等散粒材料，以专用振动沉管机械或水振冲器施工形成碎石桩，碎石桩与周围地基组成复合地基。粒料桩对地基有置换、挤密和竖向排水作用。

碎石桩的填料应为未风化的干净砾石或轧制碎石，粒径宜为19～63mm，含泥量不应大于10%。一般饮用水均可用于碎石桩的施工。

施工前，应按规定做成桩试验，监理工程师应检查承包人冲孔、清孔、制桩时间和深度、冲水量、水压、压入碎石量及电流的变化等记录。经验证设计参数和施工控制的有关参数作为碎石桩施工的控制指标。

碎石桩的主要施工机具是振冲器、吊机或施工专用平车和水泵。其施工工艺的程序为：整平原地→面振冲器就位对中→成孔→清孔→加料振密→关机停水→振冲器移位。

碎石桩施工质量控制应符合以下规定：

(1)碎石桩施工应根据制桩试验成果严格控制水压、电流和振冲器在固定深度位置的留振时间。

水压视土质及其强度而定，一般对强度较低的软土，水压要小些；对强度较高的软土，水压宜大些。成孔时，水压宜大；制桩振密时，水压宜小。水量要充足，使孔内充满水，以防塌孔。

应严格控制电压稳定，一般为380V±20V。应控制加料振密过程中的密实电流，密实电流的规定值应根据现场制桩试验定出，宜为潜水电动机的空载电流加上10～15A，或为额定电流的90%左右；严禁在超过额定电流的情况下作业。

振冲器在固定深度位置的留振时间宜为10～20s。

(2)填料要分批加入，不宜一次加料过量，原则上要“少吃多餐”，保证试桩标定的装料量，一般制作最深桩体时填料偏多。每一深度的桩体在未达到规定的密实电流时应继续加料，继续振实，严格防止“断桩”和“缩颈桩”的发生。

(3)施工时，碎石桩的桩径、桩长、灌碎石量，均应符合设计要求，桩距施工允许误差为±15cm，竖直度偏差小于1.5%。

(4)碎石桩密实度自检频率宜抽查5%，要求用重II型动力触探测试，贯入量加10cm时，击实不小于5次。

9)加固土桩

用某种深层拌和的专用机械，将软土地基的局部范围内用固化材料加以改善、加固，即形成加固土桩。加固土桩与桩间土形成复合地基。

(1)加固土桩的固化材料可用水泥、生石灰、粉煤灰或 NCS 固化剂等，其质量规格应符合设计要求。

生石灰是磨细的，最大粒径应小于 0.236cm。生石灰应无杂质，氧化镁和氧化钙含量不应小于 85%，其中氧化钙含量不低于 80%。

水泥宜采用普通水泥或矿渣水泥，应是国家免检产品。严禁使用过期、受潮、结块、变质的劣质水泥。对非免检厂生产的水泥，应分批提供有关强度等级、安定性等试验报告。

粉煤灰化学成分中，要求二氧化硅和三氧化二铝的含量应大于 70%，烧失量应小于 10%。

有条件的地区可采用石膏粉作为掺加剂，有利于强度的提高。

施工实际使用的固化剂和外掺剂，必须通过室内试验的检验，符合设计要求后方可使用。

(2)加固土桩施工前，必须进行成桩试验，应达到下列要求并取得以下技术参数：

①满足设计喷入量的各种技术参数，如钻进速度、提升速度、搅拌速度、喷气压力、单位时间喷入量等；

②确定搅拌的均匀性；

③掌握下钻和提升的阻力情况，选择合理的技术措施；

④根据地层、地质情况确定覆喷范围，成桩工艺性试验桩数不宜少于 5 根。

(3)施工工艺应按以下程序进行：

整平原地面→钻机定位→钻杆下沉钻进→上提喷粉(或喷浆)强制搅拌→复拌→提杆出孔→钻机移位。

(4)施工前，应丈量钻杆长度，并标上显著标志，以掌握钻杆钻入深度、复拌深度，保证设计桩长。

(5)施工机械应按固化剂喷入的形态(浆液或粉体)，采用不同的施工机械组合。

对浆液固化剂：主机为深层搅拌机，有双搅拌轴中心管输浆方式和单搅拌轴叶片喷浆方式两种；配套机械主要有灰浆拌制机、集料斗、灰浆泵、控制柜及计量装置。

对粉体固化剂：主要为钻机、粉体发送器、空气压缩机、搅拌钻头。

(6)施工质量应符合以下规定：

①采用浆液固化剂时：

a. 固化剂浆液应严格按预定的配比拌制。制备好的浆液不得离析，不得停置过长，超过 2h 的浆液应降低标号使用；浆液倒入集料时应加筛过滤，以免浆内结块，损坏泵体。

b. 泵送浆液前，管路应保持潮湿，以利输浆。现场拌制浆液，应有专人记录固化剂、外掺剂用量，并记录泵送浆开始、结束时间。

c. 根据成桩试验确定的技术参数进行施工。操作人员应记录每米下沉时间、提升时间，记录送浆时间、停泵时间等有关参数的变化。

d. 供浆必须连续，拌和必须均匀。一旦因故停浆，为防止断桩和缺浆，应使浆搅拌机下沉至停浆面以下 0.5m，待恢复供浆后再喷浆提升。如因故停机超过 3h，为防止浆液硬结堵管，应先拆卸输浆管路，清洗后备用。

e. 搅拌机提升至地面以下 1m 时，宜用慢速；当喷浆口即将出地面时，应停止提升，搅拌数秒以保证桩头均匀密实。

②采用粉体固化剂时：

a. 粉喷桩施工，应根据成桩试验确定的技术参数进行；操作人员应随时记录压力、粉喷量、钻进速度、提升速度等有关参数的变化。

b. 严格控制粉喷高程和停粉高程，不得中断喷粉，确保桩体长度；严禁在尚未喷粉的情况下进行钻杆的提升作业。

c. 当钻头提升到地面以下不足 50cm 时，送灰器应停止喷灰，并用人工回填黏性土压实。

d. 根据设计要求，桩身在一定深度即在地面以下 1/2～1/3 桩长并不小于 5m 的范围内必须进行重复搅拌，使固化料与地基土均匀拌和。

e. 施工中，发现喷粉量不足，应整桩复打，复打的喷粉量应不小于设计用量。如遇停电、机械故障等原因，使喷粉中断时，必须复打，复打重叠孔段应大于 1m。

f. 施工机具设备中粉体发送器，必须配置粉料计量装置，并记录水泥的瞬时喷入量和累计喷入量。严禁无粉料喷入计量装置的粉体发送器投入使用。

g. 储灰罐容量，应不小于一根桩的用灰量加 50kg；当储量不足时，不得对下一根桩开钻施工。

h. 钻头直径的磨损量不得大于 1cm。

(7)粉喷桩的桩径、桩长、单桩粉喷量，均应符合设计要求，应在桩体三等分段各钻取芯样一个，一根桩取三个试块进行强度测试，强度应不低于设计要求。桩距允许偏差为±10cm，竖直度偏差应小于 1.5%。

三、盐渍土地区路基施工

(1)在盐渍土地区施工时，路堤填料应符合下列要求：

①路堤填料的含盐量不得超出规定允许值，不得夹有盐块和其他杂物。盐渍土地区路堤填料的可用性见《公路路基施工技术规范》(JTG F10—2006)中的规定。

②对填料的含盐量及其均匀性应加强施工控制检测，对路床以下每 1 000m^3 填料、路床部分每 500m^3 填料至少做一组测试，每组取 3 个土样，取土不足上列数量时，亦应做一组试件。

③在内陆盆地干旱地区，如当地无其他适用的填料，需用易溶盐含量超过规定值的土、砾等作填料时，应根据当地气候、水文地质等条件，通过试验决定填筑措施。

④用石膏土作填料时，应先破坏其蜂窝状结构。石膏含量一般不予限制，但应控制压实度。

(2)盐渍土路堤应分层铺填、分层压实，每层松铺厚度不得大于 20cm，砂类土松铺厚度不得大于 30cm。碾压时应严格控制含水率，不应大于最佳含水率 1 个百分点。雨天不得施工。

(3)在盐渍土地区进行路堤施工前，应测定其基底(包括护坡道)表土的含盐量和含水率及地下水位，根据测得的结果，分别按设计规定进行处理。

①如表土不符合规范规定时，应在填筑路堤前予以挖除，如路堤高度小于规范规定时，除将基底含盐量较重的表土挖除外，还应按设计要求换填渗水性较好的土。

②原基底土的含水率如超过液限的土层厚度在 1m 以内时，必须全部换填渗水性土；如含水率介于液限和塑限之间时，应铺 10～30cm 的渗水性材料；如含水率在塑限以下时，可直接填筑黏性土。

③当清除软弱土体达到地下水位以下时，则应铺填渗水性强的粗粒土，并应高出地下水位 30cm 以上，再填黏性土。

④在内陆盆地干旱地区设计为高级或次高级路面的地段，路床的填料应符合规定要求。土层应设法洒水压实到规定要求，同时还应在路堤下部设置封闭性隔水层(采用不透水材料，如沥青砂、防渗薄膜、聚丙烯薄膜编织布等)，隔水层铺设前应清除植物根茎，将基底做成2%的横坡，整平压实，沿横坡均匀铺平。

(4)在地表为过盐渍土的细粒土地区或有盐结皮和松散土层时，应将其铲除。铲除的深度，应通过试验确定。如地表过盐渍土过厚，亦可铲除一部分，并设置封闭隔水层。隔水层设置深度宜在路床顶以下80cm深度外。若有盐胀问题存在，隔水层应设在产生盐胀的深度以下。当采用土工合成材料做隔水层时，为防止合成材料被挤破，宜在隔水层上、下分别铺一层10～15cm厚的砂或黏土保护层。

(5)排水应符合下列要求：

①施工中，应及时合理地布置好排水系统，不应使路基及其附近有积水现象。

②路基一侧或两侧有取土坑时，取土坑底部距离地下水位不应小于15～20cm；底部应向路堤外有2%～3%排水横坡和不小于0.2%的纵坡。

③在排水困难地段或取土坑有被水淹没可能时，应在路基一侧或两侧取土坑外设置高0.4～0.5m、顶宽1m的纵向护堤。

④在地下水位较高地段，除挡导表面水外，应加深两侧边沟或排水沟，以降低路基下的地下水位。

⑤盐渍土地区的地下排水管与地面排水沟渠，必须采取防渗措施，盐渍土地区不宜采用渗沟。

(6)对高速公路、一级公路的盐渍土路基的路肩及坡面，应采用防护措施或加宽路基措施。对其他等级公路，宜采用防护措施。

(7)盐渍土路基的施工，应从基底清除开始连续施工，即从基底到路床表面应分段一次完成，不可间断，在设置隔水层的地段，至少一次做到隔水层的顶部。

(8)施工季节，在地下水位高的黏性土盐土地区，以夏季施工为宜；砂性土盐土地区，以春季和夏初施工为宜；强盐渍土地区，在表层含盐量较低的春季施工为宜。

四、风沙地区路基施工

(1)风沙地区路基宜在少风、风速较小或有雨季节分段集中施工，并在大风来临前配套完成。若当地风力较强或需在风季施工时，应采取临时防护措施；对设计的永久防护工程，若材料运输有困难，需待通车后施工时，可采取临时防护过渡。填筑路堤当日不能完工地段，对坡面和路肩应加以覆盖；开挖路堑，应从一开始就随挖随用平铺式栅栏或草席、芦苇等将坡面、路肩护好，周围用小木桩固定或用大石块或混凝土预制块压住。

(2)风沙地区路基施工，应采取措施保护线路两侧的地表原有植被和地表硬壳，施工前应准备充分的防护材料。对因施工作业使两侧地表受损部分，应按设计要求在新出露的沙面上及时填筑砾卵石土防护层。对施工的路基应集中力量完成一段，防护一段。

(3)填方取土要根据当地风向情况选择取土坑位置。在单一风向地区，取土坑宜设在路堤下风一侧距路堤坡脚至少5m处；在有反向风交替作用的地区，取土坑可设在路堤两侧，施工完成后应将其边坡修成缓坡，使其断面成浅槽形。应尽量利用挖方材料，如需废弃，应弃于背风坡一侧的低地或距路堑坡顶不小于10m处，并应摊平。

(4)路基压实：

①对风沙地区用粉砂或细砂填筑路堤时，仍应分层压实。根据现场自然条件、沙的特性及水源分布等情况确定压实机械和压实方法，宜采取机械振动压实为主，结合蓄水、快成型、快防护的施工方法。

②对缺土、缺水，压实确有困难的风积沙路基，可采用土工合成材料（编织袋、编织布）对路基进行加固。土工布横向搭接宽度应不小于300mm，纵向搭接长度应不小于500mm，搭接部应采用有效方法连接。将土工布铺好后，宜采用振动压路机静压一遍，增强沙基表层密实度，然后方可铺筑垫层。

(5)在地形开阔的风沙地段，应将路基两侧20～50m范围内的小沙滩、弃土堆、小土丘等凡可引起积沙的障碍物予以清除、摊平。

(6)植物固沙是防止沙害的根本措施，在有条件的地方采用植物固沙法施工时，要严格按照设计要求的树苗或灌木种类和设计规定的种植间隔尺寸及布置形式进行栽种。

在无条件采用植物固沙的地区及采用植物固沙的初期，为防止沙害并为植物固沙创造条件，应采用工程防沙措施。在林带前缘，为防止积沙，亦应适当设置工程防沙设施。采用天然砂砾或黏土等覆盖地表面时，粒径应不大于63mm。

工程防沙有固、阻、输、导四种类型，应根据设计并结合路基施工情况及时配套完成。

(7)格状沙障施工应做到稳固、牢实、风吹不走。有水源条件的，可在草方格内播撒适于沙漠生长的植物种籽，使方格内生长沙生植物。路线如通过牧区，还应在路基两侧设置铁丝隔离栅，防止人畜进入破坏草方格。

设置草方格沙障时，在迎风侧应先设主带（垂直主风向），后设副带（平行主风向）；在背风侧应先设副带，后设主带，施工时均应先远后近，由上而下。有新月形沙丘的，应从迎风坡脚开始设置。

埋设防风栅栏（立式沙障）应整平两侧地面，插铺草束，压沙插实，埋设稳固，防止栅栏底部被风吹掏空。

(8)对沙质路基主体应按设计要求进行全面防护。在路基顶面、边坡面及坡脚外5～10m地面范围内，用黏性土、盐盖、砾（卵）石、乳化沥青等材料进行平铺覆盖或处理。

黏性土封闭防护是风沙地区路基常用的一种经济而有效的防护措施。采用黏性土时，应通过试验测定其塑性指数，符合设计要求的方可使用。

(9)风沙地区筑路时，路线主要控制桩、护桩、水准基点桩、路基边桩等均应设置明显的标志，并妥善保护，以防被沙埋没。

五、黄土地区路基施工

(1)在黄土地区填路堤时，路基基底处理应按设计要求进行施工并应符合以下要求：

①若基底为非湿陷性黄土，且无地下水活动时，可按一般黏性土地基进行基底处理，同时做好两侧的施工排水、防水措施。

②若基底为湿陷性黄土，应采取拦截、排除地表水的措施，防止地表水下渗，减少地基地层湿陷性下沉。对其地下排水构造物与地面排水沟渠必须采取防渗措施。

③若地基土层具有强湿陷性或较高的压缩性，且容许承载力低于路堤自重压力时，应考虑地基在路堤自重和活载作用下所产生的压缩下沉。除采取防止地表水下渗的措施外，可考虑

采用重锤夯实、石灰桩挤密加固、换填土等措施。

(2)用黄土填筑路堤应符合下列要求：

①新、老黄土均为路堤适用填料。老黄土透水性差，干湿难以调节，大块土料不易粉碎，使用前应通过试验决定措施，路床填料不得使用老黄土。新黄土为良好的填料，可用于填筑路床。黄土路堤应分层填筑、分层压实，大于10cm的块料，必须打碎，并应在接近土的压实最佳含水率时碾压密实。

②黄土路堤施工时，应做好填挖界面的结合(纵向)，清除坡面杂草，挖好向内倾斜的台阶。如结合面陡立，无法挖成台阶时，可采用土钉加强结合。

③黄土路堤的边坡应刷顺，整平拍实，并应及时予以防护，防止路表水冲刷。

④不应使用黄土填筑浸水路堤。必须使用时，应采取措施，并报请审批。

(3)黄土路堤的压实要求与一般黏性土相同，并应符合下列要求：

①黄土含水率过小，应均匀加水再行碾压；如含水率过大，可翻松晾晒至需要含水率再进行碾压，也可掺入适量石灰处理，降低其含水率。掺石灰后应将土、灰拌匀，其最大干密度应通过击实试验确定。

②黄土地区路床土基强度应符合设计要求，当不能满足要求时，应对原土进行技术处治。

(4)高路堤路基施工期间，应在两侧或一侧(超高段)设临时阻水、拦水设施，以防雨水冲毁边坡。路堤填至设计高程后，应根据设计及时修筑外侧边缘的拦水、截水沟构造物和急流槽，将水引至坡脚以外。对高度大于20m的路堤，应按设计预留竣工后路堤自重压密固结产生的压缩下沉量。

(5)黄土路堑边坡，应严格按设计坡度开挖，如设计为陡坡时(如1∶0.1)，施工中不得放缓，以免引起边坡冲刷。

路堑施工，当挖到接近设计高程时，应对上路床部分的土基整体强度和压实度进行检测。

如路堑路床土质不符合设计规定，则应将其挖除，另行取土分层摊铺、碾压至规定的压实度。挖除厚度根据道路等级对路床的要求而定，高速公路及一级公路宜挖除50cm，其他公路可挖除30cm。

如路堑路床的密实度不足，土质符合设计规定，则视其含水率情况，经洒水或经翻松晾晒至要求含水率再行整平碾压至规定压实度。

(6)在黄土地区应特别注意路基排水，对地表水应采取拦截、分散、防冲、防渗、远接远送的原则，根据设计及时做好综合排水设施，将水迅速引离路基。在填挖交界处引出边沟水时，应做好出水口的加固。

①湿陷性黄土路基的地下排水管道与地面排水设施，应根据设计进行加固和采取防渗措施。

②黄土路基水沟的加固类型，宜用浆砌片石或混凝土板。如用预制混凝土板拼砌时，其接缝处应牢固无渗漏。

(7)黄土陷穴应进行处理。处理时，首先要查清陷穴的供给来源、水量、发展方向及对路基可能造成的危害，视具体情况采取以下相应的处理方法：

①在路堑顶部及路堤的靠山侧做好排水工程，将地表水、地下水引入有防渗层的水沟内排走。

②对通过路基路床的陷穴，要向上游追踪至发源地点。在发源地点把陷穴进口封填好，并

引排周围地表水，使其不再向陷穴进口流入。

③对现有的陷穴、暗穴，可以采用灌砂、灌浆、开挖回填等措施，开挖的方法可以采用导洞、竖井和明挖等。

灌砂法：本法适用小而直的陷穴，以干砂灌实整个洞穴。

灌浆法：本法适用于洞身不大，但洞壁起伏曲折较大，并离路基中线较远的小陷穴，施工时先将陷穴出口用草袋装土堵塞，再在陷穴顶部每隔4～5m打钻孔作为灌浆孔，待灌好的土浆凝固收缩后，再在各孔作补充灌浆，一般需重复2～3次，有时为了封闭水道也可灌水泥砂浆。

开挖回填夯实：本法适用于各种形状的陷穴，填料一般用就地黄土分层夯实。

导洞和竖井：本法适用于较大、较深的洞穴。由洞内向外逐步回填夯实，在回填前，应将穴内虚土和杂物彻底清除干净。当接近地面0.5m时，应有老回填或新回填加10%的石灰拌匀回填夯实。

④处理好的陷穴，其土层表面均应用石灰与土的比例为3∶7的石灰土填筑夯实或铺填老黄土等不透水材料加以改善。石灰土厚度应按设计严格执行。如原设计未要求时，其厚度不宜小于30cm。并将流向陷穴的附近地面水引离，防止形成地表积水或水流集中产生冲刷。

(8)黄土陷穴的处理范围，应视具体情况而定，宜在路基填方或挖方边坡外，上侧50m，下侧10～20m。若陷穴倾向路基，虽在50m以外，仍应做适当处理。对串珠状陷穴应彻底进行处治。

六、多雨潮湿地区路基施工

(1)在多雨潮湿地区进行路基施工时，应特别注意排水。机具停放地、库房、生活区域，都必须选在地势较高、不易被水淹没的地点，并有可靠的排水防洪设施，预防洪水造成危害。

(2)开工前，场地准备工作应特别注意排除地面水。在低洼地带沿用地两边应挖大断面的纵向排水沟，并引向出水口。在纵向排水沟之间应挖掘横向排水沟并互相贯通疏干地表，以达到地面不积水。

(3)在多雨潮湿地区，原地面多为含水率过大的过湿土，应按下列方法处理：

①含水率过大的潮湿土深度在2m以内时，可挖去湿土，换填适用的干土或挖方石渣、天然砂砾等，并分层压实达到标准。

②挖去淤泥后将土层湿土翻松耙碎，掺5%～10%的生石灰粉压实，其层厚以能达到规定压实度为准，使之成为稳定土加固层。

③当有非风化大块岩石可利用时，在挖去软湿土后铺筑厚50cm左右石块层，嵌填石渣后，用重型压路机碾压成型，再于其上填筑路堤。二级以下公路可以采用抛填片石挤淤，整理碾压成型后填筑路堤。

④当软湿土深度大于2m时，按软土路基的规定处理。

(4)利用潮湿土填筑路堤时，应按下列压实标准和方法进行：

①当天然稠度小于1.1、液限大于40、塑性指数大于18的黏质土用作高速公路、一级公路和二级公路上路床的填料时，应采用各种措施达到规定的压实度；上述土用作下路床及上、下路堤的填料时，当进行处治或采用重型压实度确有困难，可采用轻型压实标准。填料经翻拌晾

晒分层压实后，压实度应满足规定要求。

②碾压潮湿土填筑的路堤适宜的压路机形式、规格、填层的适宜厚度、所需碾压遍数和压实度，应通过试验确定。

③碾压完成后的路段，若不立即铺筑路面，且不需维持通车时，应在路床顶再铺盖一层碾压紧密的防水黏土层或沥青封闭层。

④填料的天然稠度为0.9～1.0时，宜将土摊开翻拌晾晒，当含水率接近最佳含水率时即可碾压密实。

⑤填料的天然稠度为0.5～0.9时，宜在土中掺入生石灰等外掺剂，拌和均匀后，再分层填筑压实。

(5)在多雨潮湿地区，土的含水率大，地下水位高，容易影响路基稳定。填方边坡宜用浆砌护坡防护。二级以下公路也宜采取相应的防护措施。

(6)路堤填筑每层表面宜做成2%～4%的横坡，以利排水。对于当天的填土，必须当天完成压实。

(7)路堤坡脚护坡道外，应设置加大断面的石砌边沟，以降低地下水位。

七、季节性冻融翻浆地区路基施工

(1)在冻融翻浆地区施工，必须贯彻以防为主、防治结合的原则。

(2)翻浆地区路基，首先应搞好路基排水，保证路基填土高度和对压实度的要求。对于高速公路和一级公路除需考虑强度因素外，还需考虑冻胀对路基、路面的影响。

(3)施工前，应对冻胀翻浆地区进行详细的现场调查，按各段水文地质情况，做好场地排水、填料选择、料场规划等工作，并根据地区特点、翻浆类型、严重程度，按照因地制宜、就地取材和路基路面综合处理的原则提出处治方案。

(4)翻浆防治可根据公路等级、冻融程度、地带类型、当地料源采用下述处治措施：

①换填土法：采用水稳定性好、冻稳定性好、强度高的粗粒土换填路基上部；换填选料原则为，冻胀时路面不致产生有害变形，冻融时路床承载能力不致下降，换填厚度应控制在最大冻深的70%～100%。

②隔离层法：深度应设在聚冰层以下和地下水以上适当处；隔离层宜高出地表水位25cm，有效厚度一般为20cm。为防淤塞，上下面宜设防淤层，亦可在上下面反铺草皮或土工织物防淤。隔离层材料可用碎石、砾石、粗砂、土工布等，上下面宜设3%～4%拱度。采用何种防淤层，应视道路等级而定。

不透水隔离层可选3cm厚的含沥青8%～10%的沥青土或6%～8%的沥青砂，或沥青油毡、塑料膜等。

③隔温层法：设置在路基上部或路面底基层处，以延缓和减小负气温的强度；材料可选择炉渣、矿渣、碎砖，厚度一般为20～50cm。

④降低水位法：在低于现有地下水位的两侧边沟底部位设置管沟或渗沟。

⑤土工布排水法：将过滤型土工布(也可用塑编布)直接铺在土基上，上面铺填30～40cm砂砾层。

⑥改善路面结构法：如设置石灰底基层、二灰砂砾基层、水泥稳定基层、砂砾垫层等，厚度可根据计算确定。

根据具体情况，可采用上述各法中的一种或两种以上。

(5)不论路堤或路堑，在修筑路面结构层前，应用不小于 20t 的压路机或等效碾压机械对路基进行检验(2～3 遍)，发现软弹现象时应进行处理。

(6)涎流冰地区在涎流冰融解期，能渗浸路基，降低强度，导致翻浆，融雪洪流通过受阻时还易引起路基水毁，应采取排、挡、截等措施防治。

当采用暗管、渗沟等疏排方法时，管沟等结构应埋在冰冻线以下，并不低于路面以下 2m。上口通过封闭式渗池与含水层衔接，下口于路基下侧边坡坡面以外排出，并做好出口处的保温和加固设施。

暗管适用于不产砂石的地区。

(7)在季节性冻融翻浆地区进行路基施工时，应符合以下规定：

①排水：施工前应认真了解地形及水文地质情况，凡是可能危害路基强度和稳定性的地面水和地下水，均应采取有效的临时性或永久性措施，使水能迅速排出路基之外；路床面应保持良好的排水状态；从路堑到路堤，必须修建过渡边沟并无阻塞现象；各层填土应有路拱，使表面无积水；施工后，各式沟、管、井、涵等能形成完整有效的排水系统。

②路堤：

a. 原地面处理：在水文地质不良和湿软地段，可视情况在地表铺填厚度不小于 30cm 的砂砾，或做局部挖除换填处理。

当路堤高度低于 20cm 时(包括挖方土质路段)应翻松 30～50cm，并分层整形压实，其压实度为 94%～96%，高速公路、一级公路取高限，其他公路取低限。

b. 填料：宜选用水稳定性好的土填筑路基；路基上部受冰冻影响部位，应选用水稳定性和冻稳定性均较好的粗粒土；冻土、非渗水性过湿土、腐殖土禁止用于填筑各层路堤；压实时的含水率应控制在最佳含水率±2%范围内。

c. 取土场：宜设置集中取土场，在排水困难地段更宜集中取土。

d. 碾压：各层表面碾压前应用平地机进行整平和修整路拱，切实控制松铺厚度以及填料的均匀性。压实后各层表面的平整度用三米直尺丈量，其间隙高度不宜大于 20mm；成型后路床顶面强度按规定进行检查或用不小于 20t 的压路机碾压检验有无“软弹”现象。

e. 路堤高度：应满足路基全年能处于干燥或中湿状态；修低路堤时，应根据具体情况采取相应技术措施。

f. 为使路基强度和稳定性满足设计要求，施工中各类冻融翻浆防治方法可综合选用。

③路堑：

a. 石方段超挖回填部位，应选用符合要求的石渣，压实度不得低于 96%；禁止使用劣质开山料或覆盖土回填或找平；超挖部分不规则或不超过 8cm 时，可用混凝土修补找平；整平层宜采用级配碎石或水泥稳定碎石、二灰稳定碎石类等半刚性材料。

b. 土质路堑或遇水崩解软化的风化泥质页岩等类路堑的路床压实度如不符合规定时，应翻松压实或根据土质情况，换填符合路床强度并满足压实度要求的足够厚度的好土，并予以压实，然后加强排水措施，如封闭路肩、浆砌边沟等。

c. 有裂隙水、层间水、潜水层、泉眼等路段，应按规定分别采取切断、拦截、降低等措施，如加深边沟，设置渗沟、渗管、渗井等。

八、岩溶地区路基施工

(1)对影响路基稳定的溶洞,不论采用何种处理方法,在施工中均不应堵塞溶洞水路。

(2)路基基底的岩溶泉或冒水,不论采用何种方法排出,均应保证路床范围的土石方不受浸润;当修建高级或次高级路面时,应保证不因温差作用而使水汽上升,聚集在路面基层下。

(3)对路基上方岩溶泉或冒水,可采用排水沟将水引离路基,不宜堵塞;对路基基底的岩溶泉或冒水,宜设置涵洞(管)将水排除;流量较大的暗洞及消水洞,可用桥涵跨越通过。

(4)路堑边坡上危及路基稳定的干溶洞,可用干砌片石或浆砌片石堵塞。

(5)路基基底的溶洞,应采用桥涵通过,当为干溶洞且又不大时,可采用砂砾石、碎石、干、浆砌片石等回填密实。

(6)路基基底干溶洞的顶板太薄或顶板较破碎时,可采用加固或将顶板炸除之后,以桥涵的方式跨越。

(7)路基基底干溶洞的顶板较完整,有较大厚度时,可按《公路路基设计规范》给出的路基基底溶洞顶板安全厚度的公式,予以验算,并根据验算的结果确定处治方案。

(8)当路基溶洞位于边沟附近、而且较深时,可采用钢筋混凝土板封闭,并应防止边沟水渗漏到溶洞内。

(9)为防止溶洞的沉陷或坍塌,以及处理岩溶水引起的病害,可视溶洞的具体情况分别采用洞内加固(如桩基加固、衬砌加固)、盖板加固、封闭加固(如锚喷加固)等方法。

(10)对影响路基稳定的人工坑洞(如煤洞、古墓、枯井、捣砂坑、防空洞等),应查明后,参照岩溶处治方法进行处理。

九、膨胀土地区路基施工

(1)膨胀土地区的路基施工,应避开雨季作业,加强现场排水,保证地基和已填筑的路基不被水浸泡。

(2)膨胀土地区路基施工,开挖后各道工序要紧密衔接,连续施工,分段完成。路基填筑后不应间隔太久或越冬后做路面。

(3)路堑施工前,先开挖截水沟,并铺设浆砌圬工,其出口应延伸至桥涵进出口。

(4)路堤、路堑边坡按设计修整后,应立即浆砌护墙护坡,防止雨水直接侵蚀。

(5)膨胀土稳定性差,不应作为路基填料;中等膨胀土宜经过加工、改良处理后作为填料;弱膨胀土可根据当地气候、水文情况以及道路等级加以应用,对直接使用中、弱膨胀土填筑路堤时,应及时对边坡及顶部进行防护。

①高速公路、一级公路、二级公路等采用中等膨胀土用作路床填料时,应做掺灰改性处理,改性处理后要求胀缩总率不超过 0.7 为宜。

②限于条件,高速公路、一级公路用中等膨胀土填筑路堤时,路堤填成后,应立即做浆砌护坡封闭边坡。当填至路床底面时,应停止填筑,改用符合规定强度的非膨胀土或改性处理的膨胀土填至路床顶面设计高程并严格压实。如当年不能铺筑路面,作为封层的填筑厚度,不宜小于 30cm,并做成不小于 2%的横坡。

③使用膨胀土作填料时,为增加其稳定性,可采用石灰处治,石灰剂量可通过试验确定,要求掺灰处理后的膨胀土,其胀缩率接近零为佳。

④可用接近最佳含水率的中等膨胀土填筑路堤，但两边边坡部分要用非膨胀土作为封层。路堤顶面也要用非膨胀土形成包心填方。在挖方地段，当挖到距路床顶面以下 30cm 时，应停止向下开挖，并挖好临时排水沟。待做路面时，再挖至路床顶面以下 30cm，并用非膨胀土回填，并按要求压实。

(6)高速公路、一级公路路堤原地面处理应按下列规定办理：

①填高不足 1m 的路堤，必须挖去地表 30cm 的膨胀土，换填非膨胀土，并按规定压实。

②地表为潮湿土时，必须挖去湿软土层，换填碎、砾石土，砂砾或挖方坚硬岩石碎渣，或将土翻开掺石灰稳定土，并按规定压实。

(7)在膨胀土地区路堤施工前，应按规定做试验路段。

(8)膨胀土地区路堑开挖应按下列规定办理：

①挖方边坡不要一次挖到设计线，沿边坡预留厚度 30～50cm 一层，待路堑挖完时，再削去边坡预留部分，并立即浆砌护坡封闭。

②膨胀土地区的路堑，高速公路、一级公路的路床应超挖 30～50cm，并立即用粒料或非膨胀土分层回填或用改良性土回填，按规定压实。

(9)膨胀土地区，路基碾压应符合下列规定：

①根据膨胀土自由膨胀率的大小，选用工作质量适宜的碾压工具，碾压时应保持最佳含水率；压实土层松铺厚度不得大于 30cm；土块应击碎至粒径 5cm 以下。

②在路堤与路堑交界地段，应采用台阶防水搭接，其长度不应小于 2m，并碾压密实。

十、采空区路基施工

(1)施工前，应结合设计详查路幅内采空区类型(平洞、竖井或斜井)、水文地质、地下水高度和顶板地层厚度，复核设计方案的可行性，编制施工组织设计，完善处治措施。

(2)路基边沟及排水沟底部，应采取措施防止地表水渗漏到采空区内。

(3)采空区路基基底采用砂砾石、碎石、干(浆)砌片石等回填时，填料质量和填筑压实度应符合设计要求，片石强度应满足设计要求。

(4)开挖回填处治采空区，应按设计要求的处理长度、宽度、深度进行处理。

(5)采空区采用充填注浆处理时，处理后地基应满足设计对沉降稳定的要求。

思 考 题

1. 构成公路路基的基本内容是什么？公路路基的基本要求包括哪些内容？
2. 公路路基横断面是如何组成的？路基横断面有哪些基本形式？
3. 路基高度应如何计算？
4. 公路路基施工前的准备工作包括哪些内容？
5. 填方路基正确的填筑方式是什么？填方压实时应注意什么问题？
6. 路基开挖的方法有几种？路基开挖的注意事项有哪些？
7. 公路排水系统包括哪些方面的内容？各有哪些结构形式？
8. 路基防护与加固包括哪几类？各有哪些措施？
9. 软弱地基分为哪几类？具有什么样的共同特征？软弱地基的处治措施有哪些？
10. 地基沉降主要由哪几部分构成？

第三章 路 面 工 程

路面直接承受车辆荷载的作用和自然因素的影响，并为车辆提供安全、经济、舒适的服务。路面结构修筑技术是路面工程研究的重要内容。

第一节 概 述

一、路面的功能与构造

1. 路面的功能

路面是用各种筑路材料铺筑在路基上供车辆行驶的层状构造物。路面不仅直接承受车辆荷载的作用，而且要经受自然因素（日光、温度和水等）和其他人为因素的作用。因此，高等级公路的路面必须具备下述功能：

（1）全天候地、稳定地供车辆行驶，即应保证路面良好的行车性能，使之不受任何季节和气候的影响。

（2）保证车辆高速和舒适地行驶，即路面应具有和保持较好的平整度，使车辆在高速行驶时不发生颠簸。

（3）保证车辆安全和经济地行驶，即路面表面应具有和保持一定的粗糙度，使车辆在高速行驶中需要紧急制动时不致因路滑而产生侧向或超长的纵向滑移，乃至冲撞事故。

2. 对路面的基本要求

路面应具有下述一系列性能。

（1）强度和刚度：指路面整体结构能够抵抗各种外力的综合作用，而不发生破坏和过大变形的性能。

（2）稳定性：指路面在日照、大气、温度、湿度等自然因素影响之下，其整体强度不致迅速降低的性能。

（3）耐久性：指路面在自然因素和行车荷载多次重复作用下，材料不致迅速衰变、结构不致因疲劳而破坏的性能。

（4）表面性能：指路面表面的平整度和粗糙度，平整度用路面纵向凹凸量的偏差值表示，而粗糙度则用路面与轮胎的摩擦系数和路表纹理深度表示。

3. 路面构造及结构层次的划分

路面构造及结构层次的划分如图 3-1 所示。

路面由行车道、硬路肩、土路肩、路缘石及中央分隔带等组成。路面结构层次由上至下可分为面层、基层、垫层，有时在面层之下还设有联结层。路面结构组成如图 3-2 所示。各结构层次的作用如下：

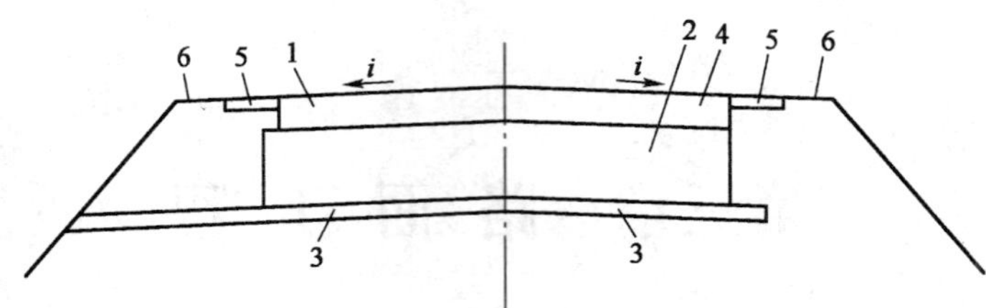

图 3-1　路面构造及结构示意图

i-路拱横坡度；1-面层；2-基层(有时包括底基层)；3-垫层；4-路缘石；5-加固路肩；6-土路肩

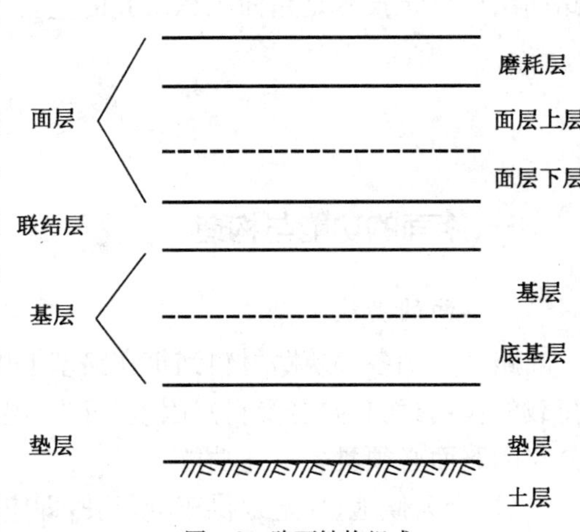

图 3-2　路面结构组成

(1)面层。面层是直接同行车和大气接触的表面层次，它承受较大的行车荷载的垂直力、水平力和冲击力作用，同时还受到降水的侵蚀和气温变化的影响。因此，同其他层次相比，面层应具备较高的结构强度和抗变形能力，较好的水稳定性和温度稳定性，而且应当耐磨，不透水，其表面还应有良好的抗滑性和平整度。

修筑面层所用的材料主要有：水泥混凝土、沥青混凝土、沥青碎(砾)石混合料、砂砾或碎石掺土或不掺土的混合料以及块料等。

(2)基层。基层主要承受由面层传来的车辆荷载的垂直力，并扩散到下面的垫层和土基中去。实际上，基层是路面结构中的承重层，它应具有足够的强调和刚度，并具有良好的扩散应力的能力。基层遭受大气因素的影响虽然比面层小，但是仍然有可能经受地下水和通过面层渗入雨水的侵蚀，所以基层结构应具有足够的水稳定性。基层表面虽然不直接供车辆行驶，但仍然要求有较好的平整度，这是保证面层平整度的基本条件。

修筑基层的材料主要有各种结合料(如石灰、水泥或沥青等)稳定土或稳定碎(砾)石、贫水泥混凝土、天然砂砾、各种碎石或砾石、片石、块石或圆石，各种工业废渣(如煤渣、粉煤灰、矿渣、石灰渣等)和土、砂、石所组成的混合料等。

(3)垫层。垫层介于土基与基层之间，它的功能是改善土基的湿度和温度状况，以保证面层及基层的强度、刚度和稳定性不受土基水文状况变化所造成的不良影响。其另一方面的功能是将基层传下来的车辆荷载应力加以扩散，以减小土基产生的应力和变形。同时也能阻止路基土挤入基层中，影响基层结构的性能。

修筑垫层的材料，强度要求不一定高，但水稳定性和隔温性能要好。常用的垫层材料分为两种，一类是由松散粒料如砂、砾石、炉渣等组成的透水性垫层；另一类是用水泥或石灰稳定土等修筑的稳定类垫层。

二、路面的分级与分类

1. 路面的分级

通常按路面面层的使用品质、材料组成类型以及结构强度和稳定性，将路面分为四个等级，如表 3-1 所示。

各等级路面所具有的面层类型及其所适用的公路等级 表3-1

路面等级	面层类型	所适用的公路等级
高级	水泥混凝土、沥青混凝土、厂拌沥青碎石、整齐石块或条石	高速、一级、二级公路
次高级	沥青贯入碎(砾)石、路拌沥青碎(砾)石、沥青表面处治、半整齐石块	二级、三级公路
中级	泥结或级配碎(砾)石、水结碎石、不整齐石块、其他粒料	三级、四级公路
低级	各种粒料或当地材料改善土,如炉渣土、砾石土和砂砾土等	四级公路

(1)高级路面

高级路面的特点是强度高、刚度大、稳定性好、使用寿命长、能适应较繁重的交通量,路面平整、无尘埃,能保证高速行车,路面养护费用少,运输成本低,但初期建设投资高,需要用质量高的材料来修筑。

(2)次高级路面

次高级路面与高级路面相比,强度和刚度较差,使用寿命较短,所适应的交通量较小,行车速度也较低。次高级路面的初期建设投资虽较高级路面低些,但要求定期维修,养护费用和运输成本也较高。

(3)中级路面

中级路面的强度和刚度低,稳定性差,使用期限短,平整度差,易扬尘,仅能适应较小的交通量,行车速度低。中级路面的初期建设投资虽然很低,但是养护工作量大,需要经常维修和补充材料,才能延长其使用年限,运输成本也高。

(4)低级路面

低级路面的强度和刚度最低,水稳定性差,路面平整性差,易扬尘,故只能保证低速行车,所适应的交通量最小,在雨季有时不能通车。低级路面的初期建设投资最低,但要求经常养护修理,而且运输成本最高。

2.路面的分类

路面类型可以从不同的角度来划分,但是一般都按面层所用的材料区分,如水泥混凝土路面、沥青路面、砂石路面等。但是在工程设计中,主要从路面结构的力学特性和设计方法的相似性出发,将路面划分为柔性路面、刚性路面和半刚性路面三类。

(1)柔性路面

柔性路面的总体结构刚度较小,在车辆荷载作用下将产生较大的弯沉变形,路面结构本身的抗弯拉强度较低,它通过各结构层将车辆荷载传递给土基,使土基承受较大的单位压力。路基路面结构主要靠抗压强度和抗剪强度承受车辆荷载的作用。柔性路面主要包括各种未经处理的粒料基层和各类沥青面层、碎(砾)石面层或块石面层组成的路面结构。

(2)刚性路面

刚性路面主要指用水泥混凝土做面层或基层的路面结构。水泥混凝土的强度高,与其他筑路材料比较,它的抗弯拉强度高,并且有较高的弹性模量,故呈现出较大的刚性。在车辆荷载作用下,水泥混凝土结构层处于板体工作状态,竖向弯沉较小,路面结构主要靠水泥混凝土板的抗弯拉强度承受车辆荷载,通过板体的扩散分布作用,传递给基础上的单位压力较柔性路面小得多。

(3)半刚性路面

用水泥、石灰等无机结合料处治的土或碎(砾)石及含有水硬性结合料的工业废渣修筑的基层,在前期具有柔性路面的力学性质,后期的强度和刚度均有较大幅度的增长,但是最终的强度和刚度仍远小于水泥混凝土。由于这种材料的刚性处于柔性路面与刚性路面之间,因此把这种基层和铺筑在它上面的沥青面层统称为半刚性路面。这种基层称为半刚性基层。

刚性路面、柔性路面和半刚性路面,这种以力学特性为标准的分类方法主要是为了便于从功能原理和设计方法出发进行分区,并没有绝对的定量分界界线。近年来,材料科学的发展正在逐步改变这种属性,如水泥混凝土的增塑研究正在使它的刚性降低而保留它的高强性质,沥青的改性研究使得沥青混凝土随气候而变化的力学性质趋于稳定,其刚度大幅度提高。这说明事物都是在相互转化之中。

三、路面设计

路面设计应包括:路面结构层原材料的选择、混凝土配合比设计、设计参数的测试与确定,路面结构层组合与厚度计算,路面结构的方案比选,以及路面排水系统设计和路肩加固等的设计内容。

路面结构层设计除包括行车道部分的路面外,对高速公路、一级公路还应包括路缘带、硬路肩、加(减)速车道、爬坡车道、紧急停车带、匝道、收费站、服务区、停车场等的路面设计。

路面设计的原则为:

(1)路面设计应根据使用要求及气候、水文、土质等自然条件,密切结合当地实践经验,进行路基路面综合设计。

(2)在满足交通量和使用要求的前提下,应遵循因地制宜、合理选材、方便施工、利于养护、节约投资的原则,进行路面设计方案的技术经济比较,选择技术先进、经济合理、安全可靠、有利于机械化、工厂化施工的路面结构方案。

(3)结合当地条件,积极推广成熟的科研成果,对行之有效的新材料、新工艺、新技术应在路面设计方案中积极、慎重地加以运用。

(4)路面设计方案,应注意环境保护和施工人员的健康和安全。

(5)为提高路面工程质量,应推行机械化施工;对高速公路、一级公路,应采用大型、高效的成套机械设备施工,以确保工程质量。

(6)高速公路、一级公路的路面,不宜分期修建。

对软土地区或高填方路基等可能产生较大沉降的路段,宜按“分期修建”或“一次设计分期实施”的原则设计。设计时,应按远景交通量设计路面结构厚度,铺筑时可减薄沥青面层,待路基趋于稳定后,视路面实际情况再加铺沥青面层。

第二节　基层、底基层及垫层

一、垫层

1. 垫层的设置原则

处于下列状况的路基应设置垫层,以排除路面、路基中滞留的自由水,确保路面结构处于干燥或中湿状态。

(1)地下水位高，排水不良，路基经常处于潮湿、过湿状态的路段。

(2)排水不良的土质路堑，有裂隙水、泉眼等水文不良的岩石挖方路段。

(3)季节性冰冻地区的中湿、潮湿路段，可能产生冻胀需设置防冻垫层的路段。

(4)基层或底基层可能受污染以及路基软弱的路段。

2. 垫层材料

垫层材料可选用粗砂、砂砾、碎石、煤渣、矿渣等粒料以及水泥或石灰煤渣稳定粗粒土，石灰粉煤灰稳定粗粒土等。若采用粗砂和砂砾料时，通过 0.075mm 筛孔的颗粒含量应不大于 5%。采用煤渣时，小于 2mm 的颗粒含量不宜大于 20%。

为防止软弱路基污染粒料底基层、基层，或为隔断地下水的影响，可在路基顶面设土工合成材料隔离层。

3. 垫层设置宽度

高速公路、一、二级公路的排水垫层应铺至与路基同宽，以利路面结构排水，保持路基稳定。三、四级公路的垫层宽度可比底基层每侧至少宽 25cm。

二、路面基层的类型

基层(底基层)可分为粒料类和无机结合料稳定类。

1. 粒料类基层(底基层)

粒料类常分为嵌锁形和级配型，目前常用的有填隙碎石(嵌锁型)、级配碎(砾)石、天然砂砾(级配型)几种。粒料类基层(底基层)的主要特点是透水性大、施工方便。我国大都将此类结构作为高等级公路的底基层或垫层，有些国家用级配碎(砾)石修筑基层或底基层，还用作沥青面层与半刚性基层间的联结层。

嵌锁型粒料基层的整体强度主要依靠碎石颗粒之间的嵌锁和摩阻作用，颗粒间的黏结力很小，即这种结构层的抗剪强度主要取决于剪切面上的法向应力和材料的内摩阻角。内摩阻角由三项因素构成：粒料表面的相互滑动摩擦、剪切时体积膨胀而需克服的阻力、粒料重新排列而受到的阻力。因此，嵌锁型结构强度主要取决于石料的强度、形状、尺寸、均匀性、表面粗糙度以及施工时的压实程度。当石料强度高，形状接近立方体、有棱角、尺寸均匀、表面粗糙、压实度高时，结构层的强度就高。

级配型粒料基层的强度和稳定性取决于内摩阻角和黏结力的大小，即其强度与稳定性在很大程度上取决于集料的类型(碎石、砾石或碎砾石)、集料的最大粒径和级配以及混合料中 0.5mm 以下细粒的含量及塑性指数。同时还与其密实程度有关系。因此，对级配型粒料，主要控制其最大粒径、细粒含量及其塑性指数和现场压实度。

2. 无机结合料稳定类基层(底基层)

无机结合料稳定类基层又称半刚性基层，常用的半刚性基层的类型有：

(1)水泥稳定类。主要有水泥稳定土、水泥稳定碎石(或砂砾)及水泥稳定为筛分碎石(或石屑、石渣)等。

(2)石灰稳定类。主要有石灰土、石灰碎石土、石灰砾石土以及石灰土稳定级配碎石和级配砂砾等。

(3)综合稳定类。主要有水泥石灰综合稳定土、水泥石灰稳定碎石(或砾石)、水泥石灰稳定煤渣等。

(4)石灰工业废渣类。主要有石灰粉煤灰(简称二灰)土、二灰砂、二灰砂砾、二灰碎石等,石灰煤渣、石灰煤渣土、石灰煤渣碎石(或砂砾)、石灰煤渣矿渣等。

半刚性基层(底基层)具有良好的力学性能,强度高、水稳定性好、板体性好。其强度不仅与使用材料本身的性质有关,更主要的是混合料加水拌和碾压后发生的一系列物理—化学作用,强度随时间增长而逐渐提高。但这类基层的最大缺点是干缩或低温收缩时易产生裂缝。为减少开裂,可在混合料中掺入 60%～80%的粒料。在无机结合料稳定粒料基层中,水泥稳定碎石(或石屑)的强度较高,适宜于大交通重轴载道路的基层,而无机结合料稳定土(如水泥土、石灰土、二灰土等)仅适宜于作高级路面的底基层。

由此可见,无机结合料稳定类基层的力学特性不仅与各组成材料本身的性质有关,而且与混合料的配合比有关。

3. 贫混凝土基层

贫混凝土在发达国家已经被广泛用作高速公路的上基层,是目前众所周知的一种强度最高的基层材料。贫混凝土基层具备更高的刚度、更佳的耐久性、较好的整体性和稳定性,尤其适用于特重交通的高等级公路。对于水泥混凝土路面,采用贫混凝土作基层,同常用的半刚性基层相比较,在设计理论上更加合理,在实际应用中效果更好。

贫混凝土基层的主要优点是抗冲刷性能好、强度高、整体性强、稳定性好、承载力大,并且经久耐用。对于水泥混凝土路面,贫混凝土基层的设计抗压强度可达到 12MPa,而半刚性基层一般只有 2.5～4.5MPa,因此贫混凝土基层有利于提高基层对水泥混凝土的支撑强度,在同一设计弯拉强度标准下,可以减薄水泥混凝土路面板的设计厚度。同时,贫混凝土基层还有利于提高基层的抗冲刷性,防止水泥混凝土路面出现断板、错台、断角,增强水泥混凝土路面平整度的保持性,改善水泥混凝土路面的长期舒适性,有利于延长水泥混凝土路面的使用寿命和服务年限。对于沥青混凝土路面,贫混凝土基层有利于减少沥青路面车辙的产生,同样可以延长沥青混凝土路面的使用寿命和服务年限。

与半刚性基层不同,贫混凝土基层的施工必须采用机械拌和,滑模摊铺机进行施工,不得采用路拌法进行施工。贫混凝土基层的施工应满足以下要求:

(1)贫混凝土基层设计厚度一般为 20～28cm,除了按《路面设计规范》要求设置胀缝以外,不设纵缝拉杆及缩缝传力杆。

(2)不做抗滑构造,保持滑模摊铺时有较光滑平整的表面。

(3)贫混凝土基层要求按 5m 横缝间距对应路面的缩缝和纵缝,并采用沥青填缝,为了改善缩缝的传荷状态,防止贫混凝土基层与路面一起产生错台和唧泥,路面板缩缝应按公路定向交通流向,前错 50cm。

(4)在路面滑模摊铺前,需喷洒改性乳化沥青黏结层,厚度为 2～3cm,并铺撒细石屑,以形成防止断板及防渗水的封闭滑动层,有利于防止路面断板,加强层间结合。

(5)对贫混凝土基层需采取养生措施,可喷洒聚乙烯醇类的养生剂。

贫混凝土基层的基准水泥含量一般为 6%～12%。

4. 无机结合料稳定土组成材料要求

无机结合料稳定土的力学特性取决于材料组成,因此首先应对其材料的基本性质有所了解。

(1)土

①水泥稳定土。凡能被经济粉碎的土都可用水泥稳定,其最大颗粒和颗粒组成应满足规范的要求。对于细粒土而言,土的均匀系数应大于5,液限不应超过40,塑性指数不应大于17。

集料的压碎值要求为:

对于二级和二级以下公路基层不大于35%;

对于二级和二级以下公路底基层不大于40%;

对于高速公路和一级公路不大于30%。

②石灰稳定土。塑性指数为15~20的黏性土以及含有一定数量黏性土的中粒土和粗粒土均适宜于用石灰稳定。用石灰稳定不含黏性土或无塑性指数的级配砂砾、级配碎石和未筛分碎石时,应添加15%左右的黏性土。硫酸盐含量超过0.8%的土和有机质含量超过10%的土,不宜用石灰稳定。

石灰稳定土中集料压碎值要求:

一般公路的底基层不大于40%;

高速公路和一级公路的底基层、二级以下公路的基层不大于35%;

二级公路的基层不大于30%。

③石灰工业废渣土。宜采用塑性指数为12~20的黏性土(亚黏土),有机质含量超过10%的土不宜选用。最大颗粒和颗粒组成应满足规范的要求。集料压碎值要求同水泥稳定土。

(2)水泥

普通水泥、矿渣水泥、火山灰水泥等都可使用,但应选用终凝时间较长(宜在6h以上)的水泥,不应使用快硬水泥、早强水泥以及已受潮变质的水泥。宜采用强度等级较低(如强度等级为32.5MPa)的水泥。

(3)石灰

石灰质量应符合III级以上的生石灰或消石灰的技术指标,要尽量缩短石灰的存放时间。石灰在野外堆放时间较长时,应妥善覆盖保管,不应使其遭日晒雨淋。

对于高速公路和一级公路,宜采用磨细生石灰粉。

(4)粉煤灰

粉煤灰中SiO_2、Al_2O_3和Fe_2O_3的总含量应大于70%,烧失量不应超过20%;其比表面积宜大于2 500cm^2/g。

干粉煤灰和湿粉煤灰都可以应用。干粉煤灰如堆在空地上应加水,防止飞扬造成污染。湿粉煤灰的含水率不宜超过35%。

使用时,应将凝固的粉煤灰块打碎或过筛,同时清除有害杂质。

(5)煤渣

煤渣是经锅炉燃烧后的残渣,它的主要成分是SiO_2和Al_2O_3,它的松干密度在700~1 100kg/m^3之间。煤渣的最大粒径不应大于30mm,颗粒组成宜有一定级配,且不含杂质。

(6)强度标准

无机结合料稳定土强度标准如表3-2所示。

无机结合料稳定土强度标准(单位:MPa) 表 3-2

材 料 名 称	高速公路和一级公路		二级和二级以下公路	
	基层	底基层	基层	底基层
水泥稳定土	3~4	≥1.5	2~3	≥1.5
石灰稳定土		≥0.8	≥0.8①	0.5~0.7②
二灰稳定土	≥0.8	≥0.5	≥0.6	≥0.5

注:①在低塑性土(塑性指数小于7)地区,石灰稳定砂砾土和碎石土的7d浸水抗压强度应大于0.5MPa。

②低限用于塑性指数小于7的黏性土,高限用于塑性指数大于7的黏性土。

三、混合料配合比设计

1. 混合料试验项目

(1)重型击实试验

该试验可确定最佳含水率和最大干密度,以规定工地碾压时的合适含水率和应达到的最大干密度;确定制备强度试验和耐久性试验的试件所应该用的含水率和干密度;确定制备承载比试件的材料含水率。

(2)承载比

求工地预期干密度下的承载比,确定材料是否适宜做基层或底基层。

(3)抗压强度

进行材料组成设计,选定最适宜用于水泥或石灰稳定的材料(包括土),规定施工中所用的结合料剂量,为工地提供质量评定标准。

(4)耐久性

用于湿循环或冻融循环试验确定适宜于用石灰或水泥稳定的材料,探索石灰水泥稳定材料在潮湿冰冻条件下的使用性能。

2. 混合料配合比设计的一般方法

(1)一般原则

混合料配合比设计要求达到的目标是:所设计的混合料组成在强度上满足设计要求,抗裂性达到最优且便于施工,而配合比设计的基本原则是结合料剂量合理,尽可能采用综合稳定及集料应有一定的级配。

混合料组成中,结合料剂量太低则不能成为半刚性材料,剂量太高则刚度太大,容易脆裂。实际上,限制低剂量是为了保证整体材料具有基本的抗拉强度,以满足荷载作用的强度要求;限制高剂量可使模量不致过大,避免结构产生太大的拉应力,同时降低收缩系数,使结构层不会因温度变化而引起拉伸破坏。

采用水泥、石灰综合稳定时,混合料中有一定水泥可提高早期强度,有一定石灰可使刚度不会太大,掺入一定数量的粉煤灰可以降低收缩系数,必要时可根据材料性质和施工季节,加入早强剂或其他外掺剂。

集料应有一定的级配,集料数量以达到靠拢而不紧密为原则,其空隙可用无机结合料填充,形成各自发挥优势的稳定结构。因此,较为理想的基层材料应是石灰、粉煤灰、水泥综合稳定粒料半刚性材料。半刚性基层材料中结合料和集料的种类繁多,应以就地取材为前提,并根据以上原则通过试验求得合理组成,以充分发挥其优势。

(2)配合比设计方法

混合料配合比设计的主要内容是根据表 3-3 的强度标准值，通过试验选取适宜于稳定的材料，确定材料的配比及最大干密度和最佳含水率。表中所列数值指 7d(湿养 6d、浸水1d)的无侧限抗压强度。

无机结合料稳定类材料的抗压强度(单位:MPa)　　表 3-3

公路等级		高速公路、一级公路	二级及二级以下公路
水泥稳定类材料	基层	3.0～4.0	2.0～3.0
	底基层	≥2.0	≥1.5
石灰稳定类材料	基层		≥0.8
	底基层	≥0.8	>0.5～0.7[注]
二灰稳定类材料	基层	≥0.8	≥0.6
	底基层	≥0.5	≥0.5

注:低限与高限分别用于塑性指数小于 7 和大于 7 的土。

具体设计步骤如下:

①制备同一种土样、不同结合料剂量的混合料，水泥和石灰的剂量可参考表 3-4 和表 3-5 所列数值。

水泥剂量参考值　　表 3-4

土　类	层　位	水泥剂量(%)				
中粒土和粗粒土	基层	3	4	5	6	7
	底基层	3	4	5	6	7
塑性指数小于 12 的土	基层	5	7	8	9	11
	底基层	4	5	6	7	9
其他细粒土	基层	8	10	12	14	16
	底基层	6	8	9	10	12

石灰剂量参考值　　表 3-5

土　类	层　位	石灰剂量(%)				
砂砾土和碎石土	基层	3	4	5	6	7
塑性指数小于 12 的黏性土	基层	10	12	13	14	16
	底基层	8	10	11	12	14
塑性指数大于 12 的黏性土	基层	5	7	9	11	13
	底基层	5	7	8	9	11

二灰稳定类混合料试件的制备可根据不同情况进行。对硅铝粉煤灰，采用石灰粉煤灰做基层或底基层时，石灰与粉煤灰之比可以是 1∶9～1∶2。采用石灰粉煤灰土做基层或底基层时，石灰与粉煤灰之比常用 1∶4～1∶2(对于粉土，以 1∶2 为宜)。石灰粉煤灰与细粒土的比例可以是 30∶70～90∶100。采用石灰粉煤灰粒料做基层或底基层时，石灰与粉煤灰的配比常用 1∶4～1∶2，石灰粉煤灰与级配粒料(中粒土和粗粒土)的配比可以是 1∶6～1∶4，石灰粉煤灰与粒料的配比也可以用 1∶1 左右，但后者可能强度较低，裂缝较多。

②采用重型击实试验确定各种混合料的最佳含水率和最大干密度。至少做三个不同水泥或石灰剂量混合料的击实试验，即最小剂量、中间剂量和最大剂量。其他剂量混合料的最佳含水率和最大干密度可用内插法确定。

③按工地预定达到的压实度，分别计算不同结合料剂量时试件应有的干密度。

④按最佳含水率和计算得到的干密度制备试件，进行强度试验。作为平行试验的试件数量应符合表 3-6 中的规定。如试验结果的偏差系数大于表中规定的值，则应重做试验，并找出原因，加以解决。如不能降低偏差系数，则应增加试验数量。

最少的试验数量 表 3-6

稳定土类型	下列偏差系数时的试验数量		
	小于 10%	10%～15%	小于 20%
细粒土	6		
中粒土	6	9	
粗粒土		9	13

⑤试件在规定温度下保湿养生 6d，浸水 1d，进行无侧限抗压强度试验，试验温度为：冰冻地区为 20±2℃，非冰冻地区为 25±2℃。计算试验结果的平均值和偏差系数。

⑥根据强度标准，选定合适的结合料剂量。此剂量试件室内试验结果的平均抗压强度 R 应满足式(3-1)的要求：

$$R \geqslant \frac{R_{\mathrm{d}}}{(1 - Z_{\alpha} C_{\mathrm{V}})} \tag{3-1}$$

式中：R_{d}——设计抗压强度；

C_{V}——试验结果的偏差系数(以小数计)；

Z_{α}——标准正态分布中随保证率(或置信度 α)而变的系数，高速公路上应取保证率 95%，此时 $Z_{\alpha}=1.645$。

工地实际采用的石灰或水泥剂量应较室内试验确定的剂量多 0.5%～1.0%。

石灰土稳定碎石和石灰土稳定砂砾，仅对其中的石灰土进行组成设计，对碎石和砂砾，只要求其具有较好的级配。石灰土与碎石砂砾的质量比宜为 1∶4。二灰稳定粒料的组成设计，则应包括全部混合料(或 25mm 以下的粒料)。条件不具备时，可仅对二灰进行组成设计，确定二灰的配合比后，在二灰中掺入一定比例的粒料。

四、基层(底基层)施工

1. 水泥稳定砂砾(碎石)、石灰粉煤灰稳定砂砾(碎石)施工

(1)拌和与运输

①水泥稳定混合料或二灰稳定混合料的拌和应采用厂拌法。

②厂拌的设备及布置位置应在拌和以前提交监理工程师并取得批准。水泥、石灰、粉煤灰与集料应准确过秤，按质量比例掺配，并以质量比加水。拌和时，对加水时间及加水量应有记录，以提交监理工程师检验。

③当进行拌和操作时，稳定料加入方式应能保证自始至终均匀分布于被稳定材料中。应

在通向称量漏斗或拌和机的供应线上为抽取试样提供安全方便的设备。对拌和机内的死角中得不到充分搅动的材料，应及时排除。

④运输混合料的运输设备，应分散设备的压力，均匀地在已完成的铺筑层整个表面上通过，速度宜缓，以减少不均匀碾压或车辙。

⑤当厂拌离摊铺距离较远时，混合料在运输中应加以覆盖，以防水分蒸发，保持装载高度均匀，以防离析；应注意卸料速度、数量与摊铺厚度及宽度；拌和好的混合料要尽快摊铺。

(2)摊铺和整形

①摊铺必须采用监理工程师批准的机械进行，使混合料按要求的松铺厚度均匀地摊铺在要求的宽度上。

②摊铺时，混合料的含水率宜高于最佳含水率 0.5%～1.0%，以补偿摊铺及碾压过程中的水分损失。

③当压实层厚度超过 20cm 时，应分层摊铺，最小压实厚度为 10cm。先摊铺的一层应经过整形和压实，经监理工程师批准后，将先摊铺的一层表面翻松后再继续摊铺上层，并按规定的路拱进行整形。

(3)碾压

①混合料经摊铺和整形后，应立即在全宽范围内进行碾压。在直线段，由两侧向中心碾压；在超高段，由内侧向外侧碾压。每道碾压应与上道碾压相重叠，使每层整个厚度和宽度完全均匀地压实到规定的密实度为止。压实后表面应平整，无轮迹或隆起，且断面正确，路拱符合要求。

②碾压过程中，混合料的表面应始终保持潮湿。如表面水分蒸发得快，应及时补洒少量的水。

③严禁压路机在已完成的或正在碾压的路段上“掉头”和紧急制动，以保证结构层表面不受破坏。

④施工中，从加水拌和到碾压终了的延迟时间不应超过规定。

(4)接缝和“掉头”的处理

施工接缝和压路机“掉头”，应按《公路路面基层施工技术规范》(JTJ 034—2000)的规定处理。

(5)养生

碾压完成后应立即进行养生，养生时间不应少于 7d。养生方法可视具体情况采用洒水或采用沥青乳液等。养生期间应封闭交通，不能封闭时，应将车速限制在 30km/h 以下，且应禁止重型车辆通行。

(6)气候条件

工地气温低于 5℃时，不应进行施工。雨季施工时，应特别注意天气变化，勿使水泥和混合料受雨淋。降雨时应停止施工，但已摊铺的混合料应尽快碾压密实。

(7)取样和试验

混合料应在施工现场每天取样一次或每拌和 250t 混合料取样一次，并按《公路工程无机结合料稳定材料试验规程》(JTG E51—2009)标准方法进行含水率、稳定剂用量和无侧限抗压强度试验。按《公路工程无机结合料稳定材料试验规程》(JTG E51—2009)规定进行压实度试验，并检查其他项目。

2.石灰土稳定砂砾基层、水泥石灰稳定土基层施工

1)一般要求

(1)石灰土稳定砂砾、水泥石灰稳定土基层应在夏季到来之前和夏季组织施工,施工期最低气温应在5℃以上。在多雨地区应避免在雨季进行施工。

(2)石灰土稳定砂砾、水泥石灰稳定土宜用中心站集中拌和的办法施工,也可用路拌法施工。

(3)当基层压实采用12～15t三轮压路机碾压时,每层的压实厚度不应超过15cm,用18～20t三轮压路机碾压时,每层的压实厚度不应超过20cm。压实厚度超过上述规定时,应分层铺筑,分层最小压实厚度为10cm。

(4)当铺筑层不只一层时,先铺筑的一层,将表面轻轻地耙松,并在铺筑下一层之前洒水湿润使后铺的一层相互结合良好。

2)准备工作

(1)在新完成并经验收的下承层上测量恢复中线,直线段每20～25m设一排桩,平曲线每10～15m设一排桩,并进行水平测量,以确定基层的铺装厚度。

(2)根据监理工程师批准的配合比在料场用强制式拌和机或双转轴浆叶式拌和机生产集料,拌和时应做到:①土块要粉碎;②配料要准确;③含水率要略大于最佳含水率;④拌和要均匀。

3)摊铺

(1)混合料堆置时间不应过长,尤其雨季施工时一定要做到当天堆置,当天摊铺、整形、碾压。

(2)用平地机或摊铺机按摊铺厚度将混合料摊铺均匀,如发现有粗细颗粒离析现象,应用机械或人工补充拌匀。

4)碾压

(1)整形后,当混合料处于最佳含水率±1%时进行碾压,如表面水分不足,应适当洒水。

(2)用12t以上三轮压路机、重型轮胎压路机或振动压路机在路基全宽内进行碾压,直线段,由两侧路肩向路中心碾压;平曲线段,由内侧路肩向外侧路肩进行碾压。碾压时,后轮应重叠1/2的轮宽,并必须超过两段的接缝处。后轮压实路面全宽时,即为一遍,进行碾压直到要求的密度为止。一般需碾压6～8遍。压路机的碾压速度,头两遍以采用1挡(1.5～1.7km/h)为宜,以后用2挡(2.0～2.5km/h)。

(3)在路面的两侧,应多压2～3遍。

(4)严禁压路机在作业段上掉头和紧急制动。

(5)在碾压结束前,用平地机终平一次,使其纵向顺适,路拱及超高均符合设计要求。终平应仔细进行。

5)养生

(1)每一段碾压完成并经压实度检查合格后,即开始进行养生。

(2)应用湿砂进行养生。用砂覆盖时,砂层应厚7～10cm。砂铺均匀后,立即洒水。在整个养生期间都应使砂保持潮湿状态,也可以用潮湿的帆布、粗麻布、草帘或其他合适的材料覆盖,但不得用湿黏性土覆盖。养生结束后,必须将覆盖物清除干净。

(3)可用洒水车经常洒水,应视气候确定。每天洒水次数要求在整个养生期间始终保持表

面潮湿，不应时干时湿。

(4)养生不宜少于7d。除洒水车外，应封闭交通。

(5)养生期满后，进行工程质量检收，立即喷洒透层沥青，并在5～7d内铺筑沥青面层。

3. 粒料基层(底基层)施工

1)级配碎石施工

级配碎石施工的一般要求如下：

(1)用于二级和二级以上公路底基层的级配碎石应预先筛分成几组不同粒径的碎石(如37.5～19mm，19～9.5mm，9.5～4.75mm的碎石)及4.75mm以下的石屑组配而成。

(2)在其他等级公路上，级配碎石可用未筛分碎石和石屑组配而成。

(3)缺乏石屑时，可以添加细砂砾或粗砂，也可以用颗粒组成合适的含细集料较多的砂砾与未筛分碎石组配成级配碎砾石。

(4)级配碎石可用于各级公路的基层和底基层。

(5)级配碎石可用作较薄沥青层与半刚性基层之间的中间层。

(6)当级配碎石用作二级和二级以下公路的基层时，其最大粒径应控制在37.5mm以内；当级配碎石用作高速公路和一级公路的基层以及半刚性路面的中间层时，其最大粒径宜控制在31.5mm以下。

(7)在进行级配碎石层施工时，应遵守下列规定：

①颗粒组成曲线应是一条顺滑的曲线。

②配料必须准确。

③塑性指数应符合规定。

④混合料必须拌和均匀，没有粗细颗粒离析现象。

⑤在最佳含水率时进行碾压，直到达到按重型击实试验法确定的要求压实度：中间层100%；基层98%；底基层96%。

⑥应使用12t以上的三轮压路机碾压，每层的压实厚度不应超过15～18cm。用重型振动压路机和轮胎压路机碾压时，每层的压实厚度可达20cm。

⑦级配碎石基层未洒透层沥青或未铺封层时，禁止开放交通，以保护表层不受破坏。

(8)级配碎石用作半刚性路面的中间层以及用作二级以上公路的基层时，应采用集中厂拌法拌制混合料，并用摊铺机摊铺混合料。

级配碎石中心站采用集中厂拌法施工要求如下：

(1)级配碎石混合料可以在中心站用多种机械进行集中拌和，如强制式拌和机、卧式双转轴桨叶式拌和机、普通水泥混凝土拌和机等。

(2)对于高速公路和一级公路的级配碎石基层和中间层，宜采用不同粒级的单一尺寸碎石和石屑，按预定配合比在拌和机内拌制级配碎石混合料。

(3)不同粒级的碎石和石屑等细集料存放应隔离，分别堆放。

(4)细集料应有覆盖物，防止雨淋。

(5)在正式拌制级配碎石混合料之前，必须先调试所用的厂拌设备，使混合料的颗粒组成和含水率都能达到规定的要求。

(6)在采用未筛分碎石和石屑时，如未筛分碎石或石屑的颗粒组成发生明显变化，应重新调试设备。

(7)将级配碎石用于高速公路和一级公路时,应用沥青混凝土摊铺机或其他碎石摊铺机摊铺碎石混合料,摊铺机后面应设专人消除粗细集料离析现象。级配碎石用于二级和二级以下公路时,如没有摊铺机,也可用摊铺箱或自动平地机进行摊铺施工。

(8)在任何情况下,拌和的混合料都应均匀,含水率适当,无粗细颗粒离析现象。

(9)级配碎石应在最佳含水率时遵循先轻后重的原则进行碾压,并碾压至要求的压实度。用振动压路机、三轮压路机进行碾压。

①摊铺后,当混合料的含水率等于或略大于最佳含水率时,立即用12t以上三轮压路机、振动压路机或轮胎压路机进行碾压。直线和不设超高的平曲线段,由两侧路肩开始向路中心碾压;在设超高的平曲线段,由内侧路肩向外侧路肩进行碾压。碾压时,后轮应重叠1/2轮宽;后轮必须超过两段的接缝处。后轮压完路面全宽时,即为一遍。碾压一直进行到要求的密实度为止。一般需碾压6~8遍,应使表面无明显轮迹。压路机的碾压速度,头两遍以采用1.5~1.7km/h为宜,以后用2.0~2.5km/h。

②路面的两侧应多压2~3遍。

③严禁压路机在已完成的或正在碾压的路段上掉头或紧急制动。

(10)级配碎石基层,如没有摊铺机,也可用自动平地机(或摊铺箱)摊铺混合料。

①根据摊铺层的厚度和要求达到的压实干密度,计算每车混合料的摊铺面积。

②将混合料均匀地卸在路幅中央,路幅宽时,也可将混合料卸成两行。

③用平地机将混合料按松铺厚度摊铺均匀。

④设一个三人小组跟在平地机后面,及时消除粗细集料离析现象。对于粗集料"窝"和粗集料"带",应添加细集料,并拌和均匀;对于细集料"窝",应添加粗集料,并拌和均匀。

(11)用平地机摊铺级配碎石基层混合料后的整形应按下列步骤进行:

①混合料拌和均匀后,立即用平地机初步整平和整形。在直线段,平地机由两侧向路中心进行刮平;在曲线段,平地机由内侧向外侧进行刮平。必要时,再返回刮一遍。

②用推土机、平地机或轮胎压路机立即在初平的路段上快速碾压一遍,以暴露潜在的不平整。

③用平地机再进行整形,再碾压一遍。

④对于局部低洼处,应用齿耙将其表面层5cm以上耙松,并用新拌的水泥混合料进行找补整平。

⑤再用平地机整形一次。

⑥每次整形都应按照规定的横坡和路拱进行。应特别注意接缝必须顺适平整。

⑦当用人工整形时,应用锹和耙先将混合料摊平,用路拱板进行初步整形。用推土机初压1~2遍后,根据实测的压实系数,确定纵横断面的高程,并设置标记和挂线。利用锹和耙按线整形,并再用路拱板校正成型。

⑧在整形过程中,严禁任何车辆通行,并配合人工消除粗细集料窝。

(12)集中厂拌法施工时的横向接缝按下述方法处理:

①用摊铺机摊铺混合料时,靠近摊铺机当天未压实的混合料,可与第二天摊铺的混合料一起碾压,但应注意此部分混合料的含水率。必要时,应人工补充洒水,使其含水率达到规定的要求。

②用平地机摊铺混合料时,两作业段的衔接处,应搭接拌和。第一段拌和后,留5~8m不进行碾压,第二段施工时,前段留下未压部分与第二段一起拌和整平后进行碾压。

(13)应避免纵向接缝。如摊铺机的摊铺宽度不够,必须分两幅摊铺时,宜采用两台摊铺机一前一后相隔约 5～8m 同步向前摊铺混合料。在仅有一台摊铺机的情况下,可先在一条摊铺带上摊铺一定长度后,再开到另一条摊铺带上摊铺,然后一起进行碾压。

(14)在不能避免纵向接缝的情况下,纵缝必须垂直相接,不应斜接,并按下述方法处理。

①在摊铺前一幅时,在靠后一幅的一侧应用方木或钢模板作支撑,方木或钢模板的高度与级配碎石层的压实厚度相同。

②在摊铺后一幅之前,将方木或钢模板除去。

③如在摊铺前一幅时未用方木或钢模板支撑,靠边缘的 30cm 左右难于压实,而且形成一个斜坡,在摊铺后一幅时,应先将未完全压实部分和不符合路拱要求部分挖松并补充洒水,待后一幅混合料摊铺后一起进行整平和碾压。

2)级配砾石基层施工

级配砾石基层施工的一般要求如下:

(1)天然砂砾符合规定的级配要求,而且塑性指数在 6～9 以下时,可以直接用作基层。

(2)塑性指数偏大的砂砾,可加少量石灰降低其塑性指数,也可以用无塑性的砂或石屑进行掺配,使其塑性指数降低到符合要求,或塑性指数与细土(粒径小于 0.5mm 的颗粒)含量的乘积符合要求。

(3)可在天然砂砾中掺加部分碎石或轧制碎石,以提高混合料的强度和稳定性。天然砂砾掺加部分未筛分碎石组成的混合料的强度和稳定性介于级配碎石和级配砾石之间。

(4)级配砾石可适用于轻交通的二级和二级以下公路的基层,以及各级公路的底基层。

(5)在进行级配砾石基层施工时,应遵循下列规定:

①颗粒级配应符合规定。

②配料应准确。

③塑性指数应符合规定。

④混合料应拌和均匀,没有粗细颗粒离析现象。

⑤在最佳含水率时进行碾压,直到达到下列按重型击实试验法确定的要求压实度:基层为 98%;底基层为 96%。

⑥级配砾石应用 12t 以上三轮压路机碾压,每层的压实厚度不应超过 15～18cm。用重型振动压路机和轮胎压路机碾压时,每层的压实厚度不应超过 20cm。

⑦级配砾石基层未洒透层沥青或未铺封层时,禁止开放交通,以保护表层不受破坏。

级配砾石基层施工。

(1)级配砾石施工的工艺流程如下:准备下承层→施工放样→运输和摊铺主要集料→运输和摊铺掺配集料→洒水拌和→整形→碾压。

(2)准备下承层,同半刚性基层施工的要求。

(3)施工放样,同半刚性基层施工的要求。

(4)计算材料用量。根据各路段基层或底基层的宽度、厚度及预定的干密度,计算各段需要的集料数量。如级配砾石系用两种集料合成时,分别计算两种集料的数量;根据料场集料的含水率以及所用运料车辆的吨位,计算每车材料的堆放距离。

(5)运输和摊铺集料。

①集料装车时,应控制每车料的数量基本相等。

②同一料场供料的路段内，由远到近将料按前述计算的距离卸置于下承层上。卸料距离应严格掌握，避免料不够或过多。采用两种集料时，应先将主要集料运到路上，待主要集料摊铺后，再运另一种集料并摊铺。如粗细两种集料的最大粒径相差很多，应在粗集料处于潮湿状态下摊铺细集料。

③料堆每隔一定距离应留一缺口。

④集料在下承层上的堆置位置时间不宜过长。运送集料较摊铺集料工序宜只提前数天。

⑤应通过试验确定集料的松铺系数，并确定松铺厚度。人工摊铺混合料时，其松铺系数约为1.40～1.50；平地机摊铺混合料时，其松铺系数约为1.25～1.35。

⑥用平地机或其他合适的机具将料均匀地摊铺在预定的宽度上，表面要求平整，并有规定的路拱。应同时摊铺路肩用料。

⑦检查松铺材料层的厚度是否符合预计要求，必要时，应进行减料或补料工作。

(6)拌和及整形。

①用平地机拌和时，每一作业段的长度宜为300～500m。

a.拌和时，平地机刀片的安装角度宜符合规定。

一般需拌和5～6遍。拌和过程中，用洒水车洒足所需的水分。

拌和结束时，混合料的含水率应均匀，并较最佳含水率大1%左右。应无粗细颗粒的离析现象。

b.使用符合级配要求的天然砂砾时，如摊铺后混合料有粗细颗粒离析现象，应用平地机进行补充拌和。

c.用平地机将拌和均匀的混合料按规定的路拱进行整平和整形。

d.用拖拉机、平地机和轮胎压路机在已初平的路段上快速碾压一遍，以暴露潜在的不平整。

e.再用平地机进行整平和整形。

②用拖拉机牵引四铧犁或五铧犁进行拌和时，每一作业段的长度宜为100～150m。第一遍由路中心开始，将混合料向中间翻，同时机械应慢速前进。第二遍则应从两边开始，将混合料向外翻。拌和过程中，用洒水车洒足所需水分。拌和遍数以双数为宜，一般需拌6遍。

拌和结束时，混合料含水率应均匀，并较最佳含水率大1%左右，且无离析现象。

用平地机或用其他机具按规定的路拱进行整平和整形。在整形过程中，严禁任何车辆通行。

(7)碾压的有关要求同级配碎石基层施工。

(8)横缝的处理同级配碎石基层施工。

(9)纵缝的处理同级配碎石基层施工。

3)填隙碎石

填隙碎石施工的一般规定：

(1)用单一粒径的粗碎石和石屑组成的填隙碎石可用干法施工，也可用湿法施工。干法施工的填隙碎石特别适宜于干旱缺水地区。

(2)填隙碎石的一层压实厚度，可取碎石最大粒径的1.5～2.0倍。

(3)缺乏石屑时，可以添加细砾砂或粗砂等细集料，但其技术性能不如石屑。

(4)填隙碎石可用于各等级公路的底基层和二级以下公路的基层。

(5)填隙碎石施工时,应遵循下列规定:

①细集料应干燥。

②应采用振动轮每米宽质量不小于 1.8t 的振动压路机进行碾压。填隙料应填满粗碎石层内部的全部孔隙。碾压后,表面粗碎石间的孔隙应填满,但不得使填隙料覆盖粗集料而自成一层,表面应看得见粗碎石。碾压后基层的固体体积率应不小于 85%,底基层的固体体积率应不小于 83%。

③填隙碎石基层未洒透层沥青或未铺封层时,禁止开放交通。

填隙碎石基层施工:

(1)填隙碎石的施工工艺流程见《公路路面基层施工技术规范》(JTJ 034—2000)的规定。

(2)准备下承层,同半刚性基层施工的要求。

(3)施工放样,同半刚性基层施工的要求。

(4)备料。根据各路段基层或底基层的宽度、厚度及松铺系数,计算各段需要的粗碎石数量;根据运料车辆的车厢体积,计算每车料的堆放距离。

(5)运输和摊铺粗碎石:

①碎石装车时,应控制每车料的数量基本相等。

②在同一料场供料的路段内,由远到近将粗碎石按前述计算的距离卸置于下承层上。卸料距离应严格掌握,避免有的路段料不够或料过多。

③料堆每隔一定距离应留一缺口。

④用平地机或其他合适的机具将粗碎石均匀地摊铺在预定的宽度上,表面要求平整,并有规定的路拱。应同时摊铺路肩用料。

⑤检查松铺材料层的厚度是否符合预计要求,必要时,应进行减料或补料工作。

(6)撒铺填隙料和碾压:

①干法施工:

a.初压。用 8t 两轮压路机碾压 3～4 遍,使粗碎石稳定就位。在直线和不设超高的平曲线上,碾压从两侧路肩开始,逐渐错轮向路中心进行;在设超高的平曲线上,碾压从内侧路肩开始,逐渐错轮向外侧路肩进行。错轮时,每次重叠 1/3 轮宽。在第一遍碾压后,应再次找平。初压终了时,表面应平整,并具有要求的路拱和纵坡。

b.撒铺填隙料。用石屑撒布机或类似的设备将干填隙料均匀地撒铺在已压稳的粗碎石层上,松铺厚度约 2.5～3.0cm。必要时,用人工或机械扫匀。

c.碾压。用振动压路机慢速碾压,将全部填隙料振入粗碎石间的孔隙中。如没有振动压路机,可用重型振动板。碾压方法同初压,但路面两侧应多压 2～3 遍。

d.再次撒布填隙料。用石屑撒布机或类似的设备将干填隙料再次撒铺在粗碎石层上,松铺厚度约为 2.0～2.5cm。用人工或机械扫平。

e.再次碾压。用振动压路机按前述要求进行碾压。在碾压过程中,对局部填隙料不足之处,人工进行找补。局部多余的填隙料应扫除。

f.再次碾压后,如表面仍有未填满的孔隙,则应补撒填隙料,并用振动压路机继续碾压,直到全部孔隙填满为止。同时,应将局部多余的填隙料铲除或扫除。填隙料不应在粗碎石表面自成一层。表面必须能看得见粗碎石。

如填隙碎石层上为薄沥青面层,应使粗碎石的棱角外露 3～5mm。

g. 当需分层铺筑时，应将已压成的填隙碎石层表面粗碎石外露约 5～10mm，然后在上摊铺第二层粗碎石，并按前述要求进行施工。

h. 填隙碎石表面孔隙全部填满后，用 12～15t 三轮压路机再碾压 1～2 遍。在碾压过程中，不应有任何蠕动现象。在碾压之前，宜在表面先洒少量水，洒水量宜为 $3kg/m^2$ 以上。

②湿法施工：

a. 开始工序与干法施工的 a～g 条要求相同。

b. 粗碎石层表面孔隙全部填满后，立即用洒水车洒水，直到饱和，但应注意避免多余水浸泡下承层。

c. 用 12～15t 三轮压路机跟在洒水车后进行碾压。在碾压过程中，将湿填隙料继续扫入所出现的孔隙中。需要时，再添加新的填隙料。洒水和碾压应一直进行到填隙料和水形成粉砂浆为止。粉砂浆应填塞全部孔隙，并在压路机轮前形成微波纹状。

d. 干燥。碾压完成的路段应让水分蒸发一段时间。结构层变干后，表面多余的细料以及细粒覆盖层都应扫除干净。

e. 当需要分层铺筑时，应待结构层变干后，将已压成的填隙碎石层表面的填隙料扫除一些，使表面粗碎石外露 5～10mm，然后在上摊铺第二层粗碎石，并按本条 a～d 要求施工。

第三节　沥 青 路 面

一、沥青路面概述

1. 沥青混合料的分类

沥青混合料是指由适当比例的粗集料、细集料以及填料与沥青在严格控制条件下拌和而成的沥青混合料。沥青混凝土混合料是由适当比例的粗集料、细集料及填料组成的符合规定级配的矿料，与沥青结合料拌和而成的符合技术标准的沥青混合料。

1)按密实类型分为以下 5 类。

(1)密级配沥青混凝土混合料

按密级配原理设计组成的各种粒径颗粒的矿料，与沥青结合料拌和而成，经马歇尔标准击实成型试件的剩余空隙率为 3%～5%(对重载道路为 4%～6%，对人行道路为 2%～5%)的密实型沥青混凝土混合料。按粒径大小分为砂粒式、细粒式、中粒式、粗粒式、特粗式等。按关键性筛孔通过率的不同又可分为细型密级配沥青混合料、粗型密配沥青混合料等。

(2)开级配沥青混合料

矿料级配主要由粗集料嵌挤组成，细集料及填料较少，经高黏度沥青结合料黏结，矿料相互拨开形成的混合料，经马歇尔标准击实成型试件的空隙率通常大于 18%。代表性结构有铺筑于沥青层表面的排水式大孔隙沥青混合料磨耗层，如美国的 OGFC、欧洲的 PEM 等；以及铺筑在沥青层底部的排水式沥青稳定基层(ATPB)。

(3)半开级配沥青混合料

由适当比例的粗集料、细集料及少量填料(或不加填料)与沥青结合料拌和而成，经马歇尔标准击实成型试件的剩余空隙率在 6%～12%的半开式沥青碎石混合料，我国的 AM 型沥青碎石混合料属于此类。

(4)间断级配沥青混合料

矿料级配组成中缺少一个或几个档次,使部分筛孔上的分计筛余很少,而形成的级配曲线不连续的沥青混合料。根据混合料的空隙率不同,间断级配混合料可以是密级配或非密级配的混合料。密级配间断级配混合料的代表性结构是沥青马蹄脂碎石混合料(SMA)。

(5)沥青稳定碎石混合料(沥青碎石)

由矿料和沥青组成具有一定级配要求的混合料,按空隙率、集料最大粒径、添加矿粉数量的多少,分为三种类型:

①密级配沥青稳定碎石基层混合料(ATB)。它与沥青混凝土的区别主要是公称最大粒径的不同,实际上相当于用在基层的粗粒式或特粗式沥青混合料,公称最大粒径通常大于26.5mm,其设计空隙率为3%~6%,不大于8%。

②开级配排水式沥青稳定基层混合料(ATPB)。铺筑在沥青层底部起排水作用,设计空隙率大于18%。

③半开级配沥青稳定混合料

设计空隙率在8%~10%以上,适用于缺乏添加矿粉的沥青拌和设备与人工炒拌(只加少量矿粉或不加矿粉)制造沥青混合料铺筑中低级公路的情况,根据路面的压实层厚度,可采用不同的公称最大粒径,通常成为沥青碎石(AM)。

2)按沥青结合料分为以下5类。

(1)普通沥青和改性沥青混合料

(2)乳化沥青碎石混合料

采用乳化沥青与矿料在常温状态下拌和而成,压实后剩余空隙率在10%以上的常温沥青混合料。

(3)沥青马蹄脂碎石混合料

由沥青结合料与少量的纤维稳定剂、细集料以及较多量的填料(矿粉)组成的沥青马蹄脂,填充于间断级配的粗集料骨架的间隙,组成一体形成的沥青混合料,简称SMA。

(4)沥青马蹄脂

由沥青结合料与少量的纤维稳定剂、细集料及较多量的填料(矿粉)组成的混合料。

(5)沥青胶浆

由沥青结合料、矿粉,或掺加部分纤维组成的混合料。

3)按颗粒最大粒径和级配又可以分成以下5个同级别:

(1)砂粒式沥青混合料

公称最大集料粒径小于9.5mm的沥青混合料,也称为沥青石屑或沥青砂。

(2)细粒式沥青混合料

公称最大集料粒径为9.5mm或13.2mm的沥青混合料。

(3)中粒式沥青混合料

公称最大集料粒径为16mm或19mm的沥青混合料。

(4)粗粒式沥青混合料

公称最大集料粒径大于或等于26.5mm的沥青混合料。

(5)特粗式沥青混合料

公称最大粒径为大于37.5mm的沥青混合料。

4)按沥青生产工艺分为以下两类。

(1)热拌热铺沥青混合料

沥青与矿料在热态下拌和、铺筑的沥青路面混合料。

(2)再生沥青混合料

采用适当的工艺,将已破坏的旧沥青路面混合料进行再生处理,或与新沥青混合料混合得到的沥青混合料。

5)按强度构成原则,分为按嵌挤原则构成的结构和按密实级配原则构成的结构两类。

按嵌挤原则构成的沥青混合料的结构强度,是以矿料颗粒之间的嵌挤力和内摩阻力为主,沥青结合料的黏附作用为辅而构成的。沥青贯入式路面、沥青表面处治、沥青碎石路面均属此类结构。这一类路面是以颗粒较粗、尺寸较均匀的矿料构成骨架,沥青混合料填充其空隙,并把矿料黏成一个整体。这种混合料的强度受自然因素(温度、水)的影响较小。

按密实级配原则构成的沥青混合料的结构强度,是以沥青与矿料之间的黏结力为主,矿质颗粒之间的嵌挤力和内摩阻力为辅而构成的。沥青混凝土路面属于此类。这类的沥青混合料的结构强度受温度影响较大。

2.沥青混合料结构类型

沥青混合料按其结构组成通常可以分成下列3种组成方式。

(1)悬浮密实结构

由连续级配矿料组成的密实混合料,当主骨料约为30%~40%时,沥青混合料虽可以形成密实结构,但因为粗集料数量较少,不能形成骨架,而以悬浮状态处于较小颗粒之中,这种沥青混合料表现为黏结力较高,内摩阻力受沥青材料的性质和物理状态的影响较大,稳定性较差,密实度、抗疲劳性和低温性能强。

(2)骨架空隙结构

采用连续型级配矿质混合料,当矿质集料中主骨料较多,可以形成骨架,但因细集料数量过少,不足以填满空隙时,则形成"骨架—空隙"结构。这种沥青混合料强度主要取决于内摩阻力,黏结力低,其结构强度受沥青的性质和物理状态影响较小,高温稳定性较好,抗水损害、抗疲劳性和低温性能较差。

(3)骨架密实结构

当采用间断型密级配时,混合料中既有一定数量的粗集料形成骨架,同时细集料足以填满骨架的空隙。这种沥青混合料黏结力和内摩阻力均较高,高温稳定性较好,抗水损害、抗疲劳性和低温性能较好。

三种结构示意见图3-3。

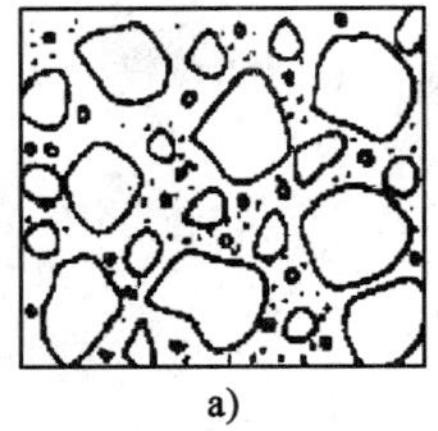
a)

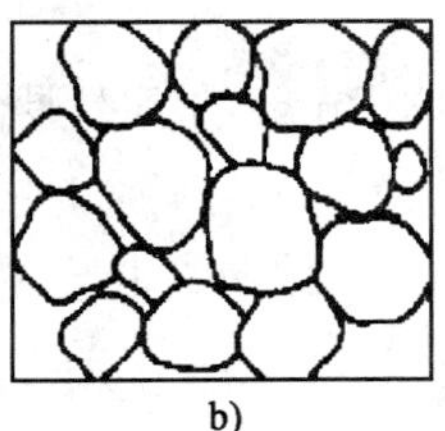
b)

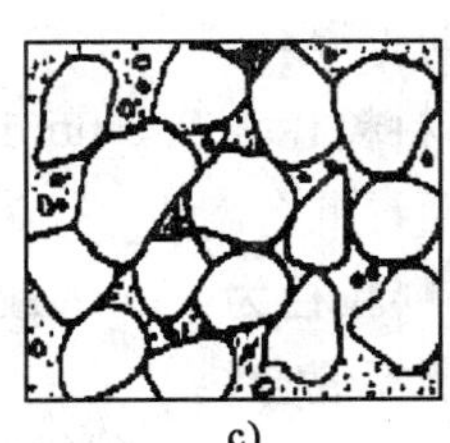
c)

图3-3 沥青混合料结构示意图

a)悬浮密实结构;b)骨架空隙结构;c)骨架密实结构

3. 沥青混合料的使用范围

沥青混合料的种类可以按交通性质、路面结构、现有材料、施工地区的气候条件和施工条件加以选择。

热拌沥青混合料用途最广，适用于任何交通量的道路，可用于路面的上层、下层和整平层，也可以用于修建基层。一般剩余空隙率较大的沥青碎石（砾石），只用于修建路面的下层或整平层，路面上层宜用空隙率较小的沥青混凝土铺筑；粗粒式沥青混合料只用于修建路面的下层，它的粗糙表面有助于与上层牢固结合。中粒式沥青混合料主要用于修建路面上层和单层式面层，这种混合料修筑路面表面非常粗糙，可以保证汽车轮胎与路面之间有可靠的摩擦力。细粒式沥青混合料广泛用于修建路面上层，这种混合料具有较大均匀性和足够的嵌挤能力，可以防止拥包、波浪和其他剪切变形的发生。只要沥青混合料中有足够数量坚硬、耐磨的碎石，就能使路面具有必要的粗糙度。砂粒式沥青混合料仅用于路面的封层和表面处治，由于颗粒过小，该沥青混合料层厚以 10mm 为宜，过厚容易发生推挤和拥包现象。

在现行技术规范中对沥青混合料的使用提出了要求如下：

1)热拌沥青混合料的一般规定

对热拌沥青混合料(HMA)适用于各个等级公路的沥青面层提出了要求。其种类按集料公称最大粒径、矿料级配和空隙率划分，集料规格以方孔筛为准，并按表 3-7 选用。各类沥青混合料的使用范围应遵循以下规定。

热拌沥青混合料种类 表 3-7

混合料类型	密级配			开级配		半开级配	公称最大粒径（mm）	最大粒径（mm）
	连续级配		间断级配	间断级配				
	沥青混凝土	沥青稳定碎石	沥青玛蹄脂碎石	排水式沥青磨耗层	排水式沥青碎石基层	沥青碎石		
特粗式	—	ATB-40	—	—	ATPB-40	—	37.5	53.0
粗粒式	—	ATB-30	—	—	ATPB-30	—	31.5	37.5
	AC-25	ATB-25	—	—	ATPB-25	—	26.5	31.5
中粒式	AC-20	—	SMA-20	—	—	AM-20	19.0	26.5
	AC-16	—	SMA-16	OGFC-16	—	AM-16	16.0	19.0
细粒式	AC-13	—	SMA-13	OGFC-13	—	AM-13	13.2	16.0
	AC-10	—	SMA-10	OGFC-10	—	AM-10	9.5	13.2
砂粒式	AC-5	—	—	—	—	—	4.75	9.5
设计空隙率（%）	3～5	3～6	3～4	＞18	＞18	6～12	—	—

注：设计空隙率可按配合比设计要求适当调整。

(1)密级配沥青混凝土混合料(AC)适用于各级公路沥青面层的任何层次。

(2)沥青马蹄脂碎石混合料(SMA)适用于铺筑新建公路的表面层、中面层或旧路面加铺磨耗层使用。

(3)设计空隙率为 6%～12%的半开级配的沥青碎石混合料(AM)仅适用于三级及三级以

下公路、乡村公路，且沥青混合料拌和设备缺乏添加矿粉的装置和人工炒拌的情况。

(4)设计空隙率3%～6%粗粒式及特粗式的密级配沥青稳定碎石混合料(ATB)适用于基层。

(5)设计空隙率大于18%的粗集料及特粗式排水式沥青稳定碎石混合料(ATPB)适用于基层。

(6)设计空隙率大于18%的细粒式排水式沥青稳定碎石混合料(OGFC)适用于高速行车、多雨潮湿、不宜被尘土污染、非冰冻地区铺筑的排水式沥青路面磨耗层。

2)选择沥青混合料类型时应注意的事项

(1)密级配和间断级配的沥青混凝土适用于各等级公路的各个层次。当采用间断级配沥青混合料时，混合料应不至于在施工过程中发生明显离析。

(2)为提高沥青混合料的使用性能，或普通沥青混合料不能适用于使用需要时，宜铺筑改性沥青混合料路面。SMA宜同时采用改性沥青。

(3)开级配排水式沥青混合料磨耗层必须采用具有高黏结性能的特殊的改性沥青铺筑，其下的层次应采用空隙率小、密水性好的结构层，并设置封层。工程上必须通过试验，取得成功的经验，并经过论证后使用。

(4)开级配排水式沥青混合料基层(ATPB)的下卧层应具有排水和抗冲刷的能力。工程必须通过试验，取得成功的经验，并经过论证后使用。

(5)特粗式沥青混合料适用于基层，粗粒式沥青混合料适用于下面层或基层，中粒式沥青混合料适用于中面层和表面层，细粒式沥青混合料适用于表面层和薄面罩面。砂粒式沥青混合料适用于非机动车道或行人道路。对高级公路及一级道路，除沥青稳定碎石基层外，通常宜选用公称最大粒径为13.2～26.5mm的沥青混合料。

3)沥青面层混合料类型的选择原则

沥青面层的混合料类型根据公路等级及所处得层位的功能性要求选择，从表3-8中选择适当的结构组合，并应遵循以下原则。

(1)沥青面层宜采用双层或三层式结构，各层之间应连接成为整体，为此在沥青层下必须浇洒透层沥青，沥青层与沥青层之间必须喷洒黏层沥青。

(2)沥青路面应满足耐久性、抗车辙、抗裂、密水、抗滑等多方面性能要要求，便于施工，并应根据施工机械、工程造价等实际情况选择沥青混合料的种类。

(3)对高速公路、一级公路，为提高沥青混合料的使用性能，延长沥青路面的使用寿命，或采用普通的道路沥青不能满足使用要求时，宜对上面层或中面层沥青结合料采用改性措施，或采用SMA等特殊的矿料级配。如果需要二级公路也可采用改性沥青或SMA结构。

(4)对沥青层较厚的高速公路、一级公路，在选择级配类型，确定矿料级配和最佳沥青用量时，应首先保证各层的组合不致发生早期破坏，并在此基础上优先或侧重考虑各层的服务功能后作出选择。

①表面层应具有良好的表面功能，具备密水、耐久、抗车辙、抗裂等性能，潮湿地区和湿润地区的路面上面层应符合潮湿条件下的抗滑性能，不符合要求时，宜铺筑抗滑磨耗层。在寒冷地区，表面层应考虑抗裂性能的要求。

②三层式路面的中面层或双层式路面的下面层应重点满足混合料的高温抗车辙性能。

③下面层应在满足高温抗车辙性能基层上，重点考虑抗疲劳性能及抗裂性能的要求。

④除排水式沥青混合料外，每一层都应考虑密水性，当上层属渗水性结构层时，层间或下层应采取防渗水或排水措施。

(5)高速公路的紧急停车带(硬路肩)沥青面层宜采用与车行道相同的结构，但表面层宜采用密级配沥青混凝土铺筑。

4)沥青面层集料的最大粒径宜从上至下逐渐增大，并应与设计厚度相匹配。除行人道路外，沥青层的压实厚度不宜小于集料最大粒径的 2 倍。对高速公路和一级公路，密级配沥青混合料的厚度不宜小于公称最大粒径的 3 倍，SMA 等嵌挤密实型混合料的厚度不宜小于公称最大粒径的 2.5 倍，以减少离析，便于施工和压实。

5)热拌热铺沥青混合料路面必须采用机械化连续施工。

二、沥青面层材料选择

1. 沥青的分类

沥青材料是由一些极其复杂的高分子碳氢化合物和这些碳氢化合物的非金属(O、S、N 等)衍生物所组成的混合物，其中 C 占 80～87%，H 占 10～15%，O、S、N 小于 0.3%，此外还有少量的金属元素。石油沥青的化学组分按三组分法分为油分、树脂和沥青质；按四组分法分为饱和分、芳香芬、胶质和沥青质。

沥青路面采用的沥青结合料，主要有两大类：一类来源于石油系统，或天然存在、或经人工提炼而得到，称为地沥青；另一类为各种有机物干馏的焦油，经过再加工而得到，称为焦油沥青(图 3-4)。

- 沥青产源
  - 地沥青
    - 天然沥青
      - 纯沥青
      - 沥青岩
      - 岩沥青
    - 石油沥青
  - 焦油沥青
    - 煤沥青
    - 木沥青
    - 页岩沥青
    - 其他焦油沥青

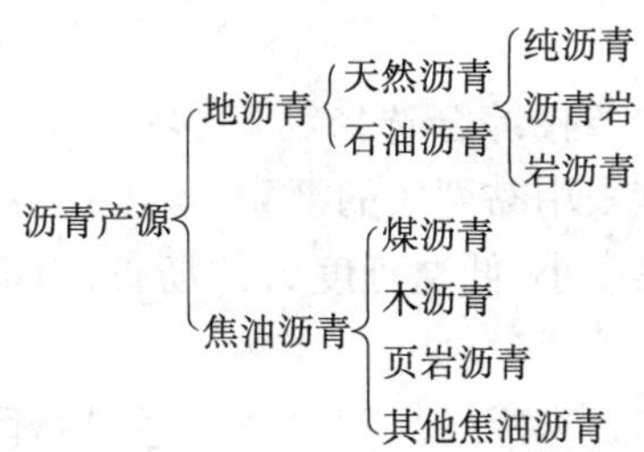

图 3-4　沥青材料按产源分类

地沥青按其产源又可分为天然沥青和石油沥青。天然沥青是在天然条件下，受地球物理因素作用而形成的产物，其中又有以湖状、泉状等存在的纯地沥青，渗透于岩石中的岩地沥青，与岩石和砂石相混的地沥青岩等为主。石油沥青是指石油经过精制加工成油品后，最后加工而得到的产品。

焦油沥青按其为获得焦油所加工的有机物的名称而命名，如煤焦油获得的沥青叫煤焦油沥青，其他还有木沥青、泥炭沥青等。我国常用的焦油沥青是煤沥青。

石油沥青的性质不仅与产源有关，而且于制造沥青的石油基属有关。据此，可将石油沥青分为石蜡基沥青、中间基沥青和环烷基沥青(如图 3-5)。

- 石油沥青基属
  - 石蜡基沥青
  - 中间基沥青
  - 环烷基沥青

图 3-5　石油沥青基属

按状态可分为液体沥青和黏稠沥青。

按照交通标准分，可分为重交通沥青、轻交通沥青和中交通沥青。

按照使用的道路等级和层位，可分为A级沥青、B级沥青和C级沥青。

目前，我国在炼油厂中生产沥青的主要工艺方法有蒸馏法、氧化法、半氧化法、溶剂脱沥青法和调配法等，由于制造方法不同，沥青性质亦存在很大差异。

2. 沥青路面材料的选择

(1)沥青

拌制沥青混合料用的沥青材料的技术性质，随气候条件、交通性质、沥青混合料的类型和施工条件等因素而异。通常在较热的气候区、较繁重的交通情况下，细粒式或砂粒式的混合料则应采用稠度较高的沥青；反之，采用稠度较低的沥青。在其他配料条件相同的情况下，较黏稠的沥青配制的混合料具有较高的力学强度和稳定性，但如果稠度过高，则沥青混合料的低温变形能力较差，沥青路面容易产生裂缝。反之，在其他配料条件相同的条件下，采用稠度较低的沥青，虽然配制的混合料在低温时具有较好的变形能力，但在夏季高温时，往往因稳定性不足而使路面产生推挤现象。

根据现行技术规范规定，道路石油沥青适用于各类沥青面层，道路石油沥青应符合表3-8要求，高速公路的表面层和中面层所采用的沥青质量应符合A级沥青技术要求，高速公路的下面层，沥青稳定碎石基层，一、二级公路沥青质量应符合A级或B级沥青技术要求，C级沥青宜用于三级及三级以下的公路。同时沥青面层所采用的沥青标号，宜根据公路的等级、气候条件、交通条件、路面类型及在结构层位、施工方法等，结合当地的使用经验，经过技术认证后确定。

①按照沥青路面气候分区的条件综合选择沥青的标号，通常情况下按表3-8选用。对夏季温度高、高温时间长的地区，宜采用黏度大的沥青，也可提高一个高温气候分区选用沥青等级；对冬季寒冷的地区，宜选用黏度小、低温延度大的沥青；对温度日较差、年温差大的地区应选用针入度指数大的沥青。

②根据交通条件调整选择的沥青标号。对重载交通量路段，高速公路等实行渠化交通的路段，山区及丘陵区上坡路段，服务区、停车场等行车速度慢的路段，宜采用黏度大的沥青，也可提高一个高温气候分区选用沥青等级，同时又是炎热地区时可以提高两个气候分区选择沥青等级；对交通量小、公路等级低、交通混合交通的路段选用稠度较小的沥青等级；对旅游公路应选用稠度较小的沥青等级。根据沥青路面的类型及施工工艺选择沥青的标号，对于热拌沥青混合料使用的沥青的标号，根据气候分区及交通条件按表3-8选用，不满足要求时宜采用改性沥青；对于SMA结构的沥青，稠度在按表3-8选择的基础上增大一个等级或采用改性沥青。

沥青面层用的沥青标号，应根据气候、路面类型、施工方法和矿料类型等来选用。通常面层的上层采用较稠的沥青，下层或黏结层采用较稀的沥青。对于渠化交通的道路，宜采用较稠的沥青。其他各层的沥青可采用相同的标号，也可采用不同标号。当沥青标号不符合使用要求时，可采用不同标号的沥青掺配，但掺配后的技术指标应符合要求。

(2)粗集料

沥青混合料用的粗集料，可以采用碎石、破碎砾石和矿渣等。沥青混合料用粗集料应该洁净、干燥、无风化、不含杂质。在力学性质方面，压碎值和洛杉矶磨耗率应符合道路等级的要求(表3-9)。

道路石油沥青技术要求

表 3-8

指　标	单位	等级	沥青标号																	试验方法①
			160 号④	130 号④	110 号			90 号					70 号③					50 号③	30 号④	
针入度(25℃,5s,100g)	0.1mm		140～200	120～140	100～120			80～100					60～80					40～60	20～40	T 0604
适用的气候分区⑥			注④	注④	2-1	2-2	3-2	1-1	1-2	1-3	2-2	2-3	1-3	1-4	2-2	2-3	2-4	1-4	注④	附录 A⑥
针入度指数 PI②		A	−1.5～+1.0																	T 0604
		B	−1.8～+1.0																	
软化点(R&B),不小于	℃	A	38	40	43			45			44		46		45			49	55	T 0606
		B	36	39	42			43			42		44		43			46	53	
		C	35	37	41			42					43					45	50	
60℃动力黏度②,不小于	Pa·s	A	—	60	120			160			140		180		160			200	260	T 0620
10℃延度②,不小于	cm	A	50	50	40			45	30	20	30	20	20	15	25	20	15	15	10	T 0605
		B	30	30	30			30	20	15	20	15	15	10	20	15	10	10	8	
15℃延度,不小于	cm	A、B	100															80	50	
		C	80	80	60			50					40					30	20	
蜡含量(蒸馏法),不大于	%	A	2.2																	T 0615
		B	3.0																	
		C	4.5																	

续上表

指标	单位	等级	沥青标号							试验方法①
			160号④	130号④	110号	90号	70号③	50号	30号④	
闪点,不小于	℃		230			245	260			T 0611
溶解度,不小于	%		99.5							T 0607
密度(15℃)	g/cm³		实测记录							T 0603
TFOT(或RTFOT)后⑤										T 0610 或 T 0609
质量变化,不大于	%		±0.8							
残留针入度比,不小于	%	A	48	54	55	57	61	63	65	T 0604
		B	45	50	52	54	58	60	62	
		C	40	45	48	50	54	58	60	
残留延度(10℃),不小于		A	12	12	10	8	6	4	—	T 0605
		B	10	10	8	6	4	2	—	
残留延度(15℃),不小于	cm	C	40	35	30	20	15	10	—	T 0605

注:①试验方法按照现行《公路工程沥青及沥青混合料试验规程》(JTJ 052—2000)规定的方法执行。用于仲裁试验求取PI时的5个温度,其针入度关系的相关系数不得小于0.997。

②经建设单位同意,表中的PI值、60℃动力黏度、10℃延度可作为选择性指标,也可不作为施工质量检验指标。

③70号沥青可根据需要要求供应商提供针入度范围为60~70或70~80的沥青,50号沥青可要求提供针入度范围为40~50或50~60的沥青。

④30号沥青仅适用于沥青稳定基层。130号和160号沥青除寒冷地区可直接在中低级公路上直接应用外,通常用作乳化沥青、稀释沥青、改性沥青的基质沥青。

⑤老化试验以TFOT为准,也可以RTFOT代替。

⑥气候分区见《公路沥青路面施工技术规范》(JTG F40—2004)附录A。

沥青混合料用粗集料质量技术要求　　表 3-9

指　　标	单位	高速公路及一级公路		其他等级公路	试验方法
		表面层	其他层次		
石料压碎机,不大于	%	26	28	30	T 0316
洛杉矶磨耗损失,不大于	%	28	30	35	T 0317
表观相对密度,不小于		2.60	2.50	2.45	T 0304
吸水率,不大于	%	2.0	3.0	3.0	T 0304
坚固性,不大于	%	12	12	—	T 0314
针片状颗粒含量(混合料),不大于	%	15	18	20	T 0312
其中粒径大于 9.5mm,不大于	%	12	15	—	
其中粒径小于 9.5mm,不大于	%	18	20	—	
水洗法<0.075mm 颗粒含量,不大于	%	1	1	1	T 0310
软石含量,不大于	%	3	5	5	T 0320

注:1. 坚固性试验可根据需要进行。

2. 用于高速公路、一级公路时,多孔玄武岩视密度限度可放宽至 2.45t/m^3,吸水率可放宽至 3%,但必须得到建设单位的批准,且不得用于 SMA 路面。

3. 对 S14 即 3～5 规格的粗集料,针片状颗粒含量可不予要求,<0.075mm 含量可放宽到 3%。

对用于抗滑表层的沥青混合料中的粗集料,应该选用坚硬、耐磨、韧性好的碎石或碎砾石,矿渣及软质集料不得用于防滑表层。在坚硬石料来源缺乏的情况下,允许掺加一定比例普通集料作为中等或小颗粒的粗集料,但掺加比例不应超过粗集料总质量的 40%。

破碎砾石的技术要求与碎石相同。但破碎砾石用于高速公路、一级公路、城市快速路、主干路沥青混合料时,5mm 以上的颗粒有一个以上破碎面的含量不得少于 50%(质量)。

钢渣作为粗集料时,仅限于一般道路,并应经过试验论证取得许可后使用。钢渣应有 6 个月以上的存放期,质量应符合表 3-10 的要求。

经检验,属于酸性岩石的石料如花岗岩、石英岩等用于高速公路、一级公路、城市快速路、主干路时,宜使用针入度较小的沥青,并采用下列抗剥离措施,使其对沥青的黏附性符合要求:

①用干燥的生石灰或消石灰粉、水泥作为填料的一部分,其用量宜为矿料总量的 1%～2%。

②在沥青中掺加抗剥离剂。

③将粗集料用石灰浆处理后使用。

(3)细集料

用于拌制沥青混合料的细集料,可以采用天然砂、人工砂或石屑。

细集料应洁净、干燥、无风化、不含杂质,并有适当的级配范围。对于细集料的技术要求列于表 3-10。

热拌沥青混合料的细集料宜采用优质的天然砂或人工砂,在缺砂地区也可使用石屑,但用于高速公路、一级公路、城市快速路、主干路沥青混凝土面层及抗滑表层石屑用量不得超过砂的用量。

细集料应与沥青有良好的黏结能力,高速公路、一级公路、城市快速路、主干路沥青面层使用与沥青黏结性能差的天然砂及用花岗岩、石英岩等酸性岩石破碎的人工砂或石屑时,应采用前述的粗集料的抗剥离措施。

沥青混合料用细集料质量要求　　表 3-10

项　目	单　位	高速公路、一级公路	其他等级公路	试 验 方 法
表观相对密度，不小于	—	2.50	2.45	T 0328
坚固性(>0.3mm 部分)，不小于	%	12	—	T 0340
含泥量(小于 0.075mm 的含量)，不大于	%	3	5	T 0333
砂当量，不小于	%	60	50	T 0334
亚甲蓝值，不大于	g/kg	25	—	T 0349
棱角性(流动时间)，不小于	s	30	—	T 0345

注：坚固性试验可根据需要进行。

细集料的级配，天然砂宜按表 3-11 中的粗砂、中砂或细砂的规格选用，机制砂或石屑宜按表 3-12 的规格选用。但集料的级配在沥青混合料中的适用性，应以其与粗集料和填料配置成砂制混合料后，判定其是否符合矿质混合料的级配要求来决定。当一种细集料不能满足级配要求时，可采用两种或两种以上的细集料掺和使用。

沥青混合料用天然砂规格　　表 3-11

筛孔尺寸(mm)	通过各筛孔的质量百分率(%)		
	粗　砂	中　砂	细　砂
9.5	100	100	100
4.75	90～100	90～100	90～100
2.36	65～95	75～90	85～100
1.18	35～65	50～90	75～100
0.6	15～30	30～60	60～84
0.3	5～20	8～30	15～45
0.15	0～10	0～10	0～10
0.075	0～5	0～5	0～5

沥青混合料用机制砂或石屑规格　　表 3-12

规　格	公称粒径(mm)	水洗法通过各筛孔的质量百分率(%)							
		9.5	4.75	2.36	1.18	0.6	0.3	0.15	0.075
S15	0～5	100	90～100	60～90	40～75	20～55	7～40	2～20	0～10
S16	0～3	—	100	80～100	50～80	25～60	8～45	0～25	0～15

注：当生产石屑采用喷水抑制扬尘工艺时，应特别注意含粉量不得超过表中要求。

(4)填料

沥青混合料的填料宜采用石灰岩或岩浆岩中的强基性岩石(憎水性石料)经磨细得到的矿粉。原石料中泥土含量应小于 3%，并不得有其他杂质。矿粉要求干燥、洁净，其质量应符合表 3-13 的技术要求。

沥青混合料用矿粉质量要求　　表 3-13

项　　目		单　　位	高速公路、一级公路	其他等级公路	试 验 方 法
表观密度，不小于		t/m^3	2.50	2.45	T 0352
含水率，不大于		%	1		T 0103
粒度范围	<0.6mm	%	100	100	T 0351
	<0.15mm	%	90～100	90～100	
	<0.075mm	%	75～100	70～100	
外观		—	无团粒结块		—
亲水系数		—	<1		T 0353
塑性指数		—	<4		T 0354
加热安定性		—	实测记录		T 0355

粉煤灰作为填料使用时，烧失量应小于 12%，与矿粉混合后的塑性指数应小于 4%，其余质量要求与矿粉相同。粉煤灰的用量不宜超过填料总量的 50%，并应经试验确认与沥青有良好的黏附性，沥青混合料的水稳定性能满足要求。

拌和机采用干法除尘，石粉尘可作为矿粉的一部分回收使用。湿法除尘、石粉尘回收使用时应注意干燥粉尘处理，且不得含有杂质，回收粉尘的用量不得超过填料总量的 50%，掺入粉尘填料的塑性指数不得大于 4%，其余质量要求与矿粉相同。

由粗集料、细集料和填料组成的矿质混合料，应保证具有足够的密实度和高的初始内摩擦角，其组成级配应符合现行《公路沥青路面施工技术规范》(JTG F40—2004)的规定范围。密级配沥青混合料宜根据公路等级、气候及交通条件，按表 3-14 选择采用粗型(C 型)或细型(F 型)混合料，并在表 3-14 范围内确定工程设计级配范围。

粗型和细型密集配沥青混凝土粗级配和细级配的关键性筛孔通过率　　表 3-14

混合料类型	公称最大粒径(mm)	用以分类的关键性筛孔(mm)	粗型密级配		细型密级配	
			名　　称	关键性筛孔通过率(%)	名　　称	关键性筛孔通过率(%)
AC-25	26.5	4.75	AC-25C	<40	AC-25F	>40
AC-20	19	4.75	AC-20C	<45	AC-20F	>45
AC-16	16	2.36	AC-16C	<38	AC-16F	>38
AC-13	13.2	2.36	AC-13C	<40	AC-13F	>40
AC-10	9.5	2.36	AC-10C	<45	AC-10F	>45

三、沥青混合料配合比设计

1. 沥青混合料组成及各参数

沥青混合料是具有空间网络结构的分散体系，客观上讲，沥青混合料是由沥青、矿质集料和部分空气组成的三相体系。

沥青混合料物理力学性质取决于组成材料本身的性质以及它们之间的配比。对沥青混合料进行物理力学性质分析时，常用到下列一些概念。与集料有关的有：集料毛体积密度、视密度、有效密度和粗集料间隙率；与沥青混合料有关的有：沥青混合料的最大密度、压实混合料毛体积密度、有效沥青含量、空隙率以及矿料间隙率 VMA 等。各自定义如下。

(1)集料毛体积密度:在规定温度下单位体积(含集料的实体成分及不吸收水分的闭口孔隙、能吸收水分的开口孔隙等颗粒表面轮廓线所包围的全部毛体积)集料在空气中的质量,以 g/cm^3 表示。表干法测定的毛体积密度,又称饱和面干毛体积密度,是集料在常温条件下的干燥质量与表干状态下的毛体积(指饱和面干状态下的实体体积与闭口孔隙、开口孔隙之和)之比值,它适用于吸水较小的粗集料。

(2)视密度:在规定温度下单位体积(包括封闭空隙)集料在空气中的质量。

(3)有效密度:在规定温度下单位体积(不包括被沥青渗入的空隙)集料在空气质量。

(4)沥青混合料的密度:指压实沥青混合料常温条件下单位体积的干燥质量,以 g/cm^3 表示。

(5)沥青混合料的相对密度:同温度条件下压实沥青混合料试件密度与水的密度的比值,为无量纲量。

(6)沥青混合料的理论最大密度:为计算沥青混合料空隙率之需,假设压实沥青混合料试件全部为矿料(包括矿料自身内部的孔隙)及沥青所占有,空隙率为零的理想状态下的最大密度,以 g/cm^3 表示。

(7)沥青混合料的理论最大相对密度:同温度条件下沥青混合料的理论最大密度和水的密度的比值,为无量纲量。

(8)沥青混合料的表观密度:单位体积(含混合料实体体积与不吸收水分的内部闭口孔隙之和)压实沥青混合料的干质量,又称视密度,由水中重法测定(仅仅适用于几乎不吸水的密实试件),以 g/cm^3 表示。

(9)沥青混合料的表观相对密度:又称视比重,是表观密度和同温度水的密度之比值,为无量纲量。

(10)沥青混合料的毛体积密度:单位体积(含混合料的实体矿物成分及不吸收水分的闭口孔隙、能吸收水分的开口孔隙等颗粒表面轮廓线所包围的全部毛体积)压实沥青混合料的干质量,由表干法、蜡封法或体积法测定,以 g/cm^3 表示。

(11)表干法测定的毛体积密度:又称饱和面干毛体积密度,是压实沥青混合料试件常温条件下的干燥质量与表干状态下的毛体积(指饱和面干状态下的实体体积与闭口孔隙、开口孔隙之和)之比值。它适用于较密实的吸水很少的试件。

(12)蜡封法测定的毛体积密度:是压实沥青混合料试件常温条件的干燥质量与蜡封条件的毛体积)指混合料蜡封状态下实体体积与闭口孔隙、开口孔隙之和,但不计蜡被吸入混合料的部分)之比值。它适用于吸水较多而不能由表干法测定的试件。

(13)体积法测定的毛体积密度:是压实沥青混合料试件的干质量与直接用卡尺测量的试件毛体积(指用卡尺测量的试件名义表面以内包括凹陷在内的全部毛体积)之比值。它适用于吸水严重至完全透水,不能由表干或蜡封法测定的试件。

(14)有效沥青含量 P_{be}:沥青总含量减去被集料吸收的沥青量。

(15)空隙率 VV:压实后的沥青混合料中被沥青包裹的粒料之间的空隙占总体积的百分比。

(16)粗集料松装间隙率:干燥粗集料(通常指 4.75mm 或 2.36mm 以上的集料)在标准量筒中经捣实形成的粗集料骨架部分以外的体积占容量筒总体积的百分率,以 VCA_{DRC} 表示。

(17)沥青混合料试件的粗集料间隙率:压实沥青混合料试件内粗集料骨架部分以外的体积占试件总体积的百分率,以 VCA_{mix} 表示。

(18)沥青含量:沥青混合料中沥青质量与沥青混合料总质量的比值,以百分率计。

(19)油石比:沥青混合料中沥青质量与矿料总质量的比值,以百分率计。

沥青混合料各参数关系可用图 3-6 来表示。

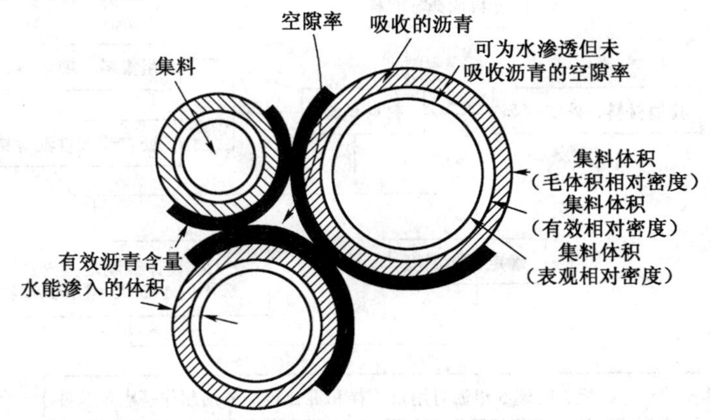

图 3-6　沥青混合料各参数关系图

2. 沥青混合料配合比设计方法

热拌沥青混合料配合比设计方法主要有马歇尔试验法、GTM 法、旋转压实法三种。我国目前主要采用马歇尔试验法,包括目标配合比设计、生产配合比设计和生产配合比验证等三个阶段,通过配合比设计决定沥青混合料的材料品种、矿料级配及沥青用量。根据《公路沥青路面施工技术规范》(JTG F40—2004)中,其设计步骤宜按图 3-7 进行。

1)材料准备

按相关试验规程规定的方法,取足够数量的具有代表性的沥青及矿料试样。按《公路沥青路面施工技术规范》(JTG F40—2004)材料质量的技术要求试验各项性质,当检验不合格时,不得使用。

2)矿质混合料的配合比组成设计

沥青与矿料级配选定之后,如何确定沥青混合料配合比,目前大多数国家仍采用马歇尔法。但是大量实践证明,马歇尔稳定度和流值与沥青路面的长期使用性能关系不显著,并且往往流值合格而高温车辙仍很严重,该法不能很好地反映沥青混合料的高温稳定性。用马歇尔试验方法进行混合料设计存在着片面性,鉴于此,不少公路工程研究者提出了对混合料进行综合设计,作为对马歇尔试验方法的补充和完善。

沥青混合料的综合设计应该包括两个方面的含义:一方面是对沥青路面的各种可能的破坏形式综合考虑,使沥青混合料在性能上得到保证,避免沥青路面可能出现的破坏,即综合考虑沥青路面的各种可能破坏形式及相应的沥青混合料路用性能;另一方面是沥青混合料设计与沥青路面结构设计的综合考虑,最理想的应是结构分析理论即所用的材料性能参数能够在沥青混合料设计中体现。

从本质上讲,混合料综合设计就是考虑其抗疲劳能力、高温稳定性、水稳定性、低温抗裂性和抗滑性等路用性能,通过确定沥青混合料的结构参数如沥青用量及与级配类型相关的空隙率等,使各项指标达到理想、协调,使混合料具有良好的结构特点,从而获得较为理想的受力变

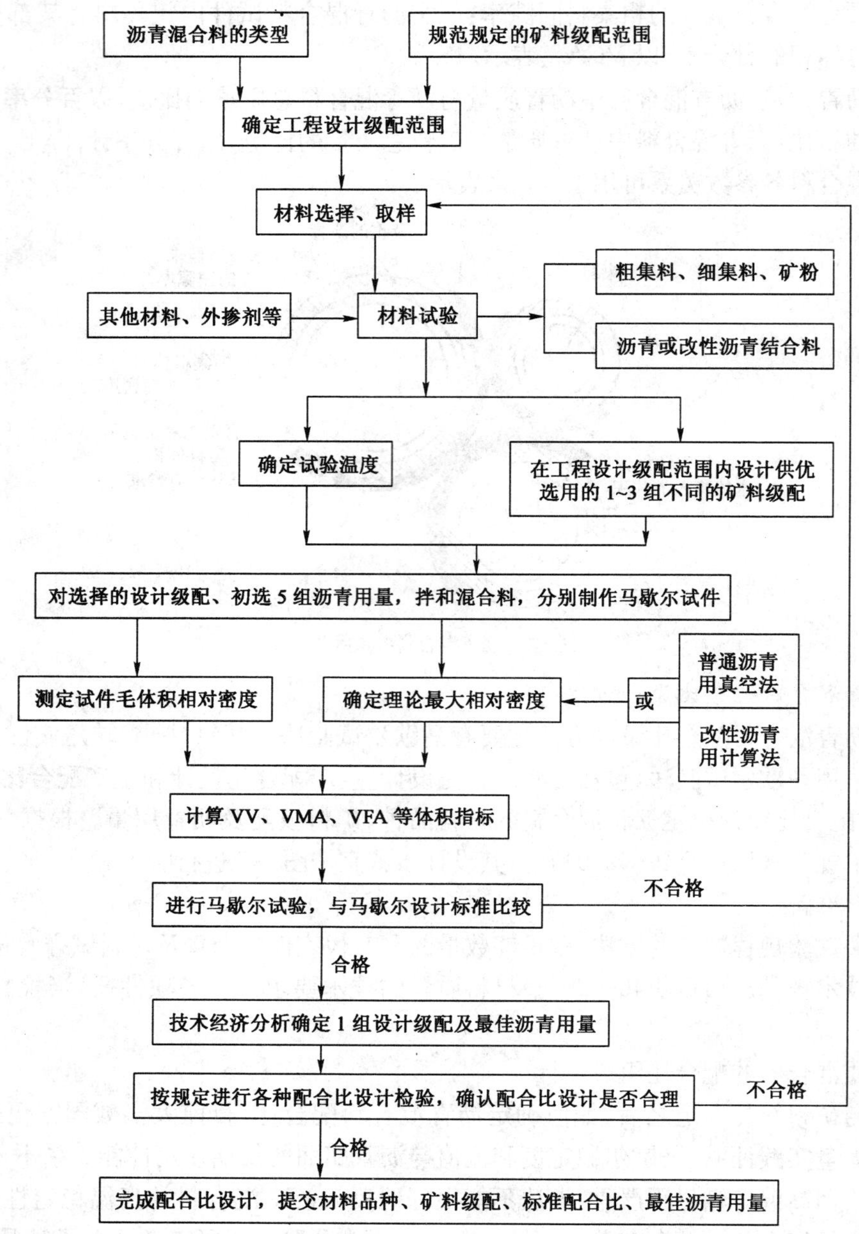

图 3-7　沥青混合料配和比设计流程图

形特性，达到要求的性能指标，保证沥青路面在使用期限内具有抵抗各种可能形式破坏的能力。

矿质混合料的配合比组成设计主要包括以下步骤：

(1)确定沥青混合料类型

沥青混合料类型根据道路等级、路面类型、所处的结构层位和设计厚度综合确定。公称最大粒径根据设计层厚确定，各国对沥青混合料的公称最大粒径(D)同路面结构层最小厚度(h)的关系均有规定，除前苏联规定矿料公称最大粒径分别为面层厚度的 0.6 与底基层厚度的 0.7 外，一般均规定为 0.5 以下。我国研究表明：随 h/D 增大，耐疲劳性提高，但车辙量增大；

相反 h/D 减少，车辙量也减少，但耐久性降低，特别是在 $h/D<2$ 时，疲劳耐久性急剧下降。为此建议结构层厚度 h 与最大粒径 D 之比应控制在 $h/D\geqslant2.5\sim3$，对 SMA 和 OGFC 等嵌挤型混合料 $h/D\geqslant2\sim2.5$。只有控制了结构层厚度与最大公称粒径之比，才能保证摊铺的沥青混合料拌和均匀，易于达到要求的密实度和平整度，保证施工质量。

(2)确定矿质混合料的级配范围

级配范围确定主要综合以下方面考虑。

①沥青混合料的设计级配范围按工程设计文件或招标文件的规定执行。当无明确规定时，工程单位应根据工程所在地的气候条件、交通条件、公路等级、路面类型、混合料所处的层次，按照下述②的原则对施工规范规定的矿料级配范围进行调整，确定设计级配范围。当发现设计文件规定的级配明显不合理时，有责任提出修改建议。在经实践证明是合理且有成功把握的情况下，设计级配范围容许超出规范规定的级配范围。所确定的设计级配范围必须得到主管部门，包括工程设计单位、建设单位和监理的认可和批准。设计级配范围一经确定，不得随意变更。

②确定设计级配范围时宜按下列原则进行调整。

a. 根据公路等级和施工设备的控制水平确定设计级配范围上限和下限的差值，通常情况下，对 4.75mm 和 2.36mm 通过率的范围差值宜小于 12%。

b. 确定设计级配范围时应特别重视实践经验，通过对条件大体相当的工程使用情况进行调查研究，证明选择的级配范围能适用于使用需要。

c. 对温度炎热、夏季持续时间长，但冬季不太寒冷的地区，或者重载路段，应重视考虑抗车能力的需要，降低 4.75mm 和 2.36mm 通过率，采用较粗的级配，适当提高 VMA，选用较高的设计空隙率。

d. 对温度寒冷、夏季高温持续时间短的北方地区，或者非重载路段，应在保证抗车辙能力的前提下，充分考虑提高低温抗裂性能，适当增大 4.75mm 和 2.36mm 通过率，采用较细的级配，适当减少 VMA，选用较小的设计空隙率。

e. 对我国许多地区，夏季温度炎热，高温持续时间长，冬季又十分寒冷，年温差特别大，且属于重载路段的工程，高温要求和低温要求发生矛盾时，应以提高高温抗车辙能力为主，兼顾提高低温抗裂性能的需要，在减少 4.75mm 和 2.36mm 通过率的同时，适当增加 0.075mm 通过率，使规范级配范围成 S 型，并取中等或偏高水平的设计空隙率。

f. 在潮湿区和湿润区等雨水、冰雪融化水对路面有严重危险的地区，在考虑抗车辙能力的同时，还应重视密水性的需要，减少水损害破坏，宜适当减少设计空隙率，应保持良好的雨天抗滑性能。对干旱地区的混合料，受水的影响很小，对密水性及抗滑性能的要求可放宽。

g. 对等级较高的公路，沥青层厚度较厚时，可采用较粗的级配范围；反之，对等级较低的公路，沥青层厚度较薄时，宜采用较细的级配范围。

h. 对重点考虑高抗车辙能力、设计空隙率较高的混合料，细集料宜采用较多的石屑；而对更需要低温抗裂性能、较小设计空隙率的混合料，相对而言，宜采用较多的天然砂作细集料。

i. 确定沥青混合料设计级配范围时，应考虑不同层次的功能需要。对沥青面层较厚的三层式面层，表面层应综合考虑满足高温抗车辙能力、低温抗裂性能、抗滑的需要，中面层应考虑高温抗车辙能力，底面层重点考虑抗疲劳开裂性能、密水性等。对沥青面层较薄时或双层式路面的下面层，底面层应在满足密水性能的同时，提高高温抗车辙能力，并满足抗疲劳开裂性能。

j. 对交通量大、轴载重的道路，宜偏向级配范围的下(粗)限；对中小交通量或人行道路等宜偏向级配范围的上(细)限。可根据实践经验选用连续级配或间断级配，当无成功的经验或不能确保施工中不产生严重的离析时，宜采用通常的连续级配沥青混凝土。在通常情况下，连续级配宜成为S型的级配范围，即适当减少公称最大粒径附近的粗集料通过率，减少0.6mm以下部分细粉的用量，使中等粒径粗集料(如5mm、10mm)的材料较多的级配曲线。

3)矿质混合料配合比计算

(1)组成材料的原始数据测定。根据现场取样，对粗集料、细集料和矿粉进行水筛，按筛分结果分别绘出各组成材料的筛分曲线，同时测出各组成材料的相对密度，供计算物理常数备用。

(2)各种矿料的配合比宜采用试配法进行计算，也可用图解法或其他计算进行。设计的合成级配应符合下列要求。

① 合成矿料级配必须符合设计级配范围的要求。

② 合成的级配曲线，不能有太多的锯齿形交错；当反复调整，仍有两个以上的筛孔超出设计级配范围时，应更换原材料重新设计。

(3)根据需要，可在确定的设计级配范围内，计算1～3组粗细不同的配合比，使包括0.075mm、2.36mm、4.75mm筛孔在内的较多筛孔的通过量分别接近设计级配范围的上限、中限及下限，但应避免0.3～0.6mm范围内出现驼峰。

(4)在级配曲线上绘出配制的几组设计级配曲线，查看其与最大密度线的接近程度，估计设计级配的VMA值。如果过分接近，VMA可能太小，宜调节设计级配(尤其是0.075mm、2.36mm、4.75mm筛孔)，使之稍稍偏离最大密度线的两侧，具有适宜的VMA值。

(5)根据当地实践经验选择一个沥青用量，对每一组配比分别进行马歇尔试验，计算VMA等体积指标。选择符合要求的级配作为设计级配。但如果有两种以上的级配符合要求，则选择较细的一组为设计级配。通常情况下，择优确定设计级配中小于4.75mm的部分宜在最大密度线的下方通过。

(6)矿料级配设计时应符合施工需要，尽量考虑各种材料在供料时各料仓之间的平衡，减少废弃料。

4)马歇尔试验

(1)配合比设计各阶段都应进行马歇尔试验。经配合比设计得到的沥青混合料应符合规范规定的马歇尔设计技术标准。

(2)沥青混合料试件的制作温度及试验温度，通常应通过沥青结合料在135℃及175℃条件下测定的黏度—温度曲线，按表3-15的规定确定。缺乏黏温曲线数据时，可按表3-16规定的范围选择，但应得到主管部门的批准。

确定沥青混合料拌和及压实温度的适宜温度 表3-15

黏　度	适宜于拌和的沥青结合料黏度	适宜于压实的沥青结合料黏度	测定方法
表观黏度	(0.17+0.02)Pa·s	(0.28±0.03)Pa·s	T 0625
运动黏度	(170±20)mm^2/s	(280±30)mm^2/s	T 0619
赛波特黏度	(85±10)s	(140±15)s	T 0623

热拌沥青混合料的施工温度(℃)　　　　表 3-16

<table>
<tr><td colspan="2" rowspan="2">施 工 工 序</td><td colspan="4">石油沥青的标号</td></tr>
<tr><td>50 号</td><td>70 号</td><td>90 号</td><td>110 号</td></tr>
<tr><td colspan="2">沥青加热温度</td><td>160～170</td><td>155～165</td><td>150～160</td><td>145～155</td></tr>
<tr><td rowspan="2">矿料加热温度</td><td>间隙式拌和机</td><td colspan="4">集料加热温度比沥青温度高 10～30</td></tr>
<tr><td>连续式拌和机</td><td colspan="4">矿料加热温度比沥青温度高 5～10</td></tr>
<tr><td colspan="2">沥青混合料出料温度</td><td>150～170</td><td>145～165</td><td>140～160</td><td>135～155</td></tr>
<tr><td colspan="2">混合料贮料仓储存温度</td><td colspan="4">储料过程中温度降低不超过 10</td></tr>
<tr><td colspan="2">混合料废弃温度,高于</td><td>200</td><td>195</td><td>190</td><td>185</td></tr>
<tr><td colspan="2">运输到现场温度,不低于</td><td>150</td><td>145</td><td>140</td><td>135</td></tr>
<tr><td rowspan="2">混合料摊铺温度,不低于</td><td>正常施工</td><td>140</td><td>135</td><td>130</td><td>125</td></tr>
<tr><td>低温施工</td><td>160</td><td>150</td><td>140</td><td>135</td></tr>
<tr><td rowspan="2">开始碾压的混合料内部温度,不低于</td><td>正常施工</td><td>135</td><td>130</td><td>125</td><td>120</td></tr>
<tr><td>低温施工</td><td>150</td><td>145</td><td>135</td><td>130</td></tr>
<tr><td rowspan="3">碾压终了的表面温度,不低于</td><td>钢轮压路机</td><td>80</td><td>70</td><td>65</td><td>60</td></tr>
<tr><td>轮胎压路机</td><td>85</td><td>80</td><td>75</td><td>70</td></tr>
<tr><td>振动压路机</td><td>75</td><td>70</td><td>60</td><td>55</td></tr>
<tr><td colspan="2">开放交通的路表温度,不高于</td><td>50</td><td>50</td><td>50</td><td>45</td></tr>
</table>

注:1. 沥青混合料的施工温度采用具有金属探测针的插入式数显温度计测量。表面温度可采用表面接触式温度计测定。当采用红外线温度计 2.测量表面温度时,应进行标定。

2. 表中未列入的 130 号、160 号及 30 号沥青的施工温度由试验确定。

(3)根据以往工程的实践经验,预估适宜的沥青用量(或油石比)。当工程使用的材料密度不同,原工程矿料的合成相对密度为 D_1,使用的最佳沥青用量为 a_1,新工程矿料的合成相对密度为 D_2 时,预估需要的沥青用量 a_2 可按式(3-2)换算预估。以此沥青用量 a_2 为中值,按 0.5%间隔,取 5 个不同的沥青用量,每一组的试样数不少于 6 个。其中按规范规定的击实次数和试验温度成型的马歇尔试件不少于 4 个;用于测定理论最大相对密度的试样不少于 2 个。

$$a_2 = \frac{a_1}{\frac{(100-a_1)}{D_1} \times D_2 + a_2} \tag{3-2}$$

(4)按现行试验规程用真空法测定不同沥青用量试件的理论最大相对密度,取 2 个以上试样的平均值。对改性沥青混合料和 SMA 混合料,如混合料分散操作难以进行时,可采用按试验规范方法计算最大理论相对密度。

(5)测定试件的毛体积相对密度和吸水率,取 4 个以上试件的平均值。测定方法必须按下列要求进行:

①通常采用表干法测定毛体积相对密度;

②对吸水率小于 0.3%的试件,允许采用水中重法测定的表观相对密度代替毛体积相对密度;

③对吸水率大于2%的试件,宜采用蜡封法测定的毛体积相对密度;

④对空隙率大于10%的试件,应采用体积法测定的毛体积相对密度;

⑤当采用其他配合比设计方法及试件成型方法时,测定的毛体积相对密度、空隙率等指标必须通过规范规定的马歇尔试验方法进行校核,并由马歇尔试验得出各项体积设计指标与规范规定的技术标准相比较,看其是否符合要求。

(6)计算各组成的空隙率、矿料间隙率、沥青结合料的体积百分率、沥青饱和度等体积指标,进行体积组成分析。

5)确定沥青最佳用量

以沥青含量为横坐标,沥青混合料的密度、稳定度和流值、空隙率及矿料间隙率为纵坐标,绘制如下图3-8所示关系曲线,选择的沥青用量范围应尽可能使密度及稳定度曲线出现峰值。

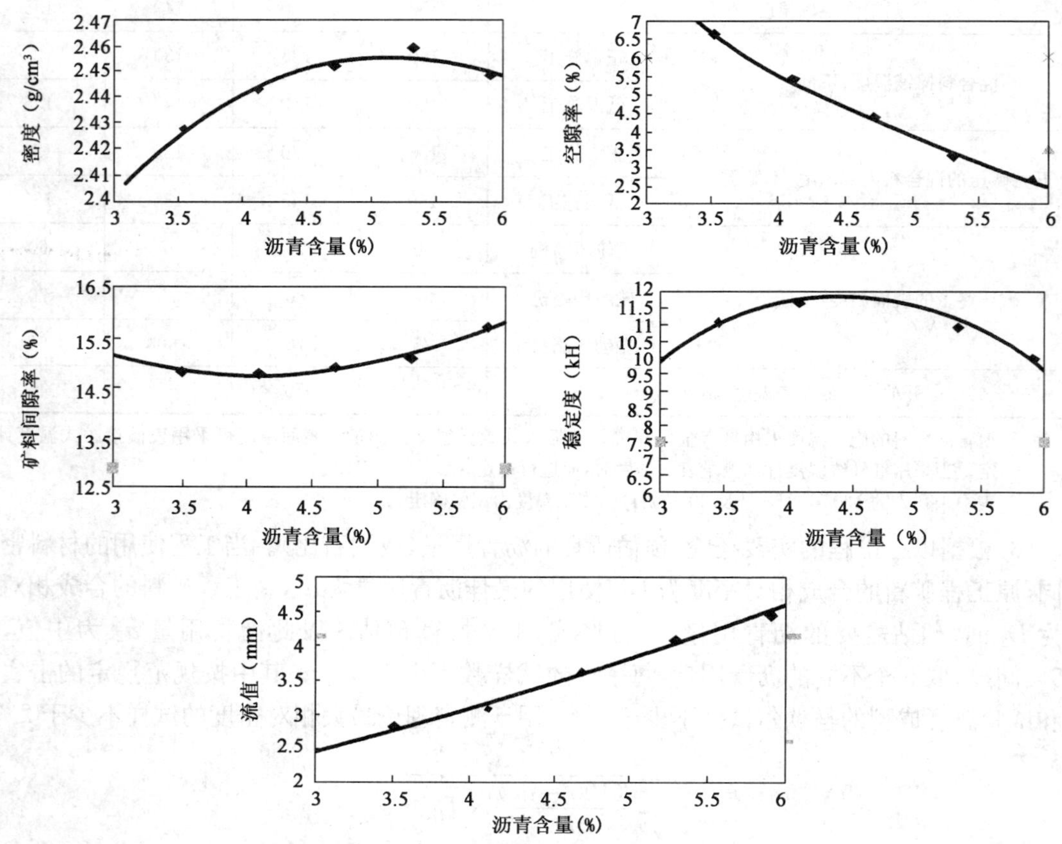

图3-8 沥青混合料技术指标与沥青含量的关系曲线

要求在OAC的基础上减少0.1%～0.2%作为设计沥青用量,或提高设计空隙率至4%～6%。同时必需要求在施工时加强碾压,提高压实标准,使路面的的空隙率达到没有减少沥青用量条件下施工得到的沥青路面的空隙率。对寒区公路、旅游公路,最佳沥青用量可以在中限值OAC加0.1%～0.3%作为设计沥青用量,或减少设计空隙率至2%～4%,但不得降低施工压实度。

若所设计的沥青混合料不能满足沥青混合料马歇尔试验技术标准,应进行调整。

如果设计的沥青混合料空隙率低于规定值,可通过增大矿质集料中粗集料或细集料的含量,而为沥青提供足够的集料空隙。当沥青含量过高时,供集料吸收的沥青有富余,需占据一定的空隙,剔除多余的沥青、降低沥青含量即可提高空隙率。采用上述措施提高空隙率可能降低稳定度;若稳定度不符合要求,应更换集料级配。一般情况下,增大碎石用量可以改善沥青混合料的稳定度,提高空隙率。但有时石英石一类的石料,由于表面光滑,使用太多反而会降低沥青混合料的稳定度。

沥青混合料的油石比一般为3.0%～6.5%,根据具体试验结果进行确定。

6)其他性能检验

按照马歇尔试件验方法确定最佳沥青含量后,依据规范或设计要求尚须进行水稳定性检验、高温稳定性检验、低温抗裂性能检验和钢渣活性检验。

(1)低温抗裂性能检验

对改性沥青混合料应按最佳沥青用量(OAC)轮碾成型试件,再用切割机锯成规定尺寸的长方体试件,在−10℃条件下用50mm/min加载速率进行低温弯曲试验,检测其破坏应变是否符合要求,如不符合要求应对矿料级配进行调整,必要时更换改性沥青品种。当最佳沥青用量(OAC)与两个初始值(OAC_1、OAC_2)相差甚大时,宜按OAC与OAC_1或OAC_2分别制作试件,进行低温抗裂试验,根据试验结果对OAC作适当调整。

(2)钢渣活性检验

对粗集料或细集料使用钢渣的沥青混合料进行马歇尔试验时,应增加3个试件,将在60℃水浴中浸泡48h,然后取出冷却至室温,观察有无裂缝或鼓包,测量试件体积,其增大量不得超过1%,同时还应满足就浸水马歇尔和冻融劈裂试验的要求,达不到这些要求的钢渣不得使用。

7)GTM设计法

GTM(Gyratory Testing Machine)旋转试验机是美国工程兵团(U. S. ArmyCorpsofEngineers)在20世纪60年代首先以推理的方法发明的路面材料试验机,后来美国空军为解决重型轰炸机跑道容易破损的问题,又专门组织人员对GTM进行研究开发,形成了如今的路面材料GTM设计方法。

GTM把混合料成型压实试验机、力学剪切试验机和车辆模拟机合并成为一台试验机,一旦试件成型完毕,根本不用进行另外的强度试验即可得到混合料的设计密度和沥青用量。GTM方法可较真实地模拟实际路面材料的受力状况,以及预测材料到服务期限末的应力应变力学性质,从而避免了路面材料的早期破坏。GTM成型试件的原理与Superpave的旋转压实机(SGC)基本相同,可模拟路面碾压成型阶段,混合料所受到的碾压、揉搓作用,还可根据路面所承受的轮胎接地压强设定垂直压力,也可变化对试件的揉搓旋转角度。GTM除了能设计沥青混合料外,还可用于基层、土基的材料组成设计。

GTM成型试验的目的还在于模拟路面行车荷载作用下,沥青混合料的最终压实状态即平衡状态,并测试分析试样在被压实到平衡状态过程中剪切强度S_G和最终塑性形变大小,以判断混合料组成是否合理。压实试件的最终塑性形变大小是用塑性形变稳定系数GSI(Gyratory Stability Index)来表示的。GSI数值是试验结束时的机器角与压实过程中的最小机器角的比值,表征试件受剪应力作用的塑性形变稳定程度。GSI接近于1.0时所对应的沥青用量为混合料的最大沥青用量。

试验中需变化的沥青用量分别进行GTM压实试验,然后绘制GSI与沥青用量的关系曲线,以确定混合料的最大沥青用量。另外,GTM 还可提供试件的最大密度—试件处于平衡状态时的密度、抗剪安全系数 GSF(抗剪强度与最大剪应力之比值)、静态剪切、模量、抗压模量等。

8)Superpave 混合料设计法

美国 SHRP 计划中的沥青与沥青混合料项目经历 5 年研究,提出了一套沥青混合料设计方法——Superpave 混合料设计体系,它是 SHRP 计划研究成果中最重要的组成部分,Superpave 混合料设计包括 3 个水平的设计——水平 I、II、III,它们是在沥青混合料设计过程中相互联系的有先后之分的 3 大部分,分别适用于不同的交通量水平。

水平 I 设计基本为混合料的体积设计,是以沥青胶结料性能、集料特性和混合料体积特性(空隙率、矿料间隙率等)为基础,进行沥青等级和用量选择、确定矿料级配,并进行初步水损害检验的混合料设计方法。水平 II、III 是关于沥青混合料的力学性能和路用性能的混合料设计,是在进行了水平 I 设计后才开始的。它们均以混合料体积设计结果为基础,进行混合料的力学性能和路用性能试验与预估。水平 II、III 均包括永久变形、疲劳、低温开裂等路用性能试验。

总体而论,Superpave 方法仍然是体积设计法,与其他方法的主要不同之处在于:考虑了交通量水平;以旋转压实方式成型试件,且压实功能不固定,因交通量水平、气温而变;以性能指标选取沥青胶结料;把空隙率作为试件乃至混合料设计的控制指标;对矿料级配提出了"控制点"和"禁区"的概念。

四、沥青路面施工

1. 热拌沥青混合料面层质量控制要点

1)试验路段

(1)在铺筑试验路段之前 28d,承包人应安装好与本项工程有关的全部试验仪器和设备(包括沥青、石料、混合料等项室内外试验的配套仪器、设备等),配备足够数量的熟练试验技术人员,报请监理工程师审查批准。

(2)在工程开工前 14d,承包人应在监理工程师批准的现场,并在监理工程师的监督下,用备齐并投入该项工程的全部机械设备及每种沥青混合料各铺筑一段长约 100～200m(单幅)的试验路段。

(3)试验路的目的是为了证实混合料的稳定性,以及拌和、摊铺和压实设备的效率和施工方法、施工组织的适应性。

(4)沥青混合料摊铺、压实 12h 以后,应对其厚度、密实度、沥青含量及矿料级配及其他项目进行抽样试验。抽样试验的频度应满足规范要求。

(5)试验路完成后,承包人应写出书面报告,报请监理工程师审查批准。

(6)经监理工程师批准的试验路应成为比较的标准,正式工程应按批准的同一方法和同一标准施工。

(7)批准的试验路应同完成后的工程一起支付。如未能取得监理工程师的批准,承包人应破碎清除该试验路,重新铺筑试验路,并承担其费用。

2)施工设备

(1)拌和及运料设备

①拌和厂应在其设计、协调配合和操作方面，都能使生产的混合料符合工地配合比设计要求。拌和厂必须配备足够试验设备的试验室，并能及时提供使监理工程师满意的试验资料。

②拌和机应能按用量(以质量计)分批配料，并设装有温度计及示温的成品储料仓和二次除尘装置。拌和设备的产量应和生产进度相匹配，在安装完成后应按批准的配合比进行试拌调试，直到符合要求。

③拌和场地布置应远离居民区，其距离不少于1km。

④运料设备应采用干净有金属底板的自卸槽斗车辆运送混合料，车槽内不得沾有机物质。为了防止尘埃污染和热量过分损失，运输车辆应备有覆盖设备，车槽四角应密封坚固。

(2)摊铺及压实设备

①沥青混合料摊铺机应是自动式摊铺设备，安装有可调的活动熨平板或整平组件。整平板在需要时可以加热，能按照规定的典型横断面和图纸所示的厚度在车道宽度内摊铺，并备有修边的套筒。摊铺机应有一套夯板和可调整振幅的振动整平板的组合装置，夯板与振动整平板的频率，应能随意变化，并能各自单独地调整。

②摊铺混合料时，摊铺机应能按照与摊铺混合料相协调的前进速度运行。

③摊铺机应配备整平板自控装置，其一侧或双侧装有传感器，可通过外面的参考线探出纵坡和整平板的横坡，并能自动发生信号来操纵整平板，使摊铺机能铺筑出理想的纵横坡度。

④压实设备应配有钢轮式、轮胎式及振动压路机，能按合理的压实工艺进行组合压实；还应备有监理工程师认可的小型振动压(夯)实机具，以用于压路机不便压实的地方。

3)混合料的拌和

(1)粗、细集料应分类堆放和供料，取自不同料源的集料应分开堆放。每个料源的材料应进行抽样试验，并经监理工程师批准。

(2)拌和应将集料包括矿粉充分地烘干。每种规格的集料、矿粉和沥青都必须分别按要求的配合比进行配料。

(3)沥青的加热温度、石料加热温度、混合料的出厂温度、运到施工现场的温度均应满足规范要求。

(4)所有过度加热的混合料，或已经碳化、起泡和含水的混合料都应废弃。拌和后的混合料必须均匀一致，无花白、无粗细料离析和结块现象；否则不得用于工程项目。

(5)材料的规格或配合比发生改变时，都应根据室内试验资料进行试拌。试拌时必须抽样检查混合料的沥青含量、级配组成和有关力学性能，并报请监理工程师批准。

4)混合料的运送

(1)已经离析或结成不能压碎的硬壳、团块或在运料车辆卸料时留于车上的混合料，以及低于规定铺筑温度或被雨水淋湿的混合料都应废弃，不得用于工程项目。

(2)运至铺筑现场的混合料，应在当天或当班完成压实。

5)混合料的摊铺

(1)摊铺混合料之前，必须对下层进行检查，并取得监理工程师的批准；同时必须按规定铺洒沥青透层、黏层或下封层。

(2)在开始摊铺混合料时，应考虑在路面边缘设置路缘石(拦水带)的具体位置和埋设深度，将预制的路缘石块，按图纸要求进行设置。基础及后背填料必须夯实，缝宽均匀，线条顺直，顶面平整、砌筑牢固。

(3)为消除纵向接缝，应采用全路摊铺。当采用两台摊铺机组成梯队联合摊铺的方式时，两台摊铺机前后的距离以前面摊铺的混合料尚未冷却为度，一般为 10～30m。

(4)沥青混合料的摊铺温度应随沥青的标号及气温的不同，通过试验确定，并进行调节。正常施工，摊铺温度不低于 125℃，但不得超过 160℃。

(5)摊铺机应以均匀的速度行驶。它的输出量和沥青混合料的运送量相匹配，以保证混合料均匀、不间断地摊铺。摊铺过程中不得随意变换速度，避免中途停顿，影响施工质量。

(6)对外形不规则，路面厚度不同，空间受到限制以及人工构造物接头等摊铺机无法工作的地方，经监理工程师批准可以采用人工铺筑混合料。

6)混合料的压实

(1)混合料完成摊铺和刮平后应立即进行宽度、厚度、平整度、路拱及温度检查，对不合格之处应及时进行调整，随后按试验路确定的压实设备的组合及程序进行充分、均匀的压实。

(2)压实分初压、复压和终压。压路机碾压的适应速度见表 3-17。

压路机碾压速度 表 3-17

碾 压 阶 段		初压(km/h)		复压(km/h)		终压(km/h)	
		适宜	最大	适宜	最大	适宜	最大
压路机类型	刚轮压路机	2～3	4	3～5	6	3～6	6
	轮胎压路机	2～3	4	3～5	6	4～6	8
	振动压路机	2～3(静压或振动)	3(静压或振动)	3～4.5(振动)	5(振动)	3～6(静压)	6(静压)

(3)初压应采用钢轮压路机或振动压路机(静压)。初压后应检查平整度和路拱，必要时应予以修整。复压应采用串联式双轮振动压路机或轮胎压路机。终压应采用光面钢轮压路机或振动压路机(静压)。

(4)碾压作业时混合料的温度，初压温度不应低于 120℃，碾压终了温度钢轮压路机不得低于 60℃，轮胎压路机不得低于 70℃，振动压路机不得低于 55℃。

(5)碾压应纵向并由低边向着高边慢速均匀地进行。相邻碾压至少重叠宽度为：双轮 30cm，三轮为后轮宽度的 1/2。

(6)碾压时，压路机不得中途停留、转向或制动。当压路机来回交替碾压时，前后两次停留地点应相距 10m 以上，并应驶出压实起始线 3m 以外。

(7)压路机不得停留在温度高于 60℃的已经压过的混合料上。同时，应采取有效措施，防止油料、润滑脂、汽油或其他杂质在压路机操作或停放期间落在路面上。

(8)压实时，如接缝处的混合料温度已不能满足压实温度要求，应采用加热器提高混合料的温度达到要求的压实温度，再压实到无缝迹为止；否则，必须垂直切割混合料并重新铺筑，立即共同碾压到无缝迹为止。

(9)在压路机压不到的其他地方，应采用振动夯板、热的手夯或机夯把混合料充分压实。已经完成碾压的路面，不得修补表皮。

(10)当层厚等于或大于 40mm 时，监理工程师可使用核子密度仪进行现场密实度检验，以代替试验室试样测定。但每读 10 个核子密度仪读数，必须钻取一个试样送交试验室进行密度试验，以检验核子密度仪的准确性。

7)接缝的处理

(1)铺筑工作的安排应使纵、横向两种接缝都保持在最小数量。接缝的方法及设备,应取得监理工程师批准。在接缝处的密度和表面修补应与其他部分相同。

(2)纵向接缝应该采用一种自动控制接缝机装置,以控制相邻行程间的高程,并做到相邻行程间可靠的结合。纵向接缝应是热接缝,并应连续和平行,缝边垂直并形成直线。

(3)纵缝上的混合料,应在摊铺机的后面立即用一台静力钢轮压路机以静力进行碾压。

(4)纵向接缝与横坡变坡线的重合应在 15cm 以内,与下层接缝应错开 15cm 以上。

(5)当由于工作中断,摊铺混合料的末端已经冷却,或者在第二天恢复工作时,就应做成一道与铺筑方向大致成直角的横向接缝。横向接缝在相连的层次和相邻的行程间均应至少错开 1m。

8)气候条件

(1)沥青混合料的摊铺应避免在雨季进行。当路面滞水时,应暂停施工。

(2)施工气温低于 10℃时,应停止摊铺,或摊铺时采取措施,并经监理工程师同意方可继续摊铺;否则在气温还没有上升到 10℃以上之前,不得开始摊铺。当气温下降到 15℃以下时,应控制混合料的最大运距,保证碾压温度在规定的范围以内。

(3)未经压实即遭雨淋的沥青混合料应全部清除,更换新料。

2.沥青表面处治施工质量控制要点

1)一般规定

(1)沥青表面处治宜选择在干燥和较热的季节施工,并在雨季前及日最高气温低于 15℃到来之前半个月结束。

(2)沥青表面处治宜采用层铺法施工,厚度不宜大于 3cm,可采用沥青洒布机及集料撒铺机联合作业。

(3)施工工序紧密衔接,沥青洒布长度与石料撒铺相配合,避免浇油后等待较长时间才撒铺石料。

2)施工设备

(1)沥青表面处治应采用沥青洒布机喷洒沥青,洒布机应能控制稳定的速度和用油量,并能在整个洒布宽度内均匀洒布沥青。

(2)应采用一台自行式的集料撒布机,配有可靠的控制系统,能把所需的集料均匀撒铺到沥青材料的整个宽度上。

(3)沥青表面处治宜采用轮胎式光面钢筒压冷机,压路机的吨位应能使集料嵌挤紧密又不致使石料有较多的压碎为度,通常采用 6～8t 及 10～12t 压路机进行碾压。乳化沥青表面处治宜采用较轻的压路机进行碾压。

3)表面准备

(1)沥青表面处治层的表面应平整、清洁、无松散,并应符合图纸所示或监理工程师确定的典型断面。

(2)当监理工程师有指示时,应视需要用机动路帚或电鼓风机,并辅以人工扫净表面,清除有害物质。

4)沥青洒布

(1)沥青材料的加热温度应满足规范要求。

(2)沥青应采用压力喷洒机均匀地洒布,洒油量、温度条件及处治面积均应在洒布前获得认可。在洒布沥青之前，集料和集料撒布设备均应运抵施工现场。处治区附近的结构物和树木的表面应加以保护，以免溅上沥青，受到污染。

(3)沥青洒布机应在喷嘴打开的同时按适当的洒布速度向前行驶，除监理工程师同意采用其他材料或方法外，应在每次喷洒开始一端和结束的末端后面足够距离的表面上铺上施工用纸，以使喷嘴洒出来的沥青在开始和结束时都落在纸上，并保证喷嘴在喷洒的整个长度内喷洒正常。

(4)在喷洒交接处洒布沥青时应精心控制，不超过批准的洒油量，应把过量的沥青材料从洒布表面刮掉，漏洒或少洒的地区应补洒纠正。

5)集料撒铺

(1)符合指定级配的集料，事先清除或减少集料上的浮土，以提高和改进黏着质量。

(2)在沥青洒布后 3min 内应按确定的用量撒铺集料。撒铺期间，如集料多少不匀，应用补撒集料的方法校正，直至达到均匀的表面结构。撒布机械无法靠近的地方，须用人工撒铺。

(3)在半宽施工情况下，应留下一条 15cm 宽的接头地带暂不撒布集料，以使沥青材料略微重叠。

6)碾压

(1)碾压应在沥青和集料撒铺后立即进行，并在当日完成。

(2)撒铺一段集料后即用 6～8t 轮胎或双轮压路机碾压，每层集料应按集料撒铺的全宽初压一遍，并应按需要进行补充碾压以使盖面集料适当就位，碾压时每次轮迹重叠约 30cm，从路边逐渐移向路中心，然后再从另一边开始移向路中心，以此作为一遍。一般全宽的碾压不少于 3～4 遍，以不大于 2km/h 的速度进行碾压。

7)养护

(1)集料表面应用扫帚轻轻扫过，或用其他方法养护 4d，或按指示的天数养护。

(2)表面养护应包括把盖面料撒布到整个沥青表面上，以吸收游离的沥青材料或覆盖集料不足之处。

(3)养护不应使已嵌锁的集料移动位置。

(4)应采用旋转路帚把多余的材料从整个处治表面上清扫出去，面层清扫应在监理工程师指定的时间进行。

8)多层表面处治

(1)多层表面处治是在由准备好的基层上连续洒布的沥青材料和撒铺的盖面集料构成，材料应反复摊铺直至达到所需的层数。

(2)多层表面处治的沥青洒布、集料撒铺等的施工方法和要求与第一层相同，但第二层、第三层的碾压可采用 8～10t 压路机。

9)稀浆封层、微表处施工质量控制要点

(1)稀浆封层和微表处必须使用专用的摊铺机进行摊铺。

(2)微表处必须采用改性乳化沥青，稀浆封层可采用普通乳化沥青或改性乳化沥青，其品种和质量应符合规范的要求。

(3)稀浆封层和微表处应选择坚硬、粗糙、耐磨、洁净的集料。各项性能应符合前述沥青混合料用粗集料和细集料的技术指标要求。其中稀浆封层用通过 4.75mm 筛的合成矿料的砂当量不得低于 50%；当用于抗滑表层时，还应符合规范中有关磨光值的要求。细集料宜采用碱性石料生产的机制砂或洁净的石屑。对集料中的超粒径颗粒必须筛除。

(4)稀浆封层和微表处的矿料级配根据铺筑厚度、处治目的、公路等级条件可按表 3-18 选择。

稀浆封层的矿料级配 表 3-18

筛孔尺寸(mm)	不同类型通过各筛孔的百分率(%)				
	微表处		稀浆封层		
	MS-2 型	MS-3 型	ES-1 型	ES-2 型	ES-3 型
9.5	100	100	—	100	100
4.75	95～100	70～90	100	95～100	70～90
2.36	65～90	45～70	90～100	65～90	45～70
1.18	45～70	28～50	60～90	45～70	28～50
0.6	30～50	19～34	40～65	30～50	19～34
0.3	18～30	12～25	25～42	18～30	12～25
0.15	10～21	7～18	15～30	10～21	17～18
0.075	5～15	5～15	10～20	5～15	5～15
一层的适宜厚度(mm)	4～7	8～10	2.5～3	4～7	8～10

(5)稀浆封层和微表处的混合料中乳化沥青及改性乳化沥青的用量应通过配合比设计确定。

(6)稀浆封层和微表处混合料的配合比设计按下列步骤进行：

①根据选择的级配类型，按表 3-19 确定矿料的级配范围。计算各种集料的配合比例，使合成级配在要求的级配范围内。

②根据以往的经验初选乳化沥青、填料、水和外加剂用量，进行拌和试验与黏聚力试验。可拌和时间的试验温度应考虑最高施工温度，黏聚力试验的温度应考虑施工中可能遇到的最低温度。

③根据上述试验结果和稀浆混合料的外观状态，选择 1～3 个认为合理的混合料配方，如不符合要求，适当调整各种材料的配合比例再试验，直至符合要求为止。

④根据经验，在沥青用量的可选范围内选择适宜的沥青用量。

⑤根据以往经验及配合比设计试验结果，在充分考虑气候及交通特点的基础上综合确定混合料配方。

(7)稀浆封层和微表处施工前，应彻底清除原路面的泥土、杂物，修补坑槽、凹陷，较宽的裂缝宜清理灌缝。

(8)稀浆封层和微表处的最低施工温度不得低于 10℃，严禁在雨天施工，摊铺后尚未成型混合料遇雨时应予铲除。

(9)稀浆封层和微表处两幅纵缝搭接宽度不宜超过 80cm，横向接缝宜做成对接缝。分两层摊铺时，第一层摊铺后至少应开放交通 24h 后方可进行第二层摊铺。

(10)稀浆封层和微表处铺筑后的表面不得有超粒径料拖拉的严重划痕，横向接缝和纵向接缝处不得出现余料堆积或缺料现象，用 3m 直尺测量接缝处的不平整度不得大于 6mm。经养生和初期交通碾压稳定的稀浆封层，在行车作用下应不飞散且完全密水。

10)透层与黏层施工质量控制要点

(1)透层施工质量控制要点

①沥青透层的材料要求应符合《公路沥青路面施工技术规范》(JTG F40—2004)的规定。

②沥青透层可采用煤油稀释沥青或慢裂的洒布型乳化沥青。乳化沥青透层的规格和质量应符合规范的要求。

③各种透层沥青的品种和用量应根据基层的种类通过试洒确定。

④透层宜在基层表面稍干后浇洒。当基层完工后时间较长、表面过于干燥时,应对基层进行清扫,并在基层表面少量洒水,等表面稍干后浇洒透层沥青。

⑤透层沥青宜采用沥青洒布车喷洒。

⑥喷洒透层沥青应符合下列要求:

a. 喷洒透层前,路面应清扫干净,应采取防止污染路缘石及人工构造物的设施。

b. 洒布的透层沥青应渗入基层一定深度,不应在表面流淌,并不得形成油膜。

c. 如遇大风或即将降雨时不得喷洒透层沥青。

d. 气温低于10℃时,不宜喷洒透层沥青。

e. 应按沥青用量一次喷洒均匀,当有遗漏时,应采用人工补洒。

f. 喷洒透层沥青后,严禁车辆、行人通过。

⑦在铺筑沥青面层前,当局部地方有多余的透层沥青未渗入基层时,应予清除。

⑧透层洒布后应尽早铺筑沥青面层。当用乳化沥青做透层时,洒布后应待其充分渗透,水分蒸发后方可铺筑沥青面层,其时间间隔不宜少于24h。

(2)黏层

①高速公路路面工程中在中面层与下面层之间,应浇洒黏层,并在与新铺沥青混合料接触的路缘石、雨水进水口、检查井等的侧面也应洒黏层。

②黏层的沥青材料采用乳化沥青或改性乳化沥青。黏层沥青的规格和质量应符合规范的要求;重交通沥青和改性沥青分别满足相应的技术规范要求。

③各种黏层沥青品种和用量应根据黏结层的种类通过试洒确定,并符合《公路沥青路面施工技术规范》(JTG F40—2004)的要求。

④黏层沥青应采用沥青洒布车喷洒,洒布车应符合规范要求。在路缘石、雨水进水口、检查井等局部应用刷子进行人工涂刷。

⑤喷洒黏层沥青应符合下列要求:

a. 施工准备工作

准备喷洒沥青的工作面,应整洁无尘土。路面有脏物时应清除干净。当黏有土块时应用水刷净,待表面干燥后喷洒。

b. 气候条件

洒布沥青材料的外界气温不应低于10℃,风速适度。浓雾或下雨路面潮湿时不应施工。

c. 喷洒温度

液体石油沥青和乳化沥青在正常温度下洒布,如气温较低,稠度较大的可适当加热。重交通沥青和改性沥青应在规范要求的温度下喷洒。

d. 喷洒

黏层沥青应均匀洒布或涂刷。喷洒过量处,应予刮除,并按《公路路基路面现场测试规程》(JTG E60—2008)中有关要求和方法检测洒布量,每次检测不少于3处。

沥青洒布设备应配备有适用于不同稠度沥青喷洒用的喷嘴，在沥青洒布机喷洒不到的地方可采用手工洒布机。喷洒超量或漏洒或少洒的地方应予纠正。

喷洒黏层油时，喷油管宜与路表面形成约30°角，并有适当高度，以使路面上喷洒的透层油或黏层油形成重叠。

喷洒区附近的结构物和树木表面应加以保护，以免溅上沥青受到污染。

黏层沥青应在铺筑覆盖层之前24h内洒布或涂刷。

e.养护

喷洒黏层沥青后严禁除沥青混合料运输车外的其他车辆、行人通过。黏层沥青洒布后应紧接铺筑沥青层。当使用乳化沥青作黏层时，应待破乳、水分蒸发完后铺筑。

3.沥青贯入式路面施工质量控制要点

沥青贯入式路面根据沥青贯入深度的不同，可分深贯式及浅贯式。深贯入式厚6～8cm，浅贯入式厚4～5cm。

(1)施工准备

下承层沥青贯入式路面施工前，基层必须清扫干净，贯入式使用乳化沥青时，必须洒透层或黏层沥青。

(2)撒料

撒主层集料时，应注意撒铺均匀，避免颗粒大小不均，并不断检查松铺厚度和校验路拱。撒布集料后，严禁车辆通行。

(3)碾压

主层集料撒布后，先用6～8t压路机以2km/h的初碾速度碾压3～4遍，使集料基本稳定，无显著推移为止；然后再用10～12t压路机以3～4km/h的速度进行碾压，直到主层集料嵌挤稳定，无显著轮迹为止，碾压遍数一般为2～4遍，视集料硬度而定。

(4)浇洒第一层沥青

主层集料碾压完毕后，应立即浇洒第一层沥青。当采用乳化沥青贯入时，为防止乳液下漏过多，可在主层集料碾压稳定后，先撒布一部分上一层嵌缝料，再浇洒主层沥青。

(5)撒布第一层嵌缝料

主层沥青浇洒后应立即均匀撒布第一层嵌缝料。当使用乳化沥青时，嵌缝料的撒布必须在乳液破乳前完成。

(6)再碾压

嵌缝料扫匀后立即用8～12t钢筒式压路机碾压4～6遍，直至稳定为止。碾压时随压随扫，使嵌缝料均匀嵌入。

(7)浇洒第二层沥青→撒布第二层嵌缝料→碾压→浇洒第三层沥青→撒布封层料→最后碾压(宜采用6～8t压路机碾压2～4遍)。

(8)交通控制及初期养护。

4.胶粉改性沥青施工要点

1)胶粉改性沥青的概念及应用

胶粉沥青是指在沥青中添加一定剂量的磨细废旧轮胎胶粉形成橡胶粉和沥青的混合物，以提高沥青的综合路用性能。胶粉沥青在国外已经有过20多年的成功使用经验，我国用废轮胎胶粉改性沥青修筑公路，始于1982～1986年的江西省和四川省，经过10多年的研究已经取得了一些经验。胶粉沥青在国外广泛应用于应力吸收膜(SAM)、应力吸收隔断层(SAMI)、沥青表面处治(BST)及热拌沥青混合料(HMA)等路面工程。国外20多年的胶粉沥青使用经验表明,对于重交通沥青公路路面,胶粉沥青比普通沥青具有抗变形、低温抗裂性、高温稳定性、抗车辙和耐疲劳性的明显优势。

2)胶粉改性沥青的加工

用废轮胎胶粉作为沥青的改性剂生产改性沥青,其制法与SBS改性沥青的工艺及设备基本相同。但胶粉改性沥青的制法分为干法和湿法。干法:将剂量为沥青混合料总量的2%~3%的胶粉喷入到搅拌的热沥青拌和锅中,搅拌约20min即成为胶粉改性沥青混合料。但是干法制成的改性沥青只适用于摊铺在公路的底层和中层,而不适宜摊铺在面层,因为干法制成的改性沥青对温度的敏感性改进不大,面层需用湿法改性的沥青。湿法:将精细胶粉、活化胶粉或脱硫胶粉按配方剂量投入180~200℃的沥青中,其方法是在搅拌沥青时缓慢添加胶粉,搅拌后,再进入胶体磨或高速剪切乳化机中加工处理,使其质量达到规定的标准时为止,即可制成高质量的胶粉改性沥青。胶粉用量、搅拌时间、沥青温度随着基质沥青和胶粉性质不同而有很大区别。但改性沥青的性能与胶粉的粒径关系密切,粒径越小分布越均匀,其性能越优良,而且不易离析,有利于泵送。

3)胶粉改性沥青混合料的施工

(1)胶粉改性沥青的生产

胶粉改性沥青一般在正规的沥青厂集中生产,沥青厂必须配备高速搅拌机和消解罐以利于胶粉与沥青的充分混合。每批胶粉改性沥青为10(最小)~25t(最大),搅拌罐中设置有加热系统和螺旋搅拌装置,搅拌时间约为90min。沥青橡胶混合物加热到190~205℃并消解大约60min,才能用来生产混合料。胶粉沥青在反应完成后保存不能超过4h。如果超过了这个时间,材料将会重新组合结构,实践表明重新组合结构后的胶粉改性沥青性能较差。胶粉改性沥青必须采用车况良好的汽车运输,特别要注意防止泄漏。

(2)摊铺和压实

胶粉改性沥青混合料采用传统的摊铺和压实方式,摊铺及压实工艺可参见普通改性沥青混合料,但由于胶粉改性沥青混合料具有自身的特点,施工中应该注意以下几点:

①摊铺机的熨平板必须准确调整,因为胶粉改性沥青黏度非常大,容易出现拖痕。

②胶粉改性沥青混合料通常使用大吨位轮胎压路机和高频振动压路机组合碾压。

③胶粉改性沥青混合料运输到现场的温度通常为170~190℃,摊铺后混合料的温度仍然非常高,很容易被压路机带起,且被压路机轮子带起的沥青掉在路面上后,容易形成油斑,因此,建议压路机和摊铺机保持一定距离,以使混合料冷却到一定温度,并采用肥皂水湿润压轮以防止黏轮。

5.沥青路面再生技术

沥青路面的再生技术,是将旧沥青路面经过翻挖、回收、破碎和筛分后,与再生剂、新沥青材料、新集料等按一定比例重新拌和混合料,使之能够满足一定的路用性能并用其重新铺筑路面的一套工艺技术。

(1)沥青路面再生施工方法

再生沥青路面的施工按温度可分为热法施工和冷法施工。热法施工按施工工艺又可分为现场热再生法和厂拌热再生法。

①现场冷再生法

现场冷再生法是用大功率路面铣刨拌和机将路面混合料在原路面上就地铣刨、翻挖、破碎，再加入稳定剂、水泥、水(或加入乳化沥青)和集料，同时就地拌和，用路拌机原地拌和，最后碾压成型。这种方法主要应用于冷法施工中，且新添加的结合料是乳化沥青，这种方法对设施要求较低，生产成本不高，但同时再生路面的品质不是很好，目前该方法使用较少，主要是用于等级低的道路或铺筑基层使用。国外将其多用于乡村道路的翻修。

②现场热再生法

现场热再生是一种就地修复破损路面的过程，它通过加热软化路面，铲起路面废料，再和沥青黏合剂混合，有时可能还需要添加一些新的集料。然后将再生料重新铺在原来的路面上。一般用一台大型“沥青路面热再生联合机组”，先把沥青路面烤热软化，再将旧沥青层收集起来输送到该机组中的双卧轴连续搅拌机上，添加新集料、补充新沥青，搅拌后排到机组的摊铺器上，摊铺、捣实、熨平，再用压路机碾压，铺成一条新路。现场热再生可以通过单次操作完成，把原材料和需修的路面重新结合；或者是通过两阶段完成，即先将再生料重新压实，然后在上面再铺一层磨耗层。这种方法施工简单方便，多用于基层承载能力良好、面层因疲劳而龟裂的路段，特别适用于老化不太严重，但平整度较差的路面。

③厂拌热再生

厂拌热再生法在工厂中对回收的沥青混合料进行集中处理，是一种实用、灵活、简便而又能保证质量的沥青路面再生技术。

厂拌热再生法就是将旧沥青路面经过翻挖后运回拌和厂，再集中破碎，根据路面不同层次的质量要求，进行配比设计，确定旧沥青混合料的添加比例，再生剂、新沥青材料、新集料等在拌和机中按一定比例重新拌和成新的混合料，从而获得优良的再生沥青混凝土，铺筑成再生沥青路面。利用这种方法，可以方便对已被翻挖的基层甚至路基的一些地段进行有效的补强，沥青层的重铺则可以像新路施工一样，分别按下面层、中面层、上面层(磨耗层)的不同技术要求进行配合比设计，确定旧沥青回收料的添加比例。

(2)沥青路面现场热再生方法的主要特点

①任何直接重铺或铣刨后再填补的工程都可以用热再生的方法，旧路面混合料就地再生利用，不需要搬运废料过程及废弃物堆放场地。

②能保存骨料的完好，保留沥青的组成及性能，100％地利用旧料。而传统的工厂再生法只能利用40％～50％的旧料，新的设备能够产生更高质量的沥青，它和新的沥青混和料具有一样的生命周期。

③不受大的交通流量的限制，与以前的维修方法相比，影响交通及沿途居民的程度小，施工结束就可以开放交通。

④施工产生的振动、噪声比其他施工方法小，有利于环保。

⑤此维修方法是以路面面层为施工对象，适用于基层承载力良好，因面层疲劳而龟裂，车辙，破损的路面。损坏波及到基层以下时，原则上不适用，或必须首先对基层进行处理。现场热再生一般不能纠正属于结构上的破坏。

⑥现场热再生不能修复位于沥青层以下较深位置的伸缩裂纹，可以达到的最大深度为50mm；在某种情况下，可以达到更深的再生深度。

⑦在实行现场热再生方法前，路面上的大量冷混合料补丁、喷涂补丁，必须除掉。

⑧此方法是在路上加热旧路面，容易受特殊气温的影响，寒冷季节一般不宜施工，天冷以及雨天时效率将有所降低。

6. 沥青路面防水层

目前，我国高速公路常用的封层（防水层）有单层或双层表面处治，细粒式或砂粒式沥青混合料，近年又发展了改性沥青防水层，一些高速公路也曾采用乳化沥青或改性乳化沥青稀浆封层做防水层。

（1）单层或双层沥青表面处治

按照我国已经成熟的层铺法施工工艺，在基层表面设置单层或双层沥青表面处治，其施工厚度约为2.5cm。目前常见的做法有两种：一是在透层沥青上先洒热沥青，然后再撒碎石，但即使在夏天高温季节，由于没有交通车辆行车碾压，沥青表面处治难以反油而形成结构层，在低温季节施工则更困难；二是先铺碎石，然后再洒沥青，再撒嵌缝石屑，如此做的目的就是加快反油以形成结构，但基层表面没有一层较完整的沥青膜，其防水效果受到影响。其施工的层位目前一般在基层顶面，起到防水层和临时保护基层的作用。但若基层在使用中收缩开裂，该防水层也将同时被拉裂，在裂缝处不能防水；若基层设置收缩缝，则接缝处须设置浸渍沥青的土工布或防水卷材，以防水和减缓反射裂缝。

（2）乳化沥青或改性乳化沥青稀浆封层

对于旧沥青路面，国外为尽快恢复其表面功能，如平整度、车辙、抗滑等性能，进行了大量的研究与实体工程，开发了乳化沥青稀浆封层。我国从20世纪80年代已经开始用于低等级公路的养护。随着我国公路建设事业的发展和高速公路的大量修建，无论是稀浆封层的材料、加工、工艺、施工技术等方面，均取得了可喜的进步，目前又应用聚合物改性沥青稀浆封层进行沥青路面表面功能的恢复，其施工厚度约为6mm。近年来，为适应高速公路沥青路面防水层（封层）的建设需要，提高施工的机械化程度与施工速度，加强质量控制，部分高速公路将稀浆封层用于高速公路防水层。但从使用情况来看，对于我国南方湿热多雨地区，由于稀浆封层采用乳化沥青，其蒸发残留物在50%左右，存在50%的水分需要蒸发，使其本身具有一定的孔隙，实际上其防水效果有待于进一步研究，且其本身强度低，高温稳定性差，承受荷载的能力较差，在较薄的沥青面层之下易形成一个较弱的夹层，在高温季节由于乳化沥青的软化点一般较低，易变软形成软弱层，从而造成沥青面层产生推移与车辙。施工中在运料车、摊铺机的作用下，易起皮、脱落，影响其防水效果。

（3）SBS改性沥青防水层

其基本作法是在路面结构层的某一层位，洒布用量约为2.0kg/m^2（根据结构层的不同，用量可适当调整）左右的聚合物SBS改性沥青，然后再在上面撒单一粒径的碎石，碎石粒径的大小应与防水层上铺筑的沥青混凝土粒径相匹配，其撒布面积为50%左右，然后用轮胎压路机碾压成型。撒布碎石的目的是保护防水层在施工过程中不被车辆轮胎和摊铺机履带破坏，防止改性沥青被热沥青混合料熔化后黏轮而影响施工。理论上稀撒碎石之间是互不接触的，当摊铺沥青混凝土时，高温混合料进入碎石间隙中，使沥青膜受热熔化，碾压密实后，白碎石变成了沥青碎石，并嵌入到该沥青结构层底部与其形成一个整体，并在结构层底部形成1.5cm左右的富油层，可有效起到防水层的作用。

改性沥青防水层（下封层）的特点：改性沥青防水层采用SBS改性沥青，与普通沥青相比提高了防水层的高温抗剪强度，改善了防水层的低温抗裂性与延缓反射裂缝上升的能力，并采用新的设计方法与施工工艺。在防水层上撒布单一粒径的碎石，与其他防水层形式相比，在上层沥青混凝土施工过程中经过高温碾压，使防水层改性沥青上浮，将白碎石变成黑碎石与上层沥青混凝土融为一体，消除了面层与防水层之间的软弱夹层，从而可进一步提高面层的整体强度。因此，聚合物 SBS 改性沥青防水层的主要特点有：一是采用厚沥青膜（单位用量达到 2.0kg/m^2 左右），厚度达 2.0mm 左右，防水效果好；二是采用改性沥青，一般采用 SBS 改性沥青，其弹性恢复好，即使基层开裂也不会引起改性沥青防水层开裂；三是厚沥青膜可起到应力吸收层的作用，可延缓基层收缩开裂所造成的反射裂缝：四是可采用机械化施工，施工速度快，质量易控制。五是防水层与其上沥青面层形成一个整体，不会出现软弱层：六是采用改性沥青，不会产生泛油问题。

改性沥青防水层（下封层）的应用情况一般为单层或双层表面处治砂粒式沥青混合料，乳化沥青或改性乳化沥青稀浆封层宜设置在基层表面，若设置在表面层下，夏季高温时易产生泛油与软弱层而推移。而改性沥青防水层可设置在表面层下，近年来表面层下主要采用改性沥青防水层。聚合物 SBS 改性沥青防水层目前已应用于沥青路面、沥青混凝土桥面铺装结构。水泥混凝土路面沥青加铺结构中，主要起延缓反射裂缝的作用。1988 年在京石高速公路，1999 年在广东京珠逸仙大道水泥混凝土路面沥青加铺层，2001 年在商开高速公路，2000 年在京沪高速沧州段等工程中应用，效果良好。商开高速公路防水层设置于中面层顶部，从试验段渗水试验结果可以看出，将防水层沥青由基层顶部改至表面层底部后，沥青路面的透水性显著减小，尤其是从路面表面水的反渗情况来看，防水层设置在表面层底部有效地阻止了水进入沥青路面中，对防止沥青路面本身的水损害有积极的作用。

第四节　水泥混凝土路面

一、水泥混凝土路面概述

水泥混凝土路面俗称白色路面，是一种高级路面，它是以水泥与水拌和成的水泥浆为结合料，以碎（砾）石、砂为集料，再加适当的掺和料及外掺剂，拌和成水泥混凝土混合料而修筑成的路面，经过一定时间的养护，达到很高的强度与耐久性。当车轮行驶在路面上，整个水泥混凝土路面会起抵抗作用，不使路面产生较大的弯曲变形，当车轮驶过后，又重新恢复原来的形状。这种性质的路面，又称为刚性路面。

水泥混凝土路面不但具有很高的强度，而且具有汽车运行中所必需的平整度、很好的耐磨性和必要的粗糙度，可以确保汽车的高速安全行驶。为了修筑好水泥混凝土路面，保证行车安全、舒适以及耐久性等指标达到标准，不仅要求在设计中准确计算出路面的结构和厚度，而且也要求在施工时必须选择优质的材料，科学的组成设计，文明、合理地组织施工，认真操作，做到“精心设计，精心施工”。

水泥混凝土路面，包括普通混凝土、钢筋混凝土、连续配筋混凝土、预应力混凝、装配式混凝土和钢纤维混凝土等面层板和基（垫）层所组成的路面。目前应用最广泛的是就地浇筑的普通混凝土路面，简称混凝土路面。

所谓普通混凝土路面，是指除接缝区和局部范围（边缘和角隅）外不配置钢筋的混凝土路面。与其他类型路面相比，混凝土路面具有以下优点：

(1)强度高。混凝土路面具有很高的抗压强度和较高的抗弯拉强度以及抗磨耗能力。

(2)稳定性好。混凝土路面的水稳性、热稳性均较好,特别是它的强度能随着时间的延长而逐渐提高,不存在沥青路面的那种“老化”现象。

(3)耐久性好。由于混凝土路面的强度和稳定性好,所以它经久耐用,一般能使用20~40年,而且它能通行包括履带式车辆等在内的各种运输工具。

(4)有利于夜间行车。混凝土路面色泽鲜明,能见度好,对夜间行车有利。

但是,混凝土路面也存在一些缺点,主要有以下几方面:

(1)对水泥和水的需要量大。修筑0.2m厚、7m宽的混凝土路面,每1 000m要耗费水泥约400~500t和水约250t,尚不包括养生用的水在内,这对水泥供应不足和缺水地区带来较大困难。

(2)有接缝。一般混凝土路面要建造许多接缝,这些接缝不但增加施工和养护的复杂性,而且容易引起行车跳动,影响行车的舒适性,接缝又是路面的薄弱点,如处理不当,将导致路面板边和板角处破坏。

(3)开放交通较迟。一般混凝土路面完工后,要经过28d的潮湿养生,才能开放交通;如需提早开放交通,则需采取特殊措施。

(4)修复困难。混凝土路面损坏后,开挖很困难,修补工作量也大,且影响交通。

二、水泥混凝土配合比设计

公路、城市道路水泥混凝土路面和机场道面,面板厚度的计算是以混凝土的抗折强度为依据,与其相应的路面混凝土配合比,也应以混凝土的抗折强度为指标进行设计。

1.混凝土配合比设计总的要求、原则和一般步骤

路面水泥混凝土应具有设计要求的强度和耐久性,抗磨性好、质量均匀、离散性小,根据这些质量要求,以及便于施工操作的和易性,采用选定的材料,通过试验和必要的调整来确定混凝土单位体积中各种组成材料的用量。

混凝土配合比设计以抗折强度为指标,采用石子用量法或砂率法,在水泥用量和用水量一定的条件下,根据和易性好、坍落度最大或工作度最小进行砂石用量的优选,同时通过抗折强度试验确定配合比,不同于一般混凝土配合比的设计方法。

水灰比是决定混凝土强度和耐久性的主要因素,选用水灰比不得超过有关规范规定的最大值。在满足和易性的条件下,应力求最小单位用量,既可节约水泥,降低造价,又可减少混凝土路面铺筑时的温度和收缩裂缝。

混凝土应具有与铺筑方法相适应的和易性,以及具有容易达到要求的平整度的易修整性。在施工可能的条件下,尽量采用坍落度小或工作度大的混凝土。

路面混凝土应优先考虑采用优质的硅酸盐水泥、减水剂或引气减水剂。

2.混凝土配制强度的确定

混凝土配制强度应按下式计算:

$$f_{cu,0} \geqslant f_{cu,k} + 1.645\sigma \tag{3-3}$$

式中:$f_{cu,0}$——混凝土配制强度(MPa);

$f_{cu,k}$——混凝土立方体抗压强度标准值(MPa);

σ——混凝土强度标准差(MPa)。

遇有下列情况时应提高混凝土的配制强度：

(1)现场条件与试验室条件有显著差异时；

(2)C30级及其以上强度等级的混凝土，采用非统计方法评定时。

混凝土强度标准差宜根据同类混凝土统计资料计算确定，并应符合下列规定。

(1)计算时，强度试件组数不应少于25组。

(2)当混凝土强度等级为C20和C25级，其强度标准差计算值少于2.5MPa时，计算配制强度用的标准差应取不小于2.5MPa；当混凝土强度等级等于或大于C30级，其强度标准差计算值小于3.0MPa时，计算配制强度用的标准差应取不小于3.0MPa。

(3)当无统计资料计算混凝土强度标准差时，其值应按现行国家标准《混凝土结构工程施工质量验收规范》(GB 50204—2002)的规定取用。

3.混凝土配合比设计中的基本参数

每立方米混凝土用水量的确定，应符合下列规定。

(1)干硬性和塑性混凝土用水量的确定

水灰比在0.40～0.80范围时，根据粗骨料的品种、粒径及施工要求的混凝土拌和物稠度，其用水量可按标表3-19和表3-20选取。

干硬性混凝土的用水量(kg/m³) 表3-19

拌和物稠度		卵石最大粒径(mm)			碎石最大粒径(mm)		
项目	指标	10	20	40	16	20	40
维勃稠度(s)	16～20	175	160	145	180	170	155
	11～15	180	165	150	185	175	160
	5～10	185	170	155	190	180	165

塑性混凝土的用水量(kg/m³) 表3-20

拌和物稠度		卵石最大粒径(mm)				碎石最大粒径(mm)			
项目	指标	10	20	31.5	40	16	20	31.5	40
坍落度(mm)	10～30	190	170	160	150	200	185	175	165
	35～50	200	180	170	160	210	195	185	175
	55～70	210	190	180	170	220	205	195	185
	75～90	215	195	185	175	230	215	205	195

注：本表用水量系采用中砂时的平均取值。采用细砂时，每立方米混凝土用水量可增加5～10kg；采用粗砂时，则可减少5～10kg。掺用各种外加剂或掺合料时，用水量应相应调整。

水灰比小于0.4的混凝土以及采用特殊成型工艺的混凝土用水量应通过试验确定。

(2)流动性和大流动性混凝土的用水量

以表3-21中坍落度90mm的用水量为基础，按坍落度每增大20mm，用水量增加5kg，计算出未掺外加剂时的混凝土的用水量。

掺外加剂时的混凝土用水量可按下式计算：

$$m_{wa} = m_{w0}(1-\beta) \tag{3-4}$$

式中：m_{wa}——掺外加剂混凝土每立方米混凝土用水量(kg)；

m_{w0}——未掺外加剂混凝土每立方米混凝土用水量(kg)；

β——外加剂的减水率。

外加剂的减水率应经试验确定。

当无历史资料可参考时，混凝土砂率的确定应符合下列规定：

①坍落度为10～60mm的混凝土砂率，可根据粗骨料品种。粒径及水灰比按表3-21选取。

混凝土的砂率(%)　　表3-21

水灰比(W/C)	卵石最大粒径(mm)			碎石最大粒径(mm)		
	10	20	40	16	20	40
0.40	26～32	25～31	24～30	30～35	29～34	27～32
0.50	30～35	29～34	28～33	33～38	32～37	30～35
0.60	33～38	32～37	31～36	36～41	35～40	33～38
0.70	36～41	35～40	34～39	39～44	38～43	36～41

注：本表数值系中砂的选用砂率，对细砂或粗砂，可相应地减少或增大砂率。只用一个单粒级粗骨料配制混凝土时，砂率应适当增大。对薄壁构件，砂率取偏大值。本表中的砂率系指砂与骨料总量的质量比。

②坍落度大于60mm的混凝土砂率，可经试验确定，也可在表3-32的基础上，按坍落度每增大20mm，砂率增大1%的幅度予以调整。

③坍落度小于10mm的混凝土，其砂率应经试验确定。

外加剂和掺合料的掺量应通过试验确定，并应符合国家现行标准《混凝土外加剂应用技术规范》(GBJ 50119—2003)、《粉煤灰混凝土应用技术规范》(GBJ 146—1990)、《用于水泥和混凝土中的粒化高炉矿渣粉》(GB/T 18046—2008)等的规定。

④当进行混凝土配合比设计时，混凝土的最大水灰比和最小水泥用量，应符合表3-22中的规定。

混凝土的最大水灰比和最小水泥用量　　表3-22

环境条件		结构物类型	最大水灰比			最小水泥用量(kg)		
			素混凝土	钢筋混凝土	预应力混凝土	素混凝土	钢筋混凝土	预应力混凝土
干燥环境		正常的居住和办公用房屋内部件	不作规定	0.65	0.60	200	260	300
潮湿环境	无冻害	高湿度的室内部件 室外部件 在非侵蚀土和(或)水中的部件	0.70	0.60	0.60	225	280	300
	有冻害	经受冻害的室外部件 在非侵蚀性土和(或)水中且经受冻害的部件 高湿度且经受冻害的室内部件	0.55	0.55	0.55	250	280	300
有冻害和除冰剂的潮湿环境		经受冻害和除冰剂作用的室内和室外部件	0.50	0.50	0.50	300	300	300

注：当用活性掺和料取代部分水泥时，表中的最大水灰比和最小水泥用量即为替代前的水灰比和水泥用量。配制C15级及其以下等级的混凝土，可不受本表限制。

⑤长期处于潮湿和严寒环境中的混凝土，应掺用引气剂或引气减水剂。引气剂的掺入量应根据混凝土的含气量并经试验确定，混凝土的最小含气量应符合表3-23的规定。混凝土的

含气量亦不宜超过7%。混凝土中的粗集料和细集料应做坚固性试验。

长期处于潮湿和严寒环境中混凝土的最小含气量　表3-23

粗骨料最大粒径(mm)	最小含气量(%)
40	4.5
25	5.0
20	5.5

注：含气量的百分比为体积比。

4. 混凝土配合比的计算

进行混凝土配合比计算时，其计算公式和有关参数表格中的数值均以干燥状态集料为基准。当以饱和面干集料为基准进行计算时，则应做相应的修正。

混凝土配合比应按下列步骤进行计算：

(1)计算配制强度 $f_{cu,0}$，并求出相应的水灰比；

(2)选取每立方米混凝土的用水量，并计算出每立方米混凝土的水泥用量；

(3)选取砂率，计算粗集料和细集料的用量，并提出供试配用的计算配合比。

混凝土强度等级小于C60级时，混凝土水灰比宜按下式计算：

$$W/C=\frac{\alpha_a \cdot f_{ce}}{f_{cu,0}+\alpha_a \cdot \alpha_b \cdot f_{ce}} \tag{3-5}$$

式中：α_a、α_b——回归系数；

f_{ce}——水泥28d抗压强度实测值(MPa)。

(1)当无水泥28d抗压强度实测值时，公式(3-5)中的 f_{ce} 值可按下式确定：

$$f_{ce}=\gamma_c \cdot f_{ce,g} \tag{3-6}$$

式中：γ_c——水泥强度等级值的富余系数，可按实际统计资料确定；

$f_{ce,g}$——水泥强度等级值(MPa)。

(2) f_{ce} 值也可根据3d强度或快测强度推定28d强度关系式推定得出。

回归系数 α_a 和 α_b 宜按下列规定确定：

(1)回归系数 α_a 和 α_b 应根据工程所使用的水泥、集料，通过试验由建立的水灰比与混凝土强度关系式确定；

(2)当不具备上述试验统计资料时，其回归系数可按表3-24采用。

回归系数 α_a、α_b 选用表　表3-24

系数＼石子品种	碎石	卵石
α_a	0.46	0.48
α_b	0.07	0.33

每立方米混凝土的用水量(m_{w0})可按前述规定确定。

每立方米混凝土的水泥用量(m_{c0})可按下式计算：

$$m_{c0}=\frac{m_{w0}}{W/C} \tag{3-7}$$

混凝土的砂率可按前述的规定选取。

粗集料和细集料用量的确定，应符合下列规定：

(1)当采用重量法时，应按下列公式计算：

$$m_{co}+m_{go}+m_{so}+m_{wo}=m_{cp} \tag{3-8}$$

$$\beta_s=\frac{m_{so}}{m_{go}+m_{so}}\times 100 \tag{3-9}$$

式中：m_{co}——每立方米混凝土的水泥用量(kg)；

m_{go}——每立方米混凝土的粗集料用量(kg)；

m_{so}——每立方米混凝土的细集料用量(kg)；

m_{wo}——立方米混凝土的用水量(kg)；

m_{cp}——每立方米混凝土拌和物的假定质量(kg)，其值可取 2 350～2 450kg；

β_s——砂率(%)。

(2)当采用体积法时，应按下列公式计算：

$$\frac{m_{co}}{\rho_c}+\frac{m_{go}}{\rho_g}+\frac{m_{so}}{\rho_s}+\frac{m_{wo}}{\rho_w}+0.01\alpha=1 \tag{3-10}$$

$$\beta_s=\frac{m_{so}}{m_{go}+m_{so}}\times 100 \tag{3-11}$$

式中：ρ_c——水泥密度(kg/m^3)，可取 2 900～3 100kg/m^3；

ρ_g——粗集料的表观密度(kg/m^3)；

ρ_s——细集料的表观密度(kg/m^3)；

ρ_w——水的密度(kg/m^3)，可取 1 000kg/m^3；

α——混凝土的含气量百分数，在不使用引气型外加剂时，可取 1；

其余符号意义同前。

5.混凝土配合比的试配、调整与确定

(1)试配

进行混凝土配合比试配时应采用工程中实际使用的原材料。混凝土的搅拌方法，宜与生产时使用的方法相同。

混凝土配合比试配时，每盘混凝土的最小搅拌量应符合表 3-25 的规定，当采用机械搅拌时，其搅拌量不应小于搅拌机额定搅拌量的 1/4。

混凝土试配的最小搅拌量 表 3-25

骨料最大粒径(mm)	拌和物数量(L)
31.5 以下	15
40	25

按计算的配合比进行试配时，首先应进行试拌，以检查拌和物的性能。当试拌得出的拌和物坍落度或维勃稠度不能满足要求，或黏聚性和保水性不好时，应在保证水灰比不变的条件下相应调整用水量或砂率，直到符合要求为止。然后提出供混凝土强度试验用的基准配合比。

混凝土强度试验时至少应采用三个不同的配合比。当采用三个不同的配合比时，其中一个应为所确定的基准配合比，另外两个配合比的水灰比，宜较基准配合比分别增加和减少 0.05；用水量应与基准配合比相同，砂率可分别增加和减少 1%。

当不同水灰比的混凝土拌和物坍落度与要求值的差超过允许偏差时，可通过增、减用水量进行调整。

制作混凝土强度试验试件时，应检验混凝土拌和物的坍落度或维勃稠度、黏聚性、保水性及拌和物的表观密度，并以此结果作为代表相应配合比的混凝土拌和物的性能。

进行混凝土强度试验时，每种配合比至少应制作一组(三块)试件，标准养护到28d时试压。

需要时可同时制作几组试件，供快速检验或较早龄期试压，以便提前定出混凝土配合比供施工使用。但应以标准养护28d强度或按现行国家标准《粉煤灰混凝土应用技术规程》(GBJ 146—1990)及相关标准规定的龄期强度的检验结果为依据调整配合比。

(2)配合比的调整与确定

根据试验得出的混凝土强度与其相对应的灰水比(C/W)关系，用作图法或计算法求出与混凝土配制强度($f_{cu,0}$)相对应的灰水比，并应按下列原则确定每立方米混凝土的材料用量：

①用水量(m_w)应在基准配合比用水量的基础上，根据制作强度试件时测得的坍落度或维勃稠度进行调整确定；

②水泥用量(m_c)应以用水量乘以选定出来的灰水比计算确定；

③粗骨料和细骨料用量(m_g 和 m_s)应在基准配合比的粗骨料和细骨料用量的基础上，按选定的灰水比进行调整后确定。

经试配确定配合比后，尚应按下列步骤进行校正。

①应根据前述所确定的材料用量按下式计算混凝土的表观密度计算值 $\rho_{c,c}$：

$$\rho_{c,c} = m_c + m_g + m_s + m_w \tag{3-12}$$

②应按下式计算混凝土配合比校正系数 δ：

$$\delta = \frac{\rho_{c,t}}{\rho_{c,c}} \tag{3-13}$$

式中：$\rho_{c,t}$——混凝土表观密度实测值(kg/m^3)；

$\rho_{c,c}$——混凝土表观密度计算值(kg/m^3)。

③当混凝土表观密度实测值与计算值之差的绝对值不超过计算值的2%时，按前述确定的配合比即为确定的设计配合比；当二者之差超过2%时，应将配合比中每项材料用量均乘以校正系数 δ，即为确定的设计配合比。

根据本单位常用的材料，可设计出常用的混凝土配合比备用；在使用过程中，应根据原材料情况及混凝土质量检验的结果予以调整。但遇有下列情况之一时，应重新进行配合比设计：

①对混凝土性能指标有特殊要求时；

②水泥、外加剂或矿物掺合料品种、质量有显著变化时；

③该配合比的混凝土生产间断半年以上时。

三、水泥混凝土路面施工

1. 摊铺机施工

1)摊铺前准备

高等级公路水泥混凝土路面的摊铺必须采用机械摊铺，所采用的摊铺机械性能必须达到监理工程师的要求。基层强度不符合要求者，不得进行路面摊铺。

2)试验路段

(1)在水泥混凝土路面摊铺开工之前，承包人应在严密的组织下，按照批准的施工方案，在监理工程师选定的现场上，铺筑面积不小于 $400m^2$ 的试验路段，承包人应提供并使用要在正常生产工作中采用的全部设备。

(2)铺筑试验路段的目的是证明在正常生产的情况下，工程质量能达到要求。

(3)承包人应根据试验路段结果提出对机械设备或操作进行合理的改进。

(4)竣工的试验路段如经监理工程师认可验收，可作为竣工项目支付，如不予验收，则应由承包人把所有不合格的路段清除出去，重做试验，费用由承包人负担。

3)钢筋的设置

(1)横向缩缝及胀缝设置传力杆时，应与中线及路面表面平行，其偏差不应大于 5mm，传力杆应采用监理工程师认可的支承装置，在铺筑路面之前装设好传力杆。

(2)传力杆长度的一半再加上 5cm，应涂上两层沥青乳液或一层沥青，胀缝处的传力杆尚应在涂沥青的一端加一个预制的盖套，内留 36mm 的空隙，填以纱头或泡沫塑料。

(3)拉杆不应露头。拉杆端应切正，横断面积上不应变形，装设拉杆时，不应使其穿过已摊铺好的混凝土顶面，拉杆应在混凝土摊铺之前就装设好，或者用一台拉杆振动器把它装入接缝边缘内，或者用混凝土摊铺机上的拉杆自动穿杆器来装设，在已凝固的混凝土内安装拉杆时，应用经监理工程师认可的拉杆穿插装置来进行。

(4)工程中所用的全部钢筋的设置及绑扎都应先经监理工程师同意后才能浇筑混凝土，承包人至少应在 12h 以前把浇筑混凝土的意图通知监理工程师，以使他有足够的时间检查钢筋和采取纠正措施。

(5)钢筋不应沾土、污垢、油脂、油漆、毛刺以及松散的或厚的铁锈，以免损坏钢筋与混凝土之间的黏结。

4)混凝土拌和物的搅拌和运输

混凝土的搅拌和运输应符合《水泥混凝土路面施工及验收规范》(GBJ 97—87)的要求。

5)混凝土拌和物的摊铺

(1)承包人应提供摊铺和终饰混凝土板而推荐的设备和方法，以及摊铺宽度、接缝布置和预计的进度等全部详情和细节报工程师审批。

(2)当蔽阴处的气温低于 5℃或高于 35℃时，或者正在下雨或估计 4h 内有雨时，不得铺筑混凝土，工程中铺筑的混凝土温度不应低于 5℃或高于 35℃。

(3)承包人应提供测定保养气温、混凝土温度、相对湿度及风速的设备，并应按照监理工程师的指示测定和记录这些数据。当蒸发率超过 $0.75kg/m^2/h$，承包人应采取使监理工程师满意的防止水分损失的预防措施，如果监理工程师认为这些预防措施不能令人满意时，可下令停止施工。

(4)监理工程师应检查和批准所有的模板、基层准备情况、接缝和养生材料的供应情况，备用振捣器的贮备情况，以及承包人的全面准备情况，以保证工程的正常进行。

(5)混凝土应采用摊铺机械铺筑。手工摊铺只应局限于小范围或不能用机械摊铺的区域。手工摊铺应在施工前由承包人报经监理工程师审批。

(6)摊铺机应是经批准的自行式机械。铺摊时应以缓慢的速度均匀地进行，以保证摊铺机的连续操作。摊铺机还应有以下特点：

①有带传感装置的自动控制系统，以便把线形和高程控制到规定的标准；

②有能均匀摊铺混合料及调节混合料流向的振捣器，能捣实混凝土整个深度；

③有单独的发动机作动力的插入式振捣器，能捣实混凝土整个深度；

④有可调整的挤压整平板和整型板，并在所有表面上做出要求的修饰；

⑤具有适应混凝土板不同宽度或组合宽度与板厚的摊铺能力，其组合板宽应符合图纸或监理工程师的要求。

(7)摊铺机应具有摊铺、捣实、整型和修饰的功能，使后来只需要最少的手工修饰，并能铺筑成符合规范要求的修饰表面和密实而均质的混凝土。

(8)摊铺机、汽车以及养生、切缝和做纹理的设备行走路线的承力面，应由承包人进行准备及保养，以便能适应操作。

(9)混凝土拌和物摊铺工作一旦开始，不得中断，摊铺机应不致因缺乏混凝土而停工，如停工时间延续超过 30min，则应设置经批准的横向施工缝。距胀缝、缩缝或薄弱面 3m 之内不得出现横向施工缝。如果不能充分供应混凝土，则在至少做成 3m 长的板的工作中断之时，应把最后一条缝后面的多余混凝土按指示清除掉。

(10)混凝土均匀浇筑在模板内，不应有离析现象。靠边角应先用插入式振捣器顺序捣实，再用平板振捣器纵横交错全面振捣，然后用振动梁振捣，平行移动往返拖振 2～3 遍，使表面泛浆，赶出水泡。

6)终饰

(1)混凝土振动梁振动整平后，应保持路拱的准确，并检查平整度，由承包人用长度不小于 3m 的直尺检查新铺混凝土表面，每次用直尺进行检查时，都应与前一次检查带至少重叠 1/2 的直尺长度。

(2)表面修饰前应做好清边整缝，清除黏浆修补掉边、缺角，表面修整时，严禁在混凝土面板上洒水、撒水泥。

(3)表面整修宜分两次进行，先找平抹面，等混凝土表面无泌水时，再做第二次抹平，板面应平整密实。

(4)整修作业应在混凝土保持塑性和具有和易性的时候进行，以确保从路表面上清除水分和浮浆。新铺混凝土表面，平整度检查出来的高处，应用手镘法清除高出的混凝土，低洼处不得填以表面的浮浆，必须用新制混凝土填补与修整。

(5)板面抹平后在混凝土仍具有塑性时，应采用拉槽器、滚动压纹器或其他合适的工具在混凝土表面沿横方向制作纹理，但不得挠动混凝土。表面纹理应符合图纸规定。拉槽时，一般槽口宽度为 4～5mm，槽深为 1～2mm。

7)工程防护

(1)承包人应提交在下雨干扰工程时拟采用的防护方法及设备的详细建议。防护设备应停放在工地，以便随时可以投入使用。

(2)应采取预防措施，保证路面铺筑完的头 96h 期间混凝土的温度不降到 5℃以下，当主导温度偏低，或当有寒冷气候预报以及新铺混凝土的温度有降到规定极限以下的危险时，承包人应停止摊铺混凝土拌和物作业。如果承包人采取了预防措施，可保证混凝土拌和物的温度能在上述时间内维持在 5℃时，施工可继续进行；否则，拒绝验收。

8)接缝

(1)承包人应在开始铺筑路面混凝土之前 28d，提交一份整个工程范围的平面图，示出建议在混凝土路面内设置的全部接缝的部位和布置细节。路面板锚头、桥头搭板及末端板亦均应在平面图中示出。

(2)横向施工缝

①横向施工缝的位置宜改在胀缩缝处,设在缩缝处或非胀、缩缝处时,横向施工缝采用平缝加传力杆,并应垂直于中线和按图纸所示尺寸及其他要求施工。传力杆采用光面钢筋,其长度的一半以上,应涂以沥青,设在胀缝处时,横向施工缝应按胀缝的要求施工,传力杆最外边距接缝或自由边的距离,不应小于 15cm。

②横向施工缝只应在摊铺作业中断时间超过 30min 时才设置。

③横向施工缝若与横向缩缝、胀缝分开设置时,其距离不得小于 2m,必要时为了保证获得最小间距,监理工程师可授权改变横向缩缝的间距。

④横的施工缝应在做纹理之前修整出光顺平齐的表面。

(3)横向缩缝

①横向缩缝应横过路面全宽设置。缩缝一般采用假缝形式,缝应做成一条直线,不得有任何中断。图纸规定缩缝处设传力杆时,其要求与施工缝的传力杆相同。

②除监理工程师另有指示外,横向缩缝(假缝)应采用锯缝,并按图纸规定的尺寸锯成,承包人应负责修建除规定位置外,不得出现任何横向裂缝的路面。在规定部位之外出现裂缝的混凝土路面应拒绝验收。

③锯缝垂直或水平的边缘剥落,不应超过 5mm。边缘剥落长度,在任何 1m 长的锯缝内不得超过 300mm。

④承包人应采用能适合锯混凝土硬度的锯刀、设备和控制方法,并应由有经验的操作人员来施工,以确保锯口平直和把边缘剥落控制在规定范围以内。工地上应储备充足的备用锯缝机和锯刀,以供损坏时更换。

⑤当混凝土硬化到足以承受锯缝设备时,即可开始锯缝作业,锯缝作业完成后,应立即把所有锯屑和杂物彻底清除干净。

⑥混凝土板养生完毕后,用空气压缩机很好地清扫接缝的沟槽内任何杂物,除混凝土充分干燥后,用符合图纸规定的填料予以填封。

(4)横向胀缝

①横向胀缝应按图纸所示或监理工程师指示,在桥头搭板端部、路面板的锚头处、沿行车道与交叉道之间以及其他规定处设置,胀缝应采用滑动传力杆,即在传力杆涂沥青的一端加一盖套,内留 30mm 的空隙,填纱头或泡沫塑料,盖套一端宜在相邻板中交错布置。

②横向胀缝应连续贯通路面全宽,并应垂直于道路中心线以及按图纸所示尺寸设置,横向胀缝与其他横缝的距离不得小于 2m,必要时,为保证获得最小净距,监理工程师可授权改变横向缩缝的间距。

③接缝用的接缝板和填缝料应符合图纸规定。

④在设置接缝材料时,胀缝要彻底扫净,缝的侧面均应用接缝材料制造厂家推荐的结合料抹涂。填缝料的顶部低于路面表面不得少于 5mm,也不得多于 7mm。

(5)纵向缩缝

①纵向缩缝应平行于中线或按图纸所示或监理工程师指示的位置设置。拉杆应采用螺纹钢筋。

②除监理工程师另有指示外,纵向缩缝采用假缝,用锯缝机按图纸规定的尺寸锯成。

③所有纵向缩缝的缝线与平面图所示位置之间的偏差在任何一点上都不得超过 10mm。

(6)纵向施工缝

纵向施工缝一般采用平缝，并应在板厚中央设置拉杆，拉杆的设置与纵向缩缝拉杆设置相同，接缝应符合规范或图纸规定的填缝料予以填封。

9)混凝土板养护及模板的拆除

混凝土板表面修整完毕后，应及时采用湿治养护和塑料薄膜养护 14～21d。模板的拆除，应符合《水泥混凝土路面施工及验收规范》(GBJ 97—87)的规定。

10)开放交通

混凝土板达到设计强度时，监理工程师可允许开放交通。当遇特殊情况需要提前开放交通时，则应根据《公路工程水泥及水泥混凝土试验规程》(JTG E30—2005)的试验方法测定混凝土试块应达到设计强度 80%以上，其车辆荷载不得大于设计荷载。在开放交通之前，路面应清扫干净，所有接缝均应封闭好。

11)取样和试验

(1)施工过程中，弯拉强度试验取样频率为：高速公路和一级公路每工作班制作 2～4 组，日进度大于等于 1 000m 取 4 组，大于等于 500m 取 3 组，小于 500m 取 2 组；其他公路每工作班制作 1～3 组，日进度大于等于 1 000m 取 3 组，大于等于 500m 取 2 组，小于 500m 取 1 组。每组 3 个试件的 28d 强度的平均值作为一个统计数据。

抗压强度试验取样频率为：不同强度等级及不同配合比的混凝土应在浇筑地点或拌和地点分别随机制取试件；浇筑一般体积的结构物时，每一单元结构物应制取 2 组；连续浇筑大体积结构物时，每 80～200m^3 或每工作班应制取 2 组。每组 3 个试件的 28d 强度的平均值作为一个统计数据。

强度试验按《公路工程水泥及水泥混凝土试验规程》(JTG E30—2005)规定方法进行。如果试件的试验结果表明 28d 混凝土强度达不到规定强度时，监理工程师可允许承包人提交从工程中挖取的试件进行试验，此外，监理工程师可选择任何时间从工程中提取样芯，使其和按要求制备的试样所取得的测试强度结果进行校验核对。

(2)摊铺好的混凝土面板厚度应在统计基础上取样，并进行量测，以确定面板厚度是否符合设计要求。

(3)所有试验结果均应报监理工程师审批，所发生的一切费用由承包人自理。

12)混凝土面板的拆除及更换

(1)凡不符合规定要求时，任何混凝土面板均应按监理工程师的指示予以拆除及更换，拆除及更换所发生的一切费用均由承包人负担。

(2)拆除的混凝土板应打碎后再拆除，拆除时不能损坏邻近的混凝土板和基层。

(3)更换的新板及接缝均应符合新建的规定。

13)冬季施工和夏季施工

在冬季或夏季施工时，应按《水泥混凝土路面施工及验收规范》(GBJ 97—87)的要求进行施工。

2.人工、小型机械化施工

1)模板安装的检查

(1)钢模板的高度应与混凝土板厚度一致。

(2)木模板应选用质地坚实、变形小、无腐朽、扭曲、裂纹的木料。

(3)模板高度的允许误差为±2mm,企口舌部或凹槽的长度允许误差:钢模板为±1mm;木模板为±2mm。

(4)立模的平面位置与高程,应符合设计要求,并应支立准确稳固,接头紧密平顺,不得有离缝、前后错茬和高低不平等现象。

(5)混凝土拌和物摊铺前,应对模板的间隔、高度、润滑、支撑稳定情况和基层的平整、润湿情况,以及钢筋的位置和传力杆装置等进行全面检查。

2)混凝土拌和物的搅拌和运输

(1)混凝土拌和物应采用机械搅拌施工,其搅拌站宜根据施工顺序和运输工具设置,搅拌机的容量应根据工程量大小和施工进度配置。施工工地宜有备用的搅拌机和发电机组。

(2)搅拌机每批的拌和物数量,应按混凝土施工配合比和搅拌机容量确定,并应符合下列规定:

①进入拌和机的砂、石料必须准确过秤,磅秤使用前应检查校正;

②散装水泥必须过秤,袋装水泥,当以袋计量时,应抽查其质量是否准确;

③严格控制加水量,每班开工前,实测砂、石料的含水率,根据天气变化,由工地试验确定施工配合比。

(3)搅拌第一批混凝土拌和物时,应先用适量的混凝土拌和物或砂浆搅拌,拌后排弃,然后再按规定的配合比进行搅拌。

(4)混凝土拌和物每批的搅拌时间,应根据搅拌机的性能和拌和物的和易性确定。

(5)混凝土拌和物的运输,宜采用自卸机动车运输。当运距较远时,宜采用搅拌运输车运输。混凝土拌和物自搅拌机出料后,运至铺筑地点进行摊铺、振捣、做面,直至浇筑完毕的允许最长时间,由试验室根据水泥初凝时间及施工气温确定。

(6)装运混凝土拌和物,不得漏浆,并应防止离析。夏季和冬季施工,必需时应有遮盖或保温措施。出料及铺筑时的卸料高度,不应超过1.5m,当有明显离析时,应在铺筑时重新拌匀。

3)混凝土浇筑施工的质量控制

混凝土拌和物的施工,应符合下列规定:

(1)对厚度不大于22cm的混凝土板,靠边角应先用插入式振捣器顺序振捣,再用功率不小于2.2kW平板振捣器纵横交错全面振捣。纵横振捣时,应重叠10~20cm,然后用振动梁振捣拖平,有钢筋的部位,振捣时应防止钢筋变位。

(2)振捣器在每一位置振捣的持续时间,应以拌和物停止下沉、不再冒气泡为佳,且当水灰比小于0.45时,不宜少于30s,用插入式振捣器时,不宜少于20s。

(3)当采用插入式与平板振捣器配合使用时,应先用插入式振捣器振捣,后用平板式振捣器振捣。分两次摊铺的,振捣上层混凝土拌和物时,插入式振捣器应插入下层混凝土拌和物5cm,上层混凝土拌和物的振捣必须在下层混凝土拌和物初凝以前完成。插入式振捣器的移动间距不宜大于其作用半径的0.5,并应避免碰撞模板和钢筋。

(4)振捣时应辅以人工找平,并应随时检查模板,如有下沉,变形或松动,应及时纠正。

(5)干硬性混凝土搅拌时可先增大水灰比,浇筑后采用真空吸水工艺再将水灰比降低,以提高混凝土在未凝结硬化前的表层结合强度。

(6)混凝土拌和物整平时,填补板面应先选用碎(砾)石较细的混凝土拌和物,严禁用纯水泥砂浆填补找平。经用振动梁整平后，可再用铁滚筒进一步整平。设有路拱时，应使用路拱成形板整平。整平时必须保持模板顶面整洁，接缝处板面平整。

(7)混凝土板做面，应符合下列规定：

①做面前，应做好清边整缝，清除黏浆，修补掉边、缺角。做面时严禁在面板混凝土上洒水、撒水泥粉。

②做面宜分两次进行。先找平抹平，待混凝土表面无泌水时，再作第二次抹平。混凝土板面应平整、密实。

③抹平后沿横坡方向拉毛或采用机具压槽。公路和城市道路、厂矿道路的拉毛和压槽深度应为 1～2mm，民航机场道面拉毛的平均纹理深度(填砂法)：跑道、高速出口滑行道不得小于 0.8mm；滑行道、停机坪不得小于 0.4mm。

4)水泥混凝土路面接缝施工

人工及小型机械化施工水泥混凝土路面接缝时，其要求与摊铺机施工水泥混凝土路面接缝相同。

5)混凝土板养护及模板的拆除

混凝土板表面修整完毕后，应及时采用湿治养护或塑料薄膜养护 14～21d，模板的拆除，应符合《水泥混凝土路面施工及验收规范》(GBJ 97—87)的规定。

3.连续配筋混凝土路面施工

(1)人员准备

在摊铺开始前，施工单位应对施工、试验、机械、管理等岗位的技术人员和各工种技术工人进行培训，未经培训的人员不得单独上岗操作。

(2)料场准备

料场应建在地势较高、排水通畅的位置，其底部应硬化处理，严禁料堆积水和泥土污染。不同规格的砂石料之间应有隔离设施，严禁混杂。

(3)材料准备

施工单位应安排专人负责材料的准备工作。施工前，应根据设计要求、工程量大小和施工经验，就近对水泥、砂石、水、粉煤矿灰、外加剂等材料的质量、供应量、运距等方面进行调查。在保证工程质量的前提下，充分利用当地材料，以降低工程造价。

水泥应查验出厂质量报告单，抽样检验水泥的细度、凝结时间、安定性及 3d、7d 和 28d 的抗压强度，只要有一项不符合要求就坚决不能使用。新出厂的水泥至少存放一周后方可使用，如受潮结块一律不得使用。

砂、石材料应抽样检查含泥量、有害物质含量、坚固性、针片状颗粒含量等，如有不满足使用要求的，采取措施处理符合要求后方可使用；否则另选材料。

不得使用被污染或有害物质含量超标的水作为拌和与养护用水；同时，拌和用水应不影响混凝土和易性和凝结时间、强度。不降低耐久性和不污染混凝土表面等。

外加剂应进行化学成分和剂量适应性检验。化学成分不适应者，不得使用。剂量不适应者，应通过试验确定最佳剂量，也可根据使用经验来确定。粉煤灰使用前应查阅等级检验报告并抽样检验，测定粉煤灰混凝土的弯拉强度、工作性、抗磨性等技术指标，合格后方可使用。

所有运至工地的材料必须经监理工程师验收。

(4)施工机械准备

机械设备施工前，必须对搅拌楼、运输车辆、布料机、三辊轴机组、养生机等施工机械，经纬仪、水准仪或全站仪等测量基准线仪器和人工辅助施工的振捣棒、整平梁、模板等机具、工具及试验仪器进行全面的检查、调试、校核、标定、维修和保养，并试运行正常。对主要设备易损零部件应有适量储备。

(5)下卧层评定

面层施工前，应对下卧层进行评定。必须保证下卧层的平整度、高程等指标符合要求。

(6)下卧层清扫

摊铺前，必须将下卧层表面吹扫干净，并洒水湿润，若下卧层表面被泥土等污染，应用洒水车冲洗干净。

(7)模板安装

下卧层验收合格后，应对路面施工段的中线和高程测量，中线和高程测量数据应符合设计标准误差的要求。采用设计厚度高的钢模板，根据测量的高程进行准确安装，应安装稳固、牢靠。模板安装完毕后，应检查其安装准确与否。

(8)模板

模板安装完毕后，禁止扰动，特别是正在摊铺时，严禁碰撞和振动。确保模板的稳定，保持混凝土路面边缘形状与高程准确，保证路面的平整度。

(9)拌和

混凝土拌和机必须采用强制式搅拌机，设有骨料配料系统、供水系统、外加剂加入装置和水泥及粉煤灰供应系统。

①搅拌站的生产能力应保证摊铺能均衡、不停顿地作业，按设计摊铺宽度所需要的水泥混凝土量来决定，其生产能力不宜小于 $50m^3/h$。采用多台搅拌机组合时，必须保证新拌混凝土的质量均衡性。

②搅拌站应有备用搅拌机和发电机组，应保证搅拌、清洗、养生用水的供应，并保证水质。

③应配备足够的试验设备和人员，以对混凝土的质量进行检验与控制。

④搅拌站的计量系统在工地安装之后，应进行标定，标定控制误差范围为水泥±0.5%～1%、水±1%～1.5%、中砂±1%～2%粗集料±3%～4%，经监理工程师验收合格后方可正式投入生产。

⑤混凝土的拌和时间应根据搅拌机的性能和拌和的和易性确定。净拌最短时间，即材料全部进入拌和楼起，至拌和开始出料的连续搅拌时间，对强制式搅拌一般不应小于 35～40s。

(10)钢筋

①连续配筋位置设置在水泥混凝土顶面下板厚的 1/3 处，横向钢筋的布置与中线夹角为 30°。纵向钢筋必须紧密绑扎、安装好且稳固可靠(所有接点必须稳固)，搭接点可采用细铁丝绑扎或者点焊，纵向钢筋最小搭接长度为绑扎钢筋直径的 35 倍，单面焊接不小于 10d，搭接位置采用焊接接头应错开 50cm，绑扎接头应错开 90cm，且同一垂直断面上不得有 2 个焊接或绑扎接头。横向钢筋布置于纵向钢筋之下，一般不宜搭接，若有搭接也应错开布置，搭接长度不小于钢筋直径的 30 倍。纵横向钢筋绑扎的钢筋网必须平直成带片状，至板边的侧距应保持相等。除了临时中断的施工缝以外，钢筋网应保持连续。

②支架应按照设计图纸设置，根据监理工程师批准，也可以采用其他可靠的方法。混凝土摊铺和振捣期间，钢筋的排列和间距应保持和控制在正确的位置，且在规定的允许误差范围

内,其竖向允许误差为±5mm,钢筋网间距允许误差为±5mm。施工缝和纵缝处外露的普通钢筋和补强钢筋宜进行防锈处理。

(11)混凝土的运输

应采用10～15t的大吨位自卸汽车为主,辅以汽车式混凝土搅拌运输车,自卸车的车斗要平整、光滑、不渗漏,后挡板应关闭严密,不漏浆、不变形。运料时应加盖,以防水分蒸发,每天应对运输车辆检查清洗。卸料的高度不得超过1.5m。

(12)混凝土运输时间

混凝土拌和从搅拌机出料后,运至铺筑地点进行摊铺完毕的最长允许时间,由试验室根据水泥初凝时间、施工气温以及坍落度试验结果确定,一般不应大于1.5h。在气温不同的条件下,可以采用外掺剂来调节初凝时间。

(13)摊铺开始

在摊铺的开始阶段,应测量校核路面高程、厚度、宽度、中线、横坡等技术参数,并及时进行调整,保证混凝土板的板厚、密实度、平整度及饰面质量。

(14)摊铺施工

摊铺应保持均匀摊铺速度,摊铺时应随时观察新拌混凝土的级配和稠度情况,并根据其稠度调整摊铺的速度和振捣频率。摊铺后的混凝土表面应无麻面、侧面无漏浆现象。如有少量麻面、气泡、边角塌陷等,应及时用人工修整,如缺陷严重,应立即对摊铺工序加以调整,经调整后仍不能克服的,应立即停机,查出原因,清除弊端后方可继续工作。

(15)摊铺供料

在摊铺施工过程中,要求供料与摊铺速度密切协调,尽可能减少停机次数。若出现新拌混凝土供应不上的情况,摊铺停工等待时间不得超过30min,在30min内,应每隔10min开动振捣棒振动2min;超过30min时,应做施工缝。

(16)施工缝

施工时要求尽量保证连续施工,以减少横向缝的数量。当遇实际情况不得不中断施工时,其间距不宜小于200m。在施工缝处增加纵向抗剪钢筋,其布置位置保证距两根纵向钢筋的间距相等,钢筋的直径与纵向钢筋相同,且应具有足够的长度,抗剪钢筋应伸入先施工的面板一端至少95cm,后摊铺的面板一端245cm。施工缝端部应平整、光洁、无麻面。

(17)混合料振捣

对混合料进行振捣,每一位置的持续时间应以混凝土停止下沉、不再冒气泡并泛出砂浆为准,振捣时间不宜太长。振捣时应辅以人工找平,并随时检查模板有无下沉、变形和松动。

(18)不能进行摊铺的情况

准备工作不充分;气温低于5℃或高于35℃;正在下雨或估计4h内有雨;其他监理工程师认为不摊铺的情况。

(19)纵向缩缝

当混凝土路面采用一次完成半幅路面摊铺施工时,混凝土板达到一定的强度时,要求在板中设置纵向缩缝,切缝深度为板厚的1/4～1/5。

(20)养生

混凝土浇筑作业完成后,应开始养生并进行防护。采用喷洒养护剂的方式进行养护时,应采用专用的养生机喷洒,养护剂的品种和数量应满足规范的要求,养生剂按不低于1L/15m^2

的用量，均匀喷洒两遍，面板两侧也应喷洒。养生剂的喷洒量必须以在混凝土表面形成完全封闭的薄膜为度。一般蒸发率超过 0.75kg/m^2 · h 时必须再用塑料薄膜覆盖或加盖麻袋进行湿治养生。在养护膜未形成前，如遇雨水侵袭，应重新喷洒。覆盖应持续到 14d 或达到混凝土设计强度的 80％。

(21)路面温度检测

由于混凝土在凝结硬化时，水泥的水化作用会产生大量的水化热，使混凝土内部温度升高，如果施工时为高温季节，将导致路面内温度的变化较复杂。混凝土早期强度较低，较大和频繁的温度变化易导致连续配筋混凝土路面裂缝增多，裂缝间距过小，因此连续配筋混凝土路面施工中应采用人为的温度控制措施。

①水泥、水及砂石集料在夏天施工时应有一定的遮蔽措施，必要时还要有一定的降温措施(如用水冷却)，混凝土在运输过程中也要使用遮蔽措施，或夜间施工。

②连续配筋混凝土路面浇筑完成后，表面宜覆盖一定的保温材料，以减小混凝土内外温差，防止混凝土水分的迅速挥发。

③混凝土施工中应加强管理，提高混凝土施工质量。实践表明，若混凝土强度不均匀，离散性大，混凝土的裂缝就会明显增多，且裂缝间距相差很大。

④掺用减水剂，可节约水泥，减少用水量，增加早期混凝土的塑性，减少早期裂缝。

⑤选用低热高强水泥，并可考虑掺入一定剂量的粉煤灰。

⑥加入引气剂，增加混凝土的触变性和流动性，并使混凝土内部结构均匀。

(22)端部处理

连续配筋水泥混凝土路面端部处理施工按桥梁伸缩缝中毛勒缝的施工工艺进行施工，其施工要求按桥梁工程中有关规定进行。

4. 复合式路面层间裸化及施工技术

(1)裸化目的

在 PCC＋AC、CRC＋AC 复合式路面结构中，水泥混凝土刚度与沥青混凝土刚度相差很大，水泥混凝土振捣后表面出现的浮浆使混凝土板比较光滑，AC 层与 PCC 层、CRC 层之间的接触面是抵抗水平剪切力的薄弱环节，容易造成水泥混凝土板和沥青混凝土两者之间接触面黏结不牢的现象。在行车荷载作用下发生的剪切破坏有两种情况：一是 PCC、CRC 板模量远大于其他结构层的模量，加之 AC 层厚度较薄，沥青内部产生较大的剪应力而引起难以确定破坏面的剪切变形；二是 AC 层与 PCC、CRC 层间结合面抵抗水平剪切能力较弱，在水平方向上产生相对位移，发生剪切破坏。研究表明：在层间设置应力夹层、将水泥混凝土层表面进行裸化，均可增强水泥混凝土板与沥青混凝土之间的黏结力。

裸化是一种清除水泥混凝土表面浮浆，使碎石露出骨料的施工技术。而裸化成功的关键是裸露化时间。过早裸化，水泥混凝土强度未形成而导之破坏水泥混凝土的结构；时间过晚，混凝土强度已形成而使裸化难以形成。

(2)裸化时间

在路面摊铺后，在切缝前，及时检查混凝土表面以控制裸化时间，通过试验及参照类似工程的经验，将裸化时间控制在 160～200℃ · h 进行裸化比较合适。当混凝土表面可以裸化后，可用裸化机进行裸化，并用带有压力的水管，不断在裸化过程中冲去水泥砂浆，以便裸化顺利进行。

(3)裸化深度及其要求

裸化深度控制在 2～3mm,以露出碎石面为准。

(4)裸化过程应注意的要点

①施工中应控制裸化过程中裸化机的喷水量和水压力,以免破坏混凝土的强度,并保证面层的平整度。

②裸化要均匀、连续,整个断面均要裸化,不能漏裸,裸化过程中要注意对混凝土表面的冲洗,在冲洗过程中要不断地清扫,不能有水泥浆残留在混凝土表面。

思　考　题

1. 公路路面的基本要求包括哪些内容?
2. 公路路面的组成如何? 路面设计的一般原则是什么?
3. 公路路面的分类及适用范围是什么?
4. 公路路面垫层的设置原则是什么?
5. 公路路面基层的类型有哪几类? 分别包括哪些结构类型? 选择基层的原则是什么?
6. 公路路面基层的施工方法有几种? 高等级公路路面的基层应采用哪种施工方法?
7. 公路路面垫层、基层的设置宽度应如何确定?
8. 铺筑封层的原则是什么?
9. 公路沥青路面在选用沥青时,应注意什么问题?
10. 水泥混凝土路面分几种?
11. 水泥混凝土路面的接缝有几种? 其设置的原则是什么?
12. 水泥混凝土路面施工有几种方法? 高等级公路的水泥混凝土路面应采用哪种方法?

第四章 隧 道 工 程

第一节 概　　述

一、隧道及其分类

位于地表以下，一个方向的尺寸远大于另两个方向的尺寸，两端起连通功能的人工建筑物称为地道。横截面较小时称为坑道，横截面较大时称为隧道。

隧道按其所处的位置不同可分为山岭隧道、水下隧道(河底和海底)以及城市隧道等。

隧道按其横断面形状分为圆形、椭圆形、马蹄形、眼镜形(孪生形)等。

隧道按其用途可分为交通隧道(包括公路隧道、铁路隧道、城市地铁、人行隧道等)和运输隧道(包括输水隧道、输气隧道、输液隧道等)。

公路隧道一般指的是山岭隧道。为了克服地形和高程上的障碍(如山梁、山脊、垭口等)，以改善和提高拟建公路的平面线形和纵坡，缩短公路里程，或为避免山区公路的各种病害(如滑坡、崩坍、岩堆、泥石流等不良地质地段)，以保护生态环境，必须修建公路隧道。尤其是在高等级公路建设中，为了符合各等级公路的有关技术标准，常常必须修建隧道。

公路隧道按其长度的不同又分为四类，如表4-1所示。这种分类的目的，主要是为了以各种隧道的长度确定有关的设计和施工的技术要求和规定，以及不同的设计深度，从而达到简化的目的。

公 路 隧 道 分 类　　表4-1

隧道分类	特长隧道	长隧道	中隧道	短隧道
隧道长度(m)	$L>3\,000$	$3\,000\geqslant L>1\,000$	$1\,000\geqslant L>500$	$L\leqslant 500$

隧道长度，是指进出口洞门端墙之间的水平距离，即两端端墙面与路面的交线同路线中线交点间的距离，并以此作为计量支付的依据。

尽管隧道有各种用途、不同长度及横断面形状，但其构造组成大体相同，均由主体建筑物和附属建筑物两大部分组成。

二、隧道主体建筑物

隧道主体建筑物包括洞口和洞身。

1. 洞口

洞口工程是隧道出入口部分的建筑物，包括洞门，洞口通风及排水设施，边、仰坡支挡构造物和引道等。

隧道洞口位置的选择也是隧道位置的平纵横断面的最终确定。洞口位置应根据地形、地质、水文条件，并考虑边坡及仰坡的稳定，从保证施工和营运的安全出发，通过技术经济比较综

合分析确定,并注意以下几点要求:

(1)洞口位置应设在山坡稳定、地质条件较好处,尽可能避开滑坡、崩坍、泥石流等不良地质地段。

(2)洞口位置不应设在沟谷低洼处,一般应设在有足够宽度的地质较好的山嘴处。

(3)为了保持洞口的自然环境,应延伸洞口的位置设置明洞。

(4)在不稳定环境的悬岩陡壁下进洞时,应延伸洞口设置明洞或采取其他加固措施,以保证安全。

(5)洞口位置也应考虑弃渣处理的可能与方便,并尽可能避开附近建筑物和居民区等。

(6)洞口的边坡和仰坡必须保证稳定,避免大挖大刷。并应根据实际情况,采取护坡防护措施,其顶部及周围应根据实际情况,设置排水沟及截水沟,以免造成坍塌,影响行车安全,如图 4-1 所示。

图 4-1　隧道洞口施工

洞口应修建洞门,并应尽量与隧道轴线正交。

洞门是为了保证边坡和仰坡稳定,并将仰坡流下的水引离隧道而在洞口修建的建筑物。它是隧道外露的唯一部分,起着保护洞口、保证边坡和仰坡稳定、美化和诱导的作用。

隧道洞门有翼墙式、端墙式、柱式、环框式、遮光或遮阳式等不同形式(如图 4-2 所示)。公路隧道一般采用翼墙式。

洞门正面端墙是洞门的主要组成部分,其作用是承受山体的纵向推力、支撑仰坡。端墙面有垂直式和仰斜式两种,就其与路线中心线的关系分为正交和斜交。端墙顶端构筑女儿墙,墙背后根部设有排水沟,端墙应嵌入路堑边坡内 0.3～0.5m。

侧面翼墙的作用有两种:一是加强端墙抵抗山体纵向推力从而减少端墙的厚度;二是可减小洞口、明堑的开挖坡度,从而减少土石方数量。

洞口仰坡坡脚至洞门墙背的水平距离不应小于 1.5m,洞门端墙与仰坡之间水沟的沟底至衬砌拱顶外缘的高度不应小于 1.0m,洞门墙顶应高出仰坡坡脚 0.5m 以上。

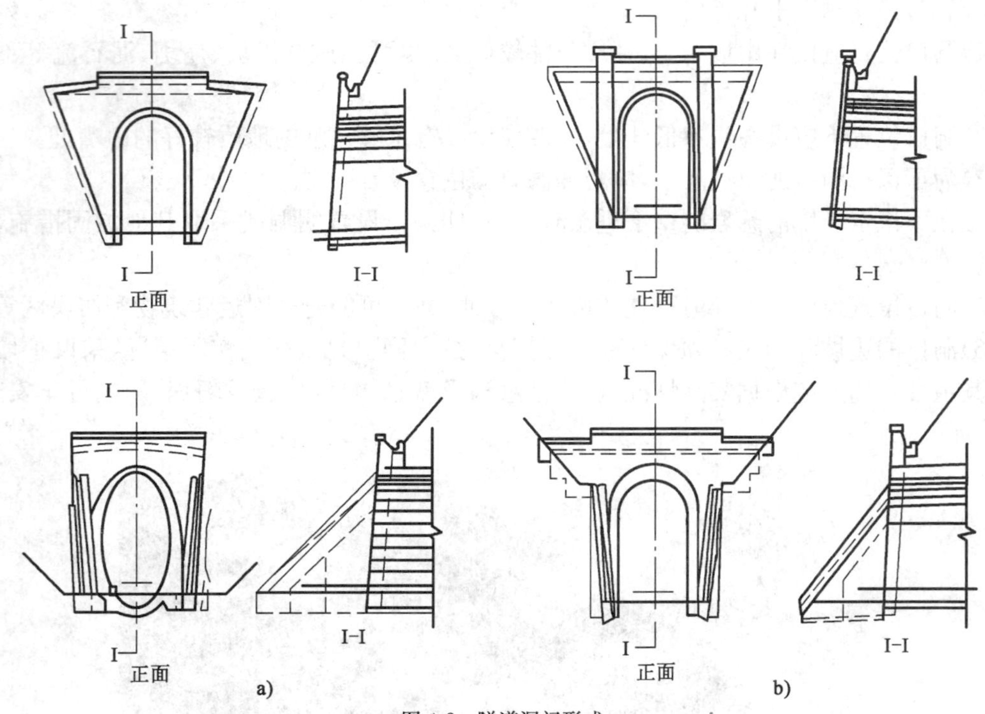

图 4-2　隧道洞门形式

a)端墙式；b)柱式

洞门墙应根据实际需要设置伸缩缝、沉降缝和泄水孔。洞门墙的基础必须置于稳固的地基上，应视地形及地质条件、冰冻深度，埋置足够的深度，保证洞门的稳定性，如图 4-3 所示。

图 4-3　洞门位置

构筑洞门常用的材料有混凝土、钢筋混凝土、浆砌片石、镶面块石等。

为了美化环境，洞门可进行必要的装饰，并植树绿化。设在城镇、旅游风景区附近及高速公路、一级公路的隧道，尤其应注意与当地环境、周围地形，以及建筑物相协调，做到既经济、适用又美观。

2. 洞身

洞身是隧道工程的主要组成部分，按其所处地形、地质条件及施工方法的不同，分为隧道洞身、明洞洞身和棚洞洞身。

(1)隧道洞身

根据路线设计高程与地形地质情况,当有足够厚的覆盖层时,应设计成隧道,隧道洞身由暗挖的岩土空间经衬砌而成。

衬砌即随洞内壁承受围岩压力的镶护结构。其作用是支护隧道、防止岩石风化、保证净空和防水排水。根据地质条件的不同,隧道衬砌按功能分为承载衬砌、构造衬砌和装饰衬砌,按组成可分为整体式衬砌和复合式衬砌(见图 4-4),就使用材料而言,有喷射混凝土、锚杆、钢筋网或铁丝网、模筑混凝土、石料及混凝土预制块衬砌等。

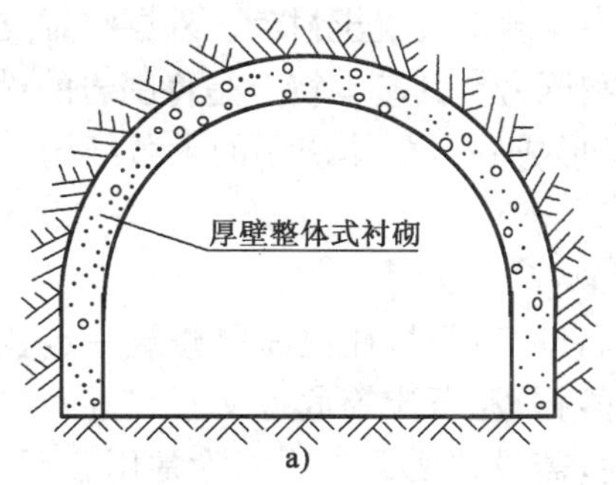

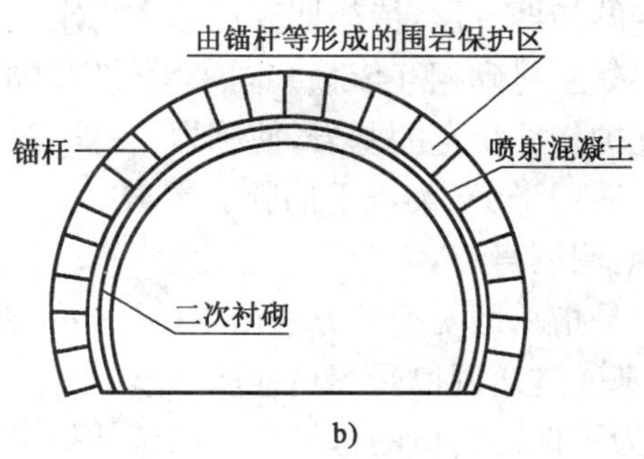

图 4-4　隧道衬砌

a)整体式衬砌;b)复合式衬砌

承载衬砌的作用是承受围岩垂直与水平方向的压力,一般由拱顶、边墙和仰拱(无仰拱时做铺底)组成。边墙根据水平压力的大小可作成直墙式或曲墙式。承载衬砌需进行荷载计算和衬砌设计,一般都作成整体式,常用的材料有混凝土、钢筋混凝土或浆砌片石,如图 4-5 所示。

图 4-5　衬砌

构造衬砌是在围岩压力很小,但为了防止岩石局部松动塌落和防止岩石风化而建造的衬砌,其无需进行受力计算。

装饰衬砌系在山体岩石整体性很好,且在 VI 类围岩以上时,为防止表面岩石风化而做的衬砌。

在衬砌段之间,应根据实际情况设置变形缝,在 III 类及以下围岩地段,应设置仰拱。

所谓仰拱,是指在两相对的边墙基础之间,设置曲线形的水平支撑结构。一般通过不良的地质和特殊围岩的隧道衬砌,如软弱和膨胀性围岩的隧道,应采用曲墙带仰拱的混凝土或钢筋混凝土衬砌结构,必要时还应设置钢拱支撑混凝土衬砌结构。这是处理和加固软弱围岩地段隧道必不可少的技术措施。

设置仰拱的隧道,路面下应以浆砌片石或贫混凝土密实回填。

复合式衬砌也称二次衬砌,由内外两层复合而成。其外层(即与围岩面接触的部分)常称为初次(或初期)柔性支护,有喷射混凝土、锚杆、钢筋网或铁丝网、临时或永久性钢拱支撑等支护形式,可以设置为单一或多项的合理组合;内层常称为二次衬砌,一般采用现浇混凝土,又称为模筑混凝土。两次衬砌之间应采用防水夹层措施。隧道开挖后,首先用喷锚作为初期支护,承受围岩的初期变形,待初期变形基本稳定后,再做内层现浇混凝土衬砌。外层喷锚支护与内层现浇混凝土衬砌相互依赖共同来承受围岩的变形和压力。其基本特点是将围岩的松动压力经喷锚支护传给稳定的基岩,使围岩、支护、衬砌三者形成一个整体统一的承载结构。复合式衬砌通常适用于IV类以下的软弱围岩。

(2)明洞洞身

明洞是指采用明挖的方法施工的隧道。在修建洞口工程时,往往需要修筑一定长度的明洞,即路基或隧道洞口受不良地质、边坡塌方、岩堆、落石、泥石流等危害又不宜避开清理的地段,以及为了保证洞口的自然环境而延伸隧道洞口时,需设置明洞。明洞除常用于洞口外,当隧道位置处于下列情况时,一般都设置明洞。

①洞顶覆盖层薄,不宜大开挖修建路堑而又难于采用暗挖法修建隧道的地段。

②可能受到塌方、落石或泥石流威胁的洞口或路堑。

③铁路、公路、水渠和其他人工构造物必须在拟建公路的上方通过,又不宜采用隧道或立交桥或涵渠跨越的地点。

明洞的结构形式有拱形明洞和箱形明洞两种。拱形明洞整体性好,可承受较大的垂直与水平压力。当边坡塌方量较大、落石较多或基础设置条件较好时,一般都宜采用拱形明洞。当净高、建筑高度受到限制或地基软弱的地段,则宜采用箱形明洞。

明洞衬砌一般采用对称变截面拱圈、直线或曲线墙。明洞为防渗水、积水及冰冻危害,一般做外贴式防水层和隔水层。

明洞基础的埋置深度,一般应符合上述洞门的有关规定和要求。当埋置深度超过路面以下3m时,在路面以下设置钢筋混凝土横向水平拉杆,锚固于内层边墙或岩体中,用锚杆锚固于稳定的岩体中。当基岩埋置较浅时,基础可设置于基岩上。当基础位于软弱地基上时,基础可采用仰拱、整体式钢筋混凝土底板等结构。

(3)棚洞洞身

棚洞是指明挖路堑后,构筑简支的顶棚架并回填而成的洞身,属于明洞范畴的隧道。采用棚洞的条件与明洞大致相似,其结构整体性比明洞差,但由于顶棚与内外墙简支,故对地基的要求相对较低.其适用条件为:

①有少量塌方和落石的地段;

②内外墙底基础软硬差别较大,不适宜修建拱形明洞的地段;

③半路堑外侧地形狭窄或基岩埋深大并有条件设计为桩基的地段。

棚洞随地形、地质条件的不同有多种类型,但其基本构造均有内墙、外侧支撑结构(悬臂式棚洞无此结构)以及顶板三部分组成。内墙一般用浆砌片石砌筑,截面厚度不小于50cm,内墙顶设顶帽以承托和嵌固顶板。外侧支撑结构根据地形、地质情况的不同可作成刚架式、柱式和墙式。顶板可采用T形梁、I形梁或空心板截面构件。

当棚洞立柱的基础置于路面3m以下时，立柱可在路基平面处加设纵撑和横撑，以与相邻立柱及内边墙相连接，以增强其稳定性。

三、隧道附属建筑物

隧道除了组成其主体结构的洞口、洞门及洞身外，一般还有如下一些附属建筑物。

1.防水排水系统

隧道的防水排水要求拱部不滴水，边墙不漏水，路面不冒水、不积水，设备箱洞处不渗水，冻害地区隧道衬砌背后不积水、排水沟不冻结。为达到上述要求，应采取防、截、排、堵综合治理，形成防水排水系统。该系统包括洞顶防水排水、洞门排水、洞内排水和洞内防水四个方面，如图4-6和图4-7所示。

图4-6　隧道内结冰

图4-7　隧道渗漏水

2.通风、照明与供电系统

隧道内保持良好的空气是行车安全的必要条件，所以，隧道应具备良好的通风条件，以排出污浊空气，补充新鲜空气，或吹入新鲜空气，稀释污浊空气。隧道的通风方式有机械通风和自然通风两种。交通量小的中、短隧道可采用自然通风，交通量大的长隧道应采用机械通风。采用机械通风时，常采用纵向通风形式，配以射流风机，并按正常通风量的50%配置备用通风机。

为了保证车辆的正常行驶和交通安全，隧道应设电光照明，隧道的照明要考虑洞内有合理的光过渡。尤其是白天，要避免“黑洞”效应，使之由亮到暗(洞外到洞内)或由暗到亮(洞内到洞外)有个很好的适应过程。对于能通视、交通量较小和行人密度不大的短隧道，可以不设白天照明设施。但长度超过100m的高速公路，一、二级公路的隧道，则仍应设置白天照明设施。照明的光源，一般选用在烟雾中有较好的透视性的低压钠灯或显色性较好的荧光灯，而在隧道的出入口处，则选用小型、大光通量的高压钠灯或高压荧光灯。结合公路隧道营运的特点，则宜选用具有耐腐蚀性、不易老化、防潮和防喷性的灯具，达到节约维修和保养费用的目的，如图4-8所示。

隧道内供电分动力供电和照明供电。供电系统的设计必须执行国家技术经济政策，做到保证安全、供电可靠、技术经济合理。一般采用三相四线供电，供电系统宜采用380/220V交流电和中性接地变压器。

图 4-8　隧道通风、照明与供电系统

3. 隧道运营管理设施

隧道的运营管理设施包括动力网路使用的电缆与电缆槽，通信、信号及标志，消防及救援设施，以及装饰、消音、收费设施等。救援设施包括避人洞及行人横洞和行车横洞。隧道内不设人行道时，除短隧道外，应设置避车洞，避车洞在洞内应两侧交叉布置。相邻双孔隧道之间按规定间距设置供巡查、维修、救援及车辆转换方向用的行人横洞和行车横洞。

长隧道必要时应设置中央控制中心、统一管理报警、消防及其他应急设施，如图 4-9 所示。

图 4-9　隧道中央控制中心

4. 辅助坑道

在隧道建设中，为了增加工作面、提高施工进度、缩短工期以及改善施工条件，可适当增设辅助坑道。辅助坑道有横洞、竖井、斜井和平行导坑几种形式。

横洞多用于傍山线路靠河的一侧，其纵坡向外下坡，出口有河槽或谷地便于排水和堆渣，且有利于正洞的施工通风。横洞既增加了工作面又便于施工管理，是优选方案。

斜井适用于隧道覆盖层较薄，或虽厚但在适宜处旁侧有低洼地形时。利用斜井出渣运输需要有相应的提升设备。为使机具材料运输与人员上下互不干扰，有时按主、副斜井分建，但造价高、工期长，故多数宜建混合井。斜井底部设停车场，提升设备应有可靠的安全装置。

当隧道较长且无设置横洞和斜井的条件，但在洞顶某些地段覆盖层较薄，且地质条件允许时，可设竖井。通常竖井都设在主隧道的一侧。竖井横断面有矩形和圆形，由井颈、井身、井窝和马头门组成。

当主隧道较长且覆盖层较厚，不宜采用其他形式辅助坑道时，尤其是在远期规划需增建第二线平行隧道时，采用平行导坑方案具有良好的经济效益。平行导坑可在主隧道一侧或两侧设置，一般都是独头导坑。平行导坑应先于主洞开工，根据工期和施工方法确定由平行导坑开向主洞的横通道数量。平行导坑在施工期间作为增加工作面的进出口和施工通风道，在涌水量大的主隧道运营期间，可作为排水通道起排水沟的作用，如图 4-10 和图 4-11 所示。

图 4-10　车行横洞与紧急停车带

图 4-11　隧道塌方

四、洞内线路构筑物

对于不同种类的隧道，有不同的洞内线路构筑物。例如，铁路隧道的洞内线路构筑物为道床；公路隧道的洞内线路构筑物为路基和路面。

第二节　公路隧道的要求

一、隧道位置选择与线形要求

隧道位置选择的一般要求是：高速公路、一级公路上的隧道和二、三、四级公路上的短隧道，其线形及其与公路的衔接应符合路线布设的规定。二、三、四级公路上的特长及长、中隧道的位置，原则上应服从路线走向，路隧综合考虑确定。此外，隧道两端洞口的连接线应与隧道的平面线形相协调，并符合以下规定：隧道洞口内外各 3s 的设计车速行程长度范围的平面线形应一致；隧道洞口内外各 3s 的设计车速行程长度范围的平面线形应一致，有条件时宜取 5s 设计速度行程；当隧道建筑限界宽度大于所在公路的建筑限界时，两端连接线应有不短于 50m 的、同隧道等宽的路基加宽段；当隧道限界宽度小于所在公路的建筑限界时，两端连接线的路基宽度按公路标准设计，其建筑限界宽度应设有 4s 的行程的过渡段与隧道洞口衔接，以保持隧道洞口内外横断面顺适过度；长、特长的双洞隧道，宜在洞口外合适位置设置联络通道，以利车辆转向。而对于间隔 100m 以内的短隧道群，宜整体考虑其平、纵线形技术指标。其连接线的纵坡则应有一定的距离与隧道纵坡保持一致，以满足设置竖曲线和保证各级公路停车或会车视距的需要。虽然隧道位置的最终确定和选择，是定测阶段和施工图设计时的任务，但在各个设计阶段的比选中，仍然是十分重要的。

隧道位置应选择在稳定的地层中，尽量避免穿越地质不良地段，若必须通过时，应有切实可靠的工程措施，如图 4-12 和图 4-13 所示。

图 4-12　削竹式洞口

图 4-13　整体式直中墙连拱隧道

修建沿河傍山公路时，常会遇到地形陡峻和山区病害多发的不良地质地段，为了改善线形，满足标准，避免高填深挖，引发新的病害，以确保公路的营运安全，设计为傍山隧道，又称河谷隧道，其位置宜向山侧内移，以免一侧洞壁过薄产生偏压，同时要求注意水流冲刷对山体和隧道洞身的影响。

濒邻水库区的隧道，其洞口路肩设计高程应高出水库计算水位（含浪高和壅水高）不小于 0.5m。

隧道内的纵坡一般大于 0.3%，以利排泄雨水，但不应大于 3.0%，独立的明洞和短于 50m 的隧道可不受此限制。纵坡的形式一般可设置为单坡，地下水发育的隧道及特长和长隧道可设计为人字坡。隧道内纵坡变更处应设置竖曲线。凸形竖曲线最小半径和最小长度应满足规范要求。

二、横断面

公路隧道的横断面，主要是指隧道的净空断面，即衬砌内轮廓线所包围的空间，也称为内轮廓限界。它包括隧道建筑限界，以及照明、通风等所需的空间断面积。而隧道的建筑限界如图 4-14 所示，在建筑限界内，不得有任何构件侵入。

公路隧道的横断面设计除应符合上述建筑限界规定外，还应考虑洞内排水、通风、照明、防火、监控、营运等附属设施所需的空间，以及施工方法等必要的富余量。根据围岩压力和使用要求，确定的断面形式和尺寸。

高速公路、一级公路的隧道应设计为上、下分离的独立双洞。分离式独立双洞的最小净距，按两洞结构彼此不产生有害影响的原则，结合隧道平面线形、围岩地质条件、断面形状和尺寸、施工方法等因素确定，一般情况下可按表 4-2 的规定选用。在隧桥相连、隧道相连、地形条件限制等特殊地段，隧道净距不能满足要求时，可采取小净距隧道或连拱隧道形式，但应作出充分的技术论证和比较研究，并制订可靠的技术保障措施，确保工程质量。

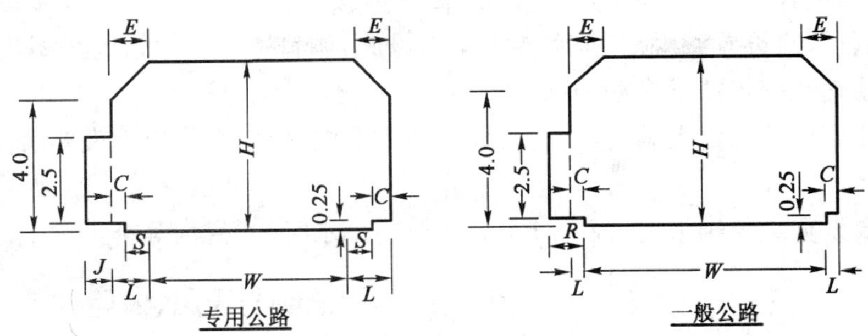

图 4-14　隧道建筑限界(尺寸单位:m)

W-行车道宽度，分为 4.5m(单车道)、7.0m、7.5m、8.0m 四个不同的宽度标准；S-行车道两侧的路缘带宽度，一般为 0.5m 或 0.75m；C-余宽，当计算行车速度≥100km/h 时为 0.5m，计算行车速度<100km/h 时为 0.25m；H-净高，高速公路、一级公路、二级公路为 5.0m，三、四级公路为 4.5m；E-建筑限界顶角宽度，当 L≤1m 时，E=L；当 L>1m 时，E=1m；L-侧向宽度，高速公路、一级公路上的短隧道宜取硬路肩宽度；R-人行道宽度，其宽度为 0.75m，四级公路一般可不设人行道；J-检修道宽度，高速公路只在左侧设置 0.75m 的检修道而不设人行道

两相邻隧道最小净距　　表 4-2

围岩级别	I	II	III	IV	V	VI
最小净距(m)	1.0×B	1.5×B	2.0×B	2.5×B	3.5×B	4.0×B

三、路面

公路隧道洞内行车道路面宜采用水泥混凝土路面，它能提高照明亮度，并具有耐久使用等优点。当洞内干燥无水、施工方便时，也可采用沥青混凝土路面。采用水泥混凝土路面时，应按设计要求在相应位置设置必要的变形缝。路面设计应符合路面设计规范的有关规定。

四、防水与排水

防水与排水设施，是隧道工程重要的组成部分。应结合隧道衬砌采用可靠的防水和排水措施，使洞内外形成一个完整、畅通的防排水系统。基本要求为隧道内不滴水或不渗水，以保证在营运期内行车安全及设备的正常使用，使之具有良好的耐久性。在设计和施工防排水系统时，要特别注意保护生态环境和农田水利排灌系统的完好无损。

公路隧道防水，首要是做好堵水和截水。所谓堵水，就是在围岩破碎和涌水易塌地段，直接向围岩体内压水泥浆或化学浆液，堵塞裂隙水和渗涌水孔。至于截水，则主要是防止地表水的下渗，其措施有铺砌、勾补、抹面，以及坑穴、钻孔等的填平、封闭等。

公路隧道衬砌的防水方法很多，应首先采取引排措施，如设置盲沟、排水管等，将水引至水沟内排出，然后敷设聚氯乙烯塑料板或合成树脂防水卷材，以及防水混凝土等内、外贴衬砌防水层。当采用复合式衬砌时，则宜设置夹层防水层。

隧道衬砌中的施工缝、变形缝等处，应采用专门的止水条(带)嵌塞措施，以防止渗漏。

公路隧道的排水设施，包括洞内和洞外两个部分。

洞外排水应根据地形、地质、气象，以及建设工程的实际情况，结合农田水利建设的需要，全面规划，综合治理，因地制宜地设置疏水、截水、引水设施。

洞口和明洞顶，应设置截水沟、排水沟等排水设施，洞口边坡、仰坡应采取防护措施，如铺砌、抹面等，以防止地表水的下渗和冲刷。

要注意防止洞外雨水流入洞内，当洞口外路堑为上坡时，应在洞口外设置反排水沟或截流涵洞。

洞内一般要设置纵向排水沟、横向排水坡或横向排水暗沟、盲沟等排水设施。

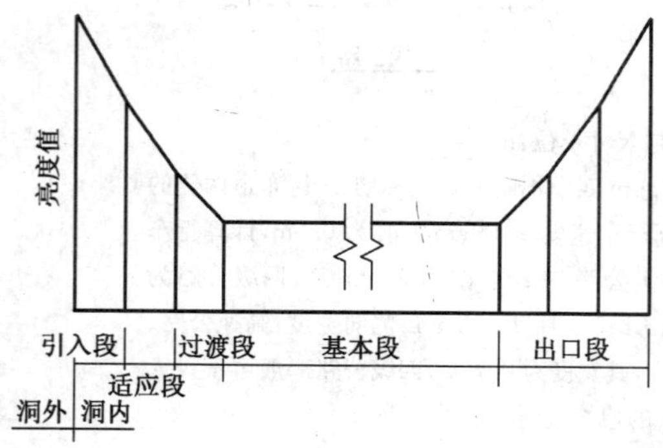

图 4-15　白天照明渐变梯度图(双向交通)

五、照明与通风、供电

1. 照明

公路隧道长度大于 100m 的隧道应设置照明，照明设计应综合考虑环境条件、交通状况、土建结构设计、供电条件、建设与营运费用等因素。其照明区段的划分如图 4-15 所示。

照明设计路面亮度总均匀度(U_0)应不低于表 4-3 的要求，路面亮度纵向均匀度(U_1)不低于表 4-4 的要求。

路面亮度总均匀度　　表 4-3

设计交通量 N(辆/h)		U_0
双车道单向交通	双车道双向交通	
≥2 400	≥1 300	0.4
≤700	≤360	0.3

注：当交通量在其中间值时，可按插入法取值。

路面亮度纵向均匀度　　表 4-4

设计交通量 N(辆/h)		U_1
双车道单向交通	双车道双向交通	
≥2 400	≥1 300	0.6～0.7
≤700	≤360	0.5

注：当交通量在其中间值时，可按插入法取值。

中间段亮度可按表 4-5 取值。过渡段、出口段的照明应满足规范有关要求。

中间段亮度 $L_{In总}$ (cd/m²)　　表 4-5

计算行车速度(km/h)	双车道单向交通 N>2 400 辆/h 或双车道双向交通 N>1 300 辆/h	双车道单向交通 N>2 400 辆/h 或双车道双向交通 N>1 300 辆/h
100	9.0	4.0
80	4.5	2.0
60	2.5	1.5
40	1.5	1.5

为了使洞口外地段能尽量保持低亮度，起到减光的作用，宜在路旁及洞口附近铺草植树进行绿化，或在洞口设置遮阳棚、减光格栅等措施。

当隧道不设电光照明时，则宜设置车道分离设施（如隔离墩、分离块）和配置诱导视线的反光标志。

此外，凡在隧道内设置紧急停车带时，其停车处的亮度应按基本照明亮度的1.5～2.0倍设计确定。

2. 通风

公路隧道当隧道较长，而交通量又较大时，汽车所排出的一氧化碳（CO）和柴油车所排出的烟雾，会直接危害驾驶员和旅客的健康，而烟雾、尘土等又会使能见度降低，从而影响行车速度和行车安全。公路隧道通风设计应综合考虑交通条件、地形、地物、地质条件、通风要求、环境保护要求、火灾时的通风控制、维护与管理水平、分期实施的可能性、建设与营运费用等因素。

根据《公路隧道设计规范》（JTG D70—2004）的规定，隧道通风应符合以下要求：

（1）单向交通的隧道设计风速不宜大于10m/s，特殊情况下可取12m/s；双向交通的隧道设计风速不应大于8m/s；人车混合通行的隧道设计风速不应大于7m/s。

（2）风机产生的噪声及隧道中废气的集中排放均应符合环保的有关规定。

（3）确定的通风方式在交通条件发生变化时，应具有较高的稳定性，并能适应火灾情况下的通风要求。

（4）隧道内营运通风的主流方向不应频繁变化。

公路隧道的通风方式，有机械通风和自然通风两种。采用哪种方式才合理，应根据建设工程的实际情况和营运期间的交通状况，通过对行驶车辆排放的有害气体所计算出的数据来确定。当一时无法取得可靠的分析计算资料时，一般双向行驶的隧道可按下列界限值确定。

当 $LN \geqslant 600$ 时，采用机械通风；

当 $LN \leqslant 600$ 时，采用自然通风。

式中：L——隧道的长度（km）；

N——通过隧道的车辆高峰小时的交通量（辆/h），应按照隧道的实际通行能力或实测的高峰交通量计算。

3. 供电

公路隧道的照明与通风所需的原动力，主要是电力，所以应设置完善的供电系统，做到保证人身安全、供电可靠、技术经济合理。

凡设照明、通风的高速公路、一级公路的隧道，应设置独立的备用电源，以防意外的断电事故，并确保交通运输的安全，避免造成不应有损失。

六、救援及消防设施

为了便于消防及紧急救援，凡设计为眼镜形的双孔隧道，其两隧道之间，宜按表4-6的规定，设置供巡查、维修、救援及车辆转换方向用的行人横洞和行车横洞。

横洞间距及尺寸(m)　　表 4-6

名　称	间　距	尺　寸	
		宽	高
行人横洞	250～500	2.0	2.5
行车横洞	750～1 000	4.0	5.0

当隧道长度在 400～600m 时,可在隧道中间设置一行人横洞;当隧道长度在 800～1 000m 时,可在隧道中间设置一行车横洞,凡小于上述下限值的则不设横洞。

在 500m 以上的高速公路和一级公路的隧道,宜单独设置存放专用消防器材等的洞室。

横洞及各种专用洞室的衬砌,一般应与隧道内相应部位衬砌类型相同,行人横洞的底面应与人行道或边沟盖板顶面平齐。行人横洞两端则应与路缘带顺坡,并设半径不小于 5m 的转弯喇叭口。

七、装饰

公路隧道装饰,不仅可起到美化作用,而且还可减少噪声,提高隧道亮度和照明的效果,但除高速公路、一级公路的隧道外,一般不考虑进行内装饰。所以,《公路隧道设计规范》(JTG D70—2004)和《公路隧道施工技术规范》(JTG F60—2009)对此没有规定和要求,故应结合建设工程的实际情况,合理确定。

在进行隧道内装饰时,应经济耐用,易于保养清洗,并适当考虑美化、提高亮度和尽可能减少噪声的原则,进行综合分析确定。

第三节　公路隧道施工

一、隧道施工方法概述

隧道施工是修建隧道及地下洞室的施工方法、施工技术和施工管理的总称。

隧道施工方法的选择主要依据地质、地形、环境条件及埋置深度,并结合隧道断面尺寸、长度、衬砌类型、隧道的使用功能和施工技术水平等因素综合考虑确定。根据隧道穿越地层的不同情况和目前隧道施工技术的发展,如图 4-16 所示,隧道施工方法可按以下方式分类:

图 4-16　隧道施工方法

(1)山岭隧道的施工方法有:矿山法、新奥法、掘进机法。

(2)浅埋及软土隧道的施工方法有:明挖法、地下连续墙法、浅埋暗挖法、盾构法。

(3)水底隧道的施工方法有:沉埋法、盾构法。

隧道施工有以下特点:

(1)受工程地质和水文地质条件的影响较大。

(2)工作条件差,工作面小而狭窄,工作环境差。

(3)暗挖法施工对地面影响较小,但埋置较浅时,可能会导致地面沉陷。

(4)有大量废渣,需妥善处理。

埋置较浅的工程,施工时先从地面挖基坑或堑壕,修筑衬砌后再回填,这种施工方法称明挖法。当埋置深度超过一定限度后,明挖法不再适用,而要改用暗挖法,即不开挖地面,采用在地下挖洞的方式施工。

暗挖法施工最初是采用矿山开拓巷道的方法,故称为矿山法,此法应用范围很广。

19 世纪,为修筑水底隧道,创建了盾构法,经过 100 多年的不断改进和完善,盾构法已成为在松软地层中修筑隧道的常用方法之一。

为避免在水下作业,19 世纪末又出现了沉埋法,此法大量工作在地面上进行,优点显著,应用日益广泛,如图 4-17 和图 4-18 所示。

图 4-17　整体式曲中墙连拱隧道

图 4-18　棚洞

随着岩体力学的发展,在结合现场经验的基础上,20 世纪中叶创建了新奥法。该法的主旨是尽量利用围岩的自承能力,用喷锚支护控制围岩的变形及应力重分布,使之达到新的平衡。这样就把支护和围岩组成一整体结构,而其中的主要承载部分是围岩。此法是在软弱围岩中施工的有效方法。

二、公路隧道围岩分类及施工要点

隧道的土壤岩面统称为围岩,它与土壤岩面有不同的分类方法和标准。公路隧道的围岩分级见表 4-7。

在公路隧道的设计和施工过程中,隧址区的工程地质资料的收集十分重要,通常应在较大的范围内,按照不同设计阶段的深度和要求,作详细的工程地质和水文地质以及其他有关方面的调查,根据地质测绘、勘探、试验资料等,对隧道围岩作质量评价,科学地指定围岩类别,为设计和施工提供可靠的依据。在隧道施工期间,应随时了解和收集洞身地质资料,发现设计文件与实际情况不相符时，应及时修改围岩类别，变更衬砌设计，重新确定继续掘进的施工方法。

公路隧道的围岩分级 表 4-7

<table>
<tr><th>围岩级别</th><th>围岩或土体主要定性特征</th><th>围岩基本质量指标 BQ 或修正的
围岩基本质量指标[BQ]</th></tr>
<tr><td>I</td><td>坚硬岩，岩体完整，巨整体状或巨厚层状结构；</td><td>>550</td></tr>
<tr><td>II</td><td>坚硬岩，岩体较完整，块状或厚层状结构；
较坚硬岩，岩体完整，块状整体结构</td><td>550～451</td></tr>
<tr><td>III</td><td>坚硬岩，岩体较破碎，巨块（石）碎（石）状镶嵌结构；较坚硬岩或较软硬岩层，岩体较完整，块体状或中厚层结构</td><td>450～351</td></tr>
<tr><td rowspan="2">IV</td><td>坚硬岩，岩体破碎，碎裂结构；
较坚硬岩，岩体较破碎～破碎，镶嵌碎裂结构；
较软岩或软硬岩层互层，且以软岩为主，岩体较完整～较破碎，中薄层状结构</td><td>350～251</td></tr>
<tr><td>土体：1. 压密或成岩作用的黏性土及砂性土；
2. 黄土（Q_1、Q_2）；
3. 一般钙质、铁质胶结的碎石土、卵石土、大块石土</td><td></td></tr>
<tr><td rowspan="2">V</td><td>较软岩，岩体破碎；
软岩，岩体较破碎～破碎；
极破碎各类岩体，碎、裂状，松散结构</td><td>≤250</td></tr>
<tr><td>一般第四系的半干硬至硬塑的黏性土及稍湿至潮湿的碎石土、卵石土、圆砾、角砾土及黄土（Q_3、Q_4）。非黏性土呈松散结构，黏性土及黄土呈松软结构</td><td></td></tr>
<tr><td>VI</td><td>软塑状黏性土及潮湿、饱和粉细砂层、软土等</td><td></td></tr>
</table>

注：本表不适用于特殊条件的围岩分级，如膨胀性围岩、多年冻土等。

修建公路隧道时，除要进行开挖外，还要进行衬砌，要修建洞门、路面、防排水结构、交通工程及管理设施等。而在隧道设计中，开挖和衬砌是两个主要的工作环节。根据勘探调查的地质资料，提出各类围岩的开挖断面与衬砌形式和尺寸的统一设计资料，并计算出每米洞身的开挖和衬砌数量，作为编制工程造价和组织施工的依据。

公路隧道工程的设计和施工，是一个复杂的系统工程，其特点是除洞口和洞门是在露天施工外，其余各项工程都是在地下并要不间断的进行施工作业，故在整个施工过程中必须备有良好的照明和通风条件，还要进行洒水除尘。因此需要照明发电设施和空气压缩机供应站，修建蓄水供水系统等临时工程设施。

(1)供电。隧道的供电，必须满足动力和照明的需要，并确保施工的安全。施工作业地段每平方米应不小于 15W，已开挖成洞至弃渣处的运输地段都应设照明电灯，要求灯光充足均匀，不得闪耀。

若采用工业电力时，应修建由高压输电线路至工地变电站的电力线路。

(2)供气。隧道的供气，一是为风动工具提供原动力，二是为洞内施工人员送入新鲜空气或吸出污浊空气，常称为通风。除短隧道可采用自然通风外，其余各类隧道一般都采用管道通风，根据实践经验资料，每人约需新鲜空气 $3m^3/min$ 左右。

空气压缩机站的生产能力，应能满足施工需要的风量，同时应使开挖面的风压不小于

0.5MPa。机组宜选用固定式的电动空压机，若采用机动空压机，则配合的风量应比电动空压机增加20%。除按必须的风量选配机型外，一般还应考虑适当的备用量。

(3)供水。隧道的供水主要用于以下几个方面：

①凿岩机钻孔用水；

②喷雾防尘；

③冲洗围岩面和石渣；

④衬砌用水。

供水的水压应满足用水点的要求，应尽量利用高山水源筑池蓄水，水池应有一定的储水量和高程，以保证一般水风钻不小于0.3MPa，喷射混凝土应不小于0.5MPa。严寒地区要注意保温。

三、新奥法

新奥法即奥地利隧道施工新方法(New Australian Tunnelling Method)，是奥地利学者腊布希维兹首先提出的。它是以喷射混凝土和锚杆作为主要支护手段，通过监测控制围岩的变形，便于充分发挥围岩的自承能力的施工方法，如图4-19所示。

图4-19　新奥法施工

锚喷支护技术与传统的钢木构件支撑技术相比，不仅仅是手段上的不同，更重要的是工程概念的不同，是人们对隧道及地下工程问题的进一步认识和理解。由于锚喷支护技术的应用和发展，导致隧道及地下洞室工程理论步入到现代化理论的新领域，也使隧道及地下洞室工程的设计和施工更符合地下工程实际，即设计理论——施工方法——结构(体系)工作状态(结果)的一致。因此，新奥法作为一种施工方法，已在世界范围内得到了广泛的应用。

1.理论依据

新奥法的基本理论依据，就是利用围岩本身所具有的承载效能的前提下，采用毫秒爆破和光面爆破技术，进行全断面开挖施工，并以复合式内外两层衬砌形式来修建隧道的洞身，即以喷混凝土、锚杆、钢筋网、钢支撑等为其外层支护形式，称为初次柔性支护，系在洞身开挖之后必须立即进行的支护工作。因为蕴藏在山体中的地应力由于开挖成洞而产生再分配，隧道空间靠空洞效应而得以保持稳定，也就是说，承载地应力的主要是围岩体本身(抗荷环)，而采用初次喷锚柔性支护的作用，是使围岩体自身的承载能力得到最大限度的发挥，二次衬砌主要是起安全储备和装饰的作用，因此总的衬砌厚度是比较薄的。

2. 设计特点

公路隧道的设计与其他结构设计相比，有以下两个难点：

(1)难以求得其真实的围岩体的物理参数和初始地应力，由于地质构造的离散性和不可预见性，地质钻探难以全面、准确地获得地质情报。

(2)难以确定荷载系统。作用在隧道上的荷载有两种，即作用在隧道围岩上的荷载和作用在支护结构上的荷载。前者是随隧道开挖产生再分配而引起的，而这种应力再分配的特性，则受隧道的断面形式、开挖程序、支护方法和围岩形变特性所支配，很难用一个模式将其确定，后者主要是由围岩体的变形引起的，它同样也受上面几种因素的影响而难以确定。

因此，采用新奥法施工时，一个完整的隧道工程设计由初始设计和修正设计两部分组成。初始设计难以反映围岩体和支护结构的真实受力状况，故新奥法要求在开挖过程中，认真做好量测工作，并不断地反馈到初始设计中，以利于及时修改支护参数和施工方案，使其更经济、合理。

初始设计是编制隧道工程造价和组织施工的主要依据，是指令性的技术文件，其设计方法主要有以下三种。

(1)基于围岩的分级设计

这种方法是根据勘测钻探所提供的围岩分级情报资料，预先确定出对于各级围岩的设计开挖断面和设计支护形式，如隧道的各部尺寸、锚杆的长度、间距，喷射混凝土和模筑混凝土的厚度，然后据此计算出每米的开挖工程量、锚杆的质量、喷射混凝土和模筑混凝土的数量等，设计时只需将山体分级围岩的长度乘以对应于各类围岩的每米设计工程量，这样，隧道的开挖和衬砌两项的初步设计工作就已告基本完成。目前，国内外的公路隧道大都是依靠围岩的分级来进行设计的。因为这种方法技术要求明确又直观，设计人员容易掌握使用。

新奥法的横断面形式，一般设计为弧形，对于隧道开挖断面的设计尺寸及其面积的计算方法，现以Ⅳ级围岩为例介绍如下。

Ⅳ级围岩(软石)的横断面设计开挖尺寸，如图4-20所示。

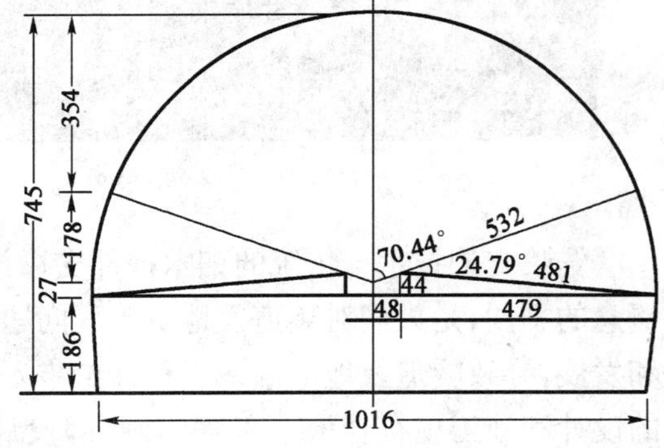

图4-20 Ⅳ级类围岩(软石)横断面设计尺寸(尺寸单位：cm)

有关横断面面积的计算方法是：

拱部弧长：$L_1=2\times5.32\times\pi\times70.44\div180=13.08\text{m}$

边墙弧长：$L_2=4.81\times\pi\times24.79\div180=2.08\text{m}$

全部面积：$\sum A=13.08\times5.32\div2+[4.81\times2.08\div2+(0.27+0.44)\div2\times0.48+4.79\times0.44\div2+(5.27+5.08)\div2\times1.86]\times2=66.5\text{m}^2$

上半部面积：$A=13.08\times5.32\div2-5.32\times\sin70.44°\times5.32\times\cos70.44°\times2\div2=25.86\text{m}^2$

(2)基于以往经验和工程类比的设计

这种方法是根据以往工程的实际施工经验资料，即参照当地已建成隧道的地质情况和断面形状，以及支护形式等，与拟建设计项目类比进行设计。

由于影响隧道设计的因素很多，故很难从已建成的隧道工程中找到地质情况到支护形式等完全与拟建设计项目相一致的情况，所以实际工作中较少采用。

(3)基于理论分析和数值解析的设计

当地质情况特别复杂，尤其是埋置很浅的隧道，以及所经路线附近又有其他人工构造物，或有其他特殊要求时，一般可考虑采用解析的方法解析设计。如用有限元法分析隧道开挖时(间)空(间)效应的三维问题等。

因此，新奥法的设计特点主要体现在两个方面：一是不必进行严格计算，围岩分级与工程类比是其设计的重要依据；二是结构设计与施工设计紧密结合，在根据初始设计进行开挖的过程中，应认真量测围岩，监控施工，修改设计。

3. 施工

新奥法的施工程序可用以下框图(图 4-21)表示。

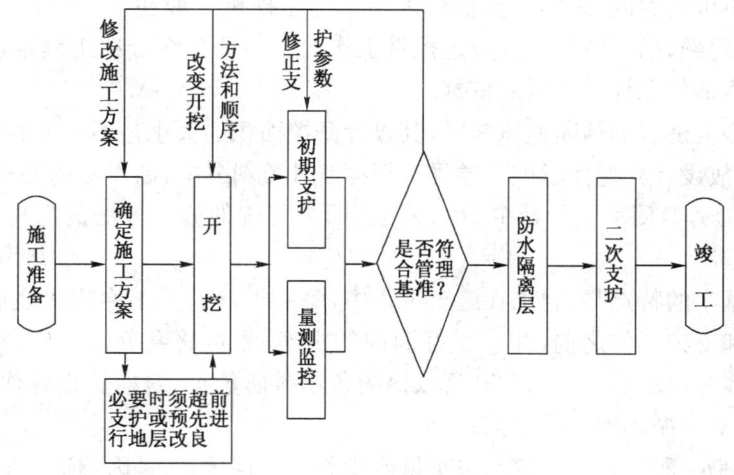

图 4-21　新奥法施工程序

根据新奥法的施工技术要求和施工顺序，可划分为：开挖、喷锚(初期支护)、模筑混凝土(二次衬砌)和装饰四个过程。其施工过程主要是开挖、喷锚、模筑混凝土三大工序的循环式流水作业。装饰是整个隧道贯通之后才进行的。

(1)开挖

开挖或称掘进，是先导工作，是龙头，在整个隧道的施工过程中至关重要，故专业分工比较细，通常设有量测画线组、钻孔组、爆破组和清渣等班组，在一般情况下，一个循环的工作时间约为 20h，生产人员约 53 人，施工机械配有空压机、风动凿岩机、大吨位自卸汽车、轮式装载机，以及通风和照明等设备。是以施工机械为主和一般的劳动手段为前提的一种劳动组合形式，每一个工作循环的进尺在 2m 左右。

开挖有两种不同的方法：全断面法和台阶法。开挖的台阶长度以 4～8m 为宜，这样，以利于上半部的石渣自行抛落到路床上，免去需劳力将其扒至台阶的下面，才能采用装载机等机械进行清渣。另外一般双车道隧道，其开挖高度约近 8m，当采用这种台阶法施工时，不仅增加了工作面，还可以减少开挖和初次支护工作所需配置的脚手架的安拆工作，可以取得较好的施工经济效益。台阶法虽然将隧道分为上下两个半部，但在开挖掘进时，仍应同时进行钻孔爆破，一次完成。采用全断面法施工时，则宜采用凿岩台车或其他先进的凿岩设备进行凿岩爆破作业。

新奥法对隧道洞身的开挖爆破，是以毫秒爆破和光面爆破技术，辅以装载机装渣和大吨位的自卸汽车运渣来进行的。所以，对炮位的设置和装药量都有其特殊技术要求和规定。首先是将隧道划分为上下两个半部，分别布孔和采用不同的装药量。由于采用的是毫秒爆破技术，这样，在爆破过程中，因各部位置起爆时间差异的关系，从而增大了临空面，可以减少爆破时对围岩扰动影响的因素，而爆破后的石渣又便于装载机装渣，不需要解小。因此各部位炮位之间的间距以及装药量，也各不相同，其主要目的是在施工过程中通过这些技术措施，以降低爆破时对围岩体的扰动，从而确保围岩的安全。另一方面也能满足采用台阶法爆破施工技术的要求。

围岩横断面的各部设计开挖尺寸，是按照高速公路隧道建筑限界标准加上复合衬砌厚度等确定的设计开挖线，也就是进行编制工程造价和计量支付的计价线，超挖量的问题是隧道工程施工过程中不可避免的，采用新奥法爆破施工的超挖量一般在 15cm 以内。但因公路工程隧道的概、预算定额，已将清除这部分超挖量工作的工料消耗综合在工程定额内，故不能再将其作为编制工程造价和计量支付的依据。

从算出的各类围岩的横断面积来看，其设计开挖面积的大小是不一样的，以致必须衬砌的厚度有所不同，故设计开挖面积就有差异。根据统计资料分析，新奥法的开挖断面约比矿山法少 4.7%～10.0%，其回填量约减少 50%左右，因为传统的施工方法的超挖在 30cm 以上，而且往往还难以控制。

新奥法最基本的特点是，要求在施工过程中，每一循环开挖工序完成之后，在对下一循环中的炮位设计和支护工作之前，注意做好洞内的观察、测量研究分析工作，常简称为“量测”。然后综合围岩体开挖后的实际情况和所取得的各项科研数据，对初始设计作进一步的完善和改进，作为组织下一循环施工的依据。

量测，并不是一般用花杆和皮尺去丈量或检验一下现场，而是因隧道地质的复杂性和不可预见性，初始设计未必完全符合客观实际情况，所以，在施工过程中应边开挖边监测，对地质情况作出预报，据以调整支护形式和施工方案，是隧道施工过程中极为重要的一个工作环节。由于这项工作是在施工中进行的，所以又被称为信息化施工或现场临床诊断式施工。它的主要评价指标是围岩体是否稳定和支护形式是否合理。因此，为了切实做好这一量测工作，在劳动组合中，一般都设有不少于 5 人负责量测画线的专业小组，鉴于它与施工生产的密切关系和不同于一般的现场管理工作，故将其作为一线生产人员，计入劳动定额(概、预算定额)内。也就是说，把它作为组织生产要素的一个重要内容。

(2)喷锚支护

喷锚支护指初期柔性支护，一般在开挖后的渣堆上即开始进行，在开挖后围岩自稳时间的 1/2 时间内完成。喷锚施工一般设有喷射混凝土和锚杆两个班组，这项工作常分为两次进行，一次是在爆破后，经找顶，进行初步清渣和初步喷锚支护，在清渣工作全部结束后，按设计要求完成锚杆、挂钢筋网或铁丝网、喷射混凝土的全部工作。生产人员约 29 人，每一工作循环约需 8h，需要配备混凝土喷射机和凿岩机等设备。

公路隧道衬砌已经普遍采用喷锚技术，即复合式中的外层衬砌工艺。“喷锚”是喷射混凝土、喷射混凝土与锚杆、钢筋网或铁丝网喷射混凝土与锚杆等类型的支护或衬砌的总称。

喷射混凝土有干法喷射和湿法喷射两种。其施工顺序如图 4-22 和图 4-23 所示。根据施工实践经验，在喷射过程中，其回弹量高达50%左右，故应注意做好材料的回收利用，这是一个重要的问题。

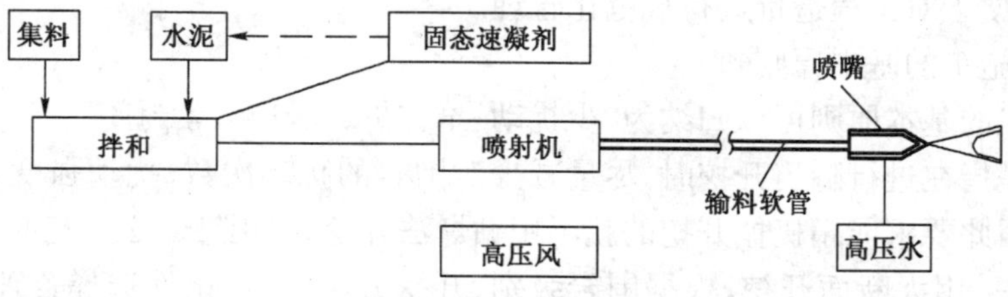

图4-22　干法喷射施工顺序

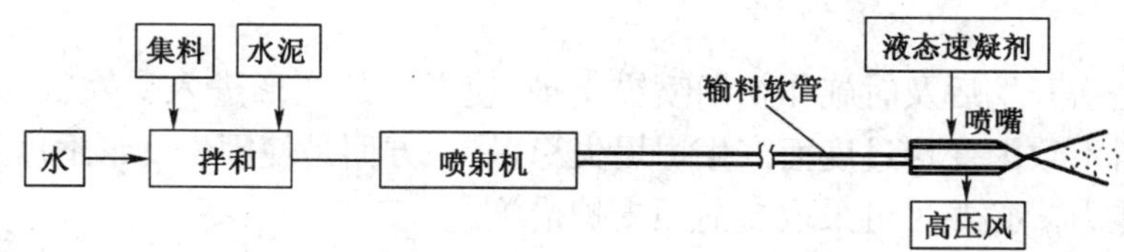

图4-23　湿法喷射施工顺序

喷射混凝土应分段、分片由下而上顺序进行喷射，每段长度不应超过6m。一次喷射的厚度，如不掺速凝剂，拱部为3～4cm，边墙为5～7cm。如掺速凝剂，拱部为5～6cm，边墙为7～10cm。当分多次喷射时，后一层喷射应在前层混凝土终凝后进行。

当隧道处于下列情况时不宜采用喷锚衬砌：

①大面积淋水地段；

②膨胀性地层、不良地质围岩，以及能造成衬砌腐蚀的地段；

③严寒和寒冷地区有冻害的地段。

根据建设实践经验，喷锚衬砌，一般适用于下列情况：

①围岩良好、完整、稳定的地段，可以采用喷射混凝土衬砌；

②在层状围岩中，如硬软岩石互层、薄层或层间结合差，或其状态对稳定不利且可能掉块时，可以采用锚杆喷射混凝土衬砌；

③当围岩呈块(石)碎(石)状镶嵌结构，稳定性较差时，可以采用挂钢筋网或铁丝网的锚杆喷射混凝土衬砌。

锚杆一般采用Ⅱ级钢筋作成，其类型和用途比较多，它与喷射混凝土等共同形成永久性支护。根据施工实践，按新奥法施工的隧道，爆破对围岩扰动的影响范围，最大不会超过1.5m，所以，锚杆的长度一般不应小于1.5m。

(3)模筑混凝土

复合衬砌中的二次衬砌，大都采用现浇混凝土，为有别于喷射混凝土，故习惯称之为模筑混凝土，应采用定型装配式的活动钢模板组织施工，衬砌的内轮廓线应一致，这也是钢模板制造和美观的要求。

模筑混凝土系指立模现浇混凝土，与在露天下现浇混凝土没有大的差异，所不同的是在洞内作业，其模板则宜采用组合式的门式钢支架，便于开挖出渣的汽车通行。

隧道衬砌工作中的另一个重要环节是回填。在开挖过程中因爆破造成超挖，一般约为设计开挖工程量的4%。因此，当按照设计要求做好初次喷锚支护和二次衬砌后，拱部和边墙处存在不同程度的空隙，要求采用现浇混凝土或石砌圬工将空隙回填密实，使各部衬砌与围岩紧密地结合起来，共同承受荷载。回填与二次衬砌同时进行，在施工的全过程中是不可能截然分开的，其目的是便于对工程造价进行规范化管理。

(4)新奥法施工的基本原则

新奥法施工的基本原则可以归纳为“少扰动、早支护、勤量测、紧封闭”。

“少扰动”是指在进行隧道开挖时，尽量减少对围岩的扰动次数、扰动强度、扰动范围和扰动持续时间。因此要求能用机械开挖的就不用钻爆法开挖；采用钻爆法开挖时，要严格地进行控制爆破；尽量采用大断面开挖；根据围岩级别、开挖方法、支护条件选择合理的循环掘进进尺；自稳性差的围岩，循环掘进进尺应短一些；支护要尽量紧跟开挖面，缩短围岩应力松弛时间。

“早支护”是指开挖后及时施作初期喷锚支护，使围岩的变形进入受控状态。这样做一方面是为了使围岩不致因变形过度而产生坍塌失稳；另一方面是使围岩变形适度发展，以充分发挥围岩的自承能力。必要时可采取超前预支护措施。

“勤量测”是指以直观、可靠的量测方法和量测数据来准确评价围岩（或围岩加支护）的稳定状态，或判断其动态发展趋势，以便及时调整支护形式、开挖方法，确保施工安全和顺利进行。量测是现代隧道及地下工程理论的重要标志之一，也是掌握围岩动态变化过程的手段和进行工程设计、施工的依据。

“紧封闭”一方面是指采用喷射混凝土等防护措施，避免围岩因长时间裸露而致使其强度和稳定性的衰减，尤其是对于易风化的软弱围岩；另一方面更重要的是指要适时对围岩施作封闭形支护，这样做不仅可及时阻止围岩变形，而且可使支护和围岩能进入良好的共同工作状态。

四、矿山法

矿山法是一种传统的施工方法，是人们在长期的施工实践中发展起来的。它是以木或钢构件作为临时支撑，待隧道开挖成型后，逐步将临时支撑撤换下来，而代之以整体式厚衬砌作为永久性支护的施工方法。

木构件支撑由于其耐久性差和对坑道形状的适应性差，支撑撤换工作既麻烦又不安全，且对围岩有所扰动，因此，目前已很少使用。

钢构件支撑具有较好的耐久性和对坑道形状的适应性等优点，施工中可以不撤换，也更安全。日本隧道界将以钢构件作为临时支撑的矿山法称为“背板法”。

钢木构件支撑类似于地上的“荷载—结构”力学体系。它作为一种维持坑道稳定的措施，是很直观和奏效的，也容易被施工人员理解和掌握。因此这种方法常被应用于不便采用喷锚支护的隧道中，或处理塌方等。由于衬砌的设计工作状态与实际工作状态不一致，以及临时支撑存在的一些缺陷等，在一定程度上限制了它的发展和应用。

矿山法的基本理论依据是，隧道开挖后受爆破影响，造成围岩体破裂形成松弛状态，随时都有可能塌落。基于这种松弛荷载理论依据，其施工方法是采取分割式按分部顺序一块一块的开挖，并要求边挖边撑以策安全，所以支撑复杂，材料耗用多。由于这种施工方法，因其工作面小，不能使用大型的凿岩钻孔设备和装卸运输工具，故施工进度慢，建设周期长，机械化程度低，耗用劳力多，难以适应现代公路建设工期的需要。

1. 施工程序及基本原则

矿山法施工程序可用框图(图 4-24)表示。

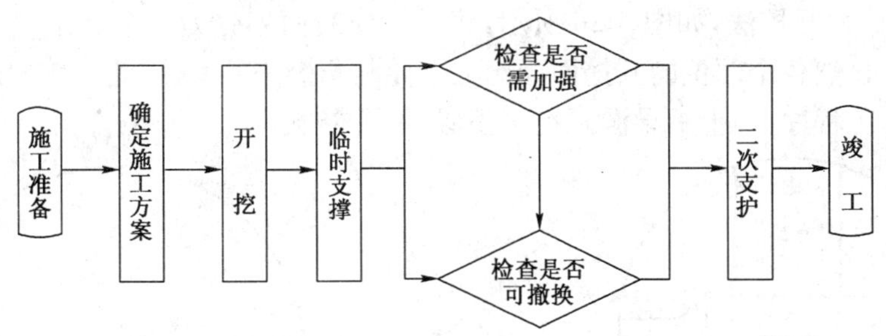

图 4-24　矿山法施工程序

矿山法施工的基本原则可以归纳为“少扰动、早支撑、慎撤换、快衬砌”。

“少扰动”是指在进行隧道开挖时，尽量减少对围岩的扰动次数、扰动强度、扰动范围和扰动持续时间，这与新奥法施工的要求是一致的。采用钢支撑，可以增大一次开挖断面跨度，减少分部次数，从而减少对围岩的扰动次数。

“早支撑”是指开挖后及时施作临时构件支撑，使围岩不致因变形松弛过度而产生坍塌失稳，并承受围岩松弛变形产生的压力——即早期松弛荷载。定期检查支撑的工作状况，若发现变形严重或出现损坏征兆，应及时增设支撑予以加强。作用在临时支撑上的早期松弛荷载大小可比照设计永久衬砌的计算围岩压力大小来确定。临时支撑的结构设计亦采用类似于永久衬砌的设计方法，即结构力学方法。

“慎撤换”是指拆除临时支撑，以永久性模筑混凝土取代，衬砌时要慎重，即要防止撤换过程中围岩坍塌失稳。每次撤换的范围、顺序和时间要视围岩稳定性及支撑的受力状况而定。若预计到不能拆除，则应在确定开挖断面大小及选择支撑材料时就予以研究解决。使用钢支撑作为临时支撑，则可以避免拆除支撑的麻烦和危险。

“快衬砌”是指拆除临时支撑后要及时修筑永久性混凝土衬砌，并使之尽早承载参与工作。若采用的是钢支撑又不必拆除，或无临时支撑时，亦应尽早施作永久性混凝土衬砌。

2. 开挖方法

矿山法的开挖方法比较多，公路隧道常用上下导洞开挖法和下导洞扩大开挖法两种。它具有施工安全，机具设备简单等优点，但施工干扰大，通风、排水、运输条件差。

(1)上下导洞开挖法，如图 4-25 所示，将设计开挖断面划分为 6 个部位，按编码由小到大顺序进行开挖，它适用于各类围岩的隧道，现按顺序说明如下：

①首先开挖下导洞，并从工作面铺设轻便轨道至弃渣处，配以斗车，以人力推运出渣，或用手推车运输出渣。轻便轨道则随洞身的延伸陆续向前接长。

②当下导洞开挖到一定的深度之后，即开始进行上导洞的开挖工作。在上导洞开挖到适当的深度之后，则在上下导洞之间挖一个 80cm×80cm 的方形漏渣孔，以便出渣，将上导洞开挖出来的石渣通过漏渣孔落入下导洞内所敷设的轻便轨道上的斗车内，运弃于洞外。

③当上下导洞都开挖到适当的深度之后，就开始将拱部扩大部分挖除，其开挖长度宜控制在 20～30m 之内，经检查符合设计要求时，即可进行拱部衬砌。

④在拱部衬砌到一定长度之后，才能分段(2～4m)间错将中槽和马口两部分挖掉，随之将边墙衬砌好，常称为先拱后墙法。

矿山法认为围岩体呈松弛状态,要求当上述每一部位在爆破并进行排烟、找顶工序作业之后,应立即做好以木料为主的各部位的临时支撑工作,以免发生岩石塌落。

(2)下导洞扩大开挖法,如图 4-26 所示,将设计横断面划分为三个部位,它适用于围岩条件较好的隧道。显然各个部位的开挖面积比上下导洞开挖法要大,因此开挖的效率要高,但它的基本要求和施工程序,与上下导洞开挖法相似,不再赘述。

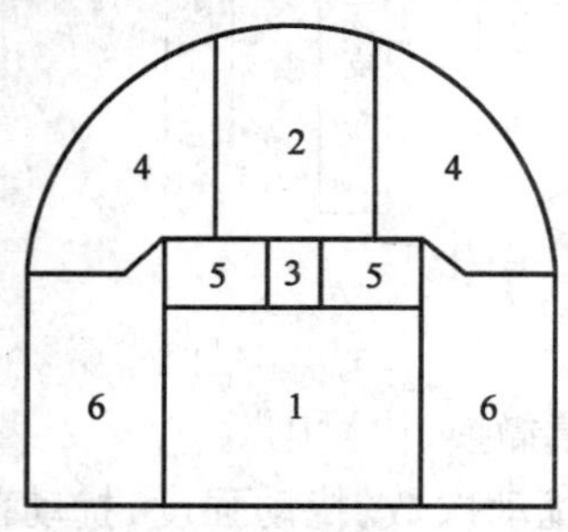

图 4-25 上下导洞开挖法

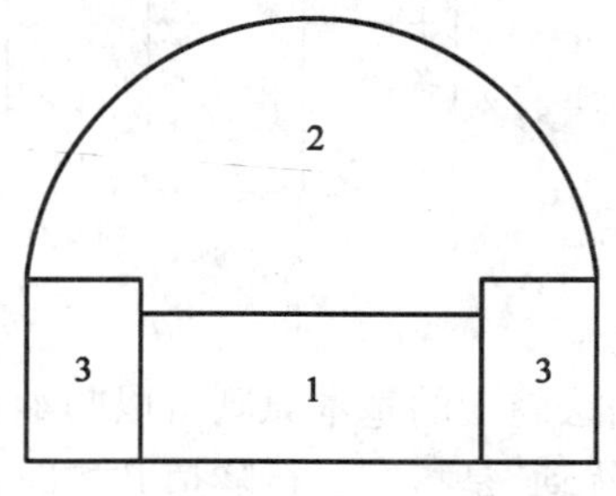

图 4-26 下导洞扩大开挖法

3. 临时支撑的架设和加强

开挖轮廓要尽量平顺,开挖后要及时架设支撑。架设支撑前应清除周边危石,防止落石伤人,称为找顶。

每榀支撑应按要求的中线、高程和断面尺寸架设在隧道横断面内。支撑构件的接头应连接牢固,基脚铺垫应坚实稳固。各榀支撑之间应加设足够的联系,使其构成整体。支撑与围岩之间的楔块应打设紧密,并应对称打设。

对所架支撑应经常检查,发现支撑变形严重、倾斜、沉降,及楔块松脱时,必须立即予以加强或顶替。支撑的顶替应先顶后拆,以免引起围岩的进一步松弛甚至坍塌。

4. 整体式衬砌的施工及回填压浆

按松弛荷载理论设计的隧道永久性模筑混凝土衬砌,其厚度较厚,刚度较大,故相对于复合式衬砌称为整体式衬砌。整体式衬砌的施工应注意以下几点:

(1)模筑混凝土衬砌时,需慎重进行临时支撑的拆除,以免围岩坍塌失稳。每次拆除的范围、顺序和时间要视围岩稳定性及支撑的受力状况而定。若不必拆除或不能拆除临时支撑,则可将其留在衬砌背后或浇筑在混凝土中。但原则上只允许钢构件留在混凝土中。

(2)整体式衬砌的设计中一般并未计入钢支撑的承载作用。事实上,当钢支撑不必拆除或不能拆除时,其支撑作用是存在的。这种不计入就造成一定的浪费,因此有人提出:在整体式衬砌设计时,计入钢支撑的永久承载作用,并相应地适当减薄衬砌厚度。

(3)采用先拱后墙法施工时,应注意处理好墙顶和拱脚连接处的封口,以保证其整体刚度不严重降低。马口开挖应遵循马口开挖原则进行。

(4)矿山法施工,其衬砌背后空隙较多,尤其是拱部有较多背板未拆除时,对于衬砌的受力状态是不利的。因此,应在衬砌混凝土达到一定强度后进行压浆处理。浆液材料多采用单液水泥浆。钻压浆孔时应注意避开未被拆除的钢支撑。

(5)整体式衬砌混凝土的拆模时间,应根据衬砌的受力条件,自重大小及混凝土的强度增长情况由现场试验确定,以保证不会因拆模而导致衬砌变形开裂,一般应符合下列要求:

①对于不承受外荷载的拱、墙,应在混凝土强度达到 5.0MPa 或拆模时混凝土表面和棱角不致被破坏,并能承受自重时方可拆模。

②承受围岩压力较大的拱、墙,应在封口或刹肩混凝土强度达到设计强度的100%时方可拆模。

③承受围岩压力较小的拱、墙,应在封口混凝土达到设计强度的70%时方可拆模。

五、明挖法

明挖法是指挖开地面,由上向下开挖土石方至设计高程后,自基底由下向上顺序施工,完成隧道主体结构,最后回填基坑或恢复地面的施工方法。公路隧道施工中,明洞和棚洞都是采用明挖法施工的。以下以明洞施工为例加以简要介绍。

明洞的施工方法,有先墙后拱法、先拱后墙法和拱墙交替法三种。

1. 先墙后拱法

根据围岩条件,其开挖方法有路堑式开挖法、拱部明挖边墙拉槽(或挖井)法和侧壁导坑先做内墙法,如图4-27所示,它们分别适用于下列不同情况。

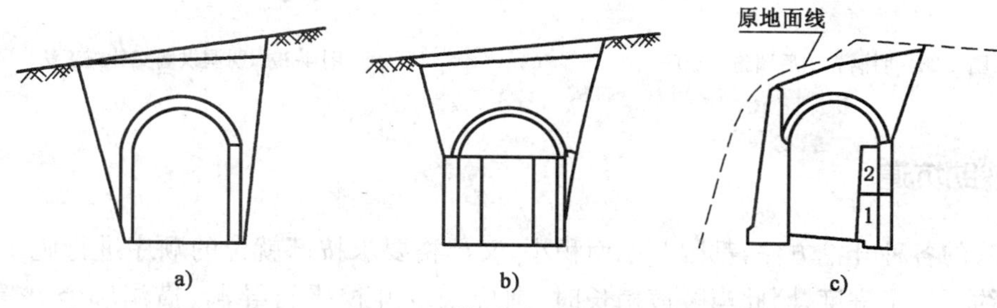

图4-27　明洞先墙后拱施工法
a)路堑式开挖;b)拱部明挖边墙拉槽;c)侧壁导坑

(1)在施工过程中,临时开挖的边坡能保持稳定时,宜采用路堑方法开挖,即明挖直至基底高程,按涉及要求先做好边墙后,安设拱架,修建拱圈。

(2)在土质松软或岩石破碎的地层中施工,如临时边坡不大,开挖后又能保持稳定时,则可采用拱部明挖边墙拉槽的方法开挖,即开挖到拱脚后,从边墙顶到基础底挖成直立的基槽或竖井来修建边墙,待拱圈完成后,再挖洞内全部土石方。

(3)在隧道的一侧覆盖层较薄,土质松散,侧压力较大,则宜采用侧壁导坑先做内墙的方法,即先开挖衬砌内边墙,为避免导洞过高,可分为两次进行,然后明挖衬砌外边墙,最后修建拱圈。

2. 先拱后墙法

先拱后墙法实际上仍是属于上述路堑式的明洞施工方法,因边坡稳定性差,但拱脚地层又有一定的承载能力,即可采用先拱后墙法施工,即将拱部明挖后,随之衬砌好拱圈,然后挖出洞内土石方修建边墙,如图4-28所示,但应分段并左右交错地进行边墙的衬砌,以策安全。

3. 拱墙交替法

若隧道所在位置原地面坡度很陡,一侧处悬控状态,因地形限制不能先砌拱圈,或地层松散,先做拱圈可能产生较大沉陷时,则宜采用拱墙交替法进行施工。即先将悬空面的边墙做好,然后明挖修建拱圈,最后再修建另一侧的边墙,如图4-29所示。

明洞顶部的填土厚度,应根据实际确定,为防护一般的落石、崩坍危害时,填土的厚度不宜小于2.0m，当保护洞口的自然环境，则应按山坡的自然坡度填土。立交明洞上的填土高度，则应符合管理、铁路、沟渠及其他人工构造物的表高、自然环境以及美化要求和明洞的结构设计等综合考虑，合理确定。

在明洞施工过程中，要注意做好明洞的拱背和墙背的回填工作，拱脚处应用贫混凝土。边墙背后超挖部分，宜用片石混凝土或M7.5砂浆浆砌片石紧密回填。

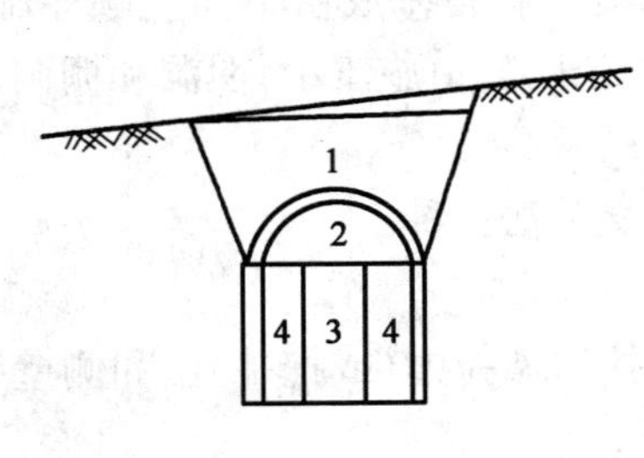

图4-28 明洞先拱后墙施工顺序

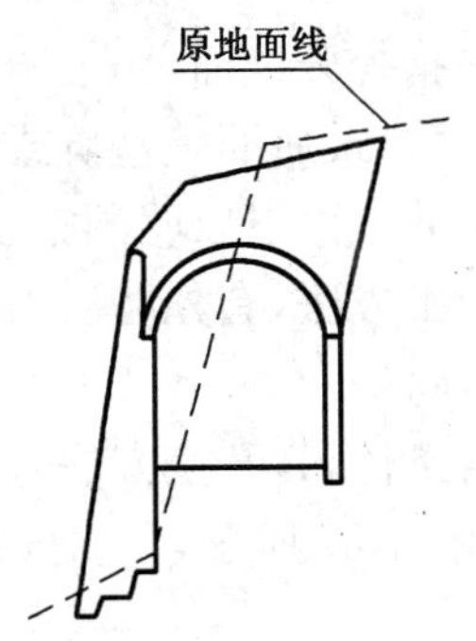

图4-29 明洞拱墙交替施工法

六、辅助坑道

矿山法的各种开挖方法，都因开挖面积小，又严格要求按部就位的顺序进行施工操作，以致严重制约了施工进度，因此当隧道稍长时，则应采取开挖平行导洞、横洞和竖井等辅助坑道来增加工作面，便于施工出渣、进料，加快施工进度，达到缩短施工工期的目的，当然工程费用也要相应增多。其开挖断面一般为4～6m²，由于存在上述缺点，故实际工作中已较少采用。

1. 平行导洞

一般适用于深埋的山岭隧道，或当不宜采用其他辅助坑道、地质条件比较复杂和有大量地下水的隧道，它能起到探测地层变化，了解掌握围岩情况，遇到塌方和涌水等情况时，还可起安全通道和通风的作用，但开挖导洞工作量大，工程造价高，是很不经济的。

2. 横洞

一般适用于沿河隧道，具有出渣、进料运距短等优点，但洞身应向洞外设置不少于0.3%的下坡，以利出渣运输和排水。

3. 竖井

一般适用于埋置深度浅、地质条件好，而又无开挖横洞等辅助坑道条件的隧道，宜设在隧道一侧的适当距离处，虽能增加工作面，加快进料进度，但出渣受到限制，因要垂直吊运出渣，费工费时。

第四节 开挖面的稳定与辅助稳定措施

随着开挖技术、喷锚支护技术、地层改良技术的研究应用和发展，出现了许多辅助稳定措施，从而使得现代隧道工程施工的开挖和支护变得更简捷、及时、有效、彻底，也更具有可预防性和安全性。

隧道施工中常用的辅助稳定措施有：

- 稳定工作面
  - 留核心土挡护开挖面
  - 喷射混凝土封闭工作面
- 超前锚杆锚固前方围岩
- 临时仰拱封底
- 管棚超前支护前方围岩
  - 短管棚
  - 长管棚
  - 插板
- 注浆加固围岩和堵水
  - 超前小导管注浆
  - 超前深孔围幕注浆

上述辅助稳定措施的选用应视围岩地质条件、地下水情况、施工方法、环境要求等具体情况而定，并尽量与常规施工方法相结合，进行充分的技术经济比较，选择一种或几种同时使用，见图 4-30 和图 4-31。下面就几种辅助措施作简要介绍。

图 4-30　管棚施工

图 4-31　超前地质预报

1. 超前锚杆

超前锚杆是沿开挖轮廓线，以稍大的外插角，向开挖面前方安装锚杆，形成前方围岩的预锚固，在提前形成的围岩锚固圈的保护下进行开挖等作业，如图 4-32 所示。

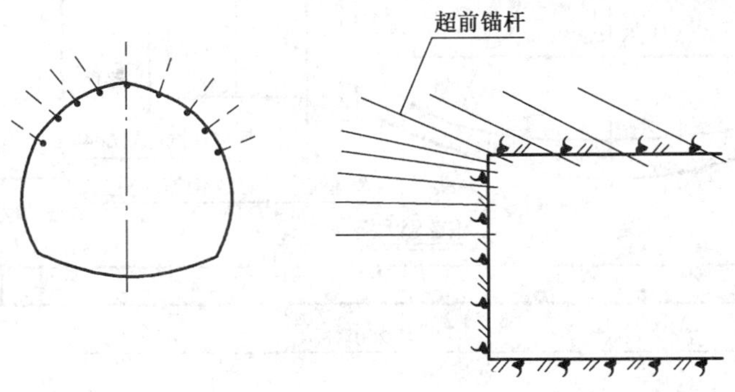

图 4-32　超前锚杆预锚固围岩

2.管棚

管棚是利用拱架与沿开挖轮廓线，以较小的外插角，向开挖面前方打入钢管或钢插板构成的管棚来形成对开挖面前方围岩的预支护，如图 4-33 所示。

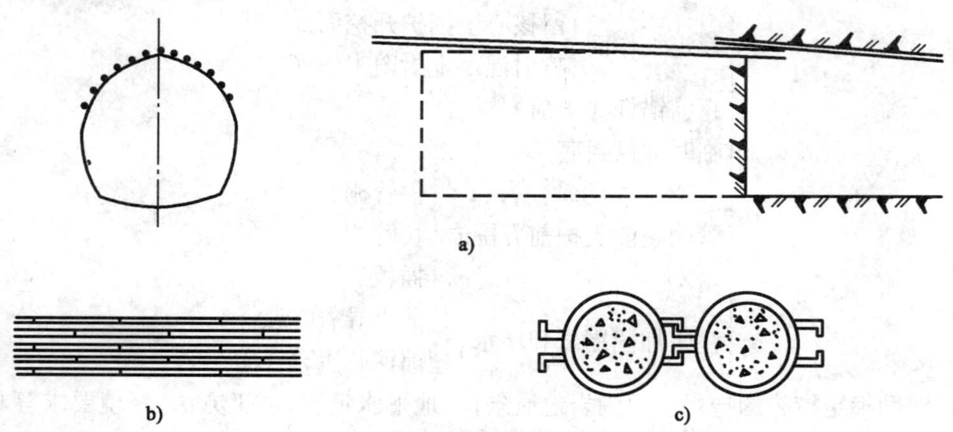

图 4-33 管棚预支护围岩(长管棚)

a)管棚的环向布置；b)管棚钢管纵向错接；c)钢管端部横向连接

采用长度小于 10m 的小钢管的管棚称为短管棚；采用长度为 10～45m 且较粗钢管的管棚称为长管棚；采用钢插板(长度小于 10m)的管棚称为板棚。管棚的导管环向间距一般为 30～50cm，两组管棚间纵向应有不小于 3.0m 的水平搭接长度。导管外径 80～180mm，长度 10～45m，分段长 4～6m。注浆孔孔径 10～16mm，呈梅花形布置，间距 15～20cm，管棚示意见图 4-34。

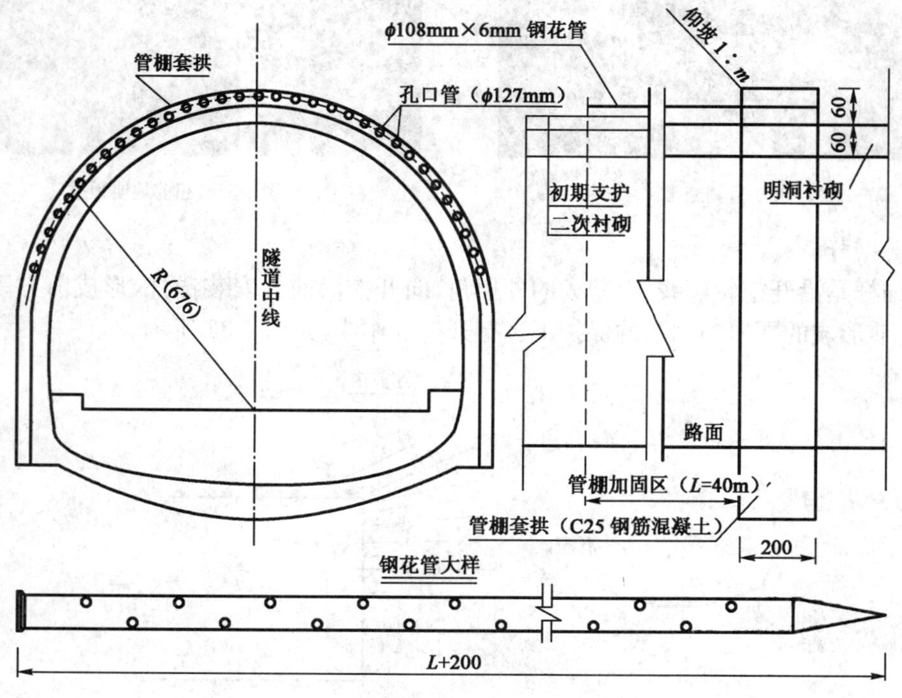

图 4-34 管棚(尺寸单位：cm)

3. 超前小导管注浆

超前小导管注浆是在开挖前，先用喷射混凝土将开挖面和5m范围内的坑道封闭，然后沿坑道周边向前方围岩内打入带孔小导管，并通过小导管向围岩压注起胶结作用的浆液，待浆液硬化后，坑道周围岩体就形成了有一定厚度的加固圈。在此加固圈的保护下即可安全地进行开挖等作业。若小导管前端焊一个简易钻头，则可钻孔、插管一次完成，称为自进式注浆锚杆，如图4-35所示。

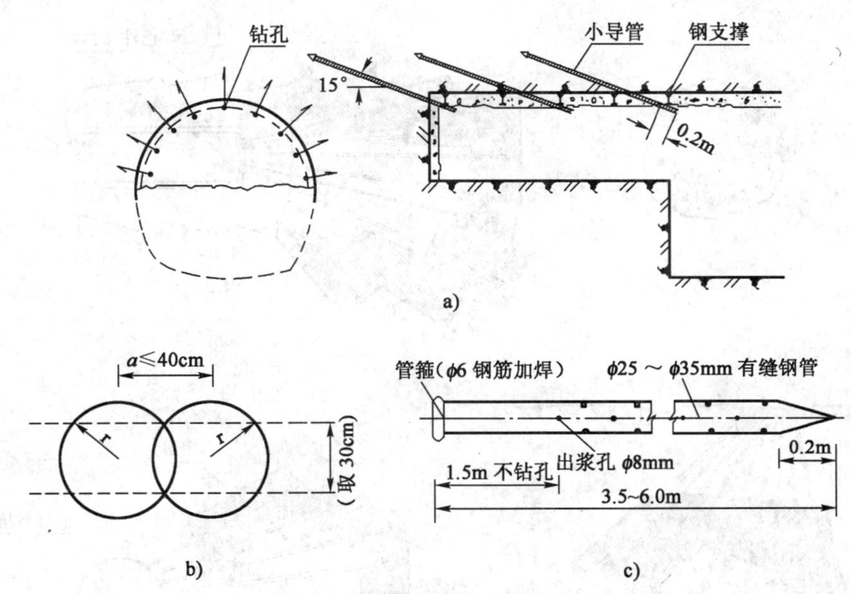

图4-35　超前小导管注浆预加固围岩

a)超前小导管布置；b)注浆半径及孔距选择；c)小导管全图

主要工序及施工要点：

(1)小导管钻孔安装前，应对开挖面及5m范围内坑道喷射5～10cm厚的混凝土封闭。

(2)小导管一般采用ϕ32mm的焊接钢管或ϕ40mm的无缝钢管制作，长度宜为3～6m，前端作成尖锥形，前端管壁上每隔10～20cm交错钻眼，眼孔直径宜为6～8mm。

(3)钻孔直径应较管径大20mm以上，环向间距应按地层条件而定。渗透系数大的，间距应加大，一般采用20～50cm；外插角应控制在10°～30°之间。

(4)小导管插入后应外露一定长度，以便连接注浆管，并用塑胶泥将导管周围孔隙封堵密实。

4. 超前深孔围幕注浆

上述超前小导管注浆，对围岩加固的范围和加固处理的程度是有限的，作为软弱破碎围岩隧道施工的一项主要辅助措施，它占用时间和循环次数较多。因此，在不便采用其他施工方法时，深孔预注浆加固围岩就较好地解决了这些问题。注浆后即可形成较大范围的筒状封闭加固区，称为围幕注浆。

注浆机理及适用条件。注浆机理可以分为两种：一种是对于破碎岩层，砂卵层，中、细、粉砂层等有一定渗透性的地层，采用中低压力将浆液压注到地层中的空穴、裂缝、孔隙里，凝固后将岩土或土颗粒胶结为整体，称为渗透注浆；另一种是对于颗粒更细的黏土质不透水(浆)地层，采用高压浆液强行挤压孔周，使黏土层劈裂成缝并充塞凝结于其中，从而对黏土层起到了挤压加固和增加高强夹层加固作用,称为劈裂注浆。

预注浆一般可超前开挖面30～50m,可以形成有相当厚度的和较长区段的筒状加固区,从而使得堵水的效果更好,也使得注浆作业的次数减少,它更适用于有压地下水及地下水丰富的地层中,也更适用于采用大中型机械化施工。

如果隧道埋深较浅,则注浆作业可在地面进行;对于深埋长大隧道可利用辅助平行导坑对正洞进行预注浆,这样可以避免与正洞施工的干扰,缩短施工工期,见图4-36。

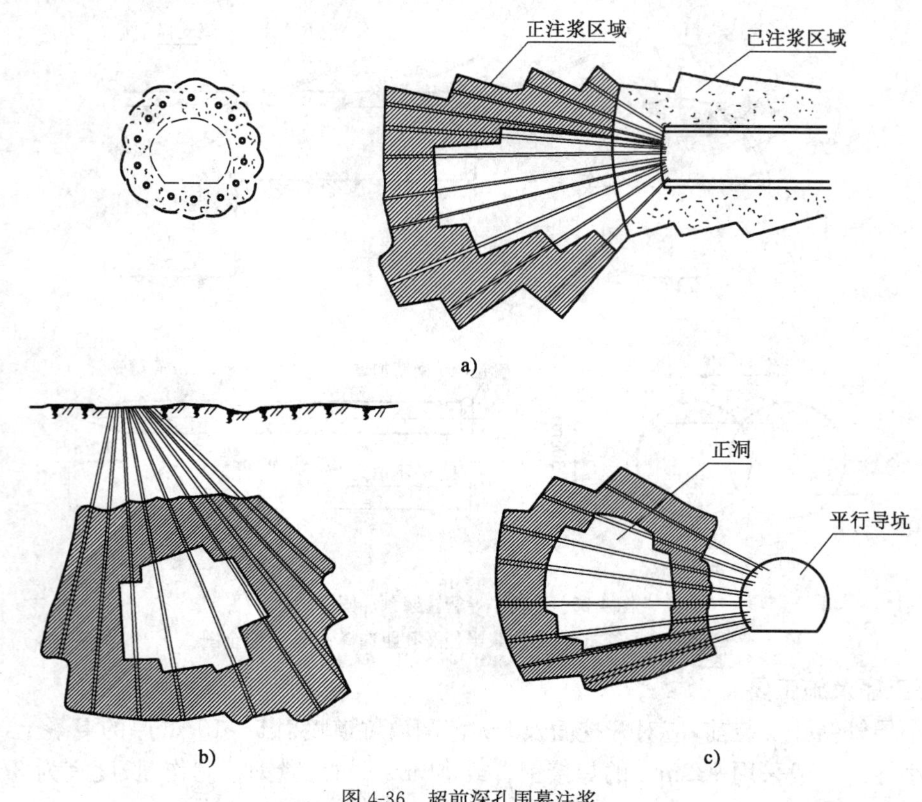

图4-36 超前深孔围幕注浆

a)洞内超前注浆;b)地表超前注浆;c)平导超前注浆

第五节 隧道工程的工程量计算与造价分析

一、工程量计算

1. 洞口土石方

土石方体积以天然密实体积(自然方)计算,回填按压实后的体积(压实方)计算,工程量根据设计图纸所示尺寸,按不同土壤类别,以立方米计算。土石方运距根据施工组织设计确定,并按填、挖方体积重心间距计算。

平整场地、原土夯实(碾压)按设计图纸或施工组织设计确定,以平方米计算。

2. 洞门

洞门工程量,根据设计图纸按不同砌筑圬工类别及附属工程项目,以立方米计算。洞门装饰则按设计图纸要求，以平方米计算。

3.洞身

洞身开挖工程量，根据不同围岩类别，不同开挖方式和施工方法、不同的支护类型等，分别按设计断面及允许超挖回填数量，以立方米计算。

隧道根据不同衬砌类型、不同围岩类别、不同隧道长度、不同衬砌材料，按设计图纸以立方米计算。

4.支护

喷射混凝土应按喷射厚度乘以喷射面积，以立方米计算。

锚杆、钢支撑、钢筋网和超前小导管等按设计图纸计算。

5.防排水

截水沟和排水沟等的土石方及砌筑工程量，按设计图纸计算。

盲沟、止水带、防水板及喷涂均按设计图纸，以平方米计算。

注浆按不同围岩类别，根据设计要求采用有关数据及计算公式进行计算。一般单液压浆的注浆量可根据扩散半径及岩石裂隙率，按下式估算：

$$Q = \pi r^2 H\eta\beta$$

式中：Q——注浆数量（m^3）；

r——浆液扩散半径（m），见表4-8；

H——压浆深度（m）；

η——围岩的裂隙率，见表4-9；

β——浆液在围岩裂隙内的有效填充系数，视围岩类别而定，一般为0.3～0.9。

浆液扩散半径　表4-8

裂隙宽度（cm）	<0.5	0.5～3.0	>3.0
浆液扩散半径（m）	2	4	6

围岩的裂隙率　表4-9

围岩类别		V	IV	III	II	I
围岩裂隙率（%）	硬岩	3～5	3～5	2～3	1～2	0～1
	软岩		2～3	1～2		

二、造价分析

现行的《公路工程概算定额》、《公路工程预算定额》中，隧道工程一章中的“机械开挖自卸汽车运输”是根据新奥法的原理编制的，故按新奥法设计和施工的公路隧道的造价编制和计量支付，只能以该部分定额作为计算依据。

隧道工程一章中的“人工开挖（手推车运输）”和“机械开挖轻轨斗车运输”两项是根据矿山法施工的技术特点制定的，它是按矿山法设计和施工的公路隧道编制造价和计量支付的依据。

由于明挖法施工的隧道，其主体结构施工与地面上的工程施工相似，因此，现行定额中未编制专门的定额项目。故编制明挖法施工的公路隧道的造价和进行计量支付时，应分别按路基工程和桥涵工程中类似的定额项目作为计算依据。

第六节　长大隧道施工

一、特长隧道的掘进问题

隧道是一个狭长的地下建筑物，正常情况下，只有进、出口两个工作面，相对于桥梁、线路工程来说，施工速度比较慢，工期比较长，一些长大隧道往往会成为控制全线通车的“关键性工程”，或称“卡脖子工程”，为加快长大隧道的施工进度，我国在以往的隧道建设中，通常是利用平行导坑、横洞、竖井及斜井等所谓的辅助坑道，增加工作面，实现“长隧短打”。由于平行导坑很少被扩建为H线，因此，这种做法的费用很高。在国外，4～6km的隧道一般不设辅助坑道，尽量减少辅助坑道，充分发挥进出口的功能，降低造价。目前，我国隧道的独头施工长度也在逐年增加。因此，在工作面数目一定的条件下，如何加快隧道的掘进进度是十分重要的，而掘进速度与所选择的掘进方法密切相关，隧道的掘进方法基本上可以分为矿山法、掘进机法、沉管法、顶挖法、明挖法等。

矿山法，因最早应用于采矿而得名。由于多数情况下，矿山法都采用钻眼爆破进行开挖，故又称钻爆法(drilling and blasting)，它包括传统的矿山法和新奥法，有时为了强调新奥法与传统矿山法的区别，将其从矿山法中分出，另立系统。

掘进机法包括隧道掘进机(Tunnel Boring Machine)法和盾构掘进机(Shield Tunneling Machine)法，前者适用于岩石地层，后者适用于土质围岩。

沉管法、顶挖法、明挖法主要用于修建水底隧道、城市地铁及埋深很浅的山岭隧道等。

因此，可供特长山岭隧道选择的只有钻爆法、隧道掘进机(TBM)法及钻爆和隧道掘进机(TBM)法相结合的掘进方法。

二、特长隧道的施工机械化配套

长大隧道要实现快速施工，必须做好机械化配套工作。施工机械化配套原则包括：施工机械与施工方法配套；动力选型以电一液为主；单机选型要考虑质里可靠、高效、经济合理、维修方便、机械设备生产能力匹配。

机械配套必须注意解决的几个关键问题：

(1)施工进度既取决于机械化程度和配套设备的生产能力，更取决于机械设备的管理，有效地将设备的故障停机率降低到最低限度，以保证施工生产的正常进行。

(2)要解决好零配件与整抓的寿命匹配问题，尤其是一些部件备品，要有一定的预见性，现场应备足。

(3)要解决好施工机械设备的配套衔接问题，大型设备进洞，必须考虑与之相适应的运输设备和通道。

(4)应将洞内通风防尘与防排水机械纳入机械化配套中。

(5)应根据实际情况和工程需要准确调整好开挖运输、喷锚支护、防水衬砌三条作业线工序和合理间距，尽可能减少施工各环节的相互干扰。

三、特长隧道的施工通风问题

隧道施工中，由于钻眼、炸药爆破、装渣、喷射混凝土、内燃机械和运输汽车的排气、开挖时地层中放出有害气体等因素，使洞内空气中氧气含量大大减少，且混杂各种有害气体与粉尘，造成洞内空气污浊。随着隧道开挖不断向山体深处延伸，洞内温度和湿度相应提高，对洞内作业人员的健康产生较严重的影响。在金寨特长隧道分段独头掘进，人工钻爆法开挖，无轨运输的情况下，施工通风难度大。

利用钻爆法进行隧道施工时，凿岩、爆破、装运石渣、喷射混凝土（特别是干喷）等作业及运输机械的开动，会产生大量粉尘和有害气体，如 CO 和 NO_2 等，煤系地层中的隧道，还存在瓦斯，致使洞内空气质量严重恶化。污浊的空气不仅有损于施工人员的身体健康，降低工作效率，影响洞内照明，而且会因洞内缺氧，使内燃设备效率降低，废气排放量增多，使空气质量进一步恶化。

射流通风是一种较理想的纵向式通风，由许多方面综合形成的整体优势中，对气流状态所具有的调控能力是其显著特点之一。利用射流风机的调节作用，不仅可在大规范内进行不同幅度的速度调节（增大或减小），而且还可按照要求控制纵向气流的方向（正向与逆向）。同样，通过风机调节也可改变火灾气流的状态，烟雾的扩散特性也随之改变。

四、特长隧道施工时的地质灾害问题

由于受到内力和外力地质作用的联合影响，风化卸载带及其附近的新鲜岩带内各种成因、不同序次的非连续结构面十分发育，使其成为岩石圈中连续性、整体性最差的圈层。同时，该层位又是地下水最主要的赋存场所，地球的陆地部分就像被笼罩在一层饱水的海绵里一样。此外，来自地核的热能还通过传导、对流等方式向地表散射，即存在所谓的地温梯度。不仅如此，地球表面还存在一系列地温异常区，构造发育的褶皱山系就是地温异常的多发区之一。煤层、煤系地层是十分普遍的岩性组合之一，作为隧道围岩，其中蕴涵的瓦斯对于隧道施工是一个巨大的威胁。

因此，隧道工程往往是修建在由水、岩、热、气等构成的一个复杂的巨型系统之内的。天然情况下，该系统具有自身的（动态）边界（力学、补给或排泄），系统各构成要素或不同要素之间维系着一种动态平衡或祸合动态平衡的关系。隧道的开挖，相当于在一定空间范围内改变了系统的边界（对于岩体）或增加了输出边界（对于流体），这样，系统本身就必然按照其固有的运动规律对此作出反应，具体表现则为隧道附近一定范围内的围岩破坏，水、热、瓦斯气向隧道排泄。当这种反应形式过于强烈时，便演化为施工地质灾害。

第七节　连拱隧道施工简述

一、连拱隧道的技术特点

连拱隧道在高速公路中主要修建在山岭重丘区埋深不大的丘陵部，在市区主要修建在受特殊地理条件限制或有特殊要求的区域。

连拱隧道与一般分离式隧道的根本不同点在于连拱隧道特有的连体形结构(连拱隧道特有的中隔墙结构),因而综观全世界的双连拱隧道,根据中隔墙的特点可以将连拱隧道的断面形式分为整体式和分片式两种。

国内已建成的双连拱隧道基本上都采用了整体式中墙的断面形式,国外也有部分连拱隧道采用了该种断面形式,在该种断面形式中,根据中墙形状的不同又可分为直中墙和曲中墙两种。

分片式中墙断面形式较整体式中墙断面形式出现得晚。因分片式中墙在结构整体受力及中隔墙防排水等方面克服了整体式中墙断面形式的不足,故国外已普遍采用了。近年来国内也有从整体式中墙断面形式向分片式中墙断面形式转化的趋势。到目前为止,所有分片式中墙均采用曲中墙断面形式。

隧道跨度是由隧道净空决定的,而隧道净空是由行车道数、侧向宽度、余宽和中墙宽等众多因素决定的。由于中墙宽度、两侧余宽和车道宽度等的标准和取值不同,各双连拱隧道的跨度就有所不同,一般双向 4 车道的跨度为 22～26m,双向 6 车道的跨度为 30～38m ,相同条件下分片式中墙断面形式较整体式中墙断面形式的跨度大,曲中墙断面形式的跨度较直中墙断面形式的跨度大。

二、连拱隧道的施工方法简述

较早的连拱隧道都比较注重地层预加固和隧道的初期支护,中墙也相对较厚,日本飞鸟山隧道就采用了地层超前支护配合中导洞半断面的施工方法。

经过近 40 年的发展,日本和欧洲各国连拱隧道的施工方法和施工技术已经相对成熟。经调查统计,日本和欧洲根据双连拱隧道的跨度和地质条件有中导洞半断面施工方法、三导洞施工法、配合 CRD 法的中导洞施工方法、配合盾构法的中导洞施工方法以及特殊地质条件下的超浅埋超大断面特殊的先填后挖施工方法等。

我国连拱隧道主要采用三导洞施工法,中隔墙在中导洞中的位置有居于正中和偏于一侧两种,除了三导洞法以外,在高速公路隧道中还有分片式施工方法和城市铁路特殊中导洞施工方法等其他施工方法。

中外学者都认为:导洞的目的在于修建中墙和边墙,进而为主洞的支护体系提供支撑点,故地质条件和隧道的跨度决定了施工方法,施工方法与导洞数量有着密切的关系。

三、连拱隧道的防排水措施

隧道结构的防排水一直是隧道建设中的一大难题,由于连拱隧道特殊的结构形式和复杂的施工顺序,隧道结构的防排水问题就显得尤为重要,特别是整体式中墙结构拱圈与中墙顶雁形部的防排水问题就更加突出。现阶段国内防排水设计应遵循“防、排、截、堵相结合,因地制宜,综合治理”的原则,以达到排水通畅,防水可靠,经济合理,不留后患的效果。当前连拱隧道防排水的思路和技术主要有以下几方面。

1. 二次衬砌以外

二次衬砌以外的防排水包含初期支护外侧的防排水和初期支护与二次衬砌之间的防排水两层含义。初期支护外侧的防排水主要通过采用超前帷幕注浆、深孔预注浆以及超前小导管注浆等措施,在隧道支护外侧形成一定厚度的注浆止水区,以达到较好地封闭地下水及构造形裂缝的目的;初期支护与二次衬砌之间的防排水主要采用在初期支护与二次衬砌间铺设封闭防水层的方法,将地下水拒于二次衬砌之外,通过防水层将水引至边墙及中墙的排水盲沟,再由洞内水沟排出洞外。

2. 二次衬砌混凝土

二次衬砌混凝土防排水包含结构自身(材料)的防水与施工缝和变形缝的防水两层含义。二次衬砌混凝土结构自身的防水主要通过采用具有一定抗渗能力的防水混凝土材料(如抗渗等级,有冻害地段及最冷月平均气温低于−15℃地区不低于S8,其余地区不低于S6)达到防水的目的,施工缝和变形缝可采用遇水膨胀的橡胶止水条、橡胶止水带等,还可采用铺设背贴式塑料止水带等方式进行防水。

3. 特殊部位

连拱隧道特殊部位主要指中隔墙顶部拱圈与中墙连接的雁形部汇水区域,该区域的防排水是整个连拱隧道防排水的关键所在。

目前连拱隧道的中墙主要有整体式中墙、分片式中墙脚部支撑二次衬砌和复合片式中墙仰拱支撑二次衬砌三种形式。如果连拱隧道采用后两种结构形式,隧道防排水相对容易。脚部支撑二次衬砌中墙顶部雁形区域的水可以从中墙脚排出,仰拱支撑二次衬砌的结构一与两个独立的单洞排水体系相同。由于整体式中墙结构形式的特殊性,中墙顶部雁形区域的水一般采用“排”的指导思想,具体做法为在中墙顶设置纵向盲沟,盲沟与竖向引水沟相连,再将水排往洞内侧边水沟中。

第八节　小间距隧道施工简述

一、小间距隧道的技术特点

在《公路隧道设计规范》(JTG D70—2004)中有这样的规定:高速公路、一级公路一般应为上、下行分离的两座独立隧道。两相邻隧道最小净距视围岩级别、断面尺寸、施工方法、爆破震动影响等因素确定,一般情况下可按规定选用。

由于有了这样的规定,在通常情况下,公路隧道的形式主要有两隧道间距符合规范要求的隧道和连拱隧道两种结构形式。随着我国公路建设的不断发展,隧道间的最小净距所带来的选线、土地征用、环境保护等多方面的矛盾日益突出,两隧道间间距小于规范规定的小净距隧道的兴建成为高等级公路建设中的必然,小净距隧道的设计、施工方法的研究工作也正在开展。

单纯从定义而言,净距小于规范规定的隧道均可称为小净距隧道,但从替代连拱隧道而言,净距为5m左右的隧道具有很高的经济和工程价值。小净距隧道的围岩力学特点表明。隧道在设计、施工中必须慎重对待中夹岩的稳定性,应采取必要的设计、施工措施,确保小净距隧道施工安全。

二、小间距隧道的施工方法

隧道开挖方法的选择应首先着眼于工程的安全性,然后再根据各级围岩长度、施工能力、施工机具配置、工序转换等多方面因素加以综合考虑(表4-10)。

双车道小净距隧道推荐采用的开挖方法　　表 4-10

围岩级别	施工方法	开挖顺序图例(以左洞先行为例)		
		1	2	3
I	①单侧壁导洞法	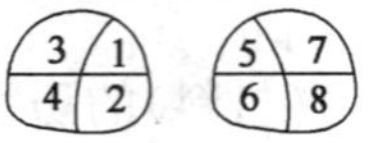 3 1 4 2　5 7 6 8		
II	①单侧壁导洞法 ②上下台阶与正向侧壁导洞组合法	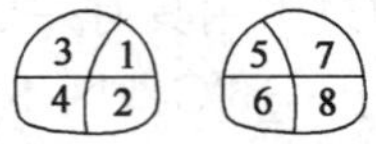 3 1 4 2　5 7 6 8	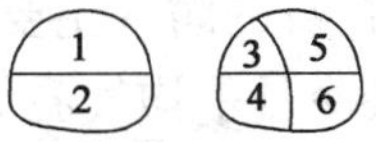 1 2　3 5 4 6	
III	①上下台阶与正向侧壁导洞组合法 ②上下台阶与反向侧壁导洞组合法 ③上下台阶法	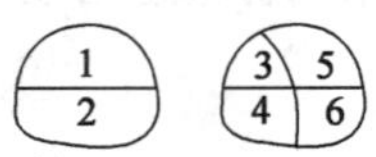 1 2　3 5 4 6	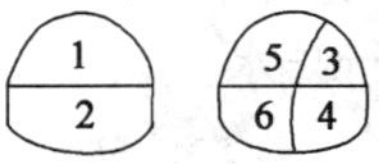 1 2　5 3 6 4	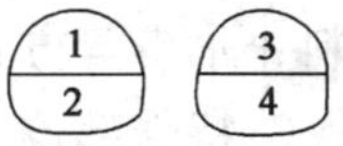 1 2　3 4
IV	①下导洞先行预留光爆层法 ②上下台阶法	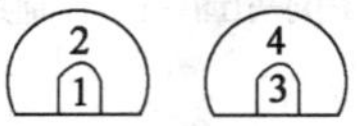 2 1　4 3	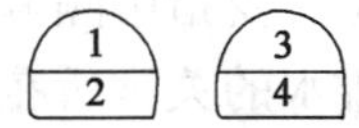 1 2　3 4	
V、VI	①下导洞先行预留光爆层法 ②全断面爆破法	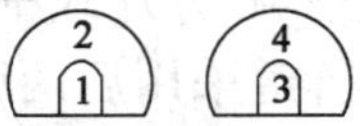 2 1　4 3	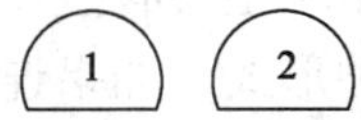 1　2	

对于I级围岩段建议:①仅推荐单侧壁导洞法进行开挖;②I级围岩开挖前,应按设计进行围岩超前预加固和地表加固。

对于围岩级别为II级的土质隧道、浅埋隧道、偏压隧道,建议均应按正向单侧壁导洞法进行开挖,主要基于以下几方面的原因:①计算表明,单侧壁导洞与台阶法相比,引起的地表沉降约为台阶法的60%,其拱顶位移为台阶法的82%,边墙位移仅为台阶法的63%。为减少开挖对中夹岩的扰动,发挥中夹岩的自承能力,单侧壁导洞法应是首选。②经验表明,坡、残积土在地下水不丰富的情况下,一般稳定性较好,但在富存地下水的情况下稳定性会非常差。如果冒然以台阶法开挖进洞,常常在进入地下水位线时,围岩会因地下水的长期软化而强度下降,致使施工陷入拱顶沉降过大、下台阶开挖危险性大等不利局面。因此,在II级围岩条件下的小净距隧道开挖,应首选侧壁导洞法。③开挖浅埋、偏压隧道时,施工对围岩的扰动越大,围岩松动变形后作用于支护上的压力也越大。为避免因围岩变形过大而引起山体下滑,致使初期支护及衬砌开裂的事故的发生,应选侧壁导洞法。④中夹岩处拱脚至拱腰变形量最大,刚性的侧壁初期支护对减小此范围处变形有较大的作用。同时,侧壁导洞法便于及早封闭仰拱,有利于围岩整体稳定。⑤同I级围岩一样,II级围岩一般多采用人工或机械开挖,如爆破开挖。因围岩松软、爆破进尺短、单段药量小,爆破震动也相对较小,因此及时采用正向单侧壁导洞开挖对中夹岩扰动也相对较小。⑥采用正向单侧壁导洞的开挖方法有利于及早对中夹岩进行支护,在进行全断面开挖之前,及早取得中夹岩开挖后的变形量测结果,可为全断面开挖后存在的风险提供超前预报和提前处理的时间。同时,在II级石质围岩中,为方便大型设备发挥其优势,也为方便围岩向高级变化的工序转变,开挖方法也可选用上下台阶与正向侧壁导洞组合法。其中台阶法施工中必须注意上台阶长度对围岩稳定性的影响。

对于III级围岩段,在浅埋、偏压或土质、软质岩石的III级围岩地质条件下,推荐采用上下台阶与正向单侧壁导洞组合的开挖方法。因为:①在先行洞开挖时,由于围岩变形特性同单洞或普通双洞隧道,因此可采用施工工序较为简单的上下台阶法。台阶法施工中应注意上台阶长度对围岩稳定性的影响;②后行洞着重于首先加固中夹岩,利用侧壁钢性临时支护,减小后行洞开挖对中夹岩的扰动;③在土质、软质岩的 III 级围岩条件下,爆破时一般药量较少,因此爆破震动较小,对中夹岩危害较小。

若在硬质岩石的 III 级围岩地质条件下,一方面,可采用上下台阶与反向侧壁导洞组合法进行开挖。因为:①在硬质岩石的 III 级围岩条件下多采用钻爆法开挖,为减少爆破震动对相邻隧道的影响,应将震动最大的爆破远离中夹岩进行。②由于上台阶 3、下台阶 4 已开挖,靠中夹岩的上台阶 5 和下台阶 6 的开挖将有较好的临空面,可在较小药量、较小爆破震动的基础上取得良好的爆破效果,同时也可确保中夹岩的稳定。③硬质岩石的 III 级围岩侧壁导洞的侧壁临时支护一般可采用锚喷支护,而不需要采用钢拱支护,从而方便了上台阶 5、下台阶 6 的爆破施工。④在机具设备可能的情况下,为加快施工进度,可将后行洞上台阶 3、下台阶 4 的分步开挖合为一步进行开挖,同理上台阶 5、下台阶 6 也可合为一步进行开挖。每次开挖进尺不宜超过 3 m。另一方面,也可采用上下台阶法进行开挖。因为:①由于硬质岩石的Ⅲ级围岩已具有一定的自稳能力,因此可采用施工工序简便的上下台阶法进行施工。②计算表明,采用台阶法进行施工,围岩的塑性区随上台阶长度减小而显著减小。台阶长度从 $1D$ 减小到 $0.25D$ 时,塑性区深度减小 42.86%;拱顶沉降减少 54.62%;地表下沉减小 67.53%;地表沉降槽宽度减小 50%以上。因此,在采用台阶法进行施工时,如果没特别的需要,上台阶长度不宜过长,同时下台阶应及时跟进,以便仰拱及时封闭。③台阶法施工时,仰拱施工对上台阶施工干扰较大,因此,上台阶除渣应采用悬吊式皮带输送机,使石渣跨过仰拱施工区段,减少施工干扰,从而加快仰拱封闭速度和总体进度。④如果下台阶及仰拱分左右侧进行开挖、施作,则应首先施作远离中夹岩侧,同时仰拱在未封闭前必须施作锁脚、抗滑移锚杆。

在 IV 级围岩地质条件下,采用超前导洞预留光爆层的开挖方法,主要基于以下原因:①IV级围岩自稳性较好,可采取全断面的开挖方式。②由于有超前导洞临空面的存在,二次扩挖(预留光爆层)的爆破装药量可大大减少,同时爆破震动也可大大减小。③根据国内外有关研究表明,预留光爆层的爆破方法对开挖轮廓以外围岩(围岩松弛带)的破坏与预裂爆破相同,较普通爆破和光面爆破小。④IV 级围岩节理较发育,采用少药量的崩裂式爆破形成的石渣块体体积不大,一般可不作处理便可用作路基填料。在 IV 级围岩地质条件下,也可采用上下台阶法进行开挖。相对于超前导洞预留光爆层法而言,上下台阶法在围岩由高级向低级转化时较为适应,而总体爆破效果较前者差,所需炸药药量较前者多,因此爆破震动控制技术要求较前者高。

对于 V、VI 级围岩段,采用超前导洞预留光爆层法进行开挖时,由于超前导洞临空面的存在,二次扩挖(预留光爆层)的爆破装药量可大大减少,同时爆破震动也可大大减小。爆破震动控制技术要求相对较低,较全断面一次爆破易取得较好的经济效益。V、VI 级围岩条件下在选择采用超前导洞预留光爆层法进行开挖时,应注意炮孔间距和单孔装药量等参数的调整,如果过度节约炸药,爆破形成的渣块体积过大,将不便直接作为路基填料。采用全断面爆破法进行开挖较有利于大型设备的施工,但应在爆破参数设计上严格执行《爆破安全规程》(GB 6722—2003)的规定,切实配合爆破震动测试资料及时调整有关参数,确保相邻隧道衬砌、支护的稳定性和工程安全。

思　考　题

1. 隧道分哪些类型?公路隧道按长度划分为哪几类?为什么要按长度进行划分?
2. 隧道由哪些部分构成?

3. 什么是衬砌？其作用是什么？分哪些类型？

4. 公路隧道有哪些要求？

5. 隧道施工的方法有哪些？公路隧道施工主要采用哪些方法？

6. 矿山法施工和新奥法施工的理论依据是什么？各有什么特点？

7. 简述新奥法施工的施工过程及施工的基本原则。

8. 简述矿山法施工的施工程序及基本原则。

9. 公路隧道在什么情况下不宜采用喷锚衬砌？

10. 简述长大隧道的施工要点。

第五章　桥 涵 工 程

为了保证拟建的公路工程项目连续，河沟水流通畅，船只航行并维持原有道路的交通运输，必须修建各种结构类型的桥梁和涵洞。桥涵工程一般造价都比较高，消耗的各种资源较多，技术要求高，设计和施工也较复杂，施工时间一般都比较长，一旦遭到破坏，又不容易修复。根据资料统计，桥涵工程的造价约占公路总造价的10%～20%，有的甚至高达30%左右。

桥梁的总体规划和设计应根据所设计桥梁的任务、性质和所在路线的远景发展需要，按照适用、经济和适当照顾美观的原则进行。公路桥涵应适当考虑农田排灌的需要，以支援农业生产。靠近村镇、城市、铁路及水利设施的桥梁，应结合个有关方面的要求，综合考虑。

随着科学技术的发展，社会的进步和人们物质、文化生活水平的不断提高，人们对公路交通建设的要求也越来越高，尤其对高等级公路中的桥梁工程建设，提出了以下几点要求：

(1)桥梁的设置要尽可能符合路线布设规定，并服从于路线走向，以确保行车舒适、安全、经济。

(2)桥涵的造型要美观，尤其是城市和风景区的桥梁，其建筑造型往往成为评选方案的重要条件。

(3)桥梁的环保要求严格，以免造成水土流失、破坏生态环境。

(4)桥梁的工程质量要求高，施工期限要求紧，这是取得较好的社会效益的重要前提条件。所以，应尽可能采用工业化和机械化施工。

因此，在现代桥梁建设中，以钢筋混凝土和预应力混凝土为主的建筑材料，以梁、拱、悬索为主要结构体系的桥梁结构，不仅得到了广泛的应用，而且正向大跨度方向发展。

第一节　概　　述

一、桥涵的组成

桥涵主要由上部构造、下部构造、基础和调治构造物四大部分组成，如图5-1所示。

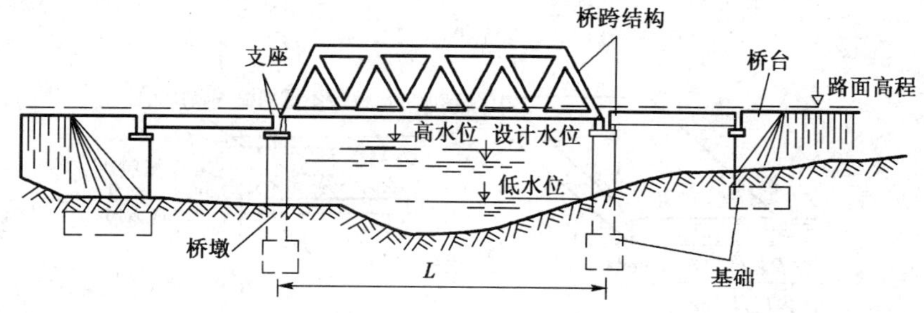

图5-1　桥梁的基本组成

1. 上部构造(即桥跨结构)

它包括承重结构、桥面铺装和人行道三大部分。由于桥梁有梁式、拱式等不同的基本结构体系，故其承重结构的组成各不相同。

承重结构主要指梁和拱圈及其组合体系部分。它是在路线中断时跨越障碍的承载结构。当需要跨越的幅度较大时，除恒载外要求结构物安全地承受车辆荷载，承重结构的构造就比较复杂，施工也相当困难，如图5-2所示。

图5-2 承重结构

承重结构与墩、台的支承处所设置的传力装置，称为支座。

梁式桥的支座，虽体形小，耗费也不多，但起着十分重要的作用。它不仅要传递上部结构的支承反力，而且要保证结构在可变荷载、温度变化、混凝土收缩和徐变等因素作用下的自由变形和桥梁的正常营运。常用的支座形式，有切线式（又称为弧形）和辊轴钢支座、板式和钢盆式橡胶支座、四氟板式橡胶组合支座等，如图5-3所示。

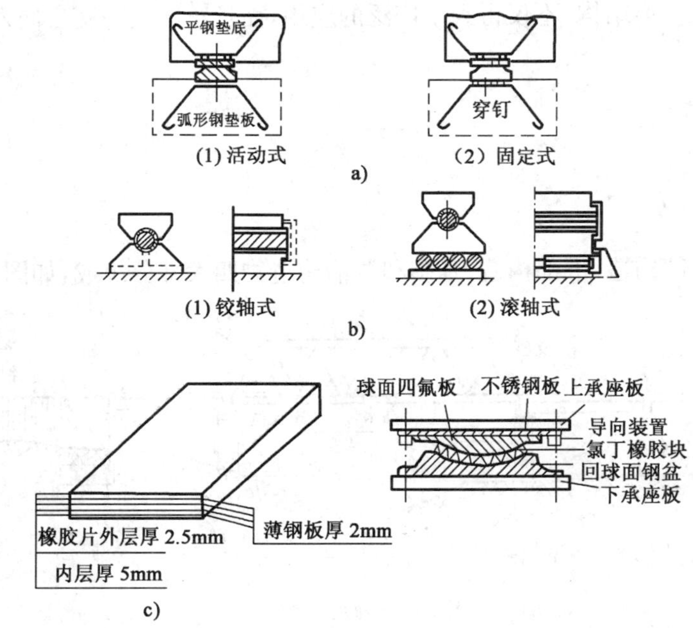

图5-3 梁式桥支座

a)切线式(弧形)钢支座；b)辊轴钢支座；c)板式橡胶支座；d)钢盆式橡胶支座

梁式桥的支座一般分为固定式和活动式两种。简支梁桥应在每根梁(或板)的一端设置固定支座,而在另一端设置活动支座。悬臂梁的锚固跨也应在一侧设置固定支座,另一侧设置活动支座。多孔悬臂梁桥的挂梁支座的设置与简支梁相同。连续梁桥则应在每联的一个桥墩上设置固定支座,而在其余的墩台上都设置活动支座。

切线式钢支座,是由两块厚约 40～50mm 的铸钢制成的,适用于跨径不大于 20m 和支承反力不超过 600kN 的梁桥。

辊轴钢支座适用于较大跨径的梁桥,支座的垫板可采用铸钢,铰轴和滚轴可采用锻钢,滚轴的直径一般在 75mm 以上。

橡胶支座构造简单、加工方便、结构高度小,便于安装和工业化生产,同时它又能适应任意方向的变形,对于宽桥、曲线桥和斜桥具有特别的适应性。此外,橡胶的弹性还能消除上下结构所受的动力作用,对抗振也十分有利。因此,公路桥梁建设中,尤其是高等级公路建设中,橡胶支座得到了广泛的应用。板式橡胶支座一般适用于中小跨径的桥梁,钢盆式橡胶支座适用于大跨径的桥梁,而标准跨径小于 10m 的简支梁、板桥,一般在墩台帽上铺几层油毛毡垫层作为支座(垫层经压实后的厚度不少于 1cm)。

桥面铺装包括混凝土三角垫层、防水混凝土或沥青混凝土面层、泄水管和伸缩缝等。当拱桥且拱上又有土石填料时,还应包括与路线同样的路面结构的垫层和基层。在实际工作中,通常实腹式拱桥上的桥面铺装不计入桥内而归在路面工程中计算。

人行道系包括人行道板和缘石或安全带,以及栏杆、扶手等。高等级公路上的桥梁,如设有防撞护栏者,也属上部构造范围。

2. 下部构造

桥梁的下部工程包括桥台和桥墩或索塔,它是支撑桥跨结构并将永久荷载和车辆等可变荷载传至地基的结构物。

拱桥常用的桥台为实体式的,也称重力式桥台,它由台身、拱座、侧墙或八字墙及台背排水结构等组成。梁、板式桥常用的重力式桥台则包括台身、台帽、侧墙或八字墙及台背排水结构等,柱式、框架式、肋形埋置式桥台则包括台身、盖梁和耳背墙等。

拱桥的桥墩一般为实体式的,由墩身和拱座组成。梁、板桥的桥墩,其结构形成比较多,实体式的包括墩身和墩帽,柱式的则由柱身和盖梁组成。

3. 基础

基础是将桥梁墩、台所承受的各种荷载传递到地基上的结构物,是确保桥梁安全使用的关键部位,有扩大基础(明挖浅基础)、桩基础和沉井基础等不同的结构形式。随着桥梁技术的不断发展,一些新的基础形式(如地下连续墙基础、组合式基础等)也逐渐在桥梁工程中得到应用。

4. 调治构造物

指为引导和改变水流方向,使水流平顺通过桥孔并减缓水流对桥位附近河床、河岸的冲刷而修建的水工构造物。如桥台的锥形护坡、台前护坡、导流堤、护岸墙、丁坝、顺坝等,对保证河道流水顺畅和防止破坏生态环境有着极其重要的作用。

二、桥涵的分类

桥梁与涵洞是技术比较复杂、施工难度比较高的土木工程建筑,在公路建设中通常称为构造物，设计和施工都有其特殊的规定和要求，为适应各方面管理的需要，对桥涵进行了相应的分类。桥涵分类的方法很多，主要按建设规模大小、桥梁结构类型、用途、主要承重结构所用的建筑材料、跨越障碍物的性质、上部结构中行车道所处的位置等进行分类。

1. 按建设规模大小分类

主要是以桥涵的长度和跨径的大小作为划分依据，分为特大桥、大桥、中桥、小桥和涵洞五类。《公路工程技术标准》(JTG B01—2003)规定的划分标准，见表5-1。

桥梁涵洞按跨径分类 表5-1

桥涵分类	特大桥	大桥	中桥	小桥	涵洞
多孔跨径总长 L(m)	$L>1\ 000$	$100\leqslant L\leqslant 1\ 000$	$30<L<100$	$8\leqslant L\leqslant 30$	—
单孔跨径 L_k(m)	$L_k>150$	$40\leqslant L_k\leqslant 150$	$20\leqslant L_k<40$	$5\leqslant L_k<20$	$L_k<5$

单孔跨径系指标准跨径而言。《公路工程技术标准》(JTG B01—2003)规定，标准设计或新建桥涵，当跨径在50m以下时，应尽量采用标准跨径，并规定了从0.75m到50m的各种标准跨径共21种。为了推行标准化设计，交通运输部有关专业部门出版了大量的桥涵标准设计图供设计和施工选用。对于圆管涵和箱涵，不论其管径或跨径的大小、孔数的多少，均称为涵洞。

2. 按桥梁结构类型分类

桥梁上部构造形式，虽多种多样，但按其受力构件，总离不开弯、压和拉三种基本受力方式。由基本构件所组成的各种结构物，在力学上可归纳为梁式、拱式、悬吊式三种基本体系以及它们之间的各种组合。

(1)梁式桥。它是一种在竖向荷载作用下无水平反力的结构，其主要承重构件是梁，由于外力(包括自重和可变荷载等)的作用方向与梁的轴线趋近于垂直，因此外力对主梁的弯折破坏作用特别大，故属于受弯构件。它与同样跨径的其他结构体系相比，梁内产生的弯矩最大，所以，需要用抗弯能力较强的钢筋混凝土或预应力混凝土等材料来修建，如图5-4所示。

梁式桥按其受力特点，可分为简支梁、连续梁和悬臂梁；若就其构造形式而言，则有矩形板、空心板、T形梁、工形梁、箱形梁、桁架梁等不同构造形成。其中，T形梁和工形梁又称为肋形梁。目前在公路建设中应用较广的是钢筋混凝土和预应力混凝土简支梁和连续梁。

(2)拱式桥。其主要承重结构是拱圈或拱肋，在竖向荷载作用下，拱的支承处会产生水平推力(桥墩或桥台将承受这种推力)。由于水平推力的作用，使荷载在拱圈或拱肋内所产生的弯矩比同跨径的梁要小得多，而拱圈或拱肋主要是承受轴向压力，故属于受压构件。因此，通常利用抗压性能较好的圬工(砖、石、混凝土)和钢筋混凝土等建筑材料来修建拱式桥，如图5-5所示。

同时应当注意，为了确保拱桥能安全使用，下部结构和地基必须能经受住很大水平推力的不利作用。

(3)刚架桥。其主要承重结构是梁或板和立柱或竖墙整体在一起的刚架结构，梁和柱的连接处具有很大的刚性。在竖向荷载作用下，梁部主要受弯，而在柱脚处也具有水平反力，其受力状态介于梁桥和拱桥之间。因此，对于同样跨径且在相同荷载作用下，刚架桥的跨中正弯矩要比一般梁桥小，相应地，其跨中的建筑高度就可以做得较矮。刚架桥的缺点是施工比较困难，且梁柱刚结处容易开裂。

图 5-4　梁桥施工

图 5-5　拱桥施工

目前，在公路桥梁中属于刚架结构体系采用较多的桥型有 T 形刚构桥、连续刚构桥及刚构-连续组合梁桥等。

(4)悬索桥，又称吊桥。其主要承重结构由桥塔和悬挂在塔上的缆索及吊索、加劲梁和锚定结构组成。荷载由加劲梁承受，并通过吊索将其传至主缆。主缆是主要承重结构，但其仅承受拉力。这种桥型充分发挥了高强钢缆的抗拉性能，其结构自重较轻，能以较小的建筑高度跨越特大跨度，是其他任何桥型无法比拟的、目前单跨超过千米的唯一桥型，如图 5-6 所示。

(5)组合体系桥(图 5-7)。根据结构受力特点，由几个不同体系的结构组合而成的桥梁称为组合体系桥。其实质不外乎利用梁、拱、吊三者的不同组合，上吊下撑以形成新的结构。组合体系桥一般均可采用钢筋混凝土来建造。对于大跨径桥梁，采用预应力混凝土或钢结构修建为宜。一般来讲，这种桥梁的施工工艺比较复杂。斜拉桥就是一种有代表性而又广泛应用的组合体系桥。

图 5-6　悬索桥

图 5-7　组合体系桥

3. 按用途分类

有公路桥、铁路桥、公路铁路两用桥、城市桥、渡水桥(渡槽)、人行天桥和马桥，以及其他专用桥梁(如通过管道、电缆)等。

4. 按承重结构所用建筑材料分类

有圬工桥(包括砖、石、混凝土桥)、钢筋混凝土桥、预应力混凝土桥、钢桥和木桥等。

5. 按跨越障碍物的性质分类

有跨河桥、跨线桥(立体交叉)和高架桥等。高架桥一般是指跨越深沟峡谷以代替高填路堤的桥梁，或在大城市中的原有道路之上另行修建快速车行道的桥梁，以解决交通拥挤的矛盾。

6. 按上部结构行车道的位置分类

有上承式、下承式和中承式三种。桥面布置在主要承重结构之上者，称为上承式桥；桥面布置在承重结构之下的为下承式桥；桥面布置在桥跨结构高度中间的为中承式桥。除固定式桥梁外，有时根据建设环境和使用要求，还有开合桥、浮桥和漫水桥等形式的桥梁。

现行的公路桥涵设计规范、施工技术规范、预算定额、概算定额和估算指标、公路工程概预算项目的划分，以及建设工程管理的有关规定等，均以上述桥涵工程分类为依据。这样，就便于合理地规范人们从事公路建设活动，确保建设工程的顺利实现。如《公路桥涵设计通用规范》(JTG D60—2004)上就明确地规定："特大、大、中桥梁应进行必要的方案比选，选择最佳的桥型方案"。这就为设计深度提出了极其明确的要求。

三、桥梁工程中常用的技术名词

在公路桥梁建设中，常用到以下专业技术术语。

1. 设计洪水位

在进行桥涵设计时，按照一定设计洪水频率所计算得的水位，称为设计洪水位。根据《公路桥涵设计通用规范》(JTG D60—2004)的规定，一般按桥涵的建设规模和公路等级的具体情况，常用 25 年、50 年和 100 年。高速公路和一级公路中的特大桥则以 300 年内一遇的最大洪水位作为设计洪水位，其目的是充分考虑桥位上游村镇和农田的安全，使其不受壅水淹没的危害。

2. 计算跨径(l)

设支座的桥涵，计算跨径指桥跨结构在相邻两个支座中心之间的水平距离；不设支座的桥涵(如拱桥、刚构桥、箱涵)，其指上下部结构相交面中心间的水平距离。

3. 净跨径(l_0)

设支座的桥涵，净跨径为相邻两墩台身顶内缘之间的水平距离；不设支座的桥涵，其为上下部结构相交处内缘间的水平距离。

4. 总跨径

即净跨径之和。

5. 标准跨径

梁式桥、板式桥涵，标准跨径以两个桥(涵)墩中线之间的距离或桥(涵)墩中线与台背前缘之间的距离为准；拱式桥涵、箱涵、圆管涵则以净跨径为准。

6. 桥梁全长(总长度)

桥梁总长，有桥台的桥梁为两岸桥台的侧墙或八字墙尾端之间的距离；无桥台的桥梁则为桥面系行车道的长度。涵洞的长度是以其洞身两端洞口之间的水平距离为准，即路基横方向的长度。

7. 桥梁多孔跨径总长

对于桥梁多孔跨径总长，梁式、板式桥梁为多孔标准跨径之和；拱式桥梁以两岸桥台内起拱线之间的水平距离为准；其他形式的桥梁为桥面系的行车道长度。

8. 桥梁净空

它包含有两个方面的内容。一方面指桥面净空，即桥面的宽度和桥上的净空高度。我国公路桥面行车道净宽为车道数乘以车道宽度，并计入所设置的加(减)速车道、紧急停车道、爬坡车道、慢车道或错车道的宽度；桥上的净空高度，对于高速公路、一级公路和二级公路应为5.0m，三、四级公路应为4.5m。另一方面指桥下净空，即设计洪水位至上部结构最下缘之间的净空高度，是为保证洪水、流冰排泄无阻和符合河流通航净空要求所规定的一个重要设计参数。

9. 建筑高度

其是指桥梁的结构高度，即行车道路面的高程至上部结构最下缘之间的距离。它对降低路基平均填土高度有极其重要的影响。

10. 矢跨比

其是指拱顶下缘至起拱线之间的垂直距离与标准跨径之比。它是反映拱桥特性的一个重要指标。

11. 设计荷载

其是指桥涵除了承受本身自重和各种附加恒载外，主要还要承受各种交通荷载。《公路桥涵设计通用规范》(JTG D60—2004)将其归纳成三类：永久荷载，如结构自重、预加应力、土的自重和侧压力等；可变荷载，分基本可变荷载(活载)，即汽车、人群等；其他可变荷载，即风力和温度影响力等；偶然荷载，如地震力等。

第二节　涵 洞 工 程

涵洞是公路路基通过洼地或跨越水沟(渠)时设置的，或为把汇集在路基上方的水流宣泄到下方而设置的横穿路基的小型地面排水结构物。它是公路上广泛使用的一种人工构筑物。公路建设中修建涵洞的目的，一是专为排泄小溪流水和天然雨水，以保护路基的稳固，避免雨水的毁坏；二是专为灌溉农田之用，不致因修建公路而影响发展农业生产用水。

一、涵洞的构成与分类

1. 构成

涵洞由洞身、洞口建筑、基础和附属工程组成，如图5-8所示。

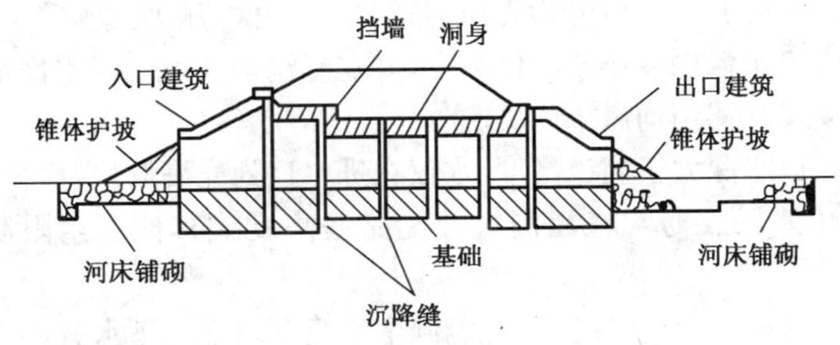

图5-8　涵洞构成

洞身是涵洞的主要部分，其截面形式有圆形、拱形、箱形等。

洞口建筑设置在涵洞的两端，有一字式和八字式两种结构形式。涵洞的进出口应与路基衔接平顺且保证水流顺畅，使上下游河床、洞口基础和洞侧路基免受冲刷，以确保洞身安全，并形成良好的泄水条件。在山区修建涵洞时，出水口要设置跌水坎，在进水口处有时要设置落水井(竖井)等减冲、防冲消能设施，一般下游至少应铺出洞口以外3～5m，压力式涵洞宜更长些。尤其是改沟移位的涵洞，进出水口的沟床应整理顺直，要做好上下游导流排水设施。如天沟、侧沟、排水沟等的连接应圆顺、稳固，以保证流水顺畅，避免流水损坏路基、村舍和农田等。

基础的形式分为整体式和非整体式两种。涵洞的附属工程包括锥形护坡、河床铺砌、路基边坡铺砌及人工水道等，如图5-9所示。

图5-9　涵洞

涵洞的建设规模以孔数、跨径、台高的形式来表示，其长度则以路基横断面方向的水平距离作为计算依据。如2-1.0×1.2则表示为双孔，跨径1.0m，台高1.2m的盖板涵，又如1-1.5则表示为单孔，直径1.5m的圆管涵。

2.涵洞的分类

涵洞的种类繁多，截面形状、出入口类型、涵内水流流态也多种多样。按不同的分类方法，涵洞可分为不同的类型。

(1)根据涵洞中线与路线中线的关系，可分为正交涵洞和斜交涵洞。正交涵洞中线与路线中线垂直，斜交涵洞中线与路线中线有一定交角。

(2)根据涵洞洞身截面形状的不同，可分为圆管涵、盖板涵、拱涵和箱涵等。

(3)根据涵洞洞顶填土情况的不同，可分为明涵和暗涵。明涵洞顶不填土，适用于低路堤或浅沟渠；洞顶填土厚度大于50cm的称为暗涵，适用于高路堤和深沟渠。

(4)按建筑材料的不同，可分为砖涵、石涵、混凝土涵、钢筋混凝土涵和其他材料(木、陶瓷、瓦管、缸瓦管、石灰三合土篾管、石灰三合土拱、铸铁管、波纹管)涵等。

(5)按涵洞水利特性的不同，可分为无压力式、半压力式、压力式涵等。

无压力式涵洞入口水流深度小于洞口高度，并在涵洞全长范围内水面都不触及洞顶，具有自由水面。公路上大多数涵洞均属于此类。

半压力式涵洞入口水深大于洞口高度，水仅在进水口处充满洞口，而在涵洞全长范围内的其余部分都具有自由水面。通常在涵洞尺寸受路基高度或其他因素限制时采用半压力式涵洞。

压力式涵洞入口水深大于洞口高度，在涵洞全长范围内都充满水流，无自由水面。此类涵洞仅在深沟高路堤或允许壅水但不危害农田时采用。

此外，当路线跨越农业灌溉沟渠，沟渠底高于路堤时，可设置为倒虹吸式涵。此时，涵洞的管节宜采用钢筋混凝土或混凝土管，进出水口须设置竖井，包括防淤沉淀井等设施，见

图 5-10。

图 5-10　涵洞施工

二、涵洞设计的有关问题

1. 涵洞设置位置要求

(1)凡路线与一条明显沟形的干沟、小溪相交，且上游汇水面积大于 0.1km² 时，应设置涵洞。

(2)山区公路的傍山路线，除应在路线上、下坡变坡处，或为路线纵坡由大于 6%变换至小于 3%的变坡处设置涵洞外，一般每隔 200～400m 设置一道涵洞，以排除路基内侧边沟雨水。

(3)当路线与其他道路相交叉时，为了不使边沟雨水受阻，一般均应设置涵洞，通常称为线外涵洞或边沟涵。

(4)路线跨越农田、灌溉沟，为了不致因修建公路而影响自浇灌溉或淹没庄稼时，必须设置能满足灌溉和排水要求的涵洞。

2. 涵洞设计参数的确定

涵洞孔径的确定，一般采取直接类比法，即通过对该地区各种道路上已建成的涵洞的基本尺寸和实际营运情况的调查比较，从而拟订涵洞设计孔径。利用该法确定了设计流量后，则可根据以下简化宽顶堰流的计算公式，确定涵洞的孔径。

$$\left.\begin{aligned}&\text{盖板涵}\quad Q=1.575\times B\times H^{\frac{3}{2}},B=\frac{Q}{1.575\times H^{\frac{3}{2}}}\\&\text{石拱涵}\quad Q=1.422\times B\times H^{\frac{3}{2}},B=\frac{Q}{1.422\times H^{\frac{3}{2}}}\\&\text{圆管涵}\quad Q=1.69\times d^{\frac{5}{2}},d=\left(\frac{Q}{1.69}\right)^{\frac{2}{5}}\\&\qquad\qquad H=\frac{h-\Delta}{\beta}\end{aligned}\right\}\tag{5-1}$$

式中：Q——设计流量(m^3/s)；

B——涵洞宽，即净跨径(m)；

H——涵前壅水高度(m)；

d——圆管涵孔径(m)；

h——涵洞高度，计算时一般事先初步拟订，作为计算分析依据(m)；

Δ——进口处涵洞净空高度(m)，按表5-2规定计算确定；

β——进口壅水降落系数，通常采用0.87。

无压力涵洞净空规定 表5-2

涵洞进口净高(或内径)(m) \ 净空高度(m) \ 涵洞类型	盖板涵	拱涵	圆管涵
$h \leqslant 3$	$\geqslant h/6$	$\geqslant h/4$	$\geqslant h/4$
$h > 3$	$\geqslant 0.5$	$\geqslant 0.75$	$\geqslant 0.75$

3. 涵洞设计要点

根据《公路圬工桥涵设计规范》(JTG D61—2005)的规定，当涵洞长度大于15m且小于30m时，其内径或净高不宜小于1.0m；长度大于30m且小于60m时不宜小于1.25m，以防一旦发生泥土等堵塞时，便于进行清除养护。压力式和半压力式涵洞必须设置基础，接缝要求严密。涵洞洞底的纵坡不宜大于5.0%，以免遭受急流冲刷。当洞底纵坡大于5.0%时，其基础底部宜每隔3～5m设置防滑横隔墙或把基础做成阶梯形。洞底纵坡大于10.0%时，涵洞洞身及基础应分段做成阶梯形，同时前后两节涵洞的盖板或拱圈的搭接高度不得小于厚度的1/4。涵洞沿洞身长度方向和在结构分段处应设置沉降缝，以防止不均匀沉降。涵身一般每隔4～6m设沉降缝一道，具体设置视地基土情况及路堤填土高度而定。

涵洞整体式基础一般为矩形基础，其尺寸通常是由上部构造的大小而定，而不受地基承载力的控制。分离式基础是单独修建在各涵台下相互独立的基础，在跨径较大及地基强度较高时采用。

涵洞完成后，应在涵洞砌体砂浆或混凝土强度达到设计强度等级的70%时，方可回填土，同时应从涵洞两侧不小于2倍孔径范围内，按水平分层、对称地填筑压实；但进行公路路基设计和计算土石方数量时，通常是不扣减涵洞体积所占的土石方数量，所以，编制涵洞工程的造价时，不得将涵背回填土石方数量作为计算造价的依据。

三、不同结构类型涵洞的特点

1. 圆管涵

圆管涵一般采用预制的钢筋混凝土管材，其管壁厚度与孔径大小及其管顶填土高度有关。常用的管径有0.75m、1.00m、1.25m、1.50m、2.00m五个标准。管内水流一般为重力流，除倒虹吸管外，一般不考虑承受内部压力。目前，其在平原地区二级公路以下使用比较多，而高速公路、一级公路以及山岭区的公路建设中则采用得少一些，如图5-11所示。

管节的预制长度一般在2～4m，有插口和平口两种接口形式，一般的预制管厂都有成品出售。平接管的接缝应不大于1～2cm，其沉降缝则应设在管节的接缝处。

当地基承载力符合设计要求时，管身可直接搁置在天然地基上，但应做成与管身弧度密贴的弧形基座。若管底土层承载力不够时，则可采用砂砾（砂）或碎石等材料铺设涵管基础垫层进行加固；当设有石砌或混凝土基础时，则应铺设混凝土垫层（管座），如图 5-12 所示。图中的 ϕ 角叫中心角，这个角度的大小，往往与荷载及地基承载力有关，在无特殊荷载时，一般采用 90°；如有特殊荷载，而且地基松软，又容易产生不均匀的沉降时，则可采用 135°或 180°。

圆管涵结构简单，施工方便，耗用材料少，采用工厂化生产，吊装设备也比较简单，施工进度快，总体经济效果较好；而且可以采用顶进法进行施工，可避免破坏已建成的路基和影响交通，还可节省修建临时便道等费用。

图 5-11　圆管涵

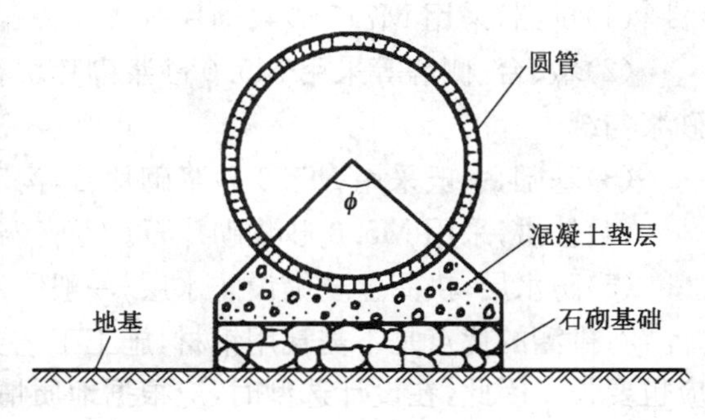

图 5-12　圆管涵基础

2. 盖板涵

盖板涵有石盖板和钢筋混凝土盖板两种。目前，采用的石盖板涵已不太多，而广泛采用钢筋混凝土盖板涵。钢筋混凝土盖板涵洞身和基础，大都是采用石砌圬工。

钢筋混凝土盖板涵有 0.75m、1.00m、1.25m、1.50m、2.00m、2.50m、3.00m、4.00m 八种不同的标准跨径，修建较多的是 1.00m 左右跨径的盖板涵，2.00m 及以上的一般都比较少，洞身（墩、台）都采用矩形截面。其圬工砌体要求采用不低于 MU25 的片块石和 M5.0 砂浆砌筑，砌体的外露面要用 M7.5 砂浆勾缝，其中块石主要用作镶面之用，表面应平整，并应分层砌筑，厚度为 20～30cm。每层石料的高度应大体一致，块石砌体一般约占 40%。基础工程（包括沟底铺砌）一般采用与墩台相同强度等级的砂浆砌筑和片石圬工砌体，沟床和进出水口处的铺砌等工程。在编制施工图预算时，一般与基础工程综合在一起作为编制涵洞造价的依据。洞口设置的一字墙或八字墙的墙身和基础圬工砌体则分别与涵洞的墩台身和基础合并进行计算。但在编制初步设计概算时，则是按洞身、洞口分别适用工程定额进行计算，这是概预算编制方法的不同之处。

钢筋混凝土盖板，一般采用预制宽度为 1.00m 的矩形实心板，板的长度为净跨径加 2cm ×25cm，混凝土的强度等级不宜小于 C20。当板顶填土高度大于 5.0m 时，一般要适当增加板的厚度和钢筋的用量，以免土压过大而造成盖板断裂。

预制钢筋混凝土盖板时，应注意检查上下面的方向。斜交涵洞则应注意斜交角度的方向，避免发生反向错误。

盖板涵的安装工作，由于构件质量轻，一般都是采用扒杆或汽车式起重机械等来进行。

3. 拱涵

拱式涵洞多为石拱涵，且一般都是采用半圆拱结构。其标准跨径(净跨径)为 1.50m、2.00m、2.80m、3.00m、4.00m 五种，各结构的组成、施工工艺要求与石拱桥基本上是一致的，对地基的承载力要求高，不能产生不均衡的沉降，以免造成拱圈开裂。

拱涵所需的拱涵支架，是以涵洞的长度乘净跨径的水平投影面积作为定额计算单位的，这是与石拱桥的拱盔、支架的计算方法不同之处。在条件许可的情况下，也可以采用土胎(常称为土牛拱)来建造拱圈。

拱涵的拱圈按无铰拱计算，其各部分的圬工砌体，通常分别采用如下不同规格的石料、砂浆砌筑，并以它作为编制施工图预算的依据。

(1)拱圈，采用 M7.5 砂浆砌片石或片块石混合砌体，并用 M10 砂浆勾缝。

(2)墩、台、侧墙等采用 M5.0 砂浆砌片块石，其中片石约为 2/3、块石约为 1/3，并用 M7.5 砂浆勾缝。

(3)基础，一般采用 M5.0 砂浆砌片石，沟床应进行铺砌。

(4)护拱，采用 M5.0 砂浆砌片石。

(5)防水层，拱圈上要铺设防水层，一般采用胶泥、石灰土或石灰三合土。

石拱涵的优点是不需耗用钢材，施工工艺要求不高，但木料和劳动力需要多，施工周期相应也要长。因此，在设计选型时，应根据地质情况，结合工期要求，按就地取材的原则，综合考虑确定。

4. 箱涵

箱涵，是一种刚架结构，系用钢筋混凝土建筑材料作成的，有现浇和预制两种。这种结构，可用于跨越溪沟、排泄流水或天然雨水而修建的排水设施(涵洞)，更多的是用于跨越原有乡村道路，以维持交通运输，或穿过原有铁路、公路而所修建的立交式通道。因此，也可以说，箱涵是属于交叉工程范畴的构筑物之一。

现浇钢筋混凝土箱涵的标准设计结构尺寸，是以箱涵的净空来表示的(即净宽×净高)，分为 2.0m×1.5m～4.0m×3.0m，6.0m×3.5m～7.0m×4.2m，(3.0+7.0+3.0)m×4.2m 等，在公路工程概预定额中亦依此作为划分定额子目的依据。由于它是一种整体式的箱形截面，故习惯把它称为箱涵。

预制钢筋混凝土箱涵，则是当拟建的公路须从现有铁路或公路的路基下面立交通过时，又不能修筑便桥、便道以维持交通，经技术经济比较合理，而拟建箱涵的地点及附近地区的地形、地质条件又适宜时，则可以采取预制顶进的施工方法来建造。这样，需要设置专业的顶进设施，以箱涵的自重所需的金属设备的质量作为计算依据。如图 5-13 所示，是在顶进部位开挖竖坑实施顶进方法的情况，若在平地上进行顶进施工时，则应在千斤顶的后面修建其他构筑物来承受反力。

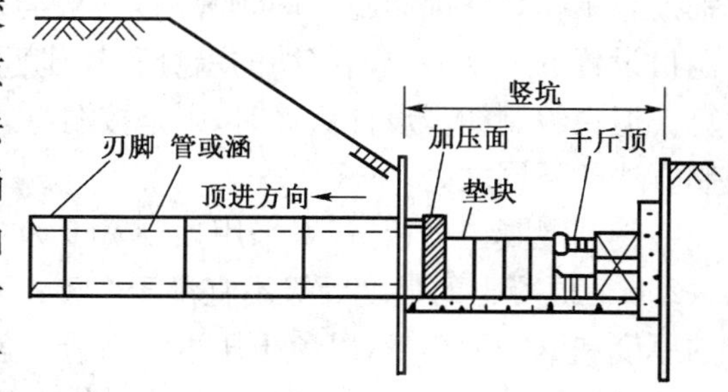

图 5-13　顶进方法

顶进的施工方法主要是依靠顶进力，它是根据被顶进物体的尺寸、顶进长度，断面的厚度，内部挖掘的方法，地基的土质类别，使用减摩剂等而不同，一般单位外周面积的顶进力为 2～3kN/m^2。

第三节　桥涵结构形式和施工方法的选择

桥涵设计与施工之间关系密切，尤其在现代公路建设中，由于钢筋混凝土和预应力混凝土等新型建筑材料和结构形式的出现，施工工艺在不断革新，当桥涵结构的设计方案选定后，施工方法亦基本确定，施工单位则应忠实地按设计要求完成建桥任务。

一、桥涵结构形式的选择

1.影响桥涵形式选择的因素

桥涵是一个整体的空间构筑物，其结构形式，一般是指上部结构、墩台和基础的造型，所以在总体设计中应进行综合分析比较，使上下部构造协调一致，经济美观，同时要适当考虑农田排灌的需要，并应尽可能采用标准化的装配式结构，以利实现工厂化和机械化施工。而每一具体的结构形式，又与地质、地形和水文等因素有关。所以在选择桥型时，必须妥善处理各方面的矛盾，选出合理的方案。

影响桥涵结构形式选择的因素很多，分析它们的特点，根据它们所起的作用和所处的地位，可以将这些因素分为独立因素、主要因素和限制因素等类别。

桥梁的长度、宽度和通航孔大小等都是桥型选择的独立因素，它们是随设计任务同时提出的，这些因素不是设计人员在进行桥梁设计时能随意更改的。

经济是桥型选择时考虑的主要因素，一切设计必须经过详细而周密的技术经济比较。一般而言，造价低、材料省、劳动力消耗少的应该是优秀方案，但有时当其他技术因素或使用要求上升为设计的主要矛盾时，也不得不放弃较为经济的方案。

地质、地形、水文及气候条件是桥型选择的限制因素。地质条件在很大程度上影响到桥位、桥型(包括基础类型)和工程投资。地形条件及水文条件将影响到桥型、基础的深度、水中桥墩的数量等。例如，在水下基础施工困难的地方，适当将跨径放大一些，避开水下工程的施工，常可取得较好的经济效益；在高山峡谷、水深流急的河道，建造单孔桥往往比较合理。

所以，在选择桥涵结构类型时，必须考虑上述因素和施工条件，找出所面临问题的关键所在，分清主次，才能选出适合于各种具体情况的最佳方案。

2.上部结构的选型

目前，我国公路桥梁建设常用的桥跨结构体系，有钢筋混凝土和预应力混凝土简支和连续板、钢筋混凝土箱形拱、桁架拱、刚架拱等。桥梁横断面形式有T形梁、工形梁、预应力混凝土组合箱梁、箱梁、桁架梁；涵洞工程则有圆管涵、盖板涵、箱涵和拱涵等，一般采用钢筋混凝土盖板涵，便于组织施工和加快施工进度，如图5-14所示。

图5-14　上部结构构造

(1)梁式桥

①板桥。其截面结构简单，建筑高度小，容易适应各种线形要求，便于利用组合钢模板进行工厂化生产。最常用的有矩形板、钢筋混凝土和

预应力混凝土空心板。尤其是跨线桥、软土地基上的桥梁，常常是首先考虑的桥型，它能有效地降低路基的平均高度，总体上是经济合理的。目前，已建成的先张法预应力混凝土空心板的跨径达 30m，它比同跨径的 T 形梁的建筑高度约低 80cm，这对于建筑高度要求较严的桥梁更是十分有利的。板式桥的主要缺点是自重大，当跨径超过一定限度时，截面便要显著加高，从而导致自重也大。它的经济合理跨径一般限制在 13～15m 以下，预应力混凝土连续板桥也不宜超过 35m。

②T 形梁和工形组合梁（又称为肋形梁）。板的抗剪能力要比其抗弯能力大得多，但当其跨径增大时，则弯矩增加的速度要比剪力快得多，这就要求增加板厚。为了节省材料，将其腹部挖空，形成 T 形和工形截面形式的梁，主梁之间则借助横隔板使之连接成整体。若桥梁的建筑高度不受限制，其跨径在 20～50m 之间。

③箱梁。有单箱、多箱，以及组合箱梁等多种截面形式，它具有截面挖空率高，材料用量少，结构自重轻，跨越能力大等特点。故大跨径的梁桥中，以及弯桥、斜桥等多采用这种截面形式。尤其是大悬臂斜腹板单箱室结构，箱底宽度比较窄，与之配合的桥墩工程量也相应减少，对降低工程造价、节约投资都是有利的。

(2)拱式桥

①石拱桥由于石料规格要求高，加之木材和劳动力耗用都比较多，建设工期又比较长，故目前采用得比较少。20 世纪 60 年代盛行的双曲拱桥，因整体性差和承载能力低，亦已很少采用。

②桁架拱和刚架拱。在修建双曲拱桥经验的基础上发展起来的桁架拱和刚架拱，具有结构受力合理，构件少，自重轻，整体性好，造型美，施工方便，经济合理等优点，是一种有水平推力的轻型钢筋混凝土拱式结构，目前多用于中等跨径的桥梁（20～50m）。它也是在软土地基上修建拱桥的实践中发展起来的一种新桥型。

③大跨径拱式桥梁的钢筋混凝土箱形截面主拱圈，采用无支架吊装施工方法修建，其跨径已达 150m。采用钢拱架就地浇筑的，其跨径已达 170m。而采用钢管混凝土劲性骨架的箱型拱桥跨径已达 420m。这种箱形截面的挖空率可达全断面的 50%～70%，故可大量地减少圬工数量和自重，有利于跨越深壑河谷，降低工程造价，总体经济效果比较好。目前，我国已建成的这种桥型的桥梁比较多。在山岭区修建高等级公路时，也常采用这种桥型，其不足是需要设置耗费较大的缆索吊装设备。

3. 墩台的选型

公路桥梁中的墩台形式，分为重力式和轻型两大类。前者依靠自身的重力来平衡外力的作用而保持其稳定，墩台身比较厚实，圬工体积大，一般都用石砌或片石混凝土做成，可以不用钢筋，它用于地基良好的天然基础；后者所用的建筑材料，大都为钢筋混凝土，故它的截面小，质量较轻，外形美观，这类墩台的形式比较多，而且各有其自身的特点和适用条件。轻型墩台有柱式墩台、轻型墩台（实体式）、空心墩、Y 形和薄壁墩、框架式和肋形埋置式桥台等。选用时应根据地形、地质、水文，以及建设条件，就地取材，施工方便，安全耐久等因素综合考虑确定；并应特别注意与上部构造的配合协调，使整座桥外形优美，且总体经济性最合理。

目前，我国在中等跨径的公路桥梁建设中，应用最多的是重力式的 U 形桥台和柱式桥墩。U 形桥台具有结构简单，便于施工和就地取材等优点。柱式桥墩有独柱、双柱和三柱等结构形式。独柱墩在弯梁中得到了广泛的应用，尤其有利于立交桥的墩位布置，占地范围小，桥下空间视野开阔；双柱式和三柱式适用于板式、肋式和箱梁的桥墩。高等级公路桥梁建设中的桥墩多采用双柱式，斜桥因桥面较宽，则采用三柱式，在经济上是比较合理的。

4.基础的选型

基础是使桥涵的全部荷载传至地基，从而保证桥涵安全使用的重要部分，形式如何选定，主要取决于水文、地质情况，上部及墩台结构形式和使用要求等。实际中广泛使用的是天然地基上的浅基础和钻孔灌注桩基础。当地基的持力层埋深在5.0m以内时，一般选用天然地基上的浅基础，即石砌或混凝土圬工。当地基承载力不足，而各土层的摩阻力和桩尖土的承载力能够承受由桩传来的上部荷载时，则选用摩擦桩，否则应将桩尖嵌入岩层，使之成为柱桩，这样上部的荷载由桩底岩层抗力承受，如图5-15所示。当上部荷载特别大，而地基承载力又不足，覆盖层虽不太深，但明挖基坑工作困难，如开挖方量大，支撑和排水耗费多，且通过与桩基础等技术经济比较合理时，则采用沉井基础。

图5-15　基础

桥涵结构形式的选择，是初步设计阶段的主要任务，主要解决其总体规划问题，如桥位选定、确定结构形式、分孔、纵横断面的布置等，并据此拟订桥涵结构的主要尺寸，提出主要工程数量作为编制概算的依据。在施工图设计阶段，应根据批准的初步设计中的修建原则编制施工详图，并提出详细的工程数据，供组织施工和编制施工图预算采用，这属于指令性的技术文件。

独立公路大桥的勘察设计工作，一般都采用上述两个阶段设计程序。至于路线中的桥涵设计工作，则随路线的设计阶段而定。

二、桥涵施工方法的选择

由于科学技术的日益发展，社会化施工生产的不断提高，自20世纪70年代以来，随着公路桥梁建设预应力混凝土的广泛应用，施工机械设备的不断发展，从而引起施工工艺的不断革新，已形成了多种多样的施工方法，如现浇、预制安装、悬臂施工、顶推施工等。但就其施工工艺的全过程来看，施工工法可以归纳为两类，一是就地砌筑或浇筑，二是预制安装或悬拼。基础和墩台工程的施工，基本上都是采用前一种施工方法，只是上部构选中的钢筋混凝土和预应力混凝土的桥跨结构采用后一种施工方法；同时，为了使桥梁上部构造具有较好的整体性能，以满足营运的需要，在安装或悬拼完成之后，还有适量的现浇接缝混凝土。所以，施工方法也是错综复杂的。

桥梁的施工方法虽然很多，但都有其一定的适用范围和条件。表5-3是各种桥型常用的施工方法。表5-4所列桥梁施工方法常用的跨径范围，可在施工方法选择时参考。桥涵施工方法见图5-16。

各类桥型可选择的主要施工方法 表 5-3

施工方法＼桥型	简支梁桥	悬臂梁桥 T 形刚构	连续梁桥	刚架梁	拱桥	桥组合体系桥	斜拉桥	悬索桥
现浇施工	√	√	√	√	√	√	√	
预制安装	√	√		√	√	√	√	√
悬壁施工		√	√	√	√		√	√
转体施工		√		√	√		√	
顶推施工			√		√		√	
逐孔施工		√	√	√	√			
横移施工	√	√	√			√	√	
提升与浮运施工	√	√	√			√		

各类施工方法的适用跨径 表 5-4

施工方法＼跨径（m）	0 20 40 60 80 100 120 140 160 180 200 300 400 500
现浇施工	
预制安装	
悬臂施工	
转体施工	
顶推施工	
逐孔施工	
横移施工	
提升与浮运施工	

注：桥梁跨径主要指混凝土桥；————：常用跨径，--------：施工达到的跨径。

图 5-16 桥涵施工方法

桥涵设计确定其施工方法时，除需要充分考虑桥位的地形、水文、地质情况，经济合理、安全可靠外，施工技术水平、施工机具设备条件、社会环境也是必须考虑的重要因素，以便合理地确定设计方案。

另外，在组织实施时施工单位应事先对每一座桥的具体情况、水文地质条件、企业现有施工机具和人员的能力认真细致地做好施工组织设计，按网络计划技术的要求，做到有计划、科学地指导施工。从广义上讲，以下工作内容也是属于施工方法选择的范畴，如天然基础的施工，应采用何种围堰，是采用人工开挖还是机械开挖，构件预制是采用钢模还是木模，桥跨结构的安装应采用哪种吊装设备等。

第四节　桥梁上部构造

公路桥梁上部构造是跨越山谷、河流，连接路基的主要承重部分，常用的有梁板式和拱式两种结构形式。梁板式桥上部构造由主梁(称为承重结构)、桥面铺装(包括泄水管、伸缩缝)、人行道或安全带、栏杆扶手或防撞护栏，以及支座等所组成。拱式桥上部构造则有实腹式和空腹式之分。实腹式由主拱圈、护拱、侧墙、拱上填料等所组成；空腹式则包括主拱圈或拱肋和拱波、腹拱、横墙或立柱、侧墙及拱上填料等工程内容。拱式桥也包括人行道或安全带、栏杆扶手或防撞护栏，但均不包括桥上的路面铺筑，在编制工程造价时，应并入路面工程内计算。

梁板式桥的截面形式有矩形板、空心板、肋形梁(包括T形梁、I形梁)、箱形梁、组合箱梁和桁架梁等。

拱式桥的截面形式有板拱、薄壳拱、肋拱、双曲拱、箱形拱、桁架桥和刚架拱等。

现扼要介绍常用的桥梁上部构造的有关设计和施工技术方面的规定和要求。

一、板式桥上部构造

1. 矩形板上部构造

矩形板是公路小跨径钢筋混凝土桥中最常用的桥型之一，有整体式和装配式两种结构，只适用于跨径小于8m的桥梁。前者是就地浇筑而成，为双向受力的整体宽板，故整体性能好，横向刚度较大，但模板和支架消耗量较多，施工工期较长，所以较少采用，广泛采用装配式结构。板的横截面，无论是宽板或是窄板，一般都设计成等厚的矩形截面，见图5-17。

图5-17　矩形板上部构造

装配式矩形板是用C20混凝土制作的。一般中板宽度为1m，边板则视桥的宽度而定，板与板之间接缝(企口缝)用混凝土连接。

板的宽度和长度，以预制时的实际尺寸为准，据此作为计算圬工体积的依据，同时应计算出企口(铰缝)的圬工数量。为了使矩形桥建成后，桥面能形成整体，应将两块板的企口接缝处的预留钢筋连接，并在桥面铺装之前，用与板同强度等级的混凝土填塞好铰缝。

矩形板一般设置简易垫层支座，铺垫油毛毡后，就直接安置在墩、台帽上，并用锚栓与墩、台帽锚固。

预制矩形板一般采用起重机安装；若采用扒杆安装，编制施工图预算时，每座桥应列入两个扒杆费用。

悬臂板桥一般做成双悬臂式结构，中间跨径为8～10m，两端伸出的悬臂长度约为中间跨径的30%，板在跨中的厚度约为跨径的1/18～1/14，在支点处的板厚要比跨中的加大30%～40%。悬臂端可以直接伸到路堤上，不用设置桥台。

连续板桥的特点是板不间断地跨越几个桥孔而形成一个超静定结构体系。连续板桥较简支板桥而言，具有伸缩缝少、车辆行驶平稳等特点。连续板桥的跨径可比简支板桥的跨径做得大一些。我国已建成的连续板桥，跨径大约在 14m 左右；在国外当采用预应力混凝土时，跨径可达 33.5m。连续板桥边跨与中跨之比约为 0.7～0.8，这样可以使各跨的跨中弯矩接近相等。连续板桥也可以有整体式和装配式两种结构。

2. 空心板上部构造

空心板是将板的横截面中间部分挖成空洞，以达到减轻自重、节约材料的目的。装配式空心板的标准宽度一般为 1m，通常用钢筋混凝土和预应力混凝土做成。

空心板的截面构造简单，施工方便，建筑高度小，容易适应桥梁各种线形的要求，与同跨径的 T 形梁比，其建筑高度要低 50cm 左右（一般板的高度为跨径的 1/20，而 T 形梁是 1/15），故可有效地降低路基的平均高度。因此，空心板桥已成为广泛使用的一种桥型。

钢筋混凝土空心板的跨径为 10～13m，其板厚为 40～80cm，一般采用 C25 混凝土。预应力混凝土空心板的跨径范围在 10～20m 之间，厚度为 50～100cm，一般采用 C40 混凝土。对构件施加预应力有先张法和后张法两种不同的方法。先张法指浇筑混凝土之前张拉预应力钢筋或钢绞线，故要设置张拉台座；后张法则无需设置张拉台座，是在梁体内预先设置孔道，待混凝土浇筑后，张拉预应力钢筋或钢束，故需要配置锚具，最后还要对孔道压入水泥浆和浇筑梁端封锚混凝土。后张法适宜于配置曲线形预应力筋的大型预制构件。空心板预制时，跨径在 16m 以下的，一般采用先张法施工；20m 跨的则采用后张法施工。

预应力混凝土分为全预应力和部分预应力两种，前者在最大使用荷载下混凝土不会出现拉应力，后者则允许发生不超过设计规定裂缝宽度或拉应力值。公路桥梁建设中广泛采用全预应力混凝土。

先张法预制空心板时，要修建张拉台座，在立模和浇筑混凝土之前，张拉预应力钢绞线或预应筋，等混凝土达到了规定的强度（不得低于设计强度的 70%）时，逐渐将预应筋放松，并将其张拉的工作长度切割掉。这样，就因预应力的弹性回缩，通过与混凝土之间的黏结作用从而使混凝土获得预压应力。在编制施工图预算中，一般应计列张拉台座的费用，其钢绞线等预应力筋的张拉工作长度，一般可按板的设计长度另加 1.5m 计算确定预应力筋的消耗数量。

槽式台座形成一个承力框架，便于立模和浇筑混凝土，如图 5-18 所示。横梁一般采用型钢制作，传力柱可采用钢筋混凝土制作或钢构件组拼，底板作为空心板的底模用。这种台座的工料消耗大，若预制块的数量不多，是很不经济的。

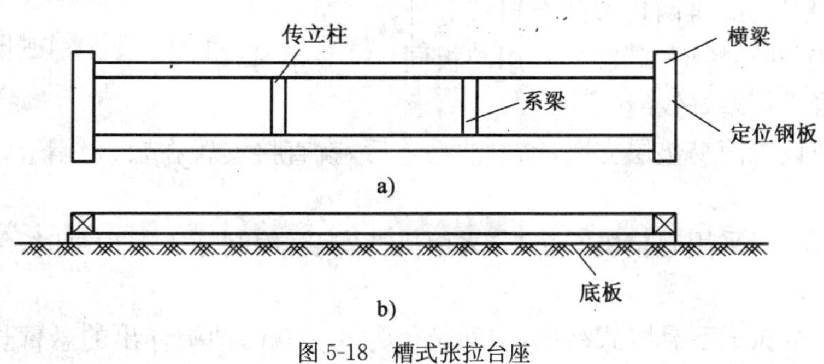

图 5-18　槽式张拉台座

a)平面；b)立面

后张法的预应力空心板需要锚具张拉并锚固钢绞线。20m 的预应力空心板一般采用 7 根钢绞线群锚、橡胶管制孔，在预制空心板时，按设计要求布置，形成钢绞线孔道，待其混凝土达到规定强度后，再在孔内穿入钢绞线，进行张拉并锚固，最后进行孔道压浆和浇筑板端封头混凝土，锚具就被埋置在板内。封头混凝土的强度等级不宜低于构件本身强度等级的 80%，亦不宜低于 C30。

空心板桥梁的墩、台帽要设置支座，一般采用板式橡胶支座，每块板要设置 4 块。

斜交的板梁桥，当斜交的角度大于 15°时，应分别在钝角部位的上层布置垂直于钝角平分线的加强钢筋，而在其下层布置平行于钝角平分线的加强钢筋。

装配式空心板，一般采用扒杆或起重机安装。20m 的预应力空心板亦可采用单导梁等施工方法安装。在桥面铺装之前，应将板的铰缝内预留的钢筋连接，然后浇筑好铰缝混凝土，以使桥面横向连成整体承受荷载，保证桥梁的安全使用。

二、梁式桥上部构造

1. T 形梁和工形梁上部构造

T 形梁和工形梁统称为肋形梁，是一种多梁式的主梁构件。主梁间距通常在 2m 左右，主梁由梁肋、横隔梁(横隔板)、行车道板(翼缘板或微弯板)组成。

(1)T 形梁

跨径在 20m 及以下的 T 梁，一般采用钢筋混凝土结构；跨径在 25～50m 的，则用预应力混凝土结构。T 梁桥多采用装配施工。

装配式钢筋混凝土 T 形梁的优点为：施工工艺简单，肋内钢筋可做成刚劲的钢筋骨架，各主梁之间设置间距 4～6m 的横隔梁连接，整体性好。其有标准跨径 10m、13m、16m 和 20m 的四种标准图设计。它有利于采用定型模板，实行工厂化预制生产，节约模板等费用，在公路桥梁建设中 20m 跨径的采用较多，如图 5-19 所示。

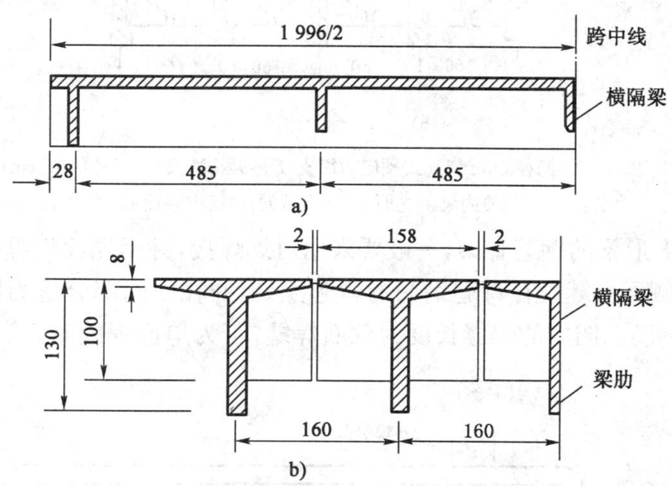

图 5-19　跨径 20m 装配式钢筋混凝土简支 T 形梁构造尺寸(尺寸单位：cm)

a)半纵剖面；b)横截面图

装配式简支 T 形梁，梁高与跨径之比约为 1/16～1/11，跨径大的取偏小比值。梁肋的厚度应视梁内主筋的直径和钢筋骨架的片数而定，同时要考虑不致使捣固混凝土发生困难，故也不能做得太薄。跨中横隔梁的高度，一般为梁高的 3/4，以保证其有足够的抗弯刚度。端部的横隔梁一般要做成与主梁同高，但为便于安装和检查支座，宜留有空隙。当横隔梁的高度较高时，为了减轻自重，常将其中部挖空，如图 5-20 所示。若梁肋下部呈马蹄形时，则横隔梁应做到马蹄形的上边缘处。主梁的翼缘板在实际预制时，其宽度应比主梁之间的宽度小 2cm，以便在安装过程中易于调整梁的位置和消除制作上的误差。

T 形梁的翼缘板是构成行车道的主要部分，为使行车道平整而连接成整体，能有效地承受车辆荷载的作用，在翼缘板和横隔梁的边缘都要预埋钢板，安装完毕后，再以同等厚度的钢板予以焊接。在公路工程预算定额中将这些钢板的消耗量分别综合在预制与安装两项工程定额内。

当钢筋混凝土简支 T 形梁的跨径大于 20m 时，不仅钢材消耗量大，而且混凝土开裂现象也比较严重，从而影响结构的耐久性和桥梁的安全使用。因此，当跨径大于 20m 且适宜设计为 T 形梁时，应采用预应力混凝土简支 T 形梁。我国已建成的有 50～60m 跨径的这种桥型，并编制了 25m、30m、35m 和 40m 等不同跨径的标准设计图。其结构形式与钢筋混凝土简支 T 形梁基本相似，如图 5-20 所示。为了便于布置钢绞线或高强钢丝等预应力筋，一般都将肋梁的下部加厚做成马蹄形，在端部的腹板处也要逐渐加厚与马蹄形同厚，其加厚范围，最好达到梁高的 1 倍左右，以利设置锚固构造。

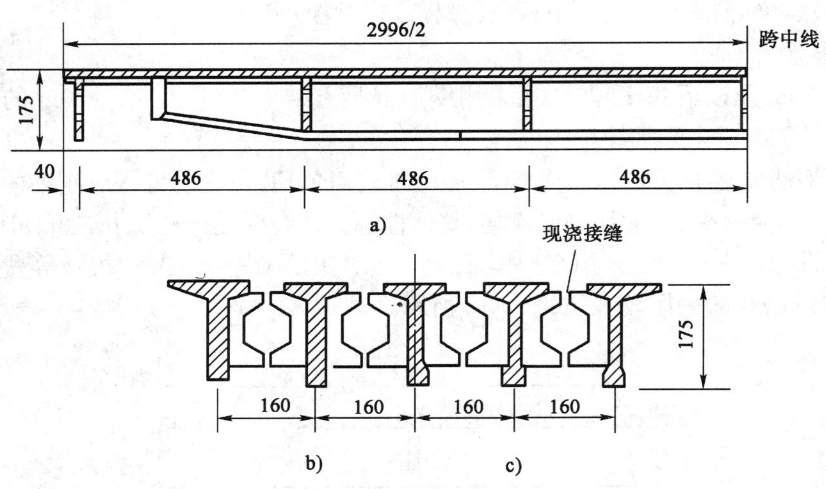

图 5-20　跨径 30m 装配式预应力简支 T 形梁构造尺寸（尺寸单位：cm）

a）内梁半立面；b）支点截面；c）跨中截面

钢筋混凝土 T 形梁的钢筋骨架，一般要采用对焊焊接，并用侧面焊缝使其形成平面骨架，如图 5-21 所示。侧面焊缝设在弯起钢筋的弯起点处，并在中间部分适当增加短焊缝，以便有效地固定各片主钢筋。图中的焊缝长度为双面焊缝，若为单面焊缝时，其焊缝长度则要加倍，d 为主筋的直径。

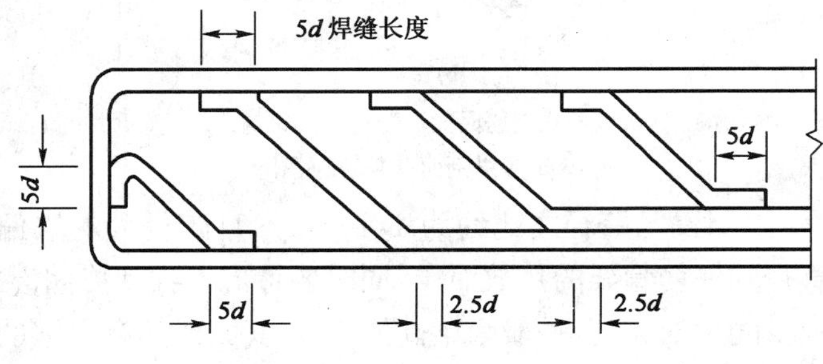

图 5-21　圆曲线的主点测设

在后张法的锚固构造中，其锚具底部的混凝土要承受很大的压力，因直接承受的面积小，故应力非常集中，一般都设计为图 5-22 所示的结构形式，并配置加强钢筋网。

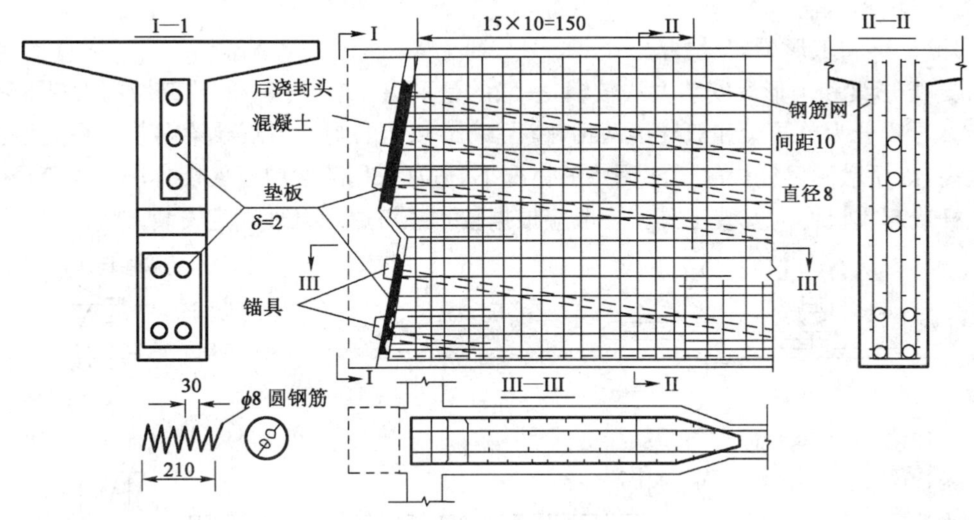

图 5-22　后张法预应力简支 T 形梁锚固构造(尺寸单位:cm)

在修建跨径 20m 以上的简支 T 形梁时，常将梁与梁之间的翼缘板做得窄一点，即预留有一定宽度的纵向现浇接缝混凝土，这样，既减轻了主梁的安装质量，又能加强面板连接的整体性，从而形成刚性固结。

(2)工形梁

工形梁，既是一种肋形梁又是一种组合式梁，它适用于跨径 30m 以内的钢筋混凝土和预应力混凝土的简支梁桥。其技术要求和施工方法基本上与 T 形梁相似，只是梁间的横隔梁要现浇连接。

工形梁除在纵向将梁肋与桥面板(翼缘板)完全分割开来外，而又从横向将板划分成在平面上呈矩形的预制构件，一般设计为少筋微弯板，以节约钢材。安装时先架设梁肋并现浇横隔梁混凝土，然后安放预制板，最后在纵向接缝内或同时在板上现浇部分混凝土，从而使肋与板构成整体。这种装配式桥梁通常称为组合式桥梁。因此，为了使组合式梁能可靠地承受外力，就必须保证结合面的抗剪强度，所以必须严格按规定进行接缝处理，通常将钢筋混凝土梁肋内钢筋骨架伸出梁顶部分与板内伸出的钢筋相连。纵缝现浇的混凝土应不低于板的混凝土强度等级。当梁肋为预应力混凝土时，则梁肋的钢筋应有一部分伸入后浇的板中作梁与板的结合钢筋。

组合梁在实施过程中是分阶段受力的，在梁肋安装完毕后，所有嗣后现浇的横隔梁混凝土、安装的预制块、现浇的接缝或桥面混凝土，连同梁肋本身的质量，都要由梁肋承受，这是与装配式 T 形梁由主梁全截面来承受全部荷载的不同之处。因此，工形梁的截面一般比 T 形梁的要做得大些。

这种工字形组合预制构件，使安装的单元尺寸大为减小，安装的质量相应减轻，梁肋的建筑高度约为跨径的 1/20～1/16，经分析比较，约比同跨径的 T 形梁要轻 40%左右。

(3)T 形梁和工形梁施工图预算要求

编制简支 T 形梁和工形梁的施工图预算时，除应列入修建预制场地外，还要列入修建大型预制构件的平面底座。其数量应以预制梁肋的根数与施工期限为依据计算确定,要求尽可能多次周转使用,以节约工程费用。同时,预制场内还应计列起吊的龙门架和运输轨道,以利构件起吊出坑和运输工作。

(4)T形梁和工形梁架设方法

简支T形梁和工形梁安装方法较多,一般的是采用导梁(图5-23)或跨墩门架(图5-24)进行安装。导梁分为单导梁和双导梁两种,跨径25m以上的则采用双导梁安装。在陆地上对于桥不太高,沿桥墩两侧铺设轨道不困难的情况下,适宜采用跨墩门架安装方法。小跨径的亦可采用扒杆或起重机作为安装工具。一般应根据技术经济原理合理确定安装方法。

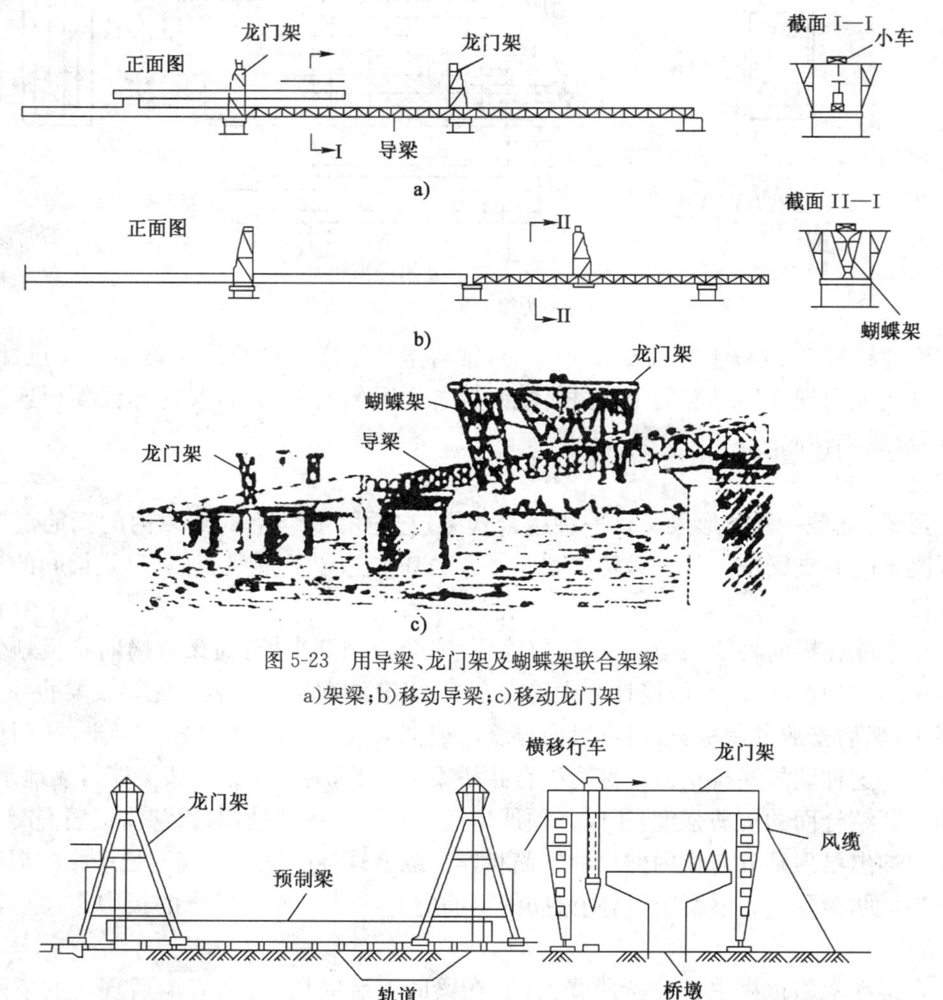

图5-23 用导梁、龙门架及蝴蝶架联合架梁

a)架梁;b)移动导梁;c)移动龙门架

图5-24 跨墩龙门架

简支T形梁和工形梁的截面形状不稳定,在运输和安装过程中的稳定性较差,故要特别注意予以支撑加固,做好安全措施,以免发生梁体倾倒,造成不应有的经济损失和工伤事故。

梁桥的墩、台帽上都要设置支座,每根梁肋设置2个,一般是根据跨径的大小,分别采用板式或盆式橡胶支座、切线式或辊轴钢支座等。

2. 箱梁上部构造

箱梁由底板、腹板(梁肋)和顶板(桥面板)组成,其横截面是一个封闭箱。图 5-25 为单箱单室截面,梁的底部由于有扩展的底板,因此,它提供了有足够的能承受正、负弯矩的混凝土受压区。箱梁的另一个特点,是它的横向刚度和抗扭刚度特别大,在偏心的活载作用下各梁肋的受力比较均匀。所以箱梁适用于较大跨径的悬臂梁桥(T 形刚构)和连续梁桥,还易于做成与曲线、斜交等复杂线形相适应的桥型结构。斜拉桥、悬索桥也常采用这种截面。

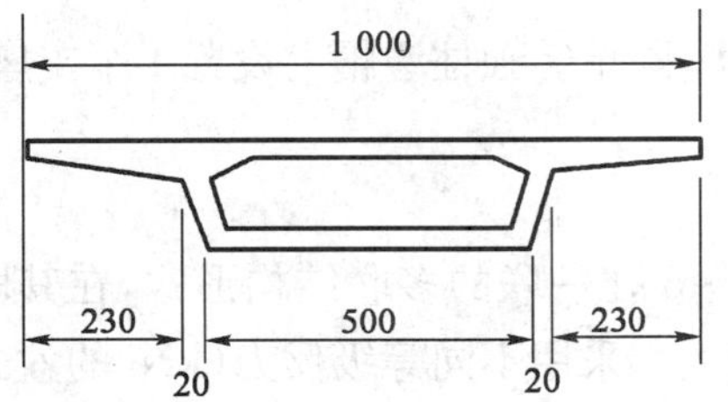

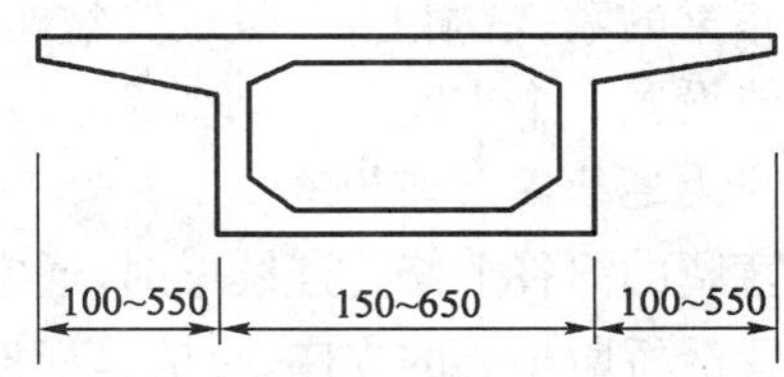

图 5-25　单箱单室横截面(尺寸单位:cm)

箱梁有单箱、多箱和组合箱梁等多种形式,如图 5-26 所示。一般设计为等截面的 C40 钢筋混凝土和预应力混凝土结构,其梁的高度常为跨径的 1/20～1/18。它具有截面挖空率高,材料用量少,结构简单,施工方便等优点。其中单箱单室结构,由于底板较窄,与之相配合的下部构造和基础工程的圬工数量也相应会减少。高等级公路的跨线桥梁常用单室结构。

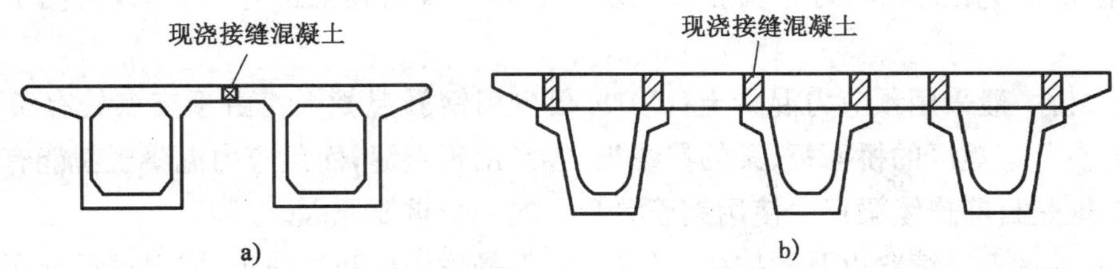

图 5-26　多箱式结构截面

a)双箱截面;b)预应力混凝土组合箱梁截面图

为了加强箱梁竖肋与水平板的联系,顶板与腹板相交处应设置承托。由于箱形截面抗扭性能好,亦有利于荷载的分布,故一般只在支点处或跨中设置横隔板,但横隔板应开孔,以利施工和养护人员进出。底板上还应预留 10cm 的通风孔。同时,在支承处腹板的厚度也要适当逐渐加厚,如图 5-27 所示。

图 5-27　箱梁

装配式的双箱截面箱梁,一般是分开预制的,两箱间应留有 30cm 宽的湿浇纵接缝,待安装完毕后,现浇与梁体结构同强度等级的混凝土,使桥面横向连成整体。

组合箱梁的横截面是由若干个小箱组合而成,安装后现浇桥面整体化混凝土,使之连成整体。目前有16m、20m、25m、30m四种标准跨径的组合箱梁设计图，其梁高约为跨径的1/20，介于板与T形梁或工形梁之间，也是比较低的。一般采取预制开口的槽形构件，如图5-26b)所示，其顶板为预制空心板或微弯板。这种槽形截面构件在运输和安装过程中稳定性要好。

预应力混凝土箱梁的施工方法与前述的T形梁等施工方法相同。

在编制简支箱梁的施工图预算时，也要列入修建预制场地和大型预制构件底座，以及预制场内的运输轨道和起重的龙门架等辅助工程设施。至于主梁的安装一般采用跨墩门架或导梁的安装方法进行。

简支箱梁的墩、台帽上，一般设置盆式橡胶支座，除单箱独柱墩帽上设置1个支座外，其他情况亦只能设置2个支座。

3.预应力连续梁上部构造

在较宽阔的河谷上修建连续梁时，通常采用2～5孔一联的多联结构形式，在其联孔的桥墩上只设置沿桥墩中心的支座，一般是根据跨径的大小采用不同等级反力(kN)的盆式橡胶支座。这样不仅节省了支座的数量，而且桥墩的尺寸相应也减少了，从而可节约材料用量。联与联之间的连接处，则与简支梁一样，仍需设置2个支座支承在同一桥墩上。因此，其桥面接缝少，行车较舒适，也减少了养护维修工作。因连续梁过长会增大温度变化的附加影响，故一般一联很少超过5孔。

预应力连续梁可以做成等跨和不等跨、等高和不等高的结构形式。其截面形式，除了中等跨径的梁桥采用T形或工形截面外，对大跨径的连续梁桥和采用顶推法或悬臂法施工的连续梁桥，都采用箱形截面。因为它既能满足顶推法和悬臂法施工工艺的要求，又便于设置预应力筋。

连续梁桥一般采用预应力混凝土(C40)，很少用钢筋混凝土。由于支点处有负弯矩的存在，致使处在负弯矩区的桥面板(梁的翼缘板)容易出现裂缝；而预应力混凝土就能有效地避免这种情况，这是目前连续梁很少使用钢筋混凝土的一个重要原因。

预应力混凝土连续梁以及刚构桥和斜拉桥，都是采用后张法施工，应根据设计所确定的预应筋的规格品种，如高强钢丝、钢绞线等选配锚具形式，以利施加预应力。

预应力连续梁跨越能力大，常用的施工方法有顶推法、悬臂法、先简支后连续等。

(1)顶推法施工

中等跨径的连续梁桥采用顶推法施工时，一般设计为等跨、等高的箱形截面结构，梁的高度常为跨径的1/20～1/18。顶推施工工艺的基本方法，是将支承在以高强度和低摩阻的聚四氟乙烯塑料做成的不锈钢滑道上的梁段，用水平千斤顶向前推移就位。由于氟板与不锈钢板之间的摩擦系数只有0.05～0.07，虽重达万吨的梁，也仅需500t的力即可推移。

顶推的施工程序，是在桥台后面的引道路基上或临时支架上设置预制场，进行梁段预制，而在前方各墩上则安放不锈钢滑道支承，逐段预制并反复向前推移。全部预制和顶推完成后，将不锈钢滑道支承更换成永久性支座。为了减少在顶推中悬臂端的负弯矩，一般要在梁的前端安装一节长约为顶推跨径的0.6～0.7的自身轻而刚度好的钢导梁，当跨径较大时，还需在跨中搭设临时支承墩，如图5-28所示。

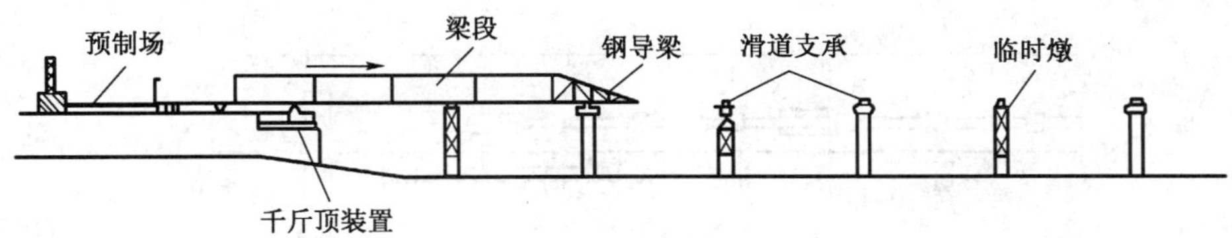

图 5-28 连续梁顶推法施工示意

顶推法分为单点顶推和多点顶推两种。单点顶推是在桥台上进行顶推作业，一般采用水平千斤顶和竖向千斤顶的联合装置，如图 5-29 所示。它是在竖向由千斤顶将梁顶起后，然后启动水平千斤顶将竖向千斤顶向前推移。由于竖向千斤顶的上端有粗齿垫板，而下面设的又是滑道，这样上端的摩擦系数(约为 0.3～0.65)显然大于下面的摩擦系数，故竖向千斤顶在前进过程中就能带动梁段向前移动。当水平千斤顶达到最大行程时，降下竖向千斤顶使梁段落在原来支承上，同时，水平千斤顶带动竖向千斤顶退回到原来位置，然后再往返重复上一作业循环过程，直至将梁推到设计位置。

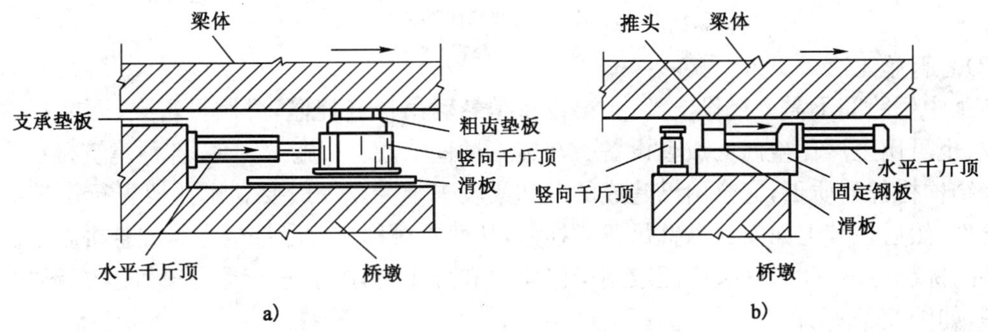

图 5-29 水平千斤顶和竖向千斤顶联合装置
a)在桥台；b)在桥墩上

多点顶推法则是通过传力架在每个墩、台的顶部靠近主梁的外侧，设置一对小吨位(400～800kN)的水平千斤顶，将集中顶推分散到各个墩上。这样不仅减少了在顶推过程中桥墩承受的水平推力，而且因顶推设备吨位小，也容易配置，故在实际施工中一般采用多点顶推的施工工艺。多点顶推法常采用装配式和插心式的拉杆顶推装置。装配式的拉杆用连接器接长后与预埋在梁段的腹板上的锚固器相连接，如图 5-30 所示。当启动水平千斤顶后就拉动拉杆，使梁段借助设在梁底的不锈钢滑道和滑块而向前移动；当水平千斤顶达到最大行程后，就卸下一节拉杆，同时水平千斤顶又回复到原来的状态，再连接拉杆进行下一循环作业。至于穿心式的拉杆顶推装置，则是将拉杆的一端固定在预埋梁段腹板上的锚固器上，另一端则穿过水平千斤顶后用夹具锚固在水平千斤顶活塞杆的头部，如图 5-31 所示。当水平千斤顶启动时带动滑道上的梁段向前移动。在水平千斤顶达到最大行程后，使之回复原状，重新固定拉杆，再进行下一循环顶进作业。由于拉杆顶推装置，在顶推过程中，不需用竖向千斤顶作顶梁和落梁作业，不仅简化了操作程序，也加快了顶推进度。在一般情况下，当水平千斤顶的行程为 1m 时，一个顶推循环作业过程约需 10～15min。

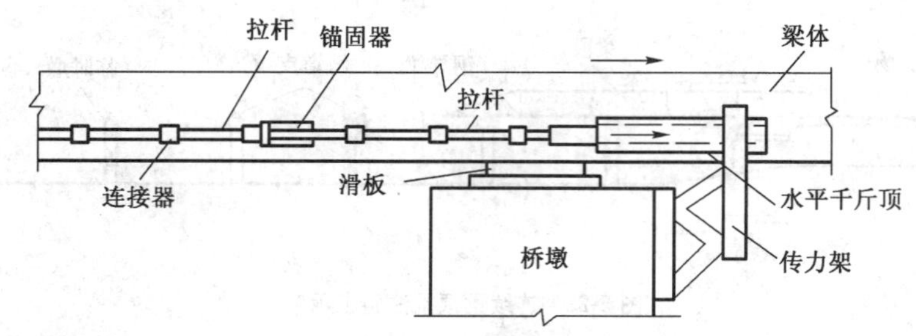

图 5-30　装配式拉杆顶推装置

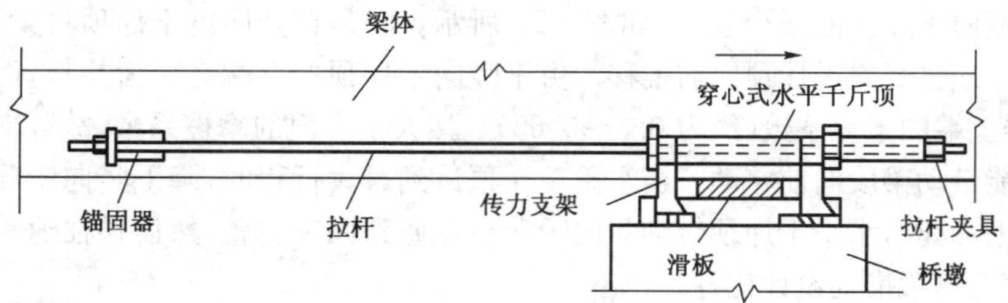

图 5-31　穿心式拉杆顶推装置

(2)悬臂施工法

施工中桥跨间不需要搭设支架，主要设备是悬臂吊机或挂篮，可用贝雷架、万能杆件等组拼而成，也可用工厂化生产的成套设备。在施工过程中，人员、施工机具、各种建筑材料或预制的桥跨结构构件的质量，完全由已建成的墩和梁段来承受。一般要利用托架先行浇筑好墩顶零号块件，然后在其上面安放悬臂吊机或挂篮，从两侧对称地分段悬空浇筑或悬拼施工。由于其独特的优越性能，此法已被广泛应用于修建预应力 T 形刚构、连续梁、连续刚构、斜拉桥、悬索桥等，如图 5-32 所示。

图 5-32　悬臂施工

不等跨不等高的大跨度预应力混凝土连续梁，是悬臂施工法最常用的桥梁结构形式。这种结构通常设计为箱形截面，既可采用悬臂现浇施工，也可采用悬臂拼装施工。

连续梁一般按奇数孔设计，将中孔布置在主河道或主航道上，并向两侧逐孔减小跨径，这样造型比较美观。支点处的梁高与跨径之比约为 1/22～1/14，跨中的梁高与跨径之比约为 1/35～1/25。

悬臂施工法的主要特点是不需要搭设支架，而直接从已建成的桥墩顶部逐段向跨中延伸现浇或拼装，每延伸一段就进行预应力筋的张拉工作，使之与已建成的部分连成整体。但从桥墩两侧逐段延伸来建造这种预应力混凝土连续梁时，为了承受悬臂施工过程中可能出现的不平衡力矩，必须将墩顶的梁段（常称零号块件）与桥墩临时固结起来，如图 5-33 所示。待连续梁全部完成之后，即可拆除临时措施，恢复原来结构状态，从而使连续梁的永久性支座符合设计要求。此外，也可以根据水深、桥高、基础或承台的形式，分别采用支架、立柱和三角撑架等结构形式来搭设梁段临时支承固结，如图 5-34 所示。

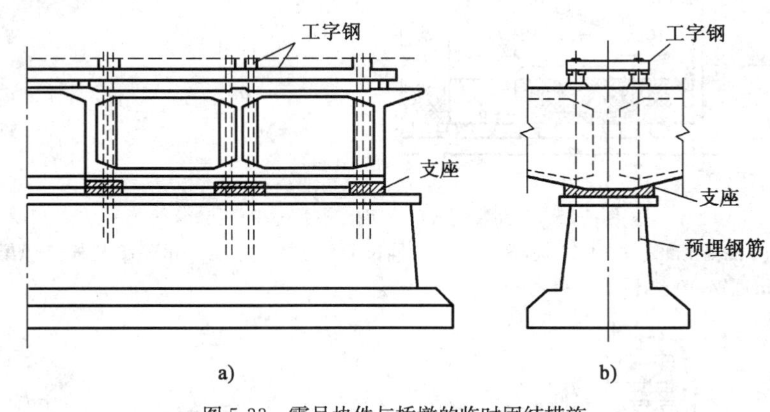

图 5-33　零号块件与桥墩的临时固结措施

a)桥墩正面；b)侧面

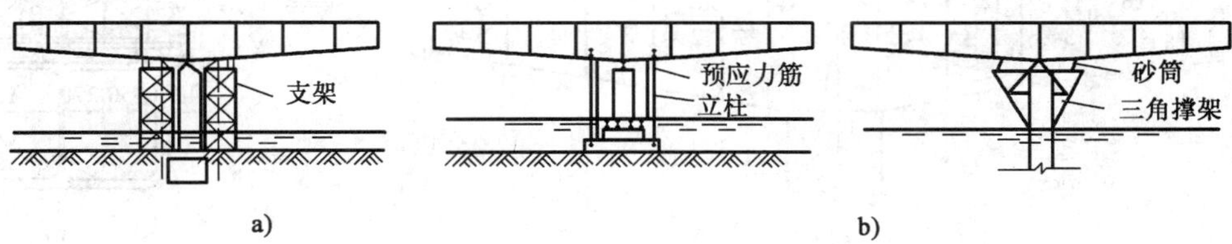

图 5-34　其他几种临时固结措施

a)适用桥不高水不深处的桥墩；b)适用深水高桥的桥墩

悬臂施工法中的主要设备挂篮和吊机如图 5-35 和图 5-36 所示。为了组装和安放悬臂挂篮和吊机，要先行浇筑好墩顶梁段（常称为零号块件）及其两侧附近一定长度的梁段，称为起步长度。一般采用托架支撑来浇筑，故又称为零号块件托架。托架一般采用万能杆件、装配式公路钢桥桁架等钢构件组拼，支撑在桥墩基础（桥墩不高时）或墩身上，横向的宽度一般比箱梁底宽出 1.5～2m。

无论是悬臂现浇或悬臂拼装，均应从桥墩的两侧分段对称进行，一般悬臂现浇每个节段的长度为 3～5m，悬臂拼装的预制长度为 2～5m。

用悬臂拼装施工方法修建连续梁时，需在跨中将悬臂端进行刚性连接，一般预留 1.5～2m 梁长现浇整体化混凝土合龙。

悬臂施工法适宜在水深、宽阔的河流中修建大跨径的桥梁。当采用悬臂拼装时，一般需要配备工程驳船和拖轮，修建临时专用码头来运输预制构件。悬臂现浇时，则需配置混凝土搅拌船，以利及时供应所需混凝土。

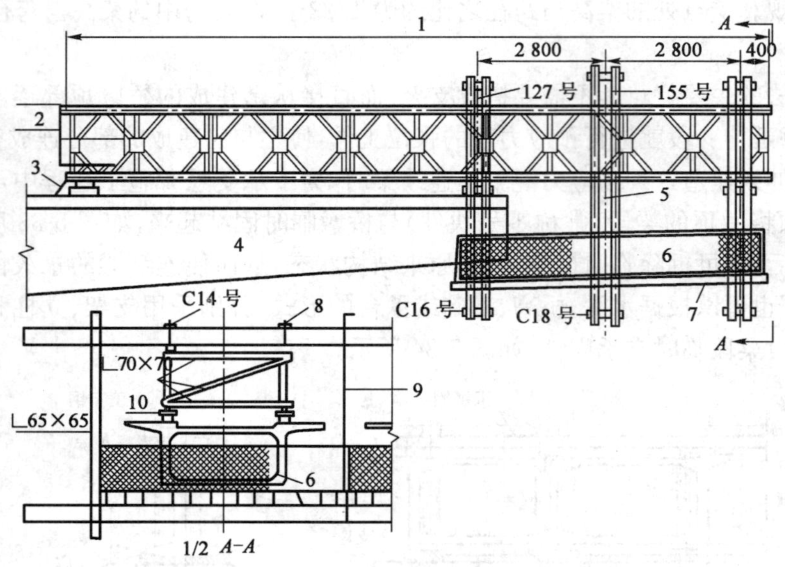

图 5-35 公路装配式钢桁架挂篮(尺寸单位:mm)

1-桁架(5 节);2-混凝土配重块(共 10 块,重 10t);3-地锚;4-已浇筑完成箱梁;5-吊环;6-栏杆;7-纵梁;8-ϕ22mm 螺栓;9-ϕ32mm 圆钢;10-垫木

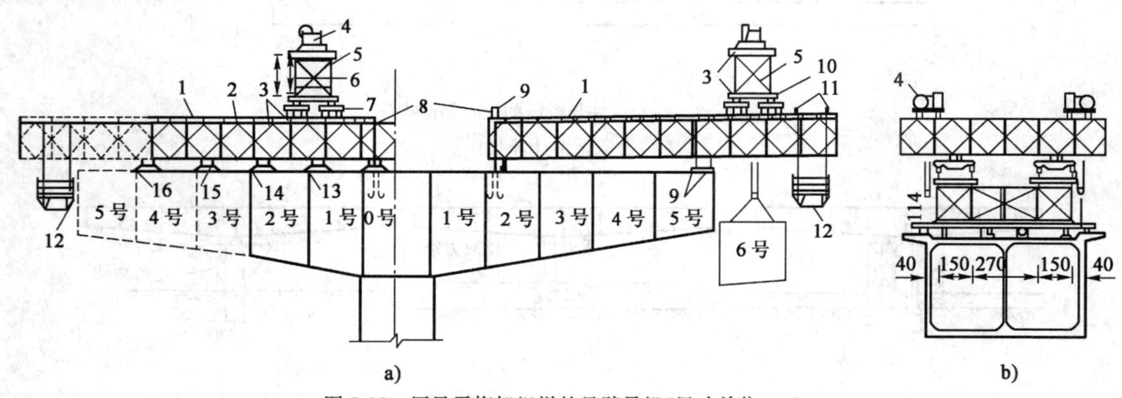

图 5-36 用贝雷桁架组拼的悬臂吊机(尺寸单位:cm)

a)立面;b)侧面

1-吊机主桁架,单层双排共计贝雷 44 片;2-钢轨;3-枕木;4-卷扬机;5-撑架,用角钢 50mm×50mm×5mm;6-横担桁架;7-平车,共 8 台;8-锚固吊环;9-工钢 240mm;10-平车之间用角钢连接成一整体;11-工钢 120mm,共 4 根;12-吊篮

悬臂拼装施工时的构件预制工作,也需要修建预制场地、大型预制构件曲面底座、构件出坑起吊龙门架和运输轨道等辅助工程设施。

悬臂施工法所需的悬臂吊机或挂篮,应以每个墩上设置一套这种悬臂吊机或挂篮作为计算设备质量的依据。在实施时,既可连在一起,也可以分为两段,前者则需在两端接长,而后者则在向两端纵向推后,其后端应锚固在箱梁块件的吊环上,或加压块件。至于编制施工图预算时,吊装设备套数及其总量吨数以及设备摊销费,应根据施工组织设计安排计算。

(3)先简支后连续的施工方法

先简支后连续的施工特点,是按照简支梁板桥的设计原则和施工方法进行构件的设计与预制。安装时则将其支承在墩顶两侧的临时支座上,如图 5-37 所示,然后现浇接缝混凝土和张拉预应力筋并将其锚固好,最后拆除墩顶两侧的临时支座,安放好永久性支座,使之转换成

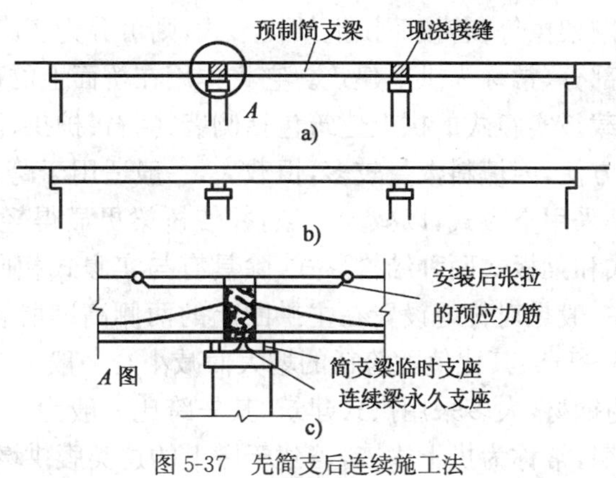

图 5-37　先简支后连续施工法

连续结构体系。

连续梁桥具有伸缩缝(桥面接缝)少,刚度大,行车平稳,便于养护等优点。目前,在高等级公路跨径不大的多孔钢筋混凝土简支梁桥,普遍采用将简支梁板刚性固结形成连续梁。

三、拱式桥上部构造

拱式桥与梁板式桥的主要区别,不仅在于外形上的差异,而且更主要的是受力不同。由于水平推力的作用,使拱的弯矩与同跨径的梁板桥的弯矩相比要小得多,使承重结构的拱圈主要承受压力。因此,其采用抗压性能较好而抗拉性能较差的天然石料和混凝土修建。其缺点是自重较大,水平推力也大,相应增加了墩、台和基础的圬工数量,对地基的条件要求高;而且一般采用拱盔、支架来施工,故机械化程度低,耗用劳动力多,施工周期长,施工工序较多,相应地增加了施工难度。因此,在高等级公路和大跨径的桥梁建设中,较少采用这种拱式圬工建筑。为了改善和克服上述这些缺点,提高机械化施工水平,加快施工进度,减轻结构的自重,目前已向预制钢筋混凝土构件的新型桥梁方向发展,以实现有支架或无支架施工,增大拱桥跨越能力,扩大拱桥的使用范围,如图 5-38 所示。

图 5-38　拱式桥上部构造施工

1. 拱桥分类及其构造要求

拱桥按主拱圈的截面形式,分为板拱(包括石拱、钢筋混凝土薄壳拱和二铰板拱)、肋拱、双曲拱、箱形拱、桁架拱和刚架拱等;若按照拱上结构形式,则可分为实腹式和空腹式两类拱桥。

主拱圈以上的建筑部分,常称为拱上建筑。它将作用在桥面上的荷载均匀地传给主拱圈,并与主拱圈共同承受荷载。实腹式的拱上建筑包括侧墙、帽石、护拱、防水层、拱背填料等工程内容,它结构简单,施工方便,因填料数量较多,恒载大,一般适用于跨径 20m 以下的小型石拱桥。大、中跨径的拱桥都采用空腹式,以减少恒载,并使桥梁更显得轻巧美观,也有利于泄洪。空腹式拱上建筑,有拱式和梁板式两种结构形式,除具有与实腹式相同的拱上建筑外,还设置有腹拱和腹拱墩。腹拱一般是对称地设置在主拱圈上的两侧高度所容许的范围内,其孔径不宜大于主拱跨径的 1/15～1/8(其比值随跨径的增大而减小),一般为 2.5～5.5m。在大、中跨径的石拱桥中,为了节约钢材,大多采用拱式建筑,其矢跨比一般为 1/6～1/2。拱式的腹拱墩一般是做成薄壁的直立墙,常称为拱上横墙,若建于墩上的这类腹拱墩则称为墩上横墙。为了减轻横墙质量和便于施工及养护人员在拱上建筑内通行,一般都在横墙上设置洞门。至于肋拱、双曲拱和箱形拱等拱桥,为了尽可能减轻拱上建筑的质量,常采用梁板式结构形式。梁板式的腹拱墩,采用立柱和盖梁组成的钢筋混凝土排架结构,并在立柱的下面设置底梁,以避免立柱传给主拱圈的压力过分集中。这种结构常采用装配施工,以利于提高工厂化水平,加快施工进度,如图 5-39 所示。

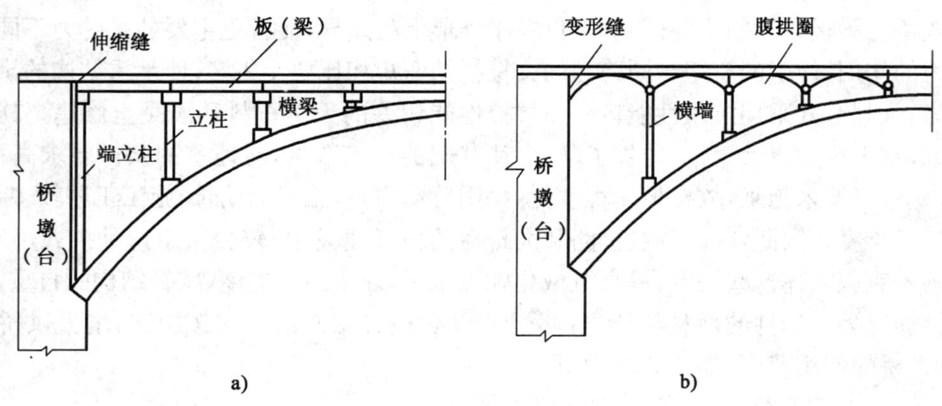

图 5-39　空腹式拱上建筑形式

a)梁板式;b)拱式

按照建设工程的实际情况,主拱圈可以做成无铰拱、二铰拱和三铰拱等不同形式。

无铰拱结构的整体刚度大,而且结构简单,施工方便,材料用量比较省,故使用最广泛。它是三次超静定结构,温度变化、材料收缩,特别是墩台沉陷等原因会在拱内产生较大的附加内力,所以对地基条件要求较高,一般在软土地基上不宜修建这种超静定拱式结构。

三铰拱属于静定结构,温度变化、材料收缩、墩台沉陷等原因不会在拱内产生附加内力。所以,在软土等不良地基上宜采用三铰拱。由于铰的设置,使其构造复杂,施工困难,材料用量和费用相应增多,而且整体刚度差,降低了抗震能力,因此主拱圈一般不采用三铰拱。

二铰拱为一次超静定结构,它的特点介于三铰拱和无铰拱之间。由于取消了跨中铰,故比三铰拱的整体刚度大,在因地基条件较差而不宜修建无铰拱时,可考虑采用二铰拱。

根据设计规范的有关规定,空腹式拱桥的腹拱,其靠近墩(台)的一孔应做成二铰拱或三铰拱;大跨径的拱桥,必要的可将靠拱顶的腹拱或其他腹拱做成三铰拱或二铰拱,在腹拱铰上面的侧墙、人行道和栏杆等均应设置变形缝。所以,二铰拱和三铰拱多用于空腹式的拱上建筑。

拱铰有弧形铰、平铰或其他形式的假铰等。其中，弧形铰由具有两个不同半径圆弧形块件合成，一个为凹面，一个为凸面。凹面半径 R_2 与凸面半径 R_1 的比值在 1.2～1.5 之间取定。

拱上建筑和主拱圈，在构造和受力上有着密切的联系，为了避免拱上建筑不规则的开裂，以保证桥梁的安全运营，通常在相对变形较大的位置要设置伸缩缝，而在变形较小之处设置变形缝。实腹式拱桥的伸缩缝常设在墩(台)两起拱脚的上方，要贯穿全桥宽和侧墙的全高及人行道至栏杆；空腹式拱桥则在紧靠墩(台)的一孔做成的三铰拱的拱铰上方设置伸缩缝，在其余两铰及其他铰的上方则设置变形缝。伸缩缝的宽度一般为 2～3cm，用沥青麻絮填塞充满，变形缝则不留缝宽，只将其断开或贴放油毛毡即可。

2. 板拱桥

石板拱结构简单，施工方便，又有利于就地取材，因而成为常用的桥型结构。其矢跨比一般采用 1/8～1/4，小跨径的石拱桥也可采用半圆拱。

中、小跨径的主拱圈大都设计为等截面，采用片块石砌筑，但应选择较大的平整面与拱轴线垂直，并使石块的大头向上、小头向下，石块之间的砌缝必须相互交错，砌筑的砂浆强度等级不得小于 M7.5。为了外表美观，主拱圈的两端可用料石镶面。我国已建成的石板拱最大跨径已达 50m。

大跨径的主拱圈也有设计为变截面的，即拱顶处比拱脚处做得薄一些。当采用料石来砌筑时，拱石就需要随拱轴线和截面形式的变化分别进行编号，以便进行拱石的加工和砌筑。这样，给施工带来了较多的困难，故实际上较少采用。

实腹式拱桥，其拱圈上除要设置用片石砌筑的护拱，以达到加强拱圈的作用外，还应铺设防水层，以防止雨水渗入拱圈内。防水层应沿拱背、护拱、侧墙连续铺设，不宜断开。防水层有石灰三合土、沥青油毛毡等多种类型，可根据建设工程的实际情况，本着就地取材的原则合理确定。

拱上填料(指拱腹范围内)，宜采用透水性较好的土，应在接近最佳含水率的情况下分层填筑夯实，每层厚度宜为 20～30cm；也可采用碎砾石或其他轻质材料(如炉渣、石灰、黏土等混合料)作为拱上填料。

此外，还有现浇钢筋混凝土薄壳拱和二铰板拱，也属于板拱的范畴，因结构较复杂，施工工序多，又需耗用大量钢材，故在实际中很少采用。

板拱桥建设的另一个重要工作环节，就是需要塔设拱盔和支架，常简称为拱架，以支承全部或部分拱圈和拱上建筑的质量，并保证拱圈的形状符合设计要求。而在实施过程中，它只起辅助作用，仅有利于拱圈的建成而不构成其实体。拱盔、支架制作工艺复杂，技术要求高，对工程质量，安全生产，都有着极其重要的影响，故要求具有足够的强度、刚度和稳定性。同时，因为它是一种临时性的辅助工程，所以又要求结构简单，安装、拆除方便，并能多次周转使用，以节约费用，加快建设进度。

拱桥中常用的拱架，有土牛拱、木拱架和钢拱架三种，如图 5-40 所示。

(1)土牛拱一般只宜用于无常流水的河沟中修建的小型石拱桥，实际很少使用。

(2)木拱架，包括拱盔、支架和支架基座三部分工程内容，有满堂式和桁架式两种形式，如图 5-41 所示。

满堂式根据跨中所设支点的形式和个数，又分为排架式、撑架式和扇形式三种。桁架式一般用于经常性通航、水域较深或墩台较高的桥孔，跨中不设支点。支架的基座必须稳固，当地

图 5-40　拱架

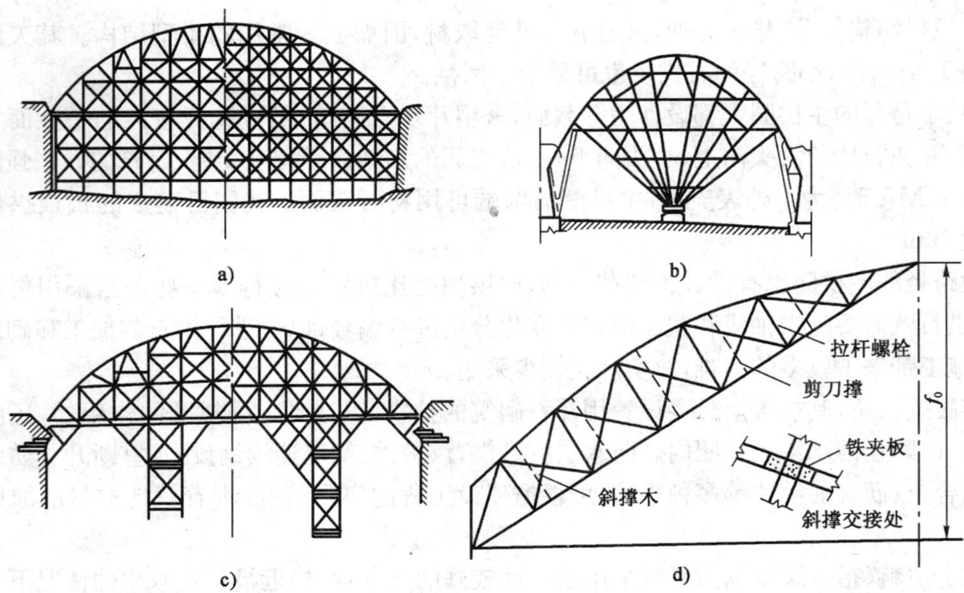

图 5-41　木拱架的主要形式

a)排架式；b)扇形式；c)撑架式；d)桁架拱架

基为石质时，应挖去表土，将柱根处的岩石凿平；若为密实土时，则可用枕木和石块铺砌作为基座；若为松软土时，则应采用桩基或进行其他加固措施，以确保支架基座承重后的下沉值符合设计要求。在公路拱桥建设中，木拱架使用比较广泛。

(3)钢拱架，有工字梁钢拱架和钢桁架拱架两种，如图 5-42 所示，系用钢构件组拼而成，可重复使用。它不需要设置支架，只需在墩台上预留缺口设置拱脚铰，以支承拱架，钢拱架拆除后，将缺口予以修复。故钢拱架的安装拆除工作，可按钢拱架全套设备的质量，并以桥梁拱盔的工程定额计算所需的费用。但在安装钢拱架时，需要另行配备吊装设施，如缆索、扒杆等。在公路拱桥建设中使用钢拱架的也比较少。

3. 肋拱桥

肋拱桥实质上是在板拱的基础上演变而成的，就是将板拱分割成两条或多条刚度较大、分离的平行拱肋，而肋与肋之间则用横系梁进行连接，以增强其整体稳定性，在拱肋上设置立柱和盖梁，以支承桥面结构，如图 5-43 所示。

拱肋是肋拱桥的主要承重结构，通常用 C20 混凝土或钢筋混凝土制作，采用装配施工，在小跨径的肋拱桥中多采用矩形截面，肋高约为跨径的 1/60～1/40，肋宽约为肋高的 0.5～2

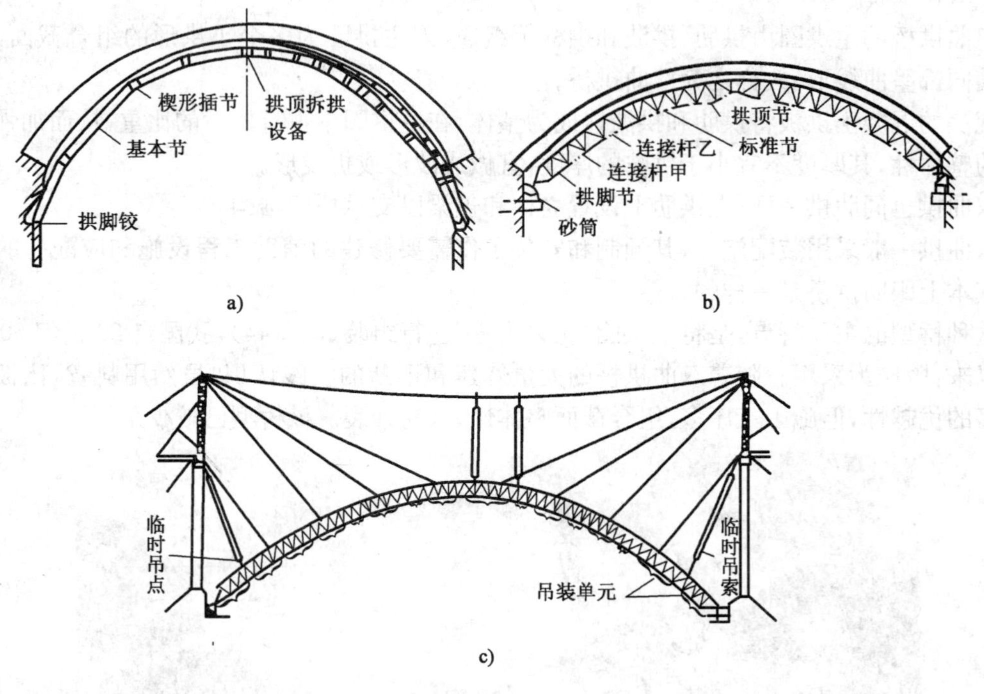

图 5-42　钢拱架形式(尺寸单位:cm)

a)工学梁钢拱架;b)桁架钢拱架;c)拱架吊装布置

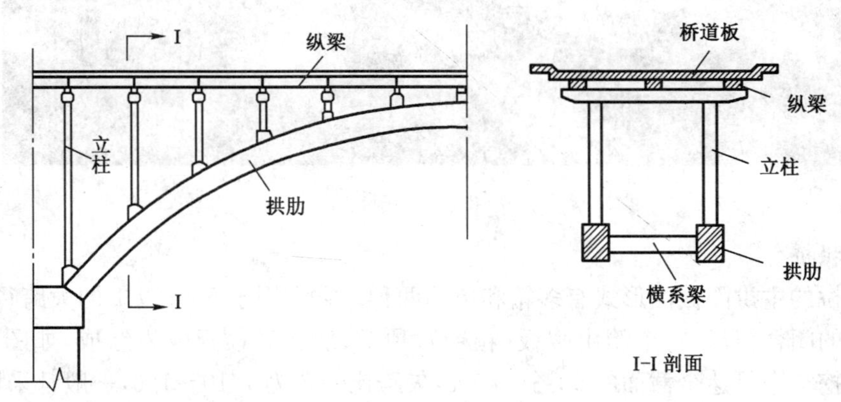

图 5-43　肋拱

倍;较大跨径的肋拱桥,其拱肋则常采用工字形截面,肋高约为跨径的 1/35～1/25,肋宽约为肋高的 0.4～0.5,腹板的厚度一般设计为 30～50cm。

肋拱桥的主要特点是拱肋的横截面较小,而一般又多采用两肋组成,这样就能较多地节省材料用量,不仅减轻了拱体的质量,而且相应地减少了拱上建筑、墩台及基础的工程数量,从而能有效地降低工程造价、节约投资。因此,其适用于较大跨径的拱桥。

装配式的肋拱桥,可根据跨径的大小和构件的轻重,采用扒杆配简单支架或缆索安装。拱肋的预制工作,也同其他大型预制构件一样,要修建预制场地、大型预制构件曲面底座、构件出坑起吊龙门架和运输轨道等设施。

4. 双曲拱桥

双曲拱桥的主拱圈由拱肋、拱波和拱板等组成，因主拱圈为多个小拱形的组合截面，在纵向和横向都呈曲线形，故称之为双曲拱桥。

现浇的混凝土拱板将拱肋和拱波连成为整体，在主拱圈中占有较大的比重，从而加强了主拱圈的整体性，其厚度不宜小于拱波的厚度，宜做成波形或折线形。

双曲拱也同肋拱一样，在拱肋上设置立柱和盖梁以支承桥面结构。

双曲拱一般采用装配施工，其预制和安装工作需要修建的辅助工程设施和应配备的吊装设备基本上跟肋拱桥是一样的。

这种桥型的主要特点，是将主拱圈“化整为零”进行组装(图 5-44)，我国自 20 世纪 60 年代创建以来，曾广为采用。随着双曲拱桥的大量修建和不断的实践认识，虽然用料省，比板拱又有较多的优越性，但施工工序多，组合截面整体性差、易开裂。该桥型已较少采用。

图 5-44　拱桥

5. 箱形拱桥

箱形拱桥的主拱圈截面形式有多箱和单箱两种。它宜用于 50m 以上的大跨径拱桥，一般采用多箱式的闭合箱形，每个箱由腹板(箱壁)、顶板、底板和横板隔板组成，如图 5-45 所示。箱形截面的挖空率可达全截面的 50%～70%，矢跨比一般为 1/10～1/6，一般都采用 C30 混凝土制作。

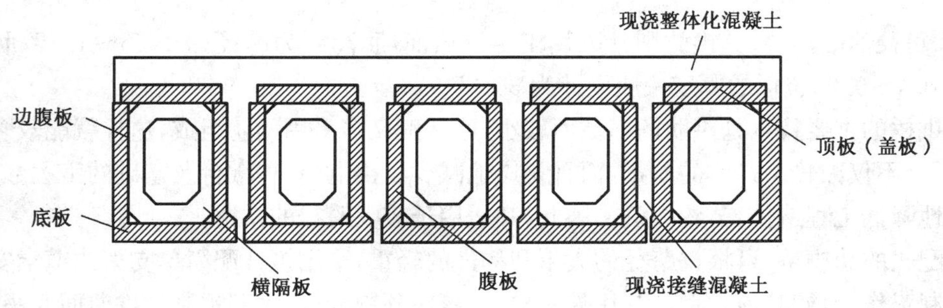

图 5-45　多箱式箱形拱截面形式

在施工可能的情况下，箱形拱以采用闭合箱形为宜。但开口箱不仅构件单元质量轻，有利于安装，而且预制工作比闭口箱也要方便，故在实际中多采用开口箱形。一般是在开口箱体安装好后，再安砌盖板(顶板)，然后现浇接缝和整体化混凝土，使之连成整体，最后形成闭合箱形，故横向整体性强，稳定性好，抗扭刚度也大。

多箱的顶、底板厚度一般为8～10cm，也就是说，在预制时，可以做得薄些，以减轻构件质量，待安装好后，再按设计要求现浇一层混凝土予以增厚。当闭合箱形拱建成后有可能被洪水淹没时，应设置排气孔和进水孔，以减少浮力。

箱形拱桥的拱上建筑，可采用拱式或梁板式结构。实际中多采用立柱、盖梁板式拱上建筑，这样可减轻拱上自重，节约材料和费用。

箱形拱圈通常根据跨径大小，分为三段或五段预制，采用无支架的缆索吊装施工。公路工程预算定额中的缆索吊装设备定额，是以主索、2号起重索、牵引索、扣索、风缆，以及塔架、主索和扣索等地锚、天线滑车等工程内容进行综合的，不能作为梁板式桥的吊装计价依据，因为梁板桥无需设置扣索等工程内容。如图5-46所示吊装拱桥的专用设备。

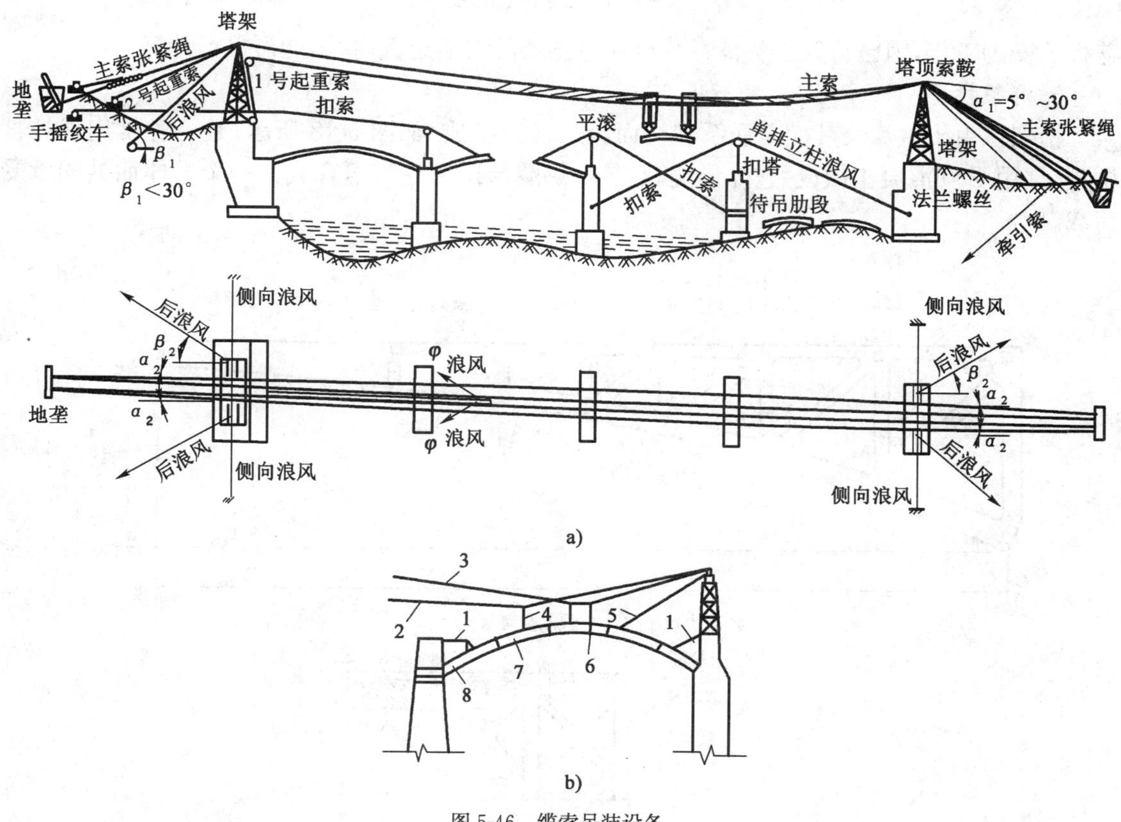

图5-46　缆索吊装设备

a)三段缆索吊装布置；b)五段和索形式

1-墩扣；2-扣索天线；3-主索天线；4-天扣；5-塔扣；6-顶段；7-中段；8-端段

这种桥型也同前述的肋拱、双曲拱一样，其箱形拱圈在预制时要设置预制场地等辅助工程设施，如图5-47所示。

根据公路工程预算定额所规定的预制、安装箱形拱的工程内容，开口箱主拱圈的工程量，只能以开口箱的体积作为编制施工图预算的依据，其盖板(顶板)应按小型构件另行计价；至于

图 5-47 缆索吊装施工

盖板的安砌工作，因已将其工料消耗综合在主拱圈的安装定额内，不能再另行计算。

6. 桁架拱桥

桁架拱由桁拱片及其横向联系和桥面板三部分组成，如图 5-48 所示，是一种常用斜拉杆桥型，常用 C30 混凝土做成，它外形美观，是将拱圈与拱上建筑组合成为一个整体而共同承受荷载。

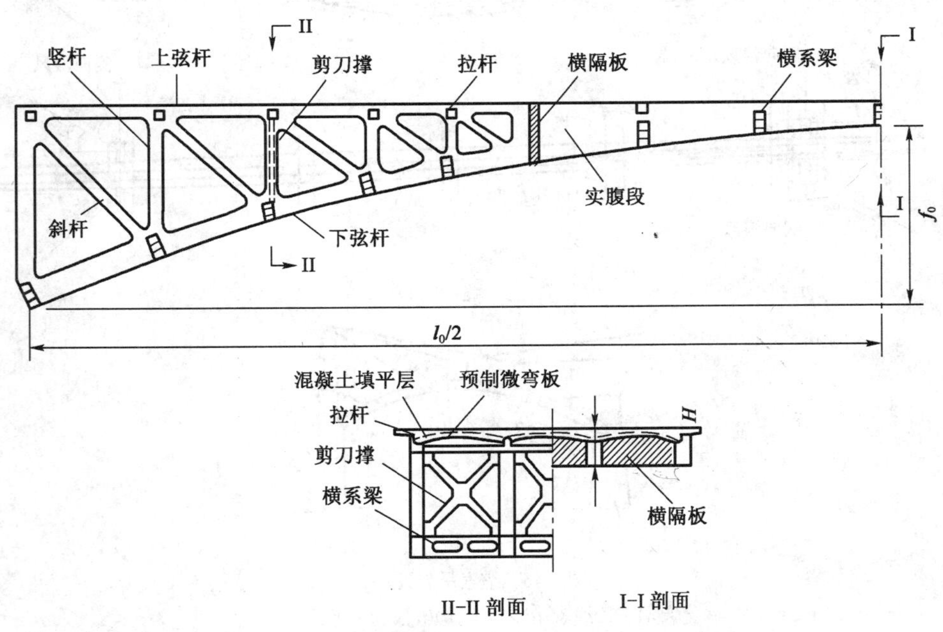

图 5-48 桁架拱桥的主要组成

桁拱片是桁架拱桥的主要承重结构，由下弦杆、上弦杆、腹杆（包括竖杆和斜杆）和拱顶实腹段所组成。下弦杆一般采用圆弧形，这样施工较为方便。为了使桁拱片连成整体而共同受力，以保证其横向稳定，故在桁拱片之间设置横向联系。这种横向联系结构，因所设位置的不同，有拉杆、横系梁和剪刀撑、横隔板等不同的称谓。拉杆和横系梁分别设置在上下弦杆的节点处，拱顶的实腹段一般每隔 3～5m 也要设置横系梁。横隔板则分别设置在实腹段与桁架部分的连接处和跨中(拱顶)，它的高度顶到桥面板。剪刀撑一般设置在 1/4 跨径附近的上下弦杆节点之间和端部。

桁架拱桥的桥面结构，一般采用微弯板，以节约钢材。这种桥型是为进一步减轻拱桥自重，增强拱式桥结构的整体性，大力提高工厂化水平，加快施工进度，在修建双曲拱桥经验的基础上，发展起来的一种轻型的钢筋混凝土桥型。其特点是桁拱片可以根据跨径和场地的大小，采用整片、分段或分杆件来制作，这样，构件分细后，单件质量轻，便于运输和安装，而且还可采取卧式预制的方法进行预制，即在地面上按桁拱形状设置底模，侧模就不会太高，便于绑扎钢筋和浇筑混凝土，构件的质量也容易得到保证。同时，还可采取多片叠制的方法进行桁拱片的预制，即在前一片之上浇筑后一片，以前一片作为后一片的底模，结合桁拱片的厚度，一般在同一底模上可叠制 2～4 片，这就有利于节约费用，降低工程成本。桁架拱适宜用于 50m 以下跨径的桥梁。

当桁拱片采用卧式预制时，预制后出坑移动需翻身竖起，一般应在全片构件吊起之后，再悬空进行翻身竖立。桁拱片运输时，则宜采用平卧运输。

桁架拱桥也是采用缆索吊装方法进行安装，在安装过程中只有少量现浇接头混凝土，故工厂化水平高，有利于提高劳动效率。在构件预制时，也同上述肋拱等拱式桥一样，需要修建预制场地等辅助工程设施。

7. 刚架拱桥

刚架拱桥是在桁架拱桥等基础上发展起来的另一种轻型钢筋混凝土桥型，它具有构件少，自重轻，整体性好，刚度大，外形美观等优点；同桁架拱桥一样，是属于具有水平推力的拱式结构，适宜用于 50m 以内跨径的桥梁。

刚架拱桥由刚拱片、横系梁和桥面板等组成，如图 5-49 所示。桥面板一般都采用微弯板，这样可节省钢材用量。

刚拱片是由跨中的实腹段的主梁、空腹段的次梁(包括中腹段和边腹段)、主拱腿(主斜撑)、次拱腿(次斜撑)等所组成，一般都采用 C30 混凝土来制作。主梁一般采用圆弧形。主梁与主拱腿的交接处称为主接点，次梁与次拱腿的交接处称为次接点。刚架拱桥大都采用装配式的施工方法修建，为了减轻吊装质量，一般都将主梁、次梁和斜撑等分开进行预制，当跨径较大时，次梁还可分段预制，吊装就位后，用现浇混凝土接头。

为使各刚拱片连成整体共同受力，一般在跨中(拱顶)，主、次接点，次梁的端部等处都要设置横系梁，以保证横向的稳定和桥梁的安全营运。

刚架拱桥也采用缆索吊装施工，预制时同桁架拱一样，要修建预制场地等辅助工程设施。

8. 钢管混凝土拱桥

钢管混凝土拱桥是我国近年来公路桥梁建筑发展的新技术，具有自重轻、强度大、抗变形能力强的优点。它比较好地解决了修建桥梁所要求的用料省、安装质量轻、施工简便、承重能力大的诸多矛盾，是大跨径拱桥的一种比较理想的结构形式。

在结构受力方面，随着轴向力 N 的增大，内填型钢管混凝土使得混凝土的径向变形受到钢管的约束而处于三向受力状态，承载能力大大提高。同时，钢管的套箍作用大大提高了混凝土的塑性性能，使得混凝土，特别是高强度混凝土脆性的弱点得到克服。另一方面，混凝土填于钢管之内，增强了钢管管壁的稳定性，刚度也远大于钢结构，使其整体稳定性也有了极大的

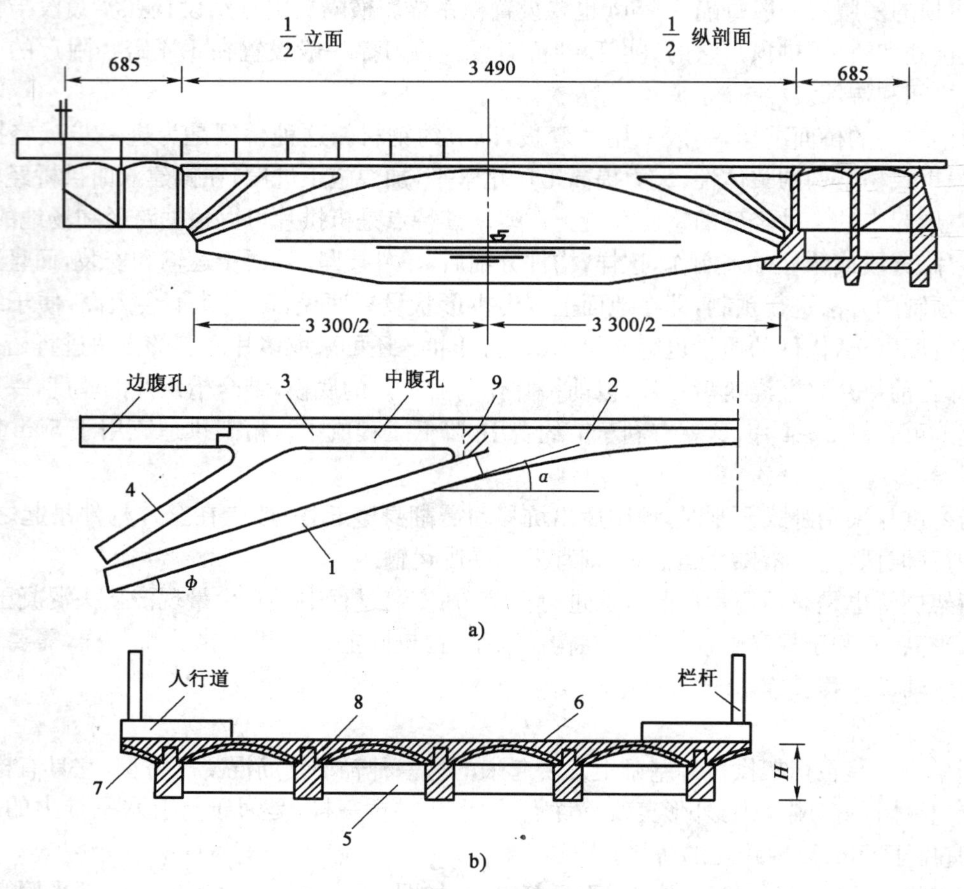

图 5-49　刚架拱桥的主要组成(尺寸单位:cm)

a)立面图;b)拱顶横断面图

1-主拱腿;2-实腹段;3-腹孔段(中腹孔和边腹孔);4-次拱腿;5-横隔板;6-微弯板;7-悬臂板;8-现浇桥面;9-现浇接头

提高。因此,钢管混凝土材料应用于以受压为主的构件中,较之钢结构和混凝土结构有着极大的优越性。

在施工方面,钢管具有较大的刚度和强度,可以作为施工的劲性骨架。钢管本身又可作为耐侧压的模板,这样,施工时就基本不需要模板和支架。钢管制作工厂化,劳动效率高,比起钢筋混凝土结构中的钢筋加工制作省时、省工。

钢管混凝土是钢管与混凝土的组合材料。根据钢管与混凝土的组合关系,其可分为内填型和内填外包型两类,见图 5-50 所示。

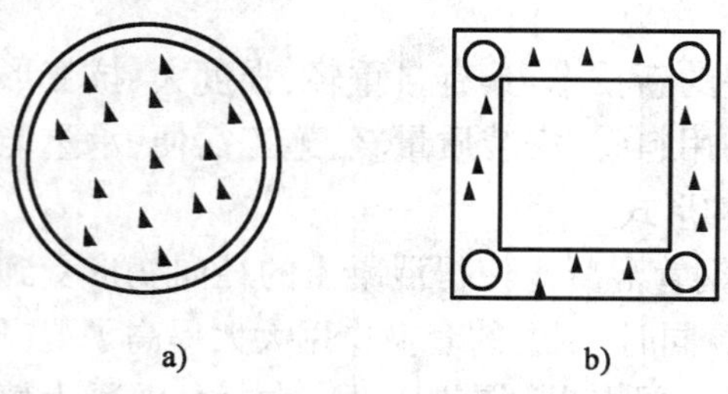

图 5-50　钢管与混凝土的组合

a)内填型;b)内填外包型

这两类钢管混凝土应用于拱桥可同时解决拱桥材料高强化和拱圈施工轻型化两大难题。但在具体应用时,其发挥材料的作用和施工的作用有所侧重,因此而产生两大方向。

一是应用内填型混凝土,即钢管内包混凝土,钢管表皮外露,与核心混凝土共同作为结构的主要受力组成部分,同时也作为施工时的劲性骨架,设计以前者控制,称为钢管混凝土拱桥。这类拱桥可设计为肋拱、桁拱及桁架拱等结构形式。

另一种是应用钢管内填外包混凝土，钢管表皮不外露，钢管主要作为施工的劲性骨架，先内灌混凝土成钢管混凝土后再挂模板外包混凝土形成断面，钢管材料参与建成后的受力，但不是以使用阶段为控制，而是以施工荷载为控制的，可称之为钢管混凝土劲性骨架拱桥，有时也称之为钢筋混凝土拱桥。这类拱桥主要有肋拱、箱形拱和刚架拱等形式。

钢管混凝土结构的应用，使拱桥的跨越能力得到提高，同时使拱桥更加轻巧，表现力也更强，更加美观。由于具有以上优点，钢管混凝土拱桥在我国得到了迅速发展，目前，已建成的钢管混凝土拱桥的最大跨径为 270m，钢管混凝土劲性骨架拱桥的最大跨径为 420m。

四、预应力刚构上部构造

刚构桥又称刚架桥，是由梁式桥跨结构与墩台（支柱或板墙）刚性连接而形成整体的结构体系。按静力结构体系其可分为单跨和多跨，支柱做成斜柱式时称为斜腿刚构。

多跨刚构桥可将主梁做成连续式或非连续式。非连续式刚构桥在主梁跨中设铰或悬挂简支梁，通常称为 T 形刚构桥，或简称为 T 构。它的显著特点是全桥所有的墩上都不设置任何形式的支座。带挂梁的刚构桥在挂梁端相应设置支座，属于静定结构。

带有挂梁的 T 形刚构桥，一般都采用以偶数的 T 构单元与奇数的挂梁相配合。为了简化设计，有利施工，多跨的桥梁一般都采用尺寸划一的 T 构和挂梁。当然也可结合建设工程的实际情况，采用不同的 T 构悬臂长度和相同尺寸长度的挂梁相配合。这样，也像多跨的连续梁一样，形成中孔跨径最大，而向两侧是逐孔减小的桥型结构。显而易见，每个 T 构两侧的恒载是对称的，墩中无不平衡的力矩。

T 形刚构桥支点处的梁高一般为跨径的 1/22～1/14，挂梁的高度则视其跨径而定，一般为支点处梁高的 1/5～1/2。挂梁一般采用等高梁，其长度为跨径的 0.2～0.5，但不应使挂梁的长度超过 35～40m，否则会增大施工难度。

T 形刚构桥对基础和桥址的地质条件没有特殊要求，主梁跨中设铰或悬挂简支梁可有效地减小或避免各种因素引起的附加内力，这是其优点。但铰或挂梁的存在使桥面接缝增多，接缝两侧主梁变形不一致，车辆通过时易引起对桥梁的冲击作用，不利于高速行车，且剪力铰的结构复杂，养护麻烦。因此，现有将主梁做成连续式的趋势，即做成连续刚构，或每隔数孔设一跨中带悬挂简支梁的主梁，以此作为较长的连续刚构桥的伸缩缝。

连续刚构是墩、梁固结的连续结构，由于固结的桥墩能提供部分固端弯矩，从而使跨中弯矩减小，因而可以达到较大的跨径。有时为了适应特殊的水文地质条件或地形条件，也可以将连续梁桥与连续刚构桥结合起来，成为所谓刚构-连续组合梁桥。其做法通常是在一连续梁的中部数孔采用墩梁固结的刚构，边部数孔为设置支座的连续梁结构。

连续刚构的主梁高度一般取其跨度的 1/30～1/7，大跨度连续刚构多采用其跨度的 1/40～1/30。当采用变高度梁时，端部梁高可为跨中梁高的 1.2～2.5 倍，甚至更高。

预应力刚构桥一般都采用变截面的箱形结构形式，但也有采用桁架梁的。桁架梁的结构形式与桁架拱基本上相同。

修建预应力刚构桥时，无论是现浇还是预制安装，都采用悬臂的施工方法。实质上 T 形刚构与悬臂施工是相应发展起来的，其施工程序是，首先搭设托架现浇墩顶块件（零号块件），然后组拼吊机或挂篮进行悬浇或悬拼，待 T 构按设计完成后，再采用导梁等施工方法进行简支挂梁的安装工作。

预应力刚构桥的预制安装或现浇同预应力连续梁桥的施工方法基本上是相同的，除要修建预制场地等辅助工程设施外，还要配备预制和安装挂梁的吊装设备等辅助工程设施。

五、预应力斜拉桥上部构造

斜拉桥是一种造型美观的组合体系结构，由索塔、斜索和主梁三部分组成，如图 5-51 所示。锚固在索塔上而悬吊起主梁的斜钢索实际上是起着混凝土主梁弹性支承的作用。这样，主梁就像小跨度的多孔弹性支承的连续梁一样承受着全部荷载。因此，斜拉桥不仅可以增大跨越的能力，而且梁的高度也可以大大减小，一般只有跨径的 1/100～1/40，自重较轻，钢材和混凝土的用量均较节省。但由于钢索和锚具的费用都比较昂贵，所以，这种桥型的造价是比较高的。

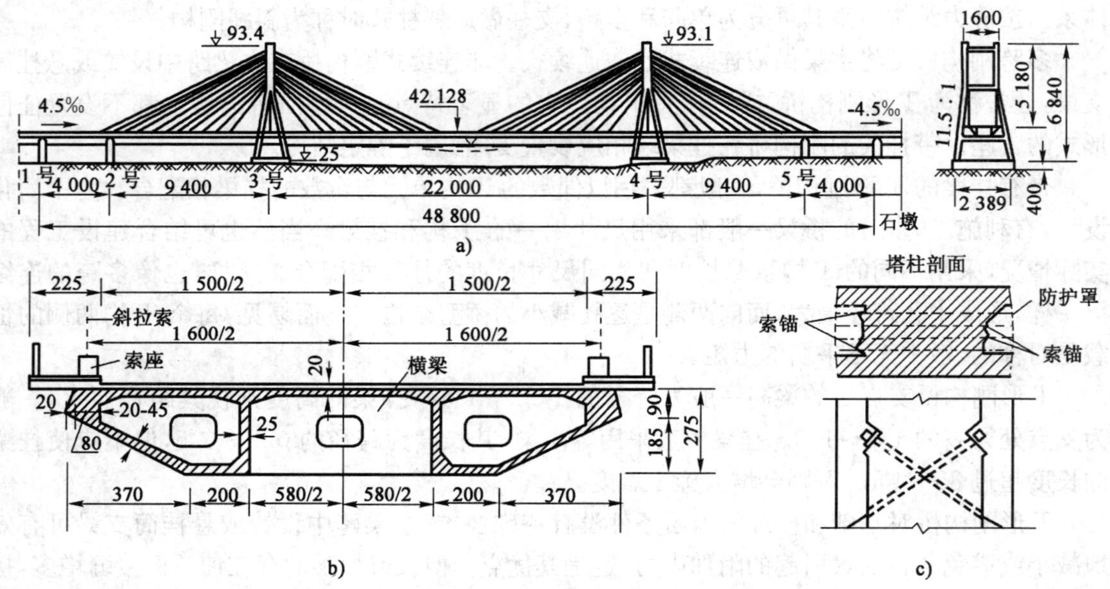

图 5-51　公路大桥(尺寸单位:cm)

a)斜拉桥立面;b)主梁横截面;c)塔柱内穿索示意图

索塔形式、斜拉索布置和主梁截面是多种多样的，索塔将在第四节桥墩和桥台内作介绍，此处不再赘述。现扼要介绍斜拉索和主梁的有关技术要求和构造类型。

1. 斜拉索

斜拉索是斜拉桥的主要承重结构，一般采用抗拉强度高，疲劳强度好和弹性形变模量较大的高强钢丝或钢绞线，如图 5-52 所示。

斜拉索在立面上的设置形状，有辐射形、竖琴形和扇形等三种形式；在横截面上有双面索和单面索两种。

(1)辐射形斜拉索。因斜拉索倾角大，平均接近 45°，故能够发挥较好的工作效率，所以钢索用量省。但由于斜拉索集中于塔顶，致使锚固难度大，而且对索塔受力也不利，在实际中较少采用。

(2)竖琴形斜拉索。因斜拉索与索塔的连接处是分散的，而且各斜拉索又是平行的，其倾角相同。这样，不仅连接构造易于处理，而且锚具垫座的制作与安装也很方便，同时对索塔的

图 5-52　斜拉桥施工

受力也比较有利；但因斜拉索倾角小，就不能像辐射形斜拉索那样发挥较好的工作效率，使钢索用量相对要多。

(3)扇形斜拉索。它的特点是介于辐射形和竖琴形斜拉索的两者之间，可以说是兼有上述两种形式的优点。近年来，在公路斜拉桥的建设中大多采用这种斜拉索布置形式。

斜拉索的间距，近年来多采用扇形的密索体系，其特点是间距可以小于 6～8m，这样就能降低梁的建筑高度，使自重较轻，有利于施工。

斜拉索常采用柔性构造，即进行必要的防腐处理后，常采用铝合金或聚乙烯套管内注水泥浆作为外防护管，以加强防护。这样，在运营过程中也便于进行斜拉索的更换工作。

2. 主梁

预应力混凝土斜拉桥的主梁，一般采用箱形截面结构，并设计为连续梁或 T 形刚构，如图 5-53 所示。因连续梁刚度大，整体性好，行车平稳，对抗风也有利，是斜拉桥常用的一种结构形式，一般采用 C40 混凝土制作。

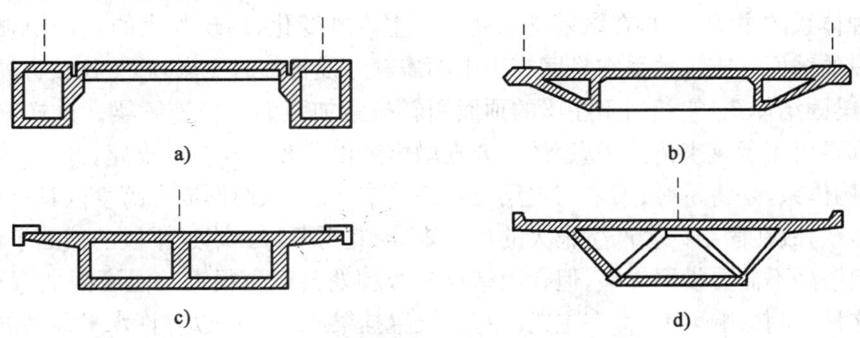

图 5-53　斜拉桥的主梁横截面形式

图 5-53a)是对应于双面斜索而设置分离式的双箱结构，其特点是用悬臂施工方法完成箱梁后，再安装桥面板而形成主梁，故施工较为方便。图 5-53b)是一种半封闭箱形截面结构。两箱之间设有横隔板，其外缘做成尖嘴形，主要是为减少风的阻力，两侧局部加固，以利斜拉索的锚固。图 5-53c)和 5-53d)是一种封闭式的箱形截面结构，它的抗扭刚度大，常用于单面索的

斜拉桥，其倾斜式的腹板结构比竖直板的要好，但施工难度要大。至于图 5-53d）中箱梁内的斜撑，则是为锚固斜索而设置的，如图 5-54 所示。

图 5-54　单面索的斜拉桥

预应力斜拉桥，按其索塔、斜拉索和主梁三者的不同结合方法，可以分为悬浮、支承、塔梁固结和刚构四种体系，其特点和技术要求如下。

(1)悬浮体系，是主梁除两端需设置支座来支承外，其余全部都是用斜拉索将其悬吊起来，而在纵向是可以稍作浮动的一种具有弹性支承的单跨梁结构形式，但在横向则不能任其随意摆动，必须施加一定的横向约束。这种体系在密索的作用下，主梁各截面的变形和内力的变化都比较平缓，受力比较均匀，刚度也比较好，其截面也不存在需局部加强的情况，从而有利于施工。这种结构体系在实际工作中采用较多。

悬臂方法施工时，在墩塔处的梁段要另行在墩上架设托架浇筑，并应在梁下设置临时支座，在斜拉索安装张拉调整和主梁合龙后拆除。

(2)支承体系，其主梁在墩塔处要设置支点，是一种接近在跨度内具有弹性支承的三跨连续梁。这种体系的主梁内力，在墩塔支承处会产生急剧变化，出现很大的负弯矩，故需要加强支承区梁段的截面。支承体系在悬臂施工中不需额外设置临时支点，施工比较方便。

(3)塔梁固结体系，它相当于在梁的顶面用斜拉索加强的一根连续梁。这样，全部上部结构的荷载都要由支承座来传给桥墩，故需要在墩塔处设置较大吨位的支座。

(4)刚构体系，是将桥墩、索塔与主梁三者固结在一起，从而形成在跨度内具有弹性支承的一个刚构体系，故在固结处会产生很大的负弯矩，因此需要将其附近梁段的截面予以加大。这种体系的墩塔处不需要设置支座，但在固结点和墩脚处会产生很大的温度附加弯矩。为了减少或消除这种不利影响因素，常在主梁的跨中设置挂梁或设置可以容许水平移动的剪力铰。

总之，悬浮体系具有充分的刚度，受力比较匀称，可以做成等截面主梁而简化施工，抗风、抗震性能也较好，是采用较多的结构体系。支承体系不比悬浮体系有多大的优越性。塔梁固结体系的塔柱内力最小，温度内力也最小，仅主梁边跨负弯矩较大，整体刚度较小，也是可以考虑采用的结构体系，但修建时要解决大吨位支座的问题。由于巨大的温度内力，刚构体系一般都做成带挂梁的形式，它适用于对抵抗地震和风振无特殊要求的场合。

预应力斜拉桥的主梁，一般采用悬臂现浇、悬臂拼装或顶推等施工方法，在施工过程中，基本上同预应力连续梁桥和预应力刚构桥一样，要相应修建有关的各种辅助工程设施；而不同之处，是除了主梁要施加预应力外，还要对斜拉索进行张拉和锚固，如图 5-55 所示。

图 5-55　斜拉桥的主梁

六、悬索桥上部构造

悬索桥又称吊桥，由承受拉力的悬索作为主要承重结构。现代悬索桥一般由索塔、主缆索、锚碇、吊索、加劲梁及索鞍等主要部分组成，见图 5-56。

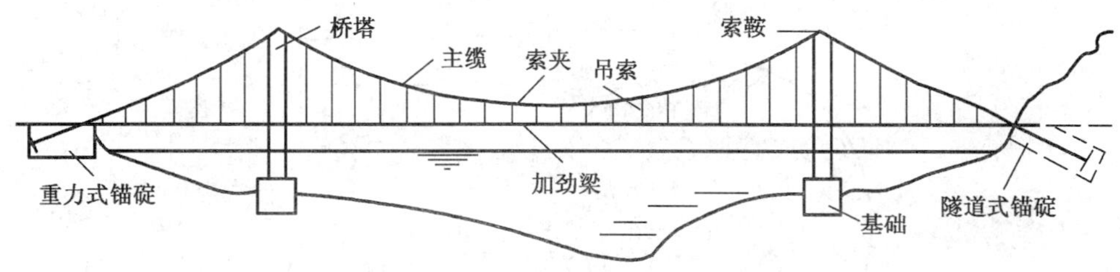

图 5-56　悬索桥的主要构造

悬索桥具有合理的受力形式，因为主要承重构件悬索受拉，无弯曲和疲劳而引起的应力折减，可以采用高强度钢丝制成，其$[\sigma]/\gamma$之值最大（$[\sigma]$为钢材的容许应力，γ为钢材的重度），因此悬索桥的跨越能力是目前所有桥梁体系中最大的，也是目前唯一能超过千米跨径的桥型，如图 5-57 所示。

悬索桥采用高强钢材作为主要承重结构，所以与其他桥型相比，其恒载与活载之比最小，因此在一般情况下，悬索桥是一种用料最省的桥型。由于在结构方面构造简单、轻便，又能充分利用索塔架设悬索、拼装加劲梁和桥面系，所以其施工方便，外形美观。

以下仅就主缆索、锚碇、加劲梁、吊索和索鞍的主要结构特点作简要叙述。

1. 主缆索

主缆索是悬索桥的主要承重构件，不仅承担自重，还通过索夹和吊索承担加劲梁（包括桥面）等其他恒载以及各种活载。此外，主缆索还要承担部分横向风载，并将其传至索塔顶部。

图 5-57　悬索桥

主缆索可采用钢丝绳钢缆或平行钢丝束钢缆，由于平行钢丝束钢缆弹性模量高，空隙率低，抗锈蚀性能好，因此大跨度悬索桥的主缆索均采用这种形式。现代悬索桥的主缆索多采用直径5mm的高强度镀锌钢丝组成，如图5-58所示。先由数十到数百根5mm的高强度镀锌钢丝制成正六边形的索股(束)，再将数十至上百股索股挤压形成主缆索，并做防锈蚀处理。设计中主缆索的线形一般采用二次抛物曲线，如图5-59所示。

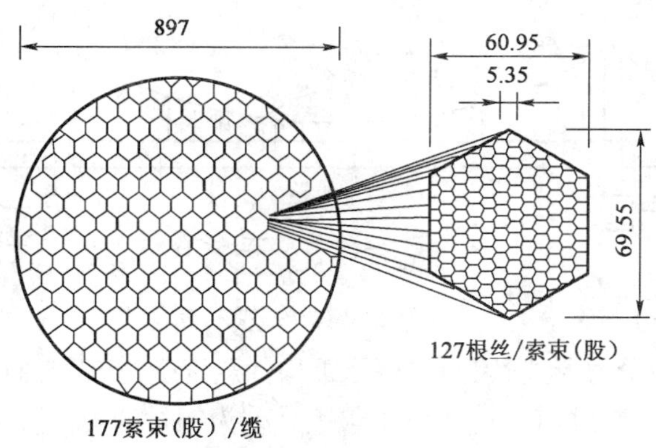

图 5-58　悬索桥主缆索断面构造示意图(尺寸单位:mm)

主缆索的架设方法主要有两种:空中送丝成缆法和预制钢丝束成缆法。前者在现场空中编缆，每根主缆索所含索束数较少，但每根索束所含钢丝根数较多;施工工期较长;所需锚碇面积较小;是最早采用的成缆法。后者在工厂先预制钢丝索束，然后在现场使用索束编缆;每根主缆索所含索束数较多，但每根索束所含钢丝根数较少;施工周期较短;所需锚碇面积较大，是现代悬索桥较多采用的成缆法。

2. 锚碇

锚碇是主缆索的锚固构造。主缆索中的拉力通过锚碇传至基础。通常采用的锚碇有两种

图 5-59　主缆索

形式：重力式和隧道式，如图 5-60 所示。重力式锚碇依靠其巨大的自重来承担主缆索的垂直分力，而水平分力则由锚碇与地基之间的摩阻力或嵌固阻力承担。隧道式锚碇则是将主缆索中拉力直接传递给周围的基岩。隧道式锚碇适用于锚碇处有坚实基岩的地质条件。当锚固地基处无岩层可利用时，均采用重力式锚碇。锚碇主要由锚碇基础、锚块、锚碇架及固定装置和锚固索鞍组成，如图 5-61 所示。

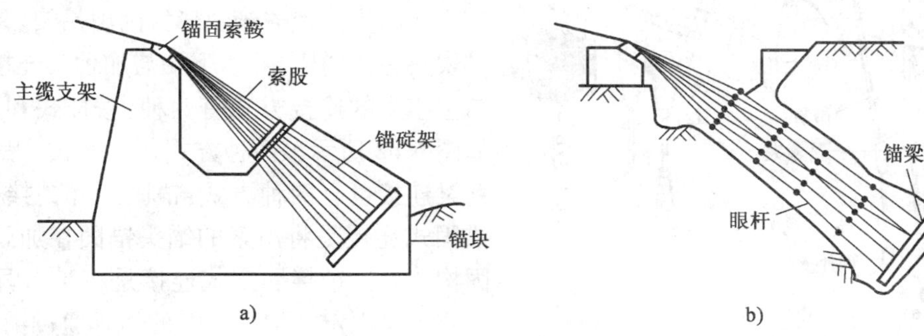

图 5-60　悬索桥的锚碇构造

a)重力式锚碇；b)隧道式锚碇

图 5-61　锚碇构造

3. 加劲梁

加劲梁的主要作用是直接承受车辆、行人及其他荷载，以实现桥梁的基本功能，并与主缆索、索塔和锚碇共同组成悬索桥结构体系。加劲梁是承受风荷载和其他横向水平力的主要构件，应考虑其结构的动力稳定特性，防止其发生过大挠曲变形和扭曲变形，避免对桥梁正常使用造成影响。大跨度悬索桥的加劲梁均为钢结构,通常采用桁架梁和箱形梁。预应力混凝土加劲梁仅适用于跨径在500m以下的悬索桥,大多采用箱形梁。采用箱形梁时,应选择流线型主梁截面,并适当设置风嘴、导流板、分流板等抗风装置;采用桁架梁时,应加强主梁与桥面车道部分的联系,并注意保证主梁及桥面构造横向通风良好,不得有任何阻碍空气流动的多余障碍物存在,也可适当设置抗风装置。加劲梁的构造和尺寸主要取决于其抗风稳定性。通常参考其他已建成悬索桥的加劲梁拟订一个设计构造和尺寸,再根据结构计算结果进行适当修改,最后对较为合理的方案,通过风洞试验检验其抗风性能,并选择抗风性能好的加劲梁作为最终选定的构造和尺寸。

悬索桥加劲梁的架设,可以采用缆载起重机利用先架设完成的主缆索吊运拼装。架设顺序可以从主跨跨中开始,向索塔方向逐段拼装;也可以从索塔开始,向主跨跨中及边跨岸边前进。当加劲梁为桁架式时,可采用桁架桥的悬臂施工方法,所不同的是其不是靠梁的已成部分来承担其后拼装梁段的自重,而是立即将拼装好的梁段同其对应的吊索连接,使所有拼装梁段的自重都经吊索传至主缆索,由主缆索承担。

4. 吊索

吊索也称吊杆,是将加劲梁等恒载和桥面活载传递到主缆索的主要构件。吊索可布置成垂直形式的直吊索或倾斜形式的斜吊索,其上端通过索夹与主缆索相连,下端与加劲梁连接。吊索与主缆索的连接方式有两种:鞍挂式和销接式,如图5-62所示。两种方式各有所长。吊索与加劲梁连接也有两种方式:锚固式和销接固定式。锚固式连接是将吊索的锚头锚固在加劲梁的锚固构造处。销接固定式连接是将带有耳板的吊索锚头与固定在加劲梁上的吊耳通过销钉连接。吊索宜采用有绳芯的钢丝绳制作,两根或四根一组;两端均为销接式的吊索可采用平行钢丝索束作为吊索,如图5-63所示。

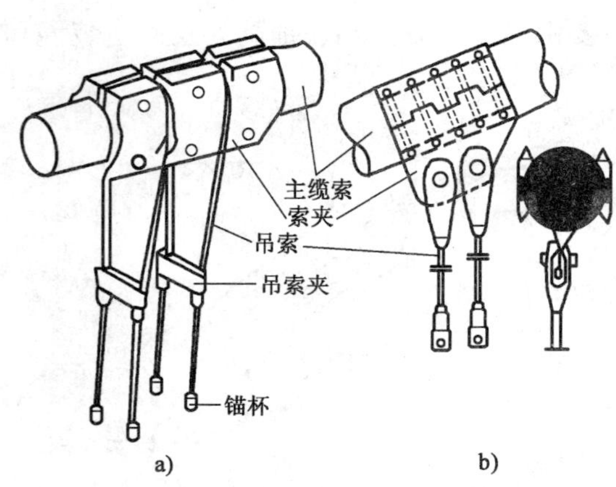

图5-62 吊索和索夹的构造
a)鞍挂式索夹;b)销接式索夹

图5-63 吊索

5. 索鞍

索鞍是支承主缆索的重要构件，其作用是保证主缆索平顺转折；将主缆索中的拉力在索鞍处分解为垂直力和不平衡水平力，并均匀地传至塔顶或锚碇的支架处。索鞍可分为塔顶索鞍和锚固索鞍。塔顶索鞍设置在索塔顶部，将主缆索荷载传至塔上；锚固索鞍（亦称散索鞍），设置在锚碇支架处，主要作用是改变主缆索的方向，把主缆索的钢丝束股在水平及垂直方向分散开来，并将其引入各自的锚固位置。为了减少塔顶索鞍处钢丝的弯曲次应力，塔顶索鞍弯曲半径一般为主缆索直径的 8～12 倍；而散索鞍必须考虑钢丝束股的水平曲率半径和竖直曲率半径，以确定索鞍的合理形状。索鞍通常采用铸焊组合件组成，大型组件采用分块制作，安装后通过螺栓或焊接连成整体。

七、桥面铺装、人行道及栏杆

以上介绍的有关上部构造，只是组成上部构造之一的承重结构，即梁板和拱等，而上部构造是泛指桥梁的承重结构，以及桥面铺装、人行道和栏杆等。除实腹式的拱桥的桥面铺装之外，其余桥面系统构造基本上相同。

1. 桥面铺装

桥面铺装是指在主梁的翼缘板（即行车道板）上铺筑一层三角垫层的混凝土和沥青混凝土面层，以保护和防止主梁的行车道板不受车辆轮胎（或履带）的直接磨损和雨水的侵蚀，同时，还可使车辆轮重的集中荷载起到一定的分布作用。故三角垫层内一般要设置用直径 6～8mm 做成 20mm×20cm 的钢筋网。

为了迅速排除桥面雨水，桥面铺装要根据不同类型桥面铺装沿横桥向设置 1.5%～3%的双向横坡，一般是采用不低于主梁混凝土强度等级的混凝土，使之符合设计要求，也称为三角垫层。因桥面铺装部分在桥梁上部构造的恒载中占有相当的比重，尤其是小跨径的桥梁尤为显著。为了减轻桥面铺装质量，对于板桥或现浇的梁桥，常将墩台帽的顶面做成横坡，这样，垫层就成为等厚了。同时，为了防止雨水滞积桥面而渗入梁体影响桥梁的营运安全起见，当桥面纵坡大于 2%，而桥的长度又超过 50m 时，宜每隔 12～15m 设置一个泄水管；若小于 2%，则宜每隔 6～8m 设置一个泄水管，一般应沿行车道两侧左右对称或交错地排列，大多采用金属泄水管，如图 5-64 所示。

图 5-64　桥面铺装

桥面铺装中的另一个重要工作环节，就是要设置桥面伸缩缝。为了保证桥跨结构在温度变化、混凝土收缩与徐变，以及活载作用等影响下，在设计要求的范围内能自由变形又不影响行车，而必须在两梁板端之间以及梁板端与桥台背墙之间的桥面上设置一种横桥向伸缩缝，也称为变形缝。它的种类较多(表 5-5)，且各有其不同的适用范围，现扼要介绍几种常用的伸缩缝构造形式。

桥梁伸缩装置分类　　表 5-5

类别	形式	种类例	说明
对接式	填塞对接形	沥青、木板填塞形	以沥青、木板、麻絮、橡胶等材料填塞缝隙的构造(在任何状态下，都处于压缩状态)
		U形镀锌铁皮形	
		矩形橡胶条形	
		组合式橡胶条形	
		管型橡胶条形	
	嵌固对接形	W形	采用不同形状的钢构件将不同形状的橡胶条(带)嵌固，以橡胶条(带)的拉压变形吸收梁变位的构造
		SW形	
		M形	
		SDH形	
		PG形	
		FV形	
		GNB形	
		GQF-C形	
钢制支承式	钢制形	钢梳齿板形	采用面层钢板或梳齿钢板的构造
		钢板叠合形	
橡胶组合剪切式	板式橡胶形	BF、JB、JH、SD、SC、SB、SG、SEG形	将橡胶材料与钢件组合，以橡胶的剪切变形吸收梁的伸缩变位，桥面板缝隙支承车轮荷载的构造
		SEJ形	
		UG形	
		BSL形	
		CD形	
模数支承式	模数式	TS形	采用异形钢材或钢组焊件与橡胶密封带组合的支承式构造
		J—75形	
		SSF形	
		SG形	
		XF形	
		CQF—MZL形	
无缝式	暗缝形	GP形(桥面连续)	路面施工前赛前的伸缩构造，以路面等变形吸收梁变位的构造
		TST弹塑体	
		EPBC弹性体	

(1)梳形钢板伸缩缝，由梳形板、锚栓、垫板、锚板、封头板及排水槽等组成，有的还在梳齿之间填塞合成橡胶，以起防水作用，如图 5-65 所示。它适用于变形量达 20～40cm 的桥梁。其

安装程序为:桥面整体铺装→切缝→缝槽表面清理→将构件放入槽内→用定位角铁固定构件位置及高程→布设焊接锚固钢筋→在混凝土接缝表面涂底料→浇筑树脂混凝土→及时拆除定位角铁→养生→填缝→结束。

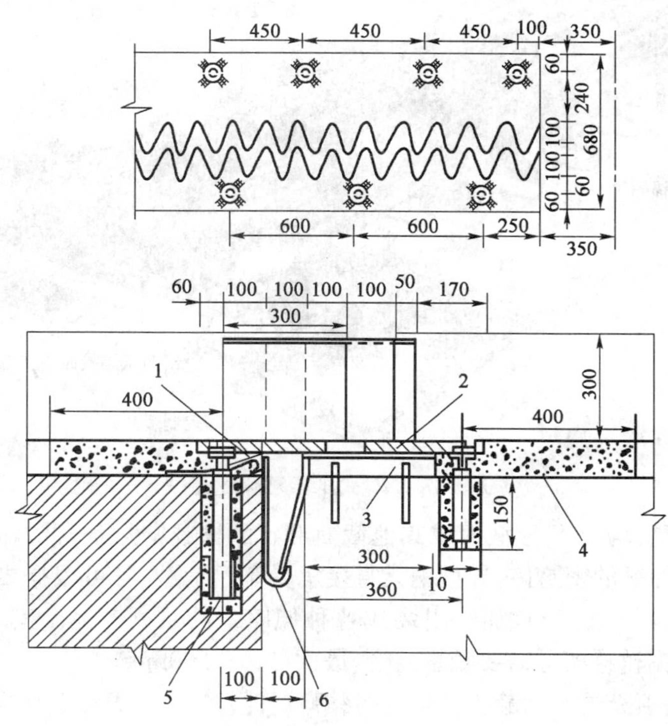

图 5-65　梳形钢板伸缩缝构造图(尺寸单位:mm)
1-封头板;2-垫板;3-锚板;4-C40 混凝土;5-锚栓;6-排水槽

(2)镀锌铁皮沥青麻絮伸缩缝。它适用于变形量在 20～40mm 的低等级公路的中、小跨径桥梁及人行道上,系用镀锌铁皮弯成 U 形并在其内填塞沥青和麻絮。这样,当桥面伸缩时,镀锌铁皮可以随之变形。

(3)橡胶条伸缩缝,是利用橡胶富有弹性、耐老化的特性,将其嵌入型钢制成的槽内,使橡胶在气温升降变化时始终保持受压状态。在型钢与橡胶条接触面上用胶黏剂黏结,根据伸缩量不同制成二孔或三孔的形式。它并具有构造简单、伸缩性好、防水防尘、安装方便、价格低廉等优点,伸缩量为 30～50mm,一般用于低等级公路的中、小桥梁,如图 5-66 所示。

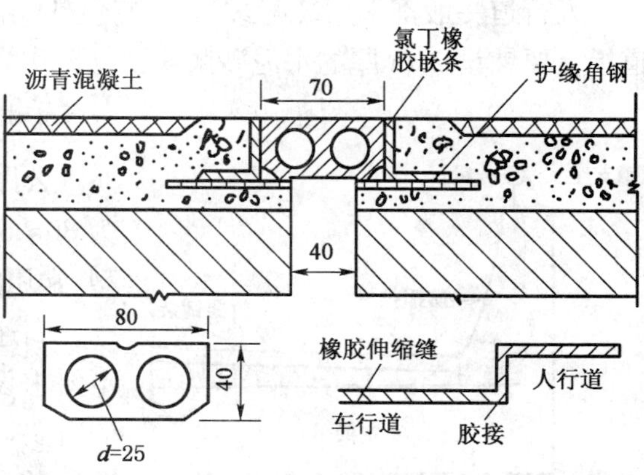

图 5-66　橡胶条伸缩缝(尺寸单位:cm)

(4)模数式伸缩装置。由于高等级公路和各种长大桥梁的不断兴建,对位移伸缩量的要求越来越高,钢板及一般的橡胶伸缩装置,已难以满足大位移量的要求,因此出现了在大位移量情况下能承受车辆荷载的各种类型模数式伸缩装置系列,如图 5-67 所示。

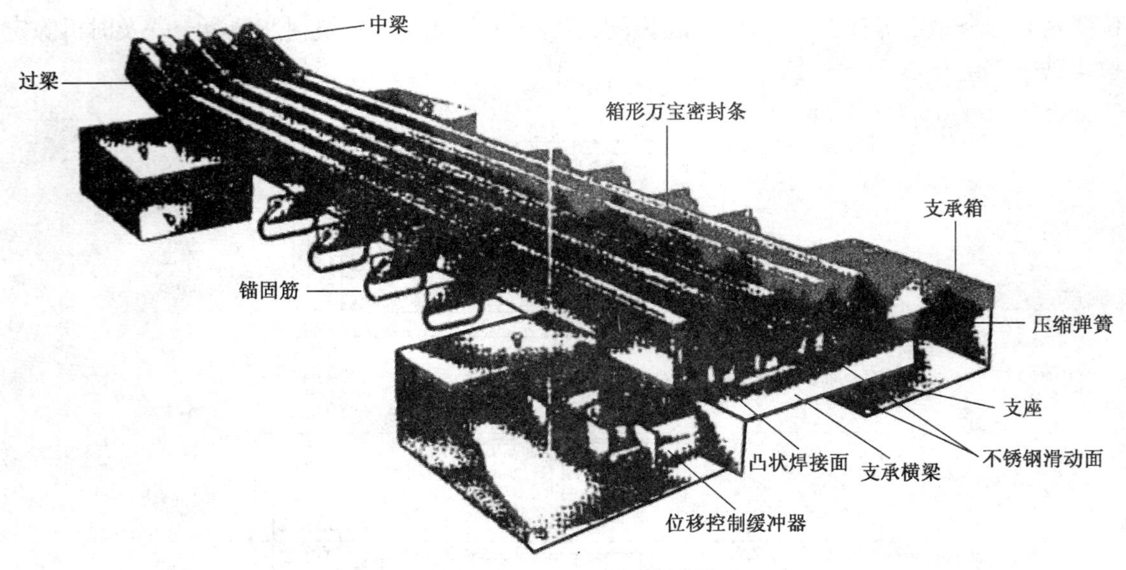

图 5-67 模数式伸缩装置构造图

它的构造特点是:均由 V 形截面或其他截面形状的橡胶密封条(带),嵌接于异型边梁钢和中梁钢内组成可伸缩的密封体,异型钢梁直接承受车辆荷载,且可根据要求的伸缩量,随意增加中梁钢和密封橡胶条(带),加工组装成各种伸缩量的系列产品。其单缝伸缩量为 0~80mm,位移量可根据桥梁实际需要随意组合,最大可达 1 200mm。

(5)弹性体材料填充式伸缩缝。它是由高黏弹塑性材料和碎石结合而成的一种伸缩体,适用于变形量在 50mm 以内的中、小跨径桥梁工程。

实腹式拱桥上的桥面铺装,一般都是按路面工程中的各结构类型进行铺筑,同时并入路面工程内计算,不计入桥梁工程内。

2. 人行道

位于城镇附近和行人较多的桥梁,一般均应设置人行道。其宽度一般为 0. 75m 或 1m,当大于 1m 时按 0. 5m 的倍数增加。当不设人行道时,为确保行车安全,则应设置宽度不小于 0. 25m 的安全带,一般采用 C20 混凝土。

人行道一般都采用装配式结构,它包括人行道块件、人行道板、缘石等。在安装好后,人行道板上要铺设 2cm 厚的水泥砂浆或沥青砂作为面层,常称为人行道铺装。

3. 栏杆

公路桥梁的栏杆是一种安全防护设施,其高度通常为 80~100cn.,既要简单耐用,又要具有一定的艺术造型,常用的是装配式钢筋混凝土栏杆。

高速公路、一级公路是全封闭体系,其路上的桥梁不要求设置人行道,同时,为了适应汽车高速安全行驶的需要,通常将栏杆改为现浇钢筋混凝土防撞护栏,如图 5-68 所示。它的底部与预埋在行道板内的钢筋相连接而形成为整体结构,高度为 80 ~ 100cm,底宽为

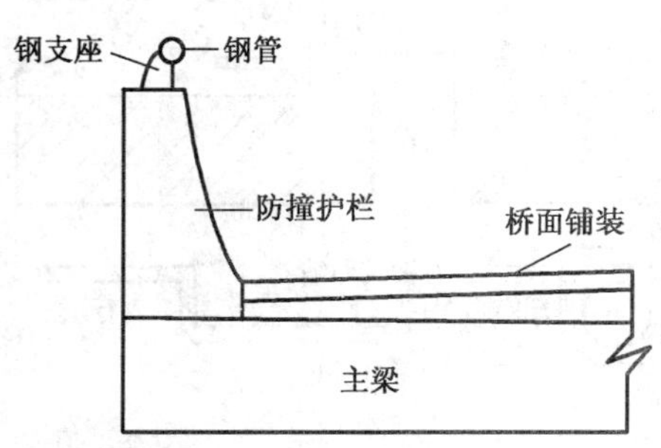

图 5-68 钢筋混凝土防撞护栏构造

50cm,顶部安放直径100mm的钢管栏杆。在高速公路上为了统一美观,一般设计为波形钢板护栏。

第五节　桥墩和桥台

桥墩和桥台,包括墩台身和墩台帽或盖梁等两项工程内容,通常称为下部构造。常用的墩台结构形式有实体式墩、台,柱式墩、台,埋置式桥台,空心墩,Y形墩和薄壁墩,以及索塔等,如图5-69所示。

图5-69　桥墩和桥台

一、墩台结构设计要求

桥墩是多跨桥梁的中间支承上部构造的构筑物。因此,它还要承受河中流水压力,水面以上的风力,以及可能出现的漂流物或流冰、排筏、船只撞击等。至于桥台则还起着衔接两岸路堤接线的作用,所以,其既要能挡土护岸,又要能承受台背填土和填土上车辆等荷载所产生的附加侧压力。故公路桥涵设计规范除要求桥梁的墩、台本身应有足够的强度、刚度和稳定性外,而且对地基的承载能力、沉降量,以及基础底面与地基土之间的摩阻力等,都提出了一定的要求和具体规定,以避免在各种荷载作用下产生过大的水平位移或沉降,保证桥梁的安全使用。设计时要注意以下有关规定和要求:

(1)当在非岩石类的地基上修建带八字翼墙的桥台时,台身与翼墙之间,要设缝分开。桥台应采取必要的排水措施。

(2)在有流水或漂浮物的河流中,混凝土桥墩的迎水面,应设置钢筋网,并采用高强度等级混凝土;石砌桥墩则应采用强度较高的石料砌成。若系强烈流冰的河流,则宜在最高流冰水位以上1m和低于最低流水水位时冰层底面下0.5m之间设置破冰体。破冰体的倾斜度一般为3∶1～10∶1。

(3)梁、板式上部构造的梁端与梁端、梁端与桥台之间的伸缩缝宽度,中、小跨径的桥梁一般为 2～5cm；大跨径的桥梁则应根据温度变化、弹性变形以及施工放样，预制和安装构件的容许误差等因素来确定。

(4)大跨径桥梁的墩帽和台帽的厚度不小于 40cm，中、小跨径的桥梁其厚度不小于 30cm。墩台帽的出檐宽度一般为 5～10cm。

(5)有关盖梁的计算规定。多柱式墩台的盖梁，可按连续梁计算。当盖梁的刚度与柱的刚度比大于 5 时的双柱式墩台，其盖梁按简支梁计算。当墩台承受较大的横向力时，则盖梁应作为刚构的一部分计算。当盖梁的计算跨径与梁高之比，对于简支梁小于 2.0，对于连续梁小于 2.5 时，则盖梁可按深梁计算。

(6)拱式桥台的台背填土，为了减少土的变形对上部结构的影响，应在主拱圈安装以前完成。台后填土的长度为台高的 3～4 倍。

二、实体式墩、台

实体式墩、台有重力式墩、台和轻型墩、台两种，通常用天然石料、片石混凝土、混凝土和钢筋混凝土等建筑材料修建，各有其不同的适用范围。因为适宜于就地取材，施工方便，需要的施工机械设备又不多，施工工艺也不太复杂，所以其是公路桥梁建设中较为广泛使用的一种结构形式，如图 5-70 所示。

图 5-70　桥墩桥台

1. 重力式墩、台

它的主要特点是靠自身的重力来平衡外力而保持其稳定。因此，墩、台身比较厚实，圬工体积相应较大，主要采用天然石料或片石混凝土砌筑，不需要耗用钢筋，是比较经济的。其适用于地基良好或有流冰、漂浮物较多的河流；由于体积大，以致阻水面积也大，是其不足之处。

在公路梁桥和拱桥中的重力式墩、台，除了墩、台帽和拱座的构造上有所差别外，其他各部分的构造外形大致是相同的，施工方法基本上也是一样的。《公路圬工桥涵设计规范》(JTG D61—2005)都作了较为详细的规定和要求，现扼要介绍如下。

(1)墩、台帽及拱座。其是墩、台顶端的传力部分，起着承托上部构造的作用，即将桥上的全部恒载和活载传到墩、台身上。桥梁的墩帽和台帽厚度，特大、大跨径桥梁不应小于 0.5m；中、小跨径桥梁不应小于 0.4m。在墩、台帽内应设置构造钢筋。设置支座的墩帽和台帽上应设置支座垫石，在其内应设置水平钢筋网。与支座底板边缘相对的支座垫石边缘应向外展出

0.1～0.2m。支座垫石顶面应高出墩、台帽顶面排水坡的上棱。墩、台顶面与梁底之间应预留更换支座时的空间。墩、台帽出檐宽度宜为0.05～0.10m。支座边缘至墩、台身顶部边缘的距离应视墩、台构造形式及安装上部构造的施工方法而定，其最小距离可按表5-6的规定采用。

支座边缘至墩、台身边缘的最小距离(m)　　表5-6

桥向 跨径 l（m）	顺桥向	横桥向	
		圆弧形端头(自支座边角量起)	矩形端头
$l \geqslant 150$	0.30	0.30	0.50
$50 \leqslant l < 150$	0.25	0.25	0.40
$20 \leqslant l < 50$	0.20	0.20	0.30
$5 \leqslant l < 20$	0.15	0.15	0.20

注：当采用钢筋混凝土或预应力混凝土悬臂墩帽时，可不受本表限制，应以便于施工，养护和更换支座而定。

(2)墩、台身。这是桥墩和桥台的主要组成部分，在公路梁桥和拱桥建设中，常用的重力式桥台有U形桥台和八字形桥台两种结构形式。有关U形桥台的技术要求和规定，将另行介绍。

根据《公路圬工桥涵设计规范》(JTG D61—2005)的规定，实体桥墩侧坡可采用20∶1～30∶1(竖∶横)，小跨径桥梁的桥墩也可采用直坡。实体桥墩墩身的顶宽，小跨径桥梁不宜小于0.8m(采用轻型桥台的桥梁的桥墩不宜小于0.6m)；中跨径桥梁不宜小于1.0m；特大、大跨径桥梁应视上部构造类型而定。U形桥台前墙顶面宽度不宜小于0.50m，其任一水平截面的宽度，不宜小于该截面至墙顶高度的0.4倍。U形桥台前墙须设置沉降缝或伸缩缝。U形桥台的侧墙顶面宽度不宜小于0.50m，其任一水平截面的宽度，对于片石砌体不宜小于该截面至墙顶高度的0.4倍；块石、粗料石砌体或混凝土不宜小于0.35倍；如桥台内填料为中、粗砂或砂砾时，则上述两项可分别相应减为0.35和0.30倍。当U形桥台两侧墙宽度之和不小于同一水平截面前墙全长的0.4倍时，可按U形整体截面验算截面强度。当U形桥台前墙设有沉降缝或伸缩缝时，分隔的前墙和侧墙墙身或基础应分别按独立墙验算截面强度。路基填土与U形桥台侧墙的搭接长度不宜小于0.75m。

埋置式桥台或岸墩，当验算截面强度和稳定时，可考虑来自桥台或岸墩后填土及桥台或岸墩前溜坡的两个方向的主动土压力。当溜坡可能被冲刷时，还应验算溜坡被冲刷时承受来自桥台或岸墩后面单向主动土压力的受力情况，此时，可按压实土的内摩擦角计算主动土压力。

2. 轻型墩、台

跨径不大于13m、桥长不大于20m的梁(板)式上部结构，其下部构造可采用轻型桥台，但桥孔不宜多于三孔，桥台的台墙厚度不宜小于0.6m。轻型桥台上端与梁(板)铰接，下端在相邻桥台(墩)之间应设支撑梁(图5-71)。梁(板)端铰接钢销直径不应小于20mm。支撑梁应设于铺砌层或冲刷线以下，中距宜为2～3m，采用钢筋混凝土

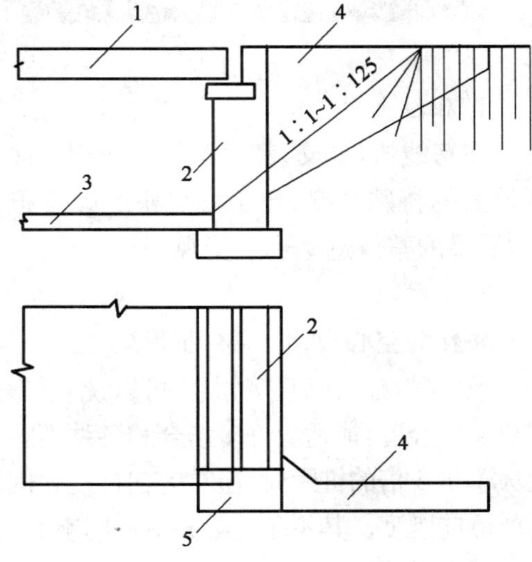

图5-71　轻型桥台的支撑和耳墙

1-上部结构；2-轻型桥台；3-支撑梁；4-耳墙；5-边柱

构件，其截面尺寸不宜小于0.2m(横)×0.3m(竖)，四角应设置直径不小于12mm的钢筋；如采用混凝土或块石砌筑，其截面尺寸不宜小于0.4m×0.4m。轻型桥台的斜交角(台身与桥纵轴线的垂直线的交角)，不应大于150°。轻型桥台下端，两外侧应设置平行于桥轴线的支撑梁，中间应设垂直于桥台的支撑梁。轻型桥台可设八字墙、一字墙或边柱带耳墙(图5－71)。带耳墙的轻型桥台的边柱除承受由耳墙重力产生的竖直荷载和弯矩外，尚应计算耳墙上水平土压力对柱身所产生的剪力和扭矩。耳墙与边柱接合处应加腋。

三、柱式墩、台

公路桥梁中的柱式墩、台结构，有圆柱式和方柱式两种，都是采用钢筋混凝土就地浇筑而成，高度可达30m，是公路桥梁建设中采用较多的一种墩、台结构形式。它外形美观，圬工体积小，故相应质量较轻。

柱式墩、台也是一种轻型墩、台结构，应用最多的有独柱、双柱和三柱三种形式，如图5-72所示。

图5-72　柱式桥墩

1.独柱

在跨线桥(立交)和弯梁桥中应用较多，因为它能适应连续曲线箱梁等半径较小及斜交角度较大的特殊情况，便于立交桥的墩位布置，不仅占地少，而且桥下空间视野开阔，有利于行车，桥梁的整体造型也很美观。

2.双柱

多作为空心板、T形梁、工形梁、箱梁等上部构造的桥墩使用。它的特点是，基础大都是采用钻孔灌注桩，柱与桩直接相连，可以说立柱是地面上的桩。这种钻孔灌注桩柱式桥墩结构，根据建设实践经验，能适应许多场合和各种不同的地质条件，一般情况下比较经济。当墩身桩柱的高度大于1.5倍的桩距时，通常应在桩柱之间设置系梁。这样，柱的底端被连成整体，从而增强墩身的侧向刚度。其不足之处是双柱间空隙较小，易于阻塞漂浮物，如图5-73所示。

3.三柱式

高等级公路桥梁的桥面一般都比较宽，当斜交时则桥墩的盖梁长度可达18m左右。这

图 5-73　双柱式桥墩

样，通常采用桩连柱的形式，设置较小的盖梁高度和跨径，此时桩柱间距离一般在 6～8m 之间。若按双柱设计，盖梁内力必然增大，势必加大钢筋混凝土盖梁的高度，相应会使路堤高度增加，从总体上来讲，是不经济的。

当柱式墩、台的高度超过钢筋的标准定尺长度时，施工过程中必然出现在现场接长钢筋的情况，根据公路工程概、预算定额的规定，所需的搭接长度的数量应按照实际情况另行计入钢筋的设计质量内。若系较高的立柱式墩，为了加快施工进度，减少模板的安装拆卸工作，应采用提升模架的方式进行施工。这种提升模架，是将模板沿着所施工的混凝土结构四周截面组配，并固定在提升架上。模板的高度根据墩身分节浇筑的高度确定，一般在 4m 左右，逐节浇筑，然后往上提升，这样就无需设置施工接缝，也提高了工程质量。因此，在编制工程造价时，应另行计算其提升模架的金属设备费用。

柱式墩、台的施工方式比较优越且具有许多有利条件，因为全部墩、台工程都可以在原有的钻孔灌注桩工作平台上进行，不仅能节省费用，也便于组织连续施工。

四、埋置式桥台

埋置式桥台，是将台身完全埋置在路堤填土中，只露出台帽部分，以安置支座和上部构造，在台身上设置背墙和短小的耳墙与路堤衔接，耳墙伸入路堤的长度应不小于 50cm。在台前铺砌护坡，台的两侧设置锥坡。这种桥台受到的土压力大为减少。因此，该型桥台可以减薄台身，缩短翼墙。所以，埋置式桥台也是一种轻型桥台。但是由于台前护坡伸入桥孔，压缩了河床的流水断面，或者为了不压缩河床，就要适当增加桥长。而护坡一般是用片石作表面防护的一种永久性设施，故存在被洪水冲毁而使桥台裸露的可能，所以在设计时，要考虑承受来自桥台后面单向主动土压力的受力情况，可以用压实土的内摩擦角来验算其主动土压力。

台帽部分的内角到护坡表面的距离不应小于 50cm，否则应当在台帽的两侧设置挡板，用以挡住护坡填土，以免侵入支座平台上去。

埋置式桥台，有肋形式、框架式、后倾式和双柱式等多种形式。

1. 肋形埋置式桥台

由两块后倾式的肋板与顶面帽梁连接而成，并设有台背墙和耳墙，以挡住路堤填土，如图

5-74 所示。台高在 10m 及以上者要设置系梁。台身和基础可用 C15 混凝土，台身与帽梁和基础之间，要布置少量的接头钢筋，它适用跨径 40m 以内的梁桥。

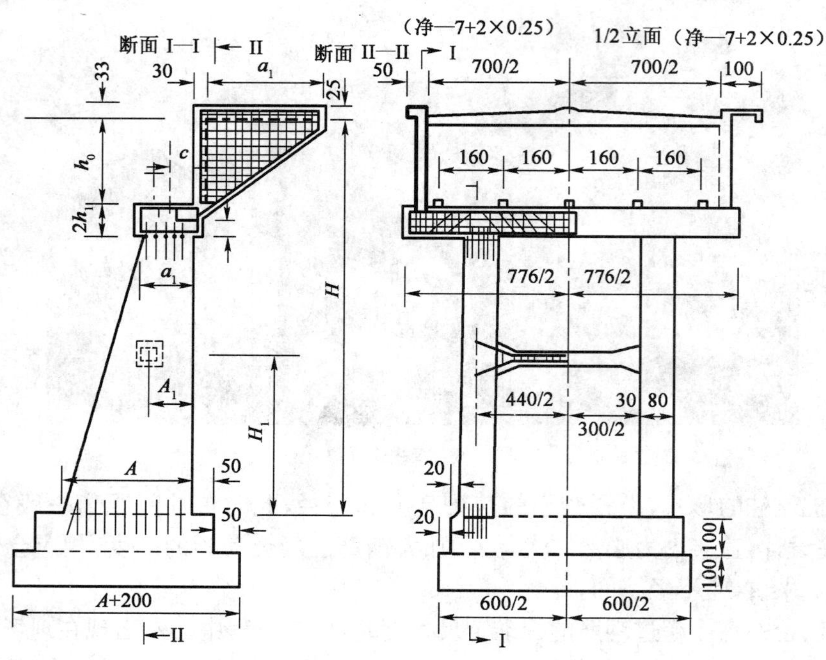

图 5-74　肋形埋置式桥台(尺寸单位:cm)

2. 框架式埋置式桥台

它与肋形埋置式桥台基本上是类似的，只是其挖空率更高，故用料更省，但一般要用钢筋混凝土来修建，如图 5-75 所示。其基础通常都是采用双排钻孔灌注桩，通过系梁连成为一个框架结构，所以，具有更好的刚度，它适用于跨径 20m 以内的梁板式桥及台身高度在 10m 以下的桥台。

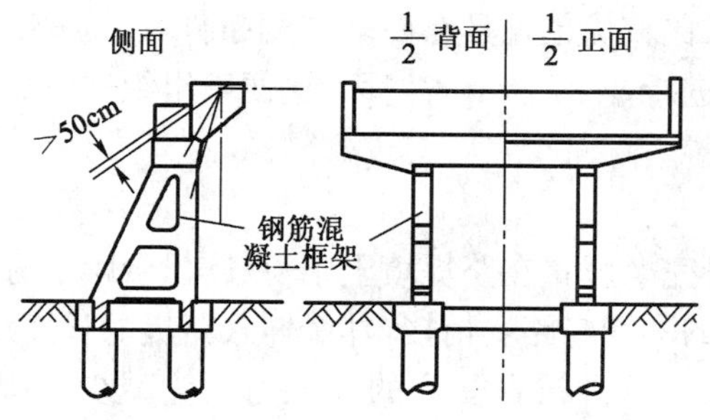

图 5-75　框架式埋置式桥台

3. 后倾式埋置式桥台

它实质上是一种实体重力式桥台，借助台身后倾，使重心落在基底截面重心之外，以平衡台后填土的倾覆作用，故倾斜要适当。台身一般都用天然石料修建，台帽、背墙及耳墙采用 C15 混凝土，其中台帽与耳墙要设置钢筋。这种桥台的稳定性较好，见图 5-76 所示。它适用于 10m 以上高度的桥台。

如果为了节省圬工体积，降低工程造价，可以把这种后倾式埋置式桥台的台身部分适当挖空，就成为前述的肋形埋置式桥台。所以在进行设计时，应当根据建设工程的实际情况，合理

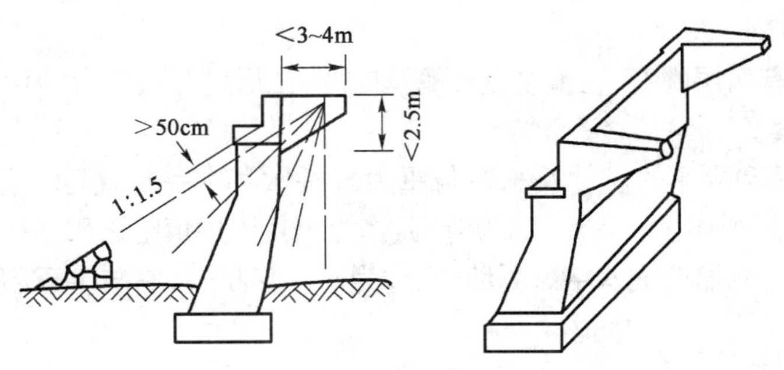

图 5-76 后倾式埋置式桥台

选用。

4. 双柱式埋置式桥台

它与双柱式墩、台结构形式基本上是一样的，只是盖梁上要设置台背墙和耳墙，是一种桩与桩相连的结构。

双柱式埋置式桥台适用于各种土质的地基，还可根据桥宽和地基的承载能力采用三柱或者多柱的结构形成。如果不采用钻孔灌注桩而将立柱嵌在天然基础之上的，则称为立柱式埋置式桥台。

埋置式桥台，一般适用于桥头为浅滩或边坡冲刷较小的河道修建桥梁的桥台或岸墩，但在施工时要注意前后均匀填土。

五、U 形桥台

U 形桥台，是一种实体重力式桥台，它由前墙和两个侧墙构成为一个 U 字形，如图 5-77 所示，大都采用天然石料砌筑。前墙正面侧坡一般为 10：1 或 20：1，侧墙正面一般是垂直的，与前墙联合成一体，兼有与路基衔接和反撑前墙的作用。侧墙尾墙应有不小于 75cm 的长度插入路堤内，以保证与路堤有良好的衔接。U 形桥台主要依靠自身的重力和台内填土的重力来维持稳定，其结构简单，施工方便，有利于就地取材，是广泛使用的一种桥台形式；但由于自重较大，因此对地基要求较高。

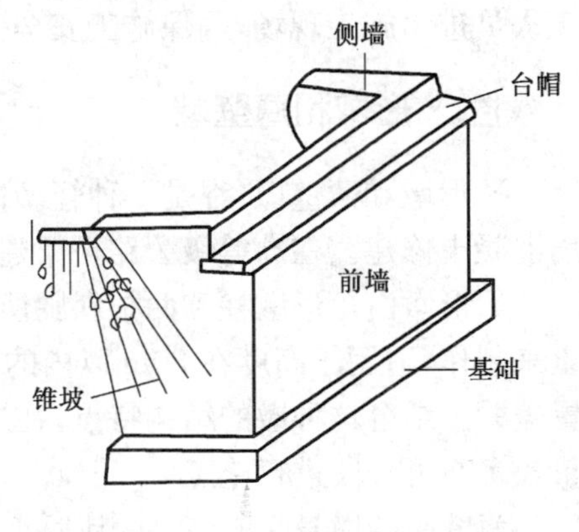

图 5-77 U 形桥台

根据桥涵设计规范的规定，U 形桥台的前墙，其任一水平截面的宽度不宜小于该截面至墙顶高度的 0.4。侧墙的任意水平截面的宽度，对于片石砌体不小于该截面墙顶高度的 0.4；对于块石、料石砌体或混凝土不小于 0.35。如果桥台内填料为透水性良好的砂性土或砂砾，由上述两项规定可相应减为 0.35 和 0.30。

为了排除桥台内积水，一般要在略高于高水位的平面上，修建台背排水设施，在台后路基方向设置有斜坡的夯实黏土层作为不透水层，其上再铺一层碎石，将积水引入设在台后横贯路堤的盲沟内。

设置在 U 形桥台两侧的锥坡坡比，一般由纵向的 1：1 逐渐变至横向的 1：25，以便与路堤边坡一致。故锥坡的平面形状为四分之一的椭圆。锥坡的表面一般采用片石或混凝土块铺砌加固。

当U形桥台设有两层帽石，在编制设计概算时，第二层应并入桥台的圬工体积计算，以上则属人行道工程内容。

U形桥台的台帽和拱座的尺寸及构造与重力式桥墩基本一致，所不同之处，是台帽只设单排支座；而在另一侧则要设置矮墙，称为背墙，作为挡住路堤填土之用。

如果U形桥台的侧墙改成八字形翼墙，则称为八字形桥台，它与U形桥台的各种规定与要求是类似的。

六、空心墩

空心桥墩的结构形式，在外形上与实体重力式桥墩是相似的，主要是在一些高大的桥墩中，为了减少圬工体积，节约用料，降低工程造价，或者为了减轻质量，降低地基的承受力，而用混凝土或钢筋混凝土将墩身内部做成空腔结构，故称为空心墩。其自重较实体式桥墩要轻，介于实体重力式和轻型桥墩之间，高度可达70m。

按规定空心墩的构造尺寸，应符合下列要求：

(1)墩身的最小壁厚，对于混凝土不宜小于50cm，钢筋混凝土不宜小于30cm。

(2)墩身内应设置纵、横隔板，以加强墩的局部稳定。

(3)墩顶实体部分及以下，应设置带门的进人洞和相应检查设施。

(4)墩身周围应适当设置通风孔或泄水孔，孔的直径不宜小于20cm。

空心墩的不足之处，是抵抗碰撞的能力较差，因此，在夹有大量泥砂等撞击磨损物质或通航，以及有流冰、排筏等河流中不宜采用。

空心墩一般都是用于高桥墩和大跨径的桥梁，故墩身顶宽及墩帽的平面尺寸应视上部构造的类型而定。为加快施工进度，应采用提升模架的方式组织施工，并设置施工电梯，以利施工人员进出施工现场，确保施工安全。

七、Y形墩和薄壁墩

Y形墩和薄壁墩，都是一种轻型桥墩，其结构形式经济合理，外形轻盈美观，一般都采用钢筋混凝土修建。在高等级公路桥梁建设中，常使用这种桥墩结构。

Y形墩由矩形墩柱和两根斜腿所组成，因墩身呈Y字形而得名。大都采用C30钢筋混凝土来制作，适用于高度在20m以内的梁桥桥墩，一般都与箱梁上部构造配合使用，故无需再设置盖梁。结合这种墩的结构特点，在施工过程中，两个斜腿应对称地进行混凝土的浇筑，若数量较多亦可分段进行施工。

薄壁墩的墩身是直立的，其厚度与高度的比值较小，约为1/15～1/10，一般只有30～50cm厚，是一种实体薄壁结构。其结构特点是：圬工体积小，结构轻巧，比实体重力式桥墩的圬工要少20%左右，而且施工方便，外形美观，由于墩身薄，故过水性较好，适用于软弱地基的梁桥桥墩的修建，只是钢筋的含量较高，大都采用C25混凝土来修建。

八、索塔

索塔一般由立柱、横梁、顶梁及腹系杆所组成，但也有不设顶梁的，横桥方面的立面有独柱式、门式、斜腿门式和倒Y式等多种形式。它是悬索桥和斜拉桥的主要支承结构，通过固定的钢索承托着上部构造的全部荷载，而钢索则是这种桥梁的主要承重部件，大部分是用抗拉强度高、疲劳强度好和弹性模量较大的高强钢丝做成，如图5-78所示。

图5-78　索塔

独柱形的索塔，外形轻巧美观，结构简单，是吊桥和斜拉桥常用的结构形式。而纵向和横向都呈独柱形的索塔，则仅限于单面斜拉索的桥梁，当需要加强侧向抗风刚度时，可以配合采用倒Y形式。斜腿门式索塔，是双平面索常用的形式，而且它适用于较高的索塔。门式索塔一般用于设置竖直双平面索的场合，钢索吊桥则通常都是采用这种索塔的结构形式。

索塔主要承受轴力，除塔底铰支的辐射式斜索布置形式外，也承受弯矩；此外，因制动力、温度变化、混凝土的徐变与收缩等还会增加塔内的弯矩；当采用悬臂施工时，还会受到相当大的不平衡弯矩。索塔一般都是用C40混凝土做成，其截面为方形或矩形。斜拉桥索塔的钢筋含量比较高。

凡索塔是墩塔相连的一种固结形式时，其高度和工程量则应从其础顶面算起。吊桥的索塔多建于桥台或岸墩，其墩、台与索塔有明显的分界线，是一种分离形式，索塔的高度和工程量，则应从桥面顶面以上至塔顶进行计算。所以，在编制工程造价时，应分别按上述要求确定其计算工程量。

索塔一般都比较高，施工时应采用提升模架，并设置施工电梯，以确保施工的顺利进行。

第六节　桥梁基础

公路桥梁常用的基础类型，有扩大基础、桩基础（打入桩、钻孔灌注桩、挖孔桩）和沉井基础等三种。随着桥梁技术的发展，地下连续墙基础、组合式基础也逐渐得到应用。根据《公路桥涵地基与基础设计规范》（JTG D63—2007）的规定与要求，基础类型应根据桥址处的工程地质勘测资料，以及水文、地形情况，结合上下部结构、荷载、材料供应和施工条件等合理选用。

一、扩大基础

这种基础将荷载通过逐步扩大的基础直接传到土质较好的天然地基或经人工处理的地基上。它的尺寸按地基承载力和所承受荷载决定，基础埋置深度与基础宽度相比很小，属于浅基础范畴，施工常采用明挖方法，因此又称为明挖浅基础。

1. 基础埋深规定

(1)当墩台基底设置在不冻胀土层中,其基底埋深可不受冻深的限制。若上部为超静定结构的桥梁,而地基为冻胀性土时,则基础的基底应埋入冻结线以下不小于 25cm。若墩台基础设置在季节性冻胀土层中,其基底的最小埋置深度,应按规范规定的计算公式计算确定。

(2)小桥基础,在无冲刷处,除岩石地基外,应在地面或河床底以下至少埋入深度 1m;如有冲刷,基底埋深应在局部冲刷线以下不少于 1m;若河床上有铺砌层时,宜设置在铺砌层顶面以下 1m。

(3)大、中桥基础在有冲刷处,其基底埋置深度应按规范规定的局部冲刷线以下的安全值选定,一般为 1~4m。建于抗冲刷能力强的岩石上的基础,则不受此限制。

(4)墩台基础的顶面不宜高于最低水位,若地面高于最低水位但不受冲刷时,则不宜高于地面。

(5)墩台基础设置在岩石上时,应清除风化层。当河流冲刷较严重时,则应根据基岩强度嵌入岩层一定深度,或采取其他锚固措施,使之连成整体。当桥台设置在山坡或倾斜的岩石上时,可根据基岩的强度做成台阶形,以减少工程数量,节约投资。

为了确保桥梁基础设计的合理可靠,一般应沿桥轴线或其两侧进行工程地质钻探。钻孔数结合桥梁的类别和桥址的工程地质条件而定,中桥不少于 2 个钻孔,大桥不少于 3 个钻孔,特大桥一般不少于 5 个钻孔(控制性钻孔应不少钻孔总数的一半)。钻孔主要是了解掌握桥基持力层的地质构造、不良地质情况、地基土的物理力学性质及地下水的状况等,以满足设计和施工的需要。

2. 天然地基上的浅基础的特点

天然地基上的浅基础的特点是将基础底面直接设置在土层或岩层上,其埋置深度较浅,一般从地表面至地基上的深度在 5m 以内,而地基的承载力又能满足设计的要求,则采用这种天然地基上的浅基础。它施工简单,又比较经济,是公路桥梁工程建设中广泛使用的一种基础形式。其一般采用石砌或混凝土圬工,不需要钢筋,又能做到充分就地取材。由于圬工材料抗拉强度较小,故基础的悬出部分不宜过大,以避免因其受拉而开裂破坏;当基础的厚度较大时,则应做成台阶形断面。

天然地基上的浅基础的另一个特点,就是要开挖基坑,其作用是提供一个施工活动的空间,使基础的砌筑得以按照设计所指定的位置进行。所以,基坑的大小应满足基础施工作业的要求,一般基底应比设计的平面尺寸各边增宽 50~100cm,并以此作为计算开挖基坑数量和编制工程造价的依据。渗水土质(即在湿处开挖基坑土、石方)的基坑坑底的开挖尺寸,还应考虑设置排水沟和集水井的宽度。但因此而相应增加的开挖基坑的土、石方数量,不得作为编制桥梁工程挖基的计价依据,因为概预算定额中已综合了这些作业的用工。

3. 基坑开挖要求

当基础覆盖层的土壤系坚硬或硬塑状态的黏性土,而基坑顶部边缘无活荷载,稍松土质的基坑深度不超过 0.50m,中等密实土质的基坑深度不超过 1.25m,密实土质的基坑深度不超过 2.00m 时,都可采取垂直坑壁进行开挖。基坑深度在 5.00m 以内,施工期较短,土的湿度正常,土层结构均匀时,则可采取斜坑壁(即放坡)开挖,其坑壁坡度可参考表 5-7 确定。当坑壁不稳定或放坡开挖受场地限制,或开挖方数过大,不符合技术经济要求,则可结合具体情况,采用基坑挡土板对坑壁进行加固。挡土板的计价工程量一般按需要支撑的基坑侧面积计算。

基坑坑壁坡度　　表 5-7

坑壁土类	坑壁坡度		
	坡顶无荷载	坡顶有静载	坡顶有动载
砂类土	1∶1	1∶1.25	1∶1.5
卵石、砾类土	1∶0.75	1∶1	1∶1.25
粉质土、黏质土	1∶0.33	1∶0.5	1∶0.75
极软岩	1∶0.25	1∶0.33	1∶0.67
软质岩	1∶0	1∶0.1	1∶0.25
硬质岩	1∶0	1∶0	1∶0

在确定基坑的开挖坡度时，若要经过不同的土层时，坡度可分层决定，并酌设平台。当基坑深度大于5m时，基坑坑壁可适当放缓或加设平台。

4.基坑渗水量的计算

当桥梁基础位于地表水以下，而采用明挖基础时，还要根据水深、流速和桥址的实际情况，设置各种不同结构形式的围堰作为防水设施，以保证在无水条件下进行基础施工作业。因此，相应要考虑排水工作，在公路工程概预算定额中的湿处挖土石方所需的水泵台班已有了具体的规定，编制工程造价时，可以根据覆盖层的土壤类别选用。但在施工时，如何确定抽水设备的总排水能力，以保证能在基坑内基本无水进行作业，首要的任务是要计算出基坑的渗水量，然后据以选定抽水机的型号。渗水量的计算可参照以下经验公式进行。

$$Q=F_1q_1+F_2q_2 \tag{5-2}$$

式中：Q——基坑总渗水量(m^3/h)；

F_1——基坑底面积(m^2)；

q_1——基坑底面平均渗水量[$m^3/(m^2 \cdot h)$]，可参照表5-8选用；

F_2——基坑侧面积(m^2)；

q_2——基坑侧面平均渗水量[$m^3/(m^2 \cdot h)$]，可参照表5-9选用。

基坑底面每平方米的渗水量(q_1)　　表 5-8

序号	土　类	土的特征及粒径	渗水量(m^3/h)
1	细亚砂土，松软黏砂土	基坑外侧有地表水，内侧为岩边干地；土的天然含水率＜20%，土粒径＜0.005mm	0.14～0.18
2	有裂隙的碎石岩层、较密实黏性土	多裂隙进水的岩层，有孔隙水的料性土层	0.15～0.25
3	细砂黏土、大孔性土层、紧密砾石土	细砂料径0.05～0.25mm，大孔土重800～950kg/m^3，砾石土孔隙率在20%以下	0.16～0.32
4	中粒砂、砾砂层	砂粒径0.25～1.0mm，砾石含量30%以下，平均粒径10mm以下	0.24～0.8
5	粗粒砂，卵砾层	砂粒径1.0～2.5mm，砾石含量30%～70%，平均最大粒径150mm以下	0.8～3.0
6	砾卵砂，砾卵石层	砂粒径2.0mm以上，砾石卵石含量30%以上（泉眼总面积在0.07m^2以上，泉眼直径50mm以下）	
7	漂石、卵石有泉眼或砂砾石有较大泉眼	石料平均料径50～200mm，或有个别大弧石在0.5m^3以下，泉眼直径300mm以下（泉眼总面积0.15m^2以下）	4.0～8.0
8	砾石、卵石，漂石粗砂，泉眼较多		＞8.0

注：表中渗透量，无地表水时用低限，地表水深2～4m，土中有孔隙时用中限，地表水深＞4m，松软土时用高限。

基坑侧面每平方米的渗水量(q_2) 表 5-9

序号	基坑围堰情况	渗水量(m^3/h)
1	敞口放坡开挖基坑或土围堰	按同类土质基坑底面渗水量的 20%～30%计
2	木板桩或石笼填土心墙围堰	按同类土质基坑底面渗水量的 10%～20%计
3	挡土板或单层草袋围堰	按同类土质基坑底面渗水量的 10%～20%计
4	钢板桩、沉箱及混凝土护壁	按同类土质基坑底面渗水量的 0%～5%计
5	竹、木笼围墙	按同类土质基坑底面渗水量的 15%～30%计

5. 基坑排水

目前常用的基坑排水方法有集水井(坑)排水法和井点排水法两种。

(1)集水井(坑)排水法

它是在基坑整个开挖过程及基础施工和养护期间，在基坑四周开挖集水沟汇集坑壁及基底的渗水，并引向一个或数个比集水沟挖得更深一些的集水井(坑)，用排水工具将水排出基坑之外。集水沟和集水井(坑)应设在基础范围之外，在基坑每次下挖之前，必须先开挖沟、井。集水井(坑)的深度应大于抽水机吸水龙头的高度。在吸水龙头上套以竹筐围护，防止龙头堵塞。

这种排水方法设备简单，费用低，一般土质条件下均可采用。但当地基土为饱和粉砂、细砂土等黏聚力较小的细粒土层时，由于抽水会引起流沙现象，造成基坑破坏和坍塌，因此，不宜采用此种排水方法。

(2)井点排水法

当基坑系粉、细砂或地下水位较高，基坑较深，坑壁不易稳定和用普通排水方法难以解决的基坑，可以采用井点排水法。公路工程定额中的“轻型井点降水”定额适于土层渗透系数为 0.1～0.8m/h 的土，降低水位深度在 6～9m。井点法的布设形式，如图 5-79 所示，其中滤水管应尽可能埋设在透水性能较好的土层中，并应在水位降低的范围内，设置水位观测孔。对整个井点系统要加强维护和检查，并保证不间断地进行抽水。此外，还应考虑到水位降低区域构筑物受其影响而可能产生沉降，故应做好沉降观测，必要时应采取防护措施，以免造成不必要的经济损失。井点排水法因需要设备较多，施工复杂，费用较高，故在公路桥梁建设中较少采用，应结合建设工程的实际情况，进行技术经济比较后确定。

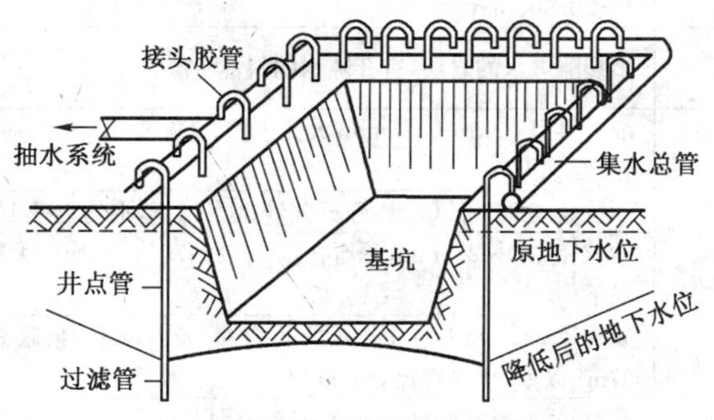

图 5-79 井点排水法布设形式

(3)帷幕法排水

它是在基坑边线外设置一圈隔水幕，减少渗流水量，防止流沙、突涌、管涌、潜蚀等地下水的作用。具体方法有深层搅拌桩隔水墙、压力注浆、高压喷射注浆、冻结帷幕法等。

6. 人工地基

天然地基的承载力，常会碰到不能满足设计要求的情况，若改用其他形式的基础，既无此必要，又很不经济。因此，常采用人工加固的方法，以提高地基的承载力，使之符合设计要求。这种地基处理称为人工地基。处理方法有砂砾（砂）、碎石垫层，石灰桩，振冲碎石桩，袋装砂井，塑料排水板，粉喷搅拌桩等。粉喷搅拌桩的直径一般为 80～100cm，深度为 10～30m。

实际工程中应根据软弱地基的厚度和物理力学特性、承载力大小、施工期限、施工机具和材料供应等因素，就地取材，因地制宜地选用合理的方法。

二、桩基础

当地基浅层土质不良时，采用浅基础无法满足结构物对地基强度、变形和稳定性等方面的要求时，往往要采用深基础。

桩基础由若干根桩和承台两部分组成。桩在平面排列上可以为一排或几排，所有桩顶由承台联成一整体并传递荷载。在承台上再修筑桥墩、桥台及上部构造，如图 5-80 所示。桩身可全部或部分埋入地基土中，当桩身外露在地面上较高时，在桩间应加设横系梁，以加强桩之间的横向联系。

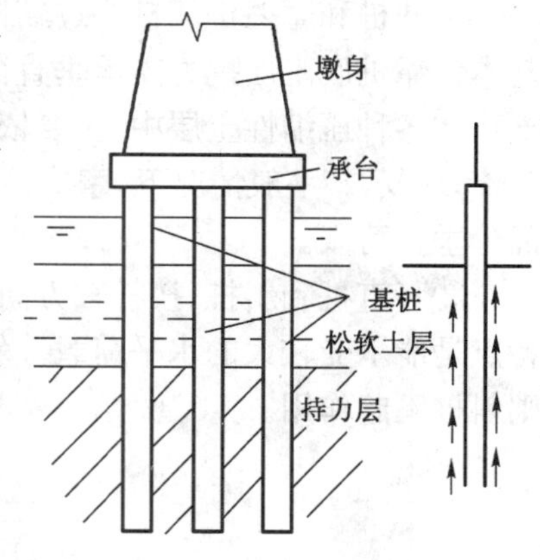

图 5-80 桩基础

桩基础的作用是将承台以上结构物传来的外力通过承台，由桩传到较深的地基持力层中去，承台将各桩连成一整体共同承受荷载。桩是基础中的柱形构件，其作用在于穿过软弱的压缩性土层，把桩基坐落于更硬或更密实或压缩性较小的地基持力层上。各桩所承受的荷载通过桩身和桩侧土的摩阻力及桩端土的抵抗力将荷载传至桩周围的土层中。

若桩基础设计正确，施工得当（图 5-81），其将具有承载力高、稳定性好、沉降量小而均匀、耗材少、施工简便等特点。因此，桩基础适宜在以下几种情况采用。

图 5-81 桩基础施工

(1)荷载较大,地基上部土层软弱,适宜的地基持力层位置较深,采用浅基础或人工地基在技术上、经济上不合理;

(2)河床冲刷较大,河道不稳定或冲刷深度不易计算正确,采用浅基础施工困难或不能保证基础安全时;

(3)当地基计算沉降过大或结构物对不均匀沉降敏感时,采用桩基础穿过松软土层,将荷载传到较坚实土层,减少结构沉降并使沉降较均匀;

(4)当施工水位或地下水位较高时,采用桩基础可减少施工困难和避免水下施工;

(5)采用桩基础可增加结构物的抗震能力,消除或减轻地震对结构物的危害。

以上情况也可采用其他形式的深基础,但由于桩基础耗材少、施工简便,往往是优先考虑的深基础方案。

1. 桩基础的分类

(1)按桩的受力条件分类

①柱桩和摩擦桩。桩穿过较松软土层,桩底支承在岩层或硬土层等实际非压缩性土层时,基本依靠桩底土层抗力支承垂直荷载,这种桩称为柱桩或支承桩,如图 5-82a)所示;桩穿过并支承在各种压缩性土层中,主要依靠桩侧土的摩阻力支承垂直荷载,这种桩称为摩擦桩,如图 5-82b)所示。一般情况下,摩擦桩除桩侧土的摩阻力支承垂直荷载外,桩底土层抵抗力也支承部分垂直荷载。

②竖直桩和斜桩,按桩轴方向可分竖直桩,单向斜桩和多向斜桩,如图 5-83 所示。斜桩的特点是能承受较大的水平荷载。斜桩的桩轴线与竖直桩所成倾斜角的正切不宜小于 1/8,否则斜桩不起作用。

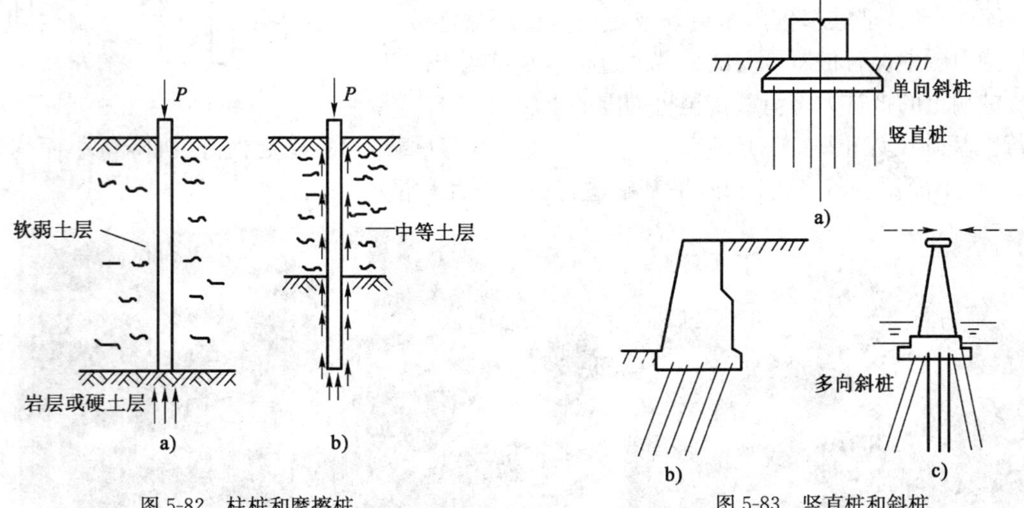

图 5-82　柱桩和摩擦桩

图 5-83　竖直桩和斜桩

③桩墩,是通过在地基中成孔后灌注混凝土形成大口径断面柱形深基础,即以单个桩墩代替群桩及承台。桩墩基础底端可支于基岩上,也可嵌入基岩或较坚硬土层之中,分为端承桩墩和摩擦桩墩两种。

(2)按施工方法分类

①钻(挖)孔灌注桩。用钻(挖)孔机械在土中钻(挖)成桩孔,而后在孔内放入钢筋骨架,灌注桩身混凝土而成的桩,称为钻(挖)孔灌注桩。

②沉入桩。沉入桩是通过锤击、振动、射水、静力压及钻孔埋置等沉桩方法,将各种预先制好的桩打入地基内并达到所需要的深度。

(3)按承台位置分类

桩基础按承台位置可分为高桩承台基础和低桩承台基础(简称高桩承台和低桩承台)。高桩承台的承台底面位于地面(或冲刷线)以上,低桩承台的承台底面位于地面(或冲刷线)以下。

(4)按材料分类

有木桩、钢桩和钢筋混凝土桩。

2. 钻孔灌注桩基础

钻孔灌注桩基础,是利用不同专业钻孔机具,在地基的土石中形成一个直径为圆形钻孔,达到设计高程后,将钢筋骨架吊入钻孔中,然后通过安放在孔中的导管,直接在水中进行混凝土的灌注作业,从而形成一个较粗糙的圆柱式的桩基础。由于它是在现场就地浇筑完成的,所以称为钻孔灌注桩基础。其工程量应按桩的设计直径和长度作为计量支付依据。

(1)钻孔机具

钻孔机具有冲抓锥、冲击锥、冲击钻机、回旋钻机、潜水钻机以及全套管钻机等专业钻孔机具。这些常用的钻孔机具,可归纳为冲抓式、冲击式和旋转式三大类,它能在各类土层造孔成桩,常用的桩径有 1.0m、1.2m、1.5m、2.0m、2.5m、3.0m、3.5m 等,而建成的最大桩径已达 4.0m。桩的长度则从十余米到上百米。常用的钻孔机具如图 5-84 所示。

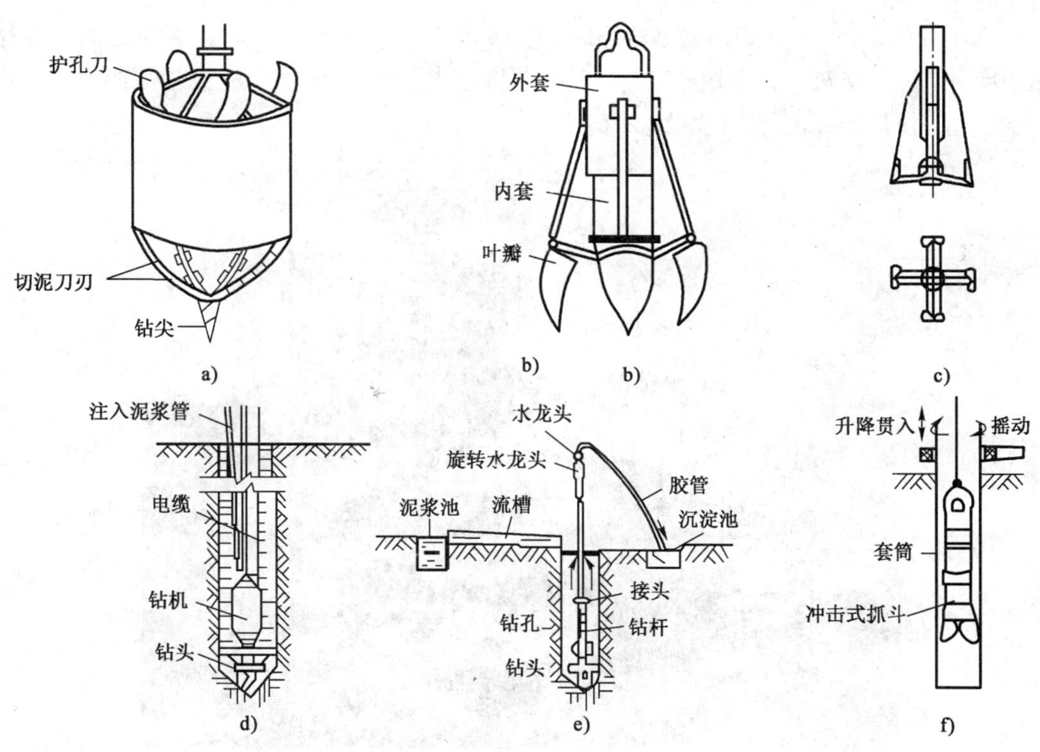

图 5-84 常用的钻孔机具

a)大锅锥;b)冲抓锥;c)冲击锥;d)潜水钻;e)回旋钻;f)全套管

(2)设计要求

对于摩擦桩，其入土深度不得小于4m；若有冲刷时，入土深度则应自局部冲刷线算起。对于柱桩须嵌入基岩的有效深度，应按规范规定的计算公式计算确定，一般不得小于50cm(不包括风化层)。

钻孔灌注桩，一般都要设置钢筋骨架，但应按桩身内力大小分段设筋，当经过内力计算表明不需要配筋时，亦应在桩顶3～5m内设置构造钢筋。桩内钢筋的主筋直径不宜小于14mm，其数量不宜小于8根。对于直径较大的桩，为了加强钢筋骨架的刚度，应在钢筋骨架上每隔2.0～2.5m设置直径14～18mm的加劲箍筋一道。同时，在吊装入孔时，应在钢筋骨架四周设置凸出的定位钢筋、定位弧形混凝土块或采用其他定位措施，以确保主筋有足够的保护层厚度。若系柱桩，则钢筋骨架应布置到嵌岩中。

修建群桩钻孔灌注桩基础时，其承台的厚度不宜小于1.5m。边桩外侧与承台边缘的距离，对于直径小于或等于1m的桩，不得小于0.5倍桩径并不小于25cm；对于直径大于1m的桩，则不得小于0.3倍桩径并不小于50cm。承台在桩身混凝土顶端平面内须设一层钢筋网，钢筋的直径采用14～18mm。

当设计为桩与柱相连的结构，为加强钻孔灌注桩与圆柱墩之间整体性而设置横系梁时，横系梁的高度可采用0.8～1.0倍桩的直径，宽度可取为0.6～0.8桩的直径。横系梁的主筋应伸入桩内与主筋相连接。

钻孔灌注桩所用的混凝土称为水下混凝土，它不同于一般混凝土的技术要求，水泥的初凝时间不宜早于2.5h。粗集料宜优先用卵石，若采用碎石，宜适当增加含砂率。集料粒径不宜大于导管内径的1/8～1/6和钢筋最小净距的1/4，同时不宜大于40mm。混凝土的含砂率宜采用40%～50%，水灰比宜采用0.5～0.6，坍落度宜为18～20cm。每立方米混凝土的水泥用量，一般不宜小于350kg。施工如图5-85所示。

图5-85 桥梁基础施工

(3)施工程序及要求

钻孔灌注桩的施工,除应由有施工经验的施工人员主持外,还应掌握钻孔区的地质和水文情况,同时,选好钻孔设备(可参考表5-10),施工记录要完善。其施工程序是:钻孔场地准备→埋设护筒→钻孔→吊放钢筋骨架→安设导管→灌注水下混凝土等。

①钻孔现场准备,是指在钻孔之前必须进行的场地平整工作,主要是为解决安放钻孔设备的问题。当场地为旱地时,应清除杂物,换除软土,平整夯实。当系山坡时,可用枕木或型钢等搭设工作平台。若场地位于水中时,可采用围堰筑岛或修建工作平台的方法进行施工。围堰筑岛和工作平台的面积可按钻孔方法、桩基数量、设备大小等要求决定。凡采用围堰筑岛的方法进行施工,在编制工程造价时,其埋设护筒工作,则应视同为干处,适用其工程计价定额,不能再按水中埋设护筒计算。

各种钻孔设备的适用范围 表5-10

序号	钻孔设备	适用范围			
		土层	孔径(cm)	孔深(m)	泥浆作用及设施
1	冲抓锥	砂土、黏土、砂砾、砾石、卵石	100～150	20～50	护壁
2	冲击锥	砂土、黏土、砂砾、砾石、卵石、软石、次坚石、坚石	100～150	20～40	浮悬钻渣并护壁
3	冲击钻机	砂土、黏土、砂砾、砾石、卵石、软石、次坚石、坚石	100～150	20～50	浮悬钻渣并护壁
4	回旋钻机	砂土、黏土、砂砾、砾石卵石、软石、次坚石、坚石	200～250	30～100	浮悬钻渣并护壁,要设泥浆池
5	潜水钻机	砂土、黏土、砂砾、砾石、卵石、软石、次坚石、坚石	200～250	30～80	浮悬钻渣并护壁,要设泥浆池
6	全套管钻机	砂土、黏土、砂砾、砾石、卵石、软石、次坚石、坚石	100～200	30～40	不需要泥浆

注:反回旋钻机和反潜水钻孔泥浆只起护壁作用。

在经过技术经济比较,采用人工围堰筑岛的施工方法,既不经济,建设条件也不许可,工作难度又大时,则可采用修建桩基或浮箱工作平台进行钻孔灌注桩的修建工作。

②埋设护筒。护筒具有保护孔口地面,防止地表水流入钻孔内,固定桩位和引导钻进方向,并保证钻孔内的水位高出地下水位和施工水位,从而增加静水压力,以维护孔壁,防止坍塌等作用。常用的有钢护筒和钢筋混凝土护筒两种,要求坚固耐用,不漏水,其内径应比桩径稍大,冲抓锥、冲击锥、冲击钻机、潜水钻机宜大30～40cm,回旋钻机、人工推钻宜大20～30cm,深水处的护筒内径至少应比桩径大40cm。

护筒顶端的高度:采用反循环回转方法钻孔时,护筒顶端应高出地下水位和施工最高水位2.0m以上。采用正循环回转方法钻孔时,护筒顶端泥浆溢出口底边,当地质良好,不易坍孔时,宜高出地下水位和施工最高水位1.0～1.5m以上;当地质不良,容易坍孔时,应高出地下水位1.5～2.0m以上。采用其他方法钻孔时,护筒顶端宜高出地下水位1.5～2.0m,当处于旱地时,还应高出地面0.2～0.3m;在有潮水影响的地区时,应高出最高水位1.5～2.0m以上。

护筒底端的埋置深度：当在旱地或浅水处，对于黏性土应不小于1.0～1.5m；对于砂土应将护筒周围0.5～1.0m范围内挖除夯填黏性土至护筒底0.5m以下；在冰冻地区应埋入冻层以下0.5m；在深水及河床软土、淤泥层较厚处，应尽可能深入到不透水层黏性土内0.5～1.5m，当无黏性层土时，则应沉入到砾卵石层内0.5～1.0m，若河床为软土，淤泥时，则不得小于3.0m；有冲刷影响的河床，应埋入局部冲刷线以下不少于1.0～1.5m。

在旱地埋设护筒时，筒身周围应用黏土填筑夯实。在深水中埋设时，应先打入导向架，可以采用冲抓或振动沉埋。

当采用全套管钻孔桩施工时，则不需要设置护筒。

③钻孔。钻孔灌注桩的成孔方法，随着钻孔设备的不同，其施工工艺也不尽相同，扩孔的程度也不一样。当前在公路桥梁建设中常用的几种钻孔设备，如表5-10所示。

冲抓锥是一种无动力的钻具，要另行配置卷扬机共同进行钻孔作业。它不需要钻杆，用钢索吊起，靠冲抓锥自重冲下，将土抓出，冲击高度一般在1.0～2.5m，可以直接投放黏土在钻孔内，借频繁冲击作用，形成护壁泥浆。

冲击锥也是一种无动力的钻具，其成孔作业过程，可以说基本上与冲抓锥一样，所不同之处是冲击高度要大，但最大冲程不宜超过4～6m，同时需要采用掏渣筒出渣。

冲击钻机是具有动力的钻具，有机动和电动两种。它的成孔作业过程，完全与冲击锥一样，其钻孔效率虽比卷扬机带冲击锥冲孔要高，但相应耗费也要大。所以，在选用时，应注意进行必要的技术经济比较，合理选用。

回旋钻机与潜水钻机是一种电动钻孔机械，有正反循环两种类型。其是采用减压钻进成孔，即钻机的主吊自始至终承受部分钻具（钻杆、钻锥、压重块）的重力，而孔底承受的钻压不超过其钻具动力之和（扣除浮力）的80%，主要是为了减少斜、弯、扩孔现象。钻孔时所需的浮悬钻渣和护壁的泥浆，要用搅拌机械或人工进行拌制，质量要求高。因此，要修建泥浆循环系统，以利回收泥浆原料，清除钻渣和减少环境污染。若在水上进行钻孔作业时，还应设置船上泥浆循环系统。这种钻机的钻孔速度快，与冲击钻机同等孔径、深度相比，效率提高三倍多，而且孔深可达100m以上，费用也比较省，总体经济效益是比较好的。

全护筒钻机是一种比较先进的钻孔设备，利用压入孔内的钢套筒保护孔壁，然后用冲抓锥或冲击锥进行成孔。当在软弱及粉土地层钻进时，护筒应深入抓土面1.0～1.5m，在中等硬度（$N=6\sim20$）地层中钻进时，应深入30cm左右；在紧密的卵砾石层中钻进时，须用抓斗预掘到护筒以下20～30cm，再压下护筒，然后继续往返钻进。它具有不扩张和坍孔等优点，也不需要泥浆，如图5-86所示。

钻孔作业应采取多班连续进行，要认真做好施工原始记录，注意土层变化，捞取渣样，以便与设计的地质剖面图核对。对泥浆质量要求较高的钻具，应经常对泥浆进行试验，不符合要求时，应随时改正。钻孔达到设计高程并经检查符合规范要求后，应立即进行清孔。清孔方法有掏渣清孔、换浆清孔和抽浆清孔三种，可以根据设计要求、钻孔方法、机具设备条件和土层情况等决定。掏渣清孔法只适用于冲抓、冲击钻孔；换浆清孔法适用于正循环钻孔的摩擦桩；抽浆清孔法，清孔较彻底，适用于各种方法的钻孔的柱桩和摩擦桩。经清孔后，孔内沉淀厚度，摩擦桩不大于$0.4\sim0.6d$，应尽量争取不大于$0.4d$（d为设计桩径），柱桩应不大于设计规定。孔内泥浆的允许指标是，相对密度1.05～1.20，黏度17～20，含砂率小于4%。

④吊装钢筋骨架。在完成了清孔作业并经检查符合规定要求后，应及时、准确地将钢筋骨架吊放在钻孔内，并应牢固定位，可将它固定在护筒或钻架上，以免在灌注水下混凝土过程中被混凝土顶出，或发生位移等事故。

⑤灌注水下混凝土。在钻孔内灌注水下混凝土，一般用不漏水的钢质导管进行，其内径一般为25～35cm。在吊装好钢筋骨架之后，应立即将导管安放在钻孔内。导管应设置储料漏斗，如图5-87所示。在灌注水下混凝土过程中，导管埋在混凝土内的深度一般不宜小于2.0m或大于6.0m。

图5-86　桩基施工

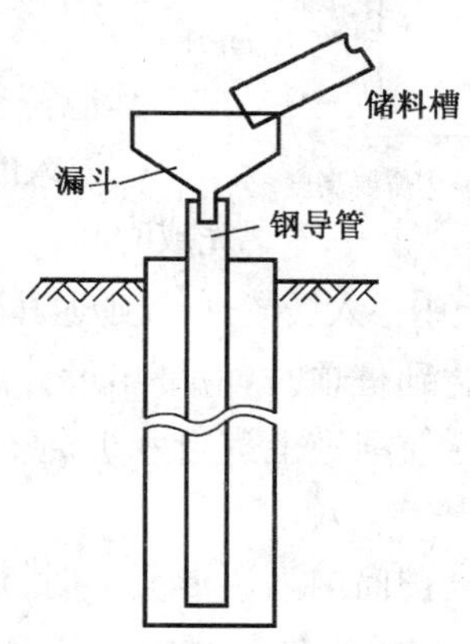

图5-87　导管设施

在进行水下混凝土作业之前，要了解下列问题。

①首批混凝土的需要量，如图5-88所示，应能满足导管初次埋置深度(≥1.0m)和填充导管底部间隙的需要，可按下列公式计算确定。

$$V \geqslant \pi r^2 h_1 + \pi R^2 H_e \tag{5-3}$$

式中：V——首批混凝土所需数量(m^3)；

r——导管内半径(m)；

h_1——井孔内混凝土面高达到H_c时，导管内混凝土柱需要的高度(m)；

$$h_1 \geqslant \frac{\gamma_w H_w}{\gamma_e} \tag{5-4}$$

R——井孔半径(m)；

H_c——灌注首批混凝土时，井孔内混凝土的顶面至底部所需的高度(m)；

H_w——井孔内混凝土顶面以上的水或泥浆的深度(m)；

γ_w——井孔内的水或泥浆的重度(kN/m^3)；

γ_c——混凝土混合物的重度(kN/m^3)。

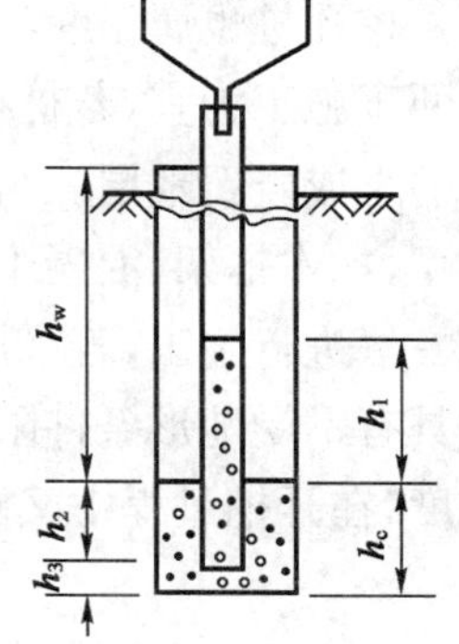

图5-88　首批混凝土需要量

$$H_c = h_2 + h_3 \tag{5-5}$$

式中：h_2——导管初次埋置深度(m)，$h_2 \geqslant 1.0$m；

h_3——导管底部至孔底间隙(m)，约为0.4m。

②当钻孔桩的桩顶低于或高于井孔中水面时，漏斗底口前者应高出水面，后者则要高出桩顶，各不宜小于4～6m。亦可按式(5-6)计算确定，如图5-89所示，当计算值大于上述规定时，应采取计算值作为取定依据。

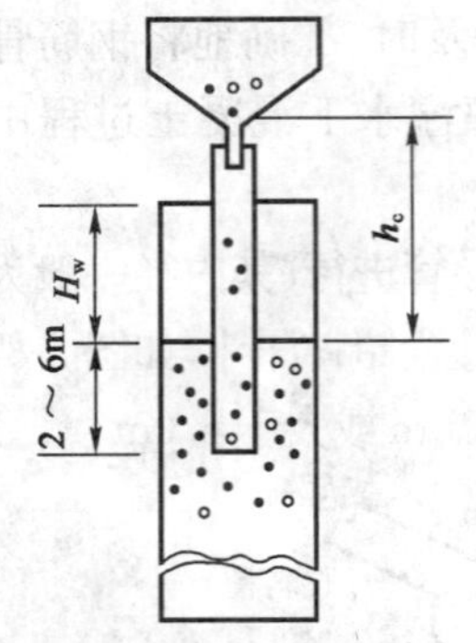

图 5-89　漏斗需要高度

$$h_c \geqslant \frac{P_0 + \gamma_w H_w}{\gamma_c} \tag{5-6}$$

式中：h_c——井孔内混凝土顶面以上，导管内混凝土的高度（计算至漏斗底口）(m)；

P_0——使导管内混凝土下落至导管底并将导管外的混凝土顶升时所需的超压力，采用 100～150Pa，桩径 1m 左右时取低限，2m 左右时取高限；

其他符号含义同前。

③灌入的首批混凝土的初凝时间，不得早于灌注桩的全部混凝土灌注完成时间。当混凝土的数量较大，经分析计算无法达到时，可通过试验，在首批混凝土中掺入缓凝剂，以延迟其凝结时间。

灌注达到桩顶时，应高出设计高程 0.5～1.0m。在修建承台或系梁时予以凿除。

若在通航河道上进行水下混凝土作业时，可以配置船上混凝土搅拌台，以利及时组织混凝土的供应。

当在全护筒内灌注混凝土时，应逐步提升护筒，护筒内混凝土不得过高，但一般不应小于 1.5m，以防护筒内外侧摩阻力超过起拔能力，而拔不出护筒。

当桩身混凝土达到设计要求的强度后，若系干处或围堰筑岛修建的桩基，即可清除桩头混凝土，开挖基坑，立模浇筑承台或系梁；若处于水中则可采用套箱围堰，进行承台或系梁混凝土的浇筑工作。至此桩基工作已告完成，可开始进行墩台工程的施工。

3. 挖孔灌注桩基础

挖孔桩也属于灌注桩的范畴，只是其成孔方法是采用人工开挖，桩径一般在 1.2～2.0m，以便于施工为宜，若桩径过小则开挖困难，孔深不宜大于 15m，只适用于无水或少水而且较密实的土或岩石地层。为确保施工安全，防止孔壁坍塌，应根据实际情况，选择合适的孔壁支护类型，如木框架、混凝土护壁等，切实做好孔壁的支护工作。桩身混凝土可按常规的混凝土浇筑方法进行施工，若采用水下混凝土时，则应先向桩孔内灌水，至少应与地下水位相平。挖孔桩具有不受地形条件限制，使用机具简单，能减少大量挖基和圬工数量，能全面铺开加快施工进度，在开挖过程中又能直接摸清地质情况等优点，如图 5-90 所示。

图 5-90　挖孔灌注桩基础

4. 沉入桩基础

如前所述，沉入桩有锤击、振动、射水、静力压及钻孔埋置等沉桩方法，应根据桩重、桩型、设计荷载、地质情况、设备条件及对附近建筑物产生的影响等因素选择合理的方法。

沉入桩所用的基桩主要为预制的钢筋混凝土桩和预应力混凝土桩，断面形式常用的有实心方桩和空心管桩两种。近年来钢管桩在一些桥梁基础工程中也开始使用，随着我国钢铁工业的发展及钢管桩施工方便的优点的日益突出，有可能会逐步推广。

当预制桩的长度不足时，需要进行接桩。常用的接桩方法有法兰盘连接、预埋钢圈焊接、硫磺砂浆锚接等。钢管桩一般在工厂整根制作或分节制作后在现场焊接。

在公路桥梁工程中，目前较少使用沉入桩，以下仅就锤击沉桩作以扼要介绍。

锤击沉桩亦称打入桩，一般适用于松散、中密砂类土和黏性土。由于锤击沉桩是依靠桩锤的冲击能量将桩打入土中，因此一般桩径不能太大（不大于 60cm），入土深度在 40m 以内。

锤击沉桩的主要设备有桩锤、桩架及动力装置三部分。常用的桩锤有坠锤、单动汽锤、双动汽锤、柴油锤和振动锤等几种。沉桩设备是桩基施工质量与成败的关键，应根据土质、工程量、桩的种类、规格、尺寸、施工期限、现场水电供应等条件选择。目前，单（双）动汽锤在公路桥梁工程中已很少采用。

锤击沉桩施工中为了避免或减轻沉桩时由于土体的挤压，使后沉桩沉入困难或先沉入的桩被推移，因此，沉桩的顺序应由基础的一端向另一端进行，当桩基础平面尺寸较大时，也可由中间向两端进行。如果桩的埋置深度不一致时，应先沉入埋置深度大的。如果沉桩处地形为坡地时，则沉桩应由高处向低处进行。

在沉桩过程中，随着桩入土深度的增加，每次锤击的贯入度将随之减小，它在一定程度上能反映出桩的承载力，因此在沉桩时应记录好桩的贯入度，以此作为桩是否达到设计要求的控制数据。除一般的中、小桥沉桩工程，有可靠的依据和实践经验可不进行试桩外，其他沉桩工程在施工前均应先进行试桩试验，以确定桩基的入土深度和控制贯入度，保证桩基具有设计的承载能力。

三、沉井基础

沉井是井筒状构造物，如图 5-91 所示。它是通过井内挖土、依靠自身重力克服井壁摩阻力后下沉至设计高程，然后经过混凝土封底，并填塞井孔，使其成为桥梁墩台或其他结构物的基础。沉井基础的特点是埋置深度大、整体性强、稳定性好，能承受较大的垂直荷载和水平荷载，而且施工设备简单，工艺不复杂，在桥梁工程中应用较为广泛。其缺点是工期长，易发生流沙现象，造成沉井倾斜，沉井下沉过程中遇到大孤石、树干或岩石表面倾斜较大等，均会给施工带来一定的困难。

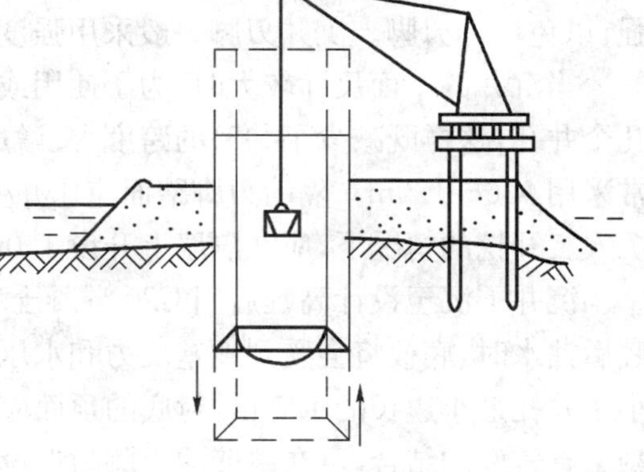

图 5-91　沉井基础

1. 沉井的类型和构造

(1)沉井的类型

①按所用的材料分类。沉井可用不同的材料做成，有混凝土、钢筋混凝土、砖石和钢壳沉井等。目前，公路桥梁中采用较多的是钢筋混凝土沉井。

②按沉井的平面形状分类。沉井的平面形状通常是结合墩台的平面形状来确定的，一般常用的有圆形、矩形、正方形和圆端形等。

③按沉井的立面形状分类。在公路桥梁工程中，常用的沉井立面形状有柱形、阶梯形和倾斜式等。沉井立面形状的选择，主要取决于沉井下沉时所穿切土层的性质和下沉深度。当穿切的土层土质比较松软，摩阻力不大，下沉深度也不很深，沉井依靠自重便可以克服摩阻力而下沉时，宜采用柱形沉井，保证下沉时有较好的稳定性。当土层比较实，摩阻力较大时，为了不增加沉井的自重而能顺利下沉，可采用阶梯形或倾斜式沉井。沉井高度以沉井顶面不高出河流最低水位为宜，如地面高于最低水位且不受冲刷时，则不宜高出地面。沉井底面高程应由冲刷深度和地基容许承载力而定。

(2)沉井的构造

沉井主要由井壁、刃脚、隔墙、封底、填心和顶盖板等几部分组成，如图 5-92 所示。

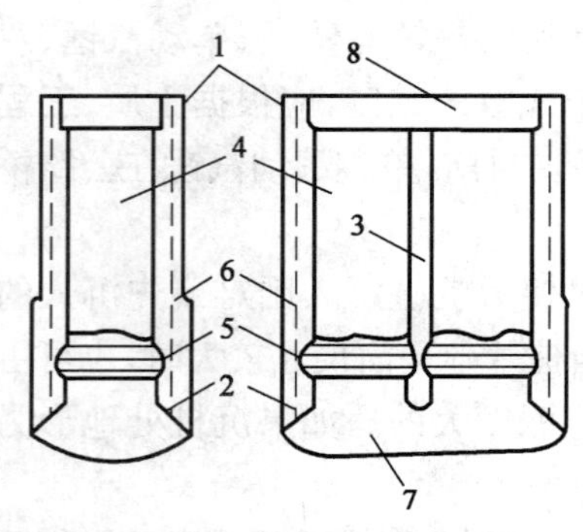

图 5-92　沉井结构示意图

1-井壁；2-刃脚；3-隔墙；4-井孔；5-凹槽；6-填心；7-封底；8-盖板

井壁是沉井的主体部分，在下沉进程中，其为一个活动围壁，用以挡土围水并利用自身重力克服土与井壁之间的摩阻力，使沉井顺利下沉；在使用期间，作为基础将作用其上的荷载传递到地基上去。它的厚度应根据结构强度，下沉需要的质量等因素来确定，一般采用 0.7～1.5m，但薄壁沉井不受此限制。所采用的混凝土强度等级不应低于 C15，沉井最底下一节的最小含筋率不宜小于 0.1%，其水平钢筋不宜在井壁转角处有接头。每节沉井的高度根据沉井全高、土质情况和施工条件确定，不宜高于 5m。

井孔是由井壁围成的空间，在施工过程中作为挖土排土的场地和通道，其尺寸应满足施工要求，井孔的宽度或直径不宜小于 3m。井孔的平面布置宜简单对称。

刃脚位于沉井井壁的下端，其主要作用是切土。为了利于切土和便于取土，刃脚斜面在保证刃脚受弯和受剪的强度要求下，应尽量做得陡些，刃脚斜面与底面所成的夹角大于 45°。刃脚的踏面宽度一般为 0.1～0.2m。刃脚高度视井壁厚度而定，为了便于人工挖掏刃脚下面的土，高度最好大于 1m。沉井通过坚硬土层，如夹卵石、漂石层时，刃脚底面应以角钢或钢板加强，以免损坏刃脚。沉井刃脚一般采用强度等级不低于 C20 的钢筋混凝土制成。

当沉井的平面尺寸较大时，为了使用或施工中的需要，常用一道或几道内墙把沉井分隔成几个井孔，这样既减少了井壁的跨度，又增加了沉井的整体刚度。隔墙一般受力较小，其厚度常采用 0.6～1.0m。隔墙刃脚踏面应比井壁刃脚踏面高出 0.5m，以减少下沉阻力。在排水下沉人工开挖的情况下，应在隔墙上开设 1.0m×1.2m 的过人洞，以方便施工。

沉井下沉至设计高程后用 C20 混凝土填封底层，岩石地基可用 C15 混凝土填封。沉井封底后抽水时，底板将会受到地基反力和水压力的作用，根据其受力要求来确定其厚度，一般不小于井孔最小边长的 1.5 倍，封底的顶面应高出刃脚根部 0.5m。为了使封底混凝土与井壁混凝土有较好的结合，可在井壁的刃脚附近设置凹槽。沉井井孔的空间，可采用填心或空心两种方式进行处理。当作用在沉井上的外力较大时，应采用填心式，填料可采用混凝土、片石混凝土或浆砌片石；在无冰冻地区，还可采用粗砂或砂砾来填充。当作用在沉井上的外力较小，或为了减轻沉井质量时，在无冰冻地区也可采用空心沉井，但不管是填充砂砾材料还是空心沉井，其顶盖板一律采用钢筋混凝土板，以承受由墩台传来的荷载。对填心的沉井顶盖板可采用强度等级不低于C15的混凝土，厚度为1.0～2.0m。

2. 沉井施工

沉井本身既是基础结构，而在施工过程中又是挡土防水的围堰设施。其埋深规定与天然地基上的浅基础相同。

沉井一般都是作为桥墩基础，其制作方法应根据桥址的具体情况合理确定。当在制作下沉过程中无被水淹没的岸滩上，则宜就地围堰筑岛制作沉井；当位于深水处而围堰筑岛困难时，可采用浮式沉井。

(1)重力式沉井

它的特点是壁厚、质量大。当墩台位于旱地时，其可就地制作，挖土下沉；当位于浅水区或可能被水淹没的区域时，一般宜用筑岛的方法制作和下沉。筑岛分为无围堰筑岛和有围堰筑岛两种形式。筑岛材料应用透水性好、易于压实的砂土或碎石土等，而且不应含有影响岛体受力的抽垫下沉的块体。土岛适用于水浅、流速不大的河床，其临水面坡度，一般可采用1∶1.75～1∶3。有围堰的筑岛，可结合当地的实际情况，选用草土、草(麻)袋、竹木笼、钢板桩等围堰。制作重力式沉井的岛面应比施工最高水位高出50～70cm，有流水时，应再适当加高。筑岛尺寸应满足沉井制作和抽垫等施工要求，一般须在沉井周围设置护道，无围堰筑岛其护道宽度不小于2.0m，有围堰筑岛其护道宽度可按式(5-8)计算确定。但在任何情况下，护道的宽度都不应小于1.5m。

$$b \geqslant H\tan\left(45^\circ - \frac{\varphi}{2}\right) \tag{5-7}$$

式中：b——护道的宽度(m)；

H——筑岛高度(m)；

φ——筑岛土饱和水时的内摩擦角(°)。

重力式沉井的下沉作业，有排水下沉和不排水下沉两种方式。一般宜采用静水抓土的不排水方法下沉，有卷扬机带抓斗和履带式起重机带抓斗两种方法，可结合现场条件选定。当限于设备条件，又是在稳定的土层中，也可采用排水人工开挖配卷扬机提升出土下沉，但应有安全措施，防止发生人身安全事故。

在沉井下沉过程中，进行沉井接高时，不得将刃脚掏空，接高加重要均匀，并对称地进行，以防止接高时急剧下沉发生倾斜。

(2)浮式沉井

浮式沉井基础，系将沉井作成空腔式的壳体，入水后能自行浮于水中，有钢丝网水泥薄壁沉井和钢壳沉井等多种形式。钢丝网水泥薄壁浮运沉井的构造，其空腔壁系由3cm左右厚的钢筋网、钢丝网和水泥砂浆组成，在河岸上制成后，通过临时修建的下水轨道，下滑至水中。考虑施工人员在壁腔内操作方便，沉井的壁厚一般不得小于80cm。钢壳沉井实际上是用角钢和薄钢板焊成的沉井钢模板，如图5-93所示，一般是在工厂里按设计要求制成构件，然后在船坞或船上进行拼装，故应根据现场实际情况，修建临时船坞或拼装船。

浮式沉井的施工顺序是：制作或拼装→下水→浮运→定位落床。在施工之前，应根据建设条件和实际情况与要求，选配好导向船、定位船、船上混凝土搅拌台、排水灌水设备，以及固定船只和沉井用的锚碇的规格和数量等。在沉井制作完成下水后，用拖轮拉运(导向船)或绞车

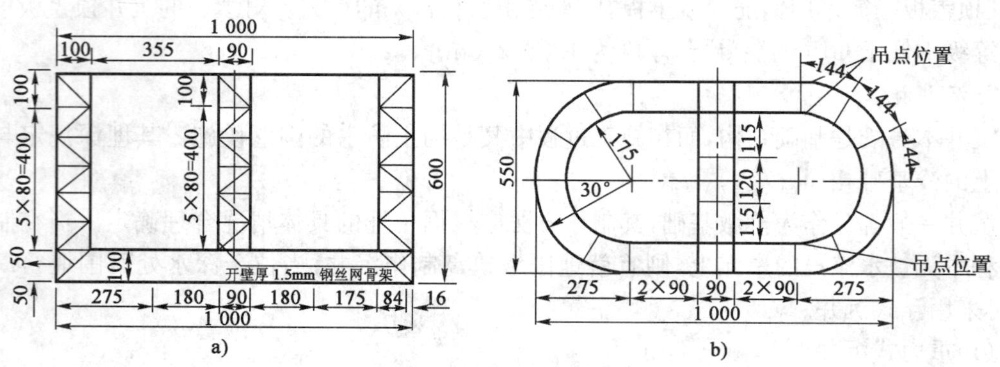

图 5-93　钢壳沉井构造(尺寸单位:cm)

a)剖面;b)平面

(卷扬机)牵引就位,而在浮运和定位落床的任何时间内,露出水面的高度均不得小于 1m。尤其是定位落床,它是浮式沉井施工中的一个关键环节,技术要求高,施工难度大,故应根据建设环境的实际情况,通过各种必要的分析计算,确定定位布置方案。

当浮运沉井准确定位后,应向井孔内或井壁空腔格内迅速、对称、均衡地灌水,使沉井落至河床,并拆除临时底板。薄壁空腔沉井落床后,可逐格对称、均衡地灌注适当数量的水下混凝土,以加固井壁和增加重力,然后将水抽干,进行一般混凝土的浇筑,从而使薄壁空腔式沉井变成为普通的重力式沉井,依靠自重或另行加压使之下沉。

3. 封底、井孔充填及顶板浇筑

当沉井沉至设计高程后,经检查基底合格,应及时进行封底。封底之前,应进行清底,要尽量整平基底,清除浮泥,井壁、隔墙及刃脚与封底混凝土接触处的泥污要清洗掉。采用水下混凝土封底,当封底面积较大时,宜采用多根导管逐根灌注,按先周围后中部和先低处后高处的顺序进行,使混凝土保持大致相同的高程。多根导管之间的布置间距与灌注混凝土时的超压力有关,可参考表 5-11 确定。封底混凝土的厚度,一般应由计算确定,但其顶面应高出刃脚根部(即刃脚斜面的顶点处)不小于 50cm。

导管作用半径与超压力的关系　　表 5-11

超压力(kPa)	75	100	150	250
导管作用半径(m)	<2.5	3.0	3.5	4.0

沉井基础耗用的人工和材料都比较多,由于钻孔灌注桩的施工工艺的不断完善和发展,在公路桥梁建设中已较少采用这种基础。

四、地下连续墙基础及组合基础

随着桥梁技术的不断发展,以及跨越能力的不断增大,一些新型基础形式也得到了发展和应用。在此,简要介绍一些地下连续墙和组合基础的概念。

1. 地下连续墙基础

地下连续墙是一种新型的桥梁基础形式。它是在泥浆护壁条件下,采用专用的挖槽(孔)机械,顺序沿着基础结构物的周边,在地基中开挖出一个具有一定宽度和深度的槽孔,然后在槽内安放钢筋笼,浇筑水下混凝土,逐步形成的一道连续的地下钢筋混凝土墙。当混凝土硬化到一定的强度后，即可作为基坑开挖时挡土、防渗、对邻近建筑物的支护以及直接成为承受垂直荷载的基础的一部分。目前，直接作为桥梁基础的还较少，大多是作为基坑开挖的挡土、防渗设施。

地下连续墙按槽孔形式可分为壁板式、桩排式和组合式，如图5-94所示；按墙体材料可分为钢筋混凝土、素混凝土、塑性混凝土（由黏土、水泥和级配砂石所合成的一种低强度混凝土）和黏土等；按挖槽方式可分为抓斗、冲击钻和回旋钻等。基础的平面形状能适应工程的需要做成矩形、圆形、多角形及井字形等。

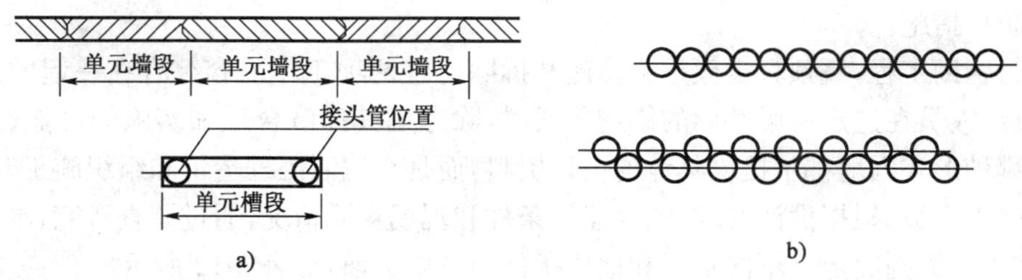

图5-94　地下连续墙的平面形式

a)壁板式；b)桩排式

地下连续墙刚度大、强度高，是一种变形较小刚性基础。施工时对地基无扰动，基础与地基的密着性好，墙壁的摩阻力比沉井井壁大，在无明显坚硬持力层的情况下，能提供较大的承载力。同时，施工所占用空间较小，对周围地基及现有建筑物的影响小，可近距离施工，特别适宜于在建筑群中施工。施工时振动小、噪声低，无需降低地下水位，浇筑混凝土无需模板和养护，故可使费用降低。对地基的使用范围广，施工机械化程度高，工作效率高，速度快。随着成槽机械的不断改进，目前地下连续墙的深度已达100m。

但地下连续墙施工工序较多，技术要求高，尤其因墙壁是钻挖成槽后就地浇筑水下混凝土的薄壁结构，如果施工不当，容易发生因竖直度达不到要求，不能形成封闭的地下围墙，或出现槽壁坍塌、墙体厚薄不匀、水下混凝土浇筑质量低劣等事故。为了保证施工质量，工地施工检测和控制的可靠性是十分重要的。

2.组合式基础

处于特大水流上的桥梁基础工程，墩位处往往水深流急，地质条件极其复杂，河床土质覆盖层较厚，施工时水流冲刷严重，施工工期较长，采用普通的单一形式的基础已难以适应。为了确保基础工程安全可靠，同时又能维持通航，宜采用由两种以上形式组成的组合式基础。其功能要满足既是施工围堰、挡水结构物，又是施工作业平台，能承担所有施工机具与用料等；同时，还应成为整体基础结构物的一部分，在桥梁运营阶段亦有所作用。

组合式基础的形式较多，常用的有双壁钢围堰钻孔灌注桩基础、钢壳沉井加管柱（钻孔桩）基础、浮运承台与管柱、井柱、钻孔桩基础，以及地下连续墙加箱形基础等，可根据设计要求、桥位处地质水文条件、施工机具设备状况、施工安全及通航要求等因素，通过综合技术经济分析、论证比较，因地制宜地合理确定。

五、基础围堰

围堰为在水中进行基础施工时，围绕基础平面尺寸外围修建的临时性挡水设施。围堰建成后，可使基础工程由水中施工变为干处施工。

围堰的结构形式和材料要根据水深、流速、地质情况、基础形式及通航要求等条件进行选择。但不论何种围堰，均必须满足下列要求：

(1)围堰的顶高宜高出施工期间最高水位(包括浪高)50～70cm。

(2)围堰的外形应适应水流排泄，大小不应压缩流水断面过多，以免壅水过高危害围堰安全，以及影响通航、导流等。围堰内形应满足基础施工的要求。堰身断面尺寸应保证有足够的强度和稳定性，使基础施工期间，围堰不致发生破裂、滑动或倾覆。

(3)应尽量采取措施防止或减少渗漏，对围堰外围边坡的冲刷和修筑围堰后引起河床的冲刷均应有防护措施。

围堰为辅助工程，概预算定额是将修建和拆除清理两项工作内容综合在一起的。而在设计阶段，设计人员在选定桥梁基础的结构形式时，除考虑其经济合理和实施的可能性外，一般对应采用哪种形式围堰都不提供具体的设计资料，而是在编制工程造价和组织施工时，由造价工程师或施工人员，根据设计要求，结合建设条件和现场实际情况，通过调查研究，本着合理可靠，便于施工的原则决定。不同水深和地质条件的基础围堰，如表 5-12 所示。

各类围堰参考适用范围 表 5-12

序　号	围 堰 类 型	适 用 条 件
1	草土围堰	水深 1.5m 以内，流速 0.5m/s 以内，河床土质渗水性较小
2	草、麻袋围堰	水深 3.0m 以内，流速 1.5m/s 以内，河床土质渗水性较小
3	竹笼围堰	水深 4.0m 以内，流速较大，河床土质渗水性较小
4	竹、铅丝笼围堰	水深 1.5～4m 以内，流速较大
5	木笼铁丝围堰	水深 3.0m 以内、流速较大、河床坚硬平坦，无覆盖层，打桩有困难
6	套箱围堰	埋置不深的水中基础
7	钢板桩围堰	各类土(包括强风化岩)的深水基础
8	钢筋混凝土板桩围堰	黏性土、砂类土及碎石土类河床
9	双壁钢围堰	深水基础

围堰所用的填料宜采用黏性土，以减少渗漏，从而减少排水工作。

凡采用围堰施工的基础，应尽可能安排在枯水季节进行，在施工前应将堰底河床上的树根、石块、杂物等清除，修筑围堰应自上游开始至下游合龙。

公路桥梁基础施工中常用的围堰结构形式介绍如下。

1.草土围堰

在围堰的临水面分层铺草填土，以保护坡面。防土被水冲走的一种防水设备称为草土围堰，堰顶宽度一般为 1～2m，堰外侧的边坡一般全部是土围堰时边坡应为 1∶2～1∶3，堰内侧边坡一般为 1∶1～1∶1.5。边脚与开挖基坑的边缘距离根据河床土质及基坑的深度而定，但一般不得小于 1m。它多用于河岸处的墩台基础围堰。

2.草、麻袋围堰

为减少围堰断面并保护堰坡不被流水冲刷侵蚀，而采用 80cm×60cm 的草袋或 110cm×70cm 的麻袋盛装松散的黏性土堆码堰堤边坡而在中间填土的一种防水设施，称为草、麻袋围堰。围堰的顶宽一般为 1～2m，有黏土心墙时为 2.0～2.5m，堰的外侧边坡一般为 1∶0.5～1∶1，堰的内侧边坡一般为 1∶0.2～1∶0.5。坡脚与开挖基坑的边缘距离的具体要求与草土围堰相同。它多用于流速较大，而又不宜过多压缩河道流水断面的基坑开挖工作。袋内盛土一般为袋容量的60%左右为宜,袋口应用线缝合,堆码要尽量密实整齐,土袋内外层和上下层应相互错缝,必要时由潜水工配合整理坡脚。采用黏土心墙措施,是为了更好地防止渗漏,从而减少排水工作。

在编制工程造价时,草土以及草、麻袋围堰和竹笼围堰作为计价依据的工程量,以围堰的中心长度为准。

3. 竹笼围堰

用竹篾编成ϕ80~120cm左右的竹笼,其高度则视需要的围堰高度而定,在笼内填塞土袋、石块,竖立成单层或双层,用木料串联,铁丝捆扎等方法予以加固,在两层中间填筑黏性土,防止渗漏的一种防水设施,称为竹笼围堰。竹笼围堰的顶宽一般为水深的1~1.5倍。为防底部渗漏,可在堰底外侧堆码土袋。它适用于水流较急的河道,但由于需用竹子较多,故只宜在盛产竹子的地方使用。

4. 木笼铁丝围堰

用木料做成的框架,内外安设铁丝编成的网,在框架就位后,再抛填石块、土袋的一种防水设施,称为木笼铁丝围堰。当用于开挖基坑围堰防水时,木笼的宽度一般应不小于水深的60%。这样,在排除堰内的水后,它依靠自身的重力与其中所抛填的土石的重力,以及所产生的摩阻力的作用,可抵防外侧的水压力,其稳定性就能得到保证。当其用于钻孔灌注桩的围堰筑岛,就不需要再考虑其他防渗措施。若用于开挖基坑围堰防水时,则应采取其他有效的防渗漏措施,如在木笼外侧堆码草、麻袋黏土墙等。在编制工程造价时,以木笼所包围的实体作为计算依据。

5. 套箱围堰

用各种钢构件(如万能杆件)组拼成骨架,板壁用钢板焊或铆合成一个开口箱形结构后,将其整体悬吊定位,有无底和有底两种形式。因为它常被用于修建桩基的承台,施工时是将基桩套在其内并予以固定的一种围堰防水设施,故称为套箱围堰。除用于修建桩基承台外,其一般只适宜用于埋置不深的水中基础。

套箱用于修建桩基承台时,无论是有底还是无底都要在套箱内灌注水下混凝土封底,然后抽干水再进行施工;若用于修建一般基础工程,则与沉井的施工方法是一样的。

有底套箱一般用于桩基的承台设置在水中,当承台埋置在覆盖层内时,则应采用无底套箱围堰作为防水设施。在组织实施时,一般可根据现场的实际情况和配备的起吊、移动能力,亦可采用装配式的方法,就地拼装,但必须采取措施,防止套箱接缝处渗漏。

在实际工作中,套箱围堰一般用于通航的河道,故在实施时,需要配拖轮、工程驳船、潜水设备等,用驳船吊运至基础位置、定位落床。

6. 钢板桩围堰

钢板桩是一种定型的工业产品,具有强度大,防水性能好,能打入坚硬的砾石、卵石以及软石岩层内,适用范围广等优点。其成品长度有多种规格,最长为20m,可根据需要进行接长,一般采用等强度焊缝焊接。10~30m深的围堰,采用钢板围堰是适宜的。但费用比较高,需要的机械设备比较多,如需要在水中修建工作平台或采用工程船舶进行插打钢板桩,故在公路桥梁建设中较少使用。

在编制工程造价时,只能以钢板桩的设计质量作为计算费用的依据。

7. 双壁钢围堰

前述的钢壳沉井作为围堰使用,其组拼、下水、浮运、定位落床与沉井的施工方法是完全一样的，唯一不同之处，是在基础工程完成之后，应予以拆除。在编制工程造价时，应按规定计算回收，如设计不拆除做其他使用如防撞，则不计回收。这种围堰适宜作为深水通航河道的基础施工的围堰防水，目前，在国内外大江、大海深水基础中，同灌注桩或管柱桩组成复合式基础使用较多。

围堰的种类比较多，除上述几种外，还有钢筋混凝土板桩围堰、木板桩围堰、木和钢木结合套箱及钢丝网混凝土套箱围堰等。为了做到安全可靠，经济合理，在编制工程造价时，应通过调查研究，结合建设条件，本着就地取材和保护生态环境的原则，逐座桥梁、逐个基础进行分析比较，选定适宜的围堰形式。

第七节　大跨度桥梁施工

随着我国经济的发展，在大江大河流域及沿海地区深水、特殊地质条件下不断兴建超大、超长结构的悬索桥、斜拉桥及拱桥，其建设规模国内空前，基础庞大、塔柱高耸、跨度超长。

大跨度桥梁施工主要包括有效的施工控制和基础工程、索塔工程和上部结构工程等关键部位的施工。为了确保大跨度桥梁施工的质量和安全，必须对其进行有效的施工控制。

基础工程主要有深水高桩承台基础、沉井基础、地下连续墙基础，其主要代表工程有苏通大桥和润扬大桥深水承台基础、江阴长江大桥北锚陆上沉井基础和泰州大桥中塔柱水中沉井基础、润扬大桥北锚矩形地连墙基础和武汉阳逻长江公路大桥南锚圆形地连墙基础。

索塔工程主要有混凝土塔和钢塔结构，其主要代表工程有苏通大桥的高塔施工和南京三桥钢塔安装。

上部结构工程主要有大跨径斜拉桥、悬索桥和拱桥施工等，其主要代表工程有苏通大桥的大跨径主梁架设、超长斜拉索张挂，贵州坝陵河大桥桁架梁架设和江苏泰州长江公路大桥主梁安装，重庆朝天门大桥超大跨桁架拱架设等。

一、大跨径桥梁施工控制

1.大跨径预应力混凝土连续梁桥施工控制的意义

大跨径预应力混凝土连续梁桥的质量和安全关系，对日常的生产生活意义重大，我们要对其施工控制予以足够的重视。

(1)高质量桥梁的保证

对大跨径预应力混凝土桥梁的整个过程进行严格的施工控制，以保证施工质量。对于采用多阶段、多工序的自架设体系施工的大跨度连续桥梁上部结构而言，要求结构内力和高程的最终状态符合设计要求相当困难，它需要用分析程序对多阶段、多工序的自架设施工方法进行模拟，对各阶段内力和变形先计算出预计值，将施工中的实测值与预计值进行比较、调整，直到达到满意的设计状态。

(2)桥梁安全使用的保证

大跨径预应力混凝土连续桥梁的结构安全可靠性已成为当今社会普遍关注的问题。为保证桥梁结构运营的安全性、可靠性、耐久性、行车舒适性等，乃至建设精品工程，实施桥梁的施工控制，是桥梁建设不可缺少的重要内容。要在连续梁桥施工的过程中进行控制，并预留长期观测点，将会给桥梁创造长期安全监测的条件，从而给桥梁营运阶段的养护工作提供科学的、可靠的数据，为桥梁安全使用提供可靠保证。

2. 影响施工控制中的因素

大跨径连续梁桥施工控制的主要目的是使施工实际状态最大限度地与理想设计状态(线形与受力)相吻合。要实现上述目标,就必须全面了解可能使施工状态偏离理论设计状态的所有因素,以便对施工实施有的放矢的有效控制。

(1)结构参数

不论何种桥梁的施工控制,结构参数都是必须考虑的重要因素。结构参数是控制中结构施工模拟分析的基本资料,其准确性直接影响分析结果的准确性。事实上,实际桥梁结构参数一般很难与设计所用的结构参数完全吻合,总是存在一定的误差。施工控制中如何恰当地记入这些误差,使结构参数尽量接近桥梁的真实结构参数,是首先需要解决的问题。结构参数主要包括结构构件截面尺寸、结构材料弹性模量、材料重度、材料热膨胀系数、施工荷载、预加应力或索力等内容。

(2)施工工艺

施工控制是为施工服务的,反过来,施工质量又直接影响控制目标的实现。除要求施工工艺必须符合控制要求外,在施工控制中必须计入施工条件非理想化带来的构件制作、安装等方面的误差,使施工状态保持在控制中。

(3)施工监测

监测是桥梁施工控制的最基本手段之一。监测包括应力监测、变形监测等。因测量仪器、仪器安装、测量方法、数据采集、环境情况等存在误差,所以,结构监测总是存在误差的。在控制过程中,除要从测量设备、方法上尽量设法减小测量误差外,在进行控制分析时必须将其计入。

(4)温度变化

温度变化对桥梁结构的受力与变形影响很大,这种影响随温度的改变而改变,在不同时刻对结构状态(应力、变形)进行量测,其结果是不一样的。如果施工控制中忽略了该项因素,就必然难以得到结构的真实状态数据,从而也难以保证控制的有效性,所以,必须考虑温度变化的影响。一般是将一天中的温度变化较小的早晨作为控制所需实测数据的采集时间,但对季节温差和桥梁体内的温度残余影响要予以重视。

(5)材料收缩、徐变

对混凝土桥梁结构而言,材料收缩、徐变对结构内力、变形有较大的影响,这主要是由于大跨径连续梁桥施工中混凝土普遍加载龄期短、各阶段龄期相差大等引起的。控制中要予以认真研究,以期采用合理的、符合实际的徐变参数和计算模型。收缩、徐变还将影响成桥后运营阶段的结构变形,这也是设定预拱度需要考虑的因素。

3. 施工控制的任务与工作内容

桥梁施工控制的任务就是对桥梁施工过程实施控制,确保在施工过程中桥梁结构的内力和变形始终处于容许的安全范围内,确保成桥状态(包括成桥线形与成桥结构内力)符合设计要求。桥梁施工控制围绕上述控制任务而展开,其施工控制的工作内容主要包括以下几个方面。

(1)几何(变形)控制

不论采用什么施工方法,桥梁结构在施工过程中总要产生变形(挠曲),并且结构的变形将受诸多因素的影响,极易使桥梁结构在施工过程中的实际位置(立面高程、平面位置)状态偏离预期状态,使桥梁难以顺利合龙,或成桥线形形状与设计要求不符,所以必须对桥梁实施控制,使其结构在施工中的实际位置状态与预期状态之间的误差在容许范围之内,并且成桥线形状态符合设计要求。

(2)应力控制

桥梁结构在施工过程中以及成桥状态的受力情况是否与设计相符合是施工控制要明确的重要问题。通常，通过结构应力的监测来了解实际应力状态，若发现实际应力状态与理论(计算)应力状态的差别超限就要进行原因查找和调控，使之在允许范围内变化。结构应力控制的好坏不像变形控制那样易于发现，若应力控制不力将会给结构造成危害，严重者将发生结构破坏，所以，必须对结构应力实施严控。对应力控制的项目和精度还没有明确的规定，需根据实际情况确定，通常包括：

①结构在自重下的应力(实际应力与设计相差宜控制在+5%)。

②结构在施工荷载作用下的应力(实际应力与设计相差宜控制在+5%)。

③结构预加力除对张拉实施双控(油表控制和伸长量控制，伸长量误差允许在±6%以内)外，还必须考虑管道摩阻影响(对于后张结构)。

④温度应力，特别是大体积基础、墩柱等。

⑤其他应力，如基础变位、风荷载、雪荷载等引起的结构应力。

⑥施工中用到的对桥梁施工安全有直接影响的支架、挂篮、缆索吊装系统等的应力在安全范围内。

(3)稳定控制

桥梁结构的稳定性关系到桥梁结构的安全，它与桥梁的强度有着同等的甚至更重要的意义。世界上曾经有过不少的桥梁在施工过程由于失稳而导致全桥破坏的例子，最典型的是加拿大的魁北克(Quebec)桥。该桥在南侧锚碇架快要架完时，由于悬臂端下弦杆的腹板屈曲而发生突然崩塌坠落。我国四川州河大桥也因悬臂体系的主梁在吊装主跨中段承受过大的轴力而失稳破坏。因此，桥梁施工过程中不仅要严格控制应力和变形，而且要严格地控制施工各阶段结构构件的局部和整体稳定，目前主要通过稳定分析计算(稳定安全系数)，并结合结构应力、变形情况来综合评定、控制其稳定性。

(4)安全控制

桥梁施工过程中安全控制是桥梁施工控制的重要内容，只有保证了施工过程中的安全，才谈得上其他控制与桥梁的建设。其实，桥梁施工的安全控制是上述变形控制、应力控制、稳定控制的综合体现，上述各项得到了控制，安全也就得到了控制(由于桥梁施工质量问题引起的安全问题除外)。由于结构形式不同，直接影响施工安全的因素也不一样，在施工控制中需根据实际情况，确定其安全控制重点。

4.施工控制的方法

连续梁桥是施工→监测→识别→调整→预告→施工的循环过程，其实质就是使施工按照预定的理想状态(主要是施工高程)顺利推进。而实际上不论是理论分析得到的理想状态，还是实际施工都存在误差，所以施工控制的核心任务就是对各种误差进行分析、识别、调整，对结构未来做出预测。

(1)预测控制法

预测控制法是指在全面考虑影响桥梁结构状态的各种因素和施工所要达到的目标后，对结构的每一施工阶段(节段)形成前后进行预测，使施工沿着预定状态进行。由于预测状态与实际状态免不了有误差存在，某种误差对施工目标的影响则在后续施工状态的预测予以考虑，以此循环，直到施工完成和获得与设计相符合的结构状态。这种方法适用于所有桥梁，而对于那些已成结构状态具有不可调整性的桥梁施工控制必须采用此法。预测控制以现代控制论为理论基础，其预测方法常见的有卡尔曼滤波法、灰色系统理论控制法等。

(2)自适应控制法

鉴于连续梁桥已完成节段的不可控性以及施工中对线形误差的纠正措施有限，控制误差的发生就显得极为重要，所以，采用自适应控制法对其进行控制也是很有效的。

(3)线形回归分析法

线形回归分析法是通过对悬臂箱梁挠度与悬臂长度、悬臂质量的一元线形回归处理或二元线形回归处理，总结建立挠度线形回归数学模型。它可以用于分析箱梁挠度变形的规律，也可以用于预测待施工梁段的挠度。但它无法对温度和施工引起的误差进行修正，并且要求有较多有规律的数据才行，在梁段数比较少时所得到的回归曲线的精度难以保证。

二、大跨度桥梁施工关键技术

1.桥梁基础施工

1)大型深水群桩基础施工

(1)钻孔平台搭设

对于大型深水群桩基础，近年来的工程实践证明钢护筒平台和钢吊箱平台更具有优势。

①钢吊箱平台。

钢吊箱围堰平台即利用精确定位的钢吊箱辅助施工钢护筒，形成钻孔平台。

当承台底面距河床面较高，或承台以下为较厚的软弱土层且水深流急时，可采用钢吊箱围堰法施工。

②钢护筒平台。

钢护筒钻孔平台完全利用钢护筒作为竖向荷载的支撑结构，通过打桩船插打、悬臂法沉设等技术将护筒插打至入土足够深度后，在护筒顶安装平联、布置平台顶板，安装钻机施工钻孔桩，如苏通大桥主塔桩基、鄂东长江公路大桥、飞云江大桥等工程。

(2)钻孔桩施工

大跨度桥梁群桩基础一般具有桩径大、入土深、根数多、规模大等特点，钻孔施工主要应从泥浆配置、钻孔垂直度控制以及钢筋笼预制下放、水下混凝土浇筑等环节进行质量控制。

(3)大型钢吊箱施工

大型钢吊箱近年来较为先进的是整体吊装和现场整体同步控制下放两种工艺。

①大型钢吊箱水上浮运、现场整体吊装工艺。

岸上整体加工吊箱，经滑道下水(或气囊法下水)、水上浮运至已完成的桩基施工现场，采用大型浮吊整体吊装、定位、水下封底。该工艺具有进度快、施工精度高、安全可靠等优点。

②计算机控制整体同步下放技术。

苏通大桥主塔钢吊箱施工中研发了计算机控制整体同步下放技术，突破了吊箱施工受质量和规模的限制，对于大跨度桥梁施工具有十分广泛的应用价值。该技术利用已完成的桩基作为支撑，在墩位处拼装钢吊箱成整体，采用200t以上的大型液压连续千斤顶，布置数量较少的吊点，通过计算机控制全部千斤顶同步下放钢吊箱至水中设计位置。

2)沉井基础施工

沉井基础大量应用于大跨度桥梁的基础，如主塔基础及悬索桥的锚碇基础等。沉井基础施工主要包括沉井基础处理、钢壳沉井的加工、安装及混凝土浇筑、混凝土沉井的接高及下沉、清基及封底等步骤。其中大部分沉井下沉均采用部分降排水施工。

在大型沉井下沉过程中比较常用的助沉措施有空气幕助沉、射水助沉、降排水助沉等；比较常用的纠偏措施有偏吸泥取土纠偏、空气幕纠偏等。

3)地下连续墙施工

由于地下连续墙具有对地层适应性强、施工时振动小、噪声小、施工净空小、防渗性能好、刚性大等特点，目前国外采用地下连续墙作为大跨度桥梁基础的技术得到了迅速发展。地下连续墙施工主要程序有钻孔成槽、清底、钢筋笼工程、接头工程、混凝土浇筑等。

2.索塔施工

大跨度桥梁索塔一般主要为钢筋混凝土结构和钢结构塔柱。

索塔施工主要包括塔柱施工(钢筋、模板、劲性骨架、混凝土)、横梁施工(钢筋、模板、混凝土、预应力)以及附属设施施工。

大跨径桥梁钢筋混凝土索塔一般采用塔吊配合爬升模板进行施工，钢索塔一般利用大型塔吊等吊装设备总体或者分节进行吊装。

1)斜塔柱的抗倾措施

倾斜塔柱在大悬臂状态下，自重和施工荷载等会造成塔柱底部混凝土出现较大拉应力而出现开裂。因此，在施工过程中须设置一定的水平支撑或约束来减小上述影响，来保证倾斜塔柱的受力、变形和稳定性。

横向内倾塔柱国内外普遍运用的方法是逐段设置主动支撑，成塔后拆除所有主动支撑。

横向塔身外倾时，应考虑每隔一定的高度设置受拉杆件，或在塔柱外侧设置受压支架来保证斜塔柱的受力、变形和稳定性。

2)大跨径桥梁混凝土索塔的施工

(1)索塔施工主要设备布置

索塔施工主要施工设备为塔吊和电梯。常见塔柱施工塔吊及电梯布置见图 5-95。

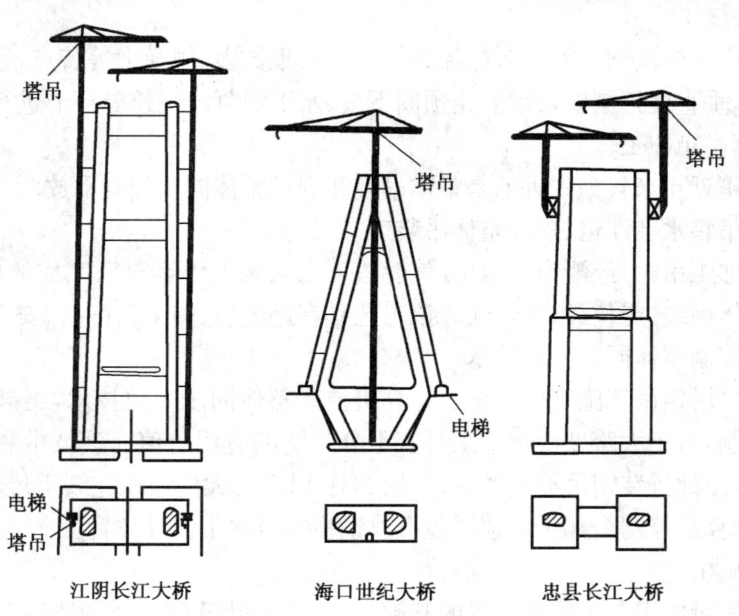

图 5-95　一般索塔施工设备布置

(2)横梁的施工

横梁的施工顺序一般有柱梁同步施工和异步施工两种方法。横梁一般采用钢管落地支架法进行施工。

横梁施工根据横梁尺寸,一般分层、分块浇筑,预应力一次张拉完成。横梁高度较低,一般高度低于 5m 时可一次浇筑,一次张拉。

(3)大跨径桥梁钢索塔的施工

大跨径桥梁钢索塔一般在钢结构加工厂加工完成后,利用驳船分节运输到施工现场,然后利用塔吊等大型设备吊装,分节接高,完成索塔的施工。

①施工主要设备布置

根据钢塔柱节段质量,选择合适的塔吊进行吊装施工。塔吊可以布置在两个塔肢中间,也可以布置在塔柱两侧。

②索塔的安装

钢塔柱采用分段吊装的方法进行安装,根据节段的重量和安装高度。节段施工工艺流程如图 5-96 所示。

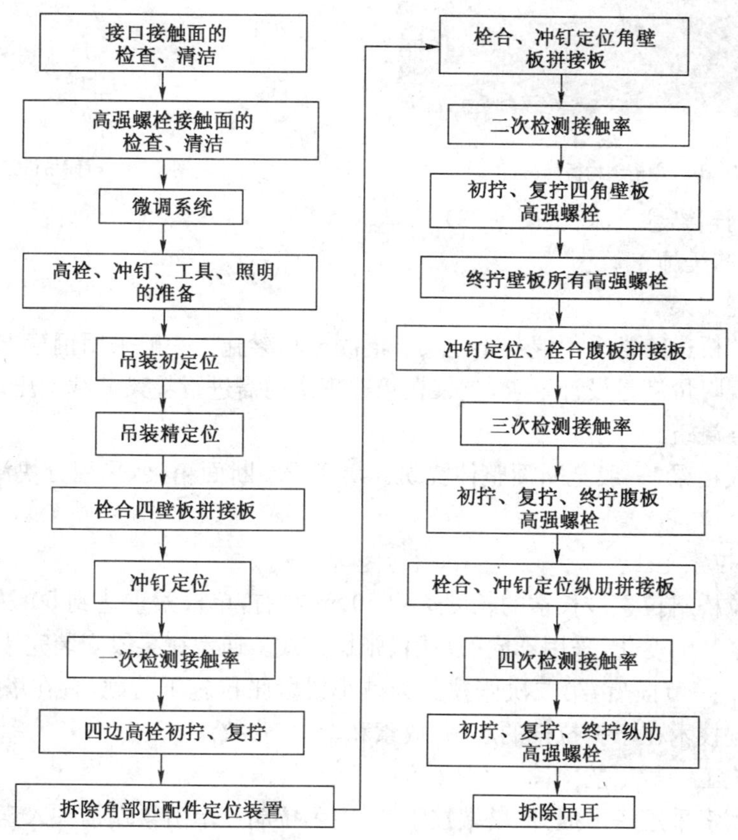

图 5-96　钢塔柱节段施工流程

钢塔柱连接时,通过匹配装置,利用高强螺栓进行连接。

钢塔的其他施工均与混凝土塔施工相似,在此不再重复叙述。

3. 大跨度斜拉桥上部结构施工

1)斜拉桥上部结构传统施工工艺关键技术

(1)0号块箱梁施工

索塔区0号块箱梁采用托架法施工，混凝土梁采用现浇，而钢箱梁则采用大浮吊吊装。

(2)钢箱梁长悬臂施工

①钢箱梁悬拼设备

钢箱梁采用桥面吊机施工，吊机一般采用平行主桁结构，如南京第二长江公路大桥，如图5-97所示。

而对于较宽箱梁则宜采用三角主桁吊机形式，如苏通大桥、鄂东大桥等，如图5-98所示。

图5-97 平行主桁结构桥面吊机

图5-98 桥面吊机三维图

②标准段钢箱梁悬拼流程(图5-99)

(3)混凝土箱梁施工

①箱梁现浇支架

大跨度斜拉桥边跨常采用混凝土箱梁。混凝土箱梁施工一般采用钢管支架法施工。为保证支架刚度和沉降量满足设计要求，支架在箱梁现浇前需进行箱梁荷载预压。

②混凝土梁浇筑

对于整体式箱梁，一般全断面整体浇筑。对于PK断面箱梁，采用分块浇筑，避免产生收缩裂纹。

(4)超长斜拉索施工

大跨度斜拉桥斜拉索最长索的长度达到500m左右，单根索重达到50t左右。因此，斜拉索的施工根据索长的变化，采用不同的牵引、张拉方式。通常在梁段安装完毕，第一次张拉，桥面吊机行走到下一节段后，第二次张拉。为减小梁段张拉施工荷载，宜在塔端进行牵引和张拉。其施工关键技术在于斜拉索的起吊、放索和牵引、张拉。

①斜拉索施工一般工艺

塔柱附近短索采用塔吊提升、塔端挂索，梁内手拉葫芦牵引梁端锚头入索套管锚固并且在塔端张拉；长斜拉索采用桥面吊索桁车起吊索盘、塔吊展索，塔顶吊机进行塔端挂设，桥面卷扬机、连续千斤顶牵引梁端锚头入索套管锚固，长斜拉索可在塔端或者梁端张拉。

②斜拉索施工关键设备

除大吨位汽车吊、塔吊外，长斜拉索施工关键辅助设备主要包括以下三个环节。

a. 梁面吊机。

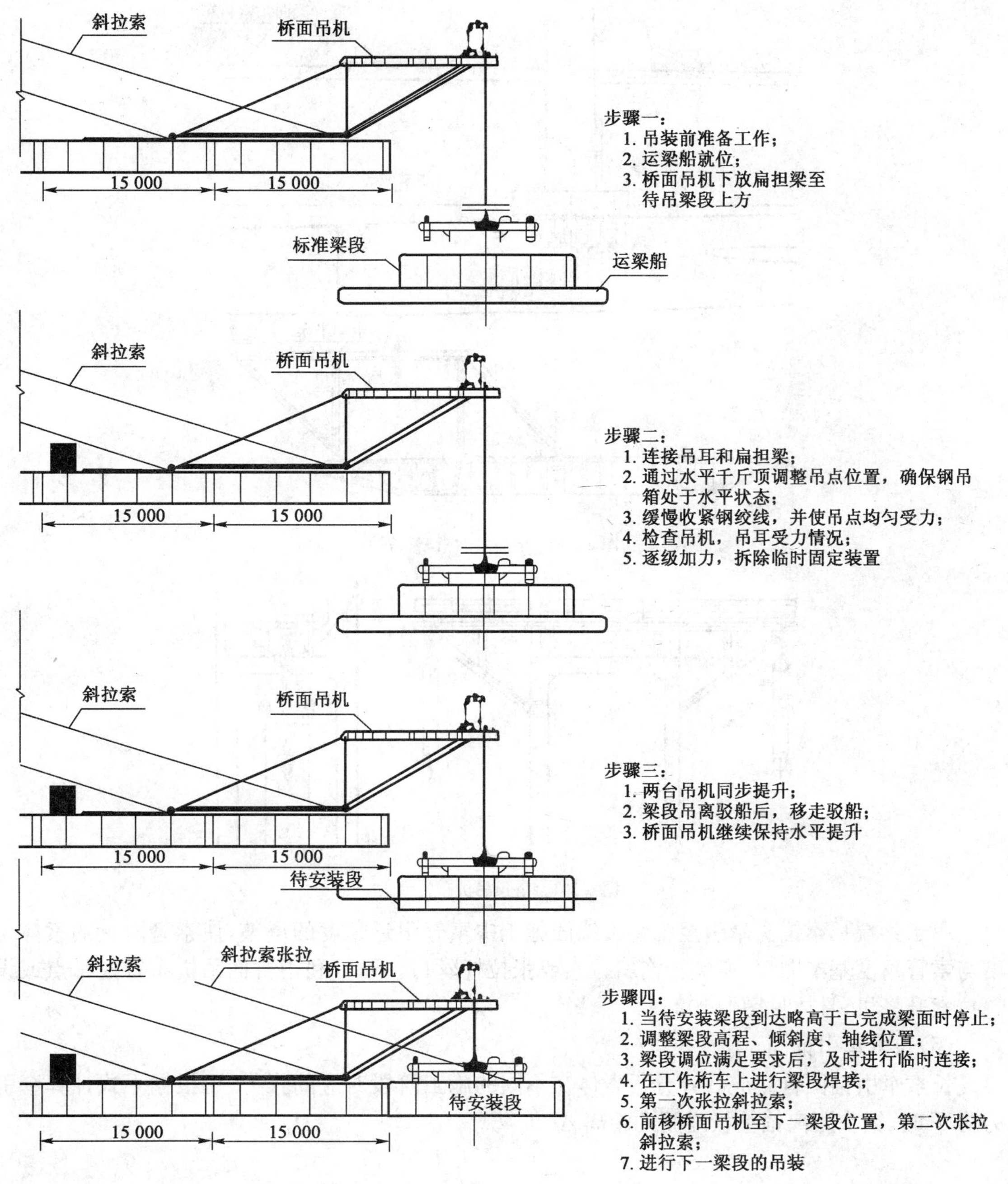

图 5-99　标准梁段起吊流程(尺寸单位:mm)

用于将质量超过 50t 的索盘提升上桥面,进行放索,如图 5-100 所示。

b. 塔顶吊机。

用于展索和塔端提升、辅助挂索,通常吊装能力考虑为整个索重。塔顶吊机布置如图 5-101所示。

c. 角度调整机具。

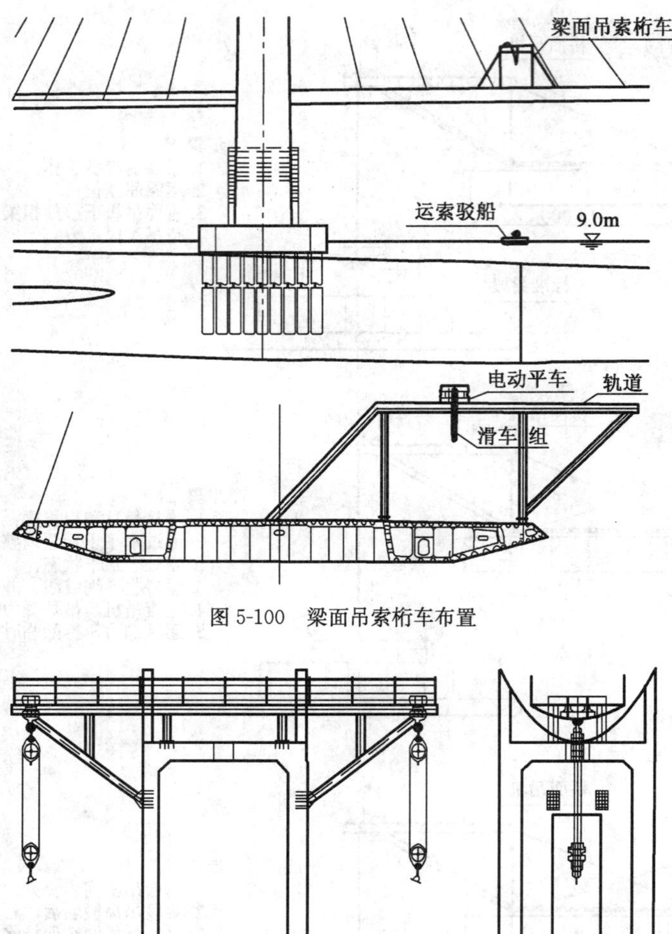

图 5-100　梁面吊索桁车布置

图 5-101　塔顶吊机布置示意

用于梁端长索锚头牵引至锚垫板锚固施工中索管附近角度的调整，使索管附近的索体角度与索管角度基本顺直，避免挂伤斜拉索或张拉杆丝口。通常利用桥面吊机布置提吊点或设置拉索升降机，具体见图 5-102。

(5)长索牵引锚固

长索牵引锚固首先应计算分析索体在不同的施工阶段对应的张力，可根据下式计算牵引力为 T 时，锚头距离锚垫板之间的距离 ΔL。

$$\Delta L=L_0-L+\frac{\omega^2 L_x^2 L_0}{24T^2}-\frac{TL}{AE}$$

式中：L——斜拉索的长度；

L_x——L 的水平投影长度；

E——垂直索的弹性模量；

ω——钢索单位长度重力；

A——钢索中钢丝的截面积。

根据牵引力与距离之间的关系，确定牵引方式、设备的组合，设计合理的张拉杆、连接套、撑脚等结构。

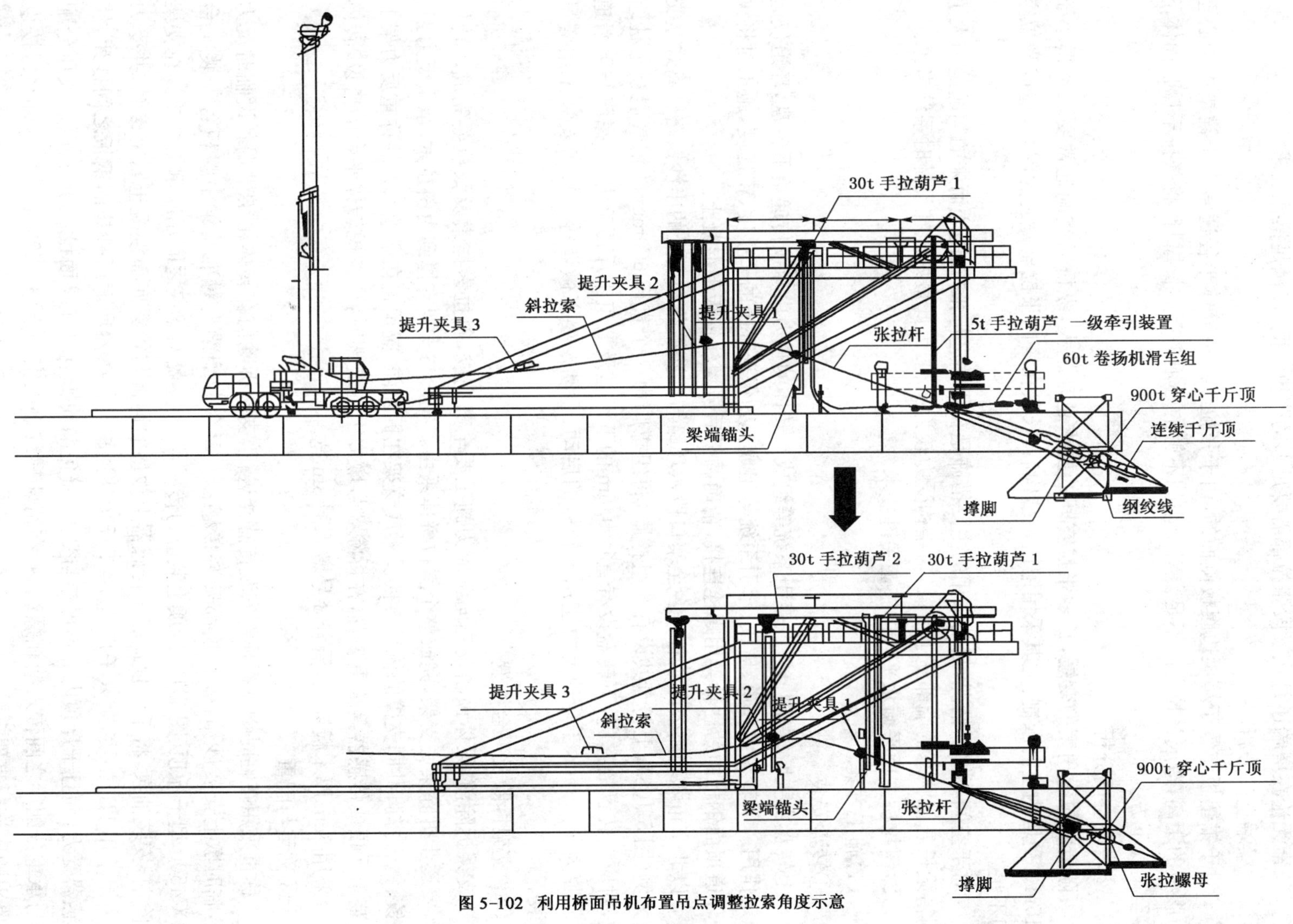

图 5-102　利用桥面吊机布置吊点调整拉索角度示意

(6)长索张拉空间

长索无论在塔端还是在梁段张拉都需要足够的张拉空间，以满足操作要求。

①梁端空间分析

对于锚垫板布置于箱梁边腹板侧面的，由于张拉千斤顶筒体半径通常大于锚垫板中心至边腹板的距离，造成张拉空间不足。对于空间不够的必须采用加长撑脚，将张拉千斤顶筒体下移至梁底下方。

②塔端空间分析

随着斜拉索角度的变缓，长索张拉空间的要求越来越大，纵桥向空间通常要求不得小于515m。受塔内空间限制，尤其采用钢锚箱结构后，长索在塔内张拉显得尤为困难，造成张拉空间不足。

对于空间不够的情况，目前采用的主要措施是在梁端进行张拉，随之而来的问题是加大了钢箱梁长悬臂状态的端部施工荷载，对结构受力较为不利，因此最好能在设计时系统考虑。

2)斜拉桥主桥平衡水平转体施工关键技术

(1)施工方案

①转盘安装

上转盘由主墩、撑脚、球铰、牵引系统等组成。转体的重力由球铰传递给下转盘，环道仅起稳定作用。下转盘由环道、球铰、牵引系统等组成。为保证环道的平整度、粗糙度，施工时将预埋环道顶面钢板的劲性骨架用螺栓连接，精确调平后再灌注钢板下混凝土。

以北京市六环路公路工程良乡至寨口段六环路与丰沙铁路相交处的丰沙铁路分离式立交桥为例(图 5-103)，上转盘共设有 6 组撑脚，每组撑脚由 2 个直径 600mm 的钢管混凝土柱组成，对应上转盘的撑脚，下转盘设有直径 9.6m 的下滑道及 8 组千斤顶反力座，撑脚与下滑道的间隙为 4～6mm，千斤顶反力座用于转体的启动、止动及姿态微调等。转盘安装采用塔吊吊装。

②支架拆除及平台搭设

支架拆除前，梁体预制及三向预应力施工要全部完成，斜拉索挂索及张拉要完成。转体前，要逐步拆除梁底支架，完成整个斜拉桥体系由斜拉索与支架支撑到由斜拉索、承重反力架、球铰、钢管撑脚共同支撑的体系转换。梁底支架在拆除前，应预先在梁端所设的称重反力架上安装千斤顶或传感器等承重装置，在拆除 3 号墩周围的支架时，要考虑转体平台的搭设，转体平台采用 5cm 厚木板铺设，沿着 3 号墩周围 3m 宽。

③称重与配重

称重采用在临时钢支撑顶部安装传感器进行，支架拆除前在转体箱梁梁端各设临时反力墩，临时墩上安装砂箱，砂箱顶部安装传感器。每个分配梁上对准箱梁中腹板各安装 1 台 YDC4500 型千斤顶(图 5-104)，顶上装应力传感器，传感器与梁底之间用厚钢板抄垫。在支架拆除前，安装油泵，将千斤顶顶起至传感器上抄垫的钢板与箱梁底面混凝土紧密接触，并受力均衡。采用 HF 垫块，套入千斤顶，将千斤顶外油缸与传感器底面所抄垫的钢板之间抄死，使传感器受力，而且千斤顶内缸不再参与受力，避免漏油影响。在梁面设反压分配梁，反压分配梁与承重分配梁之间传入精轧螺纹钢，在精轧螺纹钢上安装 YDC1200 型千斤顶、油泵，按设计要求顺序进行支架拆除。

④转体设备及临时设施的安装

a) b)

c) d)

图 5-103 北京丰沙铁路分离式立交桥施工现场

a)下球铰;b)上球铰;c)滑道拼装;d)撑脚混凝土浇筑

a. 牵引动力系统

自动连续转体系统包括两台连续顶推千斤顶、两台液压泵站、一台主控台及备用发电机(图 5-105)。两台千斤顶分别水平、平行、对称布置于转盘两侧,千斤顶固定在反力架上。

图 5-104 称重千斤顶

图 5-105 转体主控台

b. 牵引索

对转体转盘埋的牵引索进行清洁,逐根顺次沿着既定索道排列缠绕后,穿过连续顶推千斤顶,进行整体预拉,使同一束牵引索各钢绞线持力基本一致。

c. 助推系统

助推系统主要用于克服转体施工中静摩擦力与动摩擦力之间的差值而使整个转体部分启动,安装于环形滑道上转盘钢管撑脚与助推千斤顶反力座之间。

d. 微调装置

主要包括纵向微调装置及横向微调装置，并在梁端加设缆风绳及在边墩、临时墩顶安装千斤顶进行高程微调。

e.限位装置

为确保梁体转动到位后不继续前行或后退，必须设置限位装置，在边墩及临时墩顶设置限位挡块，在滑道上预设转体到位后的限位分配梁，在梁端预设限位吊点。

f.测量及监控装置

在梁体及塔柱上做好测量及线形监控所需的舰标，在滑道上做好线速度控制标记，转体前准备测量的工具及加设好测设设备。

⑤转体施工

拆除梁端支架，调试牵引系统，清理、润滑环道，拆除有碍平转的障碍物，在平转就位处设置限位卡梁，阻止撑脚到位后继续往前走。

先让辅助千斤顶达到预定吨位，再启动牵引千斤顶使转动体系启动，然后由牵引千斤顶拉动牵引索平转。转体施工现场如图5-106所示。

图5-106　转体施工现场

平转基本到位后降低平转速度，采用点控牵引法对好主梁中线，精确调整转体结构的几何位置后临时固定上下转盘，安装4号墩上的支座。

安装临时墩上的支撑垫块。

焊接上、下转盘的钢骨架，绑扎钢筋，清除杂物后浇筑上、下转盘间的混凝土。

⑥拆除转体设备及临时设施

精确定位后，检查转盘处及墩位处的固结情况，确实合格后，方可将转体牵引系统、助推系统、微调系统的千斤顶等设施全部拆除。

(2)施工组织

①劳动力配备：

a.球铰安装：电焊工2人，起重工2人，生产工人16人。

b.称重与配重：电焊工3人，起重工2人，生产工人5人。

c.滑道安装：电焊工6人，起重工2人，生产工人7人。

d.转体施工：电焊工4人，起重工2人，生产工人110人。

整个转体施工的劳动力配备围绕转体施工配置，重点确保平转、应急、交通管制、监控测量等环节，按照分组情况进行配置，应剔出交通管制及监控测量等环节用工。

②施工机具、仪器准备：

a. 平转机具准备：QK 主控台 1 套，QCDL2000 型连续张拉千斤顶 3 台（1 台备用），YDC240Q 型千斤顶 1 台，YDCT250 型千斤顶 1 台，ZLDB 液压泵站 3 套（1 套备用）。

b. 助推机具准备：助推分配梁 2 套，助推千斤顶 YDC2500 型 4 台（2 台备用），ZB4—500 型油泵 4 台（2 台备用）。

c. 微调机具准备：YDC4500 型千斤顶 4 台、ZB4—500 型油泵 4 台套。

d. 称重机具：YDC4500 型千斤顶 4 台，YDC1200 型千斤顶 4 台（备用反拉用）。HF 钢垫板总厚 800mm，单块板厚 20mm。ZB4—500 型油泵 8 台（倒用）。

e. 辅助机械：塔式起重机和汽车起重机各 1 台，交流电焊机 4 台。

4. 大跨度悬索桥上部结构施工

大跨度悬索桥上部结构施工内容主要包括：主、散索鞍安装，主缆架设，索夹和吊索安装，钢箱梁吊装，主缆缠丝和涂装，除湿系统安装等。常规大跨度悬索桥上部结构施工流程见图 5-107，由于工期、工艺不同，施工工序流程可能略有不同。猫道作为悬索桥上部构造施工最重要的高空作业通道和作业场地，平行于主缆线形。在整个上部施工期间，猫道作为索股牵引、索股调整、主缆紧缆、索夹及吊索安装、钢箱梁吊装、主缆缠丝防护以及除湿系统等施工的作业平台。大跨度悬索桥上部结构施工关键工程主要包括：猫道施工、缆索系统施工、桥面系钢箱梁安装施工。

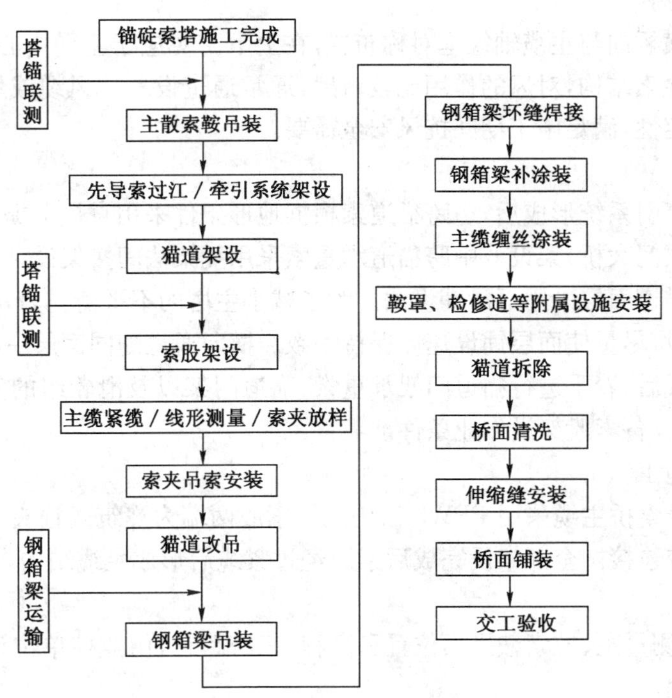

图 5-107　大跨度悬索桥上部结构施工流程

1）大跨度猫道施工

（1）准备工作

在猫道施工前的准备工作有安装塔顶门架悬臂吊机、主散索鞍、塔吊电梯、卷扬机和转向设备等。

(2)架设先导索

先导索是缆索工程中最先拉过江河(海湾)的一根绳索,是悬索桥上部结构施工的第一道重要工序。大跨度悬索桥上部结构施工先导索施工方法的使用环境、设备等见表5-13。先导索施工方法选择应根据工程规模、施工现场环境(水域、风)等情况选用。

大跨度悬索桥先导索施工方法 表5-13

施工方法	人工拽拉法	海底拽拉法	空中渡海法	直升机牵引法	火箭抛绳法
使用环境	适用山区,或河流跨度小	潮流较缓,无突出岩礁	水流较急、有岩礁	空中无障碍物,视野开阔	山区峭壁峡谷、风环境恶劣
所用设备	卷扬机	轮船	轮船	飞机	火箭
封航时间	不封航	要封航	要封航	不封航	不封航
应用桥梁	西藏角笼坝大桥、西溪大桥	润扬长江大桥、武汉阳逻大桥	忠县长江大桥、万州长江二桥	西堠门大桥	四渡河特大桥

(3)单线往复式牵引系统

通常先导索为绳径较小的钢丝绳或高强度纤维绳。先导索过江后与两岸布置的卷扬机连接,并通过一次或收放索置换,将先导索置换为索股架设的牵引索,形成单线往复式牵引系统。

(4)猫道架设施工

①猫道结构形式

悬索桥猫道横桥向与主缆轴线呈对称布置,在上下游对应于主缆中心线下方各设一幅猫道。猫道作为柔性索结构,对风的作用比较敏感,通常通过设置抗风缆或增加横向通道数量,提高猫道抗风稳定性,满足施工期间抗风安全需要。

②猫道架设

在单线往复牵引系统形成后,边跨猫道索根据地形条件采用直接上提法(润扬长江公路大桥)或托架法(西堠门大桥)架设。中跨猫道承重索采用托架法间接架设,以尽量减小猫道架设对航道的影响。猫道面层采用下滑铺设法。为了减小主塔的不平衡受力,在中跨铺设的同时,边跨进行对称铺设,尽量使面层铺设速度保持一致。横向通道随同面层一起下滑安装。

上述工作完成后,着手进行猫道门架承重索、猫道门架以及滑轮组的安装,完成整个猫道和牵引系统,使其具备索股架设作业条件。

2)缆索系统施工

国内大跨度悬索桥主缆采用PPWS法施工。索股两端为浇筑式锚头,每束索股通过锚头用拉杆与锚固系统连接。全部架设完成后索股经过紧缆后形成主缆结构。

(1)线形计算

主缆架设前,测量主、散索鞍平面位置和高程、三跨跨径,由监控单位计算主缆线形,并换算到基准索股高程。

(2)索股牵拉

猫道架设完成后,对单线往复牵引系统按照主缆索股架设要求进行调整和改造,按照设计给定的索股编号顺序进行架设。

(3)索股垂度调整

在夜间气温稳定且风速较小无雨无雾时，采用绝对高程法进行基准索股的垂度调整。基准索股的垂度调整好后，应至少保证连续三个晚上所观测的线形符合设计要求。一般索股垂度调整采用相对基准索法。

(4)主缆紧缆施工

主缆全部索股架设完成后，即可进行主缆紧缆工作。紧缆作业可分为预紧缆和正式紧缆作业。

(5)索夹、吊索安装

主缆紧缆完成后，测量空缆线形，进行索夹的放样和安装工作。

3)钢箱梁施工

国内大跨度悬索桥桥面系钢箱梁通常采用扁平流线型全焊结构。根据钢箱梁制造厂家制造、运输能力等因数，钢箱梁标注节段长度 12～18m，吊装质量 200～500t，一般采用专用跨缆吊机进行吊装。

(1)跨缆吊机

在国内海沧大桥、虎门大桥等悬索桥施工中，钢箱梁吊装均采用自行研制的卷扬机式跨缆吊机。在润扬长江公路大桥南汊悬索桥施工中，相关单位联合研制的新型全液压提升式跨缆吊机(图 5-108)，钢箱梁吊装施工由两台吊机抬吊。西堠门大桥为单台吊机起吊。单台跨缆吊机主要技术参数如下。

提升能力：370t；

平均提升速度：36m/h；

最大提升速度：58m/h；

放索速度：20m/h；

提升索股长度：250m；

最大自重，包括扁担梁：140t；

最大主缆水平倾角：30°；

缆上平均行走速度：10m/h；

跨越索夹能力：215m(长)×300mm(高)；

动力供应柴油发电机；

工作状态最大风速(吊机地面以上 10m 处 3s 阵风)：16m/s。

(2)跨缆吊机安装

模块化设计的全液压跨缆吊机可由塔吊分块提升在索塔跨中侧主缆上安装，也可由吊机附带自提升系统在主缆任意位置自提升安装。

(3)钢箱梁吊装

①施工流程(图 5-109)

②钢箱梁吊装作业

钢箱梁吊装作业一般按照设计给定的施工顺序进行施工(图 5-110)。

近年来，我国交通建设得到了蓬勃发展，各种类型的大跨度桥梁出现了日新月异的变化。一大批更大跨度的大型桥梁将会出现，这些工程将会遇到许多新的技术难题，需要一步学习国内外桥梁施工的先进成果和技术，并结合我国实际情况进行分析、总结、改善，保证我国桥梁建设技术水平更快、更好地可持续向前发展。

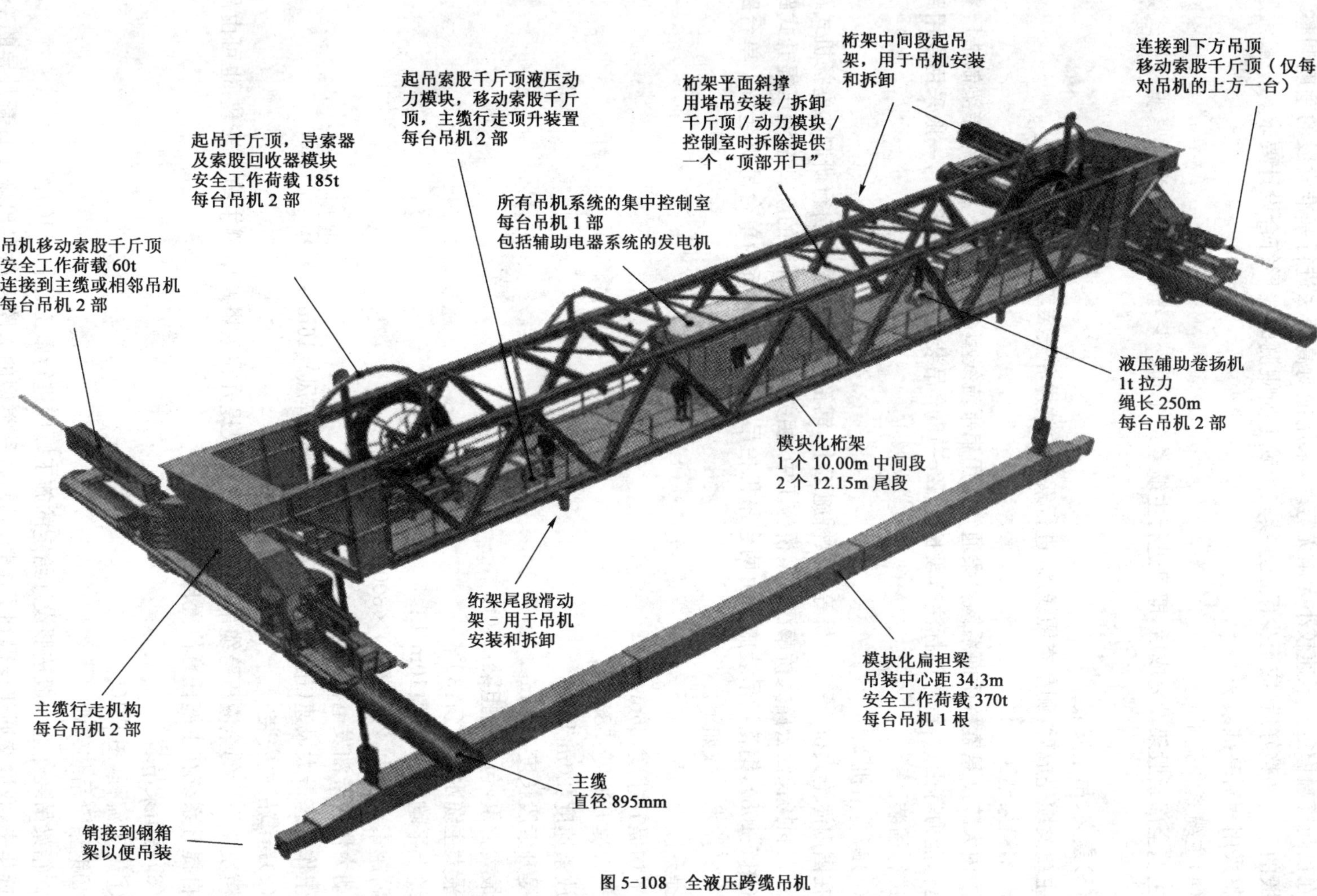

图 5-108　全液压跨缆吊机

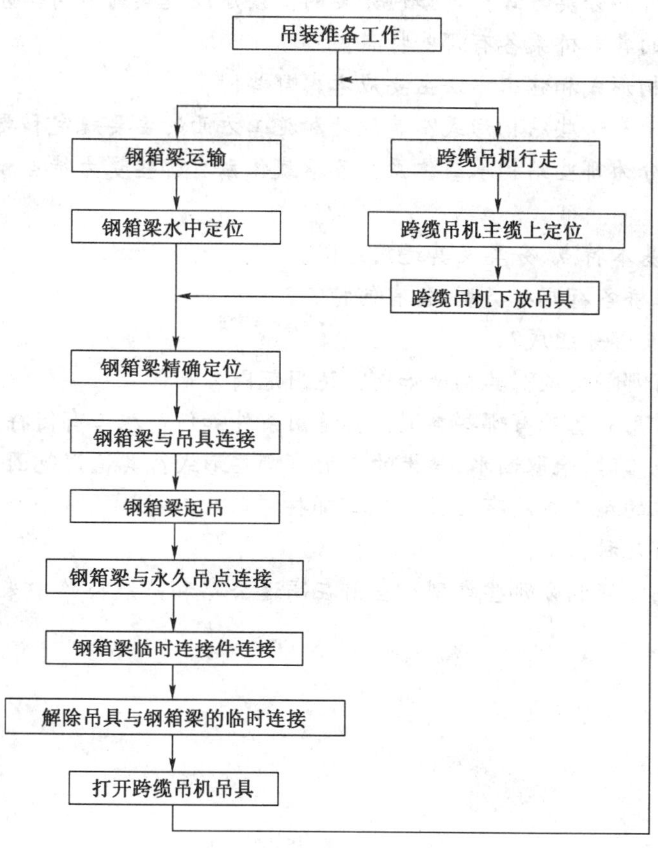

图 5-109　钢箱梁吊装作业流程

图 5-110　润扬大桥南汊悬索桥跨中段钢箱梁吊装施工

思　考　题

1. 我国桥梁工程设计的基本原则和要求有哪些？
2. 桥梁工程由哪几部分组成？各组成部分的作用是什么？

3.桥涵工程有哪些分类方式？是如何分类的？按建设规模的不同其分类标准是什么？按桥梁结构形式分类的各类桥梁各有哪些特点？

4.选择桥梁结构形式和施工方法主要应考虑哪些因素？

5.桥梁上部构造有哪些结构形式？其设计和施工方面的主要规定和要求如何？

6.梁式桥可划分为哪些结构承载体系？各承载体系有哪些受力特点和构造特征？常用的施工方法有哪些？

7.简述拱桥的基本特点、分类及其适用范围。

8.刚构桥、斜拉桥各有哪些类型，各有何特点？

9.悬索桥由哪几部分组成？

10.桥梁墩台有哪些类型？其构造如何？适用范围又如何？

11.公路桥梁常用的基础有哪些类型？其适用条件如何？施工有何特点？

12.桥涵基础施工时，采取围水、挡土的围堰有哪些形式？其适用范围又如何？

13.钻孔灌注桩的施工方法有几种？各有哪些特点？

14.沉井分为哪几种？

15.什么是涵洞？涵洞分哪些类型？当前在高速公路和一级公路中采用较多的是什么形式的涵洞？

第六章 其他工程

所谓其他工程，是指上述路基、路面、隧道、桥涵四项工程之外，构成公路建设工程总体的其他各项有关工程。按照公路基本建设工程概算、预算项目划分的规定，这些工程有交叉工程、沿线设施、环保设施、路用房屋、临时工程及辅助工程等。这些工程的特点是，其技术标准和工程规模，随不同的公路等级和建设工程的实际使用情况而有所不同。因此，要求从实际出发，本着经济合理，安全可靠和适用的原则确定。

第一节 交叉工程

交叉工程，是指拟建公路与原有公路、铁路、乡村道路、管线等相交，为了避免互相干扰和交通阻滞，确保交通安全，而必须设置的各种有关工程设施。它包括跨线桥，以及被交道必要的改建，整修中发生的路基、路面、构造物等工程。

交叉工程按相交线路及其所处的空间位置和形式，可分为公路与公路平面交叉，公路与公路立体交叉，公路与铁路、乡村道路、管线交叉。它们各有不同的技术要求。路线交叉的位置与形式，应根据相交道路等级、使用性质、计算行车速度、交通量大小、转向车流的分布，以及各条道路路的远景规划，并结合当地自然条件和地形情况来确定。

一、公路与公路平面交叉

这是一种交通情况较为复杂的交叉，由于各个方向的车流进入平面交叉口时，分为直行和左、右转弯车流，然后才汇入所欲行驶方向的车流，因此，会形成许多冲突点(包括交叉点、合流点和分流点)。由于这些冲突点的存在，使交通相互干扰，影响交叉口的行车速度和通行能力，而且易于发生交通事故。因此，做好交叉口的规划设计和交通组织极为重要。

1.一般规定

(1)平面交叉设计原则

①平面交叉位置的选择应综合考虑公路网现状和规划、地形、地物和地质条件、经济与环境因素等。

②平面交叉形式应根据相交公路的功能、等级、交通量、交通管理方式、用地条件和工程造价等因素而确定。

③平面交叉选型应选用主要公路或主要交通流畅通、冲突点少、冲突区小，且冲突区分散的形式。

④平面交叉几何设计应结合交通管理方式并考虑相关设施的布置。

⑤平面交叉范围内相交公路线形的技术指标应能满足视距的要求。

⑥相交公路在平面交叉范围内的路段宜采用直线；当采用曲线时，其半径宜大于不设超高的圆曲线半径。纵面应力求平缓，并符合视觉所需的最小竖曲线半径值。

⑦平面交叉设计应以预测的交通量为基本依据。设计所采用的交通量应为设计小时交通量。

⑧平面交叉处行人穿越岔路口的设施应根据行人流量、公路等级和交通管理方式等设置人行横道或人行天桥或人行通道。

⑨平面交叉的几何设计应与标志、标线和信号设施一并考虑，统筹布设。视距不良的小型平面交叉，可根据具体情况设置反光镜。

⑩平面交叉改建时，除应收集交通量以外，还应调查交通延误以及交通事故的数量、程度、原因等现有交叉的使用状况。

(2)交通管理方式

平面交叉根据相交公路的功能、等级、交通量等可分别采用主路优先交叉、无优先交叉或信号交叉三种不同的交通管理方式。

①公路功能、等级、交通量有明显差别的两条公路相交，或交通量较大的 T 形交叉，应采用主路优先交叉交通管理方式。

②相交两条公路的等级均低且交通量较小时，应采用无优先交叉交通管理方式。

③下述交叉应采用信号交通管理方式：两条交通量均大，且功能、等级相同的公路相交，难以用“主路优先”的规则管理时；两相交公路虽有主次之别，但交通量均较大(主要公路双向交通量大于或等于 600 辆/h，次要公路单向交通量大于或等于 200 辆/h)，采用“主路优先”交通管理方式会出现较频繁的交通事故和过分的交通延误时；主要公路交通量相当大(主要公路双向交通量大于或等于 900 辆/h，而次要公路尽管交通量不大)，但采用“主路优先”交通管理方式，次要公路上的车辆由于难以遇到可供驶入的主流间隙而引起不可接受的交通延误，或出现冒险驶入长度不足的主流间隙而危及安全时；两相交公路的交通量虽未达到上述程度，但由于有相当数量的行人和非机动车穿越交叉而引起交通延误，甚至造成阻塞或交通事故时；环形交叉的入口因交通量大而出现过多的交通延误时，则入口应采用信号管理。

(3)平面交叉设计速度

平面交叉范围内主要公路的设计速度，宜与路段设计速度相同。两相交公路的功能、等级相同或交通量相近时，平面交叉范围内的直行车道的设计速度可适当降低，但不应低于路段的70%。次要公路因交角等原因改线，或因条件受限采用较低的线形指标时，可适当降低设计速度。转弯车道的设计速度应根据路段设计速度、交通量、交叉类型、交通管理方式和用地情况等因素综合确定。

(4)平面交叉交角与岔数

平面交叉的交角宜为直角。斜交时，其锐角应不小于 70°；受地形条件或其他特殊情况限制时，应不小于 60°。平面交叉岔数不应多于四条；岔数多于四条时应采用环形交叉。环形交叉的岔数不宜多于五条，有条件实行“入口让路”规则管理时，应采用“入口让路”环形交叉。新建公路不应直接与已建的四岔或四岔以上的平面交叉相连接。

(5)平面交叉渠化设计

四车道及其以上的多车道公路的平面交叉，必须作渠化设计。二级公路的平面交叉，应作渠化设计。三级公路的平面交叉转弯交通量较大时，应作渠化设计。三级公路、四级公路的平面交叉交通量较小时，可不作渠化设计。

(6)平面交叉间距

平面交叉的间距应根据公路功能、等级，及其对行车安全、通行能力和交通延误的影响确定。一级公路、二级公路作为干线公路时，应优先保证干线公路的畅通，采取排除纵、横向干扰措施，平面交叉应保持足够大的间距，必要时可设置立体交叉。一级公路、二级公路作为集散公路时，应合理设置平面交叉，宜将街道式的地方公路或乡村道路布置在与干线公路相交的次要公路上，或与干线公路平行而只提供有限出、入口的次要公路上。一级公路、二级公路的平面交叉最小间距应符合规范的规定。

2. 平面交叉处公路的线形

(1)平面线形

平面交叉范围内路段平面线形宜为直线或大半径圆曲线，不宜采用需设超高的圆曲线。新建公路与等级较低的现有公路斜交，交角不应小于 70°，若交角过小，则次要公路在交叉前后一定范围内应做局部改线。

(2)纵面线形

平面交叉范围内，两相交公路的纵面宜平缓。纵面线形应满足停车视距的要求。主要公路在交叉范围内的纵坡应在 0.15%～3%的范围内；次要公路紧接交叉的引道部分应以 0.5%～2.0%的上坡通往交叉。主要公路在交叉范围内的圆曲线设置超高时，次要公路的纵坡应服从主要公路的横坡。

(3)立面设计

平面交叉的两相交公路共有部分的立面形式及其引道横坡，应根据两相交公路的功能、等级、平纵线形、交通管理方式等因素而定。采用“主路优先”交通管理方式的交叉，应使主要公路的横断面贯穿交叉，而调整次要公路的纵断面以适应主要公路的横断面；当调整纵断面有困难时，应同时调整两公路的横断面。

分隔的右转弯车道或右转弯附加路面上，各处的高程和横坡应满足相交公路共有部分及其相邻的局部段落的岔路的立面、转弯曲线所需的超高、整个交叉范围内的路面排水和路容的需要。

平面交叉范围内的路面排水应流畅，并以此作为立面设计的主要考虑因素之一。包括隐形岛在内的任何部分路面上不得有积水。

3. 视距

平面交叉的每条岔路上都应提供与行驶速度相适应的引道视距，引道视距在数值上等于停车视距。两相交公路间，由各自停车视距所组成的三角区内不得存在任何有碍通视的物体。条件受限制不能保证由停车视距所构成的通视三角区时，则应保证主要公路的安全交叉停车视距和次要公路至主要公路边车道中心线 5～7m 所组成的通视三角区。

4. 转弯设计

(1)平面交叉转弯曲线的线形及路幅宽度应根据车辆转弯行迹确定。

(2)转弯曲线所采用的设计车型及行驶速度规定如下：

①各级公路，应按鞍式列车(总长 16m)行迹设计。

②左转弯曲线的行驶速度采用 5～15km/h；大型车比例很少的公路可采用 5km/h。条件受限制时，可采用载货汽车(总长 12m)以较低速行驶的行迹设计。

③公路等级低、交通量不大时，可不设右转弯车道，其行驶速度可与左转弯车道相同或略高一些。设置分隔的右转弯车道，行驶速度不宜大于 40km/h；当主要公路设计速度小于或等

于 60km/h 时，右转弯行驶速度不宜低于其 50 %。

(3)转弯路面边缘线形应符合车辆转弯时的行迹，转弯路面内缘的最小圆曲线半径应符合规范规定。

①非渠化平面交叉以载货汽车为主，转弯路面边缘可采用半径 15m 的圆曲线。

②当按鞍式列车设计时，路面边缘可采用符合转弯行迹的复曲线。

③渠化平面交叉的右转弯车道，其内侧路面边缘应采用三心圆复曲线；左转弯内侧路面边缘以一单圆曲线来控制分隔岛端的边缘线。

5. 附加车道及交通岛

(1)右转弯车道

①主要公路设计速度大于或等于 60km/h 时，应在主要公路上增设减速分流车道和加速汇流车道。

②两条一级公路相交或一级公路与交通量大的二级公路相交时，其右转弯运行应设置经渠化分隔的右转弯车道。

③一级公路、二级公路的平面交叉中，符合下列情况之一者应设置右转弯车道：斜交角接近于 70°的锐角象限；交通量较大，右转弯交通会引起不合理的交通延误时；右转弯车流中重车比例较大时；右转弯行驶速度大于 30km/h 时；互通式立体交叉连接线中的平面交叉右转弯交通量较大时。

(2)左转弯车道

四车道公路除左转交通量很小者外，均应在平面交叉范围内设置左转弯车道。二级公路符合下列情况之一者，应设置左转弯车道：

①与高速公路或一级公路互通式立体交叉连接线相交的平面交叉；

②非机动车较多且未设置慢车道的平面交叉；

③左转弯交通会引起交通拥阻或交通事故时。

左转弯车道，应由渐变段、减速段和等候段组成。左转弯等候段长度应不小于 30m。当左转弯交通量很小时，可不考虑等候长度。

(3)变速车道

变速车道分为等宽式和非等宽渐变式两种。变速车道的长度应根据相交公路的主次、类别和变速条件等确定。

变速车道为等宽车道时，其长度应按规范要求考虑渐变段长度。

变速车道为非等宽渐变式时，其长度应不小于按减速时 1.0m/s 或加速时 0.6m/s 的侧移率变换车道的计算值。

公路的设计速度大于或等于 80km/h，且直行交通量较大时，右转弯变速车道应采用附渐变段的等宽车道；否则，宜采用渐变式变速车道。

当直行车道的通行能力有富裕，或条件受限制而难以设置应有长度的加速车道时，可采用较短的渐变式加速车道。

(4)渠化平面交叉中应按下列情况设置交通岛：

①需专辟右转弯车道时应设置导流岛。

②信号交叉中，左转弯为两条车道时，左转车道与同向直行车道间宜设置导流岛。

③左转车道与对向直行车道间应设置分隔岛。

④T 形交叉中，次要公路引道上的两左转弯行迹间应设置分隔岛。

⑤对向行车道间需提供行人越路的避险场所，或需设置标志、信号立柱时，应设置分隔岛。

(5)交通岛类型

①当被交通岛分隔的车行道有不少于两条的车道，或虽为一条车道但设置绕避故障车辆的加宽时，或岛中需设置标志、信号柱时，应采用由缘石围成的实体岛。

②岛的面积较小，或不需要，或不宜采用强行分隔时，宜采用在路面上由标线示出的隐形岛。

③岛的面积很大时，宜采用由附宽度不小于 0.5m 的路缘带的行车道围成的浅碟式岛。

6. 平面交叉的改建

(1)改建前应收集该交叉的交通管理方式、交通量及其预测资料、几何构造、设施现状，以及交通事故的频度、性质、严重程度及其原因等使用情况，以确定相应改建措施。

(2)通行能力不足或不能保证交通安全时，应采取以下改善措施：

①增加引道的车道数，如增辟转弯车道、变速车道和非机动车道等。

②完善渠化设计。

③斜交角较大时，对部分岔路的平面线形做局部的改移。

④改善视距。

⑤改善引道纵面线形，并做好立面处理。

⑥改善转弯曲线。

⑦改变交通管理方式，完善或重新设置标志、标线和信号。

⑧指定行人和非机动车的横穿位置或改善行人横穿设施，可增辟越路避险岛，建设天桥或通道等。

(3)平面交叉密度较高的路段，除采取相应措施改善部分平面交叉外，必要时应通过调整路网中的局部结点，取消部分平面交叉，即截断次要公路或建分离式立交。

(4)采取多种措施仍不能满足通行能力或保证交通安全要求时，应考虑改建为互通式立体交叉。

二、公路与公路立体交叉

公路立体交叉是指拟建公路与原有公路在不同高度(空间)相互交叉的一种交叉形式，其特点是要设置跨线设施。立体交叉主线间的相互跨越方式可分为上跨式和下穿式。上跨式采用桥跨结构跨越；下穿式采用隧道或地道的方式跨越。跨越设施是立交的重要组成部分，其工程量可占全立交的 50%～70%。

1. 立体交叉的组成

立体交叉通常由跨线构造物、正线、匝道、出入口以及变速车道等部分组成。

(1)跨线构造物：是相交道路的车流实现空间分离的主体构造物，指设于地面以上的跨线桥(上跨式)或设于地面以下的地道或隧道(下穿式)。

(2)正线：是组成立体交叉的主体，指相交道路的直行车行道，主要包括连接跨线构造物两端到地坪高程的引道和立体交叉范围内引道以外的直行路段。正线可分为主线和次线。

(3)匝道：是立体交叉的重要组成部分，是供上、下相交道路转弯车辆行驶的连接道，有时也包括匝道与正线以及匝道与匝道之间的跨线桥或地道，是立体交叉的重要组成部分。

(4)出口与入口:由正线驶出进入匝道的道口为出口,由匝道驶入正线的道口为入口。

(5)变速车道:为适应车辆变速行驶的需要,在正线右侧的出入口附近设置的附加车道称为变速车道。变速车道分减速车道和加速车道两种,出口端为减速车道,入口端为加速车道。

(6)辅助车道:在正线的分、合流附近,为使匝道与高速公路车道数平衡和保持正线的基本车道数而在正线外侧增设的附加车道。

(7)集散车道:为了减少车流进出高速道路的交织和出入口数量,可在立体交叉范围内正线的一侧或两侧设置的与其平行且分离的专用道路。

(8)绿化地带:在立体交叉范围内,由匝道与正线或匝道与匝道之间所围成的封闭区域,一般采用以美化环境的绿化栽植,也可布设管渠、照明杆柱等设施。

立体交叉的范围,一般是指各相交道路变速车道渐变段顶点以内包含的正线、跨线构造物、匝道和绿化地带等的全部区域。

除以上主要组成部分外,也包括立体交叉范围内的排水系统、照明设备以及交通工程设施等。对于城市道路,立体交叉还应包括人行道、非机动车道和各种管线设施等。对于收费立体交叉,其也包含收费站、收费广场和服务设施等。

2.立体交叉的类型

(1)按相交道路的路越方式分类

立体交叉按相交道路的跨越方式划分为上跨式和下穿式两类。

上跨式是用跨线桥从相交道路的上方跨过的交叉形式。这种立体交叉主线采用高出地面的跨线桥,施工方便,造价较低,与地下管线干扰小,排水易处理;但占地较大,跨线桥影响视线和周围景观,引道较长或纵坡较大,不利于非机动车辆的行驶。

下穿式是利用地道或隧道从相交道路的下方穿过的交叉形式。这种立体交叉主线采用低于地面的地道或隧道,占地较少,立面易处理,下穿构造物对视线和周围景观影响小;但施工时对地下管线干扰较大,排水困难,施工期较长,造价较高,养护和管理费用大。

(2)按立体交叉的交通功能分类

立体交叉按其交通功能划分为分离式立体交叉和互通式立体交叉两大类。

①分离式立体交叉

其是仅设跨线构造物(跨线桥或地道)一座,使相交道路在空间上分离,上、下道路间无匝道连接的交叉形式。

这种类型的立体交叉结构简单,占地少,造价低,但相交道路的车辆不能转弯互通行驶,适用于高速公路或城市快速路与铁路或次要道路之间的交叉。

②互通式立体交叉

不仅设跨线构造物使相交道路在空间上分离,而且上、下道路间有匝道连接,以供转弯车辆行驶的交叉形式。这种立体交叉车辆可转弯行驶,全部或部分消灭了冲突点,各方向行车干扰小,行车安全、迅速,通行能大;但立体交叉结构复杂,构造物多,占地大,造价高。

互通式立体交叉又分为枢纽互通式立体交叉和一般互通式立体交叉两类。

枢纽互通式立体交叉一般为高速公路与高速公路之间的交叉,其匝道无收费站等设施,且应保证所有交通流无交叉冲突,也不得合并设置收费站。

一般互通式立体交叉为除枢纽互通式立体交叉之外的其他互通式立体交叉,常用于高速公路或一级公路与双车道公路之间的交叉,允许合并设置收费站和在被交叉公路的匝道端采用平面交叉。

互通式立体交叉的基本形式根据交叉处车流轨迹线的交叉方式和几何形状的不同，又可分为部分互通式、完全互通式和环形立体交叉三种。

相交道路的车流轨迹线之间至少有一个平面冲突点的交叉称之为部分互通式立体交叉。当交叉口个别方向的交通量很小或分期修建时，高速道路与次要道路相交或受地形地物限制某个方向不能布设匝道时可采用部分互通式立体交叉。部分互通式立体交叉的代表形式有菱形立体交叉和部分苜蓿叶式立体交叉等。

相交道路的车流轨迹线全部在空间分离的交叉称之为完全互通式立体交叉。它是一种比较完善的高级形式立体交叉，匝道数与转弯方向数相等，各转弯方向都有专用匝道，无冲突点，行车安全、迅速，通行能力大；但占地面积大、造价高。其适用于高速道路之间或高速道路与其他交通量大的高等级道路相交。其代表形式有喇叭形、苜蓿叶形、Y形、X形、涡轮式、组合式等。

相交道路的车流轨迹线因匝道不足而共同使用，且有交织段的交叉，称之为环形立体交叉。环形立体交叉是由平面环形交叉发展而来，为保证主线直行车流快速、畅通，将主线下穿或上跨环道而构成。次要道路的直行车流和交叉口的左转车流一律绕环道作单向逆时针行驶，车流在环道内相互交织，直至所去的路口离去。环形立体交叉能保证主线快速、畅通，交通组织方便，无冲突点，行车较安全，占地较少；但环道上为交织运行，次要道路的通行能力受到限制，车速较低，构造物较多，左转车辆绕行距离长。其多用于城市道路立体交叉，五路及其以上的多路交叉更为适宜。采用环形立体交叉时，必须根据相交道路的性质进行比较研究，看环道的最大通行能力和所采用的中心岛尺寸是否满足远期交通量和车速的要求。布设时，应让主线直通，中心岛可采用圆形、椭圆形或其他形状。

(3)按其他方式分类

立体交叉还可以按以下几种方式分类。

①按几何形状分类：分为T形立体交叉、Y形立体交叉、十字形立体交叉等。

②按交汇道路的条数分类：分为三路立体交叉、四路立体交叉、多路立体交叉等。

③按层数分类：分为双层式立体交叉、三层式立体交叉、多层式立体交叉等。

④按用途分类：分为公路立体交叉、城市道路立体交叉、铁路立体交叉、人行立体交叉等。

3. 一般规定

(1)公路与公路立体交叉分为互通式立体交叉和分离式立体交叉。高速公路与其他公路相交，必须采用立体交叉。一级公路同交通量大的其他公路交叉，宜采用立体交叉。二、三级公路间的交叉，在交通条件需要或有条件的地点，可采用立体交叉。

(2)符合下列条件者应设置互通式立体交叉：

①高速公路间及其同一级公路相交处。

②高速公路、一级公路同通往县级以上城市、重要的政治或经济中心的主要公路相交处。

③高速公路、一级公路同通往重要工矿区、港口、机场、车站和游览胜地等的主要公路相交处。

④高速公路同通往重要交通源的公路相交而使该公路成为其支线时。

⑤两条具干线功能的一级公路相交时。

⑥一级公路上，当平面交叉的通行能力不能满足需要或出现频繁的交通事故时。

⑦由于地形或场地条件等原因设置互通式立体交叉的综合效益大于设置平面交叉时。

(3)符合下列条件者应设置分离式立体交叉：

①高速公路同其他各级公路交叉，除因交通转换而设置互通式立体交叉外，均必须设置分离式立体交叉。

②具干线功能的一级公路同其他各级公路的交叉，除因交通转换需要而设互通式立体交叉外，为减少平面交叉，且相交的公路又不能截断时，应采用分离式立体交叉。

③二、三、四级公路间的交叉，直行交通量很大或地形条件适宜，且不考虑交通转换时，可设置分离式立体交叉。

(4)高速公路间、或高速公路与具干线功能的一级公路间、或具干线功能的一级公路间的互通式立体交叉，应为枢纽互通式立体交叉。枢纽互通式立体交叉的匝道应具有良好自由流的线形，匝道上不设置收费站，匝道端部不出现穿越冲突。

高速公路、一级公路间及其与其他公路相交的互通式立体交叉应为一般互通式立体交叉，其匝道上可设置收费站，且高速公路出入口以外允许设置平面交叉。

(5)互通式立体交叉的间距

①高速公路上互通式立体交叉的间距：

大城市、重要工业园区附近的平均间距宜为5～10km；其他地区宜为15～25km。相邻互通式立体交叉的最小间距，不宜小于4km。

因路网结构或其他特殊情况限制，经论证相邻互通式立体交叉的间距需适当减小时，加速车道渐变段终点至下一个互通式立体交叉的减速车道渐变段起点间的距离，不应小于1 000m；小于1 000m，且经论证而必须设置时，应将两者合并为复合式互通式立体交叉。

相邻互通式立体交叉的间距不宜大于30km；超过时，应设置与主线立体分离的“U形转弯”设施。

②非高速公路互通式立体交叉的最小间距，可参照上述规定执行；条件受限时，经对交织段的通行能力验算后可适当减小间距。

(6)互通式立体交叉与相邻的其他有出入口的设施或隧道之间的距离

①互通式立体交叉与服务区、停车区、公共汽车停靠站之间的距离，应能满足设置出口预告标志的需要；条件受限制时，间距可适当减小，但上一入口终点至下一个出口起点的距离不应小于1 000m。

②隧道出口与前方互通式立体交叉间的距离，应满足设置出口预告标志的需要；条件受限制时，隧道出口至前方互通式立体交叉减速车道渐变段起点的距离不应小于1 000m，否则应在隧道入口前或隧道内设置预告标志。

③互通式立体交叉与前方隧道进口间的距离，应满足设置标志和标志以后对洞口判断所需的距离。

(7)确定互通式立体交叉位置时，应综合考虑公路网的现状和规划情况，并设在两相交公路线形指标良好，地形、地质和环境条件有利的位置。与之相连的公路应符合以下条件：

①相连接公路在路网中不应低于次要干道或集散路的功能，不应有较大的横向干扰。

②通行能力应满足过境和集散交通量的要求。

③与主要交通源的连接应短捷。

④分配到路网中附近公路的交通量应适当，不应使某些道路或路段负荷过重。

⑤根据路网布局等条件而选定的被沟通的公路，在通行能力和其他方面不能满足需要时，应进行改建设计。

(8)互通式立体交叉选型，应综合考虑相交公路的功能、等级、匝道设计速度、地形、地物、用地条件、交通量、造价以及是否设置收费站等因素确定。

①两条干线或功能类似的高速公路相交时，应采用设计速度较高的能使转弯车流保持良好自由流的各种直连式匝道；非干线公路间的枢纽互通式立体交叉宜用直连式。当左转弯交通量较小时，可采用含设计速度较低的直连式(或半直连式)匝道，或部分环形匝道的涡轮形(或混合式)。

②高速公路与一级公路相交或两条一级公路相交时，可采用混合式。当转弯交通量不大且不致因交织困难而干扰直行车流时，允许在较次要公路的一方设置相邻象限的环形匝道。

③两条一级公路相交时，宜采用有附加右转弯匝道的部分苜蓿叶形、苜蓿叶形、环形或混合式。

④高速公路同一级公路或交通量大的二级公路相交，且设置收费站时，宜采用双喇叭形。

⑤高速公路与交通量小的二级公路相交时，宜采用在被交公路上设置平面交叉的旁置式单喇叭形、部分苜蓿叶形。匝道上不设收费站时，宜采用菱形。

⑥一级公路与二、三、四级公路相交，因交通转换而设置互通式立体交叉时，宜采用菱形、部分苜蓿叶形；在特殊情况下，也可采用单象限形。

⑦因地形有利而设互通式立体交叉时，可采用匝道布置简单的单象限形或菱形。

⑧路网密度较高的地区，可利用路网结点转换交通时，可将某些立体交叉设计成仅为部分交通转换提供往返匝道的非全互通的立体交叉。

(9)互通式立体交叉范围内，主线形的主要技术指标应符合规范要求。

三、公路与铁路、乡村道路、管线交叉

1. 一般规定

(1)公路与铁路交叉设计适用于公路同铁路网中 1. 435mm 标准轨距的铁路相交叉的设计。

(2)公路与铁路交叉型式的选择应根据公路和铁路的等级、交通量(年客货运量)、安全、经济等因素综合确定，原则上应考虑设置立体交叉。

(3)公路与铁路交叉设计年限应同时符合公路规划交通量预测年限、铁路设计年限规定的要求。对规划中的项目，必须有批准的规划修建年限，以确定预留交叉方式与条件。

(4)公路与乡村道路交叉设计适用于公路同乡村、农场范围内供各种农业机械及耕作人员通行的道路交叉的设计。

(5)公路与管线交叉设计适用于公路同 500kV 以下架空送电线路、陆上原油、天然气输送管道的交叉设计。其中有关交角、净空等部分的设计，按相关专业方面的具体规定行业标准执行。

(6)交叉工程设计应按各自专业特点、要求等进行优化设计，以确定最有利的交叉位置和最佳跨越形式及其结构方案。

(7)交叉工程应根据公路功能与使用要求，事先同有关部门协调，处理好与铁路、乡村道路、输油管道、输气管道等规划、工程衔接的相互关系，并妥善处理因修建或改建所引起的干扰

问题。

2.公路与铁路交叉

(1)公路与铁路立体交叉

公路与铁路交叉时,新建项目应首选立体交叉。高速公路、一级公路与铁路交叉,必须设置立体交叉。公路与铁路交叉,符合下列情况之一者应设置立体交叉:

①I 级铁路与公路交叉时。

②铁路路段旅客列车设计行车速度大于或等于 120km/h 的地段与公路交叉时。

③铁路与二级公路交叉时。

④由于铁路调车作业对公路上行驶的车辆会造成较严重延误时。

⑤受地形等条件限制,采用平面交叉会危及公路行车安全时。

(2)公路与铁路平面交叉

①公路与铁路平面相交,以垂直交叉为宜。必须斜交时,其交叉的锐角应不小于 70°;受地形条件或其他特殊情况限制时,应不小于 60°。

②道口应设置在汽车瞭望视距满足规范规定值的地点。瞭望视距为汽车驾驶者在距道口相当于该级公路停车视距并不小于 50m 处,能看到两侧铁路上火车的范围。

道口不得设置在铁路站场、道岔、桥头、隧道洞口及有调车作业的地段附近。

受地形等条件限制汽车在距铁路最外侧钢轨 5m 处停车后,汽车驾驶者的侧向瞭望视距小于规定值的道口必须设置看守。

③道口附近的铁路路线以直线为宜。公路路线宜为直线,道口两侧公路的直线长度,从最外侧钢轨算起,不应小于 50m。

④道口两侧公路的水平路段长度(不包括竖曲线),从铁路最外侧钢轨外侧算起,不应小于 16m。紧接水平路段的公路纵坡,不应大于 3 %;当受地形条件及其他特殊情况限制时,不得大于 5%。对于重车驶向道口一侧的公路下坡路段,紧邻道口水平路段的纵坡不应大于 3%。

⑤道口应设置坚固、平整、稳定且易于翻修的铺砌层,其长度应延伸至钢轨以外 2.0m。道口两侧公路在距铁路钢轨外侧 20m 范围内,宜铺筑中级以上路面。道口铺砌宽度和公路引道宽度均不应小于相交公路的路基宽度。

3.公路与乡村道路交叉

(1)高速公路与乡村道路交叉必须设置立体交叉;一级公路与乡村道路交叉宜设置立体交叉,即通道或天桥。二级公路与乡村道路的平面交叉应作渠化设计。地形条件有利或公路交通量大时亦可设置立体交叉。二级及其以上公路位于城镇或人口稠密的村落或学校附近时,宜设置专供行人通行的人行通道或人行天桥。

(2)公路与乡村道路的交叉设计应纳入公路交叉设计部分的总体设计,统筹规划,合理布局。公路与乡村道路交叉的形式、位置、间隔等应根据县级和乡(镇)土地利用总体规划中农业耕作机械需求布设;必要时应结合公路网建设规划,对农业机耕道作以调整或归并,以控制建设用地指标。

(3)公路与乡村道路相交,符合下列情况者应对乡村道路进行改线。改线段平、纵技术指标不应低于四级公路的最小值。

①交叉的锐角小于 60°时。

②按规划或交叉总体设计对交叉予以合并或调整交叉位置。

③交叉处的地形、地质、视距或原乡村道路平面线形不适宜设置交叉。

④改造原平面交叉其工程量增加较大时。

(4)通道设计要点

①通道的间隔以400m左右为宜。农业机械化程度高的地区间隔宜适当加大。

②通道的交叉角以垂直为宜。必须斜交时,其交叉的锐角应不小于70°;受地形条件或其他特殊情况限制时,应不小于60°。

③通道处的乡村道路平面线形宜为直线。其两侧的直线长度应不小于20m。

④通道处的乡村道路纵面线形应为直坡,宜不大于3%,构造物不得设于凹形竖曲线底部。通道应采用自流排水方式做好排水设计。

⑤通道的净空:

净高:通行拖拉机、畜力车时≥2.70m;通行农用汽车时,≥3.20m。

净宽:按交通量和通行农业机械类型选用,≥4.00m;通道过长或敷设排水渠时视情况增宽。

(5)天桥设计要点

①主要公路为路堑地段或地形条件有利时可设置天桥,并以垂直交叉为宜。其主要技术指标可参照四级公路相关标准执行,桥面净宽应不小于4.50m。

②天桥的车道荷载等级应采用公路—Ⅱ级。为防止超载车辆通行,应设置标志等设施。

③跨越高速公路、一级公路的天桥,应设防落网。

④天桥的桥面雨水不得直接排至公路路面。

(6)人行通道设计要点

①人行通道的净空:净高,≥2.20m;净宽,≥4.00m。

②下穿高速公路、一级公路的人行通道应利用中间带设置采光井。

③人行通道除设梯道外,应视情况设置坡道,其坡度不应陡于1/7。

④人行通道必须做好排水设计,不得因积水影响通行。

(7)人行天桥设计要点

①人行天桥的净宽,≥3.00m。

②人群荷载,3kN/m^2;行人密集地,3.5kN/m^2。

③人行天桥除设梯道外,有条件时应设置坡道,其坡度不应陡于1/4。

(8)平面交叉设计要点

①平面交叉以垂直相交为宜。当必须斜交时,其交叉的锐角应不小于70°;受地形条件或其他特殊情况限制时,应不小于60°。

②交叉处公路两侧的乡村道路直线长度应各不小于20m。

③交叉处公路两侧应分别设置不小于10m的水平段。紧接水平段的纵坡不应大于3%,困难地段不应大于6%。

④平面交叉处应使驭手或驾驶者在距交叉20m处,能看到两侧二、三级公路相应停车视距并不小于50m范围内的汽车。视线范围内不得有障碍物。

⑤经常有履带耕作机械通行时,交叉范围内的公路路面、路肩应进行加固,且公路路基边缘外侧的乡村道路应各设置不小于10m的加固段。

4. 公路与管线交叉

(1)公路与架空送电线路相交，以垂直交叉为宜。必须斜交时，其交叉的锐角应不小于70°；受地形条件或其他特殊情况限制时，应不小于60°。

(2)公路从架空送电线路下穿过时，应从导线最大弧垂与杆塔间通过，并使送电线路导线与公路交叉处的距路面的垂直距离不小于规范规定值。

(3)架空送电线路导线与路面的垂直距离，应根据最高气温情况或覆冰无风情况求得的最大弧垂和根据最大风速情况或覆冰情况求得的最大风偏进行计算确定。

(4)公路与原油、天然气输送管道相交，以垂直交叉为宜。必须斜交时，其交叉的锐角宜不小于60°；受地形条件或其他特殊情况限制时应不小于45°。

(5)原油、天然气输送管道与高速公路、一级公路相交，应采用穿越方式，埋置地下专用通道；原油、天然气输送管道穿越二级公路、三级公路、四级公路时，应埋置保护套管。

(6)穿越公路的地下专用通道的埋置深度，除应符合石油天然气行业标准的荷载相关规定外，还应符合《公路桥涵设计通用规范》(JTG D60—2004)的有关规定，并按所穿越公路的车辆荷载等级进行验算。穿越公路的保护套管其顶面距路面底基层的底面应不小于1.0m。

(7)严禁天然气输送管道利用公路桥梁跨越河流。原油、天然气输送管道穿(跨)越河流时，管道距大桥的距离，不应小于100m；距中桥不应小于50m。

(8)严禁原油、天然气输送管道通过公路隧道。

(9)各种管线跨越公路的设施，不得侵入公路建筑限界，不得妨碍公路交通安全、损害公路设施，也不得对公路及其设施形成潜在威胁。

第二节 沿线设施

沿线设施，主要包括管理养护设施、服务设施、安全设施等工程。它的设计是否得当，对交通安全、工程造价和通车后的营运管理、维修养护等都有着极其重要的影响。因此，应认真做好这些设施的设计和施工工作。

一、管理养护设施

管理养护设施，主要包括收费站、管理站、通信系统、监控系统、供电系统等设施的安装和必要的设备配置。实际上只有高等级公路才需要设置这些设施，但也并不是每条高等级公路都应全部具备，而是按公路的标准、使用性质、交通量等因素而定。其中尤其是交通量的大小是其设计内容的主要依据。

1. 收费站

按照公路商品化有偿使用公路的原则而修建的公路，一般都须在控制的出、入口，设置收费站，对车辆收取通行费。它包括雨篷、收费亭，以及必要的收费设备和办公用具。目前，全国尚无统一设计标准，各地大都是结合建设工程的实际情况，在有利于收费和美观的前提下，经济、合理确定。

2. 管理站

其是为保证公路交通安全、畅通，依法进行路政和交通管理，所必须设置和需要安装的设施。根据目前我国公路管理模式，管理站分为三级，即管理中心、管理分中心和管理所。管理中心，一般每省、区、市仅设置一处，管理全省行政区域内公路；管理分中心，原则上每条公路设置一处，管理该公路；管理所，则应根据每条公路的长度，按一定的间隔设置，管理相应的路段。实际上只是在高速公路或一级公路上才单独设立这种管理机构，其他各等级的公路一般不设置。

3.养护设施

其是指为公路维修养护人员而修建的房屋，包括养护道班房和养护工区房屋。由于我国长期以来，都是以行政区域建立地、县两级管理机构，当新的公路建成后，按区域进行移交接管，所以一般都不存在要修建养护段站房屋的情况，通常是按10～15km修建一幢道班房。近年来在修建高速公路和一级公路时，一般路线都比较长，大都建立了专门的高等级公路养护机构进行管养工作，但养护管理和路政管理，一般又是合在一起，只是内部进行了分工。所以，在修建这种养护机构的房屋时，既可列在上述管理项目内，也可列为养护房屋，但应分别列为养护房屋和管理房屋，其建筑面积应根据实际情况合理确定。

4.监控系统

其分为控制系统、监视系统、情报系统等部分。其控制和监视的重点是匝道的控制和对偶发事故的反映，以利及时指挥疏导交通，维护交通秩序，处理交通事故和进行救援工作。

(1)控制系统。通常采用主干道本身与匝道入口的关闭、定时调节等，其目的在于减少延误，避免发生拥堵或交通事故，以维护交通的正常营运。

(2)监视系统。一般有电子监控、闭路电视、巡逻车、电话系统等，是获悉发生偶然事故的手段，帮助管理人员在发生偶然事故或车辆发生故障时，能及时提供紧急服务，或改变匝道的控制方式，以适应新的情况，并在偶然事故可能影响的范围内，为道路使用者提供情报服务。

(3)情报系统。其是将有关交通、气象和环境情况传递给道路使用者的设施，有可变情报系统、无线电系统和汽车内显示等不同方法。一般应设置公路情报站，随时将交通情况，如拥挤、事故、维修、延误等，气象和环境，如雾、雪、冰冻、大风、雨等，以及指示选择路线(即交通诱导)与之有关的交通限制等的情报通知给驾驶员。

目前，国内外还没有统一的监控系统设计标准，而涉及的内容又比较复杂，故应根据建设工程的实际情况、需要和经济承受能力合理确定。

5.供电系统

这是使整个公路管理系统正常运行的配套设施，如监控系统的用电，收费站、管理站和公路特殊地段的照明，隧道的通风和照明等用电。在实际工作中，一般都是利用工业电源，但需要建立变电站和完善的供电系统。同时，还应设置储备的自发电源，以便一旦发生断电事故，仍能保证公路的正常营运。供电系统的设置，一般应按照电力部门的有关规定和要求执行。当无工业电源时，就必须自行修建发电站，相应就要修建生产厂房和生活等设施。

二、服务设施

服务设施包括服务区和停车区两种。服务区指能完全满足人和汽车基本需要的休息设施，主要包括停车场、加油站、维修站、餐厅、客房与小卖部、免费休息区、公共洗手间、绿化用地、加(减)速车道、配电室、锅炉房、供排水等设施。停车区指能满足驾驶员生理要求、解除紧张疲劳最低限度的服务设施，也可供驾驶员自检车辆。

按照各类设施的不同组合构成以下八种服务设施的基本形式：分离式外向型、分离式内向型、分离式平行型、分离式餐厅单侧集中型、内外并用型、分离式餐厅上空型、单侧集中外向型、中央集中型。一般应根据中途出入口及沿线情况，选定服务设施的类型，通常是在同一地点的公路两侧相对建立隔离的两个独立的服务区，但也可以结合地形情况，修建一处互通立交，只建一个服务区。

三、安全设施

安全设施包括护栏、交通标志标线、隔离设施、防眩设施、视线诱导设施等工程内容。在设计和施工时，应按照《公路交通安全设施设计规范》(JTG D81—2006)、《公路交通安全设施设计细则》(JTG D81—2006)等各项有关规定和要求执行。

1. 护栏

护栏是一种纵向吸能结构，是公路的重要交通安全设施。其作用一是起警示作用，二是防止失控车辆越出路外或穿越中央分隔带闯入对面行车道，以保护路边和中央分隔带内的构造物及其他设施，并使失控车辆平滑改变方向，防止危及其他车辆，保障人身安全，使事故损失减至最小限度。

护栏按其在公路中的纵向设置位置，可分为路基护栏和桥梁护栏；按其在公路中的横向设置位置，可分为路侧护栏和中央分隔带护栏；按结构形式，分为柱式护栏、墙式护栏、钢筋混凝土防撞护栏、波形钢板护栏、缆索护栏等；按碰撞后的变形程度，又可分为刚性护栏、半刚性护栏、和柔性护栏。不同类型的护栏适用于不同等级的公路和不同的情况。

2. 交通标志标线

(1)标志

交通标志是用图形符号、文字向驾驶员及行人传递法定信息，用以管制、警告及引导交通的安全设施。它在现代道路交通管理中发挥着重要作用。实践证明，合理设置道路交通标志，可以提高道路通行能力，减少交通能够事故，防止交通阻塞，节省能源，降低公害，美化路容。

交通标志有主要标志和辅助标志两大类。

主要标志按其作用，又可分为如下四种：

①指示标志。其是指示车辆、行人行进或停止的一种标志，如直行、左右转弯、行人横道、停车场、公共汽车停靠站、公路的起、终点等。标志牌的形状为圆形、矩形和正方形，颜色为蓝底、白色图案。

②指路标志。其是传递道路方向、地名、地点、距离等信息的一种标志，有里程牌、百米桩、公路界牌、指路牌、地名牌、立交行车示意牌、高速公路和一级公路中途出入口和服务区标志等。除里程碑、百米桩、公路界碑外，其他指路标志牌的形状均为矩形。板面尺寸的大小，主要是根据汉字和数字的高度而定，阿拉伯字码的高度可按汉字的相应高度的 0.7 倍取定，颜色一般为蓝底、白字和白色图案。高速公路指路标志为绿底白字。

③警告标志。其是警告驾驶员注意沿路运行中存在有影响行车安全地点的一种标志，如交叉点、道路平面形状(如急弯、连续弯)、道路纵坡形状(如纵坡大于或等于 7%的路段)、路面变窄及窄桥、沿路情况(如铁路道口、隧道、落石、易滑、村镇、学校等)等的预告。标志牌的形状为等边三角形，颜色为黑边框、黄底黑色图案。

④禁令标志。其是禁止和限制车辆和行人通行的一种标志，如禁止某些机动车、非机动车通行，禁止左右转弯，禁止超车，限制速度、质量、高度等。标志牌的形状为圆形，颜色为白底、

红圈红斜杠和黑色图案。

辅助标志，是附设在指标、警告和禁令标志牌的下面，起辅助说明作用的标志，不单独设立。其形状为矩形，颜色为白底、黑边框和黑字。

辅助标志可分为表示车辆种类，表示时间，表示区域或距离，表示禁令、警告理由等四种。

交通标志，除里程碑、百米桩、公路界碑采用混凝土或天然石料做成外，其他各种标志目前大都采用金属建筑材料制造，板面有钢板和铝合金两种。底板、文字和图案则采用反光膜镶贴而成，常称为反光标志。板面尺寸的大小与计算行车速度的高低有关，应符合规范的相关规定。立柱一般采用钢管，通过连接件进行固定，埋设在混凝土基础中，或采用地脚螺栓进行连接。其埋置深度应根据当地土质、板面大小等条件确定。立柱形式有单柱、双柱、悬臂、门架和附着等不同形式。其设置位置及高度，应符合各级公路建筑限界的规定。

在同一点需要设置两种以上的标志时，可以合并安装在一根立柱上，但最多不应超过四种。

交通标志的分类、形状、图案、颜色、文字、规格，应符合道路交通标志和标线相关的规定。交通标志应与交通标线配合使用，动态交通标志的设置不应妨碍静态交通标志的使用。交通标志所提供的信息应全部与交通管理有关，除旅游区标志、服务设施标志外，不应带有任何广告色彩。

(2)标线

标线是以规定的线条、箭头、文字、突起路标或其他导向装置，画设于路面上，用以管制和引导交通的设施。

驾驶员在道路上安全、高速的行驶，有赖于道路线向的轮廓分明，在路面标线和视线诱导设施的指引下，建立了行进方向的参照系，驾驶员对其视野范围更远的道路走向树立了信心。因此，路面标线是引导驾驶员视线、管制驾驶员驾车行为的重要手段。它可以确保车流分道行驶，导流交通行驶方向，指引车辆在汇合或分流前进入合适的车道，加强车辆的行驶纪律和秩序，促使更好地组织交通。正确设置交通标线能合理地利用道路的有效面积，改善车流行驶条件，增加道路通行能力，减少交通事故。

路面标线按功能可分为指示标线、禁止标线和警告标线三类。

指示标线是指示车行道、行驶方向、路面边缘、人行道等设施的标线，分为纵向标线(如行车道中线、车道分界线、路缘线等)和横向标线(如人行道横线、距离确认线等)。此外，还有其他标线如高速公路出入口标线、停车位标线、导向箭头等。

禁止标线是告示道路交通的遵行、禁止、限制等特殊规定，驾驶员及行人需严格遵守的标线，分为纵向禁止标线(如禁止超车线、禁止变换车道线、禁止路边停车线等)和横向禁止标线(如停车线、停车让行线、减速让行线等)，以及其他禁止标线包括非机动车禁驶区标线、导流线、网状线、专用车道线和禁止掉头线。

警告标线是促使驾驶员及行人了解道路上的特殊情况，提高警觉，准备防范应变措施的标线，分为纵向警告标线(如车行道宽度渐变段标线、路面障碍物标线和铁路平交道口标线等)和横向警告标线(如减速标线、减速车道线等)。此外，还有一种立面标记，一般设在跨线桥、渡槽等的墩柱或侧墙端面上及隧道洞口和人行横道上的安全岛等的壁面上，其作用是提醒驾驶员注意，在车行道或近旁有高出路面的构造物，以防发生碰撞。

这些标线可归纳为连续实线、间断线和箭头指示三种形式，其颜色一般采用白色或黄色。

二级及以上等级的公路必须设置交通标线，其他公路宜视需要设置交通标线。交通标线的分类、定义及颜色应符合现行道路交通标志和标线相关的规定。

纵向或横向连续设置的交通标线应根据需要设置排水孔。

3. 隔离设施

隔离设施是将金属网绷紧在支撑结构上的一种栅栏，是对高速公路和一级公路进行隔离封闭的人工构造物的统称，常称为隔离栅。其目的在于防止人、畜进入或穿越公路，防止非法侵占公路用地。它有多种结构形式，主要由立柱、斜撑、金属网、连接件和基础等组成。

在实际工作中，常用的金属网有钢板网、刺铁丝和编织网，立柱有钢管、型钢和钢筋混凝土。立柱可直接打入土中或埋置于混凝土基础内。

隔离设施的有效高度，一般为160～180cm，可根据不同的地形和村镇的稠密程度合理确定。隔离网与立柱的连接有两种方法。一是挂在立柱的挂钩上，它适用于连续布设的金属网和刺铁丝等隔离设施。型钢立柱的挂钩可用冲压成型或焊接挂钩。混凝土立柱的挂钩则可预埋钢筋。二是固定在框架上，框架与立柱通过螺栓进行连接。

为保证隔离设施有足够的稳定性和整体强度，每隔100m应对立柱进行加强。型钢立柱可采用两侧加设斜撑，钢筋混凝土立柱则可采用加强混凝土基础的方法来保证其稳定性。

为了养护管理的需要，隔离设施应在适当的地点开口。凡开口处均应设门，以便控制出入。大门的形式有单开门和双开门。双开门主要是为养护机械和车辆的进出而设置的。

此外，凡跨越铁路、高速公路和一级公路上的跨线桥的两侧均应设置金属网或钢板网，以避免杂物掉入路上造成交通事故。

高速公路和一级公路的沿线两侧均应设置隔离栅，当遇桥梁、通道等时，应朝桥头锥坡或端墙方向封死，不应留有让人、畜可以钻入的空隙。在符合下列情况之一的路段，可以不设隔离设施：

(1)公路的路侧有水渠、池塘、湖泊等天然屏障，认为人、畜无法进入或不可能发生非法侵占公路用地的路段。

(2)公路的路侧有高度大于1.5m的挡土墙或砌石等陡坎，人、畜无法进入的路段。

上跨高速公路、需要控制出入的一级公路的车行或人行构造物两侧均应设置桥梁护网。公路跨越铁路、通航河流、交通量较大的其他公路时，应根据需要设置桥梁护网。桥梁护网应做防雷接地处理，接地电阻应小于10Ω。

隔离设施，一般沿公路用地界线20～50cm以内处设置。隔离栅的高度不宜低于1.5m，桥梁护网距桥面的高度不宜低于1.8m。

4. 防眩设施

防眩设施是指防止夜间行车不受对向车辆前照灯眩目而设置在中央分隔带内的一种构造物，由板条和方形型钢组成。防眩板条和方形型钢等金属件，可采用热浸镀锌进行防腐处理。为改善视觉景观，避免给人以单调的感觉，可将部分或全部板条采用颜色搭配的方法涂刷油漆。

防眩设施应按部分遮光原理设计，直线路段遮光角不应小于8°，平、竖曲线路段遮光角应为8°～15°。设置防眩设施不应减小公路的停车视距。

高速公路和一级公路，凡符合下列情况之一的路段，应设置防眩设施：

(1)夜间交通量较大，大型车混入率较高、服务水平达到二级以上的路段。

(2)平曲线半径小于一般值,或凹形竖曲线半径小于一般值的路段。

(3)中央分隔带宽度小于 9m 的路段。

(4)公路路基横断面为分离式断面,上下行车行道高差小于或等于 2m 时。

(5)与相邻公路或交叉公路有严重眩光影响的路段。

(6)连拱隧道进出口附近。

非控制出入的一级公路平面交叉、中央分隔带开口两侧各 100m(设计速度≥80km/h)或 60m(设计速度 60km/h)范围内可逐渐降低防眩设施的高度,由正常高度降至开口处的 0 高度,否则不宜设置防眩设施。

公路沿线有连续照明设施的路段,可不设置防眩设施。

5. 视线诱导设施

视线诱导设施按功能可分为轮廓标,分流、合流诱导标,指示性或警告性线形诱导标三类。它们以不同的侧重点来诱导驾驶员的视线,使行车更趋安全和舒适。

(1)轮廓标

轮廓标是以指示道路线形轮廓为主要目标的一种视线诱导设施。通常都是全线连续的,设置在高速公路和一级公路的主线,以及互通式立体交叉、服务区、停车场等的进出匝道或连接道前进方向左、右两侧的道路边缘。

轮廓标有埋置于土中和附着于各类构筑物上两种不同的构造形式,一般应根据建设工程的实际情况确定。

按行车方向,配置白色反射体的轮廓标应安装与公路右侧,配置黄色反射体的轮廓标应安装于公路左侧。轮廓标不得侵入公路建筑限界以内。

(2)分流、合流诱导标

分流、合流诱导标是设置在互通式立体交叉的进、出口匝道附近,有交通分流或合流的地方的一种设施,由反射器、底板、立柱、连接件和混凝土基础等所组成。它可以引起驾驶员对互通式立体交叉进、出口匝道附近的交织运行的注意。

(3)线形诱导标

线形诱导标是设置在急弯或视距不良地段,用以指示道路改变方向或警告驾驶员改变行驶方向的一种设施。线形诱导标,指示性的为白底蓝图,警告性的则为白底红图。警告性线形诱导标,用于公路局部施工或维修作业等,需临时改变行车方向的路段。

视线诱导设施上的反射器一般都是用反光膜镶贴而成,在夜间停车时通过车辆前照灯的照射就能显示其标记,起着良好的视线诱导效果。

第三节 环境保护

公路建设项目建设周期长、空间跨度大、施工战线长、施工工序复杂,属于生态影响类的建设项目。采取必要的环境保护措施,有效控制公路建设对生态、景观的影响和对环境的污染,避免留下施工烙印和造成环境隐患,是保证公路交通建设可持续发展的客观要求。因此在公路概、预算项目的划分中,设有“环境保护工程”专项,《公路基本建设工程概算预算编制办法》(JTG B06—2007)对二级及以下公路的绿化规定了每公里绿化补助的费额指标,高速公路、一级公路的绿化,更应根据当地实际情况,做好绿化的设计和施工工作。

一、公路建设生态对环境的影响

公路对生态环境的影响，从时间上区分，可大致分为长期（长远性的）影响和短期（临时性的）影响。长期影响可以认为是由公路施工建设导致对当地生态环境产生的直接的或间接的影响和效应，这些影响和效应往往不随公路施工的结束而消失，有些影响甚至在公路施工结束后才逐渐显现出来。它们共同的特点是具有持续性，一旦产生则不易消除。短期影响可以认为是在公路施工期间对生态环境产生的临时性的影响，一旦施工结束，这类影响往往会自然消失，或可经人工恢复手段而得以改善或消除。

1.长期影响

(1)道路的廊道与分割效应

对于生物来说，尤其是对地面的动物，公路的建设导致自然生境的人为分割，使生境岛屿化，不利于生物多样性的保护。

(2)水文影响

公路建设会改变地表径流的固有态势，从而造成冲、淤、涝、渍等局部影响。

(3)对土地利用的影响

公路建设对土地利用的影响较为显著，将改变沿线被征用土地的利用现状，其中对耕地的占用较为突出。从宏观上讲，筑路占地会加速减少本已不多的耕地，加剧对剩余耕地的压力。

(4)生态敏感地区的影响

交通运输线路长，会穿越各种生态系统，其中不可避免地会涉及一些特殊的、敏感的生态功能区，如湿地、荒地、自然保护区、天然森林、森林公园、水源保护区、风景名胜区、特殊地质地貌区以及生态脆弱区、自然灾害多发区等。

(5)景观影响

公路对景观环境的影响主要有：

①切割连续的自然景观，使其空间连续性被破坏。

②占领和破坏重要的自然景观或人文景观，使区域景观资源受到损害。

③公路景观影响传统的视觉环境，使沿线居民的景观环境受到影响。

2.短期影响

公路施工对生态环境造成的短期影响主要有以下几方面：

(1)施工车辆穿越田间，扬尘四起，可能使果木庄稼蒙尘，花不受粉，穗不结实，农业减产。

(2)施工车辆碾压草原，造成草死沙扬，或车道成沟，逐渐形成沟壑。

(3)为开辟施工辅道和作业场地，要清除地表植被，有可能影响珍稀物种的生长，亦会加剧水土流失。

(4)筑路人员，偷闲行猎，会使公路沿线动物受威胁。

(5)筑路改变地表排水，会使低地积水。

(6)高填深挖、隧道等地段，可能影响地下水脉，造成泉流涸断，继而影响人畜饮水，或改变表层土壤的含水量，从而使植被类型发生变化。

(7)路基开挖或堆填会改变局部地貌。深谷高山架桥打洞、劈山开道，会引发塌方滑坡；在地质构造脆弱地带，易引起崩塌、滑坡等地质灾害。

(8)挖山弃土弃石，顺坡滚滑，埋压植被；弃土弃石随水流失，会淤塞下游河床、水库、湖泊，严重时会形成泥石流。

(9)河道架桥或填筑路基，施工场地废水溢流，会污染河水，破坏水生生物生境，有时还会使下游水源地受到影响。

(10)施工作业场地土地固化和水泥、石灰等流失进入土壤，影响土壤理化性能。

二、公路建设环境保护工程及措施

1.公路建设水土流失防治措施

(1)公路建设项目水土流失特点

①破坏公路用地范围内的地表植被，产生新的裸露坡面，诱发新增水土流失量。

②取土、弃土、弃渣产生的水土流失。

③施工便道、材料堆场及其他临时用地的水土流失

(2)水土流失防治措施

公路建设水土保持根据其工程建设特点采取分区分散防治，一般分为主体工程防治区、取土场防治区、弃土(渣)场防治区、临时工程占地防治区、拆迁安置防治区等。

水土流失防治措施主要包括生物措施和工程措施，使公路建设引起的水土流失减小到最低限度，使经济效益、社会效益和环境效益相统一。一般工程建设前期以水土保持工程措施为主，因地制宜、辅以生物措施相结合，快速有效地遏制水土流失；后期主要以植物措施为主，防止水土流失。

①通过采取有效的防护工程措施使边坡稳定，岩石、表土不裸露，避免水土流失对工程本身的危害；

②取土场全部做防护处理，使开挖坡面不裸露，并覆土加以利用；

③通过对弃土(渣)场进行综合治理，使工程施工过程中产生的弃土、石渣得到有效拦挡或利用；

④工程与生物措施相结合，使泥沙不进入下游河道，不影响河流正常行洪；

⑤做好公路绿化工程及养护。

2.公路建设声环境及振动环境保护措施

(1)噪声与振动的危害

①噪声的危害

噪声会损伤听力，干扰睡眠，影响人的正常交谈、工作和思考，甚至造成对人体生理和心理的不良影响。噪声对其他动物的生长和生存也会造成不良影响。

②振动的危害

振动对人、建筑物、仪器设备都会带来直接的危害。如打桩、开山放炮可能引起临近房屋地基受损、墙体开裂；重载汽车行驶、振动碾压时可能引起沿线房屋窗玻璃共振等。

(2)噪声与振动环境保护措施

①严格执法

严格执行《中华人民共和国环境噪声污染防治法》等法律法规及相关标准规范。

②加强交通监管

公路两侧学校、医院、居民区等敏感路段，采取禁止鸣笛、限制车速等措施。

③设置道路声屏障

声屏障可以定义为任何一个不透声的固体障碍物，是使声波在传播中受到阻挡，从而达到某特定位置上的降噪作用的装置。

道路声屏障的类型：按形状分有直壁式、r 型、半地下式、全封闭式及隧道式几种；按结构可分成砌体及板体两类；按材质分有木质、砖砌、混凝土、玻璃纤维板、金属板、土墙、生物型声屏障等；按表面性能分有吸声型及反射型。

声屏障本身作为一种建筑，应遵循建筑形式美的一般原则，尽量做到与自然、周围环境的和谐统一，作为道路的一部分融入整体景观。

④设置绿化林带

绿化林带的降噪原理是当声波通过密集植物丛时，由于植物的吸收、散射效应产生声衰减。

绿化林带的降噪效果因树林密度和深度而异，所以树要种得密，林带要相当宽，而且要栽植阔叶林、常绿树种。冬天落叶的树种不能保证冬天的降噪效果，故不宜采用。

绿化林带的设计，应尽量选用树冠矮、分支低、树枝茂密的灌木与乔木上下搭配，构成林带；林带可以分层，采用近灌远乔布置；林带位置应靠近公路，净距离宜在离路肩 6～15m 之间；林带宽度最好大于 15m，一般为 20～30m；林带高度宜在 10m 以上。

绿化林带的使用条件一般是受保护的敏感点噪声超标量较小，公路与受保护对象之间有足够的空间，且不占用（或尽量少占用）耕地等。

绿化林带除具有降噪功能外，还可兼具吸收 CO 等有害气体、滤除灰尘、美化景观、调节气候、防风固沙、防止水土流失、涵养水源、净化地表径流等功能，所以应充分利用公路边坡及路域进行绿化。

⑤其他工程技术措施。

规划设计时应合理选线，尽可能避绕学校、医院、城镇居民住宅区和规模较大的村庄等敏感区，避免产生噪声污染，尽可能采用减噪路面（低噪声路面），降低车辆行驶的噪声，尽可能利用天然地貌地物，如土丘、山冈等作为声屏障，降低噪声。对于环境敏感路段，路堑形式能起到很好的噪声防治效果。对不能达到相关环境质量标准的敏感区，可在路侧建筑物上安装隔声窗（含消声通风）等隔音设施。

3. 公路建设水环境保护措施

（1）水体污染与自净

水体因接受过多的杂质而导致其物理、化学及生物学特性的改变和水质的恶化，从而影响水的有效利用，危害人体健康的现象，就是人们常说的水污染。水体污染可分为化学性污染、物理性污染、生物性污染。

水体的自净，是指水体能够在其环境容量的范围之内，经过稀释、沉淀、分解等理化和生物作用，使排入的污水物质的浓度，随时间的推移或在流动的过程中自然降低的过程。

（2）公路施工污水的影响

公路施工过程中对水环境的影响主要来自两方面：施工人员的生活污水及施工作业的生产污水。其中，施工作业的生产污水主要来源于施工机械产生的油污、机修及洗车废水、施工物料的流失等。

（3）水污染防治基本措施

①开展环境宣传，提高环境意识；

②采用先进技术，实施清洁生产，减少施工废水；

③从全局出发，对废水进行妥善处理。

废水处理的基本方法可归纳为物理法、化学法、生物法等。物理法是利用物理作用来分离废水中的悬浮物，如沉淀法、气浮法(浮选法)、蒸发法等。化学法是利用化学反应来处理废水中的溶解物质或胶体物质，如中和法处理酸性或碱性废水。生物法是利用微生物的作用处理废水的方法，主要是用来除去废水中的胶体和溶解的有机物质，如生物膜法、活性污泥法及氧化塘法等。

4. 公路建设大气环境保护措施

1)大气污染

大气污染也称空气污染，是指大气中的污染物质，当其数量、浓度、毒性及其在大气中持续时间等因素的综合作用结果，可能会使某些地区生物体的生命和人类的健康、或生产活动受到影响。

大气污染源，一类是自然污染，如大风刮起的地面沙尘、森林火灾产生的 CO_2、NO_2 等。另一类是人类活动产生的污染物，如工矿企业、交通运输排出的废气、毒气、烟尘和放射性元素；燃料燃烧排出的碳氢化合物、CO、SO_2 和烟尘；另外，还有散播的农药、核武器和化学武器的试验残余物等。

大气污染物从物理性质可分为颗粒物质和气体污染物。由污染源直接排出的，称为一次污染物。有的一次污染物不稳定，在大气中经化学反应或光化学反应，形成新的污染物，称为二次污染物。

大气污染通过表面接触、呼吸、食入等途径，对人类造成严重的危害和影响，主要表现为引起呼吸道疾病、在突然的高浓度污染物作用下甚至造成急性中毒。

2)公路施工期空气环境影响

公路施工阶段，对空气环境的污染主要来自施工扬尘、施工车辆尾气及路面铺浇沥青的烟气等。

3)大气污染防治的基本措施

(1)施工期：

①汽车及施工机械维修应采用下列措施：

a. 加强汽车维修保养，保证汽车正常、安全运行。

b. 加强对施工机械的维修保养，合理安排运行时间，发挥其最大效率。

②运输扬尘的防治应采取下列措施加以减轻或避免：

a. 加强运输管理，保证汽车安全、文明、按规定车速行驶。

b. 科学选择运输路线。

c. 运输道路应定时洒水，每天至少两次(上、下班)。

d. 粉状材料应罐装或袋装，粉煤灰采用湿装湿运。土、水泥、石灰等材料运输时禁止超载，并盖篷布，如有撒落，应派人立即清除。

③沥青混凝土拌和摊铺时应采取下列措施：

a. 沥青混凝土集中拌和，合理安排沥青混凝土拌和场。采用先进的沥青混凝土拌和装置，并配备除尘设备、沥青烟气净化和排放设施。

b. 沥青混凝土拌和场不得选在环境敏感点上风向，与其距离应在 300m 以上。

c. 拌和场为操作人员配备口罩、风镜等，实行轮班制，并定期体检。

d. 沥青铺浇路面时所产生的烟气，其污染物影响距离一般在 50m 之内。因此，当公路建设工地靠近村庄、学校时，沥青铺浇时，应尽量避免风向针对这些环境敏感点的时段，并尽量在保证质量的前提下缩短施工时间，以免对人群健康产生影响。

④灰土拌和应采用下列措施：

a. 合理安排拌和场并集中拌和，尽量减少拌和场。

b. 灰土拌和场不得选在环境敏感点上风向，与其距离应在 200m 以上。

c. 对拌和场操作人员实行卫生防护，为其配备口罩、风镜等。

⑤水泥混凝土拌和应采用下列措施：

a. 水泥混凝土集中拌和，封闭装罐运输。采用先进的水泥混凝土拌和装置和配套除尘设备。

b. 水泥混凝土拌和场不得选在环境敏感点上风向，与其距离应在 300m 以上。

c. 拌和场要为操作人员配备口罩、风镜等，实行轮班制，并定期体检。

⑥筑路材料的堆放应采用下列措施：

a. 筑路材料堆放地点选在环境敏感点下风向，距离 100m 以上。

b. 遇恶劣天气加篷覆盖。

c. 注意合理安排粉煤灰堆存地点及保护措施，减少堆存量并及时利用，必要时设围栏，并定时洒水防尘。

(2)营运期

公路在营运时汽车尾气对沿线环境空气产生污染，并直接影响沿线附近居民身体健康和农作物的生长。应采取的措施如下：

①加强道路管理及路面养护，保持道路良好营运状态，减少和避免塞车现象发生。

②严格执行国家制定的尾气排放标准，对路线上机动车辆尾气进行监测，超标车辆禁止上路。

③公路沿线进行绿化，并做好绿化工程维护工作。

④公路两侧 200m 内不新建居民区、学校、医院、敬老院、幼儿园等环境敏感建筑物。

⑤服务区制冷、取暖设施，应尽可能采用清洁能源，如采用电力、液化石油气、天然气、管道煤气等。北方地区如用燃煤锅炉，应尽可能采用低硫煤，并配备消烟除尘装置(包括烟气脱硫)。

5. 公路建设社会环境保护措施

(1)公路建设对社会环境的影响

①对社会经济的影响。

②征地拆迁的影响。

③对基础设施的影响。

④对人员交往的阻隔。

⑤对文物保护的影响。

⑥对景观环境的影响。

(2)减缓公路建设对社会环境影响的措施

①节约用地。

②减小施工对当地交通的影响。

③做好与水、电、通信等部门的协调工作。

④根据沿线实际情况，充分考虑乡（镇）、村和沿线群众的意见，增加或改移通道、天桥等，减少对人群生产、生活、上学、交往的阻隔。

⑤工程结束前，应负责对被损坏的地方道路、河道驳岸等进行修复，对临时用地进行清理、平整、恢复。

⑥当公路线位与城镇总体规划或相关专业规划有冲突时，应与有关部门充分协商，或者根据规划部门的意见调整公路线位，或者调整有关规划或功能区划，使公路建设与城镇总体规划或相关专业规划协调一致。

第四节 临 时 工 程

公路建设工程中的临时工程是间接为建设工程服务的，它的特点是公路工程建成后，应全部拆除，并恢复原来的生态面貌。临时工程包括两个方面的内容：一是施工企业进行建筑安装工程施工所必需的生产和生活用的临时建筑物、构筑物和其他临时设施等，以费率的形式计入现场经费内，常称为小型临时设施；二是临时轨道铺设、便道、便桥、临时电力和电信线路、临时码头等，可以根据建设工程的实际情况，逐项列入工程造价内，是构成全部建筑安装工程费用的一个内容，常称为大型临时工程，也是单独作为计量支付的依据。现扼要介绍如下。

一、临时轨道铺设

其指在进行大型混凝构件的预制时，铺设在预制场内的轨道、预制场至桥头和桥面上应铺设的轨道，以及供龙门架行走的轨道，专供大型混凝土预制构件的出坑、运输、堆放和运至桥上安装之用。按钢轨的质量分为 11kg/m、15kg/m、32kg/m 三种不同的标准，一般根据预制构件的单件质量确定。所以，应根据预制场的条件和采用的安装方法，提出设计需要量，列入工程造价内。

二、便道

应予修建的便道有两种情况：一是专供汽车运输建筑材料用的，如料场到施工现场、原有道路与新建公路进场的连接线，以及现场范围内必须修建的便道等；二是专供大型施工机械进场用的便道。这两种便道的性质是一样的，只是修建标准有所差异。

便道有双车道和单车道两种标准，双车道的路基宽度为 7.0m，单车道为 4.5m，一般是根据运输任务的大小来确定。如果是常年使用的便道，为保证晴雨畅通，还应加铺路面，同时，应根据使用期的长短，计入养护维修所需的费用。若只要求晴通雨不通，或一次性的使用便道，如只供大型施工机械进场用的便道，或运输任务不大的便道，则可修建为单车道并不铺设路面。

三、便桥

其指便道在跨沟涉河处必须修建的桥梁。有时在修建大型桥梁时，为两岸运输建筑材料等的需要，也要修建临时用桥，若达不到通行汽车的标准，则不能列入便桥项目内计入工程造价，是属于现场经费中的临时设施费范围的内容。

为了贯彻以钢代木、节约木材的目的，公路工程概、预算定额只规定了钢便桥一种结构形式。即利用公路装配式钢梁桁节(贝雷桁架)组成,在编制工程造价时,必须贯彻执行,不得变更定额内容或进行抽换。

四、临时电力线路

其指在公路工程施工过程中,当工程用电使用工业电源时,需要安设由高压输电线路到工地变电站之间的电力线路。至于变电站或自发电的厂房至施工现场各个作业用电点的线路,是一种低压线路,属于现场经费中的临时设施费的范围内容,不得计入临时电力线路内,作为编制工程造价的依据。

此外,在修建大型桥梁时,由于工程用电的需要,必须敷设水下电缆,可结合建设工程的实际情况,参照电力部门的有关规定和要求确定,计入临时电力线路项目内,作为编制工程造价的依据。

五、临时电信路

其指施工现场各施工点与驻施工现场的管理机构,以及与外界的通信联系而需架设的电话线路。一般是按从当地附近的电信局连接到工地各施工点的线路长度作为编制工程造价的依据。但目前由于电信事业的不断发展,通信的方式很多。因此,在实际工作中,不论施工单位今后将采用何种通信方式,一般可按公路的修建长度,作为编制工程造价的依据。

六、临时码头

当建设工程处在通航地区,为利用水上运输工具进行建筑材料的运输,或桥梁水下施工需要工程拖轮和工程驳船运送材料和构件时,必须修建临时码头才能进行装卸工作,有重力式石砌码头和装配式浮箱码头的两种结构形式,一般应结合当地的实际情况在经济合理的原则下选定。

浮箱码头是由多个以钢板做成的浮箱拼组而成的,并用钢筋混凝土锚碇进行固定。

各种临时工程的另一个显著的特点,无具体的服务对象,而是为建设工程项目的全部工程服务的,但在施工过程中又是必不可少的工程设施。

第五节 辅 助 工 程

所谓辅助工程,是相对于主体工程而言的,它有具体的服务工程对象,但在施工过程中只起辅助性的作用,而不构成主体工程的实体。通常是将其费用综合在相应的使用对象的工程造价内,故除个别外,一般都不单独反映这些辅助工程的内容,亦不得作为计量支付的依据。这些辅助工程的内容比较多,现扼要介绍如下。

一、平整场地

其指专为大型混凝土预制构件预制和路面混合料集中拌和等而必须修建的场地。场地修建时,除要进行填挖土石方和找平之外,还应进行碾压,使之具有足够的强度。同时,对场地范围由材料运进和半成品运出的道路等地段应铺筑不小于15cm厚的碎砾石路面,其铺筑面积一般可按平整场地中实际地质和车辆情况进行计算。

平整场地面积的大小，应根据拌和路面混合料和预制大型混凝土构件的任务大小和采用拌和设备的类型确定，一般应考虑各种材料的堆放、安放拌和设备、大型预制构件的底座、半成品堆放、场内各种道路，以及警卫、施工人员用房等所需的面积，并通过必要的分析计算确定。它是大型拌和站的配套设施。

对于平整场地工作，《公路基本建设工程概算预算编制办法》(JTG B06—2007)是将其归列在其他工程及沿线设施项目中的清除场地内，只在编制施工图预算时，方能计算这项费用，编制设计概算时，就不能再计算，因为已综合在相关工程项目的工程定额内。

二、大型拌和站

根据工程质量和任务要求，在公路建设工程中，需要设置的大型拌和站，有厂拌稳定土、沥青混合料拌和、混凝土搅拌站三种，其拌和设备的生产能力，是以每小时吨或立方米来划分的。因此，在设置拌和站时，要解决的首要问题就是如何选定其型号。一般应根据施工任务量，在保证总工期要求的前提下，尽可能做到满负荷的施工生产而留有必要的余地，科学合理的选定拌和设备的型号，这是设置拌和站的一个重要工作环节。

1. 稳定土厂拌站

按路面施工技术规范的规定，为保证路面工程质量，高级路面中的水泥碎石、石灰粉煤灰碎石等基层，应采用集中拌和进行铺筑，故必须设置拌和站。这种稳定土厂拌设备的生产能力有 50～400t/h 等多种型号。组织施工生产时，要将厂拌设备固定在基座上，还要设置上料台。基础一般采用混凝土，上料台则采用石砌圬工做成。

2. 沥青混合料拌和站

沥青混合料一般都采用拌和设备进行拌和。其生产能力有 25～150t/h 等多种型号，60t/h 以上的拌和设备其生产过程全由微机进行控制管理，自动化程度高，是一种比较先进的机械设备产品。在组织生产时，除要修建拌和设备和锅炉的混凝土基座外，还要设置储油(沥青)池和沉淀池、砌筑上料台等。

这种设备的一次安装费用一般都比较高，如 150t/h 的沥青混合料拌和设备安装拆除一次的费用约 50 万元，所以合理设置拌和点，实行专业化施工，标段不应太短，宜在 30～50km。这是在实际工作中不可忽视的一些因素。

3. 混凝土拌和站

其是在修建大型钢筋混凝土桥梁或铺筑水泥混凝土路面时，采用的一种拌和设施，但实际上在公路建设工程中较少采用。其设备的生产能力有 15～60m^3/h 等几种型号。在组织施工生产时，要修建拌和设备的混凝土基座、砌筑堆料场的隔板和隔墙等。

设置上述各种拌和站，除要注意合理选定拌和设备的型号外，还应经过科学的分析计算，做好装料机械和半成品运输车辆，以及路面混合料的摊铺设备等的型号选配，务使其能协调而又能均衡地进行连续生产，避免互相脱节，在某些环节上产生延滞、停误。

三、混凝土蒸汽养生设施

在混凝土的施工过程中，为了缩短混凝土的养生期，使之尽快达到设计强度的要求，或在严寒季节，为避免混凝土受冻损坏，常采用蒸汽养生的办法来解决。因此，需要建筑蒸汽养生室，若系大型混凝土预制构件，则可采用挖坑或在地面上砌墙的方式来建筑蒸汽养生室。其坑壁和坑底都要用砖或天然石料进行铺砌，要设置活动的坑盖和保温门，以利构件出坑，安设蒸汽管道和工业锅炉，按时测温和喷水。

蒸汽养生室的建筑面积，应根据单件预制构件的大小和每次需要预制的根数来确定，一般是按两梁之间的间距 0.8m，并按梁长每端各加 1.5m，宽度每边各加 1.0m 来考虑确定。

由于这种养生方法，虽可缩短养生期，加快施工进度，但因增加费用较多，故在公路建筑工程中，要慎重计划和计算。

四、大型预制构件底座

其指钢筋混凝土和预应力混凝土 T 形梁、I 形梁、箱形梁等桥梁上部构造，当采用构件预制时，必须设置专门的底座。这种底座由于质量要求高，使用情况又无一定的规律性，故在公路工程预算定额中单独设立了这项工程的定额子目，分为平面底座和曲面底座两种，前者适用于 T 形梁、工形梁、等截面的箱形梁，后者适用于梁桥和拱桥的曲面箱形梁、箱形拱、桁梁和刚架等。一般是按工期要求，计划可以周转的次数，确定需要修建的座数，将其费用综合在大型预制混凝土构件的造价内。

各种底座的计量单位以面积计，按工程定额中规定的计算公式执行。

五、钢桁架栈桥式码头

其指为大型预制混凝土构件装船用的一种设施，实际上也是属于临时工程的性质，由于它有具体的服务工程对象，故在桥梁工程定额中单独列为一个定额子目，而没有将其归类临时码头内。

栈桥式码头的上部构造，是采用万能杆件组拼而成的，根据以往的建设工程的历史工程资料，栈桥的下部构造和基础，一般要修建钻孔灌注桩和柱式墩与砌石桥台等工程，故从正面看似一座半边桥的形式。在实际工作时，应根据当地的水文地质情况，提出施工设计图表资料作为施工依据。

六、先张法预应力钢筋张拉、冷拉台座

张拉台座是预应力混凝土预制构件在制作之前，对预应力钢筋进行张拉的一种设施，一般采用 900kN 预应力拉伸机来进行张拉，故它应具有足够的抗拒张拉力能力，所以，一般都采用高强度等级的钢筋混凝土制成。张拉台座由压柱、横梁所组成，并应铺设台面，以便安放模板。至于横梁亦可采用型钢代替。用于先张法的预应力钢筋，有 II、III、IV 级粗钢筋，钢绞线和高强钢丝等。冷拉台座则是对预应力粗钢筋，在构件预制之前，按设计要求先行冷拉的一种设施。它需要设置钢筋混凝土地锚，采用 50kN 单筒慢速卷扬机进行冷拉。一般可按预制构件的配筋长度，将多根钢筋对焊接长(预算定额台座的标准长度为 45m)。经冷拉后，按需要长度切断。钢筋经冷拉后，不仅长度可增加，而且还可提高钢筋的单位应力，从而能有效地节约钢材。

张拉、冷拉台座的设置，应根据施工工期要求与当地客观实际情况进行选定。如一个建设工程项目中，有多座先张法预应力梁桥，原则上应采用集中预制的方法来进行施工，设一座张拉台座。这样，既便于加强现场管理，减少施工机具设备的配备数量，又有利于保证工程质量，故只有当增加大型预制构件的运输费用超过分设张拉台座的费用，或无法解决大型预制构件的运输工具时，方宜考虑分设张拉台座，分别就地进行构件的预制。因为张拉、冷拉台座的费

用一般都比较大，同时相应还要修建场地，这是在实际工作中应予重视的一个问题。

七、船上混凝土搅拌台及泥浆循环系统

当大型桥梁在江河中进行水上、水下混凝土施工时，一个极为重要的关键环节就是如何解决水上混凝土的运输供应问题。比较行之有效的方法，就是配置船上混凝土搅拌台，用钢筋混凝土锚碇将其固定在水上施工现场。一般是采用90kW和150kW以内的内燃拖轮及100t和150t的工程驳船等船只组成为一个大型拌和场地，将拌和设备和各种建筑材料，分别安放和堆放在船上，以利进行混凝土的拌和与供应。因此，在编制工程造价时，要另行计算搅拌台的安装拆除和在船上拌和混凝土的相应费用。

当在江河中采用回旋钻机或潜水钻机修建桥梁钻孔灌注桩基础时，一般要配置泥浆循环系统，包括泥浆池和沉渣池，以利回收利用泥浆和进行钻渣处理。这种循环系统，是采用45kW和90kW以内的内燃拖轮与50t及100t的工程驳船等船只组成，它是进行深水钻孔灌注桩施工的一项专用设施。

八、施工电梯

施工电梯是在修建较高的桥墩和索塔时，为使施工人员快速安全的进入高空施工现场和返回地面，并供运输各种建筑材料等专用的一种电动垂直输送设施。一般采用型钢制成的升降架，与预埋在混凝土基座内的地脚螺栓相连接，并用缆风索加固。实际上它起着类似一般桥涵工程中脚手架的作用。因近年来在修建斜拉桥中，其索塔高达百米，相应施工难度要大，所以，当桥梁的墩身或索塔的高度较高时，为确保施工安全，加快施工进度，方便施工，结合建设工程的实际情况，在编制工程造价时，可以另行计列这种施工电梯的费用。

九、大型预制场吊移工具设备的选择

大型预制场具有这样一些特点和要求：一是预制构件的体积一般都比较大，相应也较重，移动难度大；二是都要设置平面或曲面大型预制构件底座；三是为了尽可能提高底座的周转利用率，节约底座的费用，相应就要设置预制构件的堆放场地和配备吊移工具；四是混凝土的拌和地点与底座之间的距离，应尽可能的短，以减少混凝土的场内运输任务，以利构件的浇筑，节约费用。

因此，如何科学合理的布置施工现场和选配装卸和运输工具设备，是编制施工组织设计的一项重要内容。常用的方法是设置龙门架和铺设轨道，以50kN以内的单筒慢速卷扬机或轨道拖车头来牵引轨道平车，进行预制构件的出坑、运输和堆码工作。龙门架一般采用公路装配式钢梁桁节（贝雷桁架）拼制或采用钢木做成的混合结构。当然在设备条件可能的情况下，也可采用起重机或扒杆装卸配合大吨位的汽车进行运输。

就一个公路建设工程项目而言，这种大型预制场地设施，除独立的大型桥梁外，在实际工作中总是少数，而大量的是一般的和小型的混凝土预制构件，诸如矩形板、空心板、通道和涵洞盖板，以及行人道、栏杆、拱上立柱和盖梁等。虽不存在需要设置专用底座、龙门架和铺设轨道等情况，但仍然存在有预制构件的出坑、运输和堆码工作。因此，也需要选配相应的吊移工具设备，对建立正常的施工秩序，是有直接影响的一个重要因素。

这些构件的特点是：结构简单、体积小、质量轻、移动方便。故一般可根据预制构件的形

状、大小,分别选用如下合适的吊移工具设备。

1.手推车

凡单件预制构件质量在300kg以内的,可采用双轮胶轮手推车运输。它使用灵活方便,装卸也比较容易。

2.A形小车

它是用木料或钢材做成的,起重和运输能力在200～1 000kg。在进行运输时,将车架前端抵住构件,抬高车柄使A字架而前倾斜,吊钩钩住构件后,压下车柄,使构件离开地面并靠在A字架上,然后推动小车行走。回空时,则可将车轮移至后面的轴座上,推走时就更省力。它结构简单,制作、使用都很方便,可就地加工制造应用。

3.垫滚子绞运

其为水平滚移重物的一种方法,常用于单件质量在5～15t的构件的短距离搬运。走板一般用木板,滚子可由木滚筒或钢管滚筒。构件较重时,一般都采用通长下走板。进行滚移时,用千斤顶将构件顶起,垫上走板和滚筒,然后用手摇绞车进行绞运。

以上所述,通常称为场内运输。除大型预制混凝土构件,如20m及以上长度的梁板结构,分节预制的大跨径的箱梁、箱拱等,因搬运难度大,故一般都采用在桥位附近设置预制场进行预制,而将预制的轨道连续铺至桥头或桥面上进行构件的运输工作,也就是说,预制场范围以外的运距一般都比较短,就不再考虑场内、场外运输因素的不同,而一般的和小型预制混凝土构件的使用地点大都是分布于公路全线,为了便于现场管理,保证质量,则多采用集中预制的方法,因此,就产生了比较长的场地范围以外的构件运输工作,称为场外运输,就不能采取上述的一些场内运输方法来进行构件的运输工作。

预制混凝土构件的场外运输,常采用载货汽车和平板拖车,一般适宜运输质量在25t以内的构件,并可根据构件的大小,分别采用人工、手摇卷扬机、龙门架和起重机等不同起吊方法配合装卸车作业。

此外,在进行构件运输时,要注意构件的安全,如T形梁、工形梁等,其稳定性较差,要特别做好加固和支撑工作,避免发生构件倾倒损坏事故。

总之,对预制场的设置、构件的运输方法、吊移工具设备的选择等,应根据当地和建设工程的实际情况,通过必要的技术经济比较,合理确定。

十、装配式混凝土桥梁的上部构造安装工具设备的选择

装配式混凝土桥梁是装配式混凝土、钢筋混凝土、预应力混凝土的简称。由于桥梁上部构造的多样化和施工现场条件的不同,其安装的工具设备和方法,也是多种多样的。目前广泛使用的,有扒杆、导梁、跨墩门架、悬臂吊机、缆索、履带式和汽车式起重机等。这些安装工具设备,各有其适用范围和条件,在第五章桥涵工程中,结合各种不同的桥梁上部构造已作了必要的说明。

1.扒杆

在长期的公路桥梁施工中,常用的有人字扒杆、三角扒杆、摇头扒杆、格架人字扒杆和钢管独脚摇头扒杆等多种形式。这些扒杆的结构简单,占地面积小,施工方便。格架人字扒杆是采用型钢或万能杆件组拼的,起质量可达40t。钢管独脚摇头扒杆,一般采用152～426 mm外径的钢管制成,起质量可达30t。上述其他三种扒杆,一般都采用木料制成,只适用于13m及以下长度的梁板预制混凝土构件或单件构件质量较轻的安装工作。

采用扒杆安装预制的构件时，一般一个施工总要成对配置。

2. 导梁

导梁有单导梁和双导梁两种，一般采用万能杆件等钢构件组拼而成。公路工程预算定额中规定的导梁全套设备的质量资料，是按2孔半确定的，以利平衡移动过墩，故它只能用于3孔及以上的多跨桥梁的安装。若小于3孔的梁板式桥而采用导梁安装时，应按实计算确定导梁的需要质量，并采用扒杆等其他方法，先行架设好导梁，然后再安装梁板构件。单导梁只限用于20m及以下跨径的桥梁。双导梁则适用于25m及以上的桥梁的安装工作。

3. 跨墩门架

其一般只适宜用于桥墩高度不大于13m的无常流水的干涸而又平坦的河床的梁板式桥梁的安装工作，因为需要在桥的两侧铺设轨道，作为移动跨墩门架和预制混凝土构件之用。它适用于跨径30m及以下的梁板式桥梁的安装，常采用万能杆件等钢构件组拼而成。

4. 悬臂吊机

其主要用于大跨径的箱梁（如连续梁、T构、斜拉桥箱梁）和桁架梁等的悬拼工作，也是利用万能杆件等钢构件来组拼的。一般都是将悬臂吊机安设在大桥墩上，故先要浇筑墩顶零号块，除T构外，应将零号块与桥墩进行临时固结，避免产生应力不平衡的现象，以确保施工安全。

5. 缆索吊装设备

其是由缆索、索塔和地锚等所组成的，索塔一般多采用万能杆件或公路装配式钢梁桁节（贝雷桁架）等钢构件来组拼，地锚则用钢筋混凝土或型钢做成。这种吊装设备适用于大跨径的双曲拱、箱形拱、桁架拱和刚架拱等拱式桥梁的安装工作，不宜用于梁式桥梁的安装，因为这种吊装设备的造价比较高，是不经济的，而且公路工程预算定额中的缆索设备是按照钢筋混凝土拱式桥梁的要求来制定的，故不得将其作为梁式桥的安装工具。

6. 起重机械

常用的起重机械有履带式和汽车式两种，一般适用于单件混凝土预制构件质量较轻，而地形条件允许时，如矩形板、空心板等桥梁的安装工作。

上述各种安装工具设备，在实际使用时，除所述的主体结构外，尚需很多的配套件，如绳索、拴吊用具、滑车、链滑车、锚碇等。这些配套件，根据建设工程的历史资料，采取综合的方法，已摊入相应的吊装工具设备的工程定额内，故在编制工程造价时，就不得另行计算其费用。

十一、现浇混凝土梁式桥上部构造支架

现浇混凝土梁桥上部构造支架，有满堂式和桁构式木支架、满堂式轻型钢支架、钢木混合支架、万能杆件和装配式公路钢桥桁节（贝雷桁架）拼装支架、墩台自承式支架、模板车式支架等多种不同的结构形式。

1. 满堂式木支架

其主要适用于桥位处的水位不深的桥梁，有排架式、人字撑和八字撑等不同结构形式。排架式结构简单，由排架和纵梁等部件所组成，其纵梁为抗弯构件，故跨径一般不宜大于4m。人字撑和八字撑的结构复杂，跨径可达8m，其纵梁须加设人字撑或八字撑，是一种可变形结构。因此，在浇筑混凝土时，要保持均匀、对称地进行，以免发生较大的变形，影响工程质量。

在满堂式支架排架的地梁（枕木）以下，应设置圬工或桩基等基础。基础须坚实可靠，以保证排架的沉陷值不超过规定。这种支架一般适用于墩台高度在12m以下，当排架较高时，为

保证支架的横向稳定,除排架上应设置撑木外,尚需在排架的两端外侧加设斜撑或斜立柱,以确保施工安全。

2. 桁构式木支架

其是用木料做成的桁构式纵梁,只在墩台两旁设立支撑排架,但在拼装和拆除时,须在中间设临时支撑架。它适用于墩台高度在12m以内和跨中地质情况较差的桥梁。

3. 满堂式轻型钢支架

其是用工字钢、槽钢或钢管加工制成的,斜撑和连接系等则采用角钢。桥位地面较平坦,又有一定的承载能力的桥梁,为节约木材,宜采用这种轻型钢支架。其排架应设置在混凝土或钢筋混凝土枕木上,或以木板作支承基底。为防止冲刷,支承基底须埋入地面以下适当的深度。它适用于墩台高度在10m以下的桥梁。

4. 万能杆件和装配式公路钢桥桁节(贝雷桁架)拼装支架

前者可拼装成各种跨度和高度的支架,其柱高除柱头和柱脚外应为2的倍数,即2m、4m、6m及以上的各种不同高度。柱与柱之间的距离应与桁架之间的距离相同。后者则可拼装成桁架梁和塔架,为加大桁架梁的跨径和利用墩台作支承,也可拼装成八字斜撑以支撑桁架梁。

这种支架结构,在荷载作用下的变形都比较大,因此,应考虑预压,其预压质量应相当于浇筑混凝土的质量。

5. 混合钢木支架

其是由木排架和工字钢纵梁组成的。当设计的跨度达10m时,应改用木框架结构作支架,以加强支架的承载力和稳定性。

6. 墩台自承式支架

在墩台上设置承台预埋件,以利安装横梁及架设工字钢或槽钢纵梁,即构成模板的支架。

7. 模板车式支架

其是将模板与支架整体安装在铺设的轨道上,可以前后移动的一种支架。它适用于桥跨不大,桥墩为双柱式的多跨桥梁的施工,须在桥位处铺设临时轨道。移动时,须将斜撑取下,将插入式钢梁节段推入中间钢梁节段内,并将千斤顶放松,使模板与混凝土脱离开。由于这种支架需要在桥位处铺设临时轨道,故只能用于干涸平坦的河床的桥梁施工。

公路工程预算定额中,只有上述前三种支架的定额资料。在编制施工图预算时,当采用其他支架结构时,则应编制补充定额作为编制依据。

现浇混凝土梁式桥上部构造的模板,因已综合在相应的各种桥型结构的工程定额内,故不再存在选择的问题。但各种支架的工程定额,因是按照一般正常的施工条件和最大可能的周转使用次数制定的,故在编制施工图预算时,当实际达不到规定的周转使用次数时,可以按实际使用的次数将材料消耗量进行换算。

十二、石砌拱桥的拱盔支架

拱盔是指拱桥的起拱线以上部分,在拱圈砌筑过程中起支承拱圈圬工作用的一种设施,有满堂式和桁架式木拱盔、钢拱架等不同结构形式。木拱盔一般适用于跨径在50m以下的拱桥;跨径较大的拱桥,则宜采用钢拱架,以节约木材。桁架式拱盔适用于经常性通航,桥位处水较深或墩台较高的桥孔。其他拱盔构造形式,已在第五章桥涵工程内作了必要的介绍,就不再赘述。桁架拱盔和钢拱架一般都是在墩台上预留支承处或设置预埋件,作为安放固定拱盔之用，故无需设置排架等支架。

拱桥的支架，即起拱线以下部分，系支撑拱盔的一种结构，有排架式、撑架式等不同形式。从上述可知，只有当采用满堂拱盔时，才需要设置支架。实际上这种支架与前述现浇混凝土梁式桥上部构造支架中的满堂式支架是一样的。也就是说，它们是通用的，故可参照所述的有关规定和要求执行。

各种形式的拱盔定额，都已将底模综合在内，同时，也跟前述的支架一样是按照最大可能周转使用的次数制定的。故当实际达不到规定的周转使用次数时，在编制施工图预算时，可以将定额中的材料消耗量进行换算。

本章小结

公路除路基、路面、桥涵、隧道等以外的其他工程，也是公路建设工程的重要组成部分。本章主要介绍了交叉工程、沿线设施、环境保护、临时工程及辅助工程等内容。

1. 交叉工程

公路建设中的交叉工程按相交线路所处的空间位置和形式，可分为平面交叉和立体交叉两大类；按相交路线的不同，又分为与公路、铁路、乡村道路三种不同的相交情况。

平面交叉的布置形式有加铺转角式、分道转弯式、加宽路口式和环形交叉等四种。

立体交叉有分离式和互通式两类，按跨越方式又可分为上跨式和下穿式。公路互通式立交有苜蓿叶形、Y 形、喇叭形、菱形、环形等多种形式，主要由正线、跨线构造物、匝道、出入口、变速车道等及部分组成。

交叉形式及位置的选择和布置应根据交通量大小、主要车流方向，及地形情况，综合考虑计算行车速度、交叉角度、交叉间距、平纵线形、行车安全视距、安全净空等各方面的要求，合理确定。

2. 沿线设施

公路沿线设施，主要包括管理养护设施、服务设施、安全设施等几类。

管理养护设施主要有收费站、管理站、通信系统、监控系统、供电系统、养护设施等。

服务设施包括服务区和停车区两种。

安全设施包括护栏、隔离设施、防眩设施、视线诱导设施、路面标线、公路标志等。

3. 环境保护

公路对生态环境的影响，从时间上可区分为长期影响和短期影响。

公路建设环境保护工程及措施主要包括水土流失防治措施、声环境及振动环境保护措施、水环境保护措施、大气环境保护措施，以及社会环境保护措施等。

4. 临时工程

临时工程是施工企业进行建筑安装工程施工所必需的生产和生活用的临时建筑物、构筑物和其他临时设施等，可分为小型临时设施和大型临时工程。本章主要介绍了临时轨道铺设、便道、便桥、临时电力和电信线路、临时码头等内容。

5. 辅助工程

辅助工程是有具体的服务工程对象，在施工过程中只起辅助性作用的工程。相应的费用通常是将其综合在相应的使用对象的工程造价内。本章主要介绍了平整场地、大型拌和站、混凝土蒸汽养生设施、大型预制构件底座、钢桁架栈桥式码头、预应力钢筋张拉设施、船上混凝土搅拌台及泥浆循环系统、施工电梯、大型预制场吊移工具设备、装配式混凝土桥梁的上部构造安装工具设备、现浇混凝土梁式桥上部构造支架、石砌拱桥的拱盔支架等内容。

思 考 题

1. 什么是交叉工程？交叉工程分哪几类？交叉口布置应考虑哪些因素？

2. 平面交叉有哪几种形式？其适用条件是什么？

3. 立体交叉分几种形式？其主要区别是什么？互通式立体交叉的基本形式有哪几种？各有什么特点，适用范围如何？

4. 公路建设项目中的沿线设施包括哪些内容？

5. 公路建设项目中的安全设施包括哪些内容？

6. 护栏有哪几种形式？其适用条件是什么？

7. 什么是隔离设施？什么是防眩设施？什么是视线诱导设施？它们各起什么作用？

8. 什么是路面标线？路面标线按功能分为哪几类？常用的标线有哪几种？

9. 什么是公路标志？公路标志分哪几类？主要标志有哪几种？各起何作用？

10. 举例说明公路施工对生态环境的长期影响或效应。

11. 简述公路建设中水土保持的原则、目标和方式。

12. 联系实际情况简述桥梁(或路基、隧道)工程施工对生态环境造成的短期影响。

13. 什么是临时工程？什么是辅助工程？它们在计量支付中有何特点？各包括哪些内容？

14. 大型预制场构件吊移的工具设备有哪些？其适用条件是什么？

15. 装配式桥梁上部构造的安装工具设备有哪些？其适用条件是什么？

16. 现浇桥梁上部构造的支架有哪些类型？

第七章 施工组织设计

第一节 施工组织设计概述

公路工程施工组织设计是指对拟建工程项目提出科学的实施计划，从工程项目实际出发，确定合理的施工组织及施工方案，科学安排施工进度计划与施工平面图及施工现场的规划，并作为编制工程造价和指导施工的依据。

公路工程施工组织的核心任务就是研究公路建设在施工过程中的诸要素的合理组织。即如何认真贯彻国家现行技术经济政策和法令，根据公路工程施工的特点，将人力、资金、材料、机械、施工方法等各种因素进行科学地、合理地安排，使其在一定的时间和空间内得以实现有组织、有计划、有秩序地施工，使其工期短、质量好、成本低，迅速发挥投资效益。

一、公路基本建设的组成及特点

1. 公路基本建设的组成

公路工程基本建设是指国民经济中新增公路固定资产的建设，它是以新建、扩建和改建等方式实现的。具体来讲，即把一定的建筑材料、半成品、设备等，通过购置、建造和安装等活动，转化为公路固定资产的活动，如一条公路的竣工，一座桥梁的落成等。

(1)公路基本建设的内容组成

公路基本建设的内容按投资额的构成和工作性质可分为：建筑安装工程，设备及工具、器具购置，其他基本建设等三部分。

①建筑安装工程

指兴工动料的施工活动，是投资额最高的一部分，是基本建设中最复杂的一部分。它包括建筑工程和设备安装活动。

建筑工程包括：路基、路面、桥梁、隧道、防护工程及沿线设施等。

设备安装活动包括：高速公路、大型桥梁所需各种机械、设备、仪器的安装测试等。

②设备及工具、器具购置

设备及工具、器具购置指为公路营运、服务管理、养护需要等所购置的设备、工具、器具以及为保证新建、改建公路初期正常生产、使用和管理所需办公和生活用家具的采购或自制。

③其他基本建设工作

其他基本建设工作指不属于上述各项的基本建设工作，包括：公路筹建阶段和建设阶段的管理工作、勘察设计、科研试验、征用土地、拆迁补偿等。

(2)公路基本建设的项目组成

任何一项基本建设工程，都有其自身的复杂性，要进行若干项技术的、经济的和物资形态的工作。为了加强对基本建设工作的管理，便于编制设计文件、概预算文件和施工组织设计文件，便于工程招投标工作和施工管理，必须对基本建设工程项目进行科学的分解和合理的划分。基本建设工程可以划分成建设项目、单项工程、单位工程、分部工程和分项工程。

①建设项目

建设项目又称基本建设项目，一般指符合国家总体建设计划，能独立发挥生产能力或满足生活需要，其项目建议书经批准立项和可行性研究报告经批准的建设任务，如工业建设中的一座工厂、一座矿山，民用建设中的一个居民区、一幢住宅、一所学校为一个建设项目。

公路建设项目，一般指建成后可以发挥其使用价值和投资效益的一条公路或一座独立大、中型桥梁或一座隧道。

按国家计划及建设主管部门的规定，一个建设项目应有一个总体设计，在总体设计的范围内可以由若干个单项工程组成(如一个建设项目划分为几个标段)，经济上实行统一核算，行政上实行统一管理；也可以分批分期进行修建。

一个建设项目可以由一个单项工程或几个单项工程组成。

②单项工程

单项工程又称工程项目，它具有独立的设计文件，在竣工后能独立发挥设计规定的生产能力或效益的工程，如工业建筑中的生产车间、办公楼，民用建筑中的教学楼、图书馆、宿舍楼等。

公路建设的单项工程一般指独立的桥梁工程、隧道工程，这些工程一般包括与已有公路的接线，建成后可以独立发挥交通功能。但一条路线中的桥梁或隧道，在整个路线未修通前，并不能发挥交通功能，也就不能作为一个单项工程。

一个单项工程可以由几个单位工程组成。

③单位工程

单位工程是单项工程的组成部分，是指在单项工程中具有单独设计文件和独立施工条件，并可单独作为成本计算对象的部分，如单项工程中的生产车间的厂房修建、设备安装等；公路工程中同一合同段内的路线、桥涵等。由此可见，单位工程一般不能独立发挥生产能力和使用效益。

一个单位工程可以包含若干分部工程。

④分部工程

分部工程是单位工程的组成部分，一般是按单位工程中的主要结构、主要部位来划分的，如工业与民用建筑中的房屋的基础、墙体等。

在公路建设工程中如按工程部位可划分为：路基工程、路面工程、桥涵工程等；按工程结构和施工工艺可划分为：土石方工程、混凝土工程和砌筑工程等。

一个分部工程包含若干分项工程。

⑤分项工程

分项工程是分部工程的组成部分，是根据分部工程划分的原则，再进一步将分部工程分成若干个分项工程。分项工程是按照不同的施工方法、不同的施工部位、不同的材料、不同的质量要求和工作难易程度来划分的，它是概预算定额的基本计量单位，故也称为工程定额子目或工程细目，如 $10m^3$ 浆砌块石、$100m^3$ 沥青混凝土路面等。

一般来说，分项工程只是建筑或安装工程的一种基本构成要素，是为了确定建筑或安装工程费用而划分出来的一种假定产品，以便作为分部工程的组成部分。因此，分项工程的独立存在是没有意义的。

2. 公路建设的特点

公路建设的特点包含两方面：一是公路建筑产品的特点；二是公路工程施工的特点。只有充分了解了这两个特点，才能更好地组织和管理公路工程建设过程。

(1)公路建筑产品的特点

①产品的固定性

公路工程构造物固定于一定的地点，永久地占用大量土地，不能移动。

②产品的多样性

由于公路建筑产品的具体使用目的各异，技术等级、技术标准不同，自然条件、结构形式、主体功能千差万别，从而使公路的组成结构复杂，多种多样。

③产品的形体庞大性

公路工程是线形构造物，其组成部分(路基、路面、桥梁等)的形体庞大，占用土地和空间多。

④产品部分结构的易损性

公路工程受行车及自然因素的作用。其暴露于大自然的部分(如路面)，由于受风、雨、雪及有害气体、液体的侵蚀极易老化损坏，故常需小修、保养；受行车直接作用部分，由于受轮胎的磨损、行车过程中的震动、冲击等综合外力作用，经常损坏。

(2)公路工程施工的特点

针对公路建筑产品特点，形成了如下施工特点：

①工程线形分布，施工流动性大。

公路是沿地面延伸的线形人工构筑物。公路建设点多线长，工程数量分布不均匀。大、中型桥梁、隧道、高填深挖路段的路基土石方工程等，往往是控制工期的集中工程。小桥及涵洞、路面工程、交通工程、沿线设施及环境绿化等，属于线形分布工程。

由于这些产品都是固定型的，只能是组织人力、物力围绕这一固定产品在同一工作面不同时间，或同一时间不同工作面进行施工活动。这就注定了时间组织和空间组织要科学、合理，尽量减少混乱和时间上的浪费，使施工队伍有条不紊地沿着产品延伸方向向前。当某一公路工程竣工后，施工队伍要向新的施工现场转移。

②产品类型繁多，施工协作性高。

公路工程类型多种多样，标准化难度大，必须个别设计，施工组织也需个别进行。就是相同技术等级的公路，也不可能采用同样的施工组织，这是因为施工时的技术条件(如物资种类、供应地点、机具设备、施工单位技术水平等)、自然条件(环境、气候)和工期要求等不尽相同的缘故。

为了保质保量按期完成施工任务，每项工程都需要建设、设计、施工、监理等单位密切配合，材料、动力、运输等各部门的通力协作，还需要地方各级政府部门和施工沿线各相关单位的大力支持。因此，公路施工过程中的综合平衡和合理调度，严密的计划和科学的管理是特别重要的。

③工程形体庞大，施工周期长。

公路工程是线形构造物，具有形体庞大的特点，产品固定又不能分割，而且具有系统性，即同一地点要依次进行多个分部作业(如要进行路面工程施工，首先必须依次进行清理现场、施工放样、路基工程、涵洞等构造物的施工)，使施工周期长。特别是集中的土石方工程、大桥工程、隧道、特殊地质地段处，在较长时间内占用和消耗大量的人力、物力资源，直到整个施工期结束，才能使公路建筑产品投入运营。

在施工过程中，各阶段各环节必须有机地结合成整体，在时间上不间断、空间上不闲置，施工过程稳定有序，才能保证工期不延误，人力、物力、财力得到最好的发挥。

④受外界干扰及自然因素影响大。

公路工程施工主要是在野外露天作业，受自然条件、地理环境的影响很大，特别是不良天气(夏季高温、洪水；冬季冰冻、大雪；春秋大风，漫天沙尘)、不良地质(泥沼、熔岩、流沙等)，不但影响施工，而且还会给工程造成损失。在施工组织设计时，要详细调查，充分加以考虑，才能保证质量，按期完成。

另外，设计变更、物资供应临时发生变化、地质条件突变等，再加上一些人为的因素，如果处理不当，都会直接影响工程质量、工程成本及工期。这些因素要求我们施工组织设计人员都要考虑进去，并留有回旋余地。

二、施工组织设计的概念与作用

1.施工组织设计的概念

施工组织设计是指导工程投标、签订承包合同、施工准备和施工全过程的全局性的技术经济文件。施工组织设计的含义包括：

(1)施工组织设计是根据工程承包组织的需要而编制的技术经济文件。其内容既包括技术的也包括经济的，更确切地说是技术和经济相结合的文件，既解决技术问题，又考虑经济效果。所以，它是一种管理文件，具有组织、规划(计划)和据以指挥、协调、控制的作用。

(2)施工组织设计是全局性的文件。“全局性”是指工程对象是整体的，文件内容是全面的，发挥作用是全方位的(指管理职能的全面性)。

(3)施工组织设计是指导承包全过程的，从投标开始，到竣工结束。在市场经济条件下，特别应当发挥施工组织设计在投标和签订承包合同中的作用，使工程施工组织设计不但在管理中发挥作用，更在经营中发挥作用。

2.施工组织设计的作用

(1)指导工程投标与签订工程承包合同，作为投标书的内容和合同文件的一部分。

(2)指导施工前的一次性准备和工程施工全局的全过程。

(3)作为项目管理的规划性文件，提出工程施工中进度控制、质量控制、成本控制、安全控制、现场管理、各项生产要素管理的目标及技术组织措施，提高综合效益。

三、施工组织设计的阶段、分类和内容

1.施工组织设计的阶段与文件组成

在公路工程设计和施工的各个阶段，都必须编制相应的施工组织设计文件。在初步设计阶段拟订“施工方案”，在技术设计阶段提出“修正的施工方案”，在施工图设计阶段编制“施工组织计划”，在招投标阶段编制“指导性施工组织设计”，在施工阶段编制“实施性施工组织设计”。在公路大中修及旧桥加固阶段，编制“施工组织计划”。它们统称为施工组织设计文件。

1)施工方案

两阶段初步设计和三阶段初步设计中的施工组织设计文件称为施工方案。施工方案由以下文件组成。

(1)施工方案说明

①贯彻国家有关方针政策的说明。

②工程概况。

③施工组织、施工力量的设想和施工期限的安排。

④主要工程、控制工期的工程和特殊工程的施工方案及采取的措施。

⑤主要材料的供应，施工机具、设备的配备及临时工程的安排。

⑥下一阶段应解决的问题及注意事项。

(2)人工、主要材料及机具、设备安排表

列出人工数量和施工所用材料、机具、设备的名称、单位、总数量，并分上半年、下半年编列。主要材料一般指钢材、木材、水泥、沥青、砂、石料等。

(3)工程概略进度图

根据劳动力、施工期限、施工条件和施工方案按年和季度进行施工进度概略安排。图中应列出工程项目名称、单位、数量，按年度和季度列出各工程项目的起止时间、机动时间、衔接时间等。

(4)临时工程一览表

列出临时工程名称(如便桥、便道、房屋、预制场、电力设施、通信设施等)。列出各项临时工程的地点或桩号，工程说明、工程数量等。

(5)公路临时用地表

列出临时用地的位置或桩号、工程名称、土地的隶属(县、乡、村、个人)关系、长度、宽度、土地类别及数量等。

上述施工方案说明列入初步设计文件的第一篇总说明书中，其余四项构成第十篇即施工方案文件。

2)修正施工方案

采用三阶段设计的公路工程，在技术设计阶段编制的施工组织设计文件称为修正施工方案。修正施工方案根据初步设计的审查意见和施工方案说明中提出的应进一步解决的问题及注意事项进行编制，其编制深度和提交的文件内容介于施工方案和施工组织计划之间。

3)施工组织计划

公路工程不论采用几阶段设计，在施工图设计阶段都要编制施工组织计划。施工组织计划由以下文件组成。

(1)说明

①贯彻国家方针政策和采用先进技术情况。

②初步设计(或技术设计)批复意见的执行情况。

③施工组织、施工期限、主要工程的施工方法、工期、进度及采取的措施。

④劳动力计划及主要施工机具的使用安排。

⑤主要材料供应、运输方案及临时工程的安排。

⑥对缺水、风沙、高原、严寒等地区以及冬、雨季施工所采取的措施。

⑦对高速公路和一级公路的交通工程、沿线设施施工协调和分期实施等有关问题的说明。

⑧施工准备工作的意见，如拆迁，用地，修建便道、便桥、临时房屋，架设临时电力线路、通信设施等。

(2)工程进度图

图中应列出工程项目名称、单位、数量、劳动量等，按年、月分别绘出各工程项目起止日期，并标出计划用人工数，绘出劳动力安排示意图等。

(3)主要材料计划表

表中列出材料的名称、规格、单位、数量、来源、运输方式，年、季计划用量等。

(4)主要施工机具、设备计划表

表中列出机具、设备的名称，规格，数量(台班数、台数)，使用期限，年、季计划用量等。

(5)临时工程数量表

表中列出各项临时工程(便桥、便道、房屋、预制场、电力设施、通信设施等)的地点或桩号、工程名称、工程说明、工程数量等。

(6)公路临时用地表

表中列出临时用地的位置或桩号、工程名称、土地的隶属(县、乡、村、个人)关系、长度、宽度、土地类别及数量等。

施工组织计划为施工图设计文件的第十二篇内容。

4)指导性施工组织设计

指导性施工组织设计，是施工单位用于工程投标所编制的施工组织设计，它是投标文件组成中的必备文件。乙方中标后，它是承包合同的重要组成文件。

指导性施工组织设计的内容、文件组成，目前国家尚无统一规定，通常与设计阶段的“施工组织计划”内容相似，但为满足招标文件，要求更加具体、详细，并增加了如下内容：施工单位、施工项目组织管理框架、人员组成分工及法人代表；质量自检体系、人员和试验设备配备清单；施工机械、关键设备进场使用清单；工程平面、高程和方位控制体系及程序安排方案；施工安全和环境保护措施；施工设计和施工辅助设计有关资料等。

5)公路大中修及旧桥加固阶段施工组织设计

公路大中修及旧桥加固阶段施工组织设计的内容、文件组成，目前国家尚无统一规定，通常与施工图设计阶段的“施工组织计划”内容相似，但是与新建公路工程施工组织设计不同，因为工程内容不同，其侧重点不同，施工规模比新建工程要小。对于高速公路由于是全封闭运营，不中断交通，在进行施工组织时，施工平面图布置及施工运输还要考虑进出口问题。对于其他等级公路，要考虑交通干扰和交通安全问题，施工平面图布置及施工运输要考虑充分利用现有地形、地物和可利用道路。对于旧桥加固，要考虑交通干扰和交通安全问题，当需要改善桥面铺装时，在不中断交通的情况下，半幅施工，另外通车半幅要控制车速，防止车辆震动造成混凝土开裂。

6)实施性施工组织设计

在公路工程的施工准备阶段，由施工单位编制的施工组织设计称为实施性施工组织设计。施工单位根据施工图设计图纸和野外调查资料及本单位施工条件(施工力量、技术水平等)进行编制。因此，这一阶段编制的施工组织设计十分具体、可行。因为要在工程施工中实施，就必须对各分部、分项工程，各道工序和施工专业队都进行施工进度的日程安排和具体的操作设计。

实施性施工组织设计文件的内容与施工图设计阶段的施工组织设计相似，但更具体、更详细。工程进度图应按月、旬安排，并编制相应的人工、材料、机具、设备计划。

综上所述，从施工方案到实施性施工组织设计，后一阶段比前一阶段的要求更高，内容也更详细、具体，但是各个阶段既是独立的又是相互联系的。

2.施工组织设计的分类

根据公路工程施工组织设计阶段的不同，施工组织设计可以划分为两类：一类是投标前编制的施工组织设计（简称标前设计）；另一类是签订工程承包合同后编制的施工组织设计（简称标后设计）。两类施工组织设计的区别见表7-1。

两类施工组织设计的区别　　表7-1

种　　类	服务范围	编制时间	编制者	主要特征	追求主要目标
标前设计	投标与签约	投标书编制前	经营管理层	规划性	中标和经济效益
标后设计	施工准备至验收	签约后开工前	项目管理层	作业性	施工效率和效益

按工程对象的不同，施工组织设计可以分为三类：施工组织总设计、单项（或单位）工程施工组织设计和分部工程施工组织设计。施工组织总设计是以整个建设项目或群体工程为对象编制的，是整个建设项目或群体工程施工准备和施工的全局性、指导性文件。单项（或单位）工程施工组织设计是施工组织总设计的具体化，以单项（或单位）工程为对象编制，用以指导单项（或单位）工程准备和施工全过程。它还是施工单位编制月、旬作业计划的基础性文件。

对于施工难度大或者施工技术复杂的工程项目，在编制单项（或单位）工程施工组织设计之后，还应编制主要分部工程的施工组织设计，用以指导各分部工程的施工，如复杂的基础工程、大型混凝土构件预制与安装工程以及有特殊要求的工程项目等。分部工程施工组织设计突出作业性。

3.各类施工组织设计的内容

(1)"标前设计"的内容

由于"标前设计"的作用是为编制投标书和进行签约谈判提供依据，故应包括以下内容：

①施工方案，包括施工程序、施工方法选择，施工机械选用、劳动力和主要材料、半成品投入量等。

②施工进度计划，包括工程开工日期，竣工日期，分期分批施工工程的开工、竣工日期，施工进度控制图及说明。

③主要技术组织措施，包括保证质量的技术组织措施、保证安全的技术组织措施、保证进度的技术组织措施、环境污染防治的技术组织措施等。

④施工平面布置图，包括施工用水量计算、用电量计算、临时设施需用量及费用计算、施工平面布置图。

⑤其他有关投标和签约需要的设计。

(2)施工组织总设计的内容

一般来说，施工组织总设计应包括以下内容：

①工程概况，包括建设项目的特征、建设地区的特征、施工条件、其他有关项目建设的情况。

②施工部署和施工方案，包括施工任务的组织分工和安排、重要单位工程施工方案、主要工种工程的施工方法及"三通一平"规划。

③施工准备工作计划，包括现场测量、土地征用、居民拆迁、障碍物拆除，掌握设计意图和进度，编制施工组织设计和研究有关技术组织措施，新结构、新材料、新技术、新设备的试制和

试验工作，大型临时设施工程，施工用水、电、路及场地平整工作的安排，技术培训，物资和机具的申请和准备等。

④施工总进度计划，用以控制总工期及各单位工程的工期和搭接关系。

⑤各种需要量计划，包括劳动力需要量计划，主要材料及加工品需用量、需用时间及运输计划，主要机具需用量计划，大型临时设施建设计划等。

⑥施工总平面图，对建设空间(平面)的合理利用进行设计和布置。

⑦技术经济指标分析，目的是评价上述设计的技术经济效果，并作为考核的依据。

(3)单项(或单位)工程施工组织设计的内容

与施工组织总设计类似，其内容主要有以下几项：

①工程概况，包括工程特点、建设地点的特征、施工条件三个方面。

②施工方案，包括确定施工程序和施工流向、划分施工段、主要分部分项工程施工方法的选择和施工机械选择、技术组织措施。

③施工进度计划，包括确定施工顺序，划分施工项目，计算工程量、劳动量和机械台班量，确定各施工过程的持续时间并绘制进度计划图。

④施工准备工作计划，包括技术准备，现场准备，劳动力、机具、材料、构件加工半成品的准备等。

⑤编制各项需要量计划，包括材料需用量计划、劳动力需要量计划、构件加工半成品需用量计划、施工机具需用量计划。

⑥施工平面图，表明单项(或单位)工程施工所需施工机械、加工场地、材料、构件等的设置场地及临时设施在施工现场的配置。

(4)分部工程施工组织设计的内容

分部工程施工组织设计的内容应突出作业性，主要进行施工方案、施工进度作业计划和技术措施的设计。

四、施工组织设计的编制原则和程序

1. 编制原则

(1)严格遵守工期定额和合同规定的工程竣工及交付使用期限。总工期较长的大型建设项目，应根据生产的需要，安排分期分批建设，配套投产或交付使用，从实质上缩短工期，尽早发挥建设投资的经济效益。在确定分期分批的施工项目时，必须注意使每期交工的一套项目可以独立发挥效用，使主要的项目同有关的附属辅助项目同时完工，以便完工后可以立即交付使用。

(2)合理安排施工程序与顺序。公路施工有其本身的客观规律，按照反映这种规律的程序组织施工，能够保证各项施工活动相互促进、紧密衔接，避免不必要的重复工作，加快施工速度，缩短工期。在安排施工程序时，通常应考虑以下几点：

①要及时完成有关的施工准备工作，为正式施工创造良好条件。准备工作视施工需要，可一次完成或分期完成。

②正式施工前应先进行平整场地，铺设管网，修筑道路等全场性工程及可供施工使用的永久性建筑物，然后再进行各个工程项目的施工。

③对于单个构筑物的施工顺序，既要考虑空间顺序，也要考虑工种之间的顺序。

(3)用流水作业法和网络计划法安排施工进度计划。

(4)恰当地安排冬、雨季的施工项目。对于那些必须进入冬、雨季施工的工程,应落实季节性施工措施,以增加全年的施工天数,提高施工的连续性和均衡性。

(5)采用先进合理而又可行的施工方法,贯彻执行技术规范和操作规程,确保工程质量和安全施工,降低工程成本。

(6)尽量利用正式工程、原有或就近的设施,以减少各种临时设施;尽量利用当地资源,合理安排运输、装卸与存储作业,减少物资运输量,避免二次搬运;精心进行施工场地规划布置,节约施工临时用地,不占或少占农田。

(7)实施目标管理。各类施工组织设计的编制均应实行目标管理原则。编制施工组织设计的过程,也就是提出施工项目目标及实现办法的规划过程。因此,必须遵循目标管理原则,使目标分解得当,决策科学,实施有法。

(8)与施工项目管理相结合。进行施工项目管理,必须事先进行规划,使管理工作按规划有序进行。施工项目管理规划的内容应在施工组织设计的基础上进行扩展,使施工组织设计从仅服务于施工和施工准备,发展为服务于经营管理和施工管理。

2. 编制程序

(1)标前设计的编制程序:学习招标文件→进行调查研究→编制施工方案并选用主要施工机械→编制施工进度计划、确定开工日期、竣工日期、分期分批开工与竣工日期、总工期→绘制施工平面图→确定标价及钢材、水泥等主要材料用量→设计保证质量和工期的技术组织措施→提出合同谈判方案,包括谈判组织、目标、准备和策略等。

(2)标后设计的编制程序:进行调查研究,获得编制依据→确定施工部署→拟订施工方案→编制施工进度计划→编制各种资源需要量计划及运输计划→编制供水、供热、供电计划→编制施工准备工作计划→设计施工平面图→计算技术经济指标。

五、施工组织设计的编制依据

1. 标前设计的编制依据

标前设计的编制依据主要包括:

(1)招标文件和工程量清单。

(2)施工现场踏勘情况。

(3)进行社会、市场和技术经济调查的资料。

(4)可行性研究报告、设计文件和各种参考资料。

(5)企业的生产经营能力。

2. 施工组织总设计的编制依据

施工组织总设计的编制依据主要包括:

(1)计划文件,包括国家批准的基本建设计划文件、单位工程项目一览表、分期分批投产的要求、投资指标和设备材料订货指标、建设地点所在地主管部门的批件、施工单位主管上级下达的施工任务等。

(2)设计文件,包括批准的初步设计或技术设计、设计说明书、总概算或修正总概算、可行性研究报告。

(3)合同文件,即施工单位与建设单位签订的工程承包合同。

(4)建设地区的调查资料,包括气象、地形、地质和其他地区性条件等。

(5)定额、规范、建设政策法令、类似工程项目建设的经验资料等。

3.单项(或单位)工程施工组织设计的编制依据

单项(或单位)工程施工组织设计的编制依据主要包括:

(1)上级领导机关对该单项工程的要求、建设单位的意图和要求、工程承包合同、施工图的要求等。

(2)施工组织总设计和施工图。

(3)年度施工计划对该工程的安排和规定的各项指标。

(4)劳动力配备情况,材料、构件、加工品的来源和供应情况,主要施工机械的生产能力和配备情况,水、电供应情况。

(5)设备安装进场时间和对土建的要求以及对所需场地的要求。

(6)建设单位可提供的施工用地,临时房屋、水、电条件。

(7)施工现场的具体情况,包括地上、地下障碍物,交通运输道路,水准点,地形、水文、地质、气候等自然资料。

(8)建设用地征购、拆迁情况,国家有关规定、规范、规程及定额等。

六、公路施工组织调查

为了做好施工组织设计,必须事先进行施工组织调查工作。所谓施工组织调查,就是为编制施工组织文件所进行的收集和研究有关资料的活动。为编制设计阶段的施工组织文件所进行的施工组织调查活动是在勘察设计阶段进行的;为编制施工阶段的施工组织文件所进行的施工组织调查活动是在开工前的施工准备阶段完成的。前者带有勘察调研的性质,后者则具有复查和补充的性质,但其总的内容和方法基本上是一样的。施工组织调查是施工组织设计的基础,必须脚踏实地、深入现场同有关部门进行认真细致地查询、研究。调查工作一般与概、预算资料调查工作结合一起进行,主要包括现场勘察和收集资料两个方面。

1.勘察

所谓勘察是指对施工现场进行勘察。在设计阶段是在外业勘测中,由勘测队的调查组来完成;在施工阶段是在开工前组成专门的调查组来完成。勘察的对象主要是路线、桥位、大型土石方地段、材料采集加工场地等。勘察的主要内容如下。

(1)施工现场及沿线的地形地貌。对于公路沿线的大、中型桥位,附属加工等施工现场,应结合勘察测绘平面图,并进行定性描述。

(2)施工现场的地上障碍及地下埋设物。对于需要拆迁的建筑物等地上障碍物以及地下埋设的管线、文物等,除在勘测中进行实地调查外,尚应在施工前由施工单位去现场进行复查,并办理有关手续。

(3)其他必须去现场实地勘察的事项。

2.施工组织设计资料的收集

施工组织调查收集资料的基本要求是:座谈有纪要、协商有协议,有文件规定的要索取书面资料。资料要确实可靠,措辞严谨,手续齐全,符合法律要求。一般调查收集以下资料:

(1)施工单位和施工组织方式。在勘察阶段,如未明确施工单位,则应向建设单位调查落实施工单位，并明确是专业队伍施工还是军工或民工建勤施工方式。无论何种施工组织设计，均应事先考察施工单位的施工能力（即可投入的人力、机械、设备及其他施工手段）。对实行招标、投标的工程，在设计阶段一般不能明确施工单位，设计单位应从设计角度出发，提出最为合理的意见，作为编制概、预算的依据。

(2)气象资料。在勘测中或施工前应与工程所在地气象部门联系，抄录工程所在地的气温、季风、雨量、积雪、冻深、雨季等有关资料。

(3)水文地质资料。可向工程所在地的水文地质部门或向本测量队的桥涵组、地质组抄录下列主要内容：地质构造、土质类别、地基土承载能力、地震等级、地下水位、水量、水质、洪水位。

(4)技术经济情况：

①施工现场（沿线）附近可以利用的场地，可供租用的房屋等情况。在勘测中或施工前，通过调查并与地方主管部门（如乡政府等）签订协议，解决施工期间住宿办公等用房。

②对工程所需的外购材料应进行详细调查，并填写"调查证明"，由提供材料单位盖章证明。

③自采加工材料的料场、加工场位置、供应数量、运距等情况。

④当地能够雇用或支援建设的劳动力数量以及技术水平。

(5)运输情况。关于材料运输方面，除应分别了解施工单位自办运输及当地可提供的运力（指可能参加施工运输的运力，包括汽车、拖拉机、畜力车等）状况外，还应对筑路材料的运输途径、转运情况、运杂费标准等进行调查。除车辆调查外，尚应对施工便道情况进行调查。

(6)供水、供电、通信情况。了解施工用水水源、供水量、水压、输水管道长度；了解供电线路的电容量、电压、可供施工用的用电量及接线位置，对临时供电线路和变电设备的要求等。对于供电，应与当地电业部门签订用电协议书。通过调查确定施工动力类别的构成。

(7)生活供应与其他。了解粮、煤、副食品供应地点；调查医疗保健情况等。

通过上述实地勘察和资料收集，既可对施工总体部署做到心中有数，据此对施工过程进行空间组织和时间组织，同时也是确定施工方案、选择施工方法的重要依据之一。总之，施工组织调查是施工组织设计的基础工作，对工程施工的经济效益具有重大影响。

七、公路施工组织的研究对象

公路施工组织是研究公路建筑产品（一个建设项目或单位工程）生产（即施工）过程中诸要素之合理组织的学科。

要进行生产，就必须要有一定的劳动力、劳动资料和劳动对象，这就是生产的诸要素。

生产（施工）就是具有一定生产经验与生产技能的人，借助于生产工具以改变劳动对象使之符合人类需要的过程。在这个过程中，人们一方面同自然对象和自然力发生关系，另一方面人们彼此也发生一定的关系，即生产力和生产关系。生产诸要素的组织问题，也就是生产力的组织问题。

归纳起来说，施工组织研究的是如何根据公路建设的特点，从人力、资金、材料、机械和施工方法这五个主要因素进行科学合理的安排，使之在一定的时间和空间内，得以实现有组织、有计划、均衡地施工，使整个工程在施工中达到时间上耗费少、工期短，质量上精度高、功能好，经济上资金省、成本低的目的。

公路施工要多快好省地完成施工生产任务，必须有科学的施工组织，合理地解决好一系列问题。公路施工组织的具体任务是：

(1)确定开工前必须完成的各项准备工作；

(2)计算工程数量，合理部署施工力量，确定劳动力、机械台班、各种材料、构件等的需要量和供应方案；

(3)确定施工方案，选择施工机具；

(4)安排施工顺序，编制施工进度计划；

(5)确定工地上的设备停放场、料场、仓库、办公室、预制场地等的平面布置；

(6)制定确保工程质量及安全生产的有效技术措施。

此外，公路工程的施工总方案可以是多种多样的，我们应该依据公路建筑工程具体任务特点，工期要求，劳动力数量及技术水平，机械装备能力，材料供应以及构件生产、运输能力，地质、气候等自然条件及技术经济条件进行综合分析，从几个方案中反复比较，选择出最理想的方案。

把上述各项问题加以综合考虑，并做出合理的决定，形成指导施工生产的技术经济文件——施工组织设计。它是指导施工准备工作、全面布置施工生产活动、控制施工进度、进行劳动力和机械调配的基本依据，对于是否能多快好省地完成公路建筑工程的施工生产任务起着决定性作用。

第二节　施工过程组织原理

一、施工过程的组织原则

施工过程的基本内容主要是劳动过程，在某些情况下，还包含自然过程，如水泥混凝土硬化过程的养生、沥青路面的成型等。此时，施工过程就是劳动过程和自然过程的结合，是互相联系的劳动过程和自然过程的全部生产活动的总和。

根据各种劳动在性质上以及对产品所起的作用上的不同特点，可以将施工过程划分为：

(1)施工准备过程，是指产品在投入生产前所进行的全部生产技术准备工作，如可行性研究、勘测设计、施工准备等。

(2)基本施工过程，是指直接为完成产品而进行的生产活动，如挖基、砌基础等。

(3)辅助施工过程，是指为保证基本施工过程的正常进行所必需的各种辅助生产活动，如动力(电、压缩空气等)的生产，机械设备维修、材料加工等。

(4)施工服务过程，是指为基本施工和辅助施工服务的各种服务过程，如原材料、半成品、工具、燃料的供应与运输等。

1.公路施工过程的组成

组织公路工程的施工，必须研究施工过程的组成，以适应施工组织、计划、管理等工作的需要。

按照现行的公路工程设计概预算文件编制办法，将公路工程划分为路基、路面、桥涵、交叉工程、隧道、其他工程及沿线设施六个分项工程。相应于各个分项工程，又划分为若干目。例如桥涵分项工程中，按工程性质与结构的不同，分为漫水工程、涵洞、小桥、中桥、大桥五个目。

对于独立大(中)桥工程,亦相应划分为桥头引道、基础、下部构造、上部构造、调治构筑物及其他工程和临时工程等分期工程。各分项工程再细分若干目。公路施工过程是由上述项和目所组成。

施工组织与管理工作,按上述项目可以做总的安排,但更多情况下还要进一步划分。从施工组织的需要出发,公路全部施工过程可依次划分为:

(1)动作与操作。动作是指工人在劳动时一次完成的最基本的活动,若干个相互关联的动作组成操作。完成一个动作所耗用的时间和占用的空间是制定定额的重要原始资料。

(2)工序,指在劳动组织上不可分,施工技术相同的施工过程,它由若干个操作所组成。施工组织往往以工序为基本对象。工序是组织上分不开和技术上相对的施工过程。工序的主要特征是:工人编制、工作地点、施工工具和材料均不发生变化。

(3)施工段,是由几个在技术上相互关联的工序所组成,可以相对独立完成的某一种细部工程。如对整个路面工程而言,包括路槽、路肩、垫层、基层、面层等操作过程。

(4)综合过程,由若干个在产品结构上密切联系的,能最终获得一种产品的施工过程的总和。

以上划分,因工程性质及施工对象的复杂程度而异,并无统一划分的规定,要以有利于科学地进行施工组织与施工管理工作而定。值得注意的是,依据研究对象的不同,划分方法与分解层次具有一定的相对性。

2.施工过程的组织原则

影响施工过程组织的因素很多,如施工性质、施工生产类型、建筑产品结构、材料及半成品性质、机械设备条件、自然条件等,使施工过程的组织变化因素多,困难较大,因此,科学地、合理地组织施工过程则更为重要。其原则可归纳为:

(1)施工过程的连续性。连续性是指产品施工过程的各阶段、各工序的进行在时间上是紧密衔接的,不发生各种不合理的中断现象。表现为劳动对象始终处于被加工状态,或者在进行检验,或者处于自然过程中。保持和提高施工过程的连续性,可以缩短建设周期,减少在制品数量,节省流动资金,可以避免产品在停放等待时可能引起的损失,对提高劳动生产率,具有很大的经济意义。

(2)施工过程的协调性。施工过程的协调性也叫比例性,它是指产品施工各阶段、各工序之间,在施工能力上要保持一定的比例关系,各施工环节的工人数、生产效率、设备数量等都必须互相协调,不发生脱节和比例失调现象。协调性是保证施工顺利进行的前提,使施工过程中人力和设备得到充分利用,避免产品在各个施工阶段和工序之间的停顿和等待,从而缩短施工周期。施工过程的协调性在很大程度上取决于施工组织设计的正确性。

(3)施工过程的均衡性。施工过程的均衡性又称节奏性,是指企业的各个施工环节都按照施工生产计划的要求,工作负荷保持相对稳定,不发生时松时紧、前松后紧等现象。均衡施工能充分利用设备和工时,避免突击赶工造成的各种损失,有利于保证施工质量、降低成本、有利于劳动力和机械的调配。

(4)施工过程的经济性。施工过程组织除满足技术要求外,必须讲究经济效益。上述的连续性、协调性和均衡性,最终都要通过经济效果集中反映出来。

上述合理组织施工过程的四个方面是相互制约,互为条件的。在进行施工组织时,必须保证全面符合上述四个方面的要求,不可偏颇。

二、施工过程时间组织方法

公路工程项目的施工过程组织，包括时间组织、资源组织和空间组织三个主要方面的问题。时间组织又是施工组织的核心。时间组织主要考虑实施施工的作业顺序和施工组织的作业方式。施工任务的排序问题属于管理科学中的动态规划，求解最优排序比较复杂，但仍可按施工的客观规律采用将前后关联工序的周期按一定方式合并的方法，分别应用约翰逊-贝尔曼法则，求出"合并后工序"相应的周期，最后再按选取最小值的方法求得施工顺序的较优安排。施工顺序的安排，除考虑施工速度快外，同时还要考虑施工费用省、施工质量高和保证安全，因此必须从实际出发全面加以考虑，使施工顺序的确定能够为好、快、省、安全地完成施工任务创造条件。在此限于篇幅不讨论这一问题。

1. 工程项目施工作业方式

在公路施工生产中，施工队（班组）对施工对象的施工顺序，一般可分为：顺序（依次）作业法、平行作业法和流水作业法等三种基本施工方式。

(1)顺序作业。按工艺流程和施工程序（步骤），按先后顺序进行施工操作。如多层结构型的路面工程，先后操作程序是：路槽、底基层、基层、连接层、面层和路肩。石方爆破工程的程序是：打眼、装药、堵塞、引爆和清方等。顺序作业就是按此固定（取决于工艺或结构物性质）程序组织施工。

(2)平行作业。线形工程的作业面很大，根据工程或技术的需要，可划分为几段（或几个点），分别同时按程序施工。

(3)流水作业。它是一种比较先进的作业方法，是以施工专业化为基础，将不同工程对象的同一施工工序交给专业施工队（组）执行，各专业队（组）在统一计划安排下，依次在各个作业面上完成指定的操作。前一操作结束后转移至另一作业面，执行同样操作，后一操作则由其他专业队继续执行。各专业队按大致相同的时间（流水节拍）和速度（流水速度），协调而紧凑地相继完成全部施工任务。流水作业符合工艺流程，组织紧凑，有利于专业化施工，是现代化工业产品生产的基本组织形式，对于建筑工程（包括公路在内）亦具有先进性。其基本原理在下一节中详述。

为了便于进一步说明这三种施工作业方法的特点，现举例如下：拟修建跨径6.0m的同类型钢筋混凝土矩形板桥 m 座（设 $m=4$），比较范围仅限于施工期限和劳动力数量之间的相互关系，故假定四座桥的同一工序工作量相等，每座小桥部分4道工序，即 $n=4$；还假定施工班组按完全相同的条件组成，因而在每座桥上每一工序所需的工作日数亦固定不变，即 $t=4$(d)，则 $T=n\cdot t=4\times4=16$(d)。工程进度横道图见图7-1。

由施工进度横道图7-1可以看出，顺序作业法是四座桥按先后顺序进行施工，后一座桥的施工必须待前座桥全部竣工后才能进行。施工总期限 $T=m\cdot t=4\times16=64$(d)。同时投入施工的劳动力（或其他资源）较少，最多12人，最少3人。

平行作业法是四座桥同时开工，同时竣工，配以四组相等的劳动力。虽施工总期限缩短为只有 $T=16$(d)，但所需劳动力（资源数）却按施工对象(m)的倍数增加，最多48人，最少12人。

流水作业与上述两种方法不同，其特点是将同性质的项目或操作过程，由一个专业施工队（组）按一定顺序连续在不同空间来完成。现将上例各座桥的全部施工操作内容分4个独立的项目：挖基坑、砌基础、砌桥台、安装矩形板，分别交由4个专业班组施工，此时专业班组按规定的先后顺序（流水方向）进入各桥。由图7-1知，本例中挖基坑专业班组由6人组成，最先在甲

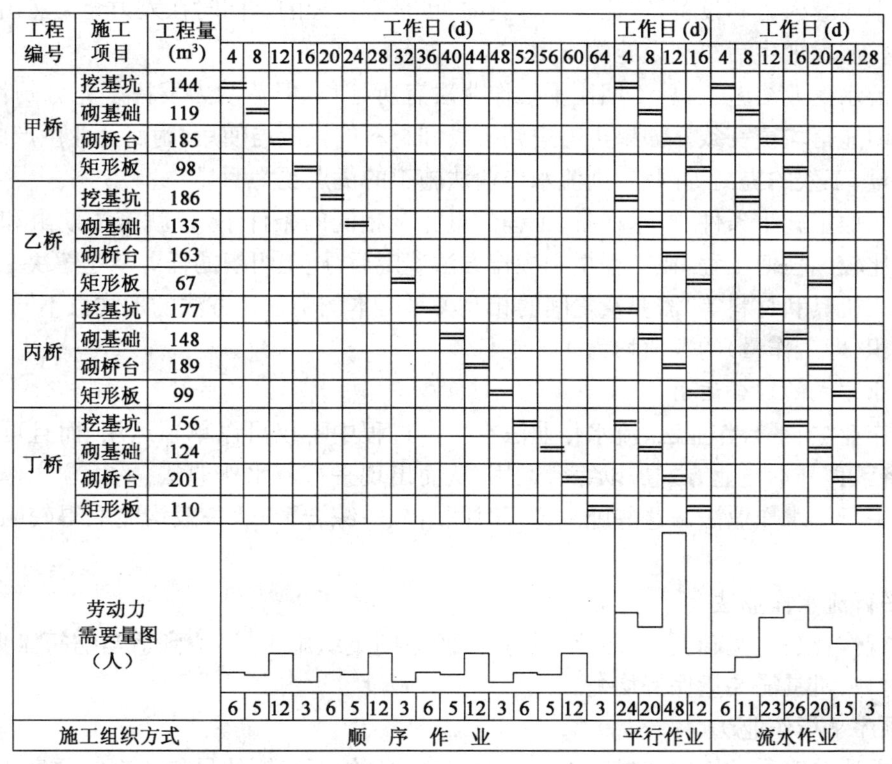

图 7-1 工程进度横道图

桥施工,再依次在乙、丙、丁三座桥施工,直到全部完成,共占用 16 个工作日。砌基础专业班组要等甲桥完成挖基坑任务后才能进入甲桥施工,并依次投入乙、丙、丁三座桥,每班 5 人同样亦占用 16 个工作日。在日程进度图上比挖基坑班组推迟四天开工,其他两个班组依次比前一班组推迟四天开工,以后在甲、乙、丙、丁四座桥上连续施工。在流水作业法中,劳动力的总需要量是随着各专业班组先后投入施工而逐渐增加,当全部班组投入后就保持稳定(本例为 26 人),直到第一个施工对象(甲桥)完成后才逐渐减少。虽然每一施工班组均占用 16 个工作日,但由于是一个接一个相继投入施工,所以施工总期限的前段时间,即由正式开工起至所有施工班组全部投入为止,这段时间间隔称为流水作业的开展时间,用 t_0 表示,显然它与专业班组的数目(n)和每一施工班组在一个施工对象上执行同一工序的期限(t)有关。而总期限(T)又同时与开展时间和施工对象的数目有关,表示如下:

$$T = t_0 + m \cdot t = t \cdot (n-1) + m \cdot t = (m+n-1)t \tag{7-1}$$

由上式可知,本例用流水作业法施工时,总期限为 28d。

上面三种方法各具特点,对于同一项工程的施工,采用顺序作业法需要 64 个工作日,工期较长,劳动力需要量较少,但周期性起伏不定,对劳动力的调配管理以及临时性设施不利,尤其在工种和技工的使用上形成极大的不合理。在本例中为减少间隔性的重复、窝工,当然不可能按 4 个项目所需的总人数(26 人)来使用,但是即使只配 12 人,亦仅是在砌桥台的 4d 才得到充分利用,其余 12d 中至少有半数人在等待施工,并且造成技工、普工不分的现象,从而大大降低了工效和形成劳动力浪费。

采用平行作业法时,施工总工期缩短为 16 个工作日,但劳动力需要量相应增加 4 倍,这在短期内集中 4 套人力和设备，往往是不可能的，也是不合理的。同时在人力上突然出现高峰现象，造成窝工，增加生活福利设施的支出。

采用流水作业法施工，总工期比平行作业法有所延长，但劳动力发挥了充分的作用，在整个施工期内显得均衡一致。如果再考虑到机具和材料的供应与使用，附属企业生产的稳定，以及工程质量、工效的提高等因素，则流水作业法施工的优点更为明显。

上例是假定施工条件、技术配备、工程数量完全相同的条件下，仅就施工期限和劳动力需要量进行比较。任何工程，在工程量和操作方法确定后，施工组织的任务就是解决工期和资源(包括人力、机具和材料等)需要量之间的相互关系。本例中三种方法的形式虽不同，但期限与人数的乘积(即工作量)的数值均为 416 工日。

2.作业方式的综合运用

顺序作业法、平行作业法、流水作业法在生产过程中不仅可以单独运用，而且可以根据具体条件，将三种基本作业方式加以综合运用，从而出现平行流水作业法、平行顺序作业法以及立体交叉平行流水作业法。这些施工过程时间组织的综合形式，一般均能取得较明显的经济效果。

(1)平行流水作业法

在平行作业法的基础上，按照流水作业法的原则组织施工，以达到适当缩短工期，而又使劳动力、材料、机具需要量保持均衡。

(2)顺序平行作业法

这种方法的实质是用增加施工力量的方法来达到缩短工期的目的。它使顺序作业法和平行作业法之缺点更加突出，故仅适用于突击性施工情况。

(3)立体交叉平行流水作业法

它是在平行流水作业法的原则上，采用上、下、左、右全面施工的方法。它可以充分利用工作面和有效地缩短工期，一般适用于工序繁多、工程特别集中的大型构造物的施工，如大桥、立体交叉、隧道等工程量大、工作面狭窄、工期短的情况。

第三节　流水施工原理

一、流水施工的特点

流水施工建立在分工协作和大批量生产的基础上，其实质就是连续作业，组织均衡生产，它是控制施工进度的有效方法。主要表现在：

(1)把劳动对象的施工过程划分为若干工序或操作过程，每个工序或操作过程分别由按工艺原则建立的专业班组来完成。

(2)把一个劳动对象尽可能地划分为劳动量大致相等的若干施工段。

(3)各个作业班组按照一定的施工顺序，携带必要的机具，依次地、连续地由一个施工段转移到另一个施工段，反复完成同类工作。

(4)不同工种或同种作业班组完成工作的时间尽可能的相互衔接起来。

流水施工法的特点是生产的连续性和均衡性，因此可使各种物质资源均衡地使用，使建筑机构及其附属企业的生产能力充分地发挥，劳动力得到了合理的安排和使用，从而带来较好的经济效益。它主要表现在以下几个方面：

(1)消除了工作的时间间歇，避免施工期间劳动力的过分集中，从而减少临时设施工程量，节约基建投资。

(2)由于实行工程队(组)生产专业化，为工人提高技术水平和进行技术改造革新创造了有利条件，促进劳动生产率和工程质量的不断提高。

(3)在采用流水施工方法时，单位时间内完成的工程数量，对于机械操作过程是按照主导机械的生产率来确定的；对于手工操作过程是以合理的劳动组织为依据确定的，可以保证施工机械和劳动力得到合理和充分的利用。

(4)由于工期缩短，劳动生产率提高，劳动力和物质消耗均衡，可以降低工程间接费用；同时由于各种资源得到充分的利用，减少了各种不必要的损失，可以降低工程直接费用。

必须指出，流水施工法只是一种组织措施，它可以在施工中带来很好的经济效益，而不要求增加任何的补充费用。现代的公路建筑沿着建筑工业化的道路发展，如建筑设计标准化、建筑结构装配化、构件生产工厂化、施工过程机械化、建筑机构专业化和施工管理科学化，这些方面是密切联系、互为条件的，既是实现公路建筑工业化必不可少的重要措施，也是公路施工企业多快好省地进行公路建设的重要手段。

二、流水施工的主要参数

为了说明流水施工在时间和空间上的开展情况，我们必须引入一些量的描述，这些量称为流水参数。按性质不同，参数可以分为以下三类。

1. 工艺参数

工艺参数是指一组流水中施工过程的个数。在划分施工过程时，只有那些对工程施工有直接影响的施工内容才予以考虑并组织在流水之中。施工过程可以根据计划的需要确定其粗细程度。可以是一个个工序，也可以是一项项分项工程，还可以是它们的组合。组入流水的施工过程如果各由一个专业队(组)施工，则施工过程数和专业队(组)数相等。有时由几个专业队(组)负责完成一个施工过程或一个专业队(组)完成几个施工过程，于是施工过程数与专业队(组)数便不相等。计算时可用 N 表示施工过程数，用 N' 表示专业队(组)数。

对工期影响最大的，或对整个流水施工起决定性作用的施工过程，称为主导施工过程。在划分施工过程以后，首先应找出主导施工过程，以便抓住流水作业的关键环节。

2. 时间参数

1)流水节拍

流水节拍是指某个专业队(或作业班组)在一个施工段上的施工作业持续时间，以 t 表示。它的大小关系着投入的劳动力、机械和材料量的多少，决定着施工的速度和施工的节奏性。通常有两种确定方法，一种是根据工期要求来确定；另一种是根据现有能投入的资源(劳动力、机械台班数和材料量)来确定。流水节拍 t 按下式计算：

$$t = Q/(C \cdot R) = P/R \tag{7-2}$$

式中：Q——某施工段的工作量($i=1,2,3\cdots k$)；

C——每一工日(或台班)的计划产量(产量定额)；

R——施工人数(或机械台数)；

P——某施工段所需要的劳动量(或机械台班量)。

确定流水节拍时应注意以下问题：

(1)流水节拍的取值必须考虑到专业队组织方面的限制和要求，尽可能不过多地改变原来的劳动组织状况，以便于对施工队进行领导。专业队的人数应有起码的要求，以使他们具备集体协作的能力。

(2)流水节拍的确定，应考虑到工作面条件的限制，必须保证有关专业队有足够的施工操作空间，保证施工操作安全和能充分发挥专业队的劳动效率。

(3)流水节拍的确定，应考虑到机械设备的实际负荷能力和可能提供的机械设备数量，也要考虑机械设备操作场所安全和质量的要求。

(4)有特殊技术限制的工程，如受交通条件影响的道路改造工程、有防水要求的混凝土工程、受潮汐影响的水工作业等，都受技术操作或安全质量等方面的限制，对作业时间长度和连续性都有限制或要求，在安排其流水节拍时，应当满足这些限制或要求。

(5)必须考虑材料和构配件的供应能力和水平对进度的影响和限制，合理确定有关施工过程的流水节拍。

(6)首先确定主导施工过程的流水节拍，并以它为依据确定其他施工过程的流水节拍。主导施工过程的流水节拍应是各施工过程流水节拍的最大值，应尽可能是有节奏的，以便组织节奏流水。

2)流水步距

流水步距是指两个相邻的施工队(组)先后进入流水作业的最小时间间隔，以符号 K 表示。流水步距的长度，要根据需要及流水方式的类型经过计算确定。计算时应考虑的因素有以下几点：

(1)每个专业队连续施工的需要。流水步距的最小长度，必须使专业队进场以后不发生停工、窝工现象。

(2)技术间歇的需要。有些施工过程完成后，后续施工过程不能立即投入作业，必须有足够的时间间歇。这个间歇时间应尽量安排在专业队进场之前，不然便不能保证专业队工作的连续性。

(3)流水步距的长度应保证每个施工段的施工作业程序不乱，不发生前一施工过程尚未全部完成，而后一施工过程便开始施工的现象。有时为了缩短时间，某些次要的专业队可以提前插入，但必须在技术上可行，而且不影响前一个专业队的正常工作。提前插入的现象越少越好，多了会打乱节奏，影响均衡施工。

3)工期

工期是指从第一个专业队投入流水作业开始，到最后一个专业队完成最后一个施工过程的最后一段工作退出流水作业为止的整个延续时间。由于一项工程往往由许多流水组组成，所以这里说的是流水组的工期，而非整个工程的总工期。

在安排流水施工之前，应有一个基本的工期目标，以便在总体上约束具体的流水作业组织。在进行流水作业安排以后，可以通过计算确定工期，并与目标工期比较，两者应相等或使计算工期小于目标工期。如果绘制了流水图表，在图表上可以观察到工期长度，可以用计算工期检验图表绘制的正确性。

3. 空间参数

空间参数是指单体工程划分的施工段或群体工程划分的施工区的个数，施工区、段可称为流水段。施工段的数目不能太多，太多则易使工作面太小，工人工作效率受影响；太少则容易使工程窝工。

在划分施工段时，应考虑以下几点：

(1)施工段的大小应保证工人有足够的工作面，由主要施工过程的工作需要确定。

(2)在同一组流水中，各个施工过程原则上应采用相同的分段界线和相同的施工段数。

(3)某些以施工机械负责主导施工过程施工的工程，施工段的划分必须满足施工机械(一般指大型施工机械)操作区间和操作能力的限制，以利于提高机械的使用效率和确保机械施工作业的安全。

(4)划分施工段应保证结构不受施工缝的影响，应尽量利用结构的自然分界(温度缝、沉降缝和单元尺寸等)作为流水段的分界。

三、流水施工的分类

由于工程构造物的复杂程度不同，所处的具体位置多变以及工程性质各异等因素的影响，流水施工的组织按节奏性可分为有节奏流水和无节奏流水。其中有节奏流水又分为全等节拍流水、成倍节拍流水和分别流水。

1.全等节拍流水

所谓全等节拍流水，是指各施工过程的流水节拍 t 与相邻施工过程之间的流水步距 B 完全相等的流水施工，即 $t=B=$常数，也即各专业施工队在所有施工段上的作业时间均相等。

图 7-2 是一个全等节拍流水的例子。图中 $m=3$、$n=5$、$t=B=2$。全等节拍流水的总工期 T 为：

$$T=(n-1)B+m\cdot t=(m+n-1)t \tag{7-3}$$

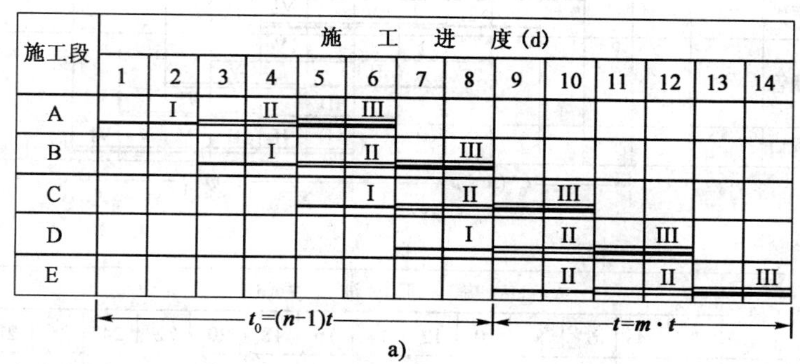

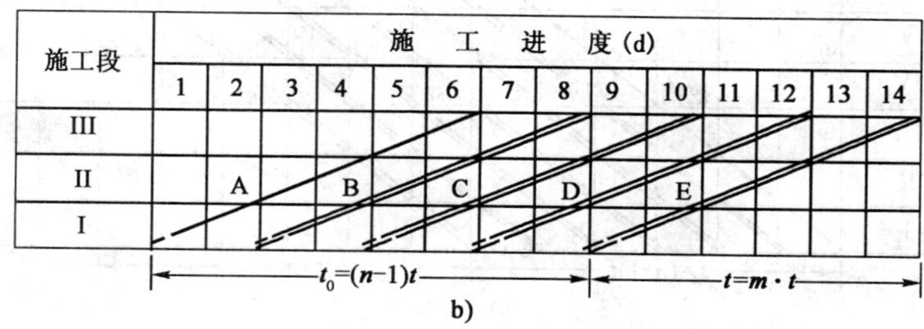

图 7-2　全等节拍流水

a)水平横道图；b)垂直图

2.成倍节拍流水

当各施工过程的流水节拍彼此不相等，但有互成倍数的常数关系时，如仍按全等节拍流水组织施工，则会造成施工队窝工或作业面间歇，从而导致总工期延长。此时，为了使各施工队仍能连续、均衡地依次在各施工段上施工，应按成倍节拍流水组织施工。其步骤如下：

(1)求各流水节拍的最大公约数 K，它相当于各施工过程都共同遵守的“公共流水步距”，为了使用方便和便于与其他流水作业法比较起见，称这个 K 为流水步距。

(2)求各施工过程的专业施工队数目 b。每个施工过程的流水节拍 t 是 K 的几倍，就应相应安排几个施工队，才能保证均衡施工。同一施工项目的各个施工队依次相隔 K 天投入流水施工，因此，施工队数目 b 按下式计算：

$$b = t/K \tag{7-4}$$

(3)将专业施工队数目的总和 $\sum b$ 看成是施工过程数 n，将 K 看成是流水步距后，按全等节拍流水的方法安排施工进度。

(4)计算总工期 T，由于 $n=\sum b$，因此总工期为：

$$T=(m+\sum b-1)K \tag{7-5}$$

式中：K——各流水节拍的最大公约数。

图 7-3 表示 6 座管涵按成倍节拍流水组织施工的一个例子。由于作业面受限制，只能容纳 4 人同时操作，因此每个专业施工队按 4 人组成时，挖槽需 2d，做基础 4d，安管涵 6d，洞口砌筑2d。它们的最大公约数$K=2$，由公式计算得到的各施工过程数b为：挖槽1个队；做基

施工段	工日数	专业队数	施工进度(d) 2	4	6	8	10	12	14	16	18	20	22	24	26	28
挖槽			I	II	III	IV	V	VI								
砌基础					I		III		V							
						II		IV		VI						
安涵管							I			IV						
								II			V					
									III			VI				
砌洞口									I	II	III	IV	V	VI		

$t_0=(n-1)t$　　$t=m \cdot t$

a)

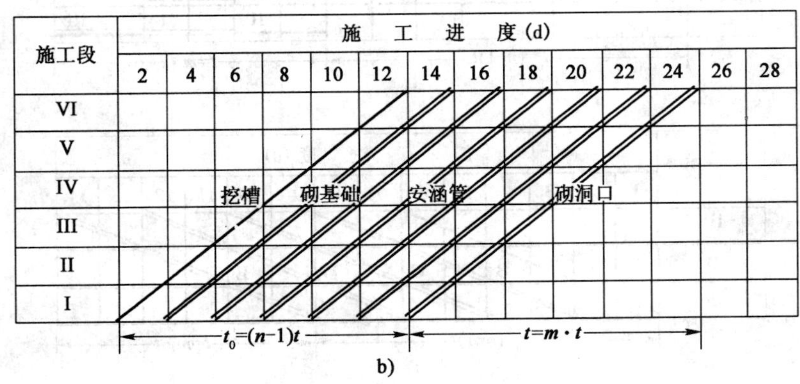

b)

图 7-3　成倍节拍流水

a)水平横道图；b)垂直图

础 2 个队；安管涵 3 个队；洞口砌筑 1 个队。该例 $n=6$，$\sum b=1+2+3+1=7$，$K=2$，由公式计算得到总工期：

$$T=(m+\sum b-1)K=(6+7-1)\times 2=24(\mathrm{d})$$

3. 分别流水

所谓分别流水是指各施工过程的流水节拍各自保持不变（$t=$常数），但不存在最大公约数，流水步距 K 也是一个变数的流水作业。分别流水作业的组织方法见图 7-4。

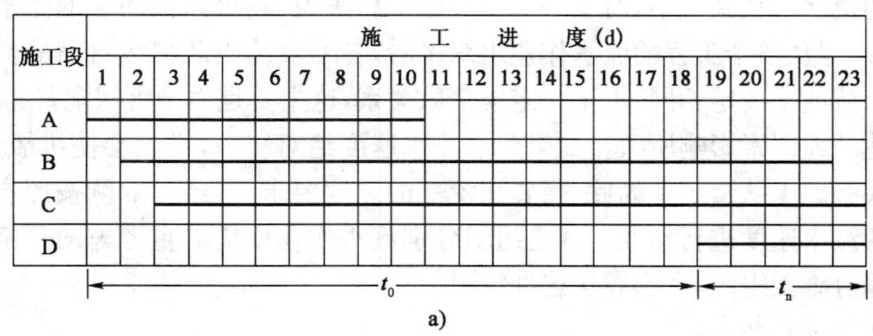

a)

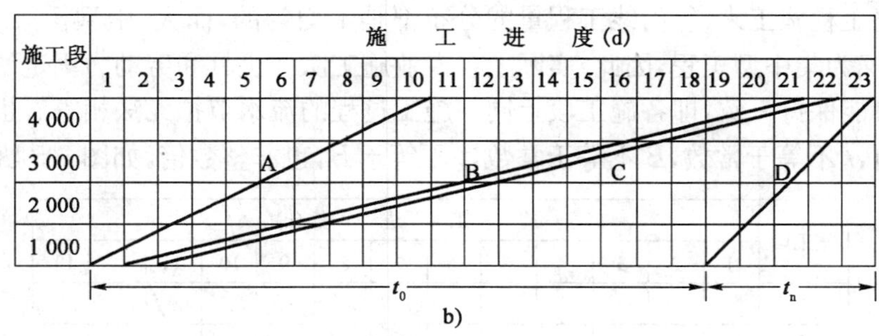

b)

图 7-4　分别流水

a)水平横道图；b)垂直图

组织分别流水施工时，首先应保证各施工过程本身均衡而不间断地进行，然后将各施工过程彼此搭接协调。也就是说，既要避免各施工过程之间发生矛盾，也要尽可能减少作业面的间隙时间，使整个施工安排保持最大限度的紧凑，以达到缩短工期的目的。

由于流水步距是个变数，因此必须个别确定，这对各施工过程的相互配合和正确搭接是一个很重要的参数。下面用图 7-4 来说明流水步距的计算。（注：下文中 $n+1$ 均代表项数。）

当后一个施工过程的作业持续时间（t_{n+1}）等于或大于前一个施工过程的作业持续时间（t_n）时，流水步距根据后一个施工过程所要求的时间间隔（或足够的作业面）决定。如图 7-4 中的 A 与 B 、B 与 C 之间的情形（图中要求间隔 1d），当 $t_{n+1}<t_n$ 时，流水步距（B_{n+1}）用下式计算：

$$B_{n+1}=t_n+t_a-t_{n+1} \tag{7-6}$$

式中：t_a——两个相邻施工过程之间必需的最小时间间隔；

其余符号意义同前。

当 t_n 和 t_{n+1} 已知，根据安全与技术要求即可决定 t_a 值，则 B_{n+1} 值就可以求得。

t_a 值一般不宜小于 1d。在图中 7-4 中，C 与 D 之间就属于这种情形。图中 $t_n=t_C=20$，

$t_{n+1}=t_D=5$，$t_a=1$，由公式计算流水步距为：

$$B_{n+1}=t_n+t_a-t_{n+1}=20+1-5=16(\text{d})$$

分别流水的总工期用下式计算：

$$T=t_0+t_n \tag{7-7}$$

式中：t_n——最后一个专业施工队的作业持续时间；

t_0——流水展开期，为最初施工过程开始至最后的施工过程开始之间的时间间隔。

在实际的道路工程施工中，对于一个专业施工队来说，它可以按固定的流水节拍(或不变的速度)前进。但从整个工程的流水作业组织来看，各专业施工队都按自己的流水节拍(或移动速度)前进，彼此不一定相同，也不一定成倍数关系，这主要是由于机械配备、施工条件、劳动生产率或其他外界因素影响所致。如果要求流水速度绝对统一，必然会使机械效率不能充分发挥或造成某些施工队窝工。为此，需要在统一的进度要求下，各专业队按照本身最合理、施工效率最高的流水速度进行作业。这是组织分别流水作业中应着重考虑的仔细解决的问题。道路工程的综合施工组织，大都属于这种情况。

4. 无节奏流水

对于道路工程施工来说，沿线工程量的分布都是不均匀的，而大、中型桥梁或路基土石方的高填深挖，又为集中型工程，因此，实际上各专业施工队在机具和劳动力固定的条件下，流水作业速度不可能保持一致，即各施工段上同一施工过程的流水节拍无法相等。也就是说，在组织流水施工时，t 不等于常数，B 不等于常数，t 不等于 B，也非整数倍，如图 7-5 所示。

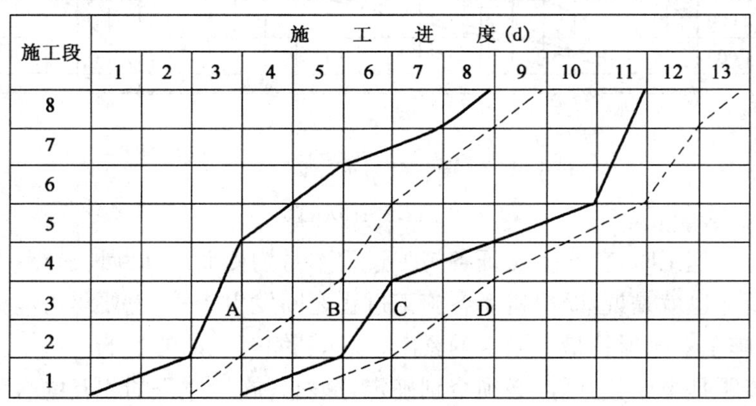

图 7-5　无节奏流水

对于以上情况，只能按照流水组织施工。基本的组织方法是：统一控制整个工程的总平均速度，再按分别流水的原则处理各施工过程的搭接关系。流水的各个参数以及总工期的确定，都必须通过对专业施工队逐个落实，反复调整，才能得到满意的结果。以下介绍一种称之为"相邻队组每段作业时间累加，数列错位相减取大差"法的计算方法。

四、工程实例计算

【例】 某工程由 A、B、C、D 四个施工过程组成，施工顺序为：A→B→C→D，分别在四个施工段上，各施工过程相应的流水节拍为：$t_A=2\text{d}$，$t_B=4\text{d}$，$t_C=4\text{d}$，$t_D=2\text{d}$。在劳动力相对固定的条件下，试确定流水施工方案。

解： 本例从流水节拍特点看，可组织异节拍专业流水；但因劳动力不能增加，无法做到等步距。为了保证专业工作队连续施工，按无节奏专业流水方式组织施工。

(1)确定施工段数、工序数

为使专业工作队连续施工，取施工段数等于施工过程数，即 $m=n=4$

(2)求累加数列

A:2,4,6,8　　　　　B:4,8,12,16

C:4,8,12,16　　　　D:2,4,6,8

(3)确定流水步距

①$K_{A,B}$

$$\begin{array}{rrrrrr} & 2 & 4 & 6 & 8 & 0 \\ -) & 0 & 4 & 8 & 12 & 16 \\ \hline & 2 & 0 & -2 & -4 & -16 \end{array}$$

$$K_{A,B}=2$$

②$K_{B,C}$

$$\begin{array}{rrrrrr} & 4 & 8 & 12 & 16 & 0 \\ -) & 0 & 4 & 8 & 12 & 16 \\ \hline & 4 & 4 & 4 & 4 & -16 \end{array}$$

$$K_{B,C}=4$$

③$K_{C,D}$

$$\begin{array}{rrrrrr} & 4 & 8 & 12 & 16 & 0 \\ -) & 0 & 2 & 4 & 6 & 8 \\ \hline & 4 & 6 & 8 & 10 & -8 \end{array}$$

$$K_{C,D}=10$$

(4)计算工期

$$T=(2+4+10)+2\times 4=24(\mathrm{d})$$

(5)绘制流水施工进度图表，见图 7-6 所示。

施工过程名称	施工进度（d）											
	2	4	6	8	10	12	14	16	18	20	22	24
A	①	②	③	④								
B	$K_{A,B}$	①		②		③		④				
C		$K_{B,C}$		①		②		③		④		
D						$K_{C,D}$			①	②	③	④

图 7-6　流水施工进度图

从图 7-6 可知，当同一施工段上不同施工过程的流水节拍不相同，而互为整倍数关系时，如果不组织多个同工种专业工作队完成同一施工过程的任务，流水步距必然不等，只能用无节奏专业流水的形式组织施工；如果以缩短流水节拍长的施工过程，达到等步距流水，就要在增加劳动力没有问题的情况下，检查工作面是否满足要求；如果延长流水节拍短的施工过程，工期就要延长。

因此，到底采取哪一种流水施工的组织形式，除要分析流水节拍的特点外，还要考虑工期要求和项目经理部自身的具体施工条件。任何一种流水施工的组织形式，仅仅是一种组织管理手段，其最终目的是要实现企业目标——质量好、工期短、成本低、效益高和安全施工。

【例】 某路段有4座相同性质的通道工程，其施工过程均可分解为挖基坑A、砌基础B、浇筑墙身C、安装盖板D四道工序，各道工序在各座通道上的持续时间(流水节拍)见表7-2，试按一、二、三、四自然顺序和四、二、一、三顺序施工时，分别组织流水作业。

流水节拍(d) 表7-2

施工工序	一	二	三	四
A	3	4	3	2
B	5	6	4	5
C	6	5	4	6
D	3	2	2	3

根据上述流水施工组织原则，施工段数 $m=4$，工序数 $n=4$，然后根据施工组织顺序分别计算相邻工序之间的流水步距 K，最后计算其总工期 T 并绘制施工进度横道图。

解：(1)按一、二、三、四自然顺序组织流水作业时：

$$\begin{array}{rrrrrr} & 3 & 7 & 10 & 12 & 0 \\ -) & 0 & 5 & 11 & 15 & 20 \\ \hline & 3 & 2 & -1 & -3 & -20 \end{array}$$

$K_{A,B}=3$，同理 $K_{B,C}=5$，$K_{C,D}=14$

$$T=(3+5+14)+(3+2+2+3)=32(\text{d})$$

由 $T=32$ 和及 $K_{A,B}=3$，$K_{B,C}=5$，$K_{C,D}=14$ 按图7-6方法即可绘制流水作业施工进度横道图(绘制图形略)。

(2)按四、二、一、三顺序组织流水施工时：

$$\begin{array}{rrrrrr} & 2 & 6 & 9 & 12 & 0 \\ -) & 0 & 5 & 11 & 16 & 20 \\ \hline & 2 & 1 & -2 & -4 & -20 \end{array}$$

$K_{A,B}=2$，同理 $K_{B,C}=5$，$K_{C,D}=13$

$$T=(2+5+13)+(3+2+3+2)=30(\text{d})$$

其流水施工进度横道图如图7-7所示。

由上述示例可以看出，施工段的组织次序不同，其施工进度的总工期可能不同，在无特殊顺序要求的条件下，应以总工期最短作为组织施工段顺序的依据。

流水作业的效益具体表现在施工连续、进度加快、工期缩短上。

由于专业化程度提高，不仅保证质量，而且提高了劳动生产率；又由于资源供应均衡，降低了工程成本，因此公路工程施工组织应尽可能采用流水作业法。

流水施工组织步骤如下：

①根据工程项目对象划分施工段；

②划分工序并编工艺流程，且按工艺原则建立专业班组；

③各专业班组依次、连续进入各个施工段，完成同类工种的作业；

④计算或确定流水作业参数；

⑤相邻施工段及相邻工序尽可能衔接紧密。

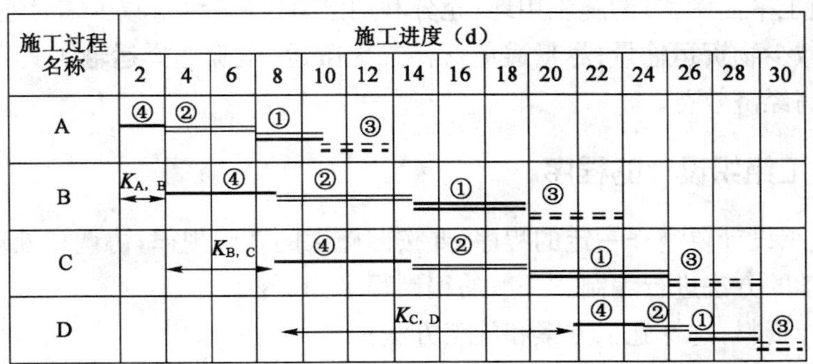

图 7-7　流水施工进度图

第四节　公路施工组织设计

一、施工组织设计要求

1. 严格执行基本建设程序和施工程序

要严格遵守合同签订的或上级下达的施工期限，按照基建程序和施工程序的要求，保质保量完成施工任务。对工期较长的大型工程项目，可根据施工情况，合理组织力量，确保重点，分期分批进行安排。

2. 科学安排施工顺序

按照公路工程施工的客观规律安排施工工序，可将整个项目划分为几个阶段，例如施工准备、基础工程、主体结构工程、路面工程、附属结构物工程等。在各个施工阶段之间合理搭接、衔接紧凑，在保证质量的基础上，尽可能缩短工期，加快建设速度。

3. 采用先进的施工技术和设备

在条件允许的情况下，尽可能采用先进的施工技术，不断提高施工机械化、预制装配化程度，减小劳动强度，提高劳动生产率。

4. 应用科学的计划方法制订最合理的施工组织方案

根据工程特点和工期要求，因地制宜地采用快速施工，尽可能采用流水作业施工方法，组织连续、均衡且有节奏的施工，保证人力、物力充分发挥作用。对于复杂的工程，应用网络计划技术找出最佳的施工组织方案。

5. 落实季节性施工的措施，确保全年连续施工

恰当地安排冬、雨季施工项目，增加全年连续施工日数，应把那些确有必要而又不因冬、雨季施工而带来技术复杂和造价提高的工程列入冬、雨季施工，全面平衡人工、材料的需用量，提高施工的均衡性。

6. 确保工程质量和施工安全

贯彻施工技术规范、操作规程，提出确保工程质量的技术措施和施工安全措施，尤其是采用国内外先进的施工新技术和本单位较生疏的新工艺时更应注意。

7. 节约基建费用，降低工程成本

合理布置施工平面图，节约施工用地；充分利用已有设施，尽量减少临时性设施费用；尽量利用当地资源，减少物资运输量；尽量避免材料二次搬运，正确选择运输工具，以节约能源，降低运输成本，提高经济效益。

二、编制施工组织设计的程序

编制施工组织设计要遵守一定的程序，要按照施工的客观规律，协调和处理好各个影响因素的关系，用科学的方法进行编制。一般的编制程序如下：

(1)分析设计资料，选择施工方案和施工方法；

(2)编制工程进度图；

(3)计算人工、材料、机具需要量，制订供应计划；

(4)临时工程，供水、供电、供热计划；

(5)工地运输组织；

(6)布置施工平面图；

(7)编制技术措施计划与计算技术经济指标；

(8)编写编制说明。

三、资源组织计划

1. 劳动力需要量计划

根据已确定的施工进度计划，可计算出各个施工项目每天所需的人工数，将同一时间内有施工项目的人工数进行累加，即可计算出每日人工数随时间变化的劳动力需要量。同时还可编制劳动力需要量计划，附于施工进度图之后，为劳动部门提供劳动力进退场时间，保证及时调配，搞好平衡，以满足施工的需要。如现有劳动力不足或多时，应提出相应的解决措施，或者增开工作面，以按时或提前完成任务。劳动力需要量计划见表7-3。

劳动力需要量计划 表7-3

序号	工种名	需要人数及时间										备注
		年 度										
		一季度	二季度	三季度	四季度	合计	一季度	二季度	三季度	四季度	合计	
1	2	3	4	5	6	7	8	9	10	11	12	13

编制： 复核：

2. 主要材料计划

主要材料包括施工需要的由专业厂家生产的材料、地方供应和特殊的材料，以及有关临时设施和拟采取的各种施工技术措施用料，预制构件及其他半成品亦列入主要材料计划中。

材料的需要量，可按照工程量和定额规定进行计算，然后根据施工项目的施工进度编制年、季、月主要材料计划表(表7-4)。主要材料(包括预制构件、半成品)应包括材料的规格、名称、数量、材料的来源及运输方式等。材料计划是为物资部门提供采购供应、组织运输和筹建仓库及堆料场的依据。

主要材料计划表　　表 7-4

序号	材料名称及规格	单位	数量	来源	运输方式	年					年					备注
						一季度	二季度	三季度	四季度	合计	一季度	二季度	三季度	四季度	合计	
1	2	3	4	5	6	7	8	9	10	11	12	13	14	15	16	17

编制：　　复核：

3. 主要施工机具、设备计划

在确定施工方法时，已经考虑了各个施工项目应选择何种施工机具或设备。为了做好机具、设备的供应工作，应根据已确定的施工进度计划，将每个项目采用的施工机械种类、规格和需用数量，以及使用的具体日期等综合起来编制施工机具、设备计划（表 7-5），以配合施工，保证施工进度的正常进行。

主要机具、设备计划　　表 7-5

序号	机具名称及规格	数量		使用期限		年								备注
		台班	台辆	开始日期	开始日期	一季度		二季度		三季度		四季度		
						台班	台辆	台班	台辆	台班	台辆	台班	台辆	
1	2	3	4	5	6	7	8	9	10	11	12	13	14	15

编制：　　复核：

主要施工机具、设备需要量包括基本施工过程、辅助施工过程所用的主要机具、设备，并应考虑设备进、出厂（场）所需台班以及使用期间的检修、轮换的备用数量。

4. 临时工程计划

临时工程包括：生活房屋、生产房屋、便道、便桥、电力和电信设施以及小型临时设施等（表 7-6）。

临 时 工 程 表　　表 7-6

序号	设置地点	工程名称	说明	单位	数量	工 程 数 量							备注
1	2	3	4	5	6	7	8	9	10	11	12	13	14

编制：　　复核：

5. 技术组织措施计划

技术组织措施计划，应根据企业下达的要求和指标，按表 7-7 编制。

技术组织措施计划　　表 7-7

措施名称及内容摘要	经济效益（元）	计 划 依 据	负　责　人	完 成 日 期
1	2	3	4	5

编制：　　复核：

四、平面组织计划

施工平面图设计是施工过程空间组织的具体成果，亦即根据施工过程空间组织的原则，对施工过程所需的工艺路线、施工设备、原材料堆放、动力供应、场内运输、半成品生产、仓库、料场、生活设施等进行空间的特别是平面的科学规划与设计，并以平面图的形式加以表达。这项工作就叫做施工平面图设计。

1. 施工平面图设计的依据、原则和步骤

(1)施工平面图设计的依据

①工程平面图；

②施工进度计划和主要施工方案；

③各种材料、半成品的供应计划和运输方式；

④各类临时设施的性质、形式、面积和尺寸；

⑤各加工车间、场地规模和设备数量；

⑥水源、电源资料；

⑦有关设计资料。

(2)施工平面图规划设计原则

施工平面布置是一项综合性的规划课题，在很大程度上决定于施工现场的具体条件。它涉及的因素很广，不可能轻易获得令人满意的结果，必须通过方案的比较和必要的计算与分析才能决定。一般施工平面图规划设计应遵循下列原则：

①在保证施工顺利的前提下，少占农田并考虑洪水、风向等自然因素的影响，所有临时性建筑和运输线路的布置，必须便于为基本工作服务，并不得妨碍地面和地下建筑物的施工；

②力求材料直达工地，减少二次搬运和场内的搬运距离，并将笨重的和大型的预制构件或材料设置在使用点附近；

③加工等附属企业基地应尽可能设在原料产地或运输集汇点(如车站、码头)；

④附属企业内部的布置应以生产工艺流程为依据，并有利于生产的连续性；

⑤应符合保安和消防的要求，要慎重考虑避免自然灾害(如洪水、泥石流、山崩)的措施；

⑥施工管理机构的位置必须有利于全面指挥，生活设施要考虑工人的休息和文化生活；

⑦场地布置应与施工进度、施工方法、工艺流程和机械设备相适应；

⑧场地准备工作的投资最经济。

(3)施工平面图的设计步骤

①分析有关调查资料；

②合理确定起重、吊装、运输机械的布置(它直接影响仓库、料场、半成品制备场的位置和水、电线路以及道路的布置)；

③确定混凝土、沥青混凝土搅拌站的位置；

④考虑各种材料、半成品的合理堆放；

⑤布置水、电线路；

⑥确定各临时设施的布置和尺寸；

⑦决定临时道路位置、长度和标准。

2.施工平面图的类型及主要内容

(1)施工总平面图

施工总平面图是以整个工程为对象的施工平面布置方案。道路工程施工总平面图应包括以下内容：

①原有河流、居民点、交通路线(公路、铁路、大车道等)、车站、码头、通信、运输点等及工地附近与施工有关的建筑物；

②施工用地范围和工程主要项目,沿线大中桥、隧道、渡口、交叉口、集中土石方等的位置,道班房、加油站等运输管理服务建筑物位置；

③将施工组织设计的成果如采料场、附属工厂和基地、仓库、临时动力站(如抽水站、发电所、供热站等)、临时便道、便桥、电源线路、变压器位置以及大型机械设备的停放、维修厂等直接标在图上；

④施工管理机构,如工程局、工程处、施工队及工程指挥系统的驻地；

⑤其他与施工有关的内容,如地质不良地段、国家测量标志、气象台、水文站、防洪、防风、防火、安全设施等需要表示的内容。

(2)单项工程、分部分项工程施工平面图

该类平面图的布置有两种情况,一种是在施工总平面图的控制下进行布置;另一种是以施工总平面图为依据,即基本上按照施工总平面图有关内容进行布置。但不论哪一种,都应比施工总平面图更加深入、更加具体。

重点工程施工场地布置图。一般说来,大桥、隧道、立交枢纽等都是重点工程,其施工场地布置图应在有等高线的地形图上按比例绘制。图上应详细绘出施工现场、辅助生产、生活等区域的布置情况,绘出原有地物情况。

其他单项局部平面布置图。对于大型项目,因施工周期长,管理工作量大,附属、辅助企业多,必要时应绘制其他的平面布置图。这类图主要有以下几种：

①沿线砂石料场平面布置图；

②大型附属企业如沥青混合料拌和厂、预制构件厂、主要材料加工厂(木工厂、机修厂)等平面布置图；

③临时供水、供电、供热基地及管线分布平面图；

④主要施工管理机构的平面布置图。

第五节　施工进度图编制

一、施工进度计划的作用

施工进度计划是控制工程施工进度和工程竣工期限等各项施工活动的依据。施工组织工作中的其他有关问题都要服从进度计划的要求,如计划部门提出月、旬作业计划,平衡劳动力计划;材料部门调配材料、构件;设备部门安排施工机具的调度;财务部门的用款计划等均须以施工进度为基础。

施工进度计划反映了工程从施工准备工作开始,直到工程竣工为止的全部施工过程;反映了工程建筑与安装的配合关系,及各分部工程及工序之间的衔接关系。所以施工进度计划有助于领导部门抓住关键，统筹全局，合理布置人力、物力，正确指导施工生产活动的顺利进行；有利于工人群众明确目标，更好地发挥主人翁精神；有利于施工企业内部及时配合，协同作战。

二、编制施工进度计划的依据和步骤

1. 编制施工进度计划的依据

(1)工程的全部施工图纸及有关水文、地质、气象和其他技术经济资料；

(2)上级或合同规定的开工、竣工日期；

(3)主要工程的施工方案；

(4)劳动定额和机械使用定额；

(5)劳动力、机械设备供应情况。

2. 编制施工进度计划的步骤

(1)研究施工图纸和有关资料及施工条件；

(2)划分施工项目，计算实际工程数量；

(3)编制合理的施工顺序和选择施工方法；

(4)计算各施工过程的实际工作量(劳动量)；

(5)确定各施工过程的劳动力需要量(及工种)和机械台班数量及规格；

(6)设计与绘制施工进度图；

(7)检查与调整施工进度。

三、施工进度图的形式

施工进度图通常是以图表表示的，主要形式有横道图法、垂直图法和网络图法三种。

1. 横道图

其常用的格式如图 7-8 所示。它是由两大部分组成，左面部分是以分部分项工程为主要内容的表格，包括了相应的工程量、定额和劳动量等计算依据；右面部分是指示图表，它是由左

编号	工程名称	施工方法	工程量		××年（月份）										起止时间	
			单位	数量	1	2	3	4	5	6	7	8	9	10	开工	结束
1	临时通信线路	人工为主	km	80			6								1月初	7月底
2	沥青混凝土基地	人工安装	处	1			35								1月上旬	5月上旬
3	清除路基	机械	m^3	700 000					4						3月初	7月底
4	路用房屋	人工	m^2	1 300				40							1月初	6月底
5	大桥	半机械化	座	1							94				5月中旬	9月中旬
6	中桥	半机械化	座	5				53							3月中旬	8月底
7	集中性土方	机械	m^3	430 000					20						4月中旬	9月底
8	小型构造物	半机械化	座	23					30						5月初	9月底
9	沿线土方	械化为主	m^3	89 000					36						5月初	10月底
10	基层	半机械化	m^2	560 000							48				7月上旬	9月
11	面层	半机械化	m^2	560 000									18		9月上旬	10月
12	整修工程	人工为主	km	80										10		10月

图 7-8　施工进度横道图

面表格中的有关数据经计算得到的。指示图表用横向线条形象地表示出分部分项工程的施工进度,线的长短表示施工期限;线的位置表示施工过程;线上的数字表示劳动力数量;线的不同符号表示作业队或施工段别,表示出各施工阶段的工期和总工期,并综合反映了各分部分项工程相互间的关系。

这种表示方法比较简单、直观、易懂,容易编制,但有以下缺点:

(1)分项工程(或工序)的相互关系不明确;

(2)施工日期和施工地点无法表示,只能用文字说明;

(3)工程数量实际分布情况不具体;

(4)仅反映出平均施工强度。它适用于绘制集中性工程进度图、材料供应计划图或作为辅助性的图示附在说明书内用来向施工单位下达任务。

2. 垂直图

垂直图的表示特点是:以纵坐标表示施工日期,以横坐标表示里程或工程位置,而各分部分项工程的施工进度则相应地以不同的斜线表示。工程量在图表上方相应地表示,施工组织平面示意图可在图表的下方相应地表示,资源平衡可在图表右侧以曲线表示。图 7-9 为垂直图的应用实例。

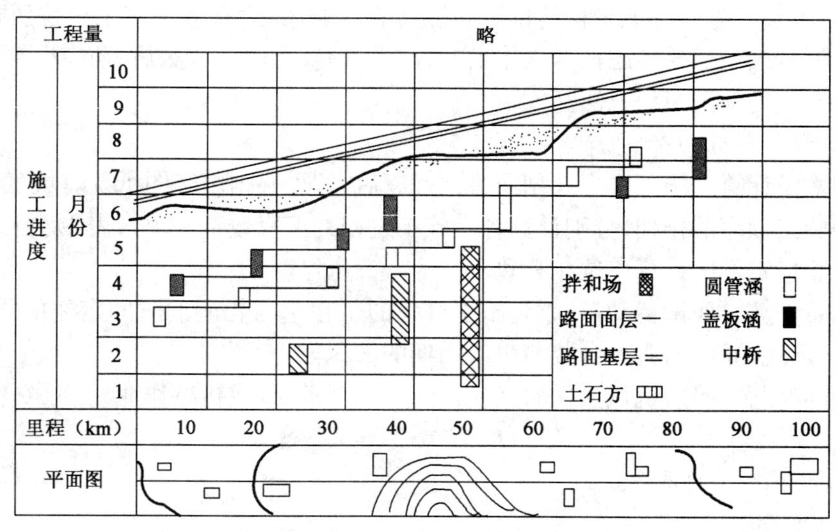

图 7-9　施工进度垂直图

垂直图的优点是消除了横道图的不足之处,工程项目的相互关系、施工的紧凑程度和施工速度都十分清楚,工程的分布情况和施工日期一目了然,从图中可以直接找出任何一天各施工队的施工地点和应完成的工程数量,但仍有一些不足之处:

(1)反映不出某项工作提前(或推迟)完成对整个计划的影响程度;

(2)反映不出哪些工程是主要的,不能明确表达出哪些是关键工作;

(3)计划安排的优劣程度很难评价;

(4)不能使用电子计算机,因而绘制和修改进度图的工作量很大。

3. 网络图

用网络图来表示施工进度的基本原理及计算将在第八章中讲述。网络图与横道图、垂直图比较,不但能反映施工进度,而且更能清楚地反映出各个工序、各施工项目之间错综复杂的相互联系、相互制约的生产和协作关系。不论是集中性工程,还是线形工程,都可以用网络图表示工程进度,因此,这是一种比较先进的工程进度图的表示形式,应大力推广使用。

四、施工进度计划的编制

1.划分施工项目,确定施工方法

在编制单位工程施工进度计划时,首先要划分施工项目的细目,即划分为若干种工序、操作,并填入相应的栏内。划分时应注意:

(1)划分施工项目应与施工方法相一致,使进度计划能够完全符合施工实际进展情况,真正起到指导施工的作用。

(2)划分施工项目的粗细程度一般要按施工定额(施工图阶段按预算定额)的细目和子目来填列,这样既简明清晰,又便于查定额计算。

(3)施工项目在进度计划表内填写时,应按工程的施工顺序排列(指横道图),而且应首先安排好主导工程。

(4)施工项目的划分一定要结合工程结构特点仔细分项填列,切不可漏填,以免影响进度计划的准确性。

选择施工方法首先要考虑工程的特点和机具的性能,其次要考虑施工单位所具有的机具条件和技术状况,最后还要考虑技术操作上的合理性。确定施工方法后,还应根据具体条件选择最先进的、合理的施工组织方法。

2.计算工程量与劳动量

(1)工程数量计算。施工进度计划项目列好以后,即可根据施工图纸及有关工程数量的计算规则,按照施工顺序的排列,分别计算各个施工过程的工程数量并填入表中。工程数量的计算单位,应与相应定额的计算单位相一致。

(2)劳动量计算。所谓劳动量,就是施工过程的工程量与相应的时间定额的乘积,如劳动力数量与生产周期的乘积,机械台数与生产周期的乘积。

人工操作时叫劳动量,机械操作时又叫作业量。劳动量(或机械作业量)可按下式计算:

$$D = Q/C \text{ 或 } D = Q \cdot S \tag{7-8}$$

式中:D——劳动量(工日或台班);

Q——工程量;

C——产量定额;

S——时间定额。

劳动量的计量单位,对于人工为“工日”,对于机械则为“台班”。

计算劳动量时,应根据现行的相应定额(施工定额或预算定额)计算。

受施工条件或施工单位人力、设备数量的限制,对生产周期起控制作用的那个劳动量称为主导劳动量。一般取生产周期较长的劳动量作为主导劳动量。

在人员、机械数量不变,采用二班制或三班制将会缩短施工过程的生产周期。当主导劳动量生产周期过于突出,就可以采用二班或三班制作业缩短生产周期。

3.生产周期计算

由于要求工期不同和施工条件的差异,其具体计算方法有以下两种:

(1)以施工单位现有的人力、机械的实际生产能力以及工作面大小,来确定完成该劳动量

所需的持续时间(周期),一般可按下式计算:

$$T = D/(R \cdot n) \tag{7-9}$$

式中:T——生产周期(即持续天数);

D——劳动量(工日或台班);

R——每班人数或机械台数;

n——生产工作班制数。

(2)根据规定的工期来确定施工队(班组)人数或机械台数。

在某些情况下,可以根据已规定的或后续工序需要的工期,来计算在一班制、二班制或三班制条件下,完成劳动量所需作业队的人数或机械台数,一般按下式计算:

$$R = D/(t \cdot n) \tag{7-10}$$

限于篇幅,具体计算及分析参见有关公路施工组织管理的参考书。

4.施工进度图的编制

以上各项工作完成后,即可着手编制不同阶段的施工进度计划。

(1)横道图法的编制步骤

①按标准横道图格式绘制空白图表。

②根据设计图纸、施工方法、定额、概预算(指施工图设计和施工阶段)进行列项,并按施工顺序填入横道图的工程名称栏内。

③逐项计算工程量。

④逐项选定定额,将其编号填入横道图中。

⑤进行劳动量计算。

⑥按施工力量(作业队、班、组人数、机械台数)以及工作班制按上述公式计算所需施工周期(即工作日数);或按限定的周期以及工作班制、劳动量确定作业队、班(组)的人数或机械台数,将计算结果填入横道图相应栏内。

⑦按计算的各施工过程的周期,并根据施工过程之间的逻辑关系,安排施工进度日期。其具体做法是:按整个工程的开竣工日历,将日历填入横道图的日程栏内,然后即可按计算的周期,用直线或绘有符号的直线绘制进度图。

⑧绘制劳动力安排曲线。

⑨进行反复调整与平衡,最后择优定案。

(2)垂直图法编制步骤

对于线形工程,当施工方案确定以后,即可按下列步骤绘制用垂直图法表示的施工进度图。

①绘出图表轮廓及表头,即将项目以及项目的工程量按相应的里程绘于图的上半部,见垂直图。

②根据工程的开竣工日历,将进度日历绘于图左的纵坐标上。

③将里程及工程的空间组织,即施工平面草图绘于图的下部。

④进行列项,计算劳动量、周期、劳动力数、机械台数,一般可先列表算好,并与绘图结合,反复平衡优化。

⑤按已算出的施工周期,分别以铅笔绘出不同符号的进度线,并按紧凑的原则,使各进度线相对移动至最佳位置,其具体画法如下。

小桥涵工程:根据每座小桥涵的施工期长短,从可能施工之日起,在各桥涵的位置上用垂直直线画出施工期,并依次向流水方向移动,其垂直方向的全长即等于所有小桥涵施工期的总和;

大中桥工程:绘制方法与小桥涵相同,但上、下部工程最好用两种线条表示;

路面工程:路面是连续和等速施工,故进度应是一条斜直线,线的垂直高度等于路面所需的总工期,水平线的长度等于路面总里程;由于路基线起伏变化大,为了使路面线不致与路基相交(避免施工中断),最好用大头针订线试排后再画;

路基工程:几个队同时从某月某日并在指定的里程范围内开工,以斜线(用不同线条)表示时间和里程关系,为了保证路基施工不致中断,所有的斜线不能和桥涵线相交,否则要相对移动线的位置,借以改变其开工日期。

⑥最后调整。

调整的要点:力求各线靠近而不相交;检查总工期是否符合规定要求;劳动力需要量力求均衡,避免出现高峰低谷;补充图例和说明等;最后以黑线加深线条。

(3)网络计划技术

这部分内容我们将在以后章节学习。

五、施工进度计划的检查与调整

施工组织设计是一个科学的有机整体,编制的正确与否直接影响工程的经济效益。施工管理的目的是使施工任务能如期完成,并在企业现有资源条件下均衡地使用人力、物力、财力,力求以最少的消耗取得最大的经济效果。因此,当施工进度计划初步完成后,应按照施工过程的连续性、协调性、均衡性及经济性等基本原则进行检查与调整,这是一个细致的、反复的过程,现简述如下。

1. 施工工期

施工进度计划的工期应当符合上级或合同规定的工期,并尽可能缩短,以保证工程早日交付使用,从而达到最好的经济效果。

2. 劳动力消耗的均衡性

每天出勤的工人人数力求不发生大的变动,即劳动力消耗力求均衡。劳动力需要量图表明劳动力需要量与施工期限之间的关系。如前所述,正确的施工组织设计应该使劳动力需要量均衡,以减少服务性的各种临时设施和避免因调动频繁而形成的窝工。任何一项工程的施工组织设计,由于施工人数和施工时间不同,均有可能出现资源消耗不均衡的情况,故在编制施工进度图时,应以劳动力需要量均衡为原则,对施工进度进行恰当的安排和必要的调整。

劳动力消耗的均衡性,可用劳动力不均衡系数 K 表示。劳动力不均衡系数的值大于或等于 1,一般不超过 1.5。其值按下式计算:

$$K = R_{\max}/R_{平均} \tag{7-11}$$

式中:$R_{\max}$——施工期间人数最高峰值;

$R_{平均}$——施工期间加权平均工人人数。

3. 施工工期和劳动力均衡性的调整

(1)如果要使工期缩短,则可对工期较长的主导劳动量的施工采取措施,如增加班制或工人数(包括机械数量),来达到缩短总工期的目的。

(2)若所编计划的工期不允许再延长,而劳动力出现较大的高峰或低谷,则可在允许的范围内,通过调整工序的开工或完工日期,使劳动力需要量较为均衡。

某些工程由于特定的条件,工期没有严格限制,而在投资、主要材料及关键设备等某一方面有时间或数量的限制时,就要将这些特定条件作为控制因素进行调整。复杂的工程要获得符合工期、均衡施工原则的最合理的优化计划方案,必须进行多次反复调整计算,这个计算过程十分复杂,当前电子计算机技术的出现,为优化计算提供了理想的工具。

本章小结

施工组织设计起着指导施工准备工作、全面布置施工活动、控制施工进度、进行劳动力和机械调配的作用,同时对施工活动内部各环节的相互关系和与外部的联系,确保正常的施工秩序起着有效的协调作用。总之,公路施工组织设计对于能否优质、高效、按时、低耗地完成公路工程施工任务起着决定性的作用。

公路施工组织设计,按阶段可划分为施工方案、修正的施工方案、施工组织计划、指导性施工组织设计、实施性施工组织设计。按施工组织设计的工程对象的不同又可分为三类,即施工组织总设计、单项(或单位)工程施工组织设计和分部工程施工组织设计。公路施工组织设计必须按原则、依据及一定的程序来进行编制。

公路施工过程是互相联系的劳动过程和自然过程的结合。施工过程划分为施工准备过程、基本施工过程、辅助施工过程和施工服务过程等。施工过程组织必须保证施工过程的连续性、协调性、均衡性和经济性。施工过程组织包括时间组织、空间组织和资源组织三个主要方面的问题,其中时间组织是施工组织的核心。施工组织根据对施工对象的施工顺序,一般可分为顺序作业法、平行作业法、流水作业法等三种基本作业方式。

流水施工其实质就是连续作业、均衡生产,它是对施工进度控制的有效方法。为了说明流水作业在时间和空间上的开展情况,引入工艺参数、时间参数、空间参数三类性质不同的参数进行描述,称为流水参数。流水施工的组织按节奏性可分为有节奏流水和无节奏流水。其中有节奏流水又分为全等节拍流水、成倍节拍流水和分别流水。

公路施工组织设计须编制资源组织计划、平面组织计划及施工进度计划等。

资源组织计划主要包括劳动力需要量计划、主要材料计划、主要施工机具设备计划、临时工程计划、技术组织措施计划等。

平面组织计划即施工平面图设计,它是施工过程空间组织的具体成果,亦即根据施工过程空间组织的原则,对施工过程所需的工艺路线、施工设备、原材料堆放、动力供应、场内运输、半成品生产、仓库、料场、生活设施等进行空间的特别是平面的科学规划与设计,并以平面图的形式加以表达。施工平面图分为施工总平面图、单项工程及分部分项工程施工平面图等。

施工进度计划是控制工程施工进度和工程竣工期限等各项施工活动的依据。施工进度计划通常是以图表表示的,主要形式有横道图法、垂直图法和网络图法三种。

思考题

1. 公路基本建设三要素是什么?

2. 公路建设的特点是什么?

3. 公路基本建设项目的组成是什么?

4. 施工组织设计的含义是什么? 其作用有哪些?

5. 施工组织设计的要求有哪些?

6. 施工组织设计的编制原则和程序是什么?

7. 施工组织设计是如何分类的?

8. 公路施工过程的组织原则是什么?

9. 公路施工过程组织的基本方法有哪些?

10. 三种基本作业方法是什么? 各自的特点是什么?

11. 流水施工的特点是什么? 有哪些经济效果?

12. 流水施工的主要参数有哪些?

13. 流水施工作业分哪几类?

14. 流水施工组织的步骤是什么?

15. 流水节拍的定义及计算方法是什么?

16. 流水步距的定义及遵循的原则是什么?

17. 施工平面图设计的原则是什么?

18. 编制施工进度图通常有几种方法?

19. 编制施工进度图的依据和步骤是什么?

20. 横道图的优缺点是什么?

第八章　施工网络计划技术

第一节　网络计划概述

网络计划技术是20世纪50年代国外陆续出现的一些计划管理的新方法。由于这些方法将计划的工作关系均建立在网络模型上，把计划的编制、协调、优化和控制有机地结合起来，所以称之为网络计划技术。

网络计划图是以加注工作持续时间的箭线和带有编号的节点组成的网状流程图，用以表示施工进度计划。其基本原理是：首先根据工作间的相互关系及其工作先后顺序流程绘制工程项目施工进度计划网络图；其次通过计算找出计划中的关键工作及关键线路；最后通过不断调整、改善网络计划，选择最优的方案付诸实施。在网络计划实施过程中进行有效地监督与控制，确保工程项目按合同条件顺利完成。

一、网络计划方法

网络计划技术有许多方法，诸如关键线路法（CPM）、计划评审方法（PERT）、流水作业网络计划、搭接网络计划（CNT）、图例评审法等。

CPM是1956年美国杜邦公司为了管理其内部不同部门的业务工作，研制的关键线路法。1958年初，该公司决定把CPM用于建设价值1 000万美元的一座新化工厂，但同时与传统计划方法比较，于是分成两组，一组按CPM制订计划，另一组仍按旧方法制订计划。对此，利用CPM确定的工期比传统方法确定的工期缩短两个月且不用另外增加费用。以后此法被用于设备维修，使其停产时间由过去的125h缩短为74h。杜邦公司采用关键线路法安排施工和维修，仅一年就节约了近100万美元，是该公司用于发展研究CPM所花经费的5倍。

1958年美国海军特种计划局在研制北极星导弹核潜艇时，首次提出PERT控制进度方法。北极星计划由8家总承包公司、250家二包公司、3 000家三包公司、9 000多厂商共同承担，规模庞大，组织管理复杂。由于使用了PERT技术，使原计划6年的研制时间提前了2年完成。20世纪60年代后美国又采用了PERT技术，组织阿波罗载人登月计划，以一个7 000人的中心实验室为中心，把120所大学、2万余个企业、40万人组织在一起，耗资400亿美元，用13年时间到1972年圆满完成。

CPM和PERT虽然名称不同，但其主要原理和方法是一致的。前者为民用部门研制，偏重于成本控制，且工作持续时间一般是确定的，所以也称为肯定型网络计划；后者为军事部门所创，偏重于时间控制，且工作持续时间往往具有某种不确定性，所以也称为非肯定型网络计划。

流水作业网络计划是我国土建人员在20世纪70年代末研制的一种新型网络计划技术，它综合运用流水施工和网络计划的特点，为流水施工网络计划提供了简便有效的方法。搭接网络计划能够反映工作间的各种搭接关系，它可大大地简化网络图的形成和计算工作，特别适用于高等级公路及大型工程项目的施工进度计划安排。图例评审法也称为随机网络计划，是一种广义的随机网络分析方法，它主要用于编制项目施工进度计划中的排队、存储及可靠度分析等诸多统筹问题。

二、网络计划的应用及其特点

我国从20世纪60年代开始运用网络计划技术，著名数学家华罗庚教授结合我国实际情况，在吸收国外网络计划技术理论的基础上，将其统一命名为统筹法。网络计划技术在我国已广泛应用于国民经济各个领域的计划管理中，而应用最多的还是工程项目的施工组织与管理，并取得了巨大的经济效益。根据国内统计资料，工程项目的计划与管理应用网络计划技术，可平均缩短20%工期，节约10%左右费用。

网络计划与横道计划相比，具有以下特点：

(1)网络图把施工过程中的各个有关工作组成一个有机的整体，能全面而明确地表达出各项工作开展的先后顺序和反映出各项工作之间的相互制约、相互依赖的关系。

(2)能进行各种时间参数的计算。

(3)在名目繁多、错综复杂的计划中找出决定工程进度的关键工作，便于计划管理者集中力量抓主要矛盾，确保工期，避免盲目施工。

(4)能从众多可行方案中，选出最优方案。

(5)在计划执行过程中，某一项工作由于某种原因推迟或提前完成时，可以预见到它对整个计划的影响程度，而且能根据变化的情况迅速进行调整，保证自始至终对计划进行有效的控制和监督。

(6)利用网络计划中反映出的各项工作的时间储备，可以更好地调配人力、物力，以达到降低成本的目的。

(7)更重要的是，它的出现和发展使现代化的计算工具——计算机在建设工程施工计划管理中得以应用。

(8)但网络计划在计算劳动力、资源消耗时，比较困难。

三、网络计划的分类

(1)按箭线和节点表达的含义不同，可分为双代号网络图和单代号网络图。前者每项工作均由一根箭线和两个节点表示，其中箭线代表工作，节点表示工作间的逻辑关系，如图8-1a)所示；后者每项工作由一个节点组成，以节点代表工作，箭线表示工作间的逻辑关系，如图8-1b)所示。

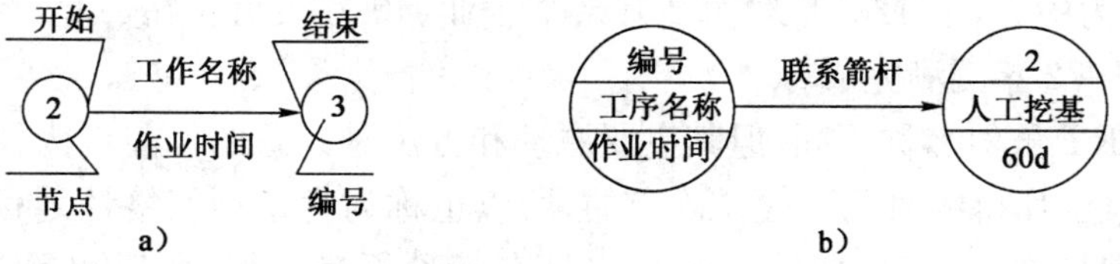

图8-1　网络图

a)双代号；b)单代号

(2)在双代号网络图中，按箭线长短与工作持续时间的关系分为一般双代号网络图(简称为双代号网络图)和时间坐标网络图(简称为时标网络图)。双代号网络图中工作持续时间长短与箭线长短无关;时标网络图中箭线的长短和所在的位置表示工作的持续时间和进程。

(3)按计划目标的多少,可分为单目标网络图和多目标网络图。网络图中只有一个计划目标的称为单目标网络图;有两个以上计划目标的称为多目标网络图。

(4)按工程项目的组成及其应用范围分为:分项工程网络图、分部工程网络图、单位工程网络图、单项工程网络网及工程项目总体网络图等。

四、网络计划编制步骤

1. 调查研究

计划编制前要全面熟悉和审查图纸,并与设计单位、建筑单位联系,以了解建设目的和要求,掌握编制网络计划的必要资料。还要深入了解工程所在地的水文、地质条件,气候等自然条件,劳动力、材料、构配件、机械设备的供应和使用情况,交通运输条件,场地情况,水、电源的供应情况等。

2. 确定施工方案

根据工程对象的特点和现场施工条件,编制施工组织设计,确定施工方案,根据施工方案确定合理的施工顺序,这是编制网络计划的基础。

3. 按施工方案进行工作划分

施工方案决定了工程项目的施工顺序、施工方法、资源供应方式及主要指标的控制量等。按确定的施工方案编制符合施工工艺及施工组织条件的工艺流程,即按施工方案分解若干单项工作,确定工作项目,接着确定这些工作之间的逻辑关系。既要确定各工作开始之前应完成哪些紧前工作,或者工作之后有哪些紧后工作,又要定出各工作可平行的工作内容,以便找出工作之间的相互关系。

4. 构成一个工作关系时间表

当各工作之间的逻辑关系确定之后,还应确定各工作的持续时间,工作持续时间的确定或计算方法与第七章第三节"流水节拍"相同。工作持续时间直接影响到网络计划的质量,若时间太短,会造成工作无法完成或者影响工程质量;如果时间太长,又造成时间的浪费。所以应按正常情况合理地确定工作持续时间。

确定项目工作间相应关系和工作持续时间,根据情况考虑资源用量和费用消耗等问题,并将这些资料填写到工作关系表中去。一般构成工作关系时间表的基本内容包括:

(1)工作代号,常用英文字母表示;

(2)工作名称,从事工作的具体内容;

(3)紧前工作(或紧后工作);

(4)持续时间、资源用量、费用消耗等定量数据。

5. 逐节生长法绘草图

根据工作关系表首先确定哪些工作为起始工作,然后寻找起始工作之后紧跟哪些工作,使网络图逐节生长,直到各条线路绘至网络图的终点为止。

6. 整理草图并检查其正确性

对绘制好的草图进行必要的布局调整,使图面整齐美观,再用工作逻辑关系检查布局合理的网络图的正确性,出现工作关系逻辑错误时引入虚箭线进行修改。

7.绘制正确的网络图并将节点编号

经过反复检查确认网络图完全符合工作之间的逻辑关系后，则可对正确的网络图进行节点编号。

五、网络计划在工程进度施工控制中的作用

采用网络计划方法可加强工程项目的施工管理，使其取得好、快、省的全面效果。它在工程进度控制中可给管理人员提供下列可靠信息：

(1)合理赶工及其工期与成本的关系信息；

(2)各项工作有无机动时间及机动时间极限数据信息；

(3)劳动力、材料、施工机具设备等资源利用信息；

(4)预测哪些工作的提前或拖延对总工期有影响等信息。

第二节　双代号网络计划

一、双代号网络图的基本概念

双代号网络图是一种表示整个计划中各道工序(或工作)的先后次序、相互逻辑关系和所需时间的网状矢线图。组成双代号网络图基本模型的箭线(工作)、节点及箭头三大要素，如图8-2所示。

1.工序(或工作)

工序是网络图的重要组成部分，在双代号网络图中，用箭线“→”表示，每一个箭线表示一道工序(一项工作)。在网络图中的工序可分为实工序和虚工序两种。实工序是指需要消耗时间和资源的工序，如挖基坑，浇筑混凝土，填筑路基等。有些技术间歇时间，如混凝土的养护、石灰土的养生等，虽然不消耗资源，但占用时间，因此，也应作为一道实工序对待，在网络图中即为一实箭线。

虚工序是既不消耗资源，也不占用时间，仅为了正确表示各工序之间的逻辑关系而设，故称之为虚工序，在网络图中即为一虚箭线。

箭线的方向表示工序进行的方向，箭线的长短和曲折对网络图没有影响(时标网络图除外)。

2.节点(或事件)

节点即前后两工序的交点，表示工序的开始、结束和连接等关系。它是一个瞬间概念，不消耗时间和资源，用圆圈表示。

网络图中第一个节点称为原始(或开始)节点，最后一个节点称为结束(或终点)节点，其他节点称为中间节点。同一节点(除原始和结束节点外)，既是前面工序的完工节点，又是后面工序的开工节点，如图8-3所示。ⓘ→ⓙ工序称为ⓙ→ⓚ工序的紧前工序，而ⓙ→ⓚ工序则称为ⓘ→ⓙ工序的紧后工序。

在双代号网络图中，可能有许多箭杆指向某节点，这些箭杆称为内向箭线或内向工序，同样也可能存在许多箭线由同一节点出发，这些箭杆称为外向箭杆或外向工序。

绘制双代号网络图时，需进行节点编号，其目的是赋予每道工序一个代号，以便对网络图

进行计算。节点的编号代表工序的名称，编号的要求是：由小到大、从左至右，箭头的号码大于箭尾的号码，不允许重号，但可不必连续编号，以便增减新的节点。节点编号习惯方法在满足节点编号规则的前提下，可按以下方法进行节点编号。

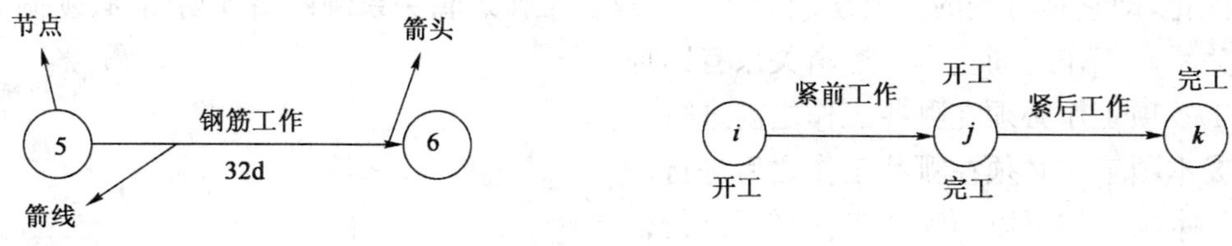

图 8-2　双代号网络图组成要素图　　图 8-3　节点图

(1)水平编号法：从网络图起点开始，由左到右按箭线顺序编号。

(2)垂直编号法：从网络图起点开始自左到右逐列编号，每列编号根据编号规则要求自上向下、或自下向上，或先上下后中间，或先中间后上下进行。

(3)删除箭线法：先给网络图起点编号，再在图上划去该节点引出的全部箭线，并对图中剩下的没有箭线进入的节点依次编号，直到全部节点编完号为止。

3. 线路

它是指网络图中从原始节点到结束节点之间可连通的线路。显然，一个网络图中线路有许多条，通过有关计算，就可以从中找到工作时间最长的线路，此线路就称为关键线路。工作时间少于关键线路的线路称为非关键线路。位于关键线路上的工序称为关键工序，在网络图中常用粗箭线或双线箭线表示。

(1)关键线路：网络图所有线路中总持续时间最长的线路为关键线路。一张网络图至少有一条最长的线路，这条线路上的总持续时间决定了网络计划的总工期，该线路上任何工作拖延都使总工期延长，它是完成工程任务的关键，故称之为关键线路。

(2)关键工作：关键线路上任何工作因为影响总工期故称为关键工作，反过来关键工作连成的线路称为关键线路。

关键线路上关键工序完成的快慢直接影响着整个工程的工期。但关键线路不是一成不变的，在一定条件下会转化。非关键线路上的工序有一定的机动时间，称为时差，它意味着该工序(线路)开工时间或完成日期容许适当提前或延期而不影响整个计划的按期结束。

时差是网络计划优化的基础，如果将非关键工序在时差范围内放慢施工速度，增加工序的持续时间，并把部分人力、机具转移到关键工序上去，加快关键工序的进行，就可达到均衡施工和缩短工期的目的。

二、双代号网络图的绘制

1. 工作逻辑关系的表示方法

工作逻辑关系是工作进行时客观存在的一种先后顺序关系。在表示工程进度计划的网络图中，工作之间的逻辑关系是由施工组织、施工技术、工艺流程、资源供应、施工场地等决定的。各项工作之间逻辑关系表达正确与否，是网络计划图能否反映工程项目实际情况的关键。如果工作逻辑关系表示错了，则网络计划图的时间参数计算就会发生错误，关键线路和工程计划总工期也跟着发生错误。

网络图中的逻辑关系是指工作之间相互制约或依赖的关系，包括工艺关系和组织关系。工艺关系是指生产工艺上客观存在的先后顺序；组织关系是指在不违反工艺关系的前提下，人为安排的工作先后顺序关系。在施工方案确定之后，一般来讲工艺关系是不变的，而组织关系则应优化，即它是可变的。要绘制一张正确反映工作逻辑关系的网络计划图，必须搞清工作之间的关系。工作之间基本的逻辑关系有四种：

①本项工作必须在哪些工作之前进行；

②本项工作必须在哪些工作之后进行；

③本项工作可以与哪些工作平行进行；

④本项工作的进行与哪些工作无关。

在工程实际的网络计划图中，各项工作之间的逻辑关系是复杂多变的，表 8-1 所列的是网络计划图中常见的一些工作关系的表示方法。各工作名称以字母表示，供绘制双代号网络计划图时参考。

常见工作逻辑关系的表示方法 表 8-1

序号	工作之间的逻辑关系	网络图中的表示方法
1	A 完成后，进行 B 和 C	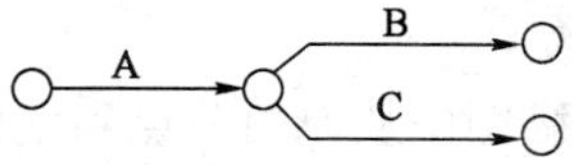
2	A 和 B 都完成后进行 C	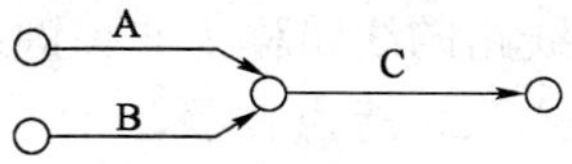
3	A 和 B 都完成后，进行 C、D	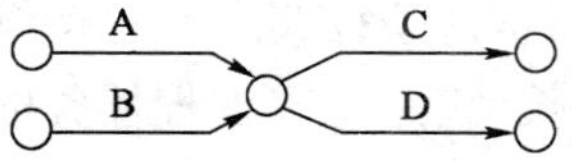
4	A 完成后进行 C； A 和 B 都完成后，进行 D	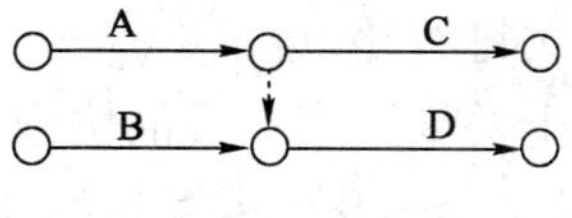
5	A 和 B 都完成后，进行 D； A 和 B、C 都完成后，进行 E； D 和 E 都完成后，进行 F	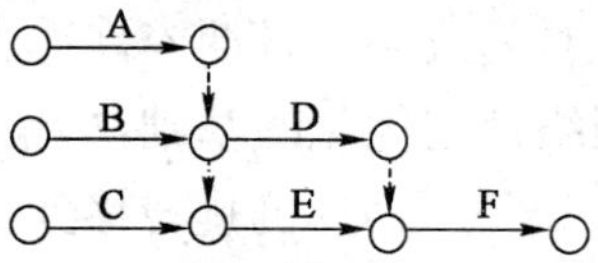
6	A 和 B 都完成后，进行 C； B、D 都完成后，进行 E	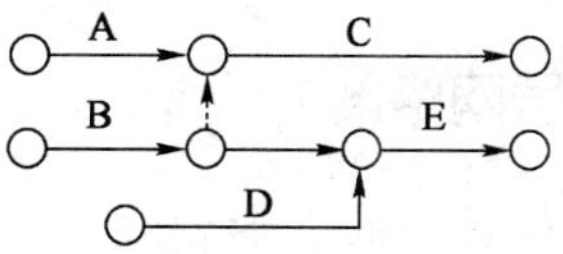
7	A 和 B、C 都完成后，进行 D； B 和 C 都完成后，进行 E	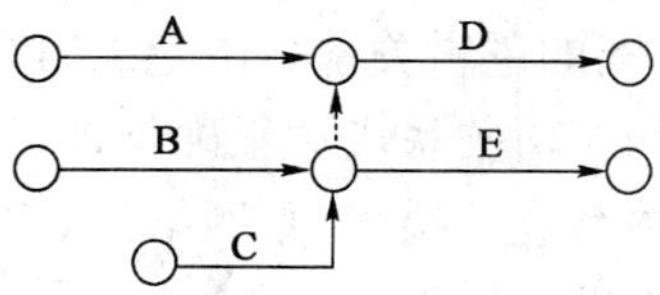

续上表

序号	工作之间的逻辑关系	网络图中的表示方法
8	A 完成后进行 C； A 和 B 都完成后进行 D； B 完成后进行 E	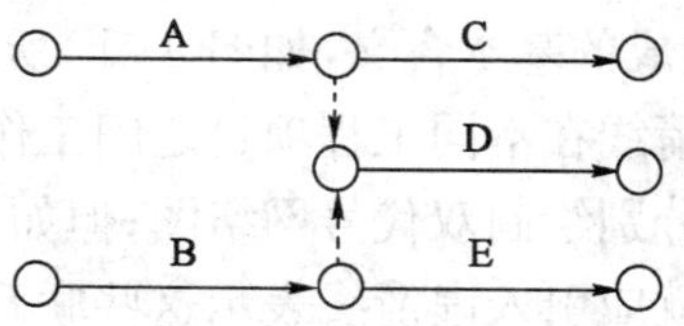
9	A 和 B 两项工作分成 3 个施工段，分段流水施工；A_1 完成后进行 A_2 和 B_1；A_2 完成后进行 A_3；A_2 和 B_1 都完成后进行 B_2；A_3 和 B_2 都完成后进行 B_3	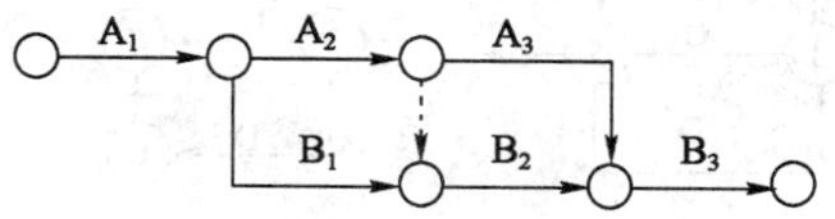

2. 虚箭线的应用

在绘制工程进度计划网络图时，根据工作关系的需要增设虚箭线，下面介绍虚箭线在表达工作间逻辑关系中的应用。

(1)虚箭线用于解决工作间逻辑关系的连接。在表 8-1 序号 4 中，工作 A 的紧后工作为 C，工作 B 的紧后工作为 D，但工作 D 又是工作 A 的紧后工作，为了把 A、D 两项工作的前后关系连接起来，需引入虚工作。由于虚工作的持续时间为零，所以 A 工作完成后 D 工作才能开始。同理在表 8-1 序号 5、6 竖向虚工作，7、8 和 9 第一种表示方法中，虚箭线都是在工作关系连接方面的应用。

(2)虚箭线用于解决工作关系的逻辑断路问题。绘制双代号网络计划图时，容易产生错误之处是把不该发生的工作逻辑关系连接起来，使网络图发生与实际不相符的逻辑错误。这时必须引入虚箭线隔断原来没有的工作联系，这种处理方法称为"断路法"。产生此类错误的地方常在内向箭线和外向箭线的节点处，绘双代号网络图时应特别注意，下面举例说明。

例如，某桥基础工程施工可分解为挖基坑、地基处理、砌基础、回填土四道工序，分两个施工段流水施工。如果绘成图 8-4a)双代号网络图那就错了，因为第二施工段上的挖基坑(挖 2)与第一个施工段上砌基础(砌 1)不存在逻辑关系，同样填 1 与处 2 也不存在逻辑关系。正确的绘制方法应把不该发生逻辑关系的工序连接引入虚箭线断开，如图 8-4b)所示。此法在流水作业施工进度计划双代号网络图中广泛应用。

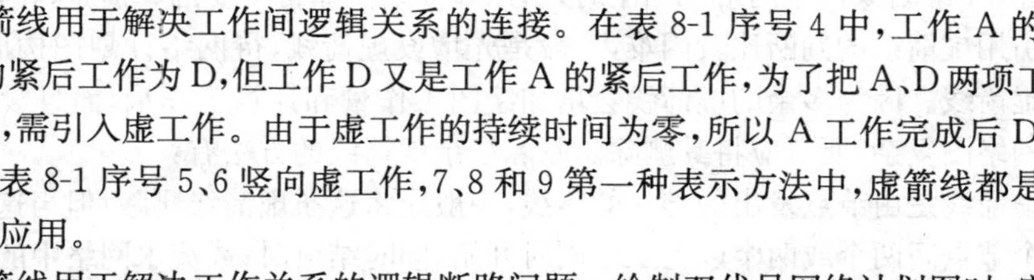

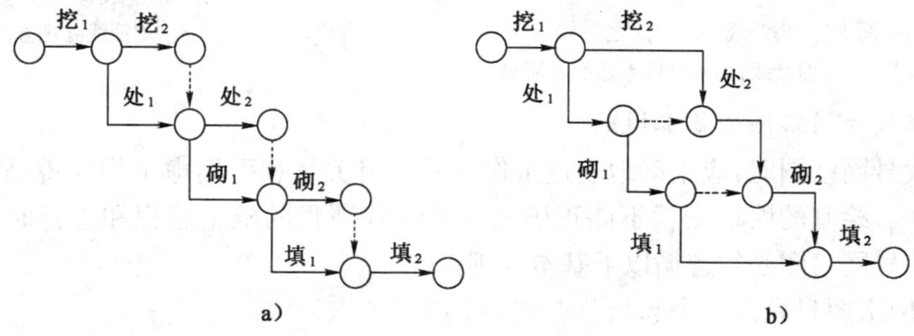

图 8-4　虚箭线表示工作关系断路中的应用

a)错误网络图；b)正确网络图

(3)当两项或两项以上的工作同时开始和同时结束时,必须引入虚箭线,以免造成混乱。

图 8-5a)中,工作 B、C、D 三条箭线共用③、⑤两个节点,则代号(3,5)同时表示工作 B、C、D,这样就产生了混乱。如果引入虚箭线,则符合双代号网络图每项工作均由一根箭线和两个节点代号组成的基本含义,如图 8-5b)所示。

(4)虚箭线在不同工程项目之间工作有联系时的应用。例如,甲、乙两项独立的工程项目施工时,应分别绘制双代号网络图;但如果两工程的某些工序需要共用某台施工机械或某个技术班组时,就应引入虚箭线表示这些联系,如图 8-6 所示。

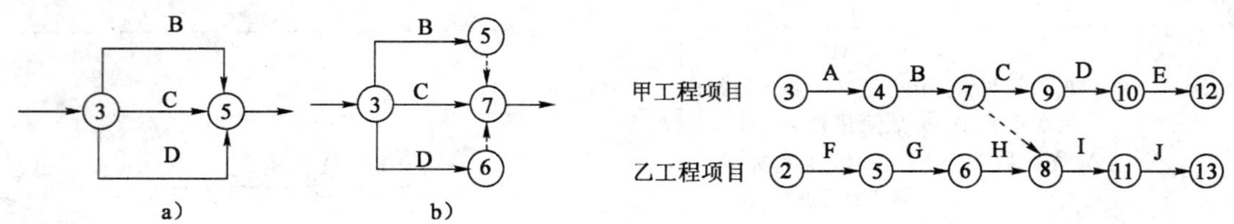

图 8-5　网络图

a)错误网络图;b)正确网络图

图 8-6　虚箭线在不同工程项目中的应用

从上图可以看出,乙工程项目的 I 工序不仅在紧前工序 H 完成而且在甲工程项目的 B 工序也应完成后才能开始。

综上所述,在绘制双代号网络计划图时,引用虚箭线是非常重要的。但是,在什么地方、在什么情况下引用虚箭线的判断比较困难,一般是先增设虚箭线,待网络计划图构成以后,再删除不必要的虚箭线。因为多余的虚箭线会增加绘图工作量和计算工作量,而且没有必要的虚箭线还会使网络图复杂,所以应将其删除。删除多余虚箭线的方法有:

①如果虚箭线是由节点发出的唯一的箭线,一般应将这条虚箭线删除;但当这条虚箭线是为了区分两个节点间两个或两个以上工作同时开始、同时结束时;或流水网络中的某些虚箭线就不能删除,如图 8-7 所示。

②当一个节点有两条虚箭线进入,一般可清除其中一条虚箭线,图 8-7a)中删除了一条虚箭线。在图 8-8 中节点②的两条外向虚箭线和节点⑤的两条内向虚箭线都不能删除。

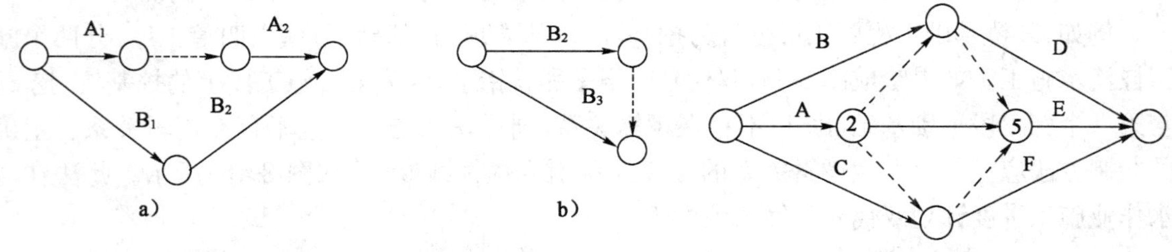

图 8-7　虚箭线处理方法之一

a)可以删除的虚箭线;b)不可以删除的虚箭线

图 8-8　虚箭线处理方法之二

3. 绘制双代号网络图的基本规则

绘制双代号网络图时,应正确地表达工作间的逻辑关系和引用虚工作并遵循有关绘图的基本规则,否则,绘制的网络图就不能正确地反映工程项目的施工流程和进行时间参数的计算。绘制双代号网络图必须遵循以下基本规则:

(1)一张网络图只允许一个起始节点和一个终点节点。

例如,图 8-9a)双代号网络图有两个起始节点①、②,这是不允许的。解决此问题的最简单的方法是用虚箭线把节点①与②连接起来,使网络图变成一个起点;同样,两个终点节点⑦、⑧

也是不允许的，也应该用虚箭线将其连接起来，见图 8-9b)。

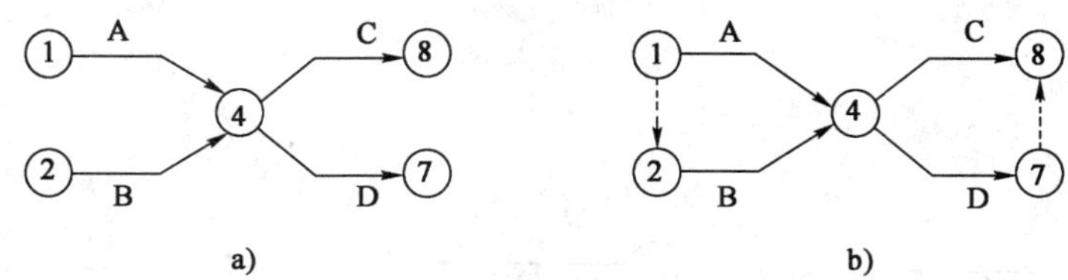

图 8-9　网络图的开始、结束节点画法

a)错误网络图；b)正确网络图

(2)一对节点之间只允许一条箭线。

在双代号网络图中，两个代号表示一项唯一的工作，如果一对节点之间有两条甚至更多条箭线同时存在，则无法分清这两个代号究竟代表哪一项工作。这种情况下正确的表达方法是引入虚箭线。

(3)网络计划图中不允许出现闭合回路。

在网络计划图中，如果从一个节点出发沿某一条线路又能回到原出发的节点，称此线路为闭合回路。图 8-10a)中节点③、④、⑤是一条闭合回路，它表示的工作关系是错误的，工艺流程相互矛盾，工作 A_2、A_3、A_4 的每一项都无法开始，也无法结束，此时若用计算机计算网络图时间参数时只进行循环运行，不能输出计算结果。遇到这种情况的处理办法一般是更改箭线方向消除闭合回路，如图 8-10b)所示。

图 8-10　网络图不允许出现闭合回路

a)错误网络图；b)正确网络图

(4)网络计划图中不允许出现线段、双向箭头，并应避免使用反向箭线。

表示工程进度计划的网络图是一种施工进程方向的网状流程图，向线段中箭头方向为施工前进方向，所以不允许出现无箭头的线段和双向箭头的箭线。箭线所表达的工作需要占用时间，而时间是不可逆的，应避免使用反向箭线，否则容易引起闭合回路；在时标网络计划图中，更不允许出现反向箭线。

(5)网络计划图的布局应合理，尽量避免箭线交叉。

网络图的布局调整的目的，除避免箭线交叉外，还应尽量使图面整齐美观，如图 8-11 所示。

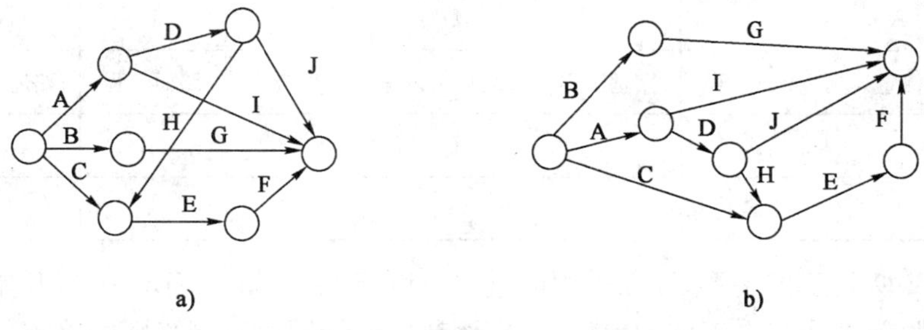

图 8-11　网络图中交叉箭线

a)错误网络图；b)正确网络图

当箭杆线交叉不可避免时，应采用“暗桥”、“断线”、“指向”等方法加以处理，如图 8-12 所示。

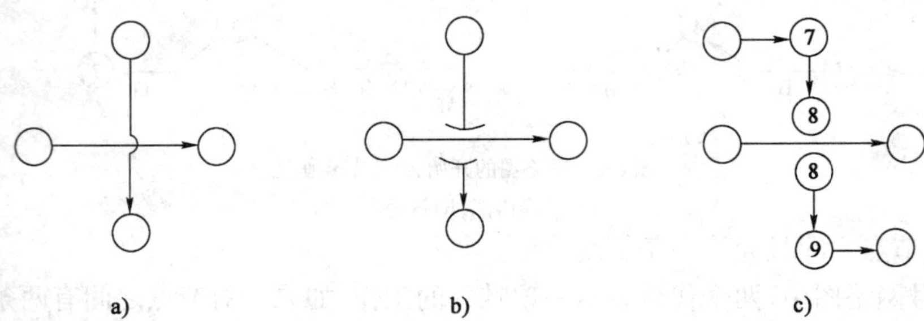

图 8-12　箭杆线交叉的处理方法

a)暗桥法；b)断线法；c)指向法

三、双代号网络图的绘制方法和应用

1. 网络图的绘制方法

在构成工作关系及工作持续时间之后，绘制网络计划图通常采用以下方法。

(1)前进法。前进法是从网络图起点开始顺箭线方向用逐节生长法绘图，直到各条线路均达到网络图的终点为止。一般当工作关系表中列出本工作与紧后工作的关系时，可方便地采用前进法绘网络图。前进法绘图的关键是第一步，要正确而又清楚地确定出哪些工作为开始工作。

(2)后退法。后退法是从网络图终点节点开始逆箭线方向逐节后退，直到各条线路均退回到网络图的起点为止。一般当工作关系表中列出本工作与紧前工作关系时，使用后退法较为方便。后退法绘网络图的关键是后退的第一步，也应正确又清楚地确定出哪些工作为最后结束的工作。

(3)先粗后细法。在工程进度计划实际网络图绘制中，可先粗略划分工程项目，然后逐步细分，先绘制分项或分部工程的子网络图，再拼成单位工程或单项工程总网络图。工程实际绘制网络计划图时广泛采用先粗后细法。

2. 工程应用实例及示例

(1)某段城市道路更新工程应用实例。某一段城市道路更新工程，工作项目划分与工作相互关系及工作持续时间见表 8-2，试绘制其施工进度双代号网络计划图。

工作项目划分明细表　　表 8-2

工作代号	A	B	C	D	E	F	G	H
工作名称	测量	土方工程	路基工程	安装排水设施	清理杂物	路面工程	路肩施工	清理现场
紧前工作	—	A	B	B	B	C、D	C、E	F、G
持续时间(d)	1	10	2	5	1	3	2	1

根据表 8-2 所列工作关系，如果采用前进法绘网络图，关键是确定 A 为开始工作，然后从表 8-2 中找出紧前工作与本工作的前后关系，逐节生长绘图直至网络图的终点；若采用后退法绘网络图，关键是确定 H 为结束工作，再从表 8-2 中寻找本工作与紧前工作的前后关系，逐节

后退绘图直到网络图的起点。绘制的双代号网络计划图如图 8-13 所示。

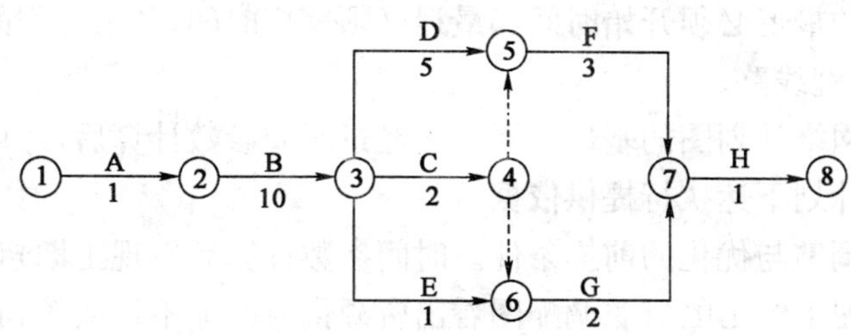

图 8-13　道路更新工程施工进度双代号网络计划图

(2)某立交桥工程应用实例。某合同段立交桥工程施工工期直接影响主线路基和四条匝道路基填筑，据此确定工程项目的工作组成和工作间的逻辑关系及工作持续时间，如表 8-3 所示。绘制双代号网络图。

工 作 关 系 表　　表 8-3

工作代号	工 作 内 容	紧前工作	持续时间(周)	工作代号	工 作 内 容	紧前工作	持续时间(周)
A	临建工程	—	5	I	修筑预制场	E	1
B	施工组织设计	A	3	J	主梁预制	J	6
C	平整场地	A	1	K	盖梁施工	H	4
D	材料进场	B	3	L	预制场吊装设备安装	F	1
E	主桥施工放样	B	1	M	吊装准备工作	L	1
F	材质及配合比试验	C	1	N	主梁安装	J、K、M	3
G	基础工程施工	D	4	P	桥面系统施工	N	2
H	桥墩施工	G	3				3

根据表 8-3 工作逻辑关系，利用后退法或前进法绘制某立交桥施工进度的双代号网络图，见图 8-14。

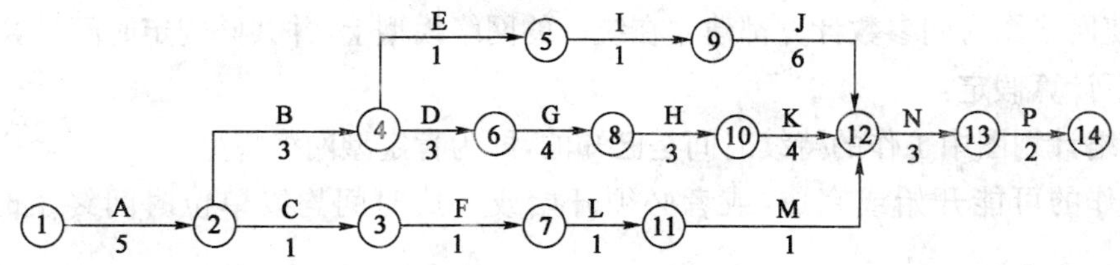

图 8-14　某立交桥施工进度双代号网络图

四、双代号网络时间参数分类

正确地绘制代表工程项目进度计划的双代号网络图，只是把工程项目工作之间的逻辑关系用网络计划的形式表达出来了。网络计划技术是一种定量分析方法，它可以为工程计划管理提供一系列重要的定量信息，而这些定量信息是通过网络计划图时间参数计算以后获得的。

1. 时间参数的计算目的

通过网络计划图时间参数的计算可以达到下列目的：

(1)确定完成整个计划的总工期,各项工作的最早可能开始时间和最早可能完成时间。

(2)确定各工作的最迟必须开始时间和最迟必须完成时间,各项工作的各种机动时间与计划中的关键工作及关键线路。

(3)是绘制时标网络计划图的基础。网络图经过时间参数计算后,才可绘制时间坐标网络计划图,以便为网络计划下达执行提供依据。

(4)是网络计划调整与优化的前提条件。时间参数计算后发现工期超出合同工期,工程费用消耗过高,由时标图上绘出的资源调配图看出资源供应明显不均衡等,必须对原网络计划图进行必要的调整与优化,以达到既定的计划管理目标。

2. 时间参数分类

网络计划的时间参数按其特性可分为控制性时间参数和协调性时间参数两类。

1)控制性时间参数

(1)最早时间系列参数包括:

工作的最早可能开始时间(ES);

工作的最早可能完成时间(EF);

节点的最早可能实现时间(ET)。

(2)最迟时间系列参数包括:

工作的最迟必须开始时间(LS);

工作的最迟必须完成时间(LF);

节点的最迟必须实现时间(LT)。

2)协调性时间参数

工作的总时差(TF);

工作的局部时差(或称工作的自由时差)(FF)。

这里所说的时差即为工作的机动时间,它意味着一些工作适当地推迟开始或者推迟完成时,并不影响整个计划的完成时间。

3. 时间参数的计算假定

为了使网络图时间参数计算都建立在统一的网络模型上,并共同规定时间计算的起点,必须作出以下计算假定:

(1)网络计划图中工作的持续时间是已知的,即为肯定型网络模型。

(2)工作的可能开始或完成,或者必须开始或完成时间均以单位时间终了时刻为计算标准。

$ES_A=6d$ 表示工作 A 的最早可能开始时间为第 6d(末),又如 $LF_B=16d$ 则为工作 B 最迟必须在第 16d(末)完成。工作日以时间的原点为起算点,与实际工程进度控制的日历时间有一定的差距。在日历上,$ES_A=6d$ 表示工作 A 的最早开始时间为某月 7 日,又如 $LF_B=16d$ 则为工作 B 最迟必须在某月 16 日完成。

五、时间参数计算

双代号网络图时间参数的计算方法有很多,如分析计算法、图上计算法、表算法、矩阵法和电算法等,限于篇幅,本文只简单介绍分析计算法的原理,对图上计算法将作为重点介绍。

1.分析计算法时间参数计算

1)节点时间参数计算

(1)节点的最早可能实现时间(ET):是指以计划起始节点的时间 $ET(1)=0$ 为起点,沿着各条线路达到每一个节点的时刻,它表示该节点紧前工作的已经全部完成,其后的紧后工作最早可能开始的时间,用公式表示即为:

$$ET_{(j)} = \max | ET_{(i)} + t_{i,j} | \quad (j = 2,3,4,\cdots,n) \tag{8-1}$$

式中:$t_{(i,j)}$——工作(i,j)的持续时间;

n——网络计划图中终节点的编号。

按上式计算得到终节点的最早可能实现时间即是计划的总工期。

$$ET_{(a)} = T \tag{8-2}$$

(2)节点的最迟实现时间(LT):是指在计划工期确定的情况下,从网络计划图结束节点开始,逆向推算即得各节点的最迟实现时间。先给定 $LT(n)=ET(n)=T$,由此递推:

$$LT_{(i)} = \min\{LT_{(j)} - t_{i,j}\} \quad (i = n-1,n-2,\cdots,2,1)(j-1>1) \tag{8-3}$$

(3)节点时间参数计算步骤如下:

首先,设起始节点的最早可能实现时间 $ET_{(1)}=0$,顺箭头计算各节点的最早可能实现时间 $ET_{(i)}$;如果是汇集节点,即有多条箭线进入的节点,则应对进入节点的各条箭线分别进行计算,然后取其中最大值作为该节点的 ET 值;继续计算直到终节点得到 $LT_{(n)}$。

第二,终节点的最早可能实现时间 $ET_{(n)}=T$,即等于计划工期。

第三,设终节点的最迟必须实现时间 $LT_{(n)}=ET_{(n)}$,逆箭头计算各节点的最迟必须实现时间 $LT_{(i)}$;如果是分枝节点,即有多条箭线发出的节点,则应对发出节点的各条箭线分别进行计算,然后取其中最小值作为该节点的 LT 值;继续计算直到起始节点。

2)工作时间参数计算

(1)工作的最早可能开始时间(ES):是指一项工作在其紧前工作都结束后,可以开始工作的最早时间。很显然工作(i,j)的最早可能开始时间就等于箭尾节点(i)的最早可能实现时间,即:

$$ES_{(i,j)} = ET_{(i)} \tag{8-4}$$

(2)工作的最早可能结束时间(EF):正常情况下,工作(i,j)若能在最早可能开始时间开始,对应就有一个最早可能结束时间,它就等于箭尾节点的最早可能实现时间或者工作的最早可能开始时间加上工作(i,j)的持续时间 $t_{(i,j)}$,即:

$$EF_{(i,j)} = ES_{(i,j)} + t_{(i,j)} \tag{8-5}$$

(3)工作的最迟必须结束时间(LF):是指一项工作在不影响工程按总工期结束的条件下,最迟必须结束的时间,它必须在紧后工作开始之前完成。从工作终节点逆箭线计算,工作(i,j)最迟必须结束时间应等于节点 j 的最迟必须实现时间,即:

$$LF_{(i,j)} = LT_{(j)} \tag{8-6}$$

(4)工作的最迟必须开始时间(LS):在正常情况下,与工作的最迟必须结束时间相对应,有工作的最迟必须开始时间。它即为工作最迟结束时间减去该工作的持续时间。

$$LS_{(i,j)} = LF_{(i,j)} - t_{(i,j)} \tag{8-7}$$

3)工作的时差计算

时差反映工作在一定条件下的机动时间范围。通常分为总时差,局部时差,相关时差和独立时差。

(1)总时差(TF)。工作的总时差 $TF_{(i,j)}$ 是指在不影响任何一个紧后工作的最迟开始时间的条件下,工作(i,j)所拥有的最大机动时间。具体地说,它是在保证本工作以最迟完成时间完工的前提下,允许该工作推迟其最早开始时间或延长其持续时间的幅度,工作(i,j)的总时差计公式如下:

$$\begin{aligned} TF_{(i,j)} &= LT_{(j)} - ET_{(i)} - t_{(i,j)} \\ &= LF_{(i,j)} - ES_{(i,j)} - t_{(i,j)} \\ &= LS_{(i,j)} - ES_{(i,j)} \\ &= LF_{(i,j)} - EF_{(i,j)} \end{aligned} \tag{8-8}$$

由上式看出,对任何一项工作(i,j),其总时差可能有三种情况:

$TF_{(i,j)}>0$,说明该工作存在机动时间;

$TF_{(i,j)}=0$,说明该工作没有机动时间;

$TF_{(i,j)}<0$,说明该工作存在负时差,计划工期长于规定工期,应采取技术组织措予以缩短,确保计划总工期。

(2)局部时差(FF)。工作的局部时差 $FF_{(i,j)}$ 是指在不影响其紧后工作的最早可能开始时间的条件下,工作(i,j)所具有的机动时间。具体地说,它是在不影响紧后工作按最早开始时间开工的前提下,允许该工作推迟最早开始时间或延长其持续时间的幅度。工作(i,j)的局部时差算公式如下:

$$FF_{(i,j)} = ET_{(j)} - ET_{(i)} - t_{(i,j)} \tag{8-9}$$

(3)相关时差(IF)。工作的相关时差 $IF_{(i,j)}$ 是指可以与紧后工作共同利用的机动时间。具体地说,是在工作总时差中,除局部时差外,剩余的那部分时差。工作(i,j)的相关时差计算公如下:

$$IF_{(i,j)} = TF_{(i,j)} - FF_{(i,j)} = LT_{(j)} - ET_{(j)} \tag{8-10}$$

(4)独立时差(DF)。工作的独立时差 $DF_{(i,j)}$ 是指为本工作所独有而其前后工作不可能利用的时差。具体说,它是在不影响紧后工作按照最早开始时间开工的前提下,允许该工作推迟其最迟开工时间或延长其持续时间的幅度,其计算公式如下:

$$DF_{(i,j)} = ET_{(j)} - LT_{(i)} - t_{(i,j)} = FF_{(i,j)} - IF_{(h,i)}\ (n < i) \tag{8-11}$$

式中:$IF_{(h,i)}$——紧前工作的相关时差。

当 $DF_{(i,j)}<0$ 时,取 $DF_{(i,j)}=0$。

综上所述,四种工作时差的形成条件和相互关系如图 8-15 所示。

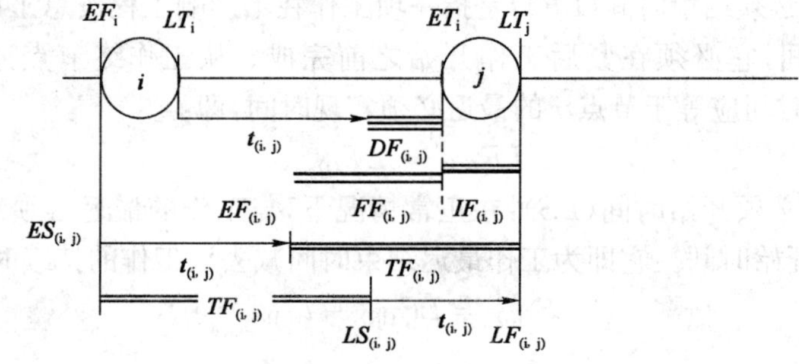

图 8-15 时间参数关系图

①总时差对其紧前工作和紧后工作均有影响。

②一项工作的局部时差只限于本工作利用，不能转移给紧后工作利用，对紧后工作的时差无影响，但对其紧前工作有影响，如运用，将使紧前工作时差减少。

③一项工作的相关时差对其紧前工作无影响，但对紧后工作的时差有影响，如果动用该时差，将使紧后工作的时差减少或消失。它可以转让给紧后工作，变为局部时差而被利用。

④一项工作的独立时差只能被本工作使用，如动用，对其紧前工作和紧后工作均无影响。

2. 图算法计算双代号网络图时间参数

图上计算法是按照各时间参数计算公式，直接在网络图上计算时间参数的方法。由于计算过程在图上直接进行，不需列计算式，既快又不易出错，计算结果直接标在网络图上。此法只限于对简单网络计划图的认识、理解、计算，不适合于大型网络计划图的时间参数计算。节点时间参数有两个，即节点的最早可能实现时间和节点的最迟必须实现时间。

1)节点时间参数计算

(1)计算节点最早时间(ET)

节点最早时间即为节点的最早可能实现时间(ET)，是节点后各工作的统一最早可能开始时间。网络图起始节点(1)的最早可能实现时间为零，$ET_{(1)}=0$，沿箭线方向逐个节点地计算到网络图的终点(n)，某节点的紧前工作全部完成，本工作才能最早开始。所以节点最早时间不一定等于该节点前各工作的最早可能完成时间，因为这些工作最早开始时间可能不相等，工作持续时间也可能不相同，也就是说进入这个节点的紧前工作不全部完成，本项工作就无法开始。因此，节点(j)的最早可能实现时间应等于该节点紧前工作(i,j)的最早可能完成时间的最大值。

现以图 8-16 所示的双代号网络图为例，计算各节点的最早可能实现时间如下，并按节点时间参数计算图例规定标注在图 8-16 上。

$ET_{(1)}=0$(其他节点根据公式计算得)

$ET_{(2)}=ET_{(1)}+t_{(1,2)}=0+2=2$

$ET_{(3)}=ET_{(1)}+t_{(1,3)}=0+3=3$

$ET_{(4)}=ET_{(1)}+t_{(1,4)}=0+4=4$

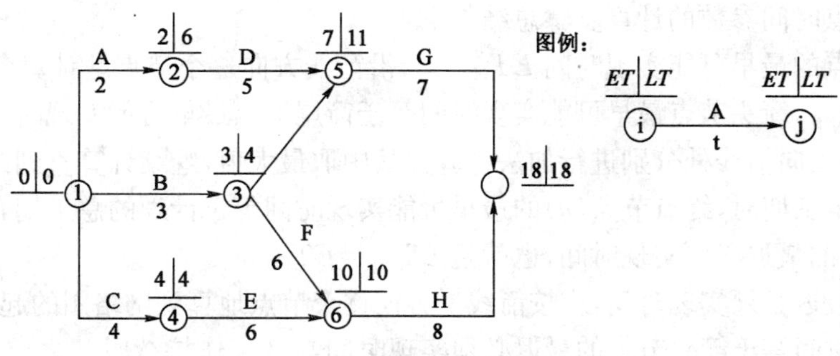

图 8-16　节点时间参数计算

$$ET_{(5)}=\max\begin{Bmatrix}ET_{(1)}+t_{(1,3)}=0+3=3\\ET_{(2)}+t_{(2,5)}=2+5=7\end{Bmatrix}=7$$

$$ET_{(6)}=\max\begin{Bmatrix}ET_{(3)}+t_{(3,6)}=3+6=9\\ET_{(4)}+t_{(4,6)}=4+6=10\end{Bmatrix}=10$$

$$ET_{(7)} = \max\begin{Bmatrix} ET_{(5)} + t_{(5,7)} = 7 + 7 = 14 \\ ET_{(6)} + t_{(6,7)} = 10 + 8 = 18 \end{Bmatrix} = 18$$

网络图终点(n)的最早可能实现时间就是计划的总工期(T),即:

$$T = ET_{(n)} \tag{8-12}$$

因此,图 8-16 双代号网络计划图的总工期 $T=18$。

(2)计算节点最迟时间(LT)

节点最迟时间即为节点的最迟必须实现时间(LT),是节点前各工作的统一最迟必须完成时间。由公式知,节点的最迟必须实现时间,就是计划工期确定的条件下,从网络图的终点(n)开始,逆着箭线方向逐个节点地算到网络图的起点。终点(n)节点的最迟必须实现时间也等于计划工期,即:$LT_{(n)}=T$

需要注意的是,节点最迟时间不一定等于该节点后各工作的最迟必须开始时间。箭尾节点的最迟必须实现时间等于箭头节点的最迟必须实现时间与其工作持续时间之差;当节点 i 有多条箭线同时出发时,应对每条箭线都进行计算,然后取其最小值作为该节点的最迟必须实现时间。

以图 8-16 双代号网络图为例,计算各节点的最迟必须实现时间,并将计算结果标注在图例规定的位置。

$$LT_{(7)} = ET_{(7)} = 18 \text{(其他节点根据公式计算得出)}$$

$$LT_{(6)} = LT_{(7)} - t_{(6,7)} = 18 - 8 = 10$$

$$LT_{(5)} = LT_{(7)} - t_{(5,7)} = 18 - 7 = 11$$

$$LT_{(4)} = LT_{(6)} - t_{(6,4)} = 10 - 6 = 4$$

$$LT_{(3)} = \min\begin{Bmatrix} LT_{(6)} - t_{(3,6)} = 10 - 6 = 4 \\ LT_{(5)} - t_{(3,5)} = 11 - 0 = 11 \end{Bmatrix} = 4$$

$$LT_{(2)} = LT_{(5)} - t_{(2,5)} = 11 - 5 = 6$$

$$LT_{(1)} = \min\begin{Bmatrix} LT_{(4)} - t_{(1,4)} = 4 - 4 = 0 \\ LT_{(3)} - t_{(1,3)} = 4 - 3 = 1 \\ LT_{(2)} - t_{(1,2)} = 6 - 2 = 4 \end{Bmatrix} = 0$$

网络图节点时间参数的计算步骤总结如下:

①起点节点的最早可能实现时间 $ET_{(1)}=0$,沿箭线方向逐个节点地计算各节点的最早可能实现时间 $ET_{(j)}$,箭头节点最早可能实现时间等于箭尾节点最早可能实现时间与其工作持续时间之和,且在内向箭线处分别进行加法计算并从中取最大值,继续计算直到终点(n)为止。

②当无规定工期时,终点节点(n)的最早可能实现时间等于计划的总工期,即 $T=ET_{(n)}$ 也等于该节点(n)的最迟必须实现时间,也就是 $LT_{(n)}=ET_{(n)}$。

③节点的最迟必须实现时间,应按箭线逆方向逐个节点地算到网络图的起点,箭尾节点的最迟必须实现时间等于箭头节点的最迟必须实现时间与其工作持续时间之差,且在外向箭线处分别进行减法计算并从中取最小值。

2)工作时间参数计算

(1)工作最早可能开始时间

工作的最早可能开始时间,是指一项工作在具有了一定工作条件和资源条件后可以开始工作的最早时间。在工作流程上,各项工作要等到其紧前工作都结束以后方能开始。很明显工作(i,j)的最早可能开始时间就等于箭尾节点(j)的最早可能实现时间，即按照公式计算如下(并标注在图 8-17 上)：

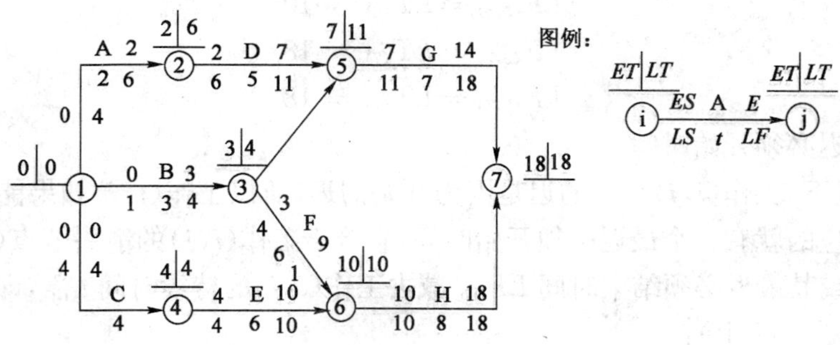

图 8-17　工作时间参数计算

$$ES_{(1,2)} = ET_{(1)} = 0$$
$$ES_{(1,3)} = ET_{(1)} = 0$$
$$ES_{(1,4)} = ET_{(1)} = 0$$
$$ES_{(2,5)} = ET_{(2)} = 2$$
$$ES_{(4,6)} = ET_{(4)} = 4$$
$$ES_{(3,6)} = ET_{(3)} = 3$$
$$ES_{(5,7)} = ET_{(5)} = 7$$
$$ES_{(6,7)} = ET_{(6)} = 10$$

(2)工作最早可能结束时间

正常情况下，工作(i,j)若能在最早可能开始时间开始，对应就有一个最早可能结束时间，它就等于箭尾节点的最早可能实现时间或者工作的最早可能开始时间加上工作(i,j)的持续时间$t_{(i,j)}$，即按照公式计算如下(并标注在图 8-17 上)：

$$EF_{(1,2)} = ES_{(1,2)} + t_{(1,2)} = 0 + 2 = 2$$
$$EF_{(1,3)} = ES_{(1,3)} + t_{(1,3)} = 0 + 3 = 3$$
$$EF_{(1,4)} = ES_{(1,4)} + t_{(1,4)} = 0 + 4 = 4$$
$$EF_{(2,5)} = ES_{(2,5)} + t_{(2,5)} = 2 + 5 = 7$$
$$EF_{(3,6)} = ES_{(3,6)} + t_{(3,6)} = 3 + 6 = 9$$
$$EF_{(4,6)} = ES_{(4,6)} + t_{(4,6)} = 4 + 6 = 10$$
$$EF_{(5,7)} = ES_{(5,7)} + t_{(5,7)} = 7 + 7 = 14$$
$$EF_{(6,7)} = ES_{(6,7)} + t_{(6,7)} = 10 + 8 = 18$$

(3)工作最迟必须结束时间

工作最迟必须结束时间(LF)是指一项工作在不影响工程按总工期结束的条件下最迟必须结束的时间，它必须在紧后工作开始之前完成。计算工作的最迟必须结束时间应从终节点逆箭线方向向起始节点逐项进行计算。工作(i,j)就等于箭头节点(j)的最迟必须实现时间$LT_{(j)}$，按照公式计算如下(并标注在图 8-17 上)：

$$LF_{(1,2)} = LT_{(2)} = 6$$
$$LF_{(1,3)} = LT_{(3)} = 4$$
$$LF_{(1,4)} = LT_{(4)} = 4$$

$$LF_{(2,5)}=LT_{(5)}=11$$
$$LF_{(4,6)}=LT_{(6)}=10$$
$$LF_{(3,6)}=LT_{(6)}=10$$
$$LF_{(5,7)}=LT_{(7)}=18$$
$$LF_{(6,7)}=LT_{(7)}=18$$

(4)工作最迟必须开始时间

在正常情况下，工作(i,j)结束的迟是因为开始的迟，所以工作(i,j)如果能在最迟必须结束时间结束，对应的就有一个最迟必须开始时间，它等于工作(i,j)的箭头节点(j)的最迟必须实现时间$LT_{(j)}$或其最迟必须结束时间$LF_{(i,j)}$减去工作(i,j)的持续时间$t_{(i,j)}$，即按照公式计算如下(并标注在图8-17上)：

$$LS_{(1,2)}=LF_{(1,2)}-t_{(1,2)}=6-2=4$$
$$LS_{(1,3)}=LF_{(1,3)}-t_{(1,3)}=4-3=1$$
$$LS_{(1,4)}=LF_{(1,4)}-t_{(1,4)}=4-4=0$$
$$LS_{(2,5)}=LF_{(2,5)}-t_{(2,5)}=11-5=6$$
$$LS_{(3,6)}=LF_{(3,6)}-t_{(3,6)}=10-6=4$$
$$LS_{(4,6)}=LF_{(4,6)}-t_{(4,6)}=10-6=4$$
$$LS_{(5,7)}=LF_{(5,7)}-t_{(5,7)}=18-7=11$$
$$LS_{(6,7)}=LF_{(6,7)}-t_{(6,7)}=18-8=10$$

网络图工作时间参数的计算步骤总结如下：

①工作参数的计算以控制性参数——节点参数为依据，在节点参数的图例中，起点到终点的节点参数符合从小到大排列的规律，因此最左边的为ET_i，最右边的为LT_j，称$[ET_i,LT_j]$为工作(i,j)的时间边界。

②工作的最早可能时间就是在图例中向左看齐，让开始时间对准起点的ET_i(左边界)，则最早完成时间为在左边界上加一个持续时间$t_{(i,j)}$。

③工作的最迟时间就是在图例中向右看齐，让结束时间对准起点的ET_i(右边界)，则最迟开始时间为在右边界上减去一个持续时间$t_{(i,j)}$。

3)时差参数计算

工作的时差也称为工作的机动时间，是在计划工期不变的条件下，工作的最早可能开始(或完成)时间与最迟必须开始(或完成)时间的差值。按时差的不同性质和作用，一般分为工作的总时差和局部时差。

(1)计算工作的总时差(TF)

工作(i,j)的总时差$TF_{(i,j)}$，是在不影响任何一项紧后工作(i,j)的最迟必须开始时间条件下，本工作(i,j)所拥有的极限机动时间。按公式计算如下(并标注在网络图8-18上)：

$$TF_{(1,2)}=LS_{(1,2)}-ES_{(1,2)}=4-0=4$$
$$=LT_{(2)}-ET_{(1)}-t_{(1,2)}=6-0-2=4$$
$$TF_{(1,3)}=LS_{(1,3)}-ES_{(1,3)}=1-0=1$$
$$=LT_{(3)}-ET_{(1)}-t_{(1,3)}=4-0-3=1$$
$$TF_{(1,4)}=LS_{(1,4)}-ES_{(1,4)}=0-0=0$$
$$=LT_{(4)}-ET_{(1)}-t_{(1,4)}=4-0-4=0$$

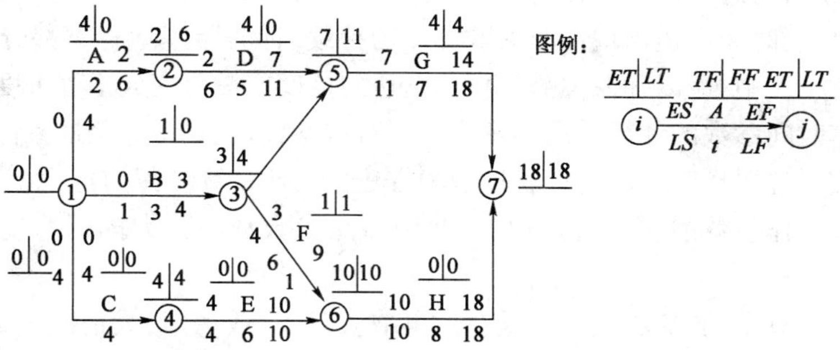

图 8-18　时差参数计算

$$
\begin{aligned}
TF_{(2,5)} &= LS_{(2,5)} - ES_{(2,5)} = 6-2=4 \\
&= LT_{(5)} - ET_{(2)} - t_{(2,5)} = 11-2-5=4 \\
TF_{(3,6)} &= LS_{(3,6)} - ES_{(3,6)} = 4-0=4 \\
&= LT_{(6)} - ET_{(3)} - t_{(3,6)} = 6-0-2=4 \\
TF_{(4,5)} &= LS_{(4,5)} - ES_{(4,5)} = 4-4=0 \\
&= LT_{(5)} - ET_{(4)} - t_{(4,5)} = 10-4-6=0 \\
TF_{(5,7)} &= LS_{(5,7)} - ES_{(5,7)} = 4-0=4 \\
&= LT_{(7)} - ET_{(5)} - t_{(5,7)} = 18-7-7=4 \\
TF_{(6,7)} &= LS_{(6,7)} - ES_{(6,7)} = 10-10=0 \\
&= LT_{(7)} - ET_{(6)} - t_{(6,7)} = 18-10-8=0
\end{aligned}
$$

(2)计算工作的局部时差(FF)

工作(i,j)的局部时差 $FF_{(i,j)}$，是在不影响任何一项紧后工作(i,j)最早可能开始时间的条件下，本工作(i,j)所具有的机动时间。工作(i,j)的局部时差反应了工作(i,j)最早可能完成时间到其紧后工作(j,k)最早可能开始时间之间的时间间隔，有时也被称为自由时差，它属于总时差的一部分。按公式计算如下(并标注在图 8-18 上)：

$$
\begin{aligned}
FF_{(1,2)} &= ET_{(2)} - ET_{(1)} - t_{(1,2)} = 2-0-2=0 \\
FF_{(1,3)} &= ET_{(3)} - ET_{(1)} - t_{(1,3)} = 3-0-3=0 \\
FF_{(1,4)} &= ET_{(4)} - ET_{(1)} - t_{(1,4)} = 4-0-4=0 \\
FF_{(2,5)} &= ET_{(5)} - ET_{(2)} - t_{(2,5)} = 7-2-5=0 \\
FF_{(3,6)} &= ET_{(6)} - ET_{(3)} - t_{(3,6)} = 10-3-6=1 \\
FF_{(4,6)} &= ET_{(6)} - ET_{(4)} - t_{(4,6)} = 10-4-6=0 \\
FF_{(5,7)} &= ET_{(7)} - ET_{(5)} - t_{(5,7)} = 18-7-7=4 \\
FF_{(6,7)} &= ET_{(7)} - ET_{(6)} - t_{(6,7)} = 18-10-8=0
\end{aligned}
$$

工作的局部时差有以下主要特点：

①工作的局部时差总是小于或等于其总时差，即 $FF_{(i,j)} \leqslant TF_{(i,j)}$；

②使用工作的局部时差，对紧后工作的最早可能开始时间没有任何影响；

③工作的局部时差用于控制工程项目实施过程中的中间进度或称为形象进度，即用来掌握网络计划图中各项工作的最早时间，以便控制计划各阶段按期完成。

综上所述，工作时差大小的计算有十分重要的意义，计划管理人员根据时差的大小来协调施工组织，控制项目的总工期。如在时差范围内改变工作的开始或完成时间以达到施工均衡性的目的；或在机动时间内适当增加非关键工作的持续时间，相应地将其部分劳动力和设备、材料转移到关键工作中去，以确保关键工作从而达到按期或提前完成工程进度计划的目的。

网络图工作时间参数的计算采用图算法计算时差参数，主要是避免抽象记忆计算公式，而是利用图例的相对位置理解参数的计算过程和方法。因此计算步骤为：

①掌握计算工作参数的左右时间边界，找到节点参数从小到大排列的规律，分清左边最小，右边最大。

②总时差的计算是用“最右边减去最左边再减去时间”或者“最大值减去最小值再减去时间”即可求出总时差数值大小。即工作的总时差等于箭头节点最迟时间减去箭尾节点最早时间再减去其工作的持续时间。

③局部时差的计算是用“两节点上左边时间相减再减去时间”或者“左边相减再减时间”的方法即可求出局部时差的数值大小。工作的局部时差等于箭头节点最早时间减去箭尾节点最早时间再减去其工作的持续时间。

六、关键线路的确定

关键线路确定的方法有很多，下面介绍两种简单易行的方法：

(1)关键线路上所有工作的总时差均为零，反过来，如果工作的总时差为零，则它必是关键工作。由此，只要连接网络计划中总时差为零的工作，就可以确定出关键线路。

(2)关键线路上所有节点的两个时间参数均相等，反过来，如果节点的两个时间参数相等，该节点一定是关键线路上的节点，即成为关键线路上的关键节点，但是由任意两个关键节点组成的工作，并非是关键工作。如果由此判别还需加上条件：箭尾节点时间＋工作持续时间＝箭头节点时间，满足此两条件的工作，即为关键工作。

1. 关键工作与非关键工作区别

关键线路上的工作称为关键工作。关键工作没有任何机动时间，即工作的总时差为零。在网络计划中除了关键线路之外的线路称为非关键线路，在非关键线路中总是存在有一定数量的时差，其中存在时差的工作称为非关键工作。值得注意的是非关键线路并不是全由非关键工作组成，在网络图的任何一条线路中，只要有一项非关键工作，则这条线路就是非关键线路，其线路长度小于关键线路长度。所以，只有全部由关键工作组成的线路才能构成关键线路，即关键工作连成关键线路，不在关键线路上的工作则为非关键工作。

网络计划图中的每个节点都有两个时间参数，最早可能实现时间和最迟必须实现时间。利用节点时间参数来确定关键线路时，首先要判别节点是否为关键节点，如果节点最早可能实现时间等于节点最迟必须实现时间，即 $ET_{(j)}=LT_{(j)}$，则称节点 j 为关键节点；其次要判断两个关键节点之间的工作是否构成关键工作，其判别式为：

$$箭尾节点时间＋工作持续时间＝箭头节点时间$$

如果上式成立，则这项工作为关键工作，否则就是非关键工作。

2. 关键工作其他确定方法

计算网络计划时间参数的目的之一是找出计划中的关键线路。找出了关键线路也就抓住了工程进度计划的主要矛盾，这样就可使工程管理人员在施工的组织和管理工作中做到心中有数。所谓线路，是指网络计划图中顺箭线方向由起点至终点的一系列节点箭线组成的通路；

在一个网络计划中，一般可以存在多条关键线路，但也有只有一条关键线路的网络计划图。

每条线路均由若干项工作组成，这些工作的持续时间之和就是这条线路的长度，即线路的总持续时间。任何一个网络计划中至少有一条最长的线路；这条线路的总持续时间决定了这个网络计划的总工期。在这种线路中，没有任何机动时间，线路上的任何工作有延误就会使总工期相应地延长；任何工作的持续时间如有缩短，则可使总工期缩短，这种线路是按期完成计划的关键所在，因而称之为关键线路。在关键线路上的各项工作称为关键工作，关键工作没有任何机动时间，即工作的总时差为零。

在网络计划中除了关键线路之外的线路都称为非关键线路，在非关键线路中总是或多或少地存在有时差，其中存在时差的工作称为非关键工作，需要指出的是非关键线路并不是全由非关键工作组成。在任何一条线路上，只要有一项非关键工作，这条线路就是非关键线路，它的总长度小于关键线路。所以，只有全部由关键工作组成的线路才能成为关键线路。

3.关键线路的特性

(1)关键线路上各工作的总时差均为零。

(2)关键线路在网络计划中不一定只有一条，有时存在多条，但关键工作所占比重并不大。据统计资料，对于一个具有 100 项工作的网络计划，它的关键工作数目约有 12～15 项，一个具有 1 000 项工作的网络计划，关键工作的数目约是 70～80 项，而一个具有 5 000 项工作的网络计划，关键工作数目仅约有 150～160 项。这样就有可能使工程项目的管理者集中精力抓住主要矛盾，搞好计划管理工作。

(3)非关键工作如果将总时差全部用完，就会转化为关键工作。

(4)当非关键线路延长的时间超过它的总时差，关键线路就转变为非关键线路。

第三节　时间坐标网络计划

一、时间坐标网络计划的概念

时间坐标网络计划，简称时标网络计划，是网络计划的另一种表达形式。前面所介绍的网络计划是一般网络计划。在一般网络计划中，工作的持续时间由箭线下方标注的时间来表明，其箭线的长短与时间无关，这种网络计划的好处是修改起来方便。如果工作顺序、相互间关系及时间要求变动时，改动网络计划是很方便。但是因为没有时标，看起来就不直观，不能清楚地在网络计划图上直接看出各项工作的开始时间和结束时间。

为了克服一般网络计划所存在的不足，就产生了时间坐标网络计划。与一般网络计划相比，时标网络计划更能够表达进度计划中各项工作之间恰当的时间关系，使网络计划图易于理解、方便应用。其箭线的长短和所在位置表示工作的时间进程。此外，时标网络计划还是计划管理人员分析计划和对网络计划进行优化的有力工具。

1.时标网络计划的特点

(1)时标网络计划结合了横道图和网络图的优点，既有通常使用的横道计划图的时间比例，又具有网络计划图中的逻辑关系，能直观地反映出整个计划的时间进程。

(2)时标网络计划能直接反映出各项工作的开始和结束时间，机动时间及网络计划中的关键线路。在计划执行过程中，可以随时查出哪些工作应该已经完成，哪些工作正在进行及哪些工作将要开始。

(3)由于时标网络计划图能清楚地表示出哪些工作需要同时进行,因此可以确定在同一时间内对劳动力、材料和机械设备等资源的需要量。

(4)通过优化调整后的时标网络计划,可以直接作为进度计划下达到执行单位使用。

(5)时标网络计划的调整比较麻烦,当情况发生变化时,如资源的变动或工期拖延后要对时标网络计划进行修改时,因为改变工作持续时间就需要改变箭线的长度和节点的位置,这样往往因移动局部几项工作而牵动整个网络计划。

2. 时标网络计划的应用

(1)利用时标网络可以方便地编制工作项目少,并且工艺过程较简单的施工进度计划,编制中能迅速地边计算、边绘制、边调整。

(2)对于大型复杂的工程,可以先用时标网络计划的形式绘制各分部工程的网络计划,然后再综合起来绘制出比较简明的总网络计划;也可以先编制一个总的施工网络计划,然后每隔一段时间,再对下一阶段应开始的分部工程绘制详细的时标子网络计划图。在执行过程中,如果时间有变化,则不必改动整个网络计划图,而只对这阶段分部工程的子网络计划进行修订就可以了。

(3)由于时间坐标网络计划清楚、直观,能直接表示各项工作的时间进程,所以可将已编制并计算优化好的一般网络计划标画成时标网络计划,并作为进度计划下达执行。

二、时间坐标网络计划的绘制

时间坐标网络计划图可以按节点最早时间、节点最迟时间和优化时间标画三种。前两种时标网络计划图主要供计划管理人员分析计划和实施资源优化之用。按优化时间标画的时标网络计划是计划执行单位完成任务的依据。

1. 按节点最早时间标画时标网络

图 8-19 是一个一般网络计划图,现按节点最早时间把它标画成时标网络计划。

画法步骤如下:

(1)标画前,首先对一般网络计划进行计算,求出各节点的时间参数作为标画时标网络图的依据,并确定关键线路。

(2)作出时间坐标;按节点最早时间把关键线路标画在图中适当的位置;

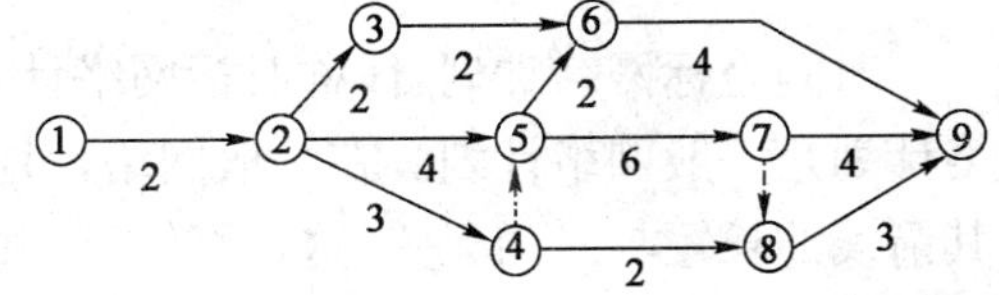

图 8-19　一般网络计划图

(3)按节点最早时间标画非关键线路。

图 8-20 所示为按节点最早时间标画的时标网络计划图,需要注意:

(1)时标网络计划图中所有节点的位置,应按节点的最早可能实现时间标画在相应的时间坐标上。

(2)工作用实箭线表示,实箭线的长短表示工作持续时间的长度;虚工作仍用虚箭线表示;工作的机动时间用虚线表示,并在实箭线和虚线分界处加一截止短线。

(3)时间坐标网络计划图中各节点的纵向位置没有时间的含意。

2. 按节点最迟时间标画时标网络

这里仍以图 8-19 所示的一般网络计划为例,来按节点最迟必须实现时间标画成时标网络，画法步骤如下：

(1)首先对网络计划图进行计算，求出各节点的时间参数作为画图依据，并确定关键线路。

(2)作出时间坐标，按节点最迟必须实现时间把关键线路标画在图中适当的位置。

(3)按节点最迟时间标画非关键线路。

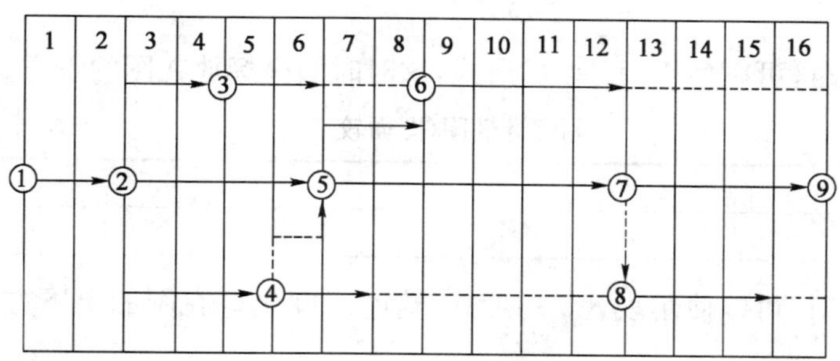

图 8-20　按节点最早时间标画的时标网络

图 8-21 所示为按节点最迟时间标画的时标网络计划图。同样应注意，这时时标网络计划图中所有节点的位置，应按各节点的最迟必须实现时间标画在相应的时间坐标上。图中各项工作及其持续时间、机动时间和虚工作的表示方法与按最早时间标画的时标网络计划相同。

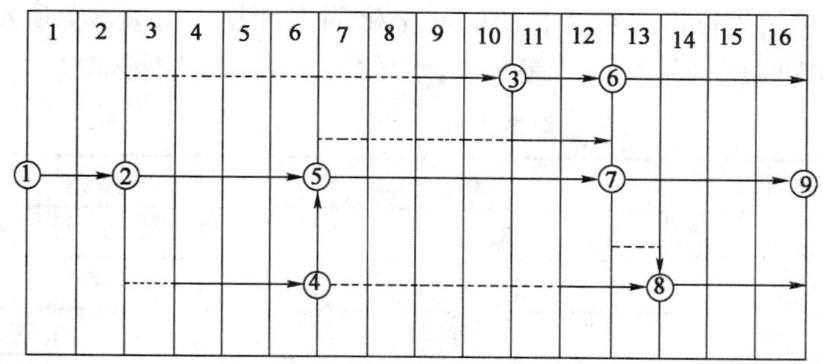

图 8-21　按节点最迟时间标画的时标网络

从图 8-20 和图 8-21 可以看到，按最早时间标画的时标网络图的特点是“前紧后松”，线路的机动时间多半分布在后面。此时图中所表示的机动时间为各工作的局部时差。按最迟时间标画的时标网络图的特点是“前松后紧”，即线路的机动时间多半分布在前面。此时图中所表示的机动时间不是各项工作的局部时差或其他时差，它是工作以最迟必须开始时间开始，并以最迟必须结束时间结束时所具有的机动时间。

3. 直接标画时标网络计划方法

先对一般网络计划进行节点时间参数的计算，再将其标画成时标网络计划的方法比较麻烦，对于工作项目数较少，工艺过程较简单的进度网络计划，也可以不计算节点时间参数而直接标画时标网络计划图。

但在标画时要注意以下几点：

(1)在定各个节点的位置时，一定要在所有内向箭线全部绘出以后，才能最后确定该节点的位置。

(2)每项工作的实箭线长度，必须严格按照其持续时间来画，如果该工作与紧后工作的开始节点还有距离时，应用虚线加以连接。

(3)绘制的时标网络计划图最好与原一般网络计划图的形状相似,以便检查和核对。

4.时间坐标的表示方法

时间刻度画在什么位置,采用什么形式并无一定的标准,时标可以采用垂直分格,也可以只标画在网络计划图的上方或者下方。常用的时间坐标有以下几种形式,它们各有特点,因而可以根据需要选用。

当图面比较窄时,可以使用表8-4的形式,这时时间坐标放在图的下方。

网络计划图(图面较窄时) 表8-4

										…
工作日(d)	1	2	3	4	5	6	7	8	9	…

当图面比较宽时,可以使用表8-5的形式,这时时间坐标在图的上下方都标画出来,这样看起来方便些。

网络计划图(图面较宽时) 表8-5

工作日(d)	1	2	3	4	5	6	7	8	9	…
工作日(d)	1	2	3	4	5	6	7	8	9	…

表8-6所示的时间坐标形式称为日历时间坐标网络计划。而表8-7所示的时间坐标形式适用于安排月旬进度时标网络计划。表8-8所示的形式适用于安排年度进度计划。

网络计划图(日历时间) 表8-6

月份	8月						9月			
日期	26	27	28	29	30	31	1	2	3	4
工程名称	一	二	三	四	五	六	一	二	三	四

网络计划图(适于月旬) 表8-7

月	6	7	8	
旬	上中下	上中下	上中下	

网络计划图(适于年度) 表8-8

年	2001	2001	2002	2002
月	11	12	1	2
周	1 2 3 4	5 6 7 8	9 10 11 12	

第四节 单代号网络计划

一、单代号网络计划图的构成

单代号网络计划图和双代号网络计划图一样,也由三要素组成,但其含义却完全不同。

(1)单代号网络图节点(图8-22):单代号网络计划图中的节点可以用圆圈或方框表示,一个节点表示一项具体的工作过程。节点所表示的工作名称、持续时间和代号一般都标注在圆圈内。值得注意的是单代号网络图的开始节点和结束节点不同于双代号网络图，而是要视网络图中最先开始的工作数量或者最后结束的工作数量的多少来决定节点的选择方式，如图 8-22 所示。

(2)箭线：在单代号网络计划图中箭线表示工作之间的相互关系，它既不消耗时间也不消耗资源，代表工作之间的直接约束关系。因此单代号网络计划图中不用虚箭线，箭线的箭头方向表示着工作的前进方向。同时逻辑关系越是复杂，表示直接联系的箭线就越多，因此就可以出现箭线交叉的情况。图 8-22 中，A 为 B、C 的紧前工作，D 为 B、C 的紧后工作。

(3)方向：与双代号网络图一样，在单代号网络计划图中，也表示物流，代表路线的方向，在网络图中，存在大量的线路，对网络图研究的中心任务是研究关键线路。

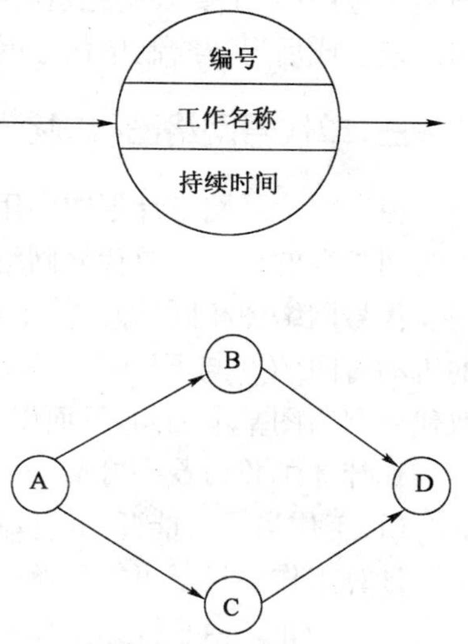

图 8-22　单代号网络图

二、单代号网络计划图的绘制

单代号网络计划图与双代号网络计划图表达的计划内容是一致的，两者的区别仅在于绘图的符号所表示的意义不同。单代号网络计划图的绘制过程和双代号网络计划图一样，先将计划任务分解成若干项具体的工作，然后确定这些工作之间的相互关系，以及各项工作的持续时间，持续时间的确定仍然应按正常情况下来进行。

1. 单代号网络图的绘图规则

(1)单代号网络图必须正确表述已定的逻辑关系。

(2)单代号网络图中严禁出现循环回路。

(3)单代号网络图中严禁出现双向箭线或无箭头的连线。

(4)单代号网络图中严禁出现没有箭尾节点的箭线和没有箭头节点的箭线。

(5)绘制网络图时，箭线不宜交叉。当交叉不可避免时，可采用过桥法或指向法绘制(具体方法同双代号网络图)。

(6)单代号网络图中，只能有一个起点节点和一个终点节点。当网络图中出现多项无内向箭线的工作或多项无外向箭线的工作时，应在网络图的左端或右端分设一项虚拟工作，作为该网络图的起点节点与终点节点。

2. 单代号网络图的绘制

通过单代号网络图与双代号网络图的比较可以看出，单代号网络图的绘制方法比较简单，图中各项工作的相互关系容易表达，不存在虚工作，使得单代号网络图便于检查与修改。但是单代号网络图不能绘制成时标网络图，而双代号网络图可绘成时标图，特别是双代号网络图按节点最早时间绘制时标图时，可以清楚地反映出工作的局部时差，所以进行进度计划下达和对网络计划优化时，经常采用双代号网络计划图。由于双代号网络图和单代号网络图各有优缺点，因此两种形式的网络计划图的应用都很普遍。

绘制单代号网络计划图的方法，也可采用前进法、后退法和先粗后细法。工程项目进度计划实际应用中，主要采用先粗后细法绘制单代号网络图；确定工作之间的相互关系后，多数采用前进法或后退法绘制单代号网络图。

三、单代号网络图时间参数的计算

由于单代号网络计划图中用节点表示工作，所以它只有工作时间参数的计算，而不存在节点时间参数的计算。单代号网络图的工作时间参数计算内容和时间参数的含义及其计算目的与双代号网络图相同，即计算工作的最早时间（*ES* 与 *EF*）、工作的最迟时间（*LF* 和 *LS*）、工作的机动时间（*TF* 与 *FF*）等。单代号网络图工作时间参数的计算步骤和方法，以及计算公式与双代号网络图基本相同，下面以图算法为例予以说明。

1. 计算工作的最早时间

(1)工作最早可能开始时间（*ES*）的计算

计算工作的最早可能开始时间应从网络图起点开始，按箭线方向逐项工作进行计算，直到终点节点为止。由于开始工作的最早可能开始时间为零，即 $ES_1=0$（1 为起始节点即开始工作），其他工作的最早开始时间应等于紧前工作最早开始时间与其工作持续时间之和最大值，其计算公式为：

$$ES_j = \max\{ES_i + t_i\} = \max\{EF_i\} \tag{8-13}$$

式中：ES_j——工作 j 的最早可能开始时间，工作 i 之紧前工作；

ES_i——工作 i 的最早可能开始时间；

EF_i——工作 i 的最早可能完成时间；

t_i——工作 i 的持续时间，$i=1\sim n-1$，$j=2\sim n$，n 为单代号网络图终点节点代号。

工作的最早可能开始时间也等于紧前工作中最早可能完成时间的最大值，即紧前工作全部完成本项工作才能开始。

(2)工作的最早可能完成时间（*EF*）的计算

工作的最早可能完成时间（EF_i）的计算公式为：

$$EF_i = ES_i + t_i (i = 1, \cdots, n-1) \tag{8-14}$$

终点节点（n）的最早可能完成时间（EF_n）就是单代号网络计划工期（T），即 $T=EF_n$。

2. 计算工作的最迟时间

(1)工作的最迟必须完成时间（*LF*）的计算

计算工作的最迟时间应从网络图的结束节点开始，逆着箭线方向逐项工作地计算到开始节点。最后结束工作的最迟必须完成时间应保证总工期不被拖延，所以网络图终点节点的最迟必须完成时间应等于该节点的最早可能完成时间，即：

$$LF_n = EF_n = T \tag{8-15}$$

本项工作 i 的最迟必须完成时间 LF_i 应等于紧后工作 j 的最迟必须完成时间 LF_j 与其工作持续时间 t_j 之差的最小值，即：

$$LF_i = \min\{LF_j - t_j\} = \min\{LS_j\} \tag{8-16}$$

即工作的最迟必须完成时间也等于紧后工作中最迟必须开始时间的最小者，这是因为任何一项工作的完成时间都不应影响紧后工作的最迟必须开始时间。

(2)计算工作的最迟必须开始时间（*LS*）

工作的最迟必须开始时间的计算公式为：

$$LS_i = LF_i - t_i \tag{8-17}$$

3. 计算工作的时差

(1)计算工作的总时差(TF)

在单代号网络计划图中,工作总时差的概念与双代号网络图完全相同,利用已经计算的各项工作最早开始和最迟开始时间,可方便地计算各项工作的总时差,所以工作的总时差计算公式为:

$$TF_i = LS_i - ES_i = LF_i - EF_i \tag{8-18}$$

(2)计算工作的局部时差(FF)

单代号网络图中工作的局部时差概念也与双代号网络图相同,但是在单代号网络计划图中,本项工作有若干项紧后工作时,紧后工作的最早可能开始时间不一定相同。此时应取紧后工作最早可能开始时间的最小值,减去本工作的最早可能完成时间。

其他时差的计算公式基本与双代号网络图计算相同,在此不再重复。

4. 关键线路的确定

单代号网络计划图中确定关键线路的方法与双代号网络计划图基本相同,但由于单代号网络图没有节点时间参数计算,所以不存在用关键节点法来确定关键线路。因此,单代号网络图主要采用关键工作法确定关键线路,即连接工作总时差为零的关键工作自始至终的线路就是关键线路。

第五节　网络计划的优化

前面介绍了公路工程施工初始网络计划的编制,但在实际中如果计划工期超出了上级的规定,资源供应极不均衡时,还应综合考虑网络计划中的时间、资源和费用三者之间的关系,利用时差对初始网络计划进行多次调整与改善,使其工期、资源、费用达到最优的计划方案,即是网络计划的优化问题。

最优的网络计划方案的评价,应综合评定工期、资源和费用消耗等技术经济指标,但目前尚无综合评价模型,只能根据施工既定的条件,分别进行时间优化、资源优化及费用优化。

一、网络计划的检查

1. 网络计划的检查方法

进行网络计划检查,首先要在计划图上进行记录,然后根据记录的结果进行进度分析,判断进度的实际状况,并对未来的进度进行预测,为网络计划的调整提供信息。常用的检查方法有:

(1)当利用无时标网络计划检查时,采用“切割线法”。

(2)当利用时标网络计划检查时,采用“实际进度前锋线法”。

2. 切割线法

某工程的网络计划如图 8-23 所示。当计划进行到第 9d 时检查,正在进行的 D、E、F 三项工作(用切割线 MN 切割的三项工作)各需要 1d 才能完成(尚需天数注在计划持续时间旁边的方括号内),试分析其进度状况。

在检查前先要对网络计划进行计算,计算结果标在图上。

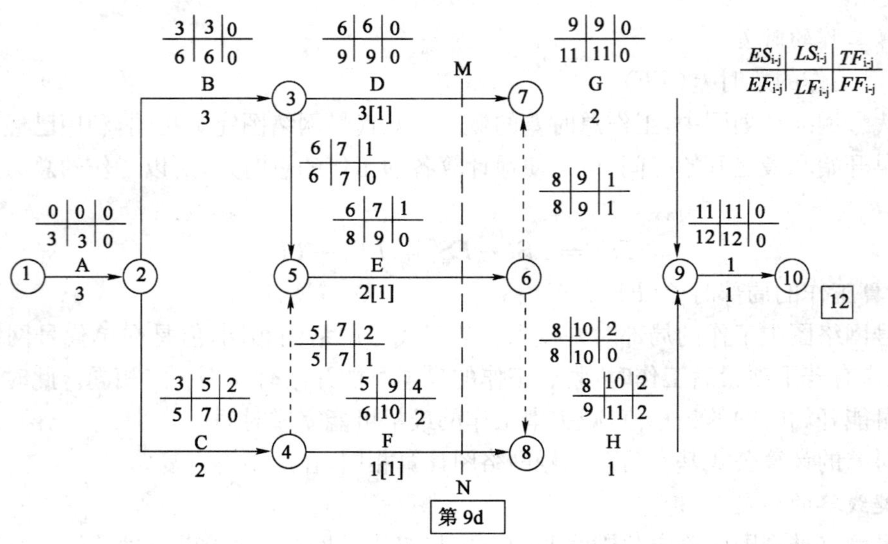

图 8-23　切割线法检查网络计划

为了对进度状况进行分析，列出表 8-9。

网络计划第 9d 检查结果　　表 8-9

工作代号	工作名称	第 9d 时尚需作业天数	按计划最迟完成前尚有天数	总时差		进度分析
				原有	目前尚需	
(1)	(2)	(3)	(4)	(5)	(6)=(4)−(3)	(7)
3-7	D	1	9−9=0	0	0−1=−1	拖期 1d
5-6	E	1	9−9=0	1	0−1=−1	拖期 1d
4-8	F	1	10−9=1	4	1−1=0	正常

表中(1)、(2)、(3)、(5)列都可以从图 8-23 中读到；第(4)列需经计算，被减数是图 8-23 中的工作最迟完成时间，减数是切割线的天数；第(6)列的被减数是第(4)列中的数，减数是第(3)列中的数；第(7)列的结论是通过对(5)、(6)列的比较得出的。由于工作 D 原来没有总时差，而目前反欠 1d 总时差，说明进度拖延 1d；工作 E 原来虽有 1d 总时差，而目前反欠 1d 总时差，说明进度比原计划拖了 2d，比总工期拖了 1d；工作 F 原来虽有 4d 总时差，然而目前已不存在，所以虽比原计划拖了 4d，但因有 4d 总时差，并未影响计划工期，故作“正常”对待。进一步分析 D、E 两项拖期工作，由于工作 D 在关键线路上，故它拖期 1d 将导致计划工期延误 1d；工作 E 虽然拖期 1d，但因不在关键线路上，故并不构成对计划工期的影响。

3. 实际进度前锋线法

“实际进度前锋线法”简称“前锋线”，是时标网络计划检查时各项工作的实际进度达到的前锋点连接而成的折线。实际进度前锋点的标定方法有两种：一是按已完成的实物工程量(工作量)比例标定。时标网络计划图上箭线的长度与相应工作的持续时间对应，也与其实物工程量(工作量)的多少成正比；检查计划时某工作的实物工程量(工作量)完成了几分之几，其实际进度前锋点就从表示该工作箭线起点自左至右标在箭线长度几分之几的位置。二是按尚需时间标定。有些工作的持续时间难以按实物工程量(工作量)来计算，只能用经验估算，估出从该时刻起到该工作全部完成尚需的时间，从该工作的箭线末端反过来标出实际进度前锋点的位置。图 8-24 的三条折线就是计划进展到第 5d、第 10d 和第 15d 进行检查时的实际进度前锋线。

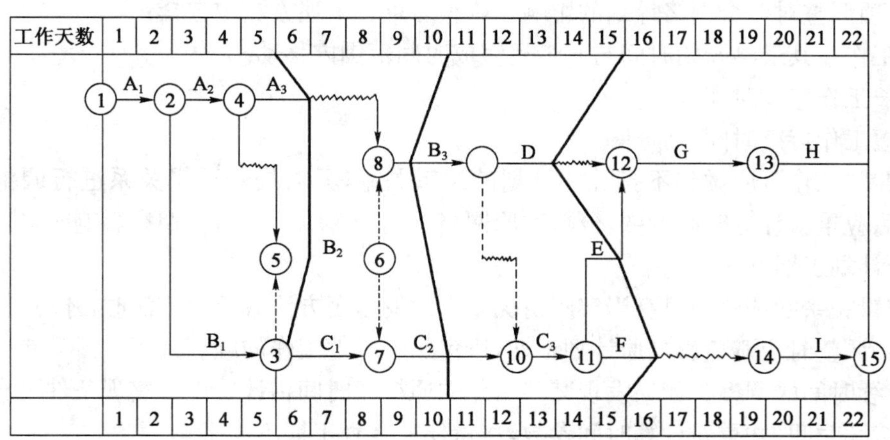

图 8-24　用实际进度前锋线法检查网络计划

利用已绘制的实际进度前锋线可作如下分析：

(1)分析目前进度。以检查日期为基准线，前锋线可以看成描述实际进度的波形图。前锋处于波峰上的线路相对于相邻线路超前，处于波谷上的线路相对于相邻线路滞后；前锋在基准线前面的线路比原计划提前，前锋在基准线后面的线路比原计划拖后。图 8-24 中 A_3、B_2、F 工作均比原计划提前，C_1、C_2、E 工作的实际进度与原计划进度一致，B_1、D 工作比原计划滞后。

(2)预测未来进度。首先看关键线路上的工作 B_1、C_2、E，三次检查中每次均按计划完成，可以预测，只要按前 15d 的进度干下去，可保计划按期完成。关键工作 B_2 虽比计划提前 1d，但由于其平行的关键工作 C_1 没有提前，故没有积极意义。A_3 和 F 工作均比计划进度快，但由于它们都在非关键线路上，本来就有总时差，故其进度超前的结果是增大总时差，却不能促成整个计划提前完成。D 工作虽然之后于计划进度 2d，但由于它有 2d 总时差，故对工期不会造成影响。总的预测结果是，该项计划可以确保按期完成。

二、网络计划的调整

1. 网络计划调整的内容

网络计划调整的内容包括：关键线路长度的调整；非关键工作时差的调整；增减工作项目；调整逻辑关系；重新估计某些工作的持续时间；对资源的投入做相应调整。

2. 网络计划调整的方法

(1)调整关键线路的长度可以针对不同情况采用不同的方法：

①关键工作的实际进度比计划进度提前时，有两种调整方法：当不拟提前工期时，应选用资源占用量大或直接费高的后续关键工作，适当延长其持续时间，以降低其资源强度或费用；当要提前完成计划时，应将计划的未完成部分作为一个新计划，重新确定关键工作的持续时间，按新计划实施。

②关键工作的实际进度比计划进度延误时，应在未完成的关键工作中选择资源强度小或费用低的工作，缩短其持续时间，并把计划的未完成部分作为一个新计划，按工期-成本优化方

法进行调整。

(2)非关键工作时差的调整,应在其时差范围内进行。每次调整均必须重新计算时间参数,观察该项调整对整个网络计划的影响。调整时可在下述方法中选择:

①将工作在其最早开始时间与其最迟完成时间范围内移动。

②延长工作持续时间。

③缩短工作持续时间。

(3)增减“工作”,应做到不打乱原计划的逻辑关系,只对局部逻辑关系进行调整;在增减“工作”以后应重新计算时间参数,分析对原网络计划的影响。当对工期有影响时,应采取调整措施,保证计划工期不变。

(4)逻辑关系的调整。只有当实际情况要求改变施工方法或组织方法时,才可进行逻辑关系的调整。调整时应避免影响原计划工期,避免影响其他工作的顺利进行。

(5)持续时间的调整。如果发现某些工作的原持续时间估计有误或实现条件不充分,应重新估算其持续时间,并重新计算时间参数,尽量使原计划工期不受影响。

(6)资源调整。如果资源供应发生异常,应采用资源优化方法对计划进行调整,或采取应急措施,使其对工期影响最小。

三、网络计划的优化

1.时间优化

以缩短工期为优化目标,调整初始网络计划方案,称为网络计划的时间优化。时间优化的目的在于科学地安排施工进度计划,以便缩短工期,使公路工程建设项目投资尽早发挥效益。

1)时间优化的措施

在施工网络计划中,关键线路控制任务的总工期,因此压缩关键工序的持续时间,缩短关键线路的长度是网络计划时间优化措施的一种途径,但并非最佳措施。在网络计划的时间优化中最佳措施是合理地调整施工组织,以便达到缩短工期的目的。

(1)将施工顺序作业调整为平行作业。

(2)将施工顺序作业调整为交叉作业或者流水作业。

(3)相应于工序时差推迟非关键工序的开始时间。

(4)延长非关键工序持续时间相应地缩短关键工序的持续时间。

(5)从计划外增加资源加快关键工序的完成。

2)时间优化的方法

循环优化法是网络计划时间优化常用的一种方法,缩短工期必须在关键线路上考虑,循环优化法的基本步骤为:

(1)确定初始网络计划的计划工期及其关键线路;

(2)将计划工期与指令工期比较,计算出需要缩短的时间;

(3)采取合理的优化措施压缩关键线路的长度,求出调整后的网络计划的新计划工期,新计划工期若满足指令工期要求,完成了优化过程,否则重复以上步骤,再次压缩新关键线路的长度,直到满足指令工期为止。

如果需要找寻网络计划的最短工期,也可按上述步骤循环压缩关键线路的长度,直到网络计划中关键线路的长度再也不能缩短为止,此时得到的网络计划工期就是最短工期。

需要注意的是，当网络计划图同时存在多条关键线路时，必须同时压缩各条关键线路的长度，才能达到缩短工期的目的。

2.资源优化

绘制初始网络计划以后，其资源进度可能出现以下两种不合理现象：一是在某种时间范围内所消耗的资源数量超过实际供应量，导致开工不足、工期延误；二是资源进度计划不均衡，出现忽高忽低的大起大落现象，给施工过程中的资源调配带来困难。因此，网络计划资源优化的目的，就是要合理地安排施工进度，解决好资源的供应矛盾问题或者均衡利用资源问题。

1)资源优化目标

资源优化目标一般有两种：

(1)工期规定资源均衡：即在工期限定的条件下，安排施工进度，实现资源的均衡利用。

(2)资源有限工期最短：即在资源有限的情况下，安排施工进度，力求使工期最短。

以上两种优化目标，都需重新安排某些工序，使网络计划的工期和资源分配得以调整与改善，且一般通过对非关键工序的调整来进行，其具体方法是：

(1)利用工序时差，推迟或提前某些非关键工序的开始时间；

(2)在条件许可时，在资源超限的时段内中断某些非关键工序；

(3)改变某些非关键工序的持续时间。

2)资源优化步骤

资源的优化是一个十分复杂的问题，由于资源种类多，如有若干个工种，多种不同规格型号的施工机械设备，各种规格的钢材、水泥等材料，很少有一项工程只需一种资源的。而进行资源优化时，又只能逐一品种分别进行，所以计算工作量很大，当工序数较多时应采用电脑软件计算，下面仅介绍具体步骤，据此可作为资源进一步优化和编制计算机软件的基础。

(1)计算出网络计划中各施工工序的各种资源的需要总量。

(2)逐个工序分析其工日的平均需要资源的数量，即以其工序的延续时间(工日)去除该工序资源的总需要量，常称为资源的强度。

(3)根据资源分析资料，绘制带有时间坐标的网络图，将该项资源的日平均需要量标注在箭杆的上方，工日标注在箭杆的下方，同时绘制该项资源的曲线(梯阶形)图。

(4)如果某种资源的总需求超过可能供应的能力，或者出现需求极不均衡的情况，这从绘制成的资源曲线图上就可获得极其准确的信息。这样，就可对各目标的网络进行调整优化，均衡其需要，实现资源的合理配置，求得最优计划方案。

3.工期-费用优化

时间的优化，在计划任务紧迫的情况下，无疑是十分必要的，但一般并没有考虑费用问题。实践表明，对于任何一项计划任务来说，都可以采取增加人员和设备的办法来加快工作进度，缩短其工序的持续时间，实际就是突击赶工，无疑增加费用，是不经济的。显然存在一个以最少的费用去缩短工期的办法问题，也就是工期-费用优化。

1)工期-费用优化原则

在进行网络计划的工期-费用优化时，应遵循以下原则：

(1)在确定缩短整个建设工程的计划任务工期的前提下，必须采取正常的工作速度来缩短关键线路上的各道施工工序的持续时间，即不应由于作业时间的缩短而造成突击赶工情况，或产生窝工等待等浪费现象。因为一般是在合理组织和正常施工条件下进行施工时，其建设费用最低。

(2)在缩短关键线路上的各道施工工序的持续时间时，首先要选择资源消耗少的作业来缩短，以免造成大量人员、设备的增加和材料的供应量。

(3)若有多余关键线路时，要优先考虑缩短其共同作业的持续时间，还要结合所花费的总费用进行综合考虑。

2)工期-费用关系及其优化步骤

网络计划中的工期与费用(直接费、间接费、总费用)的关系曲线如图 8-25 所示。

工期-费用优化的基本步骤为：

(1)按正常工序时间编制网络计划图，并计算计划工期和完成计划的直接费用；

(2)列出整个网络计划各道工序在正常工期和最短工期时的直接费，以及缩短单位时间所需增加的费额，即费用斜率；

(3)根据费用最小原则，找出关键工序中费用斜率最小者予以先压缩，这样可使直接费增加最少；

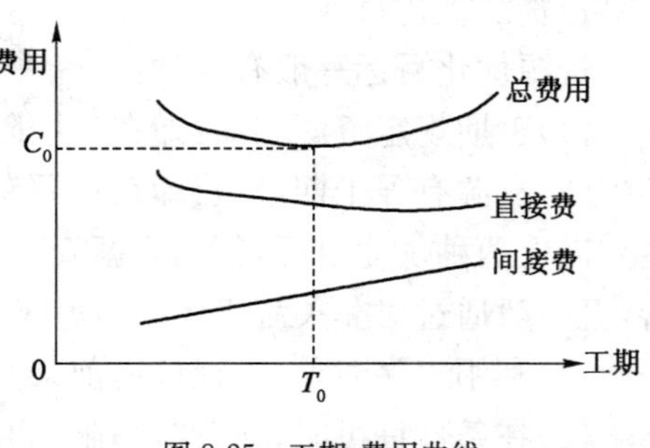

图 8-25 工期-费用曲线

(4)计算加快某关键工序后，计划的总工期和直接费额，并重新确定关键线路；

(5)重复(3)和(4)步骤，直到网络计划中关键线路上的工序都达到最短持续时间，再不能压缩为止；

(6)根据以上计算结果可得到一条直接费用曲线；

(7)总费用曲线上最低的点对应的工期，就是项目计划相应的最优工期。

思 考 题

1.网络计划的方法有哪些？其基本原理是什么？

2.网络计划的特点有哪些？

3.网络图分为哪几类？

4.网络计划在工程施工进度控制中的作用有哪些？

5.双代号网络图中工作逻辑关系有哪些？

6.虚箭线在网络图中有哪些用途？

7.绘制网络图的步骤和方法是什么？

8.什么是关键线路？如何确定关键线路？

9.检查网络计划的方法是什么？

10.网络计划调整的内容有哪些？如何进行调整？

11.网络计划优化包括哪些方面？

参考文献

[1] 中华人民共和国行业标准. 公路工程技术标准(JTG B01—2003). 北京:人民交通出版社,2004.

[2] 中华人民共和国行业标准. 公路路基设计规范(JTG D30—2004). 北京:人民交通出版社,2005.

[3] 中华人民共和国行业标准. 公路路基施工技术规范(JTG F10—2006). 北京:人民交通出版社,2007.

[4] 中华人民共和国行业标准. 公路排水设计规范(JTJ 018—96). 北京:人民交通出版社,1998.

[5] 中华人民共和国行业标准. 公路沥青路面设计规范(JTG D50—2006). 北京:人民交通出版社,2007.

[6] 中华人民共和国行业标准. 公路沥青路面施工技术规范(JTG F40—2004). 北京:人民交通出版社,2005.

[7] 中华人民共和国行业标准. 公路水泥混凝土路面设计规范(JTG D40—2002). 北京:人民交通出版社,2003.

[8] 中华人民共和国行业标准. 公路路面基层施工技术规范(JTJ 034—2000). 北京:人民交通出版社,2000.

[9] 胡长顺,黄辉华. 高等级公路路基路面施工技术. 北京:人民交通出版社,1994.

[10] 丛培经. 建设工程技术与计量(建筑工程部分). 北京:中国计划出版社,1997.

[11] 胡安邦. 桥梁施工及组织管理. 北京:人民交通出版社,1992.

[12] 廖正环. 道路施工组织与管理. 北京:人民交通出版社,1990.

[13] 吴之明. 现代工程建设的计划与管理. 北京:清华大学出版社,1987.

[14] 北京统筹法研究会. 统筹法与施工计划管理. 北京:中国建筑工业出版社,1984.

[15] 黎谷,等. 建筑施工组织与管理. 北京:中国人民大学出版社,1987.

[16] 刘朝晖. 公路环境与景观设计. 北京:人民交通出版社,2003.

[17] 邬晓光. 路桥施工组织与概预算. 西安:西北大学出版社,1995.

[18] 江景波. 网络计划技术. 北京:冶金工业出版社,1983.

[19] 张树升. 道路工程经济与管理. 北京:人民交通出版社,1991.

[20] 交通部工程建设监理总站. 工程进度监理. 北京:人民交通出版社,1993.

[21] 中华人民共和国行业标准. 公路隧道设计规范(JTG D70—2004). 北京:人民交通出版社,2004.

[22] 中华人民共和国行业标准. 公路桥涵设计通用规范(JTG D60—2004). 北京:人民交通出版社,2004.

[23] 中华人民共和国行业标准. 公路桥涵施工技术规范(JTJ 041—2000). 北京:人民交通出版社,2000.

[24] 中华人民共和国行业标准. 公路水泥混凝土路面施工技术规范(JTG F30—2003). 北京:人民交通出版社,2003.

[25] 于书翰,杜谟远. 隧道施工. 北京:人民交通出版社,1999.

[26] 李宇峙. 公路工程概论. 武汉:华中理工大学出版社,1995.